दुर्गासप्तशती

Durgā Saptaśati

दुर्गासप्तशती
Durgā Saptaśatī

Sanskrit Text with Seven Commentaries and Revised English Translation

Vol. II

English Translation
F. E. Pargiter

Critically Edited by
DR. N. C. PANDA
VVBIS & I.S. (Department of Sanskrit)
PANJAB UNIVERSITY
Sadhu Ashram, Hoshiarpur, Punjab

BKP

Bharatiya Kala Prakashan

Delhi **India**

Published by
Bharatiya Kala Prakashan
3421-A, IInd Floor, Narang Colony
Trinagar, Delhi-110035
Ph: 8076386754, 9811642997
info@bkpbooks.com
web: www.bkpbooks-com
Buy online @ : www.buybooky.in

ISBN : 978-81-80902-90-1 (2 Vol. Sets) (HB)

First Edition : 2012
Reprint : 2025

Laser Type Setting :
A. R. Printers, Delhi
Printed at :
G.S. Offset, Shahdara, Delhi

Vol. II
Contents

पञ्चमोऽध्यायः

Chapter V

ऋषिरुवाच।

पुरा शुम्भनिशुम्भाभ्यामसुराभ्यां शचीपतेः।
त्रैलोक्यं यज्ञभागाश्च हृता मदबलाश्रयात्॥ 1 ॥

(1 गुप्तवती) अथ तन्त्रे सार्धद्वाविंशत्या श्लोकैः पञ्चमाध्यायषट्कगतमन्त्रविभजनपरस्तृतीयः पटलः॥3॥ "ईश्वर उवाच। ऋषिवाक्यं पुरेत्याद्यां विष्णुमायां प्रतुष्टुतुः। इत्यन्ताः श्लोमन्त्राः षट् देवा ऊचुस्ततः परम्॥ नमो देव्या इति त्रिंशच्छ्लोक्यन्ते नम्रमूर्तिभिः। विष्णुमायादिकास्तेषु भ्रान्त्यन्ता एकविंशतिः॥ अवतारैः पृथङ्मन्त्रा त्रिषष्ट्याहुतयस्तु ताः। चितिरूपेण मन्त्रेणाप्याहुतित्रयमाचरेत्। एवं मन्त्रा अशीतिः स्युरथो ऋषिरुवाचह।" नमो देव्ये महादेव्यै इत्यारभ्य त्रिंशश्लोकी वर्तते। तदन्तिमश्चरणः सर्वापदो भक्तिविनम्रमूर्तिभिरिति पठ्यते तेषां त्रिंशतो मध्ये विष्णुमायेति शब्दितेत्यारभ्य भ्रान्तिरूपेण संस्थितेत्येतद्द्वितीय-चरणवन्तः श्लोका एकविंशतिः सन्ति। इतरचरणत्रयस्य सर्वेषु साधारण्यादसाधारणमध्यमप्रतीकग्रहणम्। ते एकरूपा एव भासमाना अपि महाकाली-महालक्ष्मी-महारसरस्वतीरूपचण्डिकावतारैस्त्रिभिः प्रतिपाद्यैरर्थै-र्भेदात्पृथगेव मन्त्रा मन्तव्याः। प्रत्येकं त्रित्रिमन्त्ररूपा इति यावत्। ततश्चैतैस्त्रिभिः पुनरुच्चरितैस्तिस्रस्तिस्र आहुतयः कार्या इति संहत्यस त्रिषष्टिः। एकविंशतिस्त्रिषष्टिरिति च कथनेन तन्त्रान्तरे लक्ष्म्या उपरि धृतिस्तुष्टेरुपरि पुष्टिश्चेति मन्त्रद्वयमधिकम्। स्फूर्तिमेधाद्वयमपि पठ्यमानमेतत्तन्त्रानुसारिभिर्नोपसंहर्तव्यमिति ध्वनितम्। चितिरूपेणेति मन्त्रस्यापि त्रिरावृत्तिरिति षट्षष्टिः त्रिंशत्यवशिष्टाः श्लोका अष्टौ पुराशुम्भेत्यादयः पूर्वोक्ताः षडित्येवं चतुर्दशाहुतय इत्यशीतिर्मन्त्रा जाता

इत्यर्थः। ऋषिदेववचसोरङ्गमन्त्रमध्ये पार्थक्येन निर्देक्ष्यमाणत्वादिति भावः। मध्ये संख्यापिण्डकथनं तु श्लोकसंख्यातो मन्त्रसंख्याया अत्यन्तविप्रकर्षेण गणकबुंद्धिभ्रमनिरासार्थम्। ऋषिदेववचसो गणनमध्यायसमाप्तिभ्रम-निरासार्थम्। अत्रैकैकश्लोकोद्भवमन्त्रस्यावतारत्रयरूपप्रतिपाद्यभेदेनैव भेदं वदता मन्त्राणां शब्दानुपूर्व्या मिथो वैलक्षण्याभावः सूचितः न्याय्यश्च। नमस्तस्या इत्यक्षरचतुष्टयस्यैकरूपत्वेति तच्छब्दार्थानां महाकाल्यादिरूपाणां भेदात् सर्वत्र सहस्रनामसु नाम्नां पुनरुक्त्या सहस्रसंख्यान्यूनताप्रसक्तेः पुनरुक्तनाम्नामर्थभेदवर्णनेनैव भगवत्पादादिभिर्भाष्यकारैः परिह्रियमाणताया दर्शनात्। मन्त्राणामनुसंधानार्थत्वेन तद्भेदाद्भेदस्य युक्तत्वाच्च। पूर्वार्धस्य तु प्रतिमन्त्रं पूर्वभागेऽनुषङ्गः। चरमाक्षरचतुष्टयस्य तु प्रतिमन्त्रमन्तेऽनुषङ्गः। 'या ते अग्ने अयाशया रजाशया हराशया तनूवर्षिष्ठा गह्वरेष्ठा उग्रं वचो अपावधीस्त्वेषं वचो अपावधीः' इतिमन्त्रे अयाशयादित्रये प्रत्येकं पूर्वभागे याते अग्ने इत्यस्याग्रे तनुरित्यादेश्च योगेन मन्त्रत्रयस्वरूपस्यानुषङ्गो वाक्यसमाप्तिः सर्वेषु तुल्योगित्वादित्यधिकरणे निर्णयदर्शनात्। तेनैव न्यायेन नमकचरममन्त्रस्यैकत्वेन पठितस्यापि होमे विभज्य मन्त्रत्रयकल्पनापेक्षायां ये पृथिव्यामित्यादित्रये नमो रुद्रेभ्य इति पूर्वभागस्यैषवस्तेभ्य इत्यादेरुत्तरभागस्य च पूर्वोत्तरस्थाने प्रत्येकमनुषङ्गेण मन्त्रत्रयस्य सर्वसंमतत्वाच्च। तेन या देव सर्वभूतेषु विष्णुमायेति शब्दिता। नमस्तस्यै नमोनम इति चतुर्विंशत्यक्षरोऽष्टाक्षरैस्त्रिभिः पादैरेको गायत्रीछन्दस्को मन्त्रः सिद्धः। अयमेव च त्रिः पठनीयः। देवता तु भिन्नानुसन्धेयेति सिद्धम्। एवंसति यत्काण्वेनोक्तम्। प्रथमो विंशत्यक्षरो द्वितीयश्चतुरक्षरस्तृतीयोऽष्टाक्षर इति तद्विभजनं केन न्यायेन केन वा वचनेन सिध्यतीति स एव प्रष्टव्यः। ननु नमस्तस्यै इत्येतत्रयमेव प्रत्येकं परिपूर्णवाक्यत्वान्मन्त्रत्रयम्। तस्मिन्सीदामृत इत्यस्येव तच्छब्दप्रयुक्ताकाङ्क्षायाः पूर्णत्वविघटकत्वा-भावादिति त्वयैवोक्तेः। तेनैव न्यायेन या देवीत्यस्य प्रत्येकं मन्त्रत्वप्राप्तौ त्रय एव प्रतिश्लोकं मन्त्रा इति(प्रति) वचनेनाधिक्यासंभवाय यत्र क्वचिदेकवाक्यतयान्तराकाङ्क्षणामात्रेण योगे सिद्धे स्वाव्यवहितेनैव परेण योगः कल्प्यते तावतैव निराकाङ्क्षत्वात्। एवं नमोनम इत्यस्यापि स्वाव्यवहितपूर्वेणेति मध्यस्थस्य न केनापि योगः। अयाशयेत्यादेर्ये पृथिव्यामित्यादेश्च निराकाङ्क्षत्वाभावादुभयाकाङ्क्षाया कल्प्यमानो योगो

विनिगमनाविरहात्रिष्वपि सिध्यति वैषम्यम्। यत्त्वर्थभेदमात्रेण मन्त्रभेद इति तन्नामार्थकशब्दमात्रोच्छेदापत्त्या ललितासहस्रनामव्याख्याने बौधायनीयसहस्र-भोजनखण्डव्याख्याने च त्वयैव निरस्तमिति न तत्साधकम्। अत एव 'ऋताषाडृतधामाग्निर्गन्धर्वस्तस्यौषधयोऽप्सरस ऊर्जो नाम स इदं ब्रह्म क्षत्रं पातु ता इदं ब्रह्म क्षत्रं पान्तु तस्मै स्वाहा ताभ्यः स्वाहा' इत्येतावन्मात्रस्य परिपूर्णतया ता इदं ब्रह्मेत्यंशस्य योग्यस्याप्नुषङ्गं परिहृत्यैव मन्त्रत्वं स्वीकृतम्। संकर्ष इति चेन्मैवम्। वाक्यशेषशेषिणोरानन्तर्य-स्याप्रयोजकत्वात्। बहुशेषास्याप्येकत्रैव लाघवाय पठनीयत्वेन यत्र क्वापि पाठे तस्याप्यवर्जनीयत्वादेव। अतएवोक्तं जैमिनि 'आनन्तर्यमचोदना' इति। अन्यथा 'चित्पतिस्त्वा पुनातु। वाक्पतिस्त्वा पुनातु। देवस्त्वा सविता पुनातु' इति वाक्त्रयस्यापि प्रत्येकं परिपूर्णत्वेन 'अच्छिद्रेण पवित्रेण वसोः सूर्यस्य रश्मिभिः' इति शेषस्य स्वाकाङ्क्षामात्रेण कल्प्यमानो योग एकेनैव कल्पनीयः स्यात् इष्टश्च तस्य त्रिभिरपि योगो भाष्यकारादेः। कथमन्यथा शतरुद्रीये 'देवानाꣳहृदयेभ्यः' इतयस्य 'नमो वः किरिकेभ्यः' इत्यव्यवहितपूर्वेणान्वयमात्रेण विश्रान्ताकाङ्क्षस्य 'नमो विक्षीणत्केभ्यः' इत्यादीनां नमस्तस्या इतिवत्पूर्णानामप्याकाङ्क्षोत्थापनेन तस्य पुनःपुनराकार्षणेन महति अमेयातनेन (?)बहुशेषतापादनं सर्वसंमतं युज्यताम्। तस्मादन्यतराकाङ्क्षप्याप्युत्थाप्यमाना परस्याकाङ्क्षा विनिगमनाविरहात्रयाणामपि शेषित्वयोग्यानामुत्थाप्यत इति त्रिभिरप्यावृत्त्या शेषस्याप्यन्वयो वाच्यः। ताभ्यः स्वाहेस्यत्येव ता इदमित्यस्यापि पूर्णत्वेनान्यतराकाङ्क्षाया अप्यभावेन वाक्यान्तरेण संदर्भ(पतितयैव)पठिततया च नानुषङ्गप्रसक्तिः। ऋष्यन्तरमतानुसारेण तस्य प्रसक्तौ वा तयैव रीत्या स्वाहेत्यस्यापि अनुषङ्गेणैव सिद्धेर्द्धिः पाठवैय्यर्थ्यापत्तिः। तद्वशादेव च तावन्मात्रस्यैव भिन्नमन्त्रत्वज्ञापनान्न दोषः। अथापि यदि य इदं या दमिति यच्छब्दयोगेन पठ्यते तदानुसङ्गो ब्रह्मणापि न वार्येत। तच्छब्दपाठात्तु द्वयोरपि नैराकाङ्क्ष्यान्नानुषङ्ग इति तु संकर्षस्थजैमिनीयाधिकरणाशयः। एतेन तत्र स्वाहाशब्दस्येव प्रकृते नमःशब्दस्य प्रत्येकं पाठात्तावन्मात्रस्यैव मन्त्रत्वसंभव इत्यपास्तम्। शेषस्य या देवीति यच्छब्दघटितत्वेन वचनबलेन स्वतन्त्रमन्त्रत्वायोगेन त्रिष्वप्याकाङ्क्षाया उत्थापनीयत्वात्। पूजायां तु नमोऽन्तिमा इति

वचनेनान्त्यभागे एव योजनीयस्य लौकिकनमःशब्दस्यानुषक्तंनमोनमःशब्दस्य वा पूजार्थकत्वेन 'स्वाहाकृतस्य समुत्तृप्णुतर्भुवः स्वाहेति' मन्त्रमध्यपठितस्वाहापदस्य हविस्त्यागार्थकताया इव तादृशनमः शब्दस्यापि तदभावेन तत्पुनः पाठमात्रेण तावन्मात्रस्य मन्त्रत्वासिद्धेश्च। अतोऽन्यायाभासमूलक एव त्वत्कल्पितो विभागः। तादृशस्याप्युपादेयतायामिहैवाव्यवस्थापत्तिः। यथा पूर्वार्धमेको मन्त्रः। उत्तरार्धे तु समं स्यादिति न्यायाद् द्वौ पादौ द्वौ मन्त्रौ। अथवा द्वाविंशत्यक्षरश्चतुरक्षरः षडक्षर इति त्रयः। अथवा विंशत्यक्षरः षडक्षरौ द्वाविति मध्यममन्त्रस्य 'नमो हिरण्यबाहवे' इत्य(स्ये)त्रेवोभयतो नमस्कारत्वसंभवात्। अथवा द्वितीयतृतीयनमःशब्दयोः पूर्वत्र परत्रापि वारद्वयमन्वयः। 'नमो भवाय च रुद्राय च नमः शर्वाय च' इत्यादौ द्वितीयादिनमःशब्दानां काकाक्षिवदुभयत्रावृत्तिस्वीकारेण तेषामुभयतो नमस्कारात्मकत्वपक्षस्यापि स्वीकारात्। तेन द्वाविंशत्यक्षरषडक्षराष्टाक्षरा इति त्रयो मन्त्रा भवन्ति नमोनम इत्येव वा नम इत्येव वा भिन्नो मन्त्रः। मध्यमः षडक्षरोऽष्टाक्षरो वा दशाक्षरो वा चतुरक्षरो वा इतरांश एकः। वसिष्ठस्मृतौ शूद्रधर्मप्रकरणेऽस्याभ्यनुज्ञातो नमस्कारो मन्त्र इति वाक्यस्य नम इति शब्दमात्रं द्व्यक्षरो मन्त्र इति व्याख्यानदर्शनात्। अतएव नमः शब्दौ द्वावपि वा भिन्नौ मन्त्रावन्यः सर्व एक इत्यादिबहुव्याकुली स्यात्। यद्यप्यर्थभेदेन मन्त्रभेदो निरस्त इति तदपि न। ललितासहस्रनामखपुनरुक्तताया एव संभवप्रदर्शनाय तन्निरासात्। सहस्रभोजनेऽप्येकस्यैव ब्राह्मणस्य दिनभेदेन द्विर्भोजननिरासार्थं तथोक्तेः। अलाभे तु तस्याप्यङ्गीकारात् कथमन्यथा विष्णुसहस्रनामादौ गतिः। नामशब्दस्य प्रातिपदिकपरत्वेनार्थवच्छब्दरूपस्य विशिष्टस्य तस्यार्थैक्योऽपि शब्दभेदमात्रेणैव शब्दैक्येप्यर्थभेदमात्रेण भेदस्य विशेष्याभावादिप्रयुक्तविशिष्टाभावरूपस्यापाततो दुर्निवारतायास्तत्रैवास्माभिः समर्थितत्वाच्च। अवतारैः पृथङ्मन्त्रा इति वचनेनैवार्थभेदस्यैव प्रकृते मन्त्रभेदकत्वेन स्पष्टमेव मन्त्राणां साजात्यध्वननाच्च। एकस्यैव त्रिराम्नानेनाभ्यासादपि मन्त्रभेदसिद्धेश्च। कथमन्यथा ऋचां दशसहस्राणीत्यादिना ऋग्वेदमन्त्राणां समुदितसंख्यापिण्डः कथ्यमानो युज्यताम्। कतिपयानामृचामश्वावती गोमतीरित्यादीनां पुनराम्नानात्

सावर्णिर्भविता मनुरिति चरमचरणस्य सकृदाम्नातस्यापि त्वमन्तरीत्या द्विरुच्चारणविधानमात्रेण मन्त्रेण मन्त्रान्तरत्वस्वीकारे एकजातीयस्यैव त्रिराम्नाने मन्त्रत्रयत्वस्य कैमुतिकन्यायेनैव सिद्धौ शब्दभेदानावश्यकत्वाच्च। वस्तुतस्तत्र त्रयोदशाध्यायान्तिमश्लोक(द्वय) स्यैव पुनरुच्चारणं विधीयते न चरमचरणमात्रस्येति वक्ष्यते। तेन 'भद्रं नो अपि वातय मनः' इति दशाक्षरस्य ऋगन्तरावयवत्पार्थक्याभ्यां मन्त्रभेदस्येव सावर्णिरिति चरणे पूर्वश्लोकशेषत्वस्वातन्त्र्याभ्यां द्वैविध्यस्य स्वीकारेण दृष्टान्तासिद्धावपि न क्षतिः। चरमश्लोकद्वयस्यैव दृष्टान्तत्वसंभवात्। तस्माद्गायत्रीछन्दस्क एक एव मन्त्रोऽवतारभेदानुसंधानेन त्रिस्त्रिः पठनीय इति कृतमतयो मात्सर्यमुत्सार्य विदांकुर्वन्तु। "आदावेवं स्तवादि स्यादन्ते कस्मान्न गृह्यते। इति सप्तदशश्लोकमन्त्रा अथ ऋषेर्वचः। निशम्येत्यादयः श्लोका गिरेत्यन्तास्ततस्त्रयः। अथ दूत उवाचेति देवि दैत्येश्वरादयः। व्रजान्ता नव मन्त्राः स्युरथो ऋषिरुवाचह। इत्युक्त्वा सा तदेत्येकः श्लोमन्त्रः सरस्वती। देव्युवाचाथ चत्वारः श्लोकाः सत्यादयो लघु। दूतोक्तिरवलिप्तासि मैवमित्यादयस्ततः। श्लोका गमिष्यसीत्यन्ताश्चत्वारो देव्युवाच हि। एवमेतद्बली दैत्यः स च युक्तं करोतु यत्। इत्यन्तौ द्वौ मन् श्लोकावङ्गमन्त्रांश्च ते नव। इत्यूनत्रिंशदधिकाः शतं मन्त्राः प्रकीर्तिताः"। अत्र लघ्विति पदस्य लघ्वन्ता इत्यर्थः। सरस्वतीशब्दो देवीविशेषणम्। तृतीयचरित्रे तस्या एव देवतात्वद्योतनार्थम्। संख्यापिण्डकथनं त्वध्यायसमाप्तिद्योतकम्। "ऋष्युक्तिरित्याकर्ण्येति श्लोकाश्चत्वार ईरिताः। पुनर्ऋषिरुवाचेति तेनाज्ञप्ता इतित्रयः। श्लोकात्मकास्ततो मन्त्रा देव्युवाच ततः परम्। दैत्येश्वरेण प्रहित इत्येकः श्लोकमन्त्रकः। अथर्षिवाक्यमित्युक्तः सोऽभ्यधावदिति ह्यमीं। श्लोका द्वादश मन्त्राः स्युः षष्ठेऽध्याये तु संहताः। चतुर्विंशतिसंख्याका देवताहुतयः क्रमात्। ऋष्युक्तिराप्तेत्याद्यास्त्रयोविंशति मातरः। ऋषिवाक्यं ततसतावानीतौ द्वौ मातराविति। सप्तविंशतिसंख्याका भवन्त्याहुतयः प्रिये। अत्राध्यायद्वये देवी धूम्राक्षीति प्रकीर्तिता"। देवतामन्त्रयोर्भेदान्मातृपदेन मन्त्रा एवोच्यन्ते। "ऋषिश्चण्डे च निहते इत्यध्यायावसानकाः त्रिषष्ट्याहुतयः प्रोक्ता एकात्रार्धाहुतिर्मता। रक्ताक्षी देवताष्टौ च महाशक्त्यः प्रकीर्तिताः"। ऋष्याद्या अध्यायसमाप्तिपर्यन्तास्त्रिषष्टिमन्त्रास्तेष्वकोऽर्धश्लोकमन्त्र एक ऋषिरुवाचेति मन्त्र एकषष्टिश्लोकमन्त्राः। अस्याध्यायस्य नव देवताः

तेष्वेका रक्ताक्षी या चण्डिकाया ललाटफलकान्निष्पन्ना। अन्या ब्रह्मेशगुहविष्णुवराहनृसिंहशक्रचण्डिकानां शक्त्योऽष्टावित्यर्थः। 'क्तिच्क्तौ च संज्ञायाम्' इति शक्तेः क्तिचि 'कृदिकारात्' इति ङीषि शक्त्य इति रूपम्। स चार्धश्लोको 'मुखेन काली जगृहे रक्तबीजस्य शोणितम्' इति। ततोऽसावाजघानाथेत्याद्युत्तरश्लोकषट्कसामंजस्यस्य तदभावेऽनुपपत्तेः। एतेन मन्त्रार्थगन्धानभिज्ञेनोक्तसतेषां मातृगण इत्यधर्ममन्त्रत्वेन नोपादेयः। "राजा विचित्रमित्यादिश्लोकद्वयमथो ऋषिः। चकार कोपमत्तुलमित्याद्याः श्लोकरूपकाः। सप्तत्रिंशच्च विज्ञेया देवतामन्त्ररूपकाः। इत्येकचत्वारिंशत्स्युर्नवमाहुतयः शिवे। देवता भैरवी तारा शृणु गोप्यं वरानने। ऋषिर्निशुम्भं निहतमिति श्लोकावुभौ मनू। ततो देवी वचः प्रोक्तमेकैवाहमिति द्वयम्। देव्युवाच ततश्चाहं विभूत्येत्येकलो मनुः। ऋषिस्ततः प्रववृते साधो द्वाविंशतिर्मताः। द्वात्रिंशन्मनवः सर्वे तेष्वेकोऽर्धमनुर्मतः। दशमे सिंहामारूढा शूलपाशविधारिणी। मुख्या चतुर्भुजा बाणचापहस्ता शुभेक्षणा"। एकल एकः। तत्रापि सा निराधारायुयुधे तेन चण्डिका। इत्यर्धश्लोको मन्त्रा नतु सर्वान्तिम इति भ्रतितव्यम्। नियुद्धं खे तदेत्यादीनामसामञ्जस्यापत्तेः। इति श्रीगुप्तवत्यां कात्यायनीतन्त्र-स्थद्वाविंशपटलस्य व्याख्या॥ ॥ अर्थतत्संग्रहश्लोकाः सार्धत्रयोविंशतिः। अथर्षिवाक्पुरा शुम्भेत्यादयः श्लोककास्तु पट्। देवा ऊचुर्नमो देव्या इत्यादि श्लोकपञ्चकम्। "ततः श्लोकैकविंशत्या प्रतिश्लोकं त्रिशस्त्रिशः। तद्विभागानुषङ्गाभ्यां त्रिष्ट्याहुतयो यथा। महाकाल्याद्यर्थभेदान्नमस्तस्या इति त्रयः। मन्त्रात्पूर्वोत्तरौ शेषौ या देव्यर्धं नमोनमः। तेषामाद्यन्तयसोर्योज्यौ प्रतिमन्त्रक्रमेण तु। तेन पर्यवसन्नः स्यादेकेकौ मन्त्र ईदृशः। या देवीत्यर्धमुच्चार्य नमस्तस्यै नमोनमः। इत्युच्चरेत्रिपाद्गायत्र्येषा त्वदवसानिकाः एते पूर्वार्धतुर्याङ्घ्रियोगोऽस्या एकविंशतिः। भवन्ति विष्णुमायादिभ्रांत्यन्तपदगर्भिताः। प्रथमा विष्णुमायोक्ता द्वितीया चेतना ततः। बुद्धिर्निद्रा क्षुधा छायाशक्तिस्तृष्णा तथाष्टमी। क्षान्तिर्जातिरथो लज्जा शान्तिः श्रद्धा त्रयोदशी। कान्तिर्लक्ष्मीस्ततो वृत्तिः स्मृतिरूपेण संस्थिता। दया तुष्टिस्त(थामाता)तो माया भ्रान्तिरित्येकविंशतिः। स्वस्थानवृद्ध्या त्रिःप्रोक्ता त्रिषष्टिर्मनवः स्मृताः। इन्द्रियाणामिति श्लोक एको मन्त्रस्तदुत्तरः। चितिरूपेण येत्येषप्राग्वन्मन्त्रत्रयात्मकः। स्तुता सुरैरिति श्लोकावृषिरेवंस्त-

वादिकाः। श्लोकाः सप्तदशाथर्षिर्निशम्येति मनुत्रयम्। दूतोक्तिर्देवि देत्येति नवश्लोका ऋषेर्वचः इत्युक्त्वा सा तदेत्येकः श्लोको देवीवचस्ततः। सत्यमुक्तमिति श्लोकचतुष्कमथ दूतवाक्। अवलिप्तेति चत्वारः श्लोका देव्यास्ततो वचः। एवमेतदिति द्वावित्येकोनत्रिंशदुत्तरम्। शतं मन्त्राः पञ्चमे षट्सप्ततिश्लोकमण्डिते। अथर्षिरित्याकर्ण्येति चतुःश्लोकी ऋषेर्वचः। तेनाज्ञप्त इति श्लोकत्रयं देवीवचस्ततः। दैत्येश्वरेणेत्येकोऽथ ऋषिरित्युक्त इत्यमी। द्वादशेति मताः षष्ठे चतुर्विंशतिमन्त्रकाः। अथर्षिवाक्यमज्ञाप्ता इत्याद्यास्त्र्याढ्यविंशतिः। ऋषिस्तावित्युभावित्थं सप्तमे सप्तविंशतिः। अथर्षिवाणी चण्डे चेत्यारभ्याभिजघान तम्। इत्यन्ताः पञ्चपञ्चाशच्छ्लोका मन्त्रास्ततः परम्। मुखेन काली जगृह इत्यर्धश्लोकमन्त्रकः। ततोऽसाविति षट् श्लोकास्त्रिषष्टिश्चेत्थमष्टमे। राजा विचित्रमित्यादि श्लोकद्वयमथो ऋषिः। चकार कोपमित्याद्याः सप्तत्रिंशदुदीरिताः। इत्येकचत्वारिंशत्स्युर्नवमाध्यायमन्त्रकाः। ऋषिर्निशुम्भं निहतमिति द्वावम्बिकावचः। एकैवेति द्वयं देवी तत एकोऽहमित्यृषिः। ततः प्रववृते युद्धमिति श्लोकास्त्रयोदश। तत्रापि सा निराधारेत्यर्धश्लोकात्मको मनुः। नियुद्धं खे तदा दैत्या इत्याद्या मनवो नव। इत्येवं दशमेऽध्याये द्वाविंशन्मनवो मताः"॥ ॥ अथ मन्त्रव्याख्या। उत्तमचरित्रस्य रुद्र ऋषिः। महासरस्वती देवता। अनुष्टुप् छन्दः। भीमा शक्तिः। भ्रामरी बीजम् सूर्यस्तत्त्वम्। महासरस्वतीप्रीत्यर्थे जपे विनियोगः॥ पुरेति। कश्यपाददित्यामुत्पन्नौ नमुचेर्ज्येष्ठो शिवदत्तवरौ शुम्भनिशुम्भाविति पुराणान्तरे स्थितं क्वचिद्देशे त्विहाध्याय आदित एव श्लोकत्रयमधिकं पठ्यते। "पुरा शुम्भनिशुम्भाख्यावसुरौ घोरदर्शनौ। अप्राप्तयौवनावेव चेरतुस्तप उत्तमम्। वर्षाणामयुतं दिव्यं राजन्विस्मापनप्रदम्। निराहारौ यतात्मानौ पुष्करे लोकपावने। ततः प्रसन्नो भगवान्ब्रह्मा लोकपितामहः। मनोभिलषितान्कामांस्तयोः प्रादादनुत्तमान्। ततः शुम्भनिशुम्भाभ्यामसुराभ्यां शचीपतेः"। इत्यादि। अन्यत्र शिववरोप्यनरोरुक्तः। ये तु शुम्भशब्दं तालव्यादिं बहवः पठन्ति तच्चिन्त्यम्। दक्षिणामूर्तिसंहिताविरोधात्। तत्र हि ज्वालामालिनी नित्याप्रकरणे जातवेदसे सुनवाम सोममित्यृगक्षरादिदेवता-नामकथनावसरे जाग्रतीतपिनी वेदगर्भादहनरूपिणी सेन्दुखण्डासुम्भहन्त्री नभश्चारिण्यनन्तरमिति पाठात्। अतएव दन्त्यादित्वेनैव द्रविडदेशे पाठः संगच्छते। मदबलाश्रयादिति समाहारः। अनुचिताहरणे मदो हेतुः। स च

"विद्यामदो धनमदः" इत्यादिरीत्या बहुविधः। बलं सैन्यं शारीरं तपश्च तदुभयसाधारणो हेतुः। आश्रयः शिवदत्तवररूपः दुर्गस्थानादिवररूपश्च ॥1॥

(2 चतुर्धरी) इदानीं देव्या माहात्म्यान्तरमाचिख्यासुरनन्तराध्याय-सूचितसूमितिहासान्तरमवतारयत्। पुरेति। शुम्भनिशुम्भाभ्यां कश्यपसूनुभ्याम् असुराभ्यां दनुजाभ्याम्। तथा च वामनपुराणे 'कश्यपस्य दनुर्नाम भार्या सा द्विजसत्तम। तस्याः पुत्रद्वयं जज्ञे सहस्राक्षाद्बलाधिकम्। ज्येष्ठः शुम्भः इति ख्यातो निशुम्भश्चापरोऽसुरः। तृतीयो नमुचिर्नाम् महाबलपराक्रमः' ॥1॥

(3 शान्तनवी) हे राजन् पुरा पूर्वस्मि(न्कल्पे)न्काले शुम्भनिशुम्भाभ्याम् असुराभ्यां द्वाभ्यां कर्तृभ्यां मदबलाश्रयात् मदेन गर्वेण सहितं बले मद्बलं तस्य आश्रयः संश्रयणं तस्माद्धेतोर्मदबलान्वितत्वात्। शचीपतेः इन्द्रस्य इन्द्राद्वा सकाशात् त्रैलोक्यम् आहृतं गृहीतम्। किंच यज्ञभागाश्च हृताः। यज्ञविधिविहतिद्वारा यज्ञभागा अपि इन्द्रस्य विहताः। त्रयो लोकास्त्रैलोक्यं यज्ञानां भागाः अंशाः। 'हर्षे गर्वे मदे क्षैब्ये गजदाने च कीर्तितः'। 'स्थौल्यसामर्थ्यसैन्येषु बलं ना काकसीरिणोः'। शुम्भ भाषणे हिंसायां च। भ्वादिः परस्मैपदी दन्त्यादिः। शुम्भति भाषते हिनस्ति च शुम्भः। दन्त्यादिरपि शुम्भः। तालव्यादिपाठे तु शुम्भ शोभार्थे। रुधादिः। शुम्भति शोभते रणेष्विति शुम्भः तथा निशुम्भः ॥1॥

(4 नागोजीभट्टी) यथावत्कथयामीति प्रतिज्ञातमितिहासमाह। ऋषिरुवाच। पुरेति। कश्पात् दन्वामुत्पन्नौ नमुचिज्येष्ठौ शुम्भनिशुम्भाविमौ सतालव्यौ चेति वामनपुराणे। लक्ष्मीतन्त्रेपि 'तामसे त्वन्तरे शक्र महाविद्यां विधाय सा। गौरीदेहात्समुद्भूता कौशिकीति तदा ह्यहम्। वधाय दुष्टदैत्यानां तथा शुभनिशुम्भयोः। मदीयाः शक्तयो यास्ता देवश्रेष्ठशरीरगाः। तास्तास्तद्रूपधारिण्यः साहाय्यं विदधुर्मम। ताभिर्निहतदैत्येन्द्राद्धन्तव्यो मे यथातथा। संहृत्यात्मनि ताः सर्वा मदीया विप्लुषोऽखिलाः। अहं निजघ्नुषी पश्चाद्दैत्यौ शुम्भनिशुम्भका'विति। 'नारायणीस्तुतिर्नाम सूक्तं परमशोभनम्। पुरंदर तदा दृष्टं देवैरग्निपुरोगमैः। एषा संपूजिता भक्त्या सर्वज्ञत्वं प्रयच्छति। कौशिकी सर्वदेवेश सर्वकामप्रदा ह्यहम्। उत्पत्तिर्युद्धविक्रान्तिः स्तुतिश्चेति पुरातनैः। पठ्यते त्रितयं विप्रैर्वेदवेदाङ्गपारगैः। एतासां परमा प्रोक्ता कूटस्था सा महीयसी। महालक्ष्मीर्महाभागा प्रकृतिः परमेश्वरी। अमुष्याः स्तुतये दृष्टं ब्रह्माद्यैः सकलैः

सुरैः। नमोदेव्यादिकं देवीसूक्तं सर्वफलप्रदम्। इमां देवीं स्तुवन्नित्यं स्तोत्रेणानेन मामिह। क्लेशानतीत्य सकलानैश्वर्यं महदश्नुते' इति। 'यज्जप्त्वा वैश्यसुरथौ परां सिद्धिमवापतुः' इति अग्निमुखदेवगणदृष्टस्तोत्रं नारायणीसूक्तम्। तत्र 'नारायणि नमोस्तु ते' इति बहुधाभ्यासात् नमो देव्यै इत्यादिकं देवीसूक्तं देवीपदेनोपक्रमादिति बोध्यम्। मदो गर्वः। बलं शक्तिः॥1॥

(5 जगच्चन्द्रचन्द्रिका) अथ पञ्चमाध्यायस्य सप्तशतीमन्त्रहोमविभाग उच्यते। 'षट्सप्ततिश्लोकयुक्तेऽध्याये मन्त्रास्तु पञ्चमे। एकोनत्रिंशदधिकं शतं कात्यायनीमतम्' इति। तु पुनः षडधिका सप्ततिः षडधिका सार्धविंशतित्रयं तावन्तो ये श्लोकास्तैर्युक्ते ईदृशे पञ्चमे पञ्चमाध्याये एकेन ऊना त्रिंशन्नवाधिका विंशतिरित्यर्थः। अधिकं शतं विंशतिपञ्चकं कात्यायनीमते कात्यायनीतन्त्रस्य मते मन्त्राः स्युः। एक ऋषिरुवाचेति। 'ऋषिरुवाचेति एको मन्त्रः 1'। पुरा शुम्भादयश्च षट्। श्लोकमन्त्रा इति। पुरा शुम्भ इति श्लोक आदिर्येषां ते पुराशुम्भादयः पुरा शुम्भनिशुम्भाभ्यामित्यादयः च पुनः षट् श्लोकमन्त्राः श्लोकरूपाः षट् मन्त्रा वर्तन्ते। तथाहि पुरा शुम्भ इति 2॥1॥

(6 दंशोद्धार) पूर्वाध्यायान्ते सूचितमितिहासं प्रस्तुवन्नृषिरुवाच। शुम्भनिशुम्भौ कश्यपसुतौ। यथोक्तं वामने। 'कश्यपस्य दनुर्नाम भार्यासीद्द्विजसत्तमाः। तस्याः पुत्रत्रयं जज्ञे सहस्राक्षाद्बलाधिकम्। ज्येष्ठः शुम्भ इति ख्यातो निशुम्भश्चाऽपरोऽसुरः। तृतीयो नमुचिर्नाम महाबलपराक्रमः' इति। मदो गर्वः। बलं शक्तिः॥1॥

तावेव सूर्यतां तद्वदधिकारं तथैन्दवम्।
कौबेरमथ याम्यं च चक्राते वरुणस्य च॥2॥

(1 गुप्तवती) सूर्यतां रूपधर्मकालादिपरिच्छेदरूपमधिकारम्। त्रैलोक्यपदेन स्वर्गस्यापि क्रोडीकारादितरदिक्पालत्रयमेवाह। कौबेरमिति॥2॥

(2 चतुर्धरी) सूर्यतां सूर्यभावं सूर्यस्याधिकारमित्यर्थः। ऐन्दवम् इन्दुसंबन्धिनमधिकारम् इतरविलक्षणं क्रियाकलापं तथा कौबेरमथ याम्यं च वा वरुणस्याधिकारमित्यनुषज्यते॥2॥

(3 शान्तनवी) तावेव शुम्भनिशुम्भावेव कामरूपत्वात् सूर्यरूपता सूर्यभावं चक्राते विदधाते। सूर्याधिकारहरणात् सूर्यभावमिव। ऐन्द्रवम् इन्दुसंबंधिनम्

अधिकारम् आधिपत्यं तावेवासुरौ चक्राते। तथा तावेव कौबेरसंबन्धिनमधिकारं कुबेरपदं चक्राते। अथ च तावेव याम्यं यमदैवताकम् अधिकारं चक्राते। तथा तावेव वरुणस्य अधिकारं चक्राते। याम्यमिति। 'दित्यदित्यादित्य-पत्युत्तरपदाण्ण्यः' इत्यत्र प्राग्दीव्यतीयेष्वर्थेषु यमाच्चेति वक्तव्यमिति ण्यः। सूर्येन्दुकूबेरयमवरुणाधिकारान् तावेवासुरौ द्वावपि अग्रहीष्टामित्यर्थः ॥2 ॥

(4 नागोजीभट्टी) तावेवेति। सुवति कर्मणि लोकं प्रेरयतीति सूर्यस्तस्य भावः सर्वलोककर्मप्रेरकता। तद्वदैन्दवमधिकारं तथा कौबेरं वरुणस्य चाधिकारमित्यन्वयः ॥2 ॥

(5 जगच्चन्द्रचन्द्रिका) तावेव सूर्यतामिति 3 ॥2 ॥

(6 दंशोद्धार) तावेवेति। सूर्यतां सूर्याधिकारम् ॥2 ॥

तावेव पवनर्द्धिं च चक्रतुर्वह्निकर्म च।
ततो देवा विनिर्धूता भ्रष्टराज्याः पराजिताः ॥3 ॥

(1 गुप्तवती) दैत्यदानवरक्षसामेकयूथ्यत्वेन निर्ऋतेर्वरदायकत्वेनोप-जीव्यत्वादीशानस्य च परित्यागेन विदिक्पालद्वयमेवाह। तावेवेति। चकारद्वयेन वा द्वयोर्ग्रहणम् ॥3 ॥

(2 चतुर्धरी) पवनर्द्धिं वायोरधिकारमित्यन्वयः। ततोऽनन्तरं देवास्तां देवीं स्मरन्तीत्यन्वयः। चिरातीतेऽप्यर्थे वर्तमानतयाऽज्ञेषु ज्ञाप्यते अद्याहं सोनिहन्यते अथाह वर्णानां विदितो महेश्वर इति। विनिर्धूता न्यक्कृताः ॥3 ॥

(3 शान्तनवी) तावेवासुरौ पवनस्य वायोः ऋद्धिम् अधिकृतिम् (अस्खलितगतिं) ऐश्वर्यं च चक्रतुः। तथा तावेवासुरौ वह्नेः कर्म च अग्निव्यापारं चक्रतुः। तावेवान्येषां दिवौकसां देवानामधिकारान्नग्रहीष्टाम्। इदमर्धं क्वाप्येव दृश्यते। ततस्ताभ्यामसुराभ्यां सकाशतः पराजिताः प्राप्तपराभवाः अत एव भ्रष्टराज्यः भ्रष्टाधिकाराः देवाः विनिर्धूताः स्वर्गात् दूरीकृता आसन्। ताभ्यामसुराभ्यां विनिर्धूताः समुज्झितास्त्यक्ता इति भावः ॥3 ॥

(4 नागोजीभट्टी) ताविति। पवनः ऋध्यतेऽनेनेति करण क्तिन्। तेन तदधिकारमित्यर्थः ॥3 ॥

(5 जगच्चन्द्रचन्द्रिका) तावेव पवनर्द्धिमिति 4 ॥3 ॥

(6 दंशोद्धार) ॥3 ॥

हृताधिकारास्त्रिदशास्ताभ्यां सर्वे निराकृताः ।
महासुराभ्यां तां देवीं संस्मरन्त्यपराजिताम् ॥4 ॥

(1 गुप्तवती) चतुर्थश्लोकोत्तरार्धस्थाने श्लोकचतुष्टयमधिकं परे पठन्ति। 'तेषु तेष्वथ धिष्ण्येषु लोकेषु च महीपते। स्वभृत्या प्रथिता दैत्या अधिकारे नियोजिताः। ततो देवाः सहेन्द्रेण बिभ्राणा मानुषीं तनुम्। विचेरुरवनौ राजन्मनुजैः संगताः कृशाः। एवं निवसतां तत्र देवानाममितौजसाम्। गतमासीन्महाराज चत्वारिंशच्चतुर्युगम्। ततो देवाः सहेन्द्रेण ब्रह्मणा च समेत्य वै। दुर्गां भगवतीं भक्त्या संस्मरन्तोपराजिताम्' इति ॥4 ॥

(2 चतुर्धरी) त्रिदशाः तिस्रो जन्मयौवननाशलक्षणाः दशा अवस्था येषां देवानाम्। निराकृता निरासिताः ॥4 ॥

(3 शान्तनवी) ताभ्यां शुम्भनिशुम्भाभ्यां हृताधिकाराः अपहृतराज्याः निराकृताः निरस्ताः सर्वे त्रिदशाः देवाः तां प्रसिद्धाम् अपराजितां कैरप्यपराजिताम् अपराभूताम् अपरैरजिताम् अपरैरजिताम् अपरैरनभिभूतां देवीं स्मरन्ति स्म स्मृतवन्तः। स्मातीतेव्ययम्। स्मरन्तीति पाठे स्मेत्यध्याहृत्य 'लट् स्मे' इति भूते लट् प्रयोगो ज्ञेयः। 'प्रत्यादिष्टो निरस्तः स्यात्प्रत्याख्यातो निराकृतः' अपराजिता नाम देवी ॥4 ॥

(4 नागोजीभट्टी) हृतेति। आत्मसात्कृता इत्यर्थः। अधिकास्त्रिरावृत्ता दश त्रिदशाः अधिकावृत्तरूपान्तभावेनैकार्थाभावः। तेन त्रयस्त्रिंशदित्यर्थः। ते चार्का द्वादश रुद्रा एकादश वसवोऽष्टौ विश्वेदेवौ द्वाविति। एक एव त्रिशब्दस्तन्त्रेणोभयार्थः। निराकृताः स्वर्गादपि निराकृताः निःसारिताः संस्मरन्ति स्मृतवन्तः। वर्तमानसामीप्ये भूते लट् ॥4 ॥

(5 जगच्चन्द्रचन्द्रिका) हृताधिकारा इति 5 ॥4 ॥

(6 दंशोद्धार) हृताधिकारा इति। संस्मरन्तीति भूतेपि वर्तमानव्यपदेश उपचारात्। 'अद्य कंसो निहन्यते' इतिवत् ॥4 ॥

तयास्माकं वरो दत्तो यथापत्सु स्मृताखिलाः।
भवतां नाशयिष्यामि तत्क्षणात्परमापदः ॥5॥

(1 गुप्तवती) तयास्माकमिति। यथाशब्द इति शब्दपर्यायः प्रकारार्थकत्वात् ॥5॥

(2 चतुर्धरी) उत्तमचरितस्य कथं स्मरन्तीत्याह। तथेति। वरस्य कारणमाह। यथेति आपत्सु स्मृता तत्क्षणात् भवताम् अखिला आपदः नाशयिष्यामीत्यन्वयः ॥5॥

(3 शान्तनवी) ताभ्यां निराकृताः देवाः कां बुद्धिमुपेत्य कं देशं गता इत्यत आह। यथा प्रागुक्तप्रकारेण आपत्सु परमापत्तिषु स्मृता सती तत्क्षणादेव भवतां देवानाम् अखिलाः परमापदः नाशयिष्यामीति तया देव्यासमाकं वरो दत्तोऽस्ति इति मतिं मनसि कृत्वा चेतसि निधाय देवाः हिमवन्तं नगेश्वरं नगाधिराजं जग्मुः ययुः। ततस्तत्र विष्णुमायां महामायां प्रतुष्टुवुः प्रकर्षेण भक्तिश्रद्धापूर्वकं स्तुतवन्त। विष्णुमाया महामाया इति पर्यायौ। अथवा वेवेष्टि विष्णुः मानं मायः विष्णुर्मायो मानं परिमाणं यस्याः सा तथोक्ता। सर्वव्यापकेत्यर्थः। प्रतुष्टुवुरिति। प्रः आरम्भे। स्तोतुमारब्धवन्तः इत्यर्थः ॥5॥

(4 नागोजीभट्टी) तत्रैव हेतुमाह। तयेति। स्मृता सती अखिलाः परमापदः इत्यन्वयः ॥5॥

(5 जगच्चन्द्रचन्द्रिका) तयास्माकमिति 6 ॥5॥

(6 दंशोद्धार) स्मरणमाह। तयेत्यादि ॥5॥

इति कृत्वा मतिं देवा हिमवन्तं नगेश्वरम्।
जग्मुस्तत्र ततो देवीं विष्णुमायां प्रतुष्टुवुः ॥6॥

(1 गुप्तवती) ॥6॥

(2 चतुर्धरी) तत्र हिमवन्तं प्रति। प्रतुष्टुवुरिति। प्रशब्दो भक्तिश्रद्धातिशयलक्षणं प्रकर्षमाचष्टे ॥6॥

(3 शान्तनवी) अस्य व्याख्या पूर्वश्लोकेन सह कृतास्ति ॥6॥

(4 नागोजीभट्टी) इतीति। भवान्या अभिव्यक्तिस्थानत्वाद्धिमवद्गमनम्।

तत्र हिमवति शुम्भनिशुम्भदमन्याः सरस्वतीत्वेऽपि यथा विष्णुमायात्वं तथोक्तमुपक्रमे ॥6 ॥

(5 जगच्चन्द्रचन्द्रिका) इति कृत्वेति 7 ॥6 ॥

(6 दंशोद्धार) इतीति। प्रतुष्टुवुरिति प्रशब्दः श्रद्धातिशयं सूचयति ॥6 ॥

देवा ऊचुः।

नमो देव्यै महादेव्यै शिवायै सततं नमः।
नमः प्रकृत्यैः भद्रायै नियताः प्रणताः स्म ताम् ॥7 ॥

(1 गुप्तवती) नमो देव्या इत्यथर्वशीर्षस्थो मन्त्रः। स्मेत्यव्ययम्। प्रार्थनायां वा लोट् ॥7 ॥

(2 चतुर्धरी) देव्यै द्योतनशीलायै। महतो ब्रह्मादीनपि देवयति सर्गादिभिर्व्यवहारयतीति महादेवी तस्यै। शिवं कल्याणं तद्धेतुत्वाच्छिवा तस्यै प्रकृत्यै मूलप्रकृतिरूपायै। सर्वशक्त्यै इत्यर्थः। भद्रमखिलप्राणि-गणरक्षणं करोतीति भद्रा स्थितिशक्तिस्तस्यै। नियताः चित्तप्रणिधानभाजः स्म। स्म पादपूरणे ॥7 ॥

(3 शान्तनवी) नमो देव्या इति। दीव्यति विजिगीष्यते देवी। तस्यै देव्यै नमोस्तु। महान् देवो महादेवः तस्य स्त्री महादेवी तस्यै महादेव्यै सततं नमः। शिवायै मङ्गलहेतवे भवान्यै सततं नमः। पुंयोगे तु शिवस्य स्त्री शिवा। प्रकृतिर्जगत्कारणं सत्त्वरजस्तमसां साम्यावस्था। यद्वा अङ्गमन्त्रापेक्षया मूलमन्त्रात्मिका देवता प्रकृतिः। यद्वा प्रत्ययसात्पूर्वा प्रकृतिः। यदाहुः। 'प्रकृतिः पार्वती साक्षात्प्रत्ययस्तु महेश्वरः। अर्धनारीश्वरः शब्दः कामधुग्वः प्रसीदतु' इति तस्यै भद्रायै नमः। भद्रा सर्वमङ्गला भद्ररूपेत्यर्थः। तां प्रसिद्धाम्। अस्मद्वरदाम् अम्बिकाम् अम्बां नियताः जितेन्द्रियाः प्रणताः नम्रीभवामः। स्मशब्दः पादपूरणेऽव्ययं वा। नियत्यै प्रणताम्नामिति पाठे भक्तिप्रह्लस्वभावानां पुंसां नियत्यै दिष्ट्यै नमः। भाग्यरूपायै नम इत्यर्थः। 'दैवं दिष्टं भागधेयं भाग्यं स्त्री नियतिर्विधिः' ॥7 ॥

(4 नागोजीभट्टी) द्योतितसार्वात्म्येन स्तुतिमाह। देवा ऊचुः। नम इति। देवी द्युत्यात्मिका। महादेवी महतां ब्रह्मादीनामपि

स्वर्गादिव्यवहारप्रवर्तयित्री। शिवा कल्याणरूपा तद्धेतुत्वात्। प्रकृत्यै सृष्टिशक्त्यै। भद्रा रक्षणशक्तिः। नियताः समाहितचित्ताः प्रणताः स्म। स्मेति पादपूरणे ॥7॥

(5 जगच्चन्द्रचन्द्रिका) ततो देवा ऊचुश्चैवाष्टमो मनुरिति। ततः सप्तमन्त्रानन्तरं च पुनः देवा ऊचुः स्वाहेत्येवाष्टमो मनुर्मन्त्रः प्रोक्तः 8। नमो देव्यादिकाः श्लोकाः पञ्चम मन्त्राः प्रकीर्तिताः। नमो देवी आदिर्येषां ते नमो देव्यादिकाः श्लोकाः श्लोकरूपाः पञ्च मन्त्रास्तत्संख्याका मन्त्राः प्रकीर्तिता उक्ताः। तथाहि नमो देव्यै इति 9 ॥7॥

(6 दंशोद्धार) नमो देव्यै द्योतनशीलायै। महतो ब्रह्मादीनपि देवयतिसृष्ट्यादिरूपेण क्रीडयति इति तथा। शिवं कल्याणं तद्धेतुत्वाच्छिवायै प्रकृत्यै मूलप्रकृतिरूपायै भद्रमखिलरक्षणं तद्धेतुत्वाद्भद्रायै नियताः प्रणिहितचित्ताः स्म। पादपूरणे स्म। अव्ययं वा ॥7॥

रौद्रायै नमो नित्यायै गौर्यै धात्र्यै नमो नमः।
ज्योत्स्नायै चेन्दुरूपिण्यै सुखायै सततं नमः ॥8॥

(1 गुप्तवती) रौद्रो रसविशेषस्तद्वती रौद्रा। मत्वर्थीयोच्। धात्र्यै पोषकत्वादुपमात्रे। सुखायै अभेदेन सुखवत्यै शोभनेन्द्रियायै वा ॥8॥

(2 चतुर्धरी) रौद्रायै दारुणायै संहृतिशक्त्यै इति। नित्यायै कालानवच्छिन्नायै। गौर्यै गौरवर्णायै। धात्रयै जगत्पोषिकायै। ज्योत्स्नायै प्रकाशरूपायै। इन्दुरूपिण्यै ज्योतीरूपायै। ज्योत्स्ना इन्दुरुपलक्षणत्वात्। सुखायै परमानन्दमय्यै ॥8॥

(3 शान्तनवी) रुद्रस्येव रौद्रम् उग्रं रूपमस्त्यस्याः सा रौद्री तस्यै रौद्रायै नमः। रौद्रशब्दादर्शआदित्वादच्। 'नेर्ध्रुवे' इत्यप्। नित्यायै कालत्रयावस्थितायै नमः। गुरी उद्यमे तुदादिः अनुदात्तेत्। गुरते गोरः पचाद्यच्। इगुपधत्वात् को वा। गुर एव गौरः। 'प्रज्ञादिभ्यश्च' इति स्वार्थेण्। 'टिड्ढाणञ्' इति स्त्रियां ङीप्। यद्वा वर्णवाचित्वेन रूढत्वात् 'षिद्गौरादिभ्यश्च'इति निपातनात्साधुत्वे ङीप्। गौर्यै पार्वत्यै नमः। गौरी गौरवर्णयोगात्। यद्वा गुङ् अव्यक्ते शब्दे। अतः उणादौ 'ऋज्रेन्द्राग्र' इत्यादिसूत्रेण रणि वृद्धौ निपातितायां गवते गौरः। 'गौरोऽरुणे सिते पीते'। धात्र्यै धरण्यै नमोस्तु। धात्र्यै उपमात्रे च नमः। 'धात्री स्यसादुपतामापि

क्षितिरप्यामलक्यपि। ज्योतिःशास्त्रविशेषे स्याज्ज्योतिरक्षरतेजसोः। ज्योतिर्ना भास्करे क्लीबमग्निस्वद्योतदृष्टिषु' ज्योतिरस्त्यस्यां ज्योत्स्ना। तस्यै ज्योत्स्नायै सततं नमः। चदि आह्लादने। चन्दति चन्द्रः। रूप रूपक्रियायाम्। रूप रूपदर्शने च। चुरादिः। चन्द्रं रूपयति तच्छीला चन्द्ररूपिणी तस्यै चन्द्ररूपिण्यै सततं नम। चन्द्रस्य रूपं करोति चन्द्ररूपिणीति च व्युत्पत्तिः। 'सुख दुःख तत्क्रियायाम्' सुखनं दुःखनं च तत्क्रिया। सुखयतीति सुखा। पचाद्यच्। सुखायै सुखकारिण्यै सततं नमोऽस्तु ॥8॥

(4 नागोजीभट्टी) रौद्रायै इति संहारशकत्त्यै। नित्या कालानवच्छिन्ना नित्याख्यशक्तिरूपा च। गौरीति तद्धरणाद्धात्री जगदाधारा ज्योत्स्ना चन्द्रकिरणा। इन्दुश्चन्द्रः। इदमुपलक्षणम् ज्योतीरूपस्य। सुखा परमानन्दरूपा ॥8॥

(5 जगच्चन्द्रचन्द्रिका) रौद्रायै इति 10 ॥8॥

(6 दंशोद्धार) रौद्रायै इति। संहारशक्त्यै नित्यायै कालानवच्छिन्नायै गौर्यै गौरवर्णायै धात्र्यै पोषिण्यै ज्योत्स्नायै प्रकाशकारिण्यै इन्दुरूपिण्यै ज्योतिःस्वरूपायै सुखायै आनन्दमय्यै ॥8॥

कल्याण्यै प्रणतावृद्ध्यै[1] सिद्ध्यै[2] कूर्म्यै नमो नमः।
नैर्ऋत्यै भूभृतां लक्ष्म्यै शर्वाण्यै ते नमो नमः ॥9॥

(1 गुप्तवती) प्रणतावृद्ध्यै प्राणतानामवृद्धिरूपा। प्रणतौ सत्यामृद्धिरूपेति पदद्वयं वा। कूर्मस्य विष्णोः स्त्री कूर्मी कुः पृथिवी तद्रूपा। ऊर्म्यो वीच्यो यस्मामिति वा। कुर्म इति पाठे प्रणताः सन्ती वयं नमस्कुर्म इत्यन्वय इति केचित्। भूभृतां गिरीणां राज्ञां वा ॥9॥

(2 चतुर्धरी) कल्याण्यै कल्याणकारिण्यै। वृद्ध्यै उपचयकारिण्यै अणिमादिरूपायै नमोनमः कुर्म इत्यन्वयः। नैर्ऋत्यै असुरशक्त्यै नैर्ऋतपदस्यासुरोपलक्षणत्वात्। अन्य आह। निर्ऋतिर्लक्ष्मीः। स्वार्थेण्। भूभृतां लक्ष्म्यै राजश्रियै शर्वाण्यै शिवधर्मिण्यै। ते तुभ्यम् ॥9॥

---

1. 'प्रणतां वृद्ध्यै' इति पाठः।
2. 'सिद्ध्यै कुर्मो' इति वा पाठः।

(3 शान्तनवी) कलासु साधुः कल्या शुभात्मिका वाणी। कल्याणभति कल्पं निरुक्तं वा अणति कथयति कल्याणी तस्यै कल्याण्यै नमः। अण शब्दार्थः। कर्मण्यण्। किंच जगद्भिः ऋद्ध्यै सिद्ध्यै च प्रणतां वन्दितां जगज्जननीं देवीं प्रति नमः नतिं कुर्मः। कुर्मो इति पाठे। प्रणमन्तीति प्रणन्तः तेषां प्रणतामिति षष्ठीबहुवचनान्तं बोध्यम्। तथाच प्रणतां प्रणमतां ऋद्ध्यै सिद्ध्यै च नमः इत्यलवेश्वरभट्टः। कूर्म्यै कूर्मजातिशक्त्यै भूभारोद्धरणसमर्थकूर्मशक्त्यै नमः। कौर्म्यै इति पाठे कूर्मसंबन्धिन्यै शक्त्यै नमः। निष्क्रान्ता ऋतेः सन्मार्गात् निर्ऋतिः अलक्ष्मीः 'अन्यायोपार्जिता लक्ष्मीः स्यादलक्ष्मीस्तु निर्ऋतिः' निर्ऋतेरूपमाकृतिर्नैर्ऋती तस्यै नैर्ऋत्यै अलक्ष्मीरूपायै ते तुभ्यं शर्वाण्यै शंभुपत्न्यै नमोनमः। यद्वा निश्चिता ऋतिः सत्यता येन स निर्ऋतिः निर्ऋतेर्दिक्पालस्येयम् निर्ऋती तस्यै निर्ऋत्यै निर्ऋत्युपार्जितलक्ष्मीरूपायै ते तुभ्यं नमः। अथ च भुवं बिभ्रतीति भूभृतः आदिमण्डूकादयः कूर्मादिनागादिकुलपर्वतादिमनुप्रभृतिराजानः तेषां भभृतां लक्ष्म्यै लक्ष्मीरूपायै ते तुभ्यं शम्भुपत्न्यै शर्वाण्यै नमोनमः। शर्वस्य स्त्री शर्वाणी। 'इन्द्रवरुण' इत्यादिना पुंयोगे ङीषानुकौ ॥9॥

(4 नागोजीभट्टी) कल्याणी तत्कर्त्री। शर्वाणी शिवशक्तिः ॥9॥

(5 जगच्चन्द्रचन्द्रिका) कल्याण्यै इति 11 ॥9॥

(6 दंशोद्धार) कल्याण्यै कल्याणरूपायै वृद्ध्यै उपचयरूपिण्यै सिद्ध्यै अणिमादिरूपायै नमः कुर्म इत्यन्वयः। कूर्म्यै इति पाठे कूर्मशक्त्यै निर्ऋत्यै असुरशक्त्यै असुरशक्त्यै यद्वा अलक्ष्म्यै। 'स्यादलक्ष्मीस्तु निर्ऋतिः' इत्यमरः। स्वार्थेऽण्। भूभृतां लक्ष्म्यै राजलक्ष्म्यै। शर्वाण्यै शिवगृहिण्यै ॥9॥

दुर्गायै दुर्गपारायै सारायै सर्वकारिण्यै।
ख्यात्यै तथैव कृष्णायै धूम्रायै सततं नमः ॥10॥

(1 गुप्तवती) दुर्गाया इति चरणत्रयं वक्त्रवृत्तस्य। चतुर्थचरणः पथ्यायाः। पथ्यायुज्ज्योजिति पिङ्गलसूत्रे युक्पदस्य जातिव्यक्तिपक्षभेदेन द्वेधा हलायुधेन व्याख्यातस्य छन्दोभाष्यराजेऽस्माभिः समर्थनात्। अतो न वृत्तभङ्ग इति भ्रमितव्यम् ॥10॥

(2 चतुर्धरी) दुर्गायै दुरधिगमायै। गत्यर्थानां ज्ञानार्थत्वात् दुर्गे संकटे पारयति पालयतीति दुर्गा। पारः परिच्छेदोऽस्या इति वा। देशकालनवच्छिन्नेति

यावत्। दुर्गात्संसारात्पारयति पारं करोतीति वा तस्यै। सारायै सारो बलं तद्योगिन्यै सर्वकारिण्यै समस्तवस्तुजातस्वतन्त्रायैं। ख्यातिर्यथानुभूतिः सत्त्वपुरुषान्यथा-भेदज्ञानं ख्यातिरित्यन्यस्तद्रूपायै। कृष्णायै कृष्णधूम्रवर्णयोगिन्यै ॥10॥

(3 शान्तनवी) हे सर्वकारिणि देवि तुभ्यं दुर्गायै सततं नमः। दुःखेन गम्यते दुर्गा। यद्वा दुःखेन गच्छत्यस्यां सा दुर्गा। 'सदुरोरधिकरणे' इति वक्तव्यम्। गमेर्डः। तथा हे सर्वकारिणि देवि तुभ्यं, दुर्गपारायै सततं नमः। दुर्गं पारं यस्याः महामायाख्यसिन्धोः सा दुर्गपारा। यद्वा 'पार तीन कर्मसमाप्तौ' पारा। दुर्गाणां कार्याणां पारा दुर्गपारा। यद्वा दुर्गाः पाराः पारयन्तो गणाः यस्याः सा दुर्गपारा नाम देवी। हे सर्वकारिणि हे देवि तुभ्यं सारायै संसारसारयै वरायै श्रेष्ठायै सततं नमोस्तु। हे सर्वकारिणि देवि तुभ्यं ख्यात्यै विख्यातरूपायै सततं नमः। हे सर्वकारिणि देवि तुभ्यं कृष्णायै कृष्णवर्णायै कालरात्र्यै सततं नमः। तथैव हे सर्वकारिणि देवि तुभ्यं धूम्रायै धूम्रवर्णायै सततं नमः। सर्वं करोति इति सर्वकारिणी तत्र संबुद्धिः हे सर्वकारिणि। सर्वकारिण्यै इति पाठे सर्वकारिण्यै देव्यै सततं नम इत्युनसंधेयम्॥10॥

(4 नागोजीभट्टी) दुर्गायै इति। दुःखज्ञेयायै। दुर्गो दुरधिगमः परिच्छेदो यस्यास्तस्यै। दुर्गात्संसारात्पारं करोतीति च सारो बलं तद्वत्यै सर्वकारिण्यै सर्वजनने स्वतन्त्रायै। प्रकृतिपुरुषयोर्भेदज्ञानं ख्यातिस्तद्रूपायै प्रसिद्धयै च। कृष्णा तद्वर्णा कृष्णशक्तिश्च। धूम्रा तद्वर्णा ॥10॥

(5 जगच्चन्द्रचन्द्रिका) दुर्गायै इति 12 ॥10॥

(6 दंशोद्धार) दुर्गायै इति। दुर्गायै दुर्ज्ञानायै दुर्गे संकटे पारयति पालयति दुर्गपारा तस्यै। यद्वा दुर्गः पारोऽस्याः। देशकालाद्यनवच्छिन्नायै इत्यर्थः। दुर्गात्संसारात्पारयति पारं नयति इति वा। सारायै बलवत्यै। ख्यात्यै कीर्तिरूपायै। कृष्णायै कृष्णवर्णायै धूम्रायै धूम्रवर्णायै ॥10॥

अतिसौम्यातिरौद्रायै नतास्तस्यै नमो नमः।
नमो जगत्प्रतिष्ठायै देव्यै कृत्यै नमो नमः ॥11॥

(1 गुप्तवती) सौम्यान् रौद्रांश्चातिक्रान्ताऽतिसौम्यातिरौद्रा। कृत्यै यत्नरूपार्थभावनायै। वेदोक्तधर्मरूपेणेति यावत्। अत एव जगत्प्रतिष्ठेति विशेषणम्। 'धर्मो विश्वस्य जगतः प्रतिष्ठा' इति श्रुतेः ॥11॥

(2 चतुर्धरी) अतिसौम्यायै विद्यभावेन संसारतापोच्छेदहेतुत्वात्। अतिरौद्रायै अविद्याभावेन संस्कारकारणत्वात्। जगत्प्रतिष्ठायै जगदधिष्ठानरूपायैं देव्यै देवशक्तयै क्रियात्मिकायै ॥11॥

(3 शान्तनवी) 'सोमाट्ट्यण्'। सौम्यं सोमदेवताकं सुन्दरं मनोहरं च रूपम्। अत्यर्थं सौम्यं यस्याः सा अतिसौम्या रुद्रदैवतकं रुद्रसंबन्धि वा रूपं रौद्रम् अत्यर्थं रौद्रं यस्याः सा अतिरौद्रा। ततश्च भजतामभजतां च यथाक्रमादतिसौम्याचासावतिरौद्रा चेति कर्मधारयः। तस्यै अतिसौम्यातिरौद्रायै वाङ्मोमारूपायै त्रिशक्त्यात्मिकायै देव्यै नमोनमः। इति शक्तित्रयापेक्षं नमस्त्रयम्। सोमस्य भावः सौम्यम्। भवि ष्यञ्। रुद्रस्य भावः रौद्रम् युवादित्वाद्भावे अण् अतिक्रान्तं सौम्य यया सा अतिसौम्या। अतिक्रान्तं रौद्रं यया सा अतिरौद्रा। ततः कर्मधारये सति तस्यै नम इत्यप्यनुसंधेयम्। जगतां प्राणभृतां प्रतिष्ठा आस्पदमाधारशक्तिस्थानं तस्यै जगत्प्रतिष्ठायै जगत्प्रतिष्ठारूपायै नमोनमः। प्राणिनां प्राणधारणाय प्राणधारणार्थं यत्स्थानं मूलाधारसंज्ञं तत्प्रतिष्ठेत्युच्यते। 'आस्यदं प्रतिष्ठायाम् इत्यास्पदशब्दस्य पर्यायः प्रतिष्ठाशब्दः। दिवुक्रीडादौ। दीव्यतीति देवी तस्यै क्रीडाविजिगीषाद्यर्थक्रियाकारिण्यै देव्यै नमः। करणं कृतिः प्रयत्नः। सर्गस्थितिप्रत्यवहारविषयः प्रयत्नोऽत्र विवक्षितिः। तस्यै कृत्यै कृतिरूपायै प्रयत्नरूपायै नमः। नमस्यानां त्रित्वादिह नमस्त्रित्वम्। कर्त्र्यै इति पाठे तृन्नन्तत्वात् जगदिति कर्म विवक्षितम्। जगत्कारणशीलायै देव्यै नम इत्यर्थः ॥11॥

(4 नागोजीभट्टी) अतीति। विद्यात्वेन संसारशामकत्वादतिसौम्या। अविद्यारूपेण संसारहेतुत्वादतिरौद्रा। नमोनमः इत्येतदुक्तिपूर्वकं नताः नम्रा इत्यर्थः। जगत्प्रतिष्ठा जगदुपादानकारणम्। देव्यै देवशक्त्यै। कृतिः क्रिया ॥11॥

(5 जगच्चन्द्रचन्द्रिका) अतिसौम्येति 13 ॥11॥

(6 दंशोद्धार) अतिसौम्येति। अतिसौम्येतिरौद्रायै भक्तामक्तयोः। जगति प्रतिष्ठा यस्याः चिच्छक्तिरूपत्वात्। देव्यसै देवशक्त्यै। कृत्यै क्रियात्मिकायै ॥11॥

या देवी सर्वभूतेषु विष्णुमायेति शब्दिता।
नमस्तस्यै नमस्तस्यै नमस्तस्यै नमोनमः ॥12॥

(1 गुप्तवती) विष्णुमायेति वराहपुराणे मेघवृष्टिशस्योत्पत्त्यादीनि बहूनि कार्याणि विष्णुमायात्कत्वेन महता ग्रन्थेन प्रदर्शितानि। कालिकापुराणे तु 'अव्यक्तं व्यक्तरूपेण रज:सत्त्वमतोगुणै:। विभज्य यार्थं कुरुते विष्णुमायेति सोच्यते' इति संक्षिप्य स एवार्थ: कथित:। इह लक्ष्म्या उत्तरं धृतिस्तुष्ट्युत्तरं पुष्टिश्चेति द्वयं तन्त्रान्तरसंमतम्। ये तु कीर्तिप्रज्ञा मेधाश्रुतिस्फूर्तिप्रभृतयो बहवो मन्त्रा: पठ्यन्ते ते तु तन्त्रत्रयस्यासंमता:। स्फूर्तिमेधे संमते एवेत्यन्ये। प्रकृततन्त्रेत्वेकविंशतिरेवेति वेद्यम् ॥12॥

(2 चतुर्धरी) सर्वभूतेष्वशेषप्राणिषु या प्रसिद्धा विष्णुमूलविद्या। इति शब्द उपपददर्शने। शब्दिता सर्वागमेषु प्रतिपादिता तस्यै देव्यै नमो नम इत्यन्वय:। विष्णुमाया हि सात्त्विकराजसतामसतया त्रिधा विद्यत इति तत्परामर्शकं तस्यैपदं त्रिरभ्यस्यते। नम: पदं तु प्रसादने संभ्रमे वा। तदुक्तम्। 'विषादे विस्मये हर्षे खेदे दैन्येऽवधारणे। प्रसादने संभ्रमेऽपि द्विस्त्रिरुक्तं न दुष्यति'। इत्यन्य आह। त्रि: प्रणमने महत्कुलमित्येकस्यास्त्रिनमस्कारो यथा त्रिस्त्रि: प्रदक्षिणमिति अन्य आह। पदत्रयेण कायिकवाचिकमानसिकनमस्कारत्रयं दर्शितम्। एवमितरत्रापि। अयं चानुक्रम:। विष्णुमाया 1 चेतना 2 बुद्धि 3 निद्रे 4 क्षुधा 5 छाये 6 शक्ति 7 तृष्णे 8 (तथान्या) ख्याति 9 र्जाति 10 र्लज्जा 11(या सह शान्ति:) 12 श्रद्धा 13 कान्ति: 14 (स्याच्च)लक्ष्मी: 15 संवृत्ति: 16 (अथो)धृति: 17 स्मृति: 18 दया(तथा19 तुष्टी 20 के ततो मातृ 21 भ्रान्ति 22 स्मृति 23 इह मात्रानुक्रम:। धृतिपुष्टी त्वनार्षे इति कस्यापि संमत:। नि:प्रमाणताहेतोरेतदन्ये न मृष्यन्ति। संप्रदायप्रमाणं चेत् पर: किमपराध्यति। आर्षत्वेऽपि हि सास्त्येव क्वचिदित्यार्षता स्थिति: ॥12॥

(3 शान्तनवी) या देवी वाङ्मोमात्मिका सर्वभूतेषु कालत्रयात्मिका सर्वेषु भूतेषु भूतात्मिका अनात्मन्यात्मबुद्धिं जनयन्ती आत्मनि चानात्मबुद्धिं जनयन्ती सती ममतावशंवदान् लोकान् प्रसूयमाना सर्वजननी महाभगवती विष्णुमायेति शब्दिता कथिता तस्यै त्रिरूपायै सात्त्विक्यै राजस्यै तामस्यै च प्रत्येकं कायवाङ्मनोभि: एकस्यै चैव वा देव्यै। भक्तिश्रद्धातिशयद्योतनाय नम:शब्दो नमस्येन च सहाम्रेडित:। आम्रेडितं द्विस्त्रिरुक्तम्। चापले द्विर्वचनम्। संभ्रमेण वृत्तिश्चापलम्। इत्थं हि न पौनरुक्त्यं दोषावहम्। यदुक्तम्। 'प्रकर्षकोपहर्षेषु स्वप्नदैन्यभयेषु च। स्तुत्यभ्यासानुवादेषु पौनरुक्त्यं

न दुष्यति' सर्वाणि पृथिव्यादीनि भूतानि येषामारम्भकत्वेन सन्ति तानि सर्वभूतानि देहानि इति प्रथमा देवी विष्णुमाया ॥12 ॥

(4 नागोजीभट्टी) येति। विष्णुमाया मूलशाब्दविद्येति शब्दिता सर्वागमेषु प्रतिपादिता नमस्तस्यै इति त्रिकेण। एवमग्रेपि ॥12 ॥

(5 जगच्चन्द्रचन्द्रिका) त्रयोदशैवं मन्त्रास्त्वित। एवं प्रकारेण तु पुनः त्रयोदश मन्त्रा विज्ञेयाः। या देवीत्यादयोपि च। एकविंशतिकाः श्लोका भ्रान्त्यन्ता इति। या देवीति आदिर्येषां ते यादेवीत्यादयः। या देवी सर्वभूतेषु विष्णुमायेति शब्दिता इत्यादयोऽपि। च पुनः एकअधिका विंशतिकाः श्लोकाः। भ्रान्तिरन्ते येषां ते भ्रान्त्यन्ताः वर्तन्ते इति शेषः। भ्रान्तिरूपेण संस्थिता एतत्पर्यन्ताः तेषु मन्त्रकाः प्रतिश्लोकं त्रयो मन्त्रा ज्ञेया इति। तेषु एकविंशतिश्लोकेषु प्रतिश्लोकं त्रयो मन्त्रा ज्ञेया ज्ञातव्याः। तत्र श्लोकेषु तिस्रोऽधिकाः षष्टिकास्त्रिषष्टिकाः। त्रिभिरधिकं विंशतित्रयमित्यर्थः। तथाहि। या देवी सर्वभूतेषु विष्णुमायेति शब्दिता। नमस्तस्यै स्वाहेत्येको मन्त्रः 14। नमस्तस्यै स्वाहेति द्वितीयो मन्त्रश्चतुरक्षरः 15। नमस्तस्यै नमोनमः स्वाहेति अष्टाक्षरकस्तृतीयः 16 ॥12 ॥

(6 दंशोद्धार) या देवीति। विष्णुमाया मूलाऽविद्या तस्यै नमः। त्रिरुक्तिस्तु प्रसादने। उक्तं च 'विशदे विस्मये हर्षे खेदे दैन्येऽवधारणे। प्रसादने संभ्रमे च द्विस्त्रिरुक्तं न दुष्यति'। यद्वा कायिकवाचिकमानसिकनमस्कारसूचनाय त्रिरुक्तिः तस्यैपदस्यापि विष्णुमायादीनां सात्त्विकादिभेदेन त्रिविधित्वात्। एवमुत्तरत्रापि ॥12 ॥

या देवी सर्वभूतेषु चेतनेत्यभिधीयते।
नमस्तस्यै नमस्तस्यै नमस्तस्यै नमोनमः ॥1 ॥

(1 गुप्तवती) चेतना जीवनाडी ॥13 ॥

(2 चतुर्धरी) चेतना अन्तःकरणवृत्तिः ॥13 ॥

(3 शान्तनवी) अभिधीयते कथ्यते। चुरादावात्मनेपदी। चित संचेतने संवेदने वा। चेतनं चेतना। ननु चेतनेयं बुद्धिरेवेति कथं पौनरुक्त्यम्। सत्यम्। यद्यपि वैशेषिकादौ दर्शने चेतना बुद्धिरेव तथापि सांख्ये बुद्धिधर्मश्चित्तवृत्तिविशेषविजृम्भितशक्तिश्चेतनेत्याश्रयणादपौनरुक्त्यम्। अन्ये तु चेतना चित्तवृत्तिविशेषशक्तिः संज्ञानं वा। बुद्धिस्तु स्वप्रकाशनज्ञानस्वभावेत्याहुः।

अन्ये तु निर्विकल्पकज्ञानं चेतना। बुद्धिस्तद्विशेषावगतिः सविकल्पकज्ञानमित्यस्ति तयोर्भेद इत्याहुः। द्वितीया देवी चेतना ॥13॥

(4 नागोजीभट्टी) चेतना निर्विकल्पा या चिच्छक्तिरित्युच्यते ॥13॥

(5 जगच्चन्द्रचन्द्रिका) एवं प्रतिमन्त्रं या देवीत्येवमादिषु एकविंशतिश्लोकेषु प्रत्येकं त्रयो मन्त्रा भवन्ति। तथाहि। चेतनेति 17, 18, 19 ॥13॥

(6 दंशोद्धार) चेतना। चिच्छक्तिः ॥13॥

या देवी सर्वभूतेषु बुद्धिरूपेण संस्थिता।
नमस्तस्यै नमस्तस्यै नमस्तस्यै नमोनमः ॥14॥

(1 गुप्तवती) बुद्धिरध्यवसायः ॥14॥

(2 चतुर्धरी) बुद्धिः अन्तःकरणम् ॥14॥

(3 शान्तनवी) बुद्धिरित्येवंरूपेण स्वरूपेण संस्थिता सम्यगवस्थिता। यदभ्यधुः। 'संस्थाधारे स्थितौ मृतौ'। तृतीया देवी बुद्धिः ॥14॥

(4 नागोजीभट्टी) बुद्धिः सविकल्पकज्ञानम् ॥14॥

(5 जगच्चन्द्रचन्द्रिका) बुद्धिरिति 20, 21, 22 ॥14॥

(6 दंशोद्धार) बुद्धिरध्यवसायकार्यन्तःकरणम् ॥14॥

या देवी सर्वभूतेषु निद्रारूपेण संस्थिता।
नमस्तस्यै नमस्तस्यै नमस्तस्यै नमोनमः ॥15॥

(1 गुप्तवती) निद्रा बाह्येन्द्रियव्यापारोपरमानुकूलविकारः ॥15॥

(2 चतुर्धरी) निद्रा निरिनिन्द्रियप्रदेशे मनोलयः ॥15॥

(3 शान्तनवी) निद्रेति रूपं तेन निद्रा। द्रा कुत्सायाम्। नियतं द्रान्त्यस्यां निद्रा संवेशः। भुक्तान्नादिपरिपाकादिहेतुर्निरिन्द्रियप्रदेशे मनसोऽवस्थानं निद्रा। सर्वेन्द्रियव्यापारविरतौ प्राणनं सुखनं निद्रेत्यन्ये। चतुर्थी देवी निद्रा ॥15॥

(4 नागोजीभट्टी) निद्रा सुषुप्तिः स्वप्नावस्था वा ॥15॥

(5 जगच्चन्द्रचन्द्रिका) निद्रा रूपेणेति 23, 24, 25 ॥15॥

(6 दंशोद्धार) निद्रा इन्द्रियमनसोः क्रमेण लयात्मिकाऽवस्था ॥15॥

या देवी सर्वभूतेषु क्षुधारूपेण संस्थिता।
नमस्तस्यै नमस्तस्यै नमस्तस्यै नमोनमः ॥16॥

(1 गुप्तवती) क्षुधा बुभुक्षोत्पादकौदर्याग्निविकारः ॥16॥

(2 चतुर्धरी) क्षुधा पार्थिवधातुक्षयकृतोऽवसादः ॥16॥

(3 शान्तनवी) क्षुध बुभुक्षायाम्। संपदादित्वाद्भावे स्त्रियां क्विप्। क्षुध् प्रातिपदिकम्। भोक्तुमिच्छा क्षुत्। अशनाया बुभुक्षा क्षुत् तया क्षुधा। रूपेणेति पृथक्पदम्। यद्वा 'वष्टि भागुरिरल्लोपमवाप्योरुपसर्गयोः। हलन्तादपि टापं च यथा वाचा निशा दिशा' ततश्च क्षुधेति रूपं स्वरूपं तेन क्षुधारूपेण क्षुधां विना प्राणिनां शरीरभृतां सुखं नास्ति। इति पञ्चमी देवी क्षुधा ॥16॥

(4 नागोजीभट्टी) क्षुधा अभ्यवजिहीर्षा ॥16॥

(5 जगच्चन्द्रचन्द्रिका) क्षुधेति 26, 27, 28, ॥16॥

(6 दंशोद्धार) क्षुधा पार्थिवधातुक्षयकृतोऽवसादः ॥16॥

या देवी सर्वभूतेषु छायारूपेण संस्थिता।
नमस्तस्यै नमस्तस्यै नमस्तस्यै नमोनमः ॥17॥

(1 गुप्तवती) छाया प्रतिवस्तुविद्यमाना तत्समानाऽनातपवती ॥17॥

(2 चतुर्धरी) छाया वर्णप्रसादः आतपसंतापहरणादतिशीतलेति वा ॥17॥

(3 शान्तनवी) छाया प्रतिबिम्बरूपा सर्वभूतेषु तिष्ठति। नष्टच्छायो मध्याह्नम् इत्यत्र तु आतपभावाभावो विवक्षितः। 'छाया सूर्यप्रिया कान्तिः प्रतिबिम्बमनातपः'। प्रतिबिम्बे यथा संक्रान्तच्छाय आदर्शः। छ्यति छिनत्ति संतापं छाया। इति षष्ठी देवी छाया ॥17॥

(4 नागोजीभट्टी) छाया संसारतापाभावः वर्णसादृश्यं च ॥17॥

(5 जगच्चन्द्रचन्द्रिका) छायेति 29, 30, 31, ॥17॥

(6 दंशोद्धार) छाया वर्णप्रसादः ॥17॥

या देवी सर्वभूतेषु शक्तिरूपेण संस्थिता।
नमस्तस्यै नमस्तस्यै नमस्तस्यै नमोनमः ॥18॥

(1 गुप्तवती) शक्तिः सामर्थ्यम् ॥18 ॥

(2 चतुर्धरी) शक्तिः सामर्थ्यमुत्साहो वा शिवस्यार्धस्वरूपा शक्तिर्वा ॥18 ॥

(3 शान्तनवी) शक्लृ शक्तौ। शकनं शक्तिः सामर्थ्यम्। वस्तुगतः स्वभावसिद्धो धर्मः शक्तिरिति रूपम्। तेन शक्तिः प्रतिवस्तु प्रतिनियतार्थक्रियाकारित्वं वस्तुधर्म इत्येके। वस्तुस्वरूपमेव शक्तिर्नतु वस्तुनोऽन्यो धर्मः शक्तिरित्येभ्युपजग्मुः। इह तु सार्वभूतेष्वित्याधाराधेय-भावानुवादाच्छक्तिर्वस्तुधर्म इत्येष पक्षोऽभ्युपगतः। इति सप्तमी देवी शक्तिः ॥18 ॥

(4 नागोजीभट्टी) शक्तिः कार्यजननसामर्थ्यम् ॥18 ॥

(5 जगच्चन्द्रचन्द्रिका) शक्तिः 32, 33, 34 ॥18 ॥

(6 दंशोद्धार) शक्तिः सामर्थ्यमुत्साहो वा ॥18 ॥

या देवी सर्वभूतेषु तृष्णारूपेण संस्थिता।
नमस्तस्यै नमस्तस्यै नमस्तस्यै नमोनमः ॥19 ॥

(1 गुप्तवती) तृष्णा लोभः ॥19 ॥

(2 चतुर्धरी) तृष्णा अनात्मीयस्वीकारेच्छा ॥19 ॥

(3 शान्तनवी) सर्वाणि भूतानि पृथिव्यादीनि येषां देहानामारम्भकत्वेन सन्ति तानि सर्वभूतानि देहास्तेषु। ञितृषा पिपासायाम्। 'तृषिशुषिरसिभ्यः कित्' इति नः। तृष्णा उपभोगनिमित्तकोऽभिलाषः। 'तृष्णाभिलषणं भोगे तृष्णा वनपिशाचिका' 'तृष्णे स्पृहापिपासे द्वे तद्रूपहाम्बिका स्मृता'। तर्षणं तृष्णा स्पृहा। निरूढलक्षणत्वात्। इत्यष्टमी देवी तृष्णा ॥19 ॥

(4 नागोजीभट्टी) तृष्णा अनात्मीयस्वीकारेच्छा ॥19 ॥

(5 जगच्चन्द्रचन्द्रिका) तृष्णेति 35, 36, 37 ॥19 ॥

(6 दंशोद्धार) तृष्णा अनात्मीयजिघृक्षा ॥19 ॥

या देवी सर्वभूतेषु क्षान्तिरूपेण संस्थिता।
नमस्तस्यै नमस्तस्यै नमस्तस्यै नमोनमः ॥20 ॥

(1 गुप्तवती) क्षान्तिः क्षमा ॥20 ॥

(2 चतुर्धरी) क्षान्तिरपकारिण्यप्यनपकारचिकीर्षा ॥20 ॥

(3 शान्तनवी) क्षमूष् सहने। षित्त्वात्स्त्रियां क्षमा। बाहुलकात्तु क्तिनि क्षान्तिः। 'अनुनासिकस्य क्विझलोः क्ङिति' इति दीर्घः। 'क्षान्तिः क्षमा तितिक्षा च मर्षश्च सहनार्थकाः'। क्षान्तिस्तृष्णापरिपन्थिनी परप्रयुक्तापकारं प्रत्युपेक्षा प्रतिकूलवेदनां प्रत्युपेक्षा च। इति नवमी देवी क्षान्तिः ॥20 ॥

(4 नागोजीभट्टी) क्षान्तिः सत्यपि सामर्थ्येऽपकाराचिकीर्षा ॥20 ॥

(5 जगच्चन्द्रचन्द्रिका) क्षान्तिरिति 38, 39, 40 ॥20 ॥

(6 दंशोद्धार) क्षान्तिरपकारिण्यनपकारः ॥20 ॥

या देवी सर्वभूतेषु जातिरूपेण संस्थिता।
नमस्तस्यै नमस्तस्यै नमस्तस्यै नमोनमः ॥21 ॥

(1 गुप्तवती) जातिर्जन्म ब्रह्मसत्ता वा ॥21 ॥

(2 चतुर्धरी) जातिरनेकेष्वेकाकारव्यवहारसाधनम् ॥21 ॥

(3 शान्तनवी) नित्यैकानुगतप्रत्ययहेतुरनेकसमवायिनी जातिः। यथा मनुष्येषु मनुष्यत्वं गोषु गोत्वम्। 'जातिः सामान्यजन्मनोः'। जायतेऽनयो भिन्नेष्वभिन्नाभिधानप्रयोगो जातिः। इति दशमी देवी जातिः ॥21 ॥

(4 नागोजीभट्टी) जातिः गोत्वादिः ॥21 ॥

(5 जगच्चन्द्रचन्द्रिका) जातिरिति 41, 42, 43 ॥21 ॥

(6 दंशोद्धार) जातिरनेकेष्वेकाकारप्रत्यायिका ॥21 ॥

या देवी सर्वभूतेषु लज्जारूपेण संस्थिता।
नमस्तस्यै नमस्तस्यै नमस्तस्यै नमोनमः ॥22 ॥

(1 गुप्तवती) लज्जा त्रपा ॥22 ॥

(2 चतुर्धरी) लज्जा स्वकार्यविषयान्यज्ञानभीः ॥22 ॥

(3 शान्तनवी) ओलस्जी व्रीडायाम्। स्त्रियाम् 'गुरोश्च हलः' इत्यप्रत्ययः। 'झलां जश् झशि' इति दः श्चुत्वम्। स्त्रियाम् 'अजाद्यतष्टाप्'। कर्तव्याकारणनिमित्तम् अकार्यकरणनिमित्तमन्यतः स्वतो वा जनितं लज्जनं संकोचनं मनुष्यादिचित्तेषु लज्जेत्युच्यते इत्येकादशी लज्जा ॥22 ॥

(4 नागोजीभट्टी) लज्जा स्वकार्यविषयान्यज्ञानभिन्ना ॥22 ॥

(5 जगच्चन्द्रचन्द्रिका) लज्जेति 44, 45, 46 ॥22 ॥

(6 दंशोद्धार) लज्जा चिकीर्षितविषये लोकभीः ॥22 ॥

या देवी सर्वभूतेषु शान्तिरूपेण संस्थिता।
नमस्तस्यै नमस्तस्यै नमस्तस्यै नमोनमः ॥23 ॥

(1 गुप्तवती) शान्तिः शमः ॥23 ॥

(2 चतुर्धरी) शान्तिर्विषयोपरमः ॥23 ॥

(3 शान्तनवी) शम उपशमे। स्त्रियां क्तिन्। क्षान्तिवद्दीर्घः। 'शमथस्तु शमः शान्ति'। शान्तिः कामक्रोधाभावः। विकृतेन्द्रियनिवृत्तिः शान्तिरित्यन्ये। विषयव्यावृत्तात्मता शान्तिरित्यपरे। इति शान्तिर्द्वादशी देवी ॥23 ॥

(4 नागोजीभट्टी) शान्तिरिन्द्रियसंयमः विषयोपरतिरूपः ॥23 ॥

(5 जगच्चन्द्रचन्द्रिका) शान्तिरिति 47, 48, 49 ॥23 ॥

(6 दंशोद्धार) शान्तिर्मनसो विषयेभ्यो विरामः ॥23 ॥

या देवी सर्वभूतेषु श्रद्धारूपेण संस्थिता।
नमस्तस्यै नमस्तस्यै नमस्तस्यै नमोनमः ॥24 ॥

(1 गुप्तवती) श्रद्धा फलावश्यंभावनिश्चयः ॥24 ॥

(2 चतुर्धरी) श्रद्धा आगमार्थसंप्रत्ययः ॥24 ॥

(3 शान्तनवी) डुधाञ् धारणपोषणयोः। 'श्रच्छब्दस्योपसंख्यानम्' इत्युपसर्गसंज्ञा। 'आतश्चोपसर्गे' इति कः। स्त्रियां टाप्। श्रद्धनं श्रद्धा। 'श्रद्धा संप्रत्ययः स्पृहा'। संप्रत्ययो भक्त्यतिशयः। 'श्रद्धया परयोपेता' इतिवत्। शास्त्रोक्तेऽर्थेऽविपरीतबुद्धिः श्रद्धेत्यन्ये। आदरेणानुसरणं भक्तिः। श्रद्धा त्वास्तिक्यबुद्धिरित्यपरे। इति श्रद्धा त्रयोदशी देवी ॥24 ॥

(4 नागोजीभट्टी) श्रद्धा श्रुत्याद्युक्तेर्थे आस्तिकत्वम् ॥24 ॥

(5 जगच्चन्द्रचन्द्रिका) श्रद्धेति 50, 51, 52 ॥24 ॥

(6 दंशोद्धार) श्रद्धा आस्तिक्यबुद्धिः ॥24 ॥

या देवी सर्वभूतेषु कान्तिरूपेण संस्थिता।
नमस्तस्यै नमस्तस्यै नमस्तस्यै नमोनमः ॥25॥

(1 गुप्तवती) कान्तिर्लावण्यमिच्छा वा ॥25॥

(2 चतुर्धरी) कान्तिः शोभा कमनीयता च ॥25॥

(3 शान्तनवी) कमु कान्तौ। कमेर्णिङ्। 'आयादय आर्धधातुके वा'। स्त्रियां क्तिन्। 'अनुनासिकस्य क्विझलोः क्ङिति' इति दीर्घः। 'शोभा कान्तिर्द्युतिश्छविः' कामनं कान्तिः काम्यते वा कान्तिः। 'कान्तिः शोभेच्छयोः स्त्रियाम्'। अन्ये तु कान्तिर्ज्योतिः स्वरूपे ज्वलतेत्याहुः। इति कान्तिश्चतुर्दशी देवी ॥25॥

(4 नागोजीभट्टी) कान्तिः शोभा ॥25॥

(5 जगच्चन्द्रचन्द्रिका) कान्तीति 53, 54, 55 ॥25॥

(6 दंशोद्धार) कान्तिः शोभा ॥25॥

या देवी सर्वभूतेषु लक्ष्मीरूपेण संस्थिता।
नमस्तस्यै नमस्तस्यै नमस्तस्यै नमोनमः ॥26॥

(1 गुप्तवती) लक्ष्मीः संपत्तिः ॥26॥

(2 चतुर्धरी) लक्ष्मीर्धनादिसंपत् ॥26॥

(3 शान्तनवी) 'लक्ष दर्शनाङ्कनयोः' चुरादिः। 'लक्षेर्मुट् च' इति तस्य मुडागमः 'नेड्वशि कृति'। 'णेरनिटि' इति णिलोपः। 'लक्ष्मीः पद्मा विभूतिश्च कायशोभा च कीर्तिता'। इति लक्ष्मीः पञ्चदशी देवी ॥26॥

(4 नागोजीभट्टी) लक्ष्मीर्धनादिसंपत् ॥26॥

(5 जगच्चन्द्रचन्द्रिका) लक्ष्मीरिति 56, 57, 58 ॥26॥

(6 दंशोद्धार) लक्ष्मीः संपत् ॥26॥

या देवी सर्वभूतेषु वृत्तिरूपेण[1] संस्थिता।
नमस्तस्यै नमस्तस्यै नमस्तस्यै नमोनमः ॥27॥

---

1. 'धृतिरूपेण' इति क्वचित्पाठः।

(1 गुप्तवती) वृत्तिजीविका मानता वा ॥27॥

(2 चतुर्धरी) वृत्तिर्जीवनं प्रवृत्तिर्वा। धृतिरवसादप्राप्तावप्यनवसादः ॥27॥

(3 शान्तनवी) धृञ् धारणे। भ्वादिः। स्त्रियां क्तिन्। 'धृतिः स्याद्धारणे धैर्ये सौख्यसंतोषयोरपि'। इति धृतिः षोडशी देवी। वृतु वर्तने। स्त्रियां क्तिन्। वर्तनं वृत्तिः। यद्वा वर्ततेऽनया वृत्तिः। 'आजीवो जीविका वार्ता वृत्तिर्वर्तनजीवने'। वृत्तिर्जीवनोपायः। 'युक्ते क्ष्मादावृते भूतं प्राण्यतीते समे त्रिषु' 'भूतं क्लीबे ग्रहे युक्ते पृथिव्यादावृतेऽपि च' 'त्रिषु पाप्तावतीते च प्राणिन्यपि समेषु च'। सर्वभूताः प्राणिनः। इति वृत्तिः सप्तदशी देवी ॥27॥

(4 नागोजीभट्टी) वृत्तिर्जीविका वृत्तिश्च ॥27॥

(5 जगच्चन्द्रचन्द्रिका) वृत्तिरिति 59, 60, 61 ॥27॥

(6 दंशोद्धार) वृत्तिर्जीवनं प्रवृत्तिर्वा। एतदग्रे धृतिरूपेणेति क्वचित्पठ्यते। तत्र धृतिश्चित्तावसादकालेप्यनवसादः। किं तु वक्ष्यमाणकात्यायनीतन्त्रोक्त-मन्त्रगणने पठितत्वादसांप्रदायिकः पाठः। एवमग्रे पुष्टिरूपेणेत्यपि। पुष्टि सामर्थ्यम् ॥27॥

या देवी सर्वभूतेषु स्मृतिरूपेण संस्थिता।
नमस्तस्यै नमस्तस्यै नमस्तस्यै नमोनमः ॥28॥

(1 गुप्तवती) स्मृतिः संस्कारजन्यं ज्ञानम् ॥28॥

(2 चतुर्धरी) स्मृतिरनुभूतविषयज्ञानम् ॥28॥

(3 शान्तनवी) 'स्याच्चिन्ता स्मृतिराध्यानम्। अनुभूतस्य भावनाख्यसंस्कारहेतुको ज्ञानविशेषः स्मृतिः। इत्यष्टादशी देवी स्मृतिः ॥28॥

(4 नागोजीभट्टी) स्मृतिरनुभूतविषयज्ञानम् ॥28॥

(5 जगच्चन्द्रचन्द्रिका) स्मृतिरिति 62, 63, 64 ॥28॥

(6 दंशोद्धार) स्मृतिरनुभूतस्य कालान्तरे प्रतिसंधानम् ॥28॥

या देवी सर्वभूतेषु दयारूपेण संस्थिता।
नमस्तस्यै नमस्तस्यै नमस्तस्यै नमोनमः ॥29॥

(1 गुप्तवती) दयानिरुपधिकपरदु:खप्रहाणेच्छा ॥29॥

(2 चतुर्धरी) दया अन्यदु:खपरिहाणेच्छा ॥29॥

(3 शान्तनवी) दय क्षरणे। 'षिद्भिदादिभ्योऽङ्। दयन्तेऽनया दया। कृपा दयाऽनुकम्पा स्यात्। परदु:खप्रहाणेच्छा परदु:खसमभाक्त्वं वा दया। इत्येकोनविंशी दया देवी ॥29॥

(4 नागोजीभट्टी) दया परदु:खप्रहाणेच्छा ॥29॥

(5 जगच्चन्द्रचन्द्रिका) दयेति 65, 66, 67 ॥29॥

(6 दंशोद्धार) दयाऽन्यदु:खपरिहारेच्छा ॥29॥

या देवी सर्वभूतेषु तुष्टिरूपेण संस्थिता।
नमस्तस्यै नमस्तस्यै नमस्तस्यै नमोनमः ॥30॥

(1 गुप्तवती) तुष्टि: संतोष: ॥30॥

(2 चतुर्धरी) तुष्टि: समस्तवस्तुष्वनाकाङ्क्षा। (अनधिगताभिलाष:)। पुष्टि: पुरुषार्थसाधनसामर्थ्यम् ॥30॥

(3 शान्तनवी) नीतिर्नय:[1]। इति विंशी देवी नीति:। तुष प्रीतौ। प्रीतिरानन्द:। तुष्टि: विषयोपभोगमवाप्य तदभिलाषादुपरमस्तुष्टिरित्यपरे। अन्ये तुष्टिर्विषयोपभोगं प्राप्य पुनस्तदभिलाषास्तदवाप्यावाप्तं परमं सुखमित्याहु:। इति एकविंशी देवी तुष्टि: ॥30॥

(4 नागोजीभट्टी) तुष्टिरधिगताधिकानभिलाष: ॥30॥

(5 जगच्चन्द्रचन्द्रिका) तुष्टिरिति 68, 69, 70 ॥30॥

(6 दंशोद्धार) तुष्टिर्यथालाभसंतोष: ॥30॥

या देवी सर्वभूतेषु मातृरूपेण संस्थिता।
नमस्तस्यै नमस्तस्यै नमस्तस्यै नमोनमः ॥31॥

(1 गुप्तवती) माता प्रमाता ॥31॥

---

1. 'नीतिरिति' शान्तनवीस्थाऽधिक: पाठ:।

(2 चतुर्धरी) माता देहाधिष्ठात्री वर्णभिमानी देवता मातैव वा ॥31॥

(3 शान्तनवी) पुष पुष्टौ। पुष्टिरवयवोपनिर्मितिरित्यपरे। इति द्वाविंशी पुष्टिर्देवी सर्वेषु भूतेषु जनयितव्येषु जनयितुं योग्येषु विषयेषु या देवी मातृरूपेण कारणरूपेण प्रकृतिरूपेण सम्यगवतिष्ठति। नमस्तस्यै। मात्स्यां गर्भ इति माता। 'जनयित्री प्रसूर्माता'। यद्वा मान पूजायाम्। मान्यते पूज्यते माता। उणादौ 'नप्तृनेष्टृत्वष्टृ' आदिसूत्रेण निपात्यते। यद्वा अष्टौ मातृनाम्न्य आद्याः शक्तयो याश्च विना भूतसृष्टिरेव न घटते। 'ब्राह्मी माहेश्वरी चैन्द्री वाराही वैष्णवी तथा। कौमारी चर्ममुण्डा च काली संकर्षणीति च' इति त्रयोविंशी देवी माता ॥31॥

(4 नागोजीभट्टी) माता पालयित्री मातृकाधिष्ठात्री देवता च ॥31॥

(5 जगच्चन्द्रचन्द्रिका) मातेति 71, 72, 73 ॥31॥

(6 दंशोद्धार) माता मातृका ब्राह्मयादिः वर्णदेवता वा जननी वा ॥31॥

या देवी सर्वभूतेषु भ्रान्तिरूपेण संस्थिता।
नमस्तस्यै नमस्तस्यै नमस्तस्यै नमोनमः ॥32॥

(1 गुप्तवती) भ्रान्तिरप्रमा ॥32॥

(2 चतुर्धरी) भ्रान्तिरनुभवसंप्रमोषः। अतस्मिस्तदिति प्रत्ययो वा ॥32॥

(3 शान्तनवी) 'भ्रान्तिर्मिथ्यामतिर्भ्रमः' अतस्मिंस्तदिति ज्ञानं भ्रान्तिः। तद्रूपेण। इति चतुर्विंशी देवी भ्रान्तिः तदित्थं विष्णुमायादिमूर्तयो देव्याः सर्वभूतेषु वर्तमाना भ्रान्त्यन्ताश्चतुर्विंशतिः प्रदर्शिताः ॥32॥

(4 नागोजीभट्टी) भ्रान्तिरतद्वति तद्वत्प्रत्ययः ॥32॥

(5 जगच्चन्द्रचन्द्रिका) भ्रान्तिरिति 74, 75, 76 ॥32॥

(6 दंशोद्धार) भ्रान्तिरतद्वति तत्प्रकारकं ज्ञानम् ॥32॥

इन्द्रियाणामधिष्ठात्री भूतानामखिलेषु[1] या।
भूतेषु सततं तस्यै व्याप्त्यै देव्यै नमो नमः ॥33॥

---

1. 'भूतानामखिलेषु' इति पाठः।

(1 गुप्तवती) भूतानां पृथिव्यादीनाम् भूतेषु। प्राणिषु ॥33॥

(2 चतुर्धरी) अखिलेषु अशेषेषु भूतेषु प्राणिषु इन्द्रियाणां बुद्धिकर्मात्मकानाम् एकादशानां भूतानां पृथिव्यादीनां पञ्चानाम् अधिष्ठात्री प्रवृत्ति(निवृत्ति)कारणं तस्यै व्याप्त्यै। देव्यै विभवैकस्वभावायै ब्रह्मशक्त्यै इति यावत् ॥33॥

(3 शान्तनवी) या देवी भूतानां पृथिव्यादीनाम् पञ्चानाम् अधिष्ठात्री आधारशक्तिः स्वामिनी ईश्वरी व्यापिनी। या च देवी अपरेष्वखिलेषु विशिष्टेषु भूतेषु प्राणिषु वर्तमानानां भूतानाम् प्राणिनामिन्द्रियाणां मनोनेत्ररसनघ्राणत्वक्श्रवणानाम् अधिष्ठात्री आधारशक्तिः तस्यै व्याप्त्यै व्याप्तिरूपायै सततं नमो नमः। एतेन सर्वगत्वम् उक्तं देव्याः ॥33॥

(4 नागोजीभट्टी) इन्द्रियेति। याखिलेषु भूतेषु अन्तर्या विद्यया स्थिता इन्द्रियाणा ज्ञानकरणानां ज्ञानविषयाणां सूक्ष्मस्थूलानाम् अधिष्ठात्री प्रवर्तिका च तस्यै व्याप्त्यै देव्यै व्यापिकायै इत्यर्थः ॥33॥

(5 जगच्चन्द्रचन्द्रिका) पुनः श्लोकात्मको मन्त्र इति। पुनः श्लोकरूपो मन्त्रः। तथाहि इन्द्रियाणामिति 77 ॥33॥

(6 दंशोद्धार) इन्द्रियाणामिति। अखिलेषु प्राणिषु इन्द्रियाणां ज्ञानक्रियात्मकानां पृथिव्यादीनां व्याप्तिदेव्यै ब्रह्मशक्त्यै तस्याः सत्त्वादिगुणसंबन्धाभावात्तस्या इति नाम्रेडितम् ॥33॥

चितिरूपेण[1] या कृत्स्नमेतद्व्याप्य स्थिता जगत्।
नमस्तस्यै नमस्तस्यै नमस्तस्यै नमोनमः ॥34॥

(1 गुप्तवती) चितिर्निर्विषयकसंवित् ॥34॥

(2 चतुर्धरी) अत्र च तस्यैपदानामभ्यासे ब्रह्मशक्तेर्गुणातीतत्वमाह। चितिः प्रकृतिः (प्रत्येक) चैतन्यं तद्रूपेण जीभावेनेत्यर्थः। अन्ये तु विष्णुमायादिपञ्चविंशतिपदैः पञ्चविंशतितत्त्वान्यभिदधति। संख्यासाम्यान्न तत्समीचीनमतिप्रसङ्गात् ॥34॥

(3 शान्तनवी) चिञ् चयने। चयनं चितिरविकारता कूटरूपता तद्रूपेण। यद्वा चिती संज्ञाने। स्त्रिया 'इक्कृष्यादिभ्यः' इति इक्प्रत्ययः। चेतनं चितिः।

1. 'चित्तिरूपेण' इति पाठः।

संज्ञानरूपेण या देवी एतत् कृत्स्नम् अखिलं जगत् व्याप्य स्थिता अविचलिता नमस्तस्यै। पुनःपुनर्नतिरनेककर्तृकत्वादनेकस्तोतृकत्वाच्च न पौनरुक्त्यमार्थं शाब्दं वा शङ्कनीयम् ॥34 ॥

(4 नागोजीभट्टी) चितिः चिच्छक्तिः ॥34 ॥

(5 जगच्चन्द्रचन्द्रिका) त्रिमन्त्रश्लोककं पुनरिति। पुनः मन्त्रत्रयात्मक एकः श्लोकः। तथाहि चित्तिरूपेण या कृत्स्नमेतद्व्याप्य स्थिता जगत्। नमस्तस्यै स्वाहेति एको मन्त्रः 78 ॥34 ॥

(6 दंशोद्धार) चितिर्जीवचैतन्यम् ॥34 ॥

स्तुता सुरैः पूर्वमभीष्टसंश्रयात्तथा[1] सुरेन्द्रेण[2] दिनेषु सेविता।
करोतु सा नः शुभहेतुरीश्वरी शुभानि भद्राण्यभिहन्तु चापदः ॥35 ॥

(1 गुप्तवती) पूर्वं महिषासुरकाले। दिनेषु प्रतिदिनम् ॥35 ॥

(2 चतुर्धरी) सुरैर्देवैः पूर्वं महिषासुरवधकाले अभीष्टसंश्रयादभि-मतलाभाद्धेतोः। दिनेषु प्रतिदिनं वा नोऽस्माकं शुभानि मङ्गलानि भद्राणि सुखानि अतिशयकल्याणानि वा ॥35 ॥

(3 शान्तनवी) पूर्वं पुराकल्पे सुरैः स्तुता तथा अभीष्टसंश्रयात् अभीष्टस्य वस्तुनः संश्रयात्कारणात् सुरेन्द्रेण दिनेषु सेविता। सुरेन्द्रः शक्रः ईशः शंकरः दिनेशः सूर्यः तैः सेविता आश्रिता। अत एव भद्रमणति भद्राणी। अस्तु भद्रमिति कथयती अत एव शुभहेतुः सा ईश्वरी ईश्वरीपत्नीः नः अस्माकं देवानां शुभानि मङ्गलानि करोतु जनयतु। किं च नः अस्माकम् आपदश्च विरोधिजनितदुःखानि चाभिहन्तु विहन्तु। सुरेन्द्रेण दिनेषु सेविता इति पाठे सुरेन्द्रेण शक्रेण दिनेषु प्रत्यहम् अभीष्टसंश्रयाद्धेतोः सेवितेत्यर्थः। शुभानि भद्राणि इति छेदे यानि नः शुभानि जगद्धितानि कर्मणि प्रार्थनीयानि तानि भद्राणि अनुकूलानि अबाधितानि अविघ्नानि करोत्वित्यर्थः। ईश्वरीति। 'अश्नोतेराशुकर्मणि वरट् चेच्चोपधायाः' इत्यपि व्युत्पत्त्यन्तरमनुसंधेयम्।

---

1. 'अभीष्टसंश्रया तथा' इति पाठः।
2. 'सुरेन्द्रेशदिनेश' इति शान्तनवीपाठः।

अभीष्टसंश्रयेतिपाठे अभीष्टः वाञ्छितः संश्रीयमाणः संश्रयोऽर्थो वा यस्याः सकाशात् भवति सा अभीष्टसंश्रया देवी ॥35 ॥

(4 नागोजीभट्टी) अत्रायं संग्रहः। 'विष्णुमाया चेतना च बुद्धिनिद्रे क्षुधा तथा। छाया शक्तिश्च तृष्णा च क्षान्तिर्जातिस्ततः परम्। लज्जा शान्तिस्ततः श्रद्धा कान्तिर्लक्ष्मीस्ततः परम्। वृत्तिः स्मृतिर्दया चैव तुष्टिर्माता ततः परम्। भ्रान्तिर्व्याप्तिश्चितिश्चैव त्रयोविंशतिसंख्यकाः। इतोऽधिकमनार्षं स्यात्तन्त्रे कात्यायने स्फुटम्'। नवार्णपीठपूजाविधावेता एव त्रयोविंशतिः तत्कथनं व्याप्तिचित्योः त्यागश्च। तदयुक्तम्। कात्यायनीतन्त्रविरोधात्। स्तुतेति या शुभहेतुरीश्वरी सुरैर्ब्रह्मादिभिः पूर्व स्तुता तथा इन्द्रेण च महिषवधे सत्यभीष्टस्य संश्रयात् दिनेषु प्रतिदिनं सेविता सा नः शुभानि भद्राणि अतिशयितशुभानि करोतु आपदश्च हन्त्विवन्त्यन्वयः॥35 ॥

(5 जगच्चन्द्रचन्द्रिका) नमस्तस्यै स्वाहेति द्वितीयः 79। नमस्तस्यै नमो नमः स्वाहेति तृतीयः 80। 'त्रयोविंशतिश्लोकेकेषु मन्त्रा वै सप्तषष्टिकाः' इति। त्रयोविंशा ये श्लोककास्तेषु वै निश्चयेन सप्तभिरधिकाः षष्टिका मन्त्रा ज्ञेयः। 'एवं द्वाविंशतिश्लोके ज्ञेयं मन्त्रत्रयं बुधैः' इति। एवं गणनप्रकारेण द्वाभ्यामधिका विंशतिश्लोका या देवीत्येवमादिकास्तत्र बुधैः कात्यायनीतन्त्रज्ञैः पण्डितैः मन्त्रत्रयं मन्त्राणां त्रयं प्रतिश्लोकं ज्ञेयं बोध्यम्। एक इन्द्रियाणामिति। पूर्वैस्त्रयोदशमन्त्रैः सहाशीतिरुदाहृता इति पूर्वैऋषिरुवाच पुरा शुम्भनिशुम्भाभ्यामित्यादिभिः त्रयोदशमन्त्रैः सहाशीतिर्विंशतिचतुष्टयमुदाहृताः कथिताः। आदौ त्रयोदशमन्त्राः सप्तषष्टिर्या देवीत्यादिमन्त्राः। एतैः सर्वैर्मिलित्वा अशीतिमन्त्रा जाता इत्यर्थः। स्तुता सुरेति च श्लोकद्वयं चेति तथाहि। स्तुता सुरैः पूर्वमभीष्टसंश्रयादिति 81 ॥35 ॥

(6 दंशोद्धार) स्तुतेति अभीष्टसंश्रयादभीष्टार्थलाभात् दिनेषु समयेषु शुभानि मङ्गलानि भद्राणि सुखानि निरतिशयकल्याणानि वा ॥35 ॥

या सांप्रतं चोद्धतदैत्यतापितैरस्माभिरीशा च सुरैर्नमस्यते।
या च स्मृता तत्क्षणमेव हन्ति नः सर्वापदो भक्तिविनम्रमूर्तिभिः ॥36 ॥

(1 गुप्तवती) ॥36 ॥

(2 चतुर्धरी) सांप्रतं चेदानीमपि ॥36 ॥

(3 शान्तनवी) या सुरैः स्तुता देवी नः शुभहेतुरित्युक्तं सा का इत्याह। या देवी सांप्रतम् इदानीम् उद्धतदैत्यतापितैः उद्धतैर्निर्मर्यादैः वलोल्बणैः दैत्यैः शुम्भनिशुम्भादिभिस्तापितैः संतापितैरस्माभिः सुरैः ईशा स्वामिनी नमस्यते सेव्यते। या च देवी भक्तिविनम्रमूर्तिभिः सुरैः स्मृता च स्मृतैव सती तत्क्षणमेव स्मृतिकाल एव नोऽस्माकं सुराणां सर्वापदो हन्ति। यद्वा सर्वापदो यतः स्युस्ते सर्वापदः शत्रवः तान्। सांप्रतमव्ययम्। ईष्टे ईशा पचाद्यच् 'इगुपधज्ञाप्रीकिरः कः' वा। भक्त्या। विनम्रा मूर्तयः काया तेषां ते तथोक्ताः तैर्नमस्यते इति 'नमोवरिवश्चित्रङः क्यच्' नमसः पूजायाम्। भावकर्मणोः सार्वधातुके यक्। 'यस्य हलः' 'क्यस्य विभाषा' इति यलोपः ॥36॥

(4 नागोजीभट्टी) येतिं सांप्रतं च या ईशा सुरैरस्माभिः उद्धतदैत्यतापितैः पीडितैः नमस्यते स्तूयते च करोतु सा न इत्यनेनान्वयः ॥36॥

(5 जगच्चन्द्रचन्द्रिका) 'या सांप्रतं चोद्धतदैत्यतापितैरिति च द्वयं द्वौ मन्त्रौ वा 82'। अत्र रेफलोपश्चिन्त्यः ॥36॥

(6 दंशोद्धार) ॥36॥

ऋषिरुवाच।

एवं स्तवादियुक्तानां[1] देवानां तत्र पार्वती।
स्नातुमभ्याययौ तोये जाह्नव्या नृपनन्दन ॥37॥

(1 गुप्तवती) ॥37॥

(2 चतुर्धरी) एवमुक्तरीत्या स्तवादौ युक्तानां देवानामिति सप्तम्यर्थे षष्ठी संबन्धे। देवानामपि अभिमुखम् अनादरे वा षष्ठी। देवान् अनादृत्य ययौ इत्यर्थः। जाह्नव्या गङ्गाया इत्यर्थः ॥37॥

(3 शान्तनवी) हे नृपनन्दन हे सुरथ एवमित्थं देव्याः स्तवाभियुक्तानां स्तुतिप्रवणचित्तानां देवानाम् अग्रतः तत्र हिमाद्रौ पार्वती देवी गौरी जाह्नव्या गङ्गायाः तोये पाथसि जलक्रीडां अभ्याययौ देवानामग्रतोऽभ्यागमगमत् ॥37॥

---

1. 'स्तवाभियुक्तानाम्' इति शान्तनवी।

(4 नागोजीभट्टी) ऋषिरुवाच। एवमिति। तत्र देवसन्निहिते। हे राजन् पार्वती जाह्नव्यास्तोये स्नातुमिव स्वीयस्तवादियुक्तानामभि संमुखं ययावित्यर्थः ॥37 ॥

(5 जगच्चन्द्रचन्द्रिका) एवं पुनर्ऋषिरिति। एवंप्रकारेण 'ऋषिरुवाचेत्ययं मन्त्रः 83' पुनः सप्तदश श्लोका इति पुनः। सप्तभिरधिका दश सप्तदश तत्संख्याकाः श्लोकाः श्लोकरूपा मन्त्राः तथाहि एवं स्तवेति 84 ॥37 ॥

(6 दंशोद्धार) एवमिति। देवानामित्यनादरे षष्ठी। स्तुवतो देवाननादृतय स्नातुं ययावित्यर्थः। पुरत इति शेषो वा ॥37 ॥

साब्रवीत्तान्सुरान्सुभ्रूर्भवद्भिः स्तूयतेऽत्र का।
शरीरकोशतश्चास्याः समुद्भूताब्रवीच्छिवा ॥38 ॥

(1 गुप्तवती) शरीरकोशतश्चेति। पुरा किल पार्वत्याः संबोधनं कालीति पदेन शिवः कदाचित् कृतवान्। तच्छ्रुत्वा स्वीयं नैल्यं मर्मत्वेनोद्घाटितमिति धिया 'भूयसी च तवाप्रीतिरगौरमिति मे वपुः। क्रीडोक्तिरपि कालीति घटेत कथमन्यथा' इत्यादिमुक्त्वा कुपिता पार्वती शिवेन यथाकथंचित्समाहितापि स्वकीयनीलरूपकोशनिरसनेच्छया शिवाज्ञयैव गौतमाश्रमं प्राप्य तत्र तपस्तप्त्वा भुजङ्गीकञ्चुकमिव कृष्णवर्णं कोशमुत्सृज्य गौरवर्णयुक्तशरीरेण गौरीति प्रसिद्धिं प्राप्य पुनः शिवसमीपं प्राप्ता। उत्सृष्टात्कोशादतिसुन्दरी नीलवर्णा काचित्पार्वत्या विभूतिरेव कन्यकाः प्रादुर्भूता। सेयं पार्वत्या सहैव संचरन्ती प्रत्युत्तरमाहेत्यर्थः। नतु सांप्रतमेव सा प्रादुभूतेति मन्तव्यम्। शिवपुराणे वायुसंहितायामीदृशस्यैव कथानकस्याम्नानात्। 'दैत्यौ शुम्भनिशुम्भाख्यौ भ्रतारौ संबभूवतुः। ताभ्यां तपोबलाल्लब्धं ब्रह्मणः परमेष्ठिनः। अवध्यत्वं जगत्यस्मिन्पुषैरखिलैरपि। अयोनिजा तु या कन्या स्त्र्यङ्गकोशसमुद्भवा। अजातपुंस्पर्शरतिरविलङ्घ्यपराक्रमा। तया तु नौ वधः संख्ये तस्यां कामाभिभूतयोः। इति चाभ्यर्थितो ब्रह्मा ताभ्यां प्राह तथास्त्विति' इत्यादिना। तथा तत्रैव का सा कौशिकीति शिवेन पृष्टा देव्युवाच। 'किं देवेन न सा दृष्टा या सृष्टा कौशिकी मया। तादृशी कन्यका लोके न भूता न भविष्यति। तस्या वीर्यं बलं विद्धि निलयं विजयं तथा। शुम्भस्य च निशुम्भस्य मरणं च तथा रणे। प्रत्यक्षफलदानं च लोकाय भजते सदा। देवानां रक्षणेनैव ब्रह्मा विज्ञापयिष्यति' इत्याद्युक्तम् ॥38 ॥

(2 चतुर्धरी) तस्या: पार्वत्या: शरीरकोशतो देहावरणकाच्चर्मण इति यावत् शरीरसमुदायादित्यन्ये ॥38 ॥

(3 शान्तनवी) सा देवानामग्रत: किं कृतवतीत्याह। सा सुभ्रू: पार्वती तान्स्तुत्यभियुक्तान्सुरान् अब्रवीत् पृष्टवती। किमिति। हे सुरा: अत्र हिमवति पर्वते भवद्भि: का स्तूयते इति। शोभने भ्रुवौ यस्या: सा सुभ्रू:। इह भवद्भि: का देवता स्तूयते नाम इति देवान्पृष्टवती पार्वती। ततस्तां पार्वतीं प्रति तावद्देवैरेवोत्तरं दातुमुचितम्। किं तु तत: प्रागेव किल तस्या: पार्वत्या: शरीरात्सकाशात् विनिर्गत्य शिवानामाद्या देवी पार्वतीं प्रति वाक्यमब्रवीत्। इयं हि साभवत्तेजसां शिवा इति वचनात् ब्रह्मविष्णुमहेश्वरादिसर्वतेजोमयी शिवा नामाद्या शक्तिरवसेया। एतदेव दर्शयति। अस्या: पार्वत्या: शरीरकोशत: शरीरकोश इव शरीरकोश:। 'कोशोऽस्त्री कुड्मले खड्गे पिधानेर्थौघदिव्ययो:' तत: शरीरकोशत:। ज्ञानार्थनिधित्वेन सर्वजगन्निधित्वेन पार्वतीशरीरं कोशेनोपमीयते। परमानन्दनिधित्वेनेव कोश:। तत: उद्भूता शिवा देवी पार्वतीं प्रत्यब्रवीत् ॥38 ॥

(4 नागोजीभट्टी) तथापि तेषामज्ञानं दृष्ट्वा का स्तूयत इति पृच्छति। सेति। का मदन्या स्तूयते यन्मां नाभिभाषथ मदन्याया अभाव: ततोप्यज्ञानमेव दृष्ट्वा तेषां दयया स्वयमब्रवीत्। अस्या: इत्युक्ति: राजानं प्रति ऋषे: शरीररूपात्कोशतो गृहात् समुद्भूता सत्त्वप्रधानांशेन प्रादुर्भूताऽत एव शिवा अब्रवीदित्यर्थ: ॥38 ॥

(5 जगच्चन्द्रचन्द्रिका) साब्रवीदिति 85 ॥38 ॥

(6 दंशोद्धार) ॥38 ॥

स्तोत्रं ममैतत्क्रियते शुम्भदैत्यनिराकृतै: ।
देवै: समेतै: समरे निशुम्भेन पराजितै: ॥39 ॥

(1 गुप्तवती) ॥39 ॥

(2 चतुर्धरी) समस्तै: समुदितै:। समेतैरिति वा पाठ:। समरे रणे ॥39 ॥

(3 शान्तनवी) किमित्यब्रवीत्तत्राह। स्तोत्रं ममैतत्क्रियते। समरे निशुम्भने पराजितैरभिभूतै: शुम्भदैत्यनिराकृतै: शुम्भेन प्रत्यादिष्टै: समस्तैर्देवै: मम शिवाया: सर्वदेवतेजोमय्या: एतत्स्तोत्रं क्रियते इत्यब्रवीत् ॥39 ॥

(4 नागोजीभट्टी) किमब्रवीत्तदाह। स्तोत्रमिति। समेतैः मिलितैः रणे निशुम्भेन पराजितैः अत एव शुम्भेन निराकृतैः स्वर्गादिति शेषः ॥39 ॥

(5 जगच्चन्द्रचन्द्रिका) स्तोत्रं ममेति 86 ॥39 ॥

(6 दंशोद्धार) ॥39 ॥

शरीरकोशाद्यत्तस्याः पार्वत्या निःसृताम्बिका।
कौशिकीति समस्तेषु ततो लोकेषु गीयते ॥40 ॥

(1 गुप्तवती) ॥40 ॥

(2 चतुर्धरी) यद्यस्मात्कौशिकी तालव्यशकारवती। कोशात् कौशिकदन्दशूकछिन्नशूक इति(?)शब्दभेददर्शनात् पृषोदरादित्वात्साधुत्वम् ॥40 ॥

(3 शान्तनवी) यद्यस्मात्तस्याः पार्वत्याः शरीरकोशात् शरीरात् अम्बिका निःसृता निवृत्ता ततः कारणात् सा समस्तेषु लोकेषु कौशिकीति गीयते कथ्यते। पार्वत्याः शरीरकोशतः निःसृता सती शिवा कौशिकीति प्रख्यायतो कोशेन दीव्यति कोशतो निर्गमात् कौशिकी। 'तेन दीव्यति' इति ठक्। यद्वा कोशात् या निर्गता सा कोशेन निर्वृत्तैवेति। 'निर्वृत्तेऽक्षद्यूतादिभ्यः' इति ठक् ॥40 ॥

(4 नागोजीभट्टी) शरीरेति। यत् निर्गता तत् कौशिकीति गीयते इत्यन्वयः। कौशिकीति पृषोदरादित्वात्साधु। तालव्यमिदम् ॥40 ॥

(5 जगच्चन्द्रचन्द्रिका) शरीरकोशादिति 87 ॥40 ॥

(6 दंशोद्धार) शरीरकोशादिति। कोशे भवा कौशिकी। अध्यात्मादित्वाट्ठञ् ॥40 ॥

तस्यां विनिर्गतायां[1] तु कृष्णाभूत्सापि पार्वती।
कालिकेति समाख्याता हिमाचलकृताश्रया ॥41 ॥

---

1. 'तस्याविनिर्गता या तु' इति गुप्तवतीसंमतः पाठः।

(1 गुप्तवती) तस्यसा विनिर्गता या त्विति। तस्या इति पञ्चमी। या त्विति तु तच्छब्दापेक्षया यच्छब्दः प्रथमान्तः। परदेवतासकाशाद्या तु विनिर्गता. कौशिकी सापि पार्वत्येव परं तु कृष्णाभूदतः कालिकेत्याख्याता सती हिमाचल एव निखिलदेवप्रार्थिततत्स्थाने तिष्ठति। न पुनः स्नानाद्यर्थं ततो निर्गत्य गतेत्यर्थः। देवेषु स्तुवत्सु सत्सु तं स्तवमङ्गीकृतवत्याः कौशिक्यास्तानुपेक्ष्यान्यत्र गमनस्यानुचितत्वादिति भावः। परदेवता तु तां तत्रैवास्थाप्य स्नानार्थं गतेति त्वर्थाल्लभ्यते। तदुक्तं वायुसंहितायाम्। 'तत्कोशं सहसोत्सृज्य गौरी सा समजायत। तत्कोशादात्मनोत्सृष्टात्कौशिकी नाम नामतः। काली कालाम्बुदप्रख्या कन्यका समपद्यत' इत्यादिना। यदा तु प्रकृतश्लोके तस्यामिति विनिर्गतायामिति च पदद्वयं सप्तम्यन्तमेव बहुपुस्तकेषूपलम्भात्प्रामाणिकमित्याग्रहस्तदा तस्यामिति पदं परदेवतापरं कृत्वा गौर्यां स्नातुं वा स्नात्वा कैलासं वा विनिर्गतायां सत्यां कृष्णा या कालिका पार्वत्यभूत्सा हिमाचल एव कालिकानाम्नी उवासेति कौशिक्या एव कार्ष्ण्यवासौ व्याख्येयौ। शिवपुराणकालिकापुराणादिषु कौशिकीनिर्गमनोत्तरं परदेवताया गौरवर्णप्राप्तेः कथिताया विरोधेन परदेवतापि कृष्णा जातेति व्याख्याया अनुचितत्वादित्यवधेयम् ॥41 ॥

(2 चतुर्धरी) ॥41 ॥

(3 शान्तनवी) सा भगवती पार्वत्यपि स्वात् शरीरकोशात्तस्यां सर्वदेवतेजोमय्यां कौशिक्यां भगवत्यां विनिर्गतायां सत्यां कृष्णा अभूत् कृष्णवर्णा समजनिष्ट। ततश्च सा पार्वती कालिकेति समाख्याता सती हिमाचलकृताश्रया हिमाद्रौ कृतनिलयाभूत्। कृष्णवर्णार्थात् कालशब्दात् तद्वति वर्तमानात्संज्ञायां जनपदसूत्रेण ङीप्। संज्ञायां कन्। 'केणः' इति ह्रस्वः। 'काली हैमवतीश्वरी'। इह महामाया देवकायार्थं विष्णुयोगनिद्राभूत्। ततः सर्वदेवतेजोमयी शिवाभूत्। ततः पार्वत्यभूत्। ततः कौशिक्यभूत् देवकृतस्तुतिमङ्गकर्तुं ततः कालिका अभूत्। सैवाम्बिका नामेत्याह ॥41 ॥

(4 नागोजीभट्टी) तस्यामिति। कृष्णसहोदरीत्वात्तमः-प्रधानशिवशक्तित्वाच्च कृष्णवर्णत्वं सरस्वत्याः प्रादुर्भूतत्वाच्च शिवशक्तेस्तत एव पुनः सरस्वत्या निर्मम इति बोध्यम्। तदारभ्य शिवः कालीपतिरिति बोध्यम्। आश्रयः स्थानम्। तदुक्तं वैकृतिकरहस्ये। 'गौरीदेहात्समुद्भूता या

सत्त्वैकगुणाश्रया। साक्षात्सरस्वती प्रोक्ता शुम्भासुरनिबर्हिणी। दधौ चाष्टभुजा बाणमुसले शूलचक्रमभृत्। शङ्खं घण्टां लाङ्गलं च कार्मुकं वसुधाधिप। एषा संपूजिता भक्त्या सर्वज्ञत्वं प्रयच्छति'। शिवपुराणसंहितायाम्। 'दैत्यौ शुम्भनिशुम्भाख्यौ भ्रातरौ संबभूवतुः। याचितं तपसा ताभ्यां ब्रह्मणः परमेष्ठिनः। अवध्यत्वं जगत्यस्मिन्पुरषैरखिलैरपि। अयोनिजा तु या कन्या त्र्यङ्गकोशसमुद्भवा। अजातपुंस्पर्शरतिविलङ्घ्यपराक्रमा। तस्या वध्यावुभौ संख्ये तस्यां कामाभिभूतये। इति चाभ्यर्थितो ब्रह्मा ताभ्यां प्राह तथास्त्विति'। (ततस्ताभ्यां जगति उपद्रुते।) 'तयोर्लयाय देवेशं ब्रह्मा प्रार्थितवाञ्शिव्। विनिन्द्यापि रहस्यं वां कोधयित्वा यथातथा। तद्वर्णकोशजां शक्तिमकामां कन्यकातिमकाम्। निशुम्भशुम्भयोर्हन्त्रीं देवेभ्यो दातुमर्हसि। एवमभ्यर्थितो धात्राा भगवान्नीललोहितः। कालीत्याह रहस्यं वा' इत्युक्तम्। (क्रुद्धां ता दृष्ट्वा क्रीडार्थं कालीत्युक्तमिति शिवस्योक्तेः।) 'भूयसी च तवाप्रीतिरगौरमिति मे वपुः। क्रीडोक्तिरपि कालीति घटते कथमन्यथा' इति देवीवचनमुपन्यस्य कथंचिद्देवी देवाज्ञया गौतमाश्रमं प्राप्य तपश्चरित्वा रजोगुणाधिकात् ब्रह्मणो गौररूपं प्राप्य नीलकोशमुत्सृष्टवतीं ततः कोशादुद्भूता कौशिकीत्युक्तम् 'तत्कोशं सहसोत्सृज्य गौरी सा समजायत। सा तु मायात्मिका शक्तियोगनिद्रा हरेः स्मृता' इति ततः प्रत्यागतया देव्या देवं प्रति कौशिकीमहिमा कथितः। 'किं देवेन न सा दृष्टा सा सृष्टौ कौशिकी मया। तादृशी कन्यका लोके न भूता न भविष्यति। अजातपुंस्पर्शरतिरधृष्या चातिसुन्दरी' इति ॥41॥

(5 जगच्चन्द्रचन्द्रिका) तस्यां विनिर्गतायामिति 88 ॥41॥

(6 दंशोद्धार) ॥41॥

ततोऽम्बिका परं रूपं बिभ्राणां सुमनोहरम्।
ददर्श चण्डो मुण्डश्च भृत्यौ शुम्भनिशुम्भयोः ॥42॥

(1 गुप्तवती) परं रूपमिति। रूपान्तरं कौशिकीनामकमित्यर्थः। उत्कृष्टं लावण्यं वा। स्थूलं सूक्ष्मं परं चेति त्रिविधदेवतारूपश्लेषाच्चरम-रूपमित्यर्थः। तत्पक्षे सुमनोहरम् 'सर्वे देवा यत्रैकं भवन्ति' इति श्रुतिसिद्धसर्वदेवतातादात्म्यवत्। चण्ड इति तु चण्डीपतिरिति रहस्यम्। इतरत्प्रकटार्थमेव ॥42॥

(2 चतुर्धरी) ततो हेतोः परं प्रकृष्टं रूपं सौन्दर्यं बिभ्राणां धारयन्तीतम् ॥42 ॥

(3 शान्तनवी) ततोऽनन्तरम्। यद्वा ततस्तत्र हिमवति गिरौ आद्यादित्वात्तसिः। शुम्भनिशुम्भयोः। भूत्यौ सेवकौ चण्डो मुण्डश्च परम् अतितरां सुमनोहरं रूपं बिभ्राणां दधानाम् अम्बिकां कालिकाख्यां पार्वतीं ददर्श अद्राक्षीत्। सुमनोहरामिति पाठे देवीविशेषणम्। परं रूपं बिभ्रतीं सुमनोहरां देवीं ददर्शेत्यर्थः। चडि कोपे। चण्डते चण्डः। मुडि खण्डने। मुण्डति मुण्ड्यति वा मुण्डः ॥42 ॥

(4 नागोजीभट्टी) ततोऽम्बिकामिति। परमुत्कृष्टम् ॥42 ॥

(5 जगच्चन्द्रचन्द्रिका) ततोऽम्बिकामिति 89 ॥42 ॥

(6 दंशोद्धार) ॥42 ॥

ताभ्यां शुम्भाय चाख्याता सातीव सुमनोहरा।
काप्यास्ते स्त्री महाराज भासयन्ती हिमाचलम् ॥43 ॥

(1 गुप्तवती) ॥43 ॥

(2 चतुर्धरी) शुम्भायेति क्रियायोगे चतुर्थी। भासयन्ती दीपयन्ती ॥43 ॥

(3 शान्तनवी) सा रूपवती कालिका देवी ताभ्यां चण्डमुण्डाभ्यां शुम्भाय महासुराय आख्याता च शुम्भसमक्षमुक्ता। किमिति। हे महाराज हे शुम्भ दैत्येश्वर समधिगतसर्वैश्वर्य सावधानो भव। अतीव सुमनोहरा कापि स्त्री आस्ते। किं कुर्वती। हिमाचलं हिमाद्रिं भासयन्ती स्वयं श्यामा श्यामाभिः शोभाभिः अदभ्रशुभ्रं शोभाढ्यं हिमाद्रिं भासोभिर्भासयन्ती पार्वती आस्ते। आख्याता अतीवेत्यत्र वाक्ये वैवक्षितं संधिकार्यम्। शुम्भायेति क्रियाग्रहणं कर्तव्यमिति संप्रदानत्वं पत्ये शेते इतिवत्। 'वलत्सुष्टु किमुत स्वत्यतीव च निर्भरे' अतीवेति छेदः। सुष्ठु मनो हरति सुमनोहरा। 'हरतेरनुद्यमनेच्'। यद्वा इः कामः वसु धनं येषां ते इवसवः कामधनाः तेषां मनः इवसुमनः तत् हरति इति इवसुमनोहरा। अत्यर्थम् इवसुमनोहरा अतीवसुमनोहरा इत्यम्बिकां प्रत्यनिष्टोऽर्थः। तस्याः पातिव्रत्यभङ्गप्रसङ्गात्। इष्टोऽर्थस्त्वेषः। शोभनं मनो यस्य स सुमनाः शंभुस्तं रहस्यर्धाङ्गहरत्वात्सुमनोहरा। अतितरां सुमनोहरा अतीवसुमनोहरा। यद्वा पै ओवै शोषणे। इं कामं वायति शोषयति इवः शिवः। यद्वा इं कामं वाति गच्छति इवः शिवः। आतोऽनुपसर्गे कः। इवस्य सुमनोहरा इवसुमनोहरा। अत्यधिकम्

इवसुमनोहरा अतीवसुमनोहरा। यद्वा इः कामः ईः लक्ष्मीः वसवश्चाष्टौ प्रसिद्धाः ध्रुवादयः ईवसवः अतिक्रान्ता ईवसून् अतीवसुः शंभुः अतीवसोः शंभोः मनोहरा अतीवसुमनोहरा। 'ध्रुवो धरश्च सोमश्च ह्यापश्चैवानिलोऽनलः। प्रत्यूषश्च प्रभावश्च वसवोऽष्टौ ध्रुवादयः' ॥43॥

(4 नागोजीभट्टी) ताभ्यामिति। शुम्भायेति क्रियायोगे चतुर्थी। कापि अनिर्वाच्या ॥43॥

(5 जगच्चन्द्रचन्द्रिका) ताभ्यां शुम्भायेति 90 ॥43॥

(6 दंशोद्धार) ताभ्यामिति। आख्यता कथिता। अतीवेति। संहिताया अविवक्षणान्न संधिः। भासयन्ती दीपयन्ती ॥43॥

नैव तादृक् क्वचिद्रूपं दृष्टं केनचिदुत्तमम्।
ज्ञायतां काप्यसौ देवी गृह्यतां चासुरेश्वर ॥44॥

(1 गुप्तवती) ॥44॥

(2 चतुर्धरी) ॥44॥

(3 शान्तनवी) हे असुरेश्वर हे शुम्भ क्वचिदपि भुवने केनचिदपि पुंसा तादृक् तादृशम् उत्तमम् अतिसुन्दरं रूपम् आकारः नैव दृष्टं नैवालोकि। हे शुम्भ असौ कापि देवी देवस्त्री। यद्वा कापि कृताभिषेका राज्ञी इति त्वया ज्ञायतामवगम्यताम्। अथ त्वया गृह्यताम् उपादीयताम् इत्यम्बिकां प्रत्यनिष्टोऽन्वयः। इष्टस्त्वेषः। हे असुरेश्वर हे शुम्भ तादृगुतमं क्वचिद्रूपं ज्ञानरूपं क्वापि केनचित् दृष्टं किम्। न क्वापि न केनापि। तस्मादसौ देवी कापि परदेवता इति त्वया ज्ञायताम् असौ कापि एका स्त्री अबलास्तीति नैव ज्ञायताम्। अपि त्वसौ देवी। गृह्यतां चात्मसरंक्षणार्थमाश्रीयतामिति हितोपदेशः शुम्भं प्रति ताटस्थ्येन ॥44॥

(4 नागोजीभट्टी) नैवेति। असौ देवी कापि अतो ज्ञायतां मनुष्यद्वारा तत्स्वरूपं विचार्यता गृह्यतां च अङ्गीक्रियतां च ॥44॥

(5 जगच्चन्द्रचन्द्रिका) नैव तादृगिति 91 ॥44॥

(6 दंशोद्धार) ॥44॥

स्त्रीरत्नमतिचार्वङ्गी द्योतयन्ती दिशस्त्विषा।
सा तु तिष्ठति दैत्येन्द्र तां भवान्द्रष्टुमर्हति ॥45॥

(1 गुप्तवती) ॥45॥

(2 चतुर्धरी) स्त्रीरत्नमुत्तमस्त्री। अजहल्लिङ्गत्वान्नपुंसकत्वम् ॥45॥

(3 शान्तनवी) हे दैत्येन्द्र हे शुम्भ त्विषा दीप्त्या दिशः दशापि ककुभः द्योतयन्ती अङ्गकान्त्या भासयन्ती अतिचार्वङ्गी अत्यन्तं चारु मनोहरम् अङ्गंयस्याः सा तथोक्ता स्त्रीनाम रत्नम्। रत्नं हि मनोहरत्वेनोत्कृष्टं सा पुरुत्कृष्टा तिष्ठति तां भवान् द्रष्टुमर्हति इत्ययमम्बिकां प्रत्यनिष्टोऽन्वयः। इष्टस्त्वेषः। हे दैत्येन्द्र हे शुम्भ सा नूनं स्त्रीरत्नं सा नूनम् अति चार्वङ्गी सा नूनं त्विषा दिशो द्योतयन्ती तिष्ठति किं तया ते कृतं स्यात्। तां भवान्द्रष्टुमर्हति। यस्तां दोषबुद्ध्या पश्येन्नश्येत्स तदैव। तस्मात्तां द्रष्टुं भवान् मा यततामिति शुम्भं प्रति ताटस्थ्येन हितोपदेशः। रमन्ते यस्मिन् रत्नं रत्नमिति प्रख्यातमणावेव न केवलम्। 'जातौ जातौ यदुत्कृष्टं तद्रत्नमभिधीयते' ॥45॥

(4 नागोजीभट्टी) ननु किमर्थमङ्गीकारस्तस्या इत्यत आह। स्त्रीरत्नमिति। उत्तमा स्त्रीत्यर्थः। भवान् तां द्रष्टुमर्हति सा तव दर्शनयोग्या। अतोऽङ्गीक्रियतामिति भावस्तु हेतौ ॥45॥

(5 जगच्चन्द्रचन्द्रिका) स्त्रीरत्नमीतीति 92 ॥45॥

(6 दंशोद्धार) स्त्रीरत्नमिति। स्त्री रत्नमिव स्त्रीरत्नम् ॥45॥

यानि रत्नानि मणयो गजाश्वादीनि वै प्रभो।
त्रैलोक्ये तु समस्तानि सांप्रतं भान्ति ते गृहे ॥46॥

(1 गुप्तवती) ॥46॥

(2 चतुर्धरी) रत्नानि स्वजातिश्रेष्ठानि। 'यद्यच्छ्रेष्ठतमं जातौ तद्रत्नमभिधीयते' इत्यभिधानात्। मणयो रत्नादयः। भान्ति दीव्यन्ते। विद्यन्त इत्यर्थः ॥46॥

(3 शान्तनवी) हे प्रभो हे त्रैलोक्येश्वर शुम्भ यानि यान्येव त्रैलोक्ये गजाश्वादीनि तत्तज्जातिप्रधानान्युत्कृष्टानि रत्नानि तथा देदीप्यमानानि पद्मरागादयो

मणयश्च रत्नानि तानि समस्तानि सर्वाणि सांप्रतम्। अधुना ते तव गृहे वर्तन्ते। वै प्रसिद्धमेवैतत्। ताटस्थ्येपि प्रायेणषोन्वयः। हे प्रभो शुम्भ त्वं दूतवचनात्तामानयितुं यतेथाः चेत्तर्हि यानि त्रैलोक्ये गजाश्वादीनि रत्नानि वै प्रसिद्धानि मणयश्च रत्नानि तानि समस्तानि ते गृहे सांप्रतं तु संप्रत्यधुनैव वर्तन्ते। त्वद्दर्शनोत्तरकालं तु न स्युः। किं तु त्रैलोक्ये एव तानि यथास्थानं स्युरिति शुम्भं प्रति हितोपदेशः ॥46 ॥

(4 नागोजीभट्टी) यदि सा रत्नभूता कथमस्माकं स्यादत आह। यानीति। यानि गजाश्वादीनि रत्नानि स्वजातिश्रेष्ठानि। तुः हेतौ। एवं च समस्तानि समस्तरत्नानि यतस्तव गृहे अत इयमपि तव भविष्यतीति भावः ॥46 ॥

(5 जगच्चन्द्रचन्द्रिका) यानि रत्नानीति 93 ॥46 ॥

(6 दंशोद्धार) यानीति। गजआदीनि रत्नानि। 'रत्नं स्वजातिश्रेष्ठं स्यात्' इति मेदिनी। भान्ति दीप्यन्ते ॥46 ॥

ऐरावतः समानीतो गजरत्नं पुरंदरात्।
पारिजाततरुश्चायं तथैवोच्चैःश्रवा हयः ॥47 ॥

(1 गुप्तवती) ॥47 ॥

(2 चतुर्धरी) ॥47 ॥

(3 शान्तनवी) गजाश्वादिशब्दविवक्षितरत्नजातानि नामतो निर्देष्टुमाह। गजो रत्नमितिपाठ उत्तरत्र रत्नप्राधान्यसूचनार्थम्। गजरत्नमितिपाठे रत्नानीति वक्ष्यमाणरत्नोपसंहारवशात्सर्वत्र रत्नोपक्रमोप्यवगन्तव्यः। यः पुरंदरात् ऐरावतो नाम गजः समानीतः तत् गजरत्नं गृहे ते वर्तते। निर्दिश्यमानप्रतिनिर्दिश्यमान-योरेकत्वमापादयन्ति सर्वनामानि विपर्ययेण तल्लिङ्गभाञ्जि भवन्ति। एति भ्राम्यति अनया इरा तद्वान् इरावान् सुरोदः सुरासमुद्रः तत्र जातः ऐरावतः। पुराण्यरीणां दारयति पुरंदरः। गज इति रत्नं गजरत्नम्। हे प्रभो अयं च यः पुरंदरात्पारिजाततरुः समानीतः तत्तरुरत्नं ते गृहे वर्तते। पारिणः पारवतोब्धेर्जातः पारिजाताख्यस्तरुः। हे प्रभो तथा पुरन्दरादेव उच्चैःश्रवाः हयः समानीतः तद्धयरत्नं ते गृहे वर्तते। उच्चैः श्रवसी यस्य स उच्चैःश्रवाः ॥47 ॥

(4 नागोजीभट्टी) तदेव विवृणोति। ऐरावत इति ॥47 ॥

(5 जगच्चन्द्रचन्द्रिका) ऐरावत इति 94 ॥47॥

(6 दंशोद्धार) ॥47॥

विमानं हंससंयुक्तमेतत्तिष्ठति तेऽङ्गणे।
रत्नभूतमिहानीतं यदासीद्वेधसोऽद्भुतम्॥48॥

(1 गुप्तवती) ॥48॥

(2 चतुर्धरी) विमानं हंससंयुक्तं देवयानं यत् वेधसो ब्रह्मण आसीत् तत् इहानीतं ते तवाङ्गणे चत्वरे तिष्ठतीत्यन्वयः। अद्भुतमाश्चर्यहेतुकं विमानविशेषणम्। यद्वा अद्भुतमाश्चर्यमेतत्। यस्माद्वरप्राप्तस्यैव विमानमानीतमिति ॥48॥

(3 शान्तनवी) हे प्रभो यत् वेधसः ब्रह्मणोऽपि स्त्रष्टुरपि अद्भुतम् आश्चर्यकारि विमानमासीत् तत् हंससंयुक्तं रत्नभूतं रत्नत्वं प्राप्तं विमानं यानरत्नं देवयानम् इहानीतं तत्ते गृहे तेऽङ्गणे तिष्ठति। विविक्तं मान्ति वर्तन्तेऽस्मिन् देवाः विमानं देवयानम्। 'देवयानं विमानोऽस्त्री' ॥48॥

(4 नागोजीभट्टी) विमानमिति। वेधसो वरप्रदस्यापि यद्विमानमानीतं तदद्भुतम्। एवं च द्योवर्तिसकलाजय्यत्वं सूचितम्। बलान्न तु दत्तम्। दत्तवरत्वाच्च तेनोपेक्षितम् इति हृदयम्॥48॥

(5 जगच्चन्द्रचन्द्रिका) विमानमिति 95 ॥48॥

(6 दंशोद्धार) विमानमिति। अद्भुतम् आश्चर्यहेतुकं विमानम्। यद्वा यस्माद्वेधसो वरः प्राप्तस्तथैव विमानमानीतमित्यद्भुतम्॥48॥

निधिरेष महापद्मः समानीतो धनेश्वरात्।
किंजल्किनीं ददौ चाब्धिर्मालामम्लानपङ्कजाम्॥49॥

(1 गुप्तवती) ॥49॥

(2 चतुर्धरी) महापद्मनामा। किञ्जल्किनीनाम्नी अगणितकेसरात्मिका वा ते तव गृहे तिष्ठतीत्यन्वयः॥49॥

(3 शान्तनवी) हे प्रभो धनेश्वरात् कुबेरात् य एष महापद्मो नाम निधिः समानीतः तदेव निधिरत्नं ते गृहे वर्तते। महांश्चासौ पद्मश्च महापद्मः। यद्वा

महान्तः पद्मा निधिभेदाः यस्माद्भवन्त्युत्पद्यन्ते स महापद्मः। हे प्रभो तुभ्यम् अब्धिः समुद्रः किंजल्किनीं किंजल्काः केसराः तद्युक्तामविशीर्णकेसराम्। अवयवगतधर्मः केसरवत्त्वं मालायामपि अपङ्कजारब्धत्वादवयवावयव्य-भेदोपचारात्प्राप्नुवन्ति कर्णस्थकुण्डलेन कुण्डलीदेवदत्त इतिवत् किंजल्किनीत्युक्तम्। अथ सर्वदा अम्लानपङ्कजाम् अविशुष्ककमलां मालां स्रजं ददो स्रग्रत्नं ददौ। पङ्कजरत्नं वा उपचारतः। किंचिज्जलति जडीभवति किंजल्कः ॥49 ॥

(4 नागोजीभट्टी) निधिरिति। किंजल्किनीं तन्नामिकां ददावित्यस्य भयादिति शेषः ॥49 ॥

(5 जगच्चन्द्रचन्द्रिका) निधिरेष इति 96 ॥49 ॥

(6 दंशोद्धार) ॥49 ॥

छत्रं ते वारुणं गेहे काञ्चनस्रावि तिष्ठति।
तथायं स्यन्दनवरो यः पुरासीत्प्रजापतेः ॥50 ॥

(1 गुप्तवती) ॥50 ॥

(2 चतुर्धरी) ते तव गेहे तिष्ठतीत्यन्वयः। स्यन्दनवरो रथमुख्यः प्रजापतेर्ब्रह्मणः ॥50 ॥

(3 शान्तनवी) हे प्रभो यत् वारुणं वरुणसंबन्धि काञ्चनस्रावि छत्रं तत् छत्ररत्नं ते तव गृहे तिष्ठति नान्यत्र। काञ्चनं सुवर्णं स्रवति वर्षति काञ्चनस्रावीति व्याख्यानम् उत्कर्षाभावादुपेक्षणीयम् प्रेक्षावद्भिः। यस्य गृहे महापद्मादयो निधयः सन्ति तस्य छत्रस्रावितस्वर्णेन किं स्यात्। कस्तर्हि विग्रहः कान्त्या काञ्चनं स्रवति वर्षति इति काञ्चनस्रावि। यद्वा कान्त्या काञ्चनस्रावि काञ्चनवर्षी कल्पवृक्षः। यद्वा काञ्चनकान्तिमिव कान्तिं स्रवति काञ्चनस्रावि। यद्वा काञ्चनस्ये कान्तिं स्रवति काञ्चनस्रावि। पृषोदरादित्वादीप्तिसतशब्दसिद्ध्या कान्तिशब्दलोपः। यद्वा कचि दीप्तिबन्धनयोः काञ्चनं दीप्तिः प्रभा। काञ्चनमेव काञ्चनम्। 'अन्येषामपि दृश्यते' इति दीर्घः पूरुषवत्। काञ्चनं दीप्तिं छविं स्रवति वर्षति तच्छीलं काञ्चनस्रावि लावण्यस्रावि मुखमितिवदुत्प्रेक्षितमेतत्। काञ्चनं नाम वैदिकनिघन्टुतः स्वार्णीकमम्भः स्रवतीति काञ्चनस्रावि इति तु व्याख्यानं

कुशकाशावलम्बनम्। अथ द्वितीयोऽन्वयः। हे प्रभो हे शुम्भ यत् वारुणं वरुणसंबन्धि छत्रं तत् छत्ररत्नं ते तव काञ्चनस्त्रावि गेहे तिष्ठति काञ्चनस्त्रावि इति सप्तम्येकवचनान्तं गृहे इत्यस्य विशेषणम्। सृ गतौ। 'हेतुमति च' इति णिच ण्यन्तात् क्विप्। 'ण्यल्लोपावियङ्यणगुणवृद्धिदीर्घेभ्यः पूर्वविप्रतिषेधेन' इति अकृतत्वावृद्ध्यावादेशौ णिलोपः। ततः 'प्रत्ययलोपे प्रत्ययलक्षणम्' इति वृद्धिः। अवादेशस्तु वर्णात्ययत्वात् प्रत्ययलक्षणेन न भवति। गवे हितं गोहितम् इत्यवादेशवत्। वर्णाश्रयविधौ प्रत्ययलक्षणं नेष्यते। पुंसि काञ्चनानां स्त्रौः काञ्चनस्त्रौः काञ्चनानां प्रापयिता। नपुंसके तु 'ह्रस्वो नुपंसके प्रातिपदिकस्य' 'एच इग्घ्रस्वादेशे' काञ्चनस्त्रु त्रपुशब्दवद्रूपम्। 'तीयादिषु भाषितपुंस्कं पुंवद्गालवस्य' इति ङो ह्रस्वश्च नुम् च न भवति अवादेशः। काञ्चनस्त्रावि। पक्षे काञ्चनस्त्रुणि गृहे। हे प्रभो अयं स्यन्दनवरः। अयमिति को नु। यः पुराकल्पे प्रजापतेः ब्रह्मणः आसीत् तदिदं नाम रथरत्नं तथा त्वया समानीतं समानायितमिति वाक्यशेषः। स्यन्दनेषु वरः श्रेष्ठः। 'याने चक्रिणि युद्धार्थे शताङ्गः स्यन्दनो रथः'॥50॥

(4 नागोजीभट्टी) छत्रमिति। काञ्चनस्त्रावि स्वर्णवर्षणशीलं प्रजापतेर्दक्षस्य अयं रिपूणामजेयः॥50॥

(5 जगच्चन्द्रचन्द्रिका) छत्रं त इति 97॥50॥

(6 दंशोद्धार) छत्रमिति। प्रजापतेः दक्षस्य। कश्चित्तु ब्रह्मण इत्याह तन्न। वेधसो विमानमानीतमित्युक्तत्वात्॥50॥

मृत्योरुत्क्रान्तिदा नाम शक्तिरीश त्वया हृता।
पाशः सलिलराजस्य भ्रातुस्तव परिग्रहे॥51॥

(1 गुप्तवती) ॥51॥

(2 चतुर्धरी) अन्य आहन्ति मरणं ददातीत्युत्क्रान्तिदा उत्क्रान्तौ मरणकाले द्यति खण्डयतीति वा हे ईश परिग्रहे विषये सद्मनि इत्यर्थः। यद्वा परिगृह्यतेऽनेनेति परिग्रहो हस्तः तिष्ठतीति शेषः॥51॥

(3 शान्तनवी) हे ईश स्वामिन् मृत्योरन्तकस्य संहारकालस्य या शक्तिः सा उत्क्रान्तिदा नाम प्रसिद्धा सा त्वया हृता गृहीता। 'भुजिमृङ्भ्यां युक्त्युकौ' 'मृत्युः स्त्रीपुंसयोरन्ते'। म्रियन्तेस्मिन्नुपस्थितेन्ते प्राणिन इति मृत्युः।

प्राणिनामायुषोन्ते या प्राणाकर्षणकारिणी शक्तिः सोत्क्रान्तिदोत्क्रान्तिलिङ्ग-कायविनिर्वृतिः। उत्क्रमणमुत्क्रान्तिस्तां ददाति उत्क्रान्तिदा 'कासूसामर्थ्ययोः शक्तिर्देवतायामृषावपि'। हे प्रभो हे शुम्भ तव भ्रातुः निशुम्भस्य परिग्रहे परिजने विषये सलिलराजस्य अपांपतेः वरुणस्य पाशः आयुधं वर्तते। 'पत्नीपरिजनादानमूलशापाः परिग्रहाः'। 'पाशो बन्धनशस्त्रयोः' ॥51॥

(4 नागोजीभट्टी) मृत्योरिति। उत्क्रान्तिर्मरणम्। परिग्रहे परिजने करणव्युत्पत्त्या हस्ते वा ॥51॥

(5 जगच्चन्द्रचन्द्रिका) मृत्योरुत्क्रान्तिदेति 98 ॥51॥

(6 दंशोद्धार) मृत्योरिति। उत्क्रान्तिर्मरणं तां ददातीत्युत्क्रान्तिदा। परिग्रहे सद्मनि। यद्वा परिगृह्यतेऽनेनेति परिग्रहो हस्तः। 'पुंसि संज्ञायाम्' इति घः। तस्मिन् तिष्ठतीति शेषः ॥51॥

निशुम्भस्याब्धिजाताश्च समस्ता रत्नजातयः।
वह्निश्चापि[1] ददौ तुभ्यमग्निशौचे[2] च वाससी ॥52॥

(1 गुप्तवती) अग्निशौचे इति सदैवाग्निवन्निर्मले अग्निलप्रक्षेपापनेयमले वा ॥52॥

(2 चतुर्धरी) वाससी अन्तरीयोत्तरीये। अग्निशौचे अग्निरेव शौचं नैर्मल्यकरणं ययोस्ते। अग्नौ क्षिप्ते निर्मले भवतः। अग्निरेव शौचं निर्मलं ययोरिति वा ॥52॥

(3 शान्तनवी) किंच हे प्रभो ते तव भ्रातुर्निशुम्भस्य गृहे अब्धिजाताः रत्नाकरसमुद्भूताः समस्ताः सकलाः रत्नजातयश्च उत्तमरत्नप्रकारास्तिष्ठन्ति। 'जातः सामान्यजन्मनोः'। मुक्ताफलविद्रुमहरिन्मणिवज्रपद्मरागाद्याः रत्नजायतः। 'रत्नं रत्नमिति प्रख्या मणिष्वेव न केवलम्। जातौ जातौ यदुत्कृष्टं तद्रत्नमभिधीयते'। हे प्रभो तुभ्यं वह्निश्चापि वैश्वानरो देवोपि अग्निशौचे नाम वाससी वसने ददौ दत्तवान्। अग्नौ निक्षेपतः शौचं निर्मलीकरणं ययोस्ते अग्निशौचेयवाससी। कल्पवृक्षोपकल्पितं स्वर्गमयमग्निदेवताकमग्निनिक्षेपेण विमलात्मकं वासोयुग्ममग्निशौचमाहुः ॥52॥

---

1. 'वह्निरपि' इति पाठः।
2. 'अग्निशौचेय' इति पाठः।

(4 नागोजीभट्टी) निशुम्भस्येति। अब्धिजाता रत्नजातयश्च निशुम्भस्य परिग्रह इत्यर्थः। अग्निशौचे अग्निरेव नैर्मल्यकरणं ययोरित्यर्थः। कल्पवृक्षोपकल्पितम्। अग्निप्रक्षेपान्नैर्मल्यं वासोयुग्मम् अग्निशौचाख्यमाहुः ॥52॥

(5 जगच्चन्द्रचन्द्रिका) निशुम्भस्येति 99 ॥52॥

(6 दंशोद्धार) निशुम्भस्येति। अग्नौ शौचं नैर्मल्यं ययोः। अग्निप्रक्षेपेणैव निर्मले भवत इत्यर्थः। यद्वा अग्निरिव शौचं ययोर्मलसंसर्गाभावादित्यर्थः ॥52॥

एवं दैत्येन्द्र रत्नानि समस्तान्याहृतानि ते।
स्त्रीरत्नमेषा कल्याणी त्वया कस्मान्न गृह्यते ॥53॥

(1 गुप्तवती) ॥53॥

(2 चतुर्धरी) तेन त्वया क्रमभेदाधिकारात् तृतीयायास्ते निपातः ॥53॥

(3 शान्तनवी) एवमित्थमुक्तरीत्या ऐरावतः समानीत इत्याद्यया हे दैत्येन्द्र! यद्वा हे दैत्य हे शुम्भ इन्द्ररत्नानि इन्द्रादीनां देवानाम् ऐरावतादीनि रत्नानि समस्तानि ते तव तुभ्यम् आहृतानि उपढौकितानि उपहारीकृतानि। एषा च कल्याणी अम्बिका स्त्रीरत्नं वर्तते। तत् स्त्रीरत्नं त्वया शुम्भेन कस्मात् कारणान्न गृह्यते। अग्रहणे न किंचित्कारणमिति तस्मात्तत् गृह्यतामित्यर्थः। अयं त्वम्बिकां प्रत्यनिष्टोऽर्थः। अयं त्विष्टोऽर्थः तटस्थोक्तिसमाधिना। हे दैत्येन्द्र हे शुम्भ यद्यप्येवमुक्तरीत्या ऐरावतादीनि समस्तानि रत्नानि ते तुभ्यं शुम्भाय आहृतानि देवैरुपहारीकृतानि तथाप्येषा स्त्रीरत्नम् अम्बिका ते तव शुम्भस्य कल्याणी शुभकारिणी न। यतः एषा भगवती त्वम् अन्यं यातीति त्वया। 'आतोऽनुपसर्गे कः' अन्यगामिनीति गृह्यते ज्ञायते। त्वशब्दोऽन्यवाची सर्वादिषु पठ्यते। त्वम् अन्यं महेश्वरं याति त्वया। यतः एषा अन्यया अन्यपत्नी महेश्वरपत्नी दैत्योपसंहारकारिणी। अतः शुम्भस्य शुभकारिणी न। तस्मात्तच्चिन्तां त्यजेति हितोपदेशोऽयम् ॥53॥

(4 नागोजीभट्टी) एवमिति। ते इति कर्तुः शेषत्वविवक्षायां षष्ठी ॥53॥

---

3. 'महासुरः' इति शान्तनवीस्थः पाठः।

(5 जगच्चन्द्रचन्द्रिका) एवं दैत्येन्द्रेति 100 ॥53॥

(6 दंशोद्धार) एवमिति। ते त्वया। विभ प्रतिरूपकमव्ययम् ॥53॥

ऋषिरुवाच।

निशम्येति वचः शुम्भः स तदा चण्डमुण्डयोः।
प्रेषयामास सुग्रीवं दूतं देव्या महासुरम् ॥54॥

(1 गुप्तवती) ॥54॥

(2 चतुर्धरी) ॥54॥

(3 शान्तनवी) महासुरः शुम्भः तदा चण्डमुण्डयोः प्रति प्रागुक्तमुपन्यस्तं वचनं निशम्य श्रुत्वा सुग्रीवं नाम दूतं संदेशहरं देव्या देवीमुद्दिश्य प्रेषयामास प्रस्थापयामास। शाम्यतिर्निपूर्वः श्रवणार्थः। इष गतौ प्रपूर्वः। आद्गुणः। देव्याः इति कर्मणि ल्यब्लोपे पञ्चमी। महासुरः इति शुम्भस्य विशेषणम्। दूत इति दूयतेऽनेन यथोक्तवादित्वात्परिताप्यते पर इति दूतः ॥54॥

(4 नागोजीभट्टी) ऋषिरुवाच। निशम्येति। सुग्रीवं तन्नामानम् ॥54॥

(5 जगच्चन्द्रचन्द्रिका) ऋषिरुवाचेति। ऋषिरुवाच स्वाहेति 101। एकाधिकशतं मन्त्रा जाता इत्यर्थः। श्लोकत्रयं तत इति। ततोऽनन्तरं श्लोकत्रयं श्लोकत्रयात्मकास्त्रयो मन्त्राः तथाहि निशम्येति 102 ॥54॥

(6 दंशोद्धार) ॥54॥

इति चेति च वक्तव्या सा गत्वा वचनान्मम।
यथा चाभ्येति संप्रीत्या तथा कार्यं त्वया लघु ॥55॥

(1 गुप्तवती) इति चेति चेति स्वोक्तानुनयनैष्टुर्यवचसोऽभिनीय प्रदर्शनं लघु क्षिप्रमभ्येतीत्यनेनान्वेति। तेनोत्कण्ठातिशयध्वनिः ॥55॥

(2 चतुर्धरी) इतीदृशम् इति चेति चण्डमुण्डवचनानुवादः। कार्यं करणीयम्। लघु शीघ्रम् ॥55॥

(3 शान्तनवी) हे सुग्रीव हे दूत त्वया तत्र गत्वा सा स्त्री मम शुम्भस्य वचनात् इति च इत्थं चेत्थं च साम्ना भेदेन चोपायेन वक्तव्या कथनीया। अपिच यथा च सा संप्रीत्या हर्षेण लघु क्षिप्रम् अविलम्बम् अभ्येति

आभिमुख्येन आगच्छति तथा कार्यं त्वया तथा विधेयम्। अयं त्वम्बिकाया-मनिष्टोऽर्थः। इष्टस्त्वयम्। अत्रापरेण मन्त्रबुद्धिसमाधिनाख्यायतेत्यर्थः। हे दूत तत्र गत्वा त्वया लघु क्षिप्रम् अतथा कार्यं मदभिप्रायादन्यथात्वेन कर्तव्यम्। तत्कथम्। यथा अम्बिका शुम्भे निशुम्भे च विषये अभ्येति योद्धुमभ्यागच्छति। कथंभूता अम्बिका। अवचनात् अविद्यमानं वचनं श्रौतस्मार्तं च येषां ते अवचना असुराः तान् अत्ति उपसंहरतीति अवचनात्। अवचनात् असुरसंहारकारिणीत्यर्थः। पुनः कथंभूता अम्बिका। एति गच्छति विनश्यति इत् तस्मिन् इति शुम्भे निशुम्भे च विषये वक्तव्यासा वक्तव्यप्रतिक्षेपा। असु क्षेपेण। असनमासः वक्तव्यो वचनीय आसः प्रतिक्षेपो न्यक्कारो ययासौ। वक्तव्यासा। पुनः कथंभूता अम्बिका। मम ममेत्यव्ययम्। ममशब्दोऽत्र मायावचनः। निर्ममो योगी सममः संसरीतिवत्। मायारूपाम्बिकेत्यर्थः। पुनः कथंभूताम्बिका। संप्रीत्या। प्रीङ् प्रीतौ दिवादिः। प्रीतिः प्रीः। स्त्रियां संपदादित्वाद्भावे क्विप्। समीचीना प्रीः प्रीतिर्येषां ते संप्रयो विबुधाः। ईयते वश्यं प्राप्यते तपोभिरुपासकैरिति इत्या। 'एतिस्तुशास्वृदृजुषः क्यप्'। सम्यक्प्रकर्षेणोपासकेः इत्या संप्रीत्या। आदन्तं रूपम्॥55॥

(4 नागोजीभट्टी) इति चेति चेति। इदं चेत्यर्थः। वक्ष्यमाणस्य परामर्शः। अनेन शुम्भनिशुम्भयो रजोगुणमयत्वं सूचयति। अतएव तद्वधार्थं सत्त्वगुणप्रधानोऽवतार इति बोध्यम्। लघु शीघ्रम्॥55॥

(5 जगच्चन्द्रचन्द्रिका) इति चेति चेति 103॥55॥

(6 दंशोद्धार) इतीति। इति पूर्वोक्तम् इति च चण्डमुण्डवाक्यानुकारि च। लघु शीघ्रम्॥55॥

स तत्र गत्वा यत्रास्ते शैलोद्देशेऽतिशोभने।

सा[1] देवी तां ततः प्राह श्लक्ष्णं मधुरया गिरा॥56॥

(1 गुप्तवती) ॥56॥

(2 चतुर्धरी) स सुग्रीवः सा यत्रास्ते इत्यन्वयः। देवीति प्रथमान्तपाठे पूर्वेणैवान्वयः। श्लक्ष्णम् अनुत्कटम्। मधुरया कोमलया (मृद्व्या)॥56॥

---

1. तां च देवीं ततः, इति पाठः।

(3 शान्तनवी) स सुग्रीवो नाम दूतः यत्र यस्मिन् अतिशोभने अतिमनोहरे शैलोद्देशे पर्वतप्रदेशे असौ देवी आस्ते तिष्ठति तत्र तस्मिन् पर्वतप्रदेशे गत्वा ततस्तदनन्तरं तां देवीम् अम्बिकां श्लक्ष्णं समुचितं संगतं सुकुमारं यथा स्यात्तथा मधुरया श्राव्याक्षरपदया गिरा वाचा प्राह च शुम्भोदितसंदेशाभिप्रायगर्भं संदर्भमकथयच्च। प्राहेति प्रशब्द उपसर्गप्रतिरूपको निपातः। आहेति तिङन्तप्रतिरूपकमव्ययं कालसामान्यवृत्ति। श्लक्ष्णमिति श्लिष आलिङ्गने 'श्लिषरच्चोपधायाः' इत क्स्नः कत्वषत्वे ॥56॥

(4 नागोजीभट्टी) स इति। सः दूतः ततः शुम्भात्सकाशात् यत्र शैलोद्देशे सा देवी आस्ते तत्र गत्वा श्लक्ष्णमनुत्कटं मधुरया कोमलया गिरा प्राहेत्यन्वयः॥56॥

(5 जगच्चन्द्रचन्द्रिका) स तत्र गत्वेति 104 ॥56॥

(6 दंशोद्धार) स तत्रेति। सा देवी यत्रास्ते तत्र गत्वेत्यन्वयः। श्लक्ष्णमनुत्कटम् ॥57॥

दूत उवाच।

देवि दैत्येश्वरः शुम्भस्त्रैलोक्ये परमेश्वरः।
दूतोऽहं प्रेषितस्तेन त्वत्सकाशमिहागतः॥57॥

(1 गुप्तवती) देवीति। राजा भट्टारको देवस्तस्य स्त्रीति सिद्धवत्काराभिप्रायेण संबोधनम्॥57॥

(2 चतुर्धरी) त्वत्सकाशं त्वत्समीपम्॥57॥

(3 शान्तनवी) हे देवि सावधाना भव। अस्ति खलु दैत्येश्वरः महासुरः शुम्भो नाम त्रैलोक्ये परमेश्वरः लोकत्रये परमः उत्कृष्टः ईश्वरः स्वामी तेन शुम्भेन त्वत्सकाशं प्रति प्रेषितः प्रहितः दूतः संदेशहरोऽहम् इहागतोऽस्मि। दैत्यग्रहणं जातिख्यापनाय। ईश्वर इति जातिप्राधान्यसूचनार्थम्। त्रैलोक्यग्रहणं देव्याः प्ररोचनाय। त्रैलोक्यपरमेश्वर इति एकपदपक्षे त्रैलोक्यं कामं पाति त्रैलोक्यपः स चासौ रमेश्वरश्च। लक्ष्मीवान् इत्यर्थः। अनेन देवीं प्रति दूतप्रेषणप्रयोजनं सूचितम्। दूतग्रहणं तन्निग्रहपरिहाराय। 'दूतोक्तं सदसद्वापि श्रुत्वा कार्यं हिताहितम्। दूतो नहि निहन्तव्य् इति नीतिविदो विदुः'। आदौ

देवी इत्युक्तत्वाद्देव्या एव जयः सूच्यते। यतः दीव्यति विजिगीषते देवी। हे देवि तेन शुम्भेन दूतः प्रेषितः त्वत् देवीतः स शुम्भः काशं तृणं गतः स्यात् न तु जयमित्यपि देवीपार्षदोक्तिलेशोऽनुसंधेयः॥57॥

(4 नागोजीभट्टी) दूत उवाच। देवीति न केवलं दैत्येश्वर एव किंतु त्रैलोक्यस्य परमेश्वर इत्यर्थः। सकाशं समीपम्॥57॥

(5 जगच्चन्द्रचन्द्रिका) दूतश्चेति। च पुनः 'दूत उवाच स्वाहेत्ययं मन्त्रः 105।' एवं नवश्लोका इति। एवं प्रकारेण नवश्लोकाः नवसंख्याकाः प्रत्येकं श्लोकरूपा मन्त्राः। तथाहि देवि दैत्येश्वरः शुम्भ इति 106॥57॥

(6 दंशोद्धार) ॥57॥

अव्याहताज्ञः सर्वासु यः सदा देवयोनिषु।
निर्जिताखिलदैत्यारिः स यदाह शृणुष्व तत्॥58॥

(1 गुप्तवती) ॥58॥

(2 चतुर्धरी) अव्याहता आज्ञा यस्य सः देवयोनिषु विद्याधरादिषु सर्वास्विति व्यत्ययात्स्त्रीलिङ्गत्वम्। निर्जिता अखिलदैत्यारयो देवा येन॥58॥

(3 शान्तनवी) हे देवि यः सदा सर्वासु देवयोनिषु विषयेषु अव्याहताज्ञः अप्रतिहतशासनः निर्जिताखिलदैत्यारिनिर्जिता अभिभूता अखिलाः दैत्यारयः असुरशत्रवो देवाः येन स तथोक्तः शुम्भः स शुम्भः यत् आह अवोचत् तद्वचनं मे शृणुष्व आकर्णय। 'व्यत्ययो बहुलम्' इत्यात्मनेपदम्। अथो शृण्विति स्यात्। आहेति कालसामान्ये तिङन्तप्रतिरूपकमव्ययम्। व्येञ् संवरणे। संवरणमाच्छादनं क्विप्। अं विष्णुं व्ययति संवृणोति आच्छादयति व्याप्नोति अविद्यात्वेनेति अवीर्विष्णुमाया तया अव्या मायया देव्या आहता आज्ञा यस्य शुम्भस्य सः अव्याहताज्ञो भविष्यति। 'निर्निश्चयनिषेधयोः।' निर्जिताः अखिला दैत्यारयो देवाः येन सः तथोक्तो भविष्यति इत्यपि देवीपार्षदोक्तिलेशोऽप्यनुसंधेयः॥58॥

(4 नागोजीभट्टी) तदेवोपपादयति। अव्याहतेति। देवयोनिषु देवतासु। देवाश्च ते जगद्योनयश्चेत्यर्थात्॥58॥

(5 जगच्चन्द्रचन्द्रिका) अव्याहताज्ञ इति 107॥58॥

(6 दंशोद्धार) अव्याहताज्ञ इति। योनिशब्दस्य पुंस्त्वात्सर्वास्विति व्यत्ययात्स्त्रीलिङ्गतेति चतुर्भुजमिश्राः तन्न। 'भगं योनिर्द्वयोः' इत्यमरात् ॥58 ॥

मम त्रैलोक्यमखिलं मम देवा वशानुगाः।
यज्ञभागानहं सर्वानुपाश्नामि पृथक्पृथक् ॥59 ॥

(1 गुप्तवती) पृथक् पृथक् एकोपि तत्तद्देवाधिकाररूपोपाधिभेदेन ॥59 ॥

(2 चतुर्धरी) वशानुगा इच्छानुविधायिनः। वशा आयत्ता अनुगाश्च। कर्मधारयो वा। पृथगिन्द्राद्यधिकारभेदेन ॥59 ॥

(3 शान्तनवी) शुम्भ आहेदम्। पटैकदेशे दग्धे पटो दग्ध इति अवयव एकदेशेऽप्यवयवी समुदयो वर्तते। क्वचिदवयवावयविनोरभेदोपवचारात्प्रयोगेषु। तद्वत्त्रैलोक्यं मम स्वं वर्तते इत्युक्ते किं त्रैलोक्यमेकदेशवृत्त्या विवक्षितमिहेति कस्य चिच्छङ्का स्यात् अतस्तामपनेतुमखिलमिति। अखिलमित्येवोक्ते एकैकोऽपि लोकोऽखिलो भवत्यखण्डवृत्तित्वाद्भुवनस्येत्यतस्त्रैलोक्यमित्युक्तम्। इह ममेति विभक्तिप्रतिरूपकमव्ययं मायावाचि। निर्ममो योगीतिवत्। मम मायायाः देव्यास्त्रैलोक्यम् अखिलं स्वं वर्तते तत्कुतः शुम्भस्येत्यपि देवीपार्षदोक्तिलेशोऽनुसंधेयः। देवाः मम शुम्भस्य वशानुगाः। वश कान्तौ कान्तिरिच्छा। तदनुसारिणो देवा वर्तन्ते इत्यर्थः। ममेति मायावाच्यव्ययम्। निर्ममो योगीतिवत्। मम मायाया देव्याः वशानुगाः वशवर्तिनो देवा वर्तन्ते इत्यपि देवीपार्षदोक्तिलेशोऽनुसंधेयः। तत्र देवतोद्देशेन पृथक्पृथक् विहितांस्तान् सर्वान् यज्ञभागान् आहुतिरूपान् यज्ञांशान् अहमेव शुम्भः पृथक्पृथक् इन्द्रादितत्तद्देवताकारकायव्यूहमुपाश्रित्य उपाश्नामि उपभुञ्जे। अश भोजने त्र्यादिः। अहमिति विभक्तिप्रतिरूपकमव्ययमविद्यावाचि। अविद्या वाऽतस्मिंतस्तद्बुद्धिः। देव्येव भगवती यज्ञभागानुपाश्नातीति कुतः शुम्भस्य यज्ञभागोपभागे इत्यपि देवीपार्षदोक्तिलेशोऽनुसंधेयः ॥59 ॥

(4 नागोजीभट्टी) तदुक्तिमाह ममेति ॥59 ॥

(5 जगच्चन्द्रचन्द्रिका) मम त्रैलोक्यमिति 108 ॥59 ॥

(6 दंशोद्धार) ममेति। वशानुगा इच्छानुगाः। यद्वा वशा अधीनाश्च तेऽनुगाश्चेति कर्मधारयः ॥59 ॥

त्रैलोक्यवररत्नानि मम वश्यान्यशेषतः।

तथैव ग[1]जरत्नं च हृतं[2] देवेन्द्रवाहनम्॥60॥

(1 गुप्तवती) ॥60॥

(2 चतुर्धरी) अशेषतोऽशेषाणि गजरत्नानि नानादिग्देशप्रसिद्धानि मम वश्यानीत्यनुषज्यते। तदेवाश्वरत्नं हृत्वा समानीयामरैर्मम समर्पितम् इत्यर्थः॥60॥

(3 शान्तनवी) त्रिष्वपि लोकेषु वराणि श्रेष्ठान्युत्कृष्टानि रत्नानि स्त्रीरत्नानि उर्वँशीप्रमुखानि अशेषतः सामस्त्येन मम वश्यानि विधेयानि प्रणेयानि च संगतान्यभूवन्। हृतं गृहीतम्। 'वाहनमाहितात्' इति णत्वं नात्र भवति। आहितस्याविवक्षितत्वात्। अत्र हि देवेन्द्रस्य वाहनमित्येतस्य स्वस्वाभिभावसंबन्धमात्रं विवक्षितं न त्वाहितत्वम्। यद्वाहने आरोपितम् उत्तोलितं तदाहितमुच्यते। इक्षुवाहणमित्यत्र इक्षवो वाहने आरोपिता इति कृत्वा णत्वं भवति। ममेति विभक्तिप्रतिरूपकमव्ययं मायावाचि। निर्ममो योगीतिवत्। ततश्च मम मायायाः देव्याः त्रैलोक्ये अशेषतो रत्नानि वश्यानि वशंगतानि न तु शुम्भस्य। तथैव गजरत्नं च मायया हृतं देव्या त्रैलोक्येऽवस्थापितं न तु शुम्भेन हृतं शुम्भस्त्वाहोपुरुषिकामात्र इत्यपि देवीपार्षदोक्तिलेशोऽनुसंधेयः। 'आहोपुरुषिका दर्पाद्या स्यात्संभवानात्मनि' ॥60॥

(4 नागोजीभट्टी) अशेषतः अशेषााणि हृतमित्यन्वयि॥60॥

(5 जगच्चन्द्रचन्द्रिका) त्रैलोक्यवरेति 109॥60॥

(6 दंशोद्धार) ॥60॥

क्षीरोदमथनोद्भूतमश्वरत्नं ममामरैः।

उच्चैःश्रवससंज्ञं तत्प्रणिपत्य समर्पितम्॥61॥

(1 गुप्तवती) ॥61॥

(2 चतुर्धरी) उच्चैःश्रवससंज्ञमिति नैरुक्तो वर्णागमः। यद्वा राज्ञो देवाकृतित्वात्पाक्षिकोऽन्। यथा हरिवंशे 'आकाशस्थैर्दिवौकसैः' इति॥61॥

(3 शान्तनवी) क्षीराण्युदकानि यस्य स क्षीरोदः क्षीराब्धिः। उत्तरपदे

---

1. गजरत्नानि, इति पाठः।
2. हृत्वा, इति पाठः।

'उदकस्योद: संज्ञायाम्' इत्यत्र: संज्ञायामुत्तरपदस्योदकशब्दस्योदादेशो वक्तव्य:। क्षीरोदस्य मथनं विलोडनं तत उद्भूतम् उच्चै:श्रवससंज्ञम्। श्रु गतौ। श्रु श्रवणे। उच्चै:शृणोति गच्छति आकर्णयति उच्चै:श्रवा:। पचाद्यच्। सह संज्ञया चेतनया नाम्ना वा वर्तते ससंज्ञ:। 'सहस्य स: संज्ञायाम्' 'वोपसर्जनस्य' इत्यत: कर्मधारय:। उच्चै:श्रवश्चासौ ससंज्ञश्च उच्चै: श्रवससंज्ञ:। अश्वविशेषणत्वे पुँल्लिङ्ग:। अश्वरत्नविशेषणे तु नपुंसकलिङ्ग उच्चै:श्रवससंज्ञम्। अथवा प्रशस्ते श्रवसी यस्य स: श्रवस:। मत्वर्थे अर्शआदित्वादच्। जवेन मानेन च उत्कृष्टत्वादुच्चैरित्युच्यते। उच्चै:श्रवस:। उच्चै:श्रवस इति संज्ञा यस्य स: उच्चै:श्रवससंज्ञ:। अश्वरत्नविशेषणत्वे तु उच्चैश्रवससंज्ञम् अश्वरत्नं तु मद्भीतै: अमरै: प्रणिपत्य मत्पादपद्मे निपत्य अर्पितम्। उपढौकित् उपायनीकृतम्। 'उपायनमुपग्राह्यमुपहारस्तथोपदा'। अत्रापि मायावाचि ममेत्यव्ययम्। मायासाया: भगवत्या: अमरै: भक्तिनम्रै: उच्चै:श्रवससंज्ञमश्वरत्नं प्रणिपत्य समर्पितम्। तत् त्रैलोक्ये गृहे तस्या: यत्र क्वाप्यस्तु। अयं तु शुम्भो मदीयं ममेदमिति उक्त्वाभिमन्यते इति देवापार्षदोक्तिलेशोऽप्यनुसंधेय: ॥61॥

(4 नागोजीभट्टी) क्षीरोदेति। तदश्वरत्नं हृत्वा इन्द्राद्बलात्कारेण गृहीत्वा. अमरै: प्रणिपत्य समर्पितमित्यर्थ:। उच्चै:श्रवसेत्यत्रापि अजिति योगविभागादच् समासान्त: ॥61॥

(5 जगच्चन्द्रचन्द्रिका) क्षीरोदेति 110 ॥61॥

(6 दंशोद्धार) क्षीरोदेति। उच्चै:श्रवसेत्यकारश्छान्दस:। 'आकाशस्थै-र्दिवौकसै:' इति हरिवंशवत् ॥61॥

यानि चान्यानि देवेषु गन्धर्वेषूरगेषु च।
रत्नभूतानि भूतानि तानि मय्येव शोभने ॥62॥

(1 गुप्तवती) ॥62॥

(2 चतुर्धरी) भूतानि प्राप्तानि स्थितानि वा। शोभने शोभनदेहे ॥62॥

(3 शान्तनवी) हे देवि हे शोभने देवेषु वा गन्धर्वेषु देवगायकेषु वा उरगेषु वा नागेषु वा यानि चान्यानि रत्नभूतानि रत्नत्वमुत्कृष्टतां प्राप्तानि भूतानि शरीरभाञ्जि मनोहराणि स्त्रीरूपाणि सन्ति तानि सर्वाणि मङ्य्येव शुम्भविषये वर्तन्ते। आ: सखि शोभने गर्वस्थोसावित्थमभूतवादी शुम्भ: शाम्भवीयं देव्येव भूतमयीं

भूतमिदमित्थमिष्टमाचष्ट। यानि देवेषु गन्धर्वेषु उरगेषु च रत्नभूतानि रत्नतां प्राप्तानि भूतानि यानि सत्यानि तथ्यानि सन्ति तानि मय्येव देव्यामेव वर्तन्ते नान्यत्र। अथवा इतोऽन्यानि च यानि रत्नभूतानि पृथिव्यादीनि सन्ति यानि च रत्नभूतानि प्राणभृति स्त्रीरत्नानि पुरुषरत्नानि च तानि सर्वाणि विश्वरूपत्वेन विश्वमातृत्वेन च मय्येव देव्यामेव वर्तन्ते न शुम्भे नापि निशुम्भे इति देवीसखीजनोक्तिलेशोप्यनुसंधेयः। 'युक्ते क्ष्मादावृते भूतं प्राण्यतीति समे त्रिषु'॥62॥

(4 नागोजीभट्टी) यानि चेति। रत्नभूतानि भूतानि रत्नरूपाणि स्थितानीत्यर्थः॥62॥

(5 जगच्चन्द्रचन्द्रिका) यानि चान्यानीति॥111॥62॥

(6 दंशोद्धार) यानीति। मय्येव भूतानि प्राप्तानि। भू प्राप्तौ॥62॥

स्त्रीरत्नभूतां त्वां देवि लोके मन्यामहे वयम्।
सा त्वमस्मानुपागच्छ यतो रत्नभुजो वयम्॥63॥

(1 गुप्तवती) ॥63॥

(2 चतुर्धरी) ॥63॥

(3 शान्तनवी) हे देवि लोक अस्मिन्भूलोके हिमाचलवासिनीं मानिनीं त्वां स्त्रीरत्नभूतां स्त्रीजात्युत्कृष्टतां प्राप्तवतीं वयं शुम्भनमानो मन्यामहे। सा एवंविधा स्त्रीरत्नभूता त्वम् अस्मानुपागच्छ शुम्भनाम्नो भूभुजः प्रति प्राप्नुहि। कुत इत्यह आह। यतो रत्नभूजो वयं राजानः। यतस्त्वं च स्त्रीरत्नं स्त्रीरत्नभूता अतः त्वमस्मानुपागच्छ प्राप्नुहि। यदुक्तं 'स्वराष्ट्रमन्यतो रक्षत्यन्यदीयं क्षिणोति च। वर्धेतोपायवान्नित्यं रत्नहारी च पार्थिवः'। देवीष्टार्थस्त्वेषः। उपागच्छेत्यत्र उ पाः गच्छेति छेदः। तत्र 'उ संबुद्धौ रुषोक्तौ च शिववाचि त्वनव्ययम्'। पाने पिबतिः रक्षायां पातिः पायतिः शेषणे। पैओवै शोषणे। क्विप्। पायति शत्रून् शोषयतीति पाः उरिव रुद्र इव उपाः। हे देवि कालाग्निरुद्र इव पायन्ती शत्रून् शोषयन्ती सती अस्मानिति शुम्भादीन् त्वामाकारयमाणान् शत्रून् शोषयितुं गच्छ याहि इति देवीपार्षद्रोक्तिलेशोप्यनुसंधेयः। यद्वा असु क्षेपणे दिवादिः क्विप्। अस्यत्यरीन् क्षिपति अधिक्षिपति न्यक्करोति अः। 'अत्वसन्तस्य च' इति

उपधादीर्घस्त्वयां धातोरिति प्रतिषेधान्न भवति। पैओवै शोषणे। भ्वादिः। पायन्ति शोषयन्ति सन्तापयन्ति लोकानिति पाः। तेषां पां शुम्भादीनां दैत्यानाम् अः आसिका क्षेपिका अधिक्षेपिका न्यक्कारिका इति पाः। पाम् अः पाः उ इति संबुद्धावव्ययम्। उ इति हे देवि त्वम् अस्मानुपागच्छेति शुम्भादिभिः रत्नभुग्भिः दैत्यैराकारितासि। सा त्वं पाः सती गच्छ। पायतो जगन्ति शोषयतः संतापयन्तः तान् शुम्भादीन् दैत्यान् अस्यन्ती अधिक्षिपन्ती न्यक्कुर्वती सती गच्छ याहि। कुत इत्यत आह। यतस्तेरत्नभुजः। भुजो कौटिल्ये रुधादिः क्विप्। भुजन्ति कौटिल्येन वर्तन्ते भुजः। रत्नेषु तेषु तेषूत्कृष्टेषु विषयेषु भुजः कौटिल्येन अन्यायेन वर्तमानाः रत्नभुजः अतस्ते पां शुम्भादीनां कुटिलानां दैत्यानां न्यक्करणाय गमनयुक्तमुत्पश्याम इति देवीपार्षदोक्तिलेशाभिप्रायोऽप्यनुसंधेयः ॥63 ॥

(4 नागोजीभट्टी) स्त्रीति। वयमित्यात्मगौरवार्थं बहुवचनम् ॥63 ॥

(5 जगच्चन्द्रचन्द्रिका) स्त्रीरत्नेति 112 ॥63 ॥

(6 दंशोद्धार) ॥63 ॥

मां वा ममानुजं वापि निशुम्भमुरुविक्रमम्।
भज त्वं चञ्चलापाङ्गि रत्नभूतासि वै यतः ॥64 ॥

(1 गुप्तवती) ॥64 ॥

(2 चतुर्धरी) उरुविक्रमं विक्रमातिशयभाजं भज आश्रय। चञ्चलौ चपलस्वभावौ अपाङ्गौ नेत्रान्तौ यस्याः। वै प्रसिद्धौ ॥64 ॥

(3 शान्तनवी) 'चलाचलः स्यात्तरलश्चञ्चलश्चपलश्चलः'। चञ्चलौ नेत्रान्तनिरीक्षणेन तरलौ अपाङ्गौ नेत्रान्तौ यस्याः सा चञ्चलापाङ्गी तत्संबुद्धौ हे चञ्चलापाङ्गि हे वरारोहे त्वं यतः रत्नभूतासि सौन्दर्येण उत्कृष्टतां प्राप्तासि ततः वै अनुनीयसे। 'न रत्नमन्विष्यति मृग्यते हि तत्' इति न्यायतः प्रार्थ्यसे। ततश्च मा निशुम्भं वा भज आश्रय। उरुविक्रमम् उरुर्विपुलः महान् विक्रमः शौर्यलक्षणो यस्य स तथोक्तः तं मम अनुजं कनिष्ठं भ्रातरं निशुम्भं वापि भज संश्रय। त्वं हि रत्नं रत्नभाजश्च राजान एव वयम्। तस्मात्त्वमस्मानेव भज नान्यानिति शुम्भानुकूलोऽभिप्रायोयम्। 'वै स्यात्संबोधने पादपूरणेऽनुनयेपि च' देव्यनुकूलोऽर्थस्त्वेषः। 'सप्तम्यां जनेर्डः'' अन्येष्वपि

दृश्यते' इत्यत्र सूत्रे अपिशब्दः सर्वोपाधिव्यभिचारार्थः। तेन धात्वन्तरादपि डो भवति कारकान्तरेषूपपदे चेति वचनात् पिष्लृ संचूर्णने इत्यस्मादाङ्पूर्वाञ्चञ्चलोपपदात् डः टिलोपः। सा चञ्चलान्नयायादपभ्रष्टान् दुष्टान्दैत्यान् आ समन्तादभिव्याप्य पिनष्टि संचूर्णयति हिनस्तीति चञ्चलापम् अङ्गं गात्रं यस्याः सा चञ्चलापाङ्गी। अङ्गगात्रकण्ठेभ्यश्चोपसंख्यानाद्वा ङीष्। तत्संबुद्धौ हे चञ्चलापाङ्गी हे दुष्टदैत्योपसंचूर्णनसंनद्धगात्रे एवंविधा त्वं शुम्भेन आकारितासि। किमिति मां शुम्भं भज अनुजं वापि निशुम्भं भजेति आहूतासि। यतश्च त्वं रत्नभूतासि वै अनुनीयसे प्रार्थ्यसे च। ततः त्वं मां वेति शुम्भम् अम गच्छ याहि अनुजं वापि इति शुम्भानुजं निशुम्भम् अम गच्छ याहि। अम इत्येतदम गतिवित्यतो भ्वादेर्लोटि रूपम्। तच्च मां वा अम अनुजम् इति पदच्छेदाल्लभ्यते। किंविशिष्टा त्वं मा। 'मः शिवे मा रमायां च मा निषेधेऽव्ययं मतम्'। मं शिवं शंभुम् असति गच्छति शंभुमादत्ते शंभुना सह दीव्यति चेति विगृह्य। अस गतिदीप्त्यादानेष्वित्यसतेः पूर्ववदपिशब्दविहितो डः डिति टेरसशब्दस्य लोपः। स्त्रियां मा इति रूपम्। ततश्च तादृशी शांभवी चञ्चलापाङ्गी दुष्टदैत्यसंहारे सज्जाङ्गी सती त्वम् उरु विपुलं यथा स्यात्तथा शुम्भनिशुम्भादिदैत्येषु हेतुषु विक्रमं भज शौर्यं समाश्रय पराक्रमं दर्शयेति देवीपार्षदोक्तिलेशोऽनुसंधेयः। यद्वा चञ्चलापाङ्गी रत्नभूतासि वा ऐ यतः इति छेदः। 'एकार उच्यते विष्णुरैकारः स्यान्महेश्वरः'। ममेति मायावाच्यव्ययम्। जीवन्मुक्तोऽसि निर्मम इतिवत्। यती प्रयत्ने। यतनं यत्। स्त्रियां भावे संपदादित्वात् वा क्विप्। ऐ महेश्वरस्येव कालाग्निरुद्रस्येव यत् यतं यत्नं प्राप्येत्यर्थे कर्मणि क्यब्लोपे पञ्चमी। ये यन्तः कालाग्निरुद्रस्य यतं यत्नं प्राप्य हे मम हे माये देवि त्वं चञ्चलापाङ्गी रत्नभूतासि वा सती मां वेति परामृष्टं शुम्भानुजं निशुम्भं च हन्तुम् उरु महान्तं विक्रमं पादविक्षेपं पराक्रमं शौर्यं च भज उपाश्रयेति देवीपार्षदोक्तिलेशाभिप्रायोऽनुसंधेयः। चञ्चलान् तरलान् न्यायादपभ्रष्टान् दैत्यान् अपकर्तुं हिंसितुम् अङ्गति प्राप्नोति तच्छली चञ्चलापाङ्गी। अगिर्गत्यर्थः। रत्नतां प्राप्नुवान् रत्नभूतः रत्नभूतश्चासावसिश्चेति रत्नभूतासिः चञ्चलापाङ्गी चासौ रत्नभूतासिश्चेति चञ्चलापाङ्गीरत्नभूतासिः। तं चन्द्रहासं खड्गरत्नं रिपून् हन्तु वा तिष्ठति त्वं चञ्चलापाङ्गीरत्नभूतासि। वा गतिगन्धनयोः। 'आतोऽनुपसर्गे कः' ॥64॥

(4 नागोजीभट्टी) मां वेति। उरुविक्रमं महाविक्रमम्। वै प्रसिद्धौ ॥64॥

(5 जगच्चन्द्रचन्द्रिका) मां वा ममेति 113 ॥64 ॥

(6 दंशोद्धार) ॥64 ॥

परमैश्वर्यमतुलं प्राप्स्यसे मत्परिग्रहात्।
एतद्बुद्ध्या समालोच्य मत्परिग्रहतां व्रज ॥65 ॥

(1 गुप्तवती) ॥65 ॥

(2 चतुर्धरी) मत्परिग्रहात् मदाश्रयात्। मत्परिग्रहतां मत्पत्नीत्वम् ॥65 ॥

(3 शान्तनवी) शुम्भो वक्ति। हे देवि त्वं मत्परिग्रहात् मम शुम्भस्य परिग्रहात्पत्नीत्वेन स्वीकारात् मत्स्वीकारात् अतुलम् अनुपमं परं श्रेष्ठम् ऐश्वर्यम् ईश्वरत्वं परमेषु श्रेष्ठेषु स्वामितां च प्राप्स्यसे प्राप्स्यसि गमिष्यसि। व्यत्ययेनात्मनेपदम्। यद्वा मया शुम्भेन त्वं परमैश्वर्यं प्राप्स्यसे। प्रापयतेः कर्मणि लटि थासः से रूपम्। हे देवि त्वम् एतत्समस्तं प्रागुक्तं शुम्भाभिप्रायगर्भसंदर्भं बुद्ध्या आत्मना समालोच्य विचार्य मत्परिग्रहतां मम शुम्भस्य परिग्रहतां पत्नीत्वं व्रज मत्पत्नीभावं प्राप्नुहि। 'परिग्रहः परिजने पत्न्यां स्वीकारमूलयोः' यदाहुः। 'पत्नीपरिजनादानमूलशापाः परिग्रहाः' इति शुम्भानुकूलोऽर्थः। देव्यनुकूलोऽ-र्थस्तुदेवी सखीजनेनाविक्रियते यथा। हे देवि त्वं परमा सर्वोत्कृष्टा। यद्वा परा उत्कृष्टा मा लक्ष्मीस्त्वमेव। अतुलमैश्वर्यं प्राप्स्यसीति यत् सत्यमेवैतत् स्वतः सिद्धमिति किं चित्रमेतत्। किंच मत्परिग्रहान्मदीयहर्षो वृद्धिं प्राप्नोति। मदी हर्षे माद्यति मद् क्विप्। यः मद् माद्यन् परिग्रहः मातृमुख्यः परिवारः परिजनः तं प्राप्य त्वं परमैश्वर्यं प्राप्स्यसे इत्येतदपि सिद्धमेवैतत्। मत्परिग्रहादिति कर्मणि ल्यब्लोपे पञ्चमी। हे देवि त्वम् एतद्बुद्ध्या समालोच्य माद्यत्परिग्रहो माद्यत्परिजनोस्ति देव्या मया देव्या इति एतद्बुद्ध्या समालोच्य विचार्य मत्परिग्रहतां व्रज। मत् माद्यन् परिग्रहो मातृमुख्यः परिजनो यस्यां सा मत्परिग्रहा। यस्य भावः मत्परिग्रहता तां व्रज संप्राप्नुहि। यः खल्विमाश्चित्रा गावो मे सन्तीत्यादौ बुद्ध्या समालोच्यते स एव खलु चित्रगुतां प्राप्नोति। तद्वदियमपि देवी आत्मनो मन्माद्यन्परिग्रहोऽस्तीति बुद्ध्या समालोच्य पश्चान्माद्यत्परिग्रहतां व्रजतीति देवीपार्षदोक्तिः। 'त्वतलोर्गुणवचनस्य पुंवद्भावो वक्तव्यः' ॥65 ॥

(4 नागोजीभट्टी) परमेति। प्राप्स्यस इति छान्दसस्तङ्। मत्परिग्रहात् मदाश्रयात्। समालोच्य विचार्य। मत्परिग्रहतां मत्पत्नीत्वम् ॥65 ॥

(5 जगच्चन्द्रचन्द्रिका) परमैश्वर्यमिति 114 ॥65॥

(6 दंशोद्धार) परमैश्वर्यमिति। मत्परिग्रहान्मदाश्रयणात्। मत्परिग्रहतां मत्पत्नीत्वम् ॥65॥

ऋषिरुवाच।

इत्युक्ता सा तदा देवी गम्भीरान्तः स्मिता जगौ।
दुर्गा भगवती भद्रा ययेदं धार्यते जगत् ॥66॥

(1 गुप्तवती) ॥66॥

(2 चतुर्धरी) गम्भीरम् अन्तरे अभ्यन्तरे स्मितं यस्याः। जगौ उक्तवती। भगवती अचिन्त्यमाहात्म्याः ॥66॥

(3 शान्तनवी) तदा संदेशश्रवणसमये इत्येवं शूम्भेन दूतद्वारा उक्ता कथिता सा देवी गम्भीरा अगाधाभिप्राया गूढाभिप्राया दैत्यान् हन्तुकामा अत एव अन्तःस्मिता शुम्भो दुरात्मासौ मां प्रति देवतामित्थमाहेति सोत्प्रासमन्तस्तम्भितहासा तं हन्तुमनाः सती जगौ दूतं प्रति वाचमकथयत्। सा देवी कीदृशी। दुर्गा दुर्गमा दुःखप्राप्या भगवती समग्रैश्वर्ययशःश्रीवैराग्यमोक्षा भद्रा क्षेमरूपा यया इदं जगत् धार्यते सा ईदृग्लक्षणा देवी दूतं इति प्रति उक्तवतीत्यर्थः। गै शब्दे। 'आत औ णलः'। अयं भावः इति दूतेन व्यभिचारिभावेनोक्तापि देवी न सा असा तादृशी नाभूत्। पतिव्रतात्वात् दूतवचनपरां सती शुम्भादिभिः सह रन्तुकामा नाभवत्। किंतु अतदा कालान्तरेण शुम्भादीन् हन्तुकामैवाभूदिति ॥66॥

(4 नागोजीभट्टी) ऋषिरुवाच। इत्युक्तेति। अन्तःस्मितत्वेन सावहेलमुत्तरं सूचितम् ॥66॥

(5 जगच्चन्द्रचन्द्रिका) ऋषिरिति। 'ऋषिरुवाच स्वाहेत्यपरो मन्त्रः 115'। एक इति एकश्लोकरूपो मन्त्रः। तथाहिं इत्युक्त्वेति 116' ॥116॥

(6 दंशोद्धार) ॥66॥

देव्युवाच।

सत्यमुक्तं त्वया नात्र मिथ्या किंचित्त्वयोदितम्।
त्रैलोक्याधिपतिः शुम्भो निशुम्भश्चापि तादृशः ॥67॥

(1 गुप्तवती) ॥67॥

(2 चतुर्धरी) सत्यमिति ॥67॥

(3 शान्तनवी) हे दूत त्वया अत्र शुम्भे निशुम्भे च विषये सत्यमुक्तम्। अत्र त्वया मिथ्यापदं किंचिन्नोदितम्। तथाहि शुम्भस्त्रैलोक्याधिपतिर्भवति। निशुम्भोपि च तादृशः त्रैलोक्याधिपतित्वेन शुम्भसदृश एव। मिथ्येत्यव्ययम्। इदं हि सोल्लुण्ठनं वचः। अनति जीवति अनः। पचाद्यच्। अथेन शुभावहेन विधिना अनः अयानः तत्संबुद्धौ हे अयान हे दूत त्वया अत्र अस्यां पतिव्रतायां देव्यां विषये यत् असंभावितं किंचित् मिथ्योदितम् अवद्यमुक्तं शुम्भं वा निशुम्भं वा भजेति तत्तु सत्यमुक्तं सत्येन मुक्तम् ऋतेन हीनम्। त्रैलोक्याधिपतिः शुम्भो निशुम्भश्चापि तादृशः इति हि यत् एतत्सत्यम्। यत् शुम्भः त्रैलोकस्याधेर्मानसपीडायाः पतिः उत्पादकत्वेन स्वामी। यतश्च स तादृश एव निशुम्भोपिः शुम्भवदेव निशुम्भोपि त्रैलोक्यस्य आधिपतिः आधेर्मानसपीडाया उत्पादकत्वेन पतिर्भवतिं 'पुंस्याधिर्मानसी व्यथा'। त्रैलोक्यस्य त्वधिपतिरियं देव्येवेति देवीपार्षदोक्तिलेशाभिप्रायतः सोत्प्रासतावसेया ॥67॥

(4 नागोजीभट्टी) देव्युवाच। सत्यमिति। अत्र शुम्भविषये। त्रैलोक्याधिपतिरिति समत्वम् ॥67॥

(5 जगच्चन्द्रचन्द्रिका) अम्बिका इति। ततोऽनन्तरम् अम्बिका 'देव्युवाचेत्ययं मन्त्रः 117'। चतुःश्लोक इति चत्वारः श्लोकाः प्रत्येकं मन्त्ररूपा इत्यर्थः। तथाहि सत्यमुक्तमिति 118 ॥67॥

(6 दंशोद्धार) ॥67॥

किं त्वत्र यत्प्रतिज्ञातं मिथ्या तत्क्रियते कथम्।
श्रूयतामल्पबुद्धित्वात्प्रतिज्ञा या कृता पुरा ॥68॥

(1 गुप्तवती) प्रतिज्ञातं संकल्पितम्। अल्पबुद्धित्वात्स्वस्वरूपापेक्षया मनोवृत्तिरूपाया बुद्धेरल्पत्वस्य स्वाभाविकत्वादेव ॥68॥

(2 चतुर्धरी) ॥68॥

(3 शान्तनवी) त्रैलोक्याधिपतिः शुम्भः इति पूर्ववाक्यार्थापेक्षया। किं त्विति। 'किं वितर्के परिप्रश्ने क्षेपे निन्दा प्रकारयोः। किमव्ययं वितर्के तु तु स्याद्भेदेऽवधारणे'। शुम्भस्त्रैलोक्याधिपतिः सत्यम्। किं तु अत्रास्मिन् शुम्भे पत्यावाश्रयितव्ये विषये कश्चिन्मम देव्याः विचारोस्ति पृथक् प्रतिनियतः। मया

यत् प्राक्प्रतिज्ञातं प्रतिज्ञा या कृता सा त्वया दूतेन श्रूयताम्। पुरशब्दमपनीय मयेति केचित्पठन्ति। कृतेत्यनेन भूतकालगता। अन्यथा मयेति अध्याहार्यं स्यात्। अत सातत्यगमने। अल्पबुद्धित्वम् अतति सन्ततं गच्छति सदाप्नोति इति अल्पबुद्धित्वात्। क्विपि रूपं तत्संबुद्धौ हे अल्पबुद्धित्वात् हे स्वल्पधिषण हे दूत त्वयोक्तं शुम्भं निशुम्भं वा भजेति तत्र मया देव्या प्रतिज्ञा भर्तरि विषये कृता सा श्रूयताम् आकर्ण्यताम्। सा चेत् घटेत तर्हि मे भर्ता अन्यथा यन्मया प्रतिज्ञातं तन्मिथ्याभूतं कथं क्रियते इति देवीपार्षदोक्तिलेशाभिप्रायोप्यवसेयः। 'अङ्गीकृतपरित्यागादनङ्गीकृतसंश्रयात्। मानिनो निरयं यान्ति यावदाभूतसंप्लवम्' ॥68॥

(4 नागोजीभट्टी) किंत्विति। अत्र परिग्रहत्वपिषये अल्पबुद्धित्वादिति संभवाय प्रतिज्ञाहानौ च महान्दोषः। पापं च पुरुषपरिग्रहे ॥68॥

(5 जगच्चन्द्रचन्द्रिका) किं त्वत्र यदिति 119 ॥68॥

(6 दंशोद्धार) ॥68॥

यो मां जयति संग्रामे यो मे दर्पं व्यपोहति।
यो मे प्रतिबलो लोके स मे भर्ता भविष्यति॥69॥

(1 गुप्तवती) पुरुषत्वं प्राप्तायाः स्वस्या एव रूपं पाठान्तरेण वर्णयति। यो मां जयतीति। सृष्टिकृत्योपधिकः परशिवो भव इत्युच्यत। तद्वदाचरिष्यन् भविष्यन् लोको जनः शिव एव। तस्मिन् तत्सङ्घमध्ये 'असंख्याताः सहस्राणि ये रुद्रा' इति श्रुत्यां तेषां बहुत्वात्तेष्वन्यतमो भर्तास्तीत्यर्थः। संग्रामदर्पशब्दौ ग्राम्यधर्मकंदर्पव्यञ्जकौ। ग्रामे सम्यक्कृत्य तद्धर्मस्यैव पौष्कल्यात्मकत्वात्। ग्रामशब्दोऽयं बह्वर्थ इति महाभाष्यात्सांग्रहणीं निर्वपेद्ग्रामकाम इति वशीकारार्थे प्रयोगात्तस्य च परस्परसामरस्य एव पर्यवसानात्। 'कन्दर्पो दर्पकोऽनङ्गः' इति कोशात्। प्रतिबलः प्रत्यगात्मा ॥69॥

(2 चतुर्धरी) जयति रणे बलेनाभिभवति। दर्पं बलवत्ताभिमानं व्यपोहति शमयति। प्रतिबलं समानसामर्थ्यः। पूर्वपूर्वाभिभवे सतीति भावः ॥69॥

(3 शान्तनवी) कासौ प्रतिज्ञा। संग्रामे युधि यः मां देवीं जयति अभिभवति न्यक्करोति। जि अभिभवे। जि जये इत्ययं त्वकर्मकः यो मे

देव्या: दर्पं गर्वं व्यपोहति द्रावयति दूरीकरोति। दृप हर्षणमोहनयो:। मोहनं गवर्:। 'गर्वोऽभिमानोऽहंकारो दर्पोऽहंकारसूर्ययो:'। ऊह वितर्के आत्मनेपदी। उपसर्गादस्यत्यूह्योर्वावचनमिति वा परस्मैपदम्। य: मे देव्या: प्रतिबलो लोके अधिबल: सबल: स्यात् प्रतिबल: विपक्ष: प्रतियोगी वा स्यात्स मे भर्ता भविष्यति इति प्रतिज्ञास्वरूपम्। लोके जयन्ती अभिभवित्री शक्तिरियमेव नैनां कोपि जेतुम् अभिभवितुं शक्नोति। लोके दर्पात्मा गर्वात्मा अहंकाररूपा शक्तिरयमेव नैनां कोपि बलस्वरूपस्त्वात् प्रच्यावयितुं शक्नोति इत्यभिप्रायेण प्रतिज्ञातमित्थं देव्या। य: संग्रामे संग्रामतुल्ये संसारग्रामे संसारचक्रे मां लक्ष्मीं संपदं जयति परमवैराग्ययोगादभिभवति। य: अमे अलक्ष्मीके दुर्गते दैत्यवर्गविषये दर्पं हर्षं गर्वं च व्यपोहति अपनयति। य: लोके मे देव्या: अप्रतिबल: अप्रतिपक्ष: अनुकूल: स महेश्वरो मे भर्ता धारक: पोषकश्च नान्य इति देव्या: परमोऽभिप्रायोऽयं देवीपार्षदै: सहृदयैरूहित: ॥69॥

(4 नागोजीभट्टी) प्रतिज्ञातमाह। यो मामिति। जयति संग्रामातिरिक्तेनापि प्रकारेण संग्रामे यो मे दर्पं बलवत्त्वा भिमानं व्यपोहति यश्च में प्रतिबल: समानबल: पूर्वपूर्वाभावे उत्तर: तादृशश्च तत्त्वज्ञ एवेति गूढ आशय: ॥69॥

(5 जगच्चन्द्रचन्द्रिका) यो मां जयतीति 120 ॥69॥

(6 दंशोद्धार) यो मामिति। जयति अभिभवति। दर्पं बलवत्त्वाभिमानं व्यपोहति शमयति। प्रतिबल: समसामर्थ्यं:। पूर्वपूर्वाभिभव इत्यर्थ: ॥69॥

तदा गच्छतु शुम्भोऽत्र निशुम्भो वा महासुर:।
मां जित्वा किं चिरेणात्र पाणिं गृह्णातु मे लघु ॥70॥

(1 गुप्तवती) पाणिं गृह्णातु मद्धस्तचपेटां स्वकरोत्विति ध्वनि:। लघुपदेन हननोत्कण्ठातिशयध्वनि: ॥70॥

(2 चतुर्धरी) तत्तस्मात्पाणिं गृह्णातु विवाहं करोतु ॥70॥

(3 शान्तनवी) तत्तस्मात्प्रतिज्ञाकारणात् अत्र मज्जये साधयितव्ये विषये महासुर: महान् असुर: शुम्भो वा आगच्छतु आयातु निशुम्भो वा आगच्छतु। करोतु मया सार्धं संग्रामम्। मां देवीं जित्वा विजित्य लघु क्षिप्रम् अवलम्बितं यथा स्यात्तथा मे पणिं गृह्णातु पाणिग्रहणं करोतु। तयोरन्यतर: अत्र

मत्प्रतिज्ञाप्रतिपालने विषये चिरेण कालेन किं साध्यं किं विलम्बेन कृतं स्यात्। संग्रामे मां जित्वा क्षिप्रं पाणिग्रहणं विधेयम्। अत्र विलम्बेन कालक्षेपेण 'आदानस्य प्रदानस्य कर्तव्यस्य च कर्मणः। क्षिप्रमक्रियामाणस्य कालः पिबति तद्रसम्'। मत्पाणौ शत्रुस्तत्फलं द्रक्ष्यति स इति देव्याश्रितनीत्याशयः। तत्तस्मात्प्रतिज्ञातः कारणात् शुम्भो वा निशुम्भो वा आगच्छतु। शुम्भनिशुम्भागमने किं स्यात्। तदनादृत्य जित्वा जेता त्रैलोक्यविजयी महासुरः महासुरः महादेव महेश्वरः मां देवीं गृह्णातु। अत्र अस्मिन् मद्ग्रहणे प्रस्तुते किं चिरेणेति मे मम देव्याः पाणिं गृह्णातु महादेवः। अपितु लघु क्षिप्रम् एव पाणिपीडन करोतु इति देव्याः परमाभिप्रायं देवीसख्यः सखचेतः सुः ऊहते। जित्वा इति जि अभिभवे। 'अन्येभ्योऽपि दृश्यन्ते' इति क्वनिपि ह्रस्वस्य पिति कृति तुगागमः। नातः। चिरेणेति कालेन। अव्ययं चानव्ययं चेदम् ॥70 ॥

(4 नागोजीभट्टी) तदिति। पाणिग्रहणात्पूर्वं मम गमनमनुचितमिति भावः ॥70 ॥

(5 जगच्चन्द्रचन्द्रिका) तदागच्छत्विति 121 ॥70 ॥

(6 दंशोद्धार) ॥70 ॥

दूत उवाच।

अवलिप्तासि मैवं त्वं देवि ब्रूहि ममाग्रतः।
त्रैलोक्ये कः पुमांस्तिष्ठेदग्रे शुम्भनिशुम्भयोः ॥71 ॥

(1 गुप्तवती) अवलिप्तासि गर्वेण विवेकहीनासि ॥71 ॥

(2 चतुर्धरी) अवलिप्ता स्तब्धा ॥71 ॥

(3 शान्तनवी) लिप उपदेहे। उपदेह उपचयः। अवपूर्वस्तु लिपिर्गर्वे वर्तते। मतङ्गशापादवलेषमूलदितिवत्। यदभ्यधुः। 'गर्वोऽभिमानोऽहंकारो मानश्चित्तसमुन्नतिः। दर्पोऽवलेपोऽहंता च'। हे देवि त्वम् अवलिप्तासि अहं युद्धे बलवती मया सार्धं योद्धुं कोपि न शक्त इति युद्धे मत्समः कोपि नास्तीति गर्वितासि सगर्वासि। मैवं भूः एवं गर्विता मा त्वं भूः। हे देवि त्वं ममाग्रतः एवं यदवोचः 'यो मां जयति संग्रामे' इति यच्चावोचः 'तदागच्छतु शुम्भोऽत्र निशुम्भो वा महासुरः। मां जित्वा किं चिरेणात्र पाणिं गृह्णातु मे लघु' इति प्रतिज्ञाव्याजेन

खलु त्वं केवलमहमहभिकामवोचो मैवं ब्रूहि। कुत इत्यत आह। त्रैलोक्ये त्रिषु लोकेषु शुम्भनिशुम्भयोरग्रे योद्धुकामः कः पुमान् तिष्ठेत्। न कोपि तयोरग्रे योद्धुकामः त्रैलोक्येषि स्थातुं न शक्नोति। अबला त्वं योत्स्यसे इति का कथा इति शुम्भानुकूलोऽभिप्रायः। देव्यनुकूलस्तु अवलिप्तान् गर्वितान् सदर्पान् अस्यति अधिक्षिपत्यपास्यतीति अवलिप्तासि। असु क्षेपणे कर्मण्यणि टिड्ढाणञ्सूत्रेण ङीपि रूपम्। तत्संबुद्धौ हे अवलिप्तासि हे मदोद्धतमर्दनि देवि यतस्त्वं मा लक्ष्मीः अतः ममाग्रतः सखीजनस्य पुरतः एवं ब्रूहियो मां जयति संग्रामे इत्यादिकं ब्रूहि। कुत इत्याह त्रैलोक्ये लोकत्रयमध्ये अग्रे पुरोभाविनि संग्रामे शुम्भनिशुम्भयोर्मध्ये कः पुमात् त्वया समं योद्धुं तिष्ठेत् अपि तु न कोपि इति तदा तदग्रे शुम्भनिशुम्भयोः संबन्धी कः पुमान्योद्धुकामः तिष्ठेन्न कोपि इति देव्याः सखीजनाशयोऽनुसंधेयः ॥71 ॥

(4 नागोजीभट्टी) दूत उवाच। अवलिप्तासि। अवलेपो गर्वः। एवं प्रागुक्तं यदग्रे पुमान् अपि न तिष्ठेत् तदग्रे स्त्री न तिष्ठेदेवेति भावः ॥71 ॥

(5 जगच्चन्द्रचन्द्रिका) पूनर्दूत इति। पुनः 'दूत उवाचेत्ययं मन्त्रः 122'। चतुःश्लोकीति चतुर्णा श्लोकानां समाहारश्चतुःश्लोकी। चत्वारः श्लोकाः प्रत्येकं मन्त्राः। तथाहि अवलिप्तासीति 123 ॥71 ॥

(6 दंशोद्धार) अवलिप्तेति। अवलिप्ता स्तब्धा ॥71 ॥

अन्येषामपि दैत्यानां सर्वे देवा न वै युधि।
तिष्ठन्ति संमुखे देवि किं पुनः स्त्री त्वमेकिका ॥72 ॥

(1 गुप्तवती) ॥72 ॥

(2 चतुर्धरी) एकिकेति कुत्सायां कः ॥72 ॥

(3 शान्तनवी) हे देवि हे भव्ये अन्येषामपि शुम्भनिशुंभव्यतिरिक्तानां दैत्यानां धूम्रलोचनप्रभृतीनां युधि सर्वे देवाः योद्धुकामाः सन्मुखाः न तिष्ठन्ति किं पुनः त्वमेकिका स्त्री दैत्यानां पुरतः योद्धुमक्षमेति किं पुनः वक्तव्यमिति शुम्भादिदैत्यानुकूलोऽभिप्रायः। वै हे देवि अन्येषामपि दैत्यानां संमुखं युधि सर्वे देवाः न तिष्ठन्ति चेत् ते मा तिष्ठन्तु। त्वं पुनः त्वं तु स्त्रीसत्यपि समस्तवाक्याधिदेवतारूपा एकिकैव एकाकिन्येव असहायशूरा योद्धुम् अन्येषां दैत्यानां संमुखी किं न तिष्ठसि। अपि तु योद्धुं संमुखी तिष्ठस्येवेति

देवीसखीजनाभिप्रायोप्यनुसंधेयः। 'वै स्यात् संबोधने पादपूरणेऽनुनयेपि च' 'एकाकी त्वेक एककः'। 'प्रत्ययस्थात्कात्पूर्वस्यात इदाप्यसुपः' ॥72॥

(4 नागोजीभट्टी) नन्वहं देवीत्यतः स्थास्यामीत्यत आह। अन्येषामपीति द्वाभ्याम्। एकिकेति कुत्सायां कन् ॥72॥

(5 जगच्चन्द्रचन्द्रिका) अन्येषामपीति 124 ॥72॥

(6 दंशोद्धार) अन्येषामिति। एकिकेति कुत्सार्थे कः ॥72॥

इन्द्राद्याः सकला देवास्तस्थुर्येषां न संयुगे।
शुम्भादीनां कथं तेषां स्त्री प्रयास्यसि संमुखम् ॥73॥

(1 गुप्तवती) ॥73॥

(2 चतुर्धरी) संयुगे रणे ॥73॥

(3 शान्तनवी) हे देवि येषां शुम्भादीनां दैत्यानां संयुगे संग्रामे इन्द्राद्याः सकलाः देवाः न तस्थुः योद्धुं न स्थितवन्तः तेषां शुम्भादीनां दैत्यानां संमुखम् अभिमुखं त्वं स्त्री अबला योद्धुं कथं प्रयास्यसि गमिष्यसि। विवाहनिमित्तप्रतिज्ञाप्रतिपालनाय शुम्भादिभिर्दैत्यैः समं स्त्रियास्तव युद्धं न घटते अपि तु युद्धमन्तरेणैव शुम्भेनाहूता त्वं तं भज व्रजेति शुम्भानुकूलोऽभिप्रायः। देव्याः सखीजनाभिप्रायोऽन्य एव। तथाहि हे देवि त्वम् इन्द्राद्याः। आस उपवेशने कर्तरि क्विप्। आस्ते आः सान्तः। इन्द्रादिषु आः आसीनाः इन्द्राद्या इन्द्रादिभिर्देवैः ध्याता सती तेष्वासीनासि। हे देवि त्वं सकला कलाभिः सहवर्तमानासि। हे देवि त्वं देवाः सान्तम्। दिवु क्रीडाविजिगीषादौ। 'सर्वधातुभ्योऽसुन्'। दीव्यति देवः 'अत्वसन्तस्य' इति उपधादीर्घः। देवाः विजिगीषमाणासि। पुनः कथंभूता त्वम्। येषां शुम्भादीनां संयुगे इन्द्राद्याः न तस्थुः तेषां दैत्यानां स्त्री प्रयासि असि स्त्रीः प्रयासन्ती भर्तृविनाशजनितदुःखाःकुर्वती। यसू प्रयत्ने षिच्। कर्मण्यण् ङीप्। एवंविधासि। ईदृशी त्वं तेषां संयुगे संमुखं कथं न यास्यसि। अपि तु योद्धुं प्रयास्यसि इति देवीसखीजनाभिप्रायः। 'संभवत्येकवाक्यत्वे वाक्यभेदस्तु नेष्यते। अर्थान्तरविवक्षायां वाक्यभेदो न दुष्यति'। यद्वा हे देवि इन्द्राद्याः सकलाः देवाः तेषां शुम्भादीनां संयुगे संमुखं न तस्थुः युद्धाय स्थातुं न शेकुः। एतावता तेषां शुम्भादीनां संयुगे संमुखं योद्धुं विजेतुं त्वं कथं न प्रयास्यसि। अपि तु योद्धुं प्रयास्यस्येव इति देवीसखीजनाभिप्रायः। यद्वा तस्थुः या ईषाम् इति छेदः। ईष

गतिहिंसादर्शनेषु। भ्वादिः आत्मनेपदी। कर्तरि क्विप्। ईषन्ते हिंसन्ति ईषः हिंसकाः तेषाम् ईषां हिंसकानां दैत्यानां संयुगे संग्रामे इन्द्राद्याः सकलाः देवाः न तस्थुः न स्थितवन्तः ते खलु भीरवौ मैव तस्थुः। हे देवि या त्वं स्त्र्यपि सर्वशक्तिरूपावतीर्णासि सा भगवती तेषामेषां हिंसकानां शुम्भादीनां संयुगे संमुखं यथा स्यात्तथा कथं न प्रयास्यसि अपि तु प्रयास्यसीवेति देवीसखीजनाभिप्रायः॥73॥

(4 नागोजीभट्टी) ॥73॥

(5 जगच्चन्द्रचन्द्रिका) इन्द्राद्या इति 125॥73॥

(6 दंशोद्धार) ॥73॥

सा त्वं गच्छ मयैवोक्ता पार्श्वं शुम्भनिशुम्भयोः।
केशाकर्षणनिर्धूतगौरवा मागमिष्यसि॥74॥

(1 गुप्तवती) ॥74॥

(2 चतुर्धरी) केशाकर्षणेन निर्धूतं तिरस्कृतं गौरवं यस्याः सा॥74॥

(3 शान्तनवी) हे देवि सा त्वं प्रागुक्तप्रतिज्ञापालने पटीयसी विवोढुमनास्त्वं मया दूतने उक्ता कथितैव सती। यद्वा त्वद्गौरवाभिवांछिना मया दूतेन उपदिष्टैव सति प्रतिज्ञाभङ्गभयं परित्यज्याऽनपत्रपा सती शुम्भनिशुम्भयोः पार्श्वं गच्छ याहि। अतस्त्वम् इत्थं सदुपदेशमाश्रयन्ती केशाकर्षणनिर्धूतगौरवा सती मागमिष्यसि। मा इत्यङिदव्ययं निषेधार्थकम्। अन्यथा माङि लुङ् स्यात्। केशानां शिरोरुहाणाम् आकर्षणेन निर्धृतं कम्पितम् अपास्तम् अपनीतं गौरवं गुरुत्वं बहुमान्यत्वं यस्याः सा तथोक्ता। इत्थंभूता सती नागमिष्यसि अन्यथा त्वं मदुपदेशपराङ्मुखी सती प्रतिज्ञां प्रतिपालयितुं संग्रामं कर्तुकामापि तमलभमानात्रैवासीना केशपाशाकर्षणापाकृतं बहुमान्या सती बलादाकृष्यमाणा शुम्भनिशुम्भयोः पार्श्वं गमिष्यसि। इति शुम्भानुकूलोऽर्थः। देवीसखीविवक्षितोऽर्थस्त्वन्य एव यथा। हे देवि सा त्वं दुरात्मना दूतेनेत्थमुक्ता अत एव संजातक्रोधा सती मया सख्या सह शुम्भनिशुम्भयोः पार्श्वं गच्छ। ततः तयोः केशाकर्षणनिर्धूतगौरवा तयोः शुम्भनिशुम्भयोः केशानां मूर्धजानाम् आकर्षणेन निर्धूतं निरस्तं विनाशितम् अपनीतं गौरवं गुरुत्वं दैत्येश्वरत्वं यया सा केशाकर्षणनिर्धूतगौरवा।

तृतीयार्थेन बहुव्रीहिः। एवंविधा त्वं पुनरपि अमा सखीजनस्य समीपम् आगमिष्यसि इत्येष देवीसखीजनाभिप्रायः। 'अमा सह समीपे च' 'त्यक्तं हीनं विधुतं समुज्झितं धूतमुत्सृष्टे'। केशाकर्षणनिर्धूतगौरवान्नगमिष्यसि इति पाठे तु हे देवि सा त्वं मया त्वद्गौरववांछिना दूतेनैवोक्ता उपदिष्टा सती शुम्भनिशुम्भयोः पार्श्वं समीपभागं गच्छ याहि। मत्पार्श्वे इति पाठे द्वितीयाद्विवचनान्तम्। हे देवि मद्वचनाच्चेन्न गच्छेः तर्हि गौरवात् बहुमानात् नागमिष्यसि किं तु केषाकर्षणनिर्धूता सती तयोः शुम्भनिशुम्भयोः शुम्भनिशुम्भयोः पार्श्वम् आगमिष्यसि। 'निर्निश्चनिषेधयोः'। केशाकर्षण-निर्धूता केशाकर्षणेन निर्धूता अत्यक्ता बद्ध्वा गृहीता बन्दीकृता सती अपमानादागमिष्यसि गौरवात्तु नागमिष्यसि इति शुम्भानुकूलोऽर्थः। देव्यनुकूलोऽर्थस्त्वेषः। हे देवि सा त्वं कृतप्रतिज्ञा सती तेन दुरात्मना शुम्भदैत्यदूतेन इत्थं शुम्भं भजेत्युक्ता सती अतः सक्रोधा मया सख्या सह शुम्भनिशुम्भयोः पार्श्वं हननाय गच्छ याहि। ततश्च तयोः शुम्भनिशुम्भयोः केशाकर्षणनिर्धूता निर्धूतमत्यक्तं निगृहीतं केशाकर्षणं मूर्धजाकर्षणं यया सा केशाकर्षणनिर्धूता। आहिताग्न्यादित्वात् अग्न्याहित इतिवन्निष्ठान्तस्य परनिपातः। निर्धूतशत्रुकेशाकर्षणा सती अत्यक्तशत्रुकेशाकर्षणा सती अगौरवान्नागमिष्यसि अपमानान्नागमिष्यसि। किं तु गौरवादेव सन्मानादेव निजस्थानं पुनरप्यागमिष्यसि इति देवीसखीजनाभिप्रायः। केशाकर्षणनिर्धूतगौरवादामिष्यसि इति पाठे तु हे देवि सा त्वं मया त्वद्गौरवकारिणा दूतेनैवोक्ता सती शुम्भनिशुम्भयोः पार्श्वं गच्छ याहि। हे देवि मद्वचनाच्चेन्न गच्छेस्तर्हि केशाकर्षणनिर्धता असंत्यक्ता गृहीता बद्धा सती अगौरवादपमानादागमिष्यसि न तु सन्मानादिति शुम्भानुकूलोऽर्थः। देव्यनुकूलोर्थस्त्वेषः। हे देवि दुरात्मना शुम्भदतेन शुम्भं भजेत्युक्ता सा त्वं सक्रोधा सती मया सखीवर्गेण सह शुम्भनिशुम्भयोः पार्श्वं हन्तुं गच्छ याहि। ततश्च तयोः शुम्भनिशुम्भयोः केशाकर्षणनिर्धता निर्धूतकेशाकर्षणा मिर्धूतम् अत्यक्तं निगृहीतं केशाकर्षणं शत्रुमूर्धजाकर्षणं यया सा केशाकर्षणनिर्धृता। पूर्वदग्न्याहित इतिवन्निष्ठान्तस्य परनिपाते निर्धृतकेशाकर्षणा सती अत्यक्तशत्रुकेशाकर्षणा सती गौरवात्सन्मानादागमिष्यसि पुनः स्वस्थानमायास्यसीति देवीसखीवर्गाभीष्टोर्थः। केशाकर्षणनिर्धूता गौरवाद्वागमिष्यसि इति पाठे तु हे देवि सा तथाविधा प्रतिज्ञा त्वं प्रतिज्ञां

परित्यज्य मया दूतेनैवोक्ता आहूता सती शुम्भनिशुम्भयोः पार्श्वं गच्छ याहि। अथ न गच्छेस्तर्हि केशाकर्षणनिर्धूता केशाकर्षणकम्पिता सती अगौरवाद्वा अगौरवादेव अपमानादेव आगमिष्यसि। धूतं कम्पितं त्यक्तम् उज्झितम् इति यावत्। निर्निषेधे न धूतं निर्धूतं दैत्यैरनुज्झितम् अत्यक्तं गृहीतं केशानां मूर्धजानाम् आकर्षणं यस्याः सा केशाकर्षणनिर्धूता। निर्धूतकेशाकर्षणा इति यावत्। अग्न्याहितवन्निष्ठान्तस्य परयोगो विकल्पितः। दैत्यैगृहीतकेशा सती शुम्भपार्श्वम् आगमिष्यसि इति शुम्भानुकूलोऽर्थः। 'वा स्याद्विकल्पोपमयोरेवार्थे च समुच्चये'। देव्यनुकूलोर्थस्त्वेषः। यथा देवी सा पतिदेवता त्वं तेन दुरात्मना शुम्भदूतेन शुम्भं भजेति उक्ता सक्रोधा सती मया सखीवर्गेण सह शुम्भनिशुम्भयोः पार्श्वं गच्छ याहि। ततश्च केशाकर्षणनिर्धृतगौरवाद्वा इत्येकपदम्। कश्च ब्रह्मा अश्च विष्णुः ईशश्च महेश्वरः केशाः ब्रह्माविष्णुमहेश्वराः तेषामाकर्षणं ध्यानेन वशीकरणं हृद्यवस्थापनं केशाकर्षणं धूतं त्यक्तम् उज्झितम्। निर्निषेधे निर्धूतम् अत्यक्तं केशाकर्षणं यैः ऋषिभिः ते निर्धूतकेशाकर्षणाः ऋषयः केशाकर्षणं धूतं त्यक्तम् उज्झितम्। निर्निषेधे निर्धूतम् अत्यक्तं केशाकर्षणं यैः ऋषिभिः ते निर्धूतकेशाकर्षणाः ऋषयः केशाकर्षणनिर्धूताः। पूर्ववदग्न्याहितवत् निष्ठान्तस्य परप्रयोगः। अत्यक्तकेशाकर्षणाः अनुज्झितब्रह्मविष्णु-महेश्वराकर्षणाः ऋषयः तेषां केशाकर्षणनिर्धूतानाम् ऋषीणाम् आ समन्तादभिव्याप्य वर्तमानं गौरवं मान्यत्वं तत् अदन्ति नाशयन्ति ये दैत्यास्ते केशाकर्षणनिर्धूतानाम् ऋषीणाम् आ समन्तादभिव्याप्य वर्तमानं गौरवं मान्यत्वं तत् अदन्ति नाशयन्ति ये दैत्यास्ते केशाकर्षणनिर्धूतागौरवादः दैत्याः पैओवै शोषणे। तान् केशाकर्षणनिर्धृतगौरवादौ दैत्यान् वायति शोषयति केशाकर्षणनिर्धूतगौरवाद्वा। आतोऽनुपसर्गे कः। एवंविधा सती आगमिष्यसि अनुस्यूतब्रह्माविष्णुमहेश्वराणाम् ऋषीणाम् आ समन्तादभिव्याप्य गौरवादो दैत्याः। अद भक्षणे क्विप्। तान् दैत्यान् वायन्ती शोषयन्ती सत्यायास्यति स्वस्थानमिति देवीसखीजनाभीष्टाभिप्रायः ॥74॥

(4 नागोजीभट्टी) उपसंहरति। सात्वमिति। मयैवेत्यनेनागमनेन तेषां सर्वेषां दुष्टतया गौरवं न। तिष्ठेदित्यर्थः। तदेव विपक्षे बाधकमाह। केशाकर्षणेन निर्धूतं खण्डितं गौरवं यस्तास्तादृशी मागमिष्यसि। अङित्मानञोर्थः सकाकुश्च ॥74॥

(5 जगच्चन्द्रचन्द्रिका) सा त्वं गच्छेति 336 ॥74 ॥

(6 दंशोद्धार) ॥74 ॥

देव्युवाच।

एवमेतद्बली शुम्भो निशुम्भश्चातिवीर्यवान्।
किं करोमि प्रतिज्ञा मे यदनालोचिता पुरा ॥75 ॥

(1 गुप्तवती) शुम्भो निशुम्भो बली उपहारयोग्यावेवेति तु श्लिष्टम्। मया तावात्रोपहताविति सामयिकश्लोकेऽस्यार्थस्य स्पष्टवेदनात्। षट्त्वप्रयुक्ताभक्ष्यत्वेन बलिपूजनार्हत्वस्य पाणिग्रहणयोग्यत्वस्य च निरासं बोद्धव्यभेदेन ध्वनियतुमाह। अतिवीर्यवानिति ध्वननार्थमेव त्वतिशौर्यवानिति नोक्तम्। पुरानालोचिता सद्य एव कृता। बलिभक्षणस्य तुच्छत्वेन पूर्वालोचनानपेक्षत्वादिति भावः ॥75 ॥

(2 चतुर्धरी) एवमेतदित्यादिप्रहासोक्तिः। मे मया ॥75 ॥

(3 शान्तनवी) हे दूत त्वया यदुक्तं शुम्भो बली अतिवीर्यवान् निशुम्भश्च बली अतिवीर्यवानिति एतत् एवम् अन्यथा न। अहं तु किं करोमि। यद्यस्मात् मे मम प्रतिज्ञा इयमस्ति। पुरा प्रागेव मयानालोचिता विचारिता नाभूत्। 'संभावितं प्रतिज्ञाय निर्वोढव्यं मनीषिभिः। प्रतिज्ञयाप्यसंभाव्यं निर्वोढव्यं कथं नु तैः। निर्वोढव्यं प्रतिज्ञातं तर्कितं वाप्यर्कितम्। प्रतिज्ञातपरित्यक्तेः प्राणत्यक्तिर्वरं नृणाम्। वीरकर्म तदेतच्च वीर्यमित्यभिधीयते'। 'स्थौल्यसामर्थ्यसैन्येषु बलं ना काकसीरिणोः'। 'वीर्यं बलं प्रभावश्च वीर्यं कर्म च रेतसः'। 'इवेत्थमर्थयोरेवम्' 'यत्तद्यस्ततो हेतौ' यद्यस्मात्कारणान्मया पुरा अनालोचिताप्यविचारिता यद्यपि मे देव्याः प्रतिज्ञा ईदृश्यभूत्। अतश्चाहं किं करोमि। युद्धादन्यत्किं करोमि। किं तु युद्धमेव किंचित्करोमि। किंच बली शुम्भो निशुम्भश्चातिवीर्यवान्। इति दूतेन तयोर्गर्व उक्तस्तमगर्वमपि गर्वमगर्वं करोमि। एवमेतत् इदमित्थमेवेति देव्याः परमोऽभिप्रायः ॥75 ॥

(4 नागोजीभट्टी) देव्युवाच। एवमेतदिति सोपहासम्। यत् यतः प्रतिज्ञेत्यस्य कृतेति शेषः ॥75 ॥

(5 जगच्चन्द्रचन्द्रिका) पुनः शिवा इति। पुनः शिवा 'देव्युवाचेत्यपरो मन्त्रः 127'। श्लोकद्वयमिति। द्वौ श्लोकौ अपरौ मन्त्रौ। तथाहि एवमेतदिति 128 ॥75 ॥

(6 दंशोद्धार) एवमिति। एवमित्यादि सहासोक्तिः ॥75 ॥

स त्वं गच्छ मयैवोक्तं यदेत्सर्वमादृतः।
तदाचक्ष्वासुरेन्द्राय स च युक्तं करोतु यत् ॥76 ॥

इति श्रीमार्कण्डेयपुराणे देवीदूतसंवादे पञ्चमोऽध्यायः ॥5 ॥

(1 गुप्तवती) इह कौशिकीवाक्योत्तरं तत्पदनिर्वचनारम्भे ऋषिरुवाचेत्पेक्षितमपि समीपे तस्य सत्त्वान्नोक्तम्। इतिचेतिचेत्यारम्भे शुम्भ उवाचेत्यस्याभावादेव पूर्वश्लोके उक्त्वा प्रेषयामासेति शेषपूरणम्। तत्रोत्तरश्लोकार्थः कर्म। अत एव तदुत्तरं पुनर्ऋषिरुवाचेति नापेक्षितम्। तेन क्वचित्पुस्तके दृश्यमानमप्यृषिवचनं तन्त्रत्रयेप्यभावादप्रमाणमेव। तस्मादिह नवैवोवाचमन्त्रा यथास्थानं सन्त्येव ॥76 ॥ इति श्रीगुप्तवत्यां मन्त्रव्याख्यायने पञ्चमोऽध्यायः ॥5 ॥

(2 चतुर्धरी) यत् यस्मात्। आदृतः सयत्नः। मया यदुक्तं तत् आचक्ष्व। स च यत् युक्तं तत्करोतु इत्यन्वयः॥ ॥76 ॥ इति श्रीचतुर्धरीटीकायां दूतवाक्यं नाम पञ्चमोऽध्यायः ॥5 ॥

(3 शान्तनवी) हे दूत स त्वं यथासदृशवादी त्वं गच्छ निजस्थान याहि। मया देव्या यदेतदुक्तं प्रतिज्ञाप्रमुखं वचनं तदेव सर्वम् आदृतः आकलितवान्सन् असुरेन्द्राय शुम्भाय आचक्ष्व आख्याहि कथय। स च एव शुम्भः यद्युक्तम् उचितं यच्चायुक्तं यदनुचितं तत्करोतु। यदेतत्सर्वमादितः इति पाठे हे दूत स त्वं गच्छ मया यदेतदुक्तं तदेव अविकलम् आदित आरभ्य असुरेन्द्राय आचक्ष्व। चक्षिङो लोटि रूपम्। स च यत् युक्तमुचितं तत्करोतु ॥76 ॥ इति श्रीमद्राजाधिराज० श्रीदेवीदूतसंवादे देवीविध्युपलक्षितः पञ्चमोऽध्यायः ॥5 ॥

(4 नागोजीभट्टी) स त्वमिति। मया यदेतदुक्तं तत्सर्वमादृतः सन् तस्मै आचक्ष्व सः युक्तं तत्करोतु चेत्यन्वयः। आदृत इत्यनेनान्यूनातिरिक्तं वदेति सूच्यते ॥76 ॥ इति शिवभट्टसुतसतीगर्भजनागोजीभट्टकृते सप्तशतीव्याख्याने पञ्चमोऽध्यायः ॥5 ॥

(5 जगच्चन्द्रचन्द्रिका) सा त्वं गच्छ मयेति 129॥ मिलित्वा तु चत्वारिंशद्द्वयाधिकाः। श्लोका इति सर्वे मिलित्वा द्वयाधिकाश्चत्वारिंशत् मन्त्राः स्युर्द्वाचत्वारिंशन्मन्त्रा इत्यर्थः। सप्तोवाचवाक्यमिति। सप्त तत् संख्या उवाचवाक्यम् उवाचवचनं द्वाभ्यां मिलित्वा एकोनपंचाशत् एकोनार्धशतं सह अशीत्यापि च संयोगे एकोनत्रिंशताधिकम्। शतमेकं तु विज्ञेयमाहुतीनां च पञ्चमे इति। एकेन ऊनम् अर्धशतम्। एकोनपञ्चाशदित्यर्थः। अशीत्या सह विंशतिचतुष्टयेन सह च पुनः संयोगेपि एकेन ऊनं त्रिंशत् तथा अधिकं शतम् एकशतं तु पुनः पञ्चमाध्याये च आहुतीनां विज्ञेयं ज्ञातव्यम्। ऋषिचतुष्टयं प्रोक्तमिति ऋषिरुवाचेति चत्वारो मन्त्राः प्रोक्ताः। देवा ऊचुरिति सकृत्पुनरिति। पुनः देवा ऊचुरित्येको मन्त्रः। दूत उवाच द्वयमिति। दूत उवाच इति द्वौ मन्त्रौ देवी उवाच। द्वितीयं तथेति तथा तेन प्रकारेण देवी उवाचेति द्वौ मन्त्रौ स्तः। नवोवाचेति सर्वैमिलित्वा नव तत्संख्याकानि उवाचवचनानि भवन्ति। चतुःपञ्चाशत् श्लोकाहुतयः तथेति। तथा तेनैव प्रकारेण चतुर्भिरधिका पञ्चाशत् श्लोकानां तद्रूपमन्त्राणाम् आहुतयो भवन्ति। द्वाविंशत्याहुतिश्लोके षट्षष्ट्याहुतयो मता इति। द्वाविंशत्येकोयम् आहुतिश्लोकस्तत्र षडधिका षष्टिः तत्संख्याका या आहुतयस्ता मताः संमताः॥76॥ इति श्रीभगीरथविरचिता कण्वगोविन्दकृतकारिकाणां जगच्चन्द्रचन्द्रिकाख्यटीका सप्तशतीपञ्चमाध्यायस्य संपूर्णा॥5॥

(6 दंशोद्धार) इति श्रीमद्दुल्लोप० पञ्चमोऽध्यायः॥5॥

Chapter - V

Translation

The goddess' conversation with the Asura's messenger. The Asuras Śumbha and Niśumbha conquered the gods and drove them from heaven. The gods invoked Caṇḍikā at Himavat in a hymn, appealing to her by all her attributes to help them. Pārvati came there and Caṇḍikā sprang forth from her body. The servants of Śumbha and Niśumbha saw her and extolled her perfect beauty to Śumbha. He sent a messenger to invite her to marry him. She explained that by a vow she could marry, no one who did not conquer her in fight.

The ṛṣi spoke :

★ Of yore the Asuras Śumbha and Niśumbha, trusting in their pride and strength, robbed Śacī's lord of the three worlds and of his portions of the sacrifices; they both unsurped likewise the sun's dignity and the moon's dominion, and Kuvera's and Yama's and Varuṇa's; and they both exercised Vāyu's authority and Agni's sphere of action. Thereby the gods were sacttered, deprived of their sovereignties and put to rout. The thirty gods, beret of their dominion and set at nought by those two great Asuras, all recall to mind that never-vanquished goddess. – "Thou didst grant us the boon, 'As ye when in calamities shall call me to mind, that very moment will I put an end to all your direst calamities." Making this resolve the gods went to Himavat, lord among mountains, and there raised their hymn to the goddess, who is Viṣṇu's illusive power.

The gods spoke :

★ Reverence to the goddess, to the great goddess!
To her who is auspicious reverence perpetually!
Reverence to Prakṛti the good!
Submissive we fall prostrate before her!

★ Reverence to her who is terrible, to her who is constant!
To Gaurī, to Dhātrī reverence, yea reverence!
And to the Moon-light, to her who has the moon's form,
To her who is happy, reverence continually!

★ Falling prostrate, to her who is propitious, to Prosperity,
To Perfection let us pay reverence, yea reverence
To Nirṛti, to the goddess of Good-Fortune of kings,
To thee, Śarvāṇī, reverence, yea reverence!

★ To Durgā, to her who is a further shore difficult to be reached,
To her who is essential, to her who works all things,
And to Fame also, to her who is blue-black,
To her who is smoke-dark reverence continually!

★ Before her who is at once most gentle and most harsh
We fall prostrate; to her reverence, yea reverence!
Reverence to her who is the foundation of the world!
To the goddess who is Action reverence, yea reverence!

★ To the goddess who among all creted things
Is called Viṣṇu's illusive power,
Reverence to her, yea reverence to her!
Reverence to her, reverence, yea reverence!

★ To the goddess who among all created beings
Bears the name Consciousness,
Reverence to her, yea reverence to her!
Reverence to her, reverence, yea reverence!

★ To the goddess who among all created beings
Stands firm with the form of Intellect,
Reverence to her, yea reverence to her!
Reverence to her, reverence, yea reverence!

★ To the goddess who among all created beings
Stands firm with the form of Sleep,
Reverence to her, yea reverence to her!
Reverence to her, reverence, yea reverence!

★ To the goddess who among all created beings
Stands firm with the form of Hunger,
Reverence to her, yea reverence to her!
Reverence to her, reverence, yea reverence!

★ To the goddess who among all created beings
Stands firm with the form of Shadow,
Reverence to her, yea reverence to her!
Reverence to her, reverence, yea reverence!

★ To the goddess who among all created beings
Stands firm with the form of Energy,
Reverence to her, yea reverence to her!
Reverence to her, reverence, yea reverence!

★ To the goddess who among all created beings
Stands firm with the form of Thirst,
Reverence to her, yea reverence to her!
Reverence to her, reverence, yea reverence!

★ To the goddess who among all created beings
Stands firm with the form of Patience,
Reverence to her, yea reverence to her!
Reverence to her, reverence, yea reverence!

★ To the goddess who among all created beings
Stands firm with the form of Speciality,
Reverence to her, yea reverence to her!
Reverence to her, reverence, yea reverence!

★ To the goddess who among all created beings
Stands firm with the form of Modesty,
Reverence to her, yea reverence to her!
Reverence to her, reverence, yea reverence!

★ To the goddess who among all created beings
Stands firm with the form of Paceableness,
Reverence to her, yea reverence to her!
Reverence to her, reverence, yea reverence!

★ To the goddess who among all created beings
Stands firm with the form of Faith,
Reverence to her, yea reverence to her!
Reverence to her, reverence, yea reverence!

★ To the goddess who among all created beings
Stands firm with the form of Loveliness,
Reverence to her, yea reverence to her!
Reverence to her, reverence, yea reverence!

★ To the goddess who among all created beings
Stands firm with the form of Good-Fortune,
Reverence to her, yea reverence to her!
Reverence to her, reverence, yea reverence!

★ To the goddess who among all created beings
Stands firm with the form of Activity,
Reverence to her, yea reverence to her!
Reverence to her, reverence, yea reverence!

★ To the goddess who among all created beings
Stands firm with the form of Memory,
Reverence to her, yea reverence to her!
Reverence to her, reverence, yea reverence!

★ To the goddess who among all created beings
Stands firm with the form of Mercy,
Reverence to her, yea reverence to her!
Reverence to her, reverence, yea reverence!

★ To the goddess who among all created beings
Stands firm with the form of Contentment,
Reverence to her, yea reverence to her!
Reverence to her, reverence, yea reverence!

★ To the goddess who among all created beings
Stands firm with the form of Mother,
Reverence to her, yea reverence to her!
Reverence to her, reverence, yea reverence!

★ To the goddess who among all created beings
Stands firm with the form of Error,
Reverence to her, yea reverence to her!
Reverence to her, reverence, yea reverence!

★ To her who both governs the organs of sense
Of created beings, and rules among all
Created beings perpetually, – to her
The goddess of Pervasiveness reverence, yea reverence!

★ To her who exists pervading this entire
World with the form of Thinking Mind,
Reverence to her, yea reverence to her!
Reverence to her, reverence, yea reverence!

★ Praised by the gods afore-time because of eagerly-desired protection,
And waited upon by the lord of the gods many days,
May she, the goddess, the origin of brightness, accomplish for us
Bright things, yea good things, and ward off calamities!

★ And she, who is both reverenced as queen by us gods,
Who are toremented now by the arrogant Daityas,
And whom we called to mind as we bow our bodies in faith,
She this very moment destroys all our calamities!

The ṛṣi spoke :

★ While the gods were thus engaged in offering hymns and other reverential acts, Pārvatī came there to bathe in the water of the Ganges, O prince. She, the beautiful-browed, said to those gods, – "Whom do ye, lords, hymn here?" And springing forth from the treasure-house of her body the auspicious goddess spoke – "For me this hymn is uttered by the assembled gods, who have been set at nought by the Daitya Śumbha and routed in battle by Niśumbha." Because Ambikā issued forth from the treasure-house of Pārvatī's body, she is therefore named in song as

Kauṣikī among all the worlds. Now after she had issued forth, the other also, even Pārvatī, became Kṛiṣṇā; she is celebrated as Kālikā; she fixed her abode on Mount Himavat.

★ Thereafter Caṇḍa and Muṇḍa, the two servants of Śumbha and Niśumbha, saw Ambikā displaying her sublime and most captivating form; and both spake out unto Śumbha; –

★ "What woman then, most surpassingly captivating, dwells here, illuminating Mount Himavat, O great king?. Such sublime beauty was never in sooth seen by anyone anywhere; let it be ascertained if she is any goddess, and let her be taken possession of, O lord of the Asuras. A gem among women, surpassingly beautiful in body, illusminating the regions of the sky with her lustre, there she is then. O lord of the Daityas; deign, Sir, to look at her. Moreover, whatever gems, precious stones, elephants, horses and other valuable things indeed exist in the three worlds, O lord, all those display their splendour at this present time in thy house. Airāvata, gem among elephants, has been captured from Purandara; and this Pārijāta tree and also the horse Uccaiḥśravas. Here stands the heavenly chariot yoked with swans in thy courtyard;l it has been brought here, the wonderful chariot composed of gems, which belonged to Brahmā. Here is the Nidhi Mahāpadmā captured from the Lord of wealth. And the Ocean gave a garland made of filaments and of undying lotus flowers. In thy house stands Varuṇa's umbrella, which streams with gold. And here is the choice chariot that belonged to Prajāpati formerly. Thous O lord, hast carried off death's power which is named

Utkarāntidā. The noose of the Ocean-king is in thy brother's possession. And Niśumbha has every kind of gem which is produced in the sea. Agni also gave thee two garments which are purified by fire. Thus, O lord of the Daityas, all gems have been captured by thee; why dost thou not seize this auspicious lady, this gem of womankind?"

The ṛṣi spoke :

★ Śumbha, on hearing this speech then from Caṇḍa and Muṇda, sent the great Asura Su-griva as messenger to the goddess, saying – "Go and address her thus and thus according to my words, and lightly conduct the matter so that she may come to me of her own good pleasure." He went to where the goddess sat on a very bright spot in the mountain and spoke gently with mellifluous voice.

The messenger spoke :

★ O goddess! Śumbha, lord of the Daityas, is supreme lord, over the three worlds. A messenger am I, sent by him; to thy presence here I have come. Hearken to what he has said, whose command is neer resisted among all beings of divine origin, and who has vanquished every foe of the Daityas – "Mine are all the three worlds; obedient to my authority are the gods, I eat every portion of the sacrifices separately. The choicest gems in the three worlds are altogether under my power; and so are the finest elephants and the chariot of the lord of the gods, since I have catpured them. That gem among horses, named Uccaiḥ-śravasa, which came forth at the churning of the sea of milk, was presented to me by the immortals who prostrated themselves before me. And whatever other crearted things in the shape of gems existed among the gods,

Gandharvas and Nāgas, they were presented even to me, O brilliant lady. I esteem thee O goddess, to be the gem of womankind in the world; do thou, who art such, approach unto me, since I am an enjoyer of gems. Either to me, or to my younger brother Niśumbha of wide-reading prowess, approach thou, O lady of quick side-glances, since thou art in truth a gem. Supreme dominion beyond compare thou shalt gain by wedding me. Understand and consider this, and come unto wedlock with me!"

The ṛṣi spoke :

★ Thus accosted the goddess, smiling deeply with herself, she, Durgā the adorable and good, who supports this world, sang this reply then.

The goddess spoke :

★ Truly hast thou spoken; nought has thou uttered falsely herein. Sovereign of the three worlds in Śumbha, and like unto him is Niśumbha also! But how can that which has been promised concerning this myself be fulfilled falsely? Hearken, what vow I made formerly by reason of my small understanding at that time,—'He who vanquishes me in fight, who forces my pride from me, and who is my match in strength in the world, he shall be my husband.' Let Śumbha come here then, or Niśumbha the great Asura; let him vanquish me—what need of delay here? and let him lightly take my hand in marriage!

The messenger spoke :

★ Proud art thou! Talk not so before me, O goddess! What male in the three worlds may stand front to front with Śumbha and Niśumbha? All the gods verily stand not face to face with even the other Daityas in battle, O goddess; how much less canst thou so stand, a woman single-handed! with Śumbha and those other Daityas, against whom Indra and all the other gods stood not in battle, how shalt thou, a woman, venture face to face? Do thou, being such, to whom I have in sooth delivered my message, go near unto Śumbha and Niśumbha; let it not be that thou shalt go with thy dignity shattered in that thou wilt be dragged thither by thy hair!

The goddess spoke :

★ So strong as this is Śumbha! and so exceedingly heroic is Niśumbha! What can I do, since there stands my ill-considered promise of long ago? Go thou thyself; make known respectfully to the lord of the Asuras all this that I have said to thee, and let him do whatever is fitting.

षष्ठोऽध्यायः

Chapter VI

ऋषिरुवाच।

इत्याकर्ण्य वचो देव्याः स दूतोऽमर्षपूरितः।
समाचष्ट समागम्य दैत्यराजाय विस्तरात्॥1॥

(1 गुप्तवती) इत्याकर्ण्येति॥1॥

(2 चतुर्धरी) अमर्षः क्रोधः तेन पूरितः कोपव्याप्तः। समाचष्ट कथितवान्॥1॥

(3 शान्तनवी) हे सुरथ इति प्रागुक्तं देव्याः वचः आकर्ण्य निशम्य श्रुत्वा अमर्षपूरितः अमर्षेण क्रोधेन पूरितः पूर्णः स दूतः समागम्य देवीशैलात्सकाशात् आगत्य दैत्यराजाय शुम्भाय विस्तरात् शब्दप्रपञ्चनात् समाचष्ट अकथयत्। चक्षिङो लङि रूपम्॥1॥

(4 नागोजीभट्टी) ऋषिरुवाच। इतीति। अमर्षः कोपः। समाचष्ट उक्तवान्॥1॥

(5 जगच्चन्द्रचन्द्रिका) अथ षष्ठाध्यायस्य सप्तशतीमन्त्रहोमविभाग उच्यते। विंशतिश्लोकयुक्ते षष्ठाध्याये प्रकीर्तिताः। सर्वे श्लोका मन्त्ररूपा इति विंशतिः ये श्लोकास्तैर्युक्ते षष्ठेऽध्याये सर्वे श्लोकाश्चतुःपादात्मका इत्यर्थः। मन्त्ररूपा मन्त्रस्वरूपाः प्रकीर्तिता उक्ताः। देव्येकेति। देव्युवाचेति एको मन्त्रः। अथ ऋषित्रयमिति। ऋषिरुवाचेति त्रयो ये मन्त्राः चतुर्विंशतिमन्त्राणामित्येवं परिकीर्तिता इति चतुर्विंशतिः मन्त्रास्तेषाम् इत्यनेन प्रकारेण परिकीर्तिता उक्ताः। तथाहि 'ऋषिरुवाच स्वाहा 1'। इत्याकर्ण्योति 2॥1॥

(6 दंशोद्धार) ॥1॥

तस्य दूतस्य तद्वाक्यमाकर्ण्यासुरराट् ततः।
सक्रोधः प्राह दैत्यानामधिपं धूम्रलोचनम् ॥2॥

(1 गुप्तवती) ॥2॥

(2 चतुर्धरी) दैत्यानामधिपम् असुराणां सेनानाथम् ॥2॥

(3 शान्तनवी) असुराणां राट् दैत्यराजः शुम्भः तस्य दूतस्य मुखात् तत् वाक्यम्। यद्वा तस्याः देव्याः वाक्यं प्रतिकूलम् आकर्ण्य श्रुत्वा ततोसौ सक्रोधः सन् दैत्यानामधिपं धूम्रलोचनं नाम महासुरं प्राह प्रकथयामास। प्रइति उपसर्गप्रतिरूपकमाहेति च तिङन्तप्रतिरूपकमव्ययम्। हे शुम्भ त्वत्पार्श्वे देवी नायाति त्वया सह योद्धुमिच्छति। तां जेतुमुद्युङ्क्ष्व इति दूतवचः श्रुत्वा देव्यानयनाय शुम्भो धूम्रलोचनं प्रस्थापयामास ॥2॥

(4 नागोजीभट्टी) तस्येति। दैत्यानामधिपं सेनापतिम् ॥2॥

(5 जगच्चन्द्रचन्द्रिका) तस्य दूतस्येति 3 ॥2॥

हे (6 दंशोद्धार) ॥2॥

हे धूम्रलोचनाशु त्वं स्वसैन्यपरिवारितः।
तामानय बलाद्दुष्टां केशाकर्षणविह्वलाम् ॥3॥

(1 गुप्तवती) ॥3॥

(2 चतुर्धरी) दुष्टां दुःशीलाम्। केशाकर्षणविह्वलां केशाकर्षणेन आकुलीकृताम् ॥3॥

(3 शान्तनवी) हे धूम्रलोचन त्वं स्वसैन्यपरिवारितः सन् दुष्टां केशाकर्षणविह्वलां केशानामाकर्षणेन विह्वलां विवशां तां नितम्बिनीमाशु क्षिप्रं बलात् आनय प्रापय। मां शुम्भमिति शेषः। णी प्रापणे द्विकर्मकः। इत्थं शुम्भस्याचरणं सन्मन्त्रशक्तिरहितं च तमिदमनीतिकमालोच्य शुम्भहितकारी नीतिविशारदोऽमात्यः कश्चिद्धूम्रलोचनं प्रस्थातुमुद्युक्तद्दिश्योपदिशति। कथं तामानय बलाद्दुष्टामित्यत्र तन्त्रेण श्वेतो धावतीतिवदर्थान्तरसृष्टौ पदान्तरसृष्टिरिष्टैवेति ताम् अ अनाय इति पदच्छेदः क्रियते। तथाहि अनेकार्थस्य सकृदुच्चरणं तन्त्रमाहुः। तत्र अ इति निषेधोवक्तव्यः।

'अमानोना: प्रतिषेधेऽव्ययाख्या:' इति वचनात्। अतश्च हे धूम्रलोचन त्वं स्वसैन्यपरिवारित: सन् तां देवीम् आशु क्षिप्रं बलात् बलमाश्रित्य बलात्कारेण अ आनय न आनय। कीदृशीं तां पूर्ववत्तन्त्रेण आनयबलाद्दुष्टाम् इत्येकं पदम्। अविद्यमान: नयो नीतिर्येषां ते अनया: पुरुषा: शुम्भादय: तेषाम् इमानि बलानि आनयानि च तानि बलानि च आनयबलानि अतन्ति सततं गच्छन्ति भजन्ति आनयबलात:। अत सातत्यगमने। क्विप्। तेषु आनयबलात्सु आनयसंबन्धिबलभाक्षु पुरुषेषु दुष्टा विरुद्धा क्रूरा तामानयबलाद्दुष्टाम् इत्येकं पदम्। यद्वा दुष्टां देवीम् एवम् आनयबलाद्दुष्टामित्येव पदम्। पुन: कीदृशीं ताम् केशाकर्षणविह्वलांकश्च ब्रह्मा अश्च विष्णु: ईशश्च महेश्वर: केशा: तेषामात्मशक्तेरात्ममहामाया केशात्सकाशात् जगदुत्पत्तिस्थितिलयकारिणी। तत्तदवसरेषु चित्तेष्वाकर्षणं केशाकर्षणं ब्रह्मविष्णुमहेश्वराकर्षणं स्वमायाबलेन ब्रह्मादिप्रकटीकरणं ब्रह्मविष्णुमहेश्वराह्वानं तत्र विषये विशेषेण ह्वलति चलति विजृम्भते चेष्टते वा केशाकर्षणविह्वला तां देवीमं ह्वल चलने। पचाद्यच्। ब्रह्मविष्णुमहेश्वराणां स्वशक्तित: स्वमायात: प्रकाशीकरणे व्यग्रोद्यममादिमे शक्तिमानय इति देव्यभीष्टार्थप्रतिपत्तिपरव्याख्यानतो दैत्यकुलविध्वंसो न भविष्यतीति नीतिविदमात्याभिप्राय: ॥3 ॥

(4 नागोजीभट्टी) हे इति। दुष्टां दुर्वचनाम्। विह्वलामाकुलाम् ॥3 ॥

(5 जगच्चन्द्रचन्द्रिका) हे धूम्रलोचनेति 4 ॥3 ॥

(6 दंशोद्धार) ॥3 ॥

तत्परित्राणद: कश्चिद्यदिवोत्तिष्ठते पर:।
स हन्तव्योऽमरो वापि यक्षो गन्धर्व एव वा ॥4 ॥

(1 गुप्तवती) ॥4 ॥

(2 चतुर्धरी) उत्तिष्ठते समीहते। 'उदोऽनूर्ध्वकर्मणि' इत्यात्मनेपदम् ॥4 ॥

(3 शान्तनवी) हे धूम्रलोचन तत्परित्राणद: तत्परित्राणं तस्या देव्या: परित्राणं रक्षणं तत् ददातीति तत्परित्राणदतस्या: परित्राणं दातु क्षम: तत्परित्राणद:। 'आतोऽनुपनर्गे क:'। य: कश्चित्परो मर्त्यो वा अमरो देवो वा यक्षो वापि गन्धर्वो वापि पर: शत्रु: अपर: तां जिघृक्षु: अन्य: चकारात् नागदिर्वा

विपक्षत्वेन उत्तिष्ठते उद्युङ्क्ते यदि स हन्तव्य एव न स्थापनीयः। 'उदोऽनूर्ध्वकर्मणि' इतयात्मनेपदम्। यक्षः कुबेरादिः। गन्धर्वस्तुम्बुरुप्रभृतिः। पक्षान्तरे यदि अयं हि शुम्भो नीतिरहितो यदा इत्थमादिक्षत् परस्त्रियमानयेति तत्र नीतिपरोऽमात्यस्त्वाह। हे धूम्रलोचन तत्परित्राणदः तस्या देव्याः सकाशात् त्राणं सरंक्षणं येषां ते तत्परित्राणदस्तद्भक्तास्तदेकशरणा देवादयः। दो अवखण्डने। तत्परित्राणान् देवादीन् द्यति खण्डयति हिनस्ति इति तत्परित्राणदः तद्भक्तहिंसापरः शत्रुर्यः कश्चित् मरो मानुषो मर्त्यो वा अमरो देवो वा यक्षः कुबेरादिर्वा गन्धर्वस्तुम्बुरुप्रभृतिर्वा। चकारात् दैत्यो वान्यस्तदद्वेषी वा राक्षसो वा लङ्कानिवासी नागो वा काद्रवेयः विद्याधरो वा जीमूतवाहनादिकिन्नरो वा अश्वादिमुख्यभूतो व बालग्रहादिः वा उत्तिष्ठिते हिंसितमुद्युङ्क्ते घटते स हन्तव्यो देव्यैव हन्तव्य एव न स्थापनीय इति। तस्मात्तां नानय। आनयसि चेत्तामापदमेवानयसि। दैत्युकलविध्वंसिनी सेति नीतिविदमात्योक्तिसमाधिना देवीष्टार्थसिद्धिः ॥4 ॥

(4 नागोजीभट्टी) ॥4 ॥

(5 जगच्चन्द्रचन्द्रिका) तत्परित्राणद इति 5 ॥4 ॥

(6 दंशोद्धार) तत्परित्राणद इति। उत्तिष्ठते। 'उदोनूर्ध्व' इत्यात्मनेपदम् ॥4 ॥

ऋषिरुवाच।

तेनाज्ञप्तस्ततः शीघ्रं स दैत्यो धूम्रलोचनः।
वृतः षष्ट्या सहस्राणामसुराणां द्रुतं ययौ ॥5 ॥

(1 गुप्तवती) ॥5 ॥

(2 चतुर्धरी) असुराणां सहस्राणां षष्ट्या वृत इत्यन्वयः। द्रुतं सत्वरम् ॥5 ॥

(3 शान्तनवी) ततः तेन शुम्भेन शीघ्रं गच्छ तावानयसेत्याज्ञप्तः आदिष्टः नियोजितः अनुज्ञापितः स धूम्रलोचनः देत्यां षष्ट्या गुणितानां षष्टित्वसंख्यया गुणितानां सहस्राणां संख्येयानाम् असुराणां संघेन वृतः द्रुतं क्षिप्रं ययौ। सहस्राणाम् असुराणा षष्ट्या वृतः असुरषष्टिसहस्रवृतो ययौ असुराणां संबन्धीनि सहस्राणि तेषां संबन्धिनी या षष्टिः तया वृतो

द्रुतं ययौ आप्त इति ण्यप्। मारणतोषणनिशामनेषु मिच्चेतिचुरादिः। कर्मणि क्तः। वा दान्तसूत्रे ज्ञप्त इति निपातनात् वा इट्प्रतिषेधो णिलुप्तोपधाया ह्रस्वता च। ज्ञा नियोजने चुरादिरेव। अतो निष्ठायामाज्ञप्त इत्येव ॥5॥

(4 नागोजीभट्टी) ऋषिरुवाच। तेनेति। सहस्राणामसुराणां षष्ट्या वृत इत्यन्वयः ॥5॥

(5 जगच्चन्द्रचन्द्रिका) ऋषिरुवाचेति। तेनाज्ञप्त इति 7 ॥5॥

(6 दंशोद्धार) ॥5॥

स दृष्ट्वा तां ततो देवीं तुहिनाचलसंस्थिताम्।
जगादोच्चैः प्रयाहीति मूलं शुम्भनिशुम्भयोः ॥6॥

(1 गुप्तवती) जगादोच्चैरित्यनेनानुनयाभावो ध्वनितः ॥6॥

(2 चतुर्धरी) तुहिनाचलो हिमवान्। मूलं समीपम्। मूलमाद्यन्तिकश्रेष्ठे (शिफास्थिनि) ष्विति नामलिङ्गानुशासनात् ॥6॥

(3 शान्तनवी) ततः शुम्भनिदेशानन्तरं स धूम्रलोचनः दैत्यः तुहिनाचलसंस्थितां हिमाचलमास्थितां देवी दृष्ट्वा वीक्ष्य इति उच्चैः जगाद अत्युच्चैरुवाच। किमिति। हे देवि त्वं शुम्भनिशुम्भयोः मूलम् अन्तिकं समीपं प्रयाहि गच्छेति। 'मूलमाद्ये शिफायां स्याद्भे निकुञ्जेन्तिकेऽपि च' इति शुम्भानुकूलोऽर्थः। देव्यनुकूलोर्थस्त्वेषः। हे देवि त्वम्। मूल प्रतिष्ठायां भ्वादिः। मूलनं मूलः। भावे घञ्। तं मूलं प्रतिष्ठां प्रभुतां याहि प्राप्नुहि इति स देवीसखीजनः तुहिनाचलसंस्थितां तां दृष्ट्वा उच्चैर्जगाद उक्तवान्। कीदृशी देवी। शुम्भनिशुम्भयोः। शुम्भ भासनहिंसनयोः। भ्वादिः परस्मैपदी। शुम्भाति रणे भासत हिनस्ति चेति शुम्भो दैत्यः। पचाद्यच्। नितरां शुम्भनं हिंसनं निशुम्भः। भावे घञ्। शुम्भस्य दैत्यस्य निशुम्भः हिंसनं शुम्भनिशुम्भः शुम्भदैत्यकर्म हिंसनं तस्मिन् शुम्भनिशुम्भविषये शुम्भहिंसनविषये यतमाना शुम्भनिशुम्भया शुम्भस्य हिंसने विषये यतमानेत्यर्थः। यती प्रयत्ने। भ्वादिरात्मनेपदी। 'सप्तम्यां जनेर्डः'। 'अन्येष्वपि दृश्यते' इत्यत्र अपिशब्दः सर्वोपाधिव्यभिचारार्थ इतिवचनात्। धात्वन्तरे कारकान्तरेऽपि च डो भवति डित्यभस्यापि टिलोपः। स्त्रियां टाप्। अवति रक्षति पापेभ्यः ऊः उवौ

उव:। शुम्भनिशुम्भया चासौ ऊश्चेति विगृह्य कर्मधारये आद्गुणे: च शुम्भनिशुम्भ्यो:। यद्वा शुम्भनिशुम्भया देवी। पुन: कीदृशी त्वम्। ऊ इति पदच्छेद:। अव रक्षणे क्विप्। 'ज्वरत्वस्त्रिव्यविमवामुपधायाश्च' इति वकारस्य अकारस्य च ऊठादेशद्वये सवर्णदीर्घत्वे ऊ: रक्षिका इति देव्यभीष्टार्थो देवीसखीजनेन वर्णित:। संस्थितां सम्यगवस्थिताम्। 'संस्थाधारे स्थितौ मृतौ' ॥6 ॥

(4 नागोजीभट्टी) स दृष्ट्वेति। तुहिंन हिमम्। मूलं समीपम् ॥6 ॥

(5 जगच्चन्द्रचन्द्रिका) स दृष्ट्वा तामिति 8 ॥6 ॥

(6 दंशोद्धार) स दृष्ट्वा । तुहिनाचलो हिमाचल:। मूलं समीपम्। 'मूलमाद्ये शिफायां स्याद्धे निकुञ्जेन्तिकेऽपि च' इति विश्व: ॥6 ॥

न चेत्प्रीत्याद्य भवती मद्भर्तारमुपैष्यति।
ततो बलान्नयाम्यद्य[1] केशाकर्षणविह्वलम् ॥7 ॥

(1 गुप्तवती) ॥7 ॥

(2 चतुर्धरी) चेत् यदि ॥7 ॥

(3 शान्तनवी) हे देवि अद्य अस्मिन्नहनि भवती प्रीत्या स्नेहेन स्वरुच्या मद्भर्तारं मम धूम्रलोचनस्य भर्तारं पोषकं स्वामिनं शुम्भं नोपेष्यति चेत् ततस्तर्हि अगमनादपराधत: एषोऽहं धूम्रलोचन: अद्याधुनैव बलाद्बलात्कारेणैव केशाकर्षणाविह्वलां केशानामाकर्षणादाश्लथनात् विह्वलां विवशां विकलां विहस्तां व्याकुलां भवती देवीं मद्भर्तारं प्रपायामि। स्वामिनं शुम्भं नयामि प्रापयामि। वर्तमानसामीप्ये भविष्यति लट्। उपैष्यतीति भवच्छब्दयोगे प्रथमपुरुष एव। एत्येधत्यूठ्सु वृद्धि:। इति शुम्भानुकूलोऽर्थ:। देव्यनुकूलोऽर्थस्त्वेष:। हे देवि अद्य भवती मत् मां सखीजनम् आप्तवर्गं प्राप्यस। कर्मणि ल्यब्लोपे पञ्चमी अबलात् अबलात्कारेण स्वतएव प्रीत्या हर्षेण भर्तारं शिवं न उपैष्यति चेत् उपगमिष्यति चेत्। द्वौ प्रतिषेधौ प्रकृतमर्थं गमयत:। तत: एषोऽहं सखीजन: त्वां केशाकर्षणविह्वलां यामि प्राप्नोमि भजामि। कश्च ब्रह्मा अश्च विष्णु: तौ कौ तयो: ब्रह्मविष्ण्वोश्च ईश: स्वामी

1. 'नयाम्येष्य' इति पाठ:।

शिवः केशः तस्य केशस्य शिवस्य आकर्षणम् आह्वानं तस्मिन्विषये विह्वलां लज्जितत्वादाकुलां त्वा त्वां यामि भजामीति देव्यभीष्टार्थो देवीसखीजनेन प्रस्तुतः। अथ प्रकारान्तरं यथा उपेष्यतीत्यत्र उप एष्यति इति छेदः। नचेत्प्रीत्या इत्येकं पदम्। 'उ संबुद्धौ रुषोक्तौ च शिववाचि त्वनव्ययम्'। धूम्रलोचन आह। उ देवि हे देवि अद्य मद्भर्तारं मत्स्वामिनं शुम्भम् एष्यति प्राप्स्यति। किंविशिष्टा सती भवती एष्यति। पा रक्षणे। पान्ति रक्षन्ति निवारयन्ति पाः। कर्तरि क्विपि जसि रूपम्। अज गतिक्षेपणयोः। पो रक्षकान् शुम्भस्य परिवारान् अजति क्षिपति न्यक्करोति अधः करोति दूरीकरोति इति पा देवी। 'सप्तम्यां जनेर्डः' 'अन्येष्वपि दृश्यते' इत्यत्र अपिशब्दः सर्वोपाधिव्यभिचारार्थ इति वचनात् धात्वन्तरादपि कारकान्तरेऽपि च डो भवति। डित्यभस्यापीति अजराशब्दस्य टेर्लोपः। स्त्रियामजाद्यतष्टाप्। हल्ङ्यादिलोपे सति पा इति रूपम्। पा शुम्भरक्षकक्षेपिका देवी एवंविधा सती शुम्भं हन्तुम् एष्यतीत्यर्थः। पुनः किंविशिष्टा सती भगवती शुम्भं हन्तुम् एष्यतीत्यर्थः। किंविशिष्टा सती भगवती शुम्भं हन्तुम् एष्यति नचेत्प्रीत्याः। अकारान्तमेतत्। चिती संज्ञाने चेतन्ति केचन तानन्ये प्रयुञ्जते इति 'हेतुमति च' इति णिच् ततः क्विप्। 'णेरनिटि' 'वेरपृक्तस्य' लोपः। अप्रत्ययलक्षणेन गुणः। चेतः देवर्ष्यादयः तेषु तेत्सु बोधयितृषु वैदिकधर्मप्रवर्तयितृषु देवर्ष्यादिषु विद्वत्सु प्रीतिः स्नेहः चेत्प्रीतिः। न इति नञोऽन्य एव निषेधार्थो निपातः न विद्यमाना चेत्प्रीतिर्येषां दैत्यानां ते नचेत्प्रीतयो दैत्याः। 'नलोपो नञः' इति वास्ति न तु नशब्दस्याप्यननुबन्धकस्य। उज्झ उत्सर्गे। नचेत्प्रीतीन् अविद्यमानविबुधप्रीतीन् दैत्यान् उज्झति उत्सृजति परिवर्जयति हिनस्तीति पूर्ववत् डप्रत्यये डित्यभस्यापि टेर्लोपः। स च उज्झेरेव। स्त्रियां डान्तादाप्। 'इको यणचि' हल्ङ्यादिलोपः। नचेत्प्रीत्या देवी दैत्यान् विबुधविद्वेषिणः उज्झन्तीत्यर्थः। यत ईदृशी भवन्ती देवी शुम्भं प्रति तत्पक्षिकसैनिकविद्राविका च विबुधविद्वेषिहन्त्री च सती एष्यति ततः अद्य अधुनाहं धूम्रलोचनः सन् भवती देवी बलात् बलं सैन्यं प्राप्य। कर्मणि ल्यब्लोपे पञ्चमी। न यामि न गच्छामि मद्भर्तारं च न गच्छामीत्यर्थः। कीदृशी भवतीम् एषकेशाकर्षणविह्वलाम् इत्येकं पदम्। इष गतिहिंसादर्शनेषु। भ्वादिरात्मनेपदी आङ्पूर्वः। आसमन्तादीषन्ते हिंसति

एषाः पचाद्यच्। एषाणां हिंसकानां दैत्यानां केशाः मूर्धजाः तेषामाकर्षणं निग्रहणं तस्मिन् विषये विशेषेण ह्वल। ह्वल चलने ह्वलति चलति पतते चेष्टते इति पचाद्यच्। एषकेशाकर्षणविह्वला तां दैत्यकेशाकर्षणसज्जचेष्टा-मित्ययं देवीष्टार्थः ॥7 ॥

(4 नागोजीभट्टी) विपक्षे बाधकमाह। न चेदिति। तर्हीत्यर्थः ॥7 ॥

(5 जगच्चन्द्रचन्द्रिका) न चेत्प्रीत्येति 9 ॥7 ॥

(6 दंशोद्धार) ॥7 ॥

देव्युवाच।

दैत्येश्वरेण प्रहितो बलवान्बलसंवृतः।
बलान्नयसि मामेवं ततः किं ते करोम्यहम् ॥8 ॥

(1 गुप्तवती) बलवान् रूपवान्। बलसंवृतः काकैरावृतः। बलाच्छरीरस्थौल्यमात्रात्। किं ते करोम्यहं तवाहेकारं कुत्सितं करोमि। 'बलं गन्धे रसे रूपे स्थेमनि स्थौल्यसेनयोः। बलो हलायुधे दैत्यभेदे बलिनि वायसे' इति विश्वः ॥8 ॥

(2 चतुर्धरी) बलवान् सामर्थ्यवान् इति सोल्लुण्ठम्। बलसंवृतः करोमि कर्तुं शक्नोमि ॥8 ॥

(3 शान्तनवी) हे धूम्रलोचन त्वं बलवान् सामर्थ्ययुक्तः वीर्योपेतः बलसंवृतः बलेन सैन्येन संवृतो वेष्टितः संगतः अथ च दैत्येश्वरेण शुम्भेन प्रहितः प्रस्थापितः बलात् बलात्कारेण एवं केशाकर्षणविह्वलां मूर्धजाच्छन्नविवशां मामबलां नयसि ततोऽहं ते तव किं करोमि। त्वां प्रति किमप्यहं स्त्रीत्वात् युद्धादिकं कर्तुमक्षमोस्मीति शुम्भानुकूलोऽर्थोयम्। देव्यनुमतोऽर्थस्त्वेषः। हे धूम्रलोचन त्वं बलवान् बलंसवृतश्चेति दैत्येश्वरेण शुम्भेन प्रहितः प्रस्थापितोऽसि ततो मां नयसि। एवंसति त्वामहं पृच्छामि। बलमत्ति बलात् अहं बलाद् मां देवीतो धूम्रलोचनस्य संबन्धि वस्तु किं नयसि किं यापयसि। नयते द्विकर्मकत्वादजां ग्रामं नयतीतित्वत्प्रधानमप्रधानं चेति कर्मद्वयं वक्तव्यम्। तत्र बलादं मां देवीं प्रधानं कर्म द्वितीयं किं स्यात् तद्ब्रूहि अथेह प्रकृतत्वात्प्रसक्तत्वात् बलादं मां देवीं शुम्भं च चेन्नयसि

तर्हि बलादमिति कृत्वा तस्य सामर्थ्यमत्स्यामि संहरिष्यामि। अथ बलादं मां देवीं त्वमेवात्मानं नयसि तर्हि त्वामेव धूम्रलोचनमत्स्यामि संहरिष्यामि। अथ बलादं मां देवीं त्वत्संबन्धीयं सैन्यं नयसि तर्हि सुतरां तदेवात्स्यामि संहरिष्यामि। ततः ते किं करोमि किमस्ति ते यत्करोम्यहम्। हे धूम्रलोचन समस्तं ते यत् किंचिदस्ति तद्ब्रूहि तदपि विनष्टं करोमीति क्रोधावेशोत्थो देव्यभिप्रायः ॥8॥

(4 नागोजीभट्टी) देव्युवाच। दैत्येश्वरेणेति। एवं केशाकर्षणविह्वलां बलात् सामर्थ्यसत्ता अवशता च। सावष्टम्भोक्तिरेषा ॥8॥

(5 जगच्चन्द्रचन्द्रिका) देव्युवाचेति 10। दैत्येश्वरेणेति 11 ॥8॥

(6 दंशोद्धार) दैत्यो बलवान् समर्थः। बलसंवृतः सेनापरिवृतः। करोमि कर्तुं शक्नोमि ॥8॥

ऋषिरुवाच।

इत्युक्तः सोऽभ्यधावत्तामसुरो धूम्रलोचनः।
हुंकारेणैव तं भस्म सा चकाराम्बिका ततः ॥9॥

(1 गुप्तवती) ॥9॥

(2 चतुर्धरी) सा अम्बिका तं भस्म भस्मसात् चकार इत्यन्वयः। भस्मसात् भस्मस्वरूपमिति वा पाठार्थौ ॥9॥

(3 शान्तनवी) इत्येवं देव्याउक्तः स धूम्रलोचनः असुरः तां देवीम् अभ्यधावत् वेगेन अभ्यद्रवत। सृ गतौ। सतेर्वेगितायां गतौ धावादेशो वक्तव्यः। यद्वा धावु गतिशुद्ध्योः। उभयपदी। ततोऽनन्तरं साम्बिका देवी तं धूम्रलोचनं क्रोधानलज्वालागर्भेण हुंकारेणैव भस्म चकार भस्मीचकार। हुं वितर्के परिप्रश्ने भित्सायां भर्त्सने भये। क्रोधे दुःखे विकारेऽपि मन्त्रभेदेपि चाव्ययम्'। क्वचिच्च भस्मसाच्चकारेति वा पाठः। 'विभाषा सातिकार्त्स्न्ये' इति अभूततद्भावे कृभ्वस्तियोगे संपद्यकर्तरि च्विरित्यस्मिन्विषये स्कृत्स्नतायां मन्यमानायां सातिप्रत्ययः। अभस्म भस्म चकार कार्त्स्न्येन भस्मासाच्चकार। धूम्रलोचनशरीरं कृत्स्नमपि भस्मीचकारेत्यर्थः। अन्तर्वर्तिविभक्त्याश्रितेन पदत्वेन न लोपवत्। पादान्तयतिश्छान्दसत्वेन वा। सानावाश्रिता। हुम् इत्यस्य कारणं हुंकारः हुंकृतिरित्यर्थः ॥9॥

(4 नागोजीभट्टी) ऋषिरुवाच। इतीति। तं सा भस्मचकारेत्यन्वयः ॥9 ॥

(5 जगच्चन्द्रचन्द्रिका) ऋषिरुवाचेति 12। इत्युक्त इति ॥13 ॥19 ॥

(6 दंशोद्धार) इत्युक्त इति। भस्मसादिति पाठः ॥9 ॥

अथ क्रुद्धं महासैन्यमसुराणां तथाम्बिका[1]।

ववर्ष सायकैस्तीक्ष्णैस्तथा शक्तिपरश्वधैः ॥10 ॥

(1 गुप्तवती) ॥10 ॥

(2 चतुर्धरी) महासैन्यं सेनासमुदायः। सायकैः शरैः। परश्वधैः कुठारैः ॥10 ॥

(3 शान्तनवी) अथ धूम्रलोचने भस्मीकृते तथा क्रुद्धम् असुराणां सैन्यं कर्तृ तीक्ष्णैः सायकैः तथा शक्तिसहितैः परश्वधैः शक्तिसहितौः आयुधैः कुठारैरम्बिकां देवीं ववर्ष शरसंपातेन शक्तिपातेन परशसुपातेन च देवीं संछादयामास। असुरसेनामित्यर्थः। शक्तिपरश्वधैरिति मध्यमपदलोपी समासः। द्वन्द्वे तु सेनाङ्गत्वादेकवद्भावः स्यात्। परशुश्च परश्वधः'। इह असुरमहासैन्यं कर्तृ। अम्बिकामायुधैर्ववर्ष संछादयामास। ततोऽनन्तरं सिंह एव असुरसेनया युयुधे नैवाम्बिकेति कस्यचिदाशङ्का स्यात् किमम्बिका असुरशरसंपातती मृता न जीवति सेति। यद्यप्युत्तरत्र सा समानीयतां लघ्विति तदमृततोपत्स्यते। तथापि सा महासुरसंपाततः संमूर्च्छिता सती पुनरुत्थाय योद्धुमक्षमाभूत्। अन्यथा युध्यतैव किं नेति वीरकर्मण्यपकर्षः स्यात्। अतः सोपि युयुधे। तद्यथा तत्रैव श्लोके अम्बिका अम् भवति इति पदच्छेदः। अम्बिका कर्त्री। महासैन्यं कर्म। 'उ प्रश्नेऽङ्गीकृतौ रोष आम् स्मृतौ चावधारणे'। अथ धूम्रलोचनः संग्रामे देव्या भस्मीकृत इति अम् इति मनसा स्मृत्वा क्रुद्धं क्रोधाविष्टम् असुराणां महासैन्यं कर्म। अम्बिकापि क्रुद्धा सती तथा तद्वदेव तीक्ष्णैरेव सायकैः शक्तिपरश्वधैश्च शक्तिभिः सहितैः कुठारैश्च ववर्ष असुरसेनां संछादयामास। यद्वा अमित्यवधारणे। अथ तथा क्रुद्धमसुराणां महासैन्यं कर्म। अम्बिका आम् अम्बिकैव देव्येव तीक्ष्णैः सायकैः तथा शक्तिपरश्वधैश्च ववर्ष। न त्वसुरमहासेनाम् अम्बिका इति अम्बिकाया एव वीरकर्मण्युत्कर्षः ॥10 ॥

(4 नागोजीभट्टी) अथरेति। अम्बिका कर्त्री। अत एव तथा स्वारस्यम् ॥10 ॥

---

1. तथाम्बिकाम् इत्यपि पाठः।

(5 जगच्चन्द्रचन्द्रिका) अथ क्रुद्धमिति 14 ॥10॥

(6 दंशोद्धार) ॥10॥

ततो धुतसटः कोपात्कृत्वा नादं सुभैरवम्।

पपातासुरसेनायां सिंहो देव्याः स्ववाहनः॥11॥

(1 गुप्तवती) धुतसटः कम्पितकेसरः॥11॥

(2 चतुर्धरी) धुतसटः कम्पितकेसरः। पपात प्राविशत्। अर्शआदिपाठात् स्ववाहन इति बहुवचनात् कर्मणि ल्युः। सोऽनन्यसाधारणो निजभूतो वाहनः॥11॥

(3 शान्तनवी) ततः कोपात् धुतसटः कम्पितस्कन्धकेसरः स सिंहो देव्याः वाहनो वाहनीभूतो देव्याः सिंहः सुभैरवम् अतिभयंकरं नादं सिंहनादं कुण्ठगर्जनं कृत्वा असुरसेनायां हिंसितुं पपात। उत्प्लुत्य निपपात। स्ववाहनमिति पाठे अनन्यसाधारणं वाहनं देव्या एवं सिंहो वाहनं नान्यस्येति स इति पाठे प्रसिद्धः सिंहो भीरोरयं त्रासकारी भैरवः त्रिलिङ्गः 'वाहनमाहितात्' इति निर्देशाद्वाहनशब्दो नपुंसकलिङ्गः॥11॥

(4 नागोजीभट्टी) निर्नायकसैन्ये देव्याः प्रयासो व्यर्थ इति मत्वा सिंहो युयुधे। तत इति तत्र हेतुगर्भविशेषणम्। स्ववाहन इति। अर्धर्चादित्वात्पुंस्त्वम्। स्वीयवाहन इत्यर्थः। पपात प्राविशत्॥11॥

(5 जगच्चन्द्रचन्द्रिका) ततो धुतसट इति 15॥11॥

(6 दंशोद्धार) तत इति। धुतसटः कम्पितकेसरः। वाहयतीति वाहनः। कर्तरि बाहुलकाल्ल्युट्। सः प्रसिद्धः। स्ववाहन इतिपाठे स्वस्या वाहनः। सर्वनाम्नो वृत्तिमात्रे पुंवद्भावः। आर्षत्वाद्ध्रस्वत्वमिति चतुर्भुजोक्तिस्त्व-साध्यैव॥11॥

कांश्चित्करप्रहारेण दैत्यानास्येन चापरान्।

आक्रान्त्या[1] चा[2]धरेणान्याञ्जवान[3] स महासुरान्॥12॥

(1 गुप्तवती) ॥12॥

---

1. 'आक्रम्य चा' इति चतुर्धरीपाठः।
2. चरणेनान्यान्, इति पाठः।
3. संजघान, निजघान, इति पाठः।

(2 चतुर्धरी) आक्रम्यातिक्रम्य। आक्रान्त्येतिपाठे आक्रान्त्या भयेन ॥12 ॥

(3 शान्तनवी) असुरसेनायां निपत्य सिंहः किमकार्षीत्तत्राह। स सिंहः पञ्चास्यः करप्रहारेण कांश्चिद्दैत्यान् जघान। स सिंहः आस्थेन अपरांश्च दैत्यान् मुखेन जघान। स सिंहः चरणेनाक्रम्य अन्यान् महासुरान् जघान जिहिंस। स सिंहः खलु पञ्चास्यः एकम् आस्यं वक्रम् आस्यवत् घातकत्वात्करद्वयं चरणद्वयं चास्यचतुष्टयम्। पञ्चास्यानि युद्धसाधनानि यस्य स पञ्चास्यः। आक्रम्य चाधरेणान्यान् इत्यपि पाठे अधरेण चरणभागेनाक्रम्यान्यान् महासुरान् जघानेत्येवार्थः। अन्यथा अधरेणोष्ठेन महासुराणामाक्रमणं न संभवति। अथ देवीप्रभावात्संभवेत्। तस्याप्यास्येन चापरान् जघानेत्यास्यग्रहणेनैवाधरस्यापि युद्धसाधनत्वेन ग्रहणस्य सिद्धत्वात्पुनरधरेणेति केयं वाचोयुक्तिरुक्तिमताम्। यद्वा अधरेण ओष्ठेन स्फुरितेन प्रकटीकृतः कोपाध इत्युपचर्यते। अधरेण कोपेनाक्रम्य। यद्वा अधस्तादुपचारतः शरीरस्याधस्तादधोभागेन उरोदेशेनाक्रम्य। यद्वा अविद्यमाना धरा भूर्यत्र सोऽधरः आकाशदेशः तेन अन्तरिक्षेणाक्रम्य निरुध्य ॥12 ॥

(4 नागोजीभट्टी) कांश्चिदिति। स सिंहः। आक्रान्तिराक्रमणं तेन च अधरेण अधरकायेनाधरोष्ठेन च अन्यान्महासुरान्दत्याञ्जघानेत्यन्वयः ॥12 ॥

(5 जगच्चन्द्रचन्द्रिका) कांश्चित्करेति 16 ॥12 ॥

(6 दंशोद्धार) ॥ ॥12 ॥

केषांचित्पाटयामास नखैः कोष्ठानि केस[1]री।
तथा तलप्रहारेण शिरांसि कृतवान्पृथक् ॥ 13 ॥

(1 गुप्तवती) ॥13 ॥

(2 चतुर्धरी) कोष्ठानि हृदयानि। केसरी सिंहः। तलो विस्तृताङ्गुलिपाणिः ॥13 ॥

(3 शान्तनवी) स केसरी सिंहः केषांचिद्दैत्यानां कोष्ठान् जठराभ्यन्तरदेशान् नखैः नखरैः उत्पाटयामास विदारयामास। पट भाषार्थश्चुरादिः। धात्वनेकार्थत्वेन प्रयोगतो विदारणार्थः। 'असाकल्ये तु चिच्चन' पुंसि कोष्ठोऽन्तर्जठरं कुसूलोन्तर्गृहं तथा'। कोष्ठानि केसरीति तु पाठे व्यत्ययेन छान्दसं नुपंसकत्वम्। यद्वा कोष्ठान्

---

1. केशरी, इति पाठः।

इकेसरी इति छेदः। इःकामः। इना कामेन चरति इचारी इकेसरी। अनिवारितप्रसरः केसरीत्यर्थः। मध्यमपदलोपी समासः। तथा तलप्रहारेण हस्तस्य तलघातेन चपेटेन चपेटया चपेताघातेन केषांचिद्दैत्यानां शरीरेभ्यः शिरांसि मस्तकानि पृथक् पृथग्भूतानि कृतवान्। करनखपञ्जरेण शिरांसि छित्त्वा भुवि पातयामासेत्यर्थः। 'पाणौ चपेटप्रतलहस्ताविस्तृताङ्गुलौ' केचिदाहुः तलाभ्या द्वाभ्यां प्रवर्तितेन प्रहारेण शिरांसि पृथक् कृतवानिति। युक्तमेतत्। यदभ्यधुः। 'द्वौ संहतौ सिंहतलौ प्रतलौ वामदक्षिणौ'। द्वौ प्रतलौ संहतौ वामदक्षिणाख्यौ मिलितौ सिंहतलौ सिंहतलाख्यौ कथ्येते। सिंह हि मिलिताभ्यां चपेटाभ्यां हन्ति ॥13 ॥

(4 नागोजीभट्टी) केषामिति। कोष्ठानि तु उदरमध्यानि ततो। विस्तृताङ्गुलिः पाणिः ॥13 ॥

(5 जगच्चन्द्रचन्द्रिका) केषांचिदिति 17 ॥13 ॥

(6 दंशोद्धार) ॥13 ॥

विच्छिन्नबाहुशिरसः कृतास्तेन तथापरे।
पपौ च रुधिरं कोष्ठादन्येषां धुतकेसरः ॥14 ॥

(1 गुप्तवती) ॥14 ॥

(2 चतुर्धरी) ॥14 ॥

(3 शान्तनवी) तथा शौर्यभाजा तेन सिंहेन अपरे शत्रवः महासुराः विच्छिन्नबाहुशिरसः कृताः। बाहवश्च शिरांसि च मस्तकानि बाहुशिरः। प्राण्यङ्गत्वादेकवद्भावः। तथा विच्छिन्नं शिरो येषां ते। अथ च तथा शौर्यशाली धुतकेसरः स केसरी सिंहः अन्येषां महासुराणां कोष्ठात् अन्तर्जठरात् जठराभ्यन्तरदेशात् कोष्ठं विदार्य। कर्मणि ल्यब्लोपे पञ्चमी। रुधिरं पपौ पा पाने। एतेन सिंहस्यापि वीरपानौचिती सूचिता। 'वीरपानं तु यत्पानं वृत्ते भाविनि वा रणे'। 'पुंसि कोष्ठोऽन्तर्जठरं कुसूलोऽन्तर्गृहं तथा' ॥14 ॥

(4 नागोजीभट्टी) ॥14 ॥

(5 जगच्चन्द्रचन्द्रिका) विच्छिन्नेति 18 ॥14 ॥

(6 दंशोद्धार) ॥14 ॥

क्षणेन तद्बलं सर्वं क्षयं नीतं महात्मना।
तेन केसरिणा देव्या वाहनेनातिकोपिना ॥15॥

(1 गुप्तवती) ॥15॥

(2 चतुर्धरी) महात्मना महोत्साहेन ॥15॥

(3 शान्तनवी) तेन केसरिणा सिंहेन देव्याः वाहनेनातिकोपिना। अत एव क्षणेनैव तत् प्रसिद्धं बलं सैन्यम्। यद्वा तस्य धूम्रलोचनस्य बलं सैन्यं क्षयं नीतं नाशं प्रापितम्। 'निर्व्यापारस्थितौ कालविशेषोत्सवयोः क्षणः'। 'निलयापचयौ क्षयौ'। 'आत्मा यत्नो धृतिर्बुद्धिः स्वभावो ब्रह्म वर्ष्म च'। अतितरां कोपिना ॥15॥

(4 नागोजीभट्टी) ॥15॥

(5 जगच्चन्द्रचन्द्रिका) क्षणेन तद्बलमिति 19 ॥15॥

(6 दंशोद्धार) ॥15॥

श्रुत्वा तमसुरं देव्या निहतं धूम्रलोचनम्।
बलं च क्षयितं[1] कृत्स्नं देवी केसरिणा ततः ॥16॥

(1 गुप्तवती) ॥16॥

(2 चतुर्धरी) क्षयितं क्षययुक्तम्। तारकादित्वादितच् वा क्षयशब्दात् तत्करोतीति णिजन्तान्निष्ठा ॥16॥

(3 शान्तनवी) इह श्रवणाकोपनाज्ञापनाक्रियात्रयापेक्षैककर्तृकत्वेन श्लोकयुग्मस्यैकोऽन्वयो ज्ञेयः। देव्या तत्प्रसिद्धं धूम्रलोचनम् असुरं निहतं भस्मितं श्रुत्वा आकर्ण्य ततः देवीकेसरिणा देव्याः सिंहेन तस्य धूम्रलोचनस्य कृत्स्नं बलं सैन्यं क्षयितं नाशितं च श्रुत्वा दैत्याधिपतिः शुम्भः कोपतः स्फुरिताधरः संरम्भकम्पितोष्ठः सन् चुकोप चुक्रोध। अथ तौ प्रसिद्धौ प्राग्दृष्टदेवीकौ चण्डमुण्डौ महासुरौ कर्मभूतौ आज्ञापयामास च निजभृत्यौ नियुयुजे। क्षपितमिति। क्षिप प्रेरणे चुरादिः अदन्तः। प्रेरितं दूरीकृतम्। विनाशितमिति यावत्।

---

1. 'क्षपितं' इति शान्तनवीसंमतः पाठः।

क्षयितमिति पाठः। क्षयः संजातोऽस्येति तारकादित्वादितच्। आज्ञापयामास। ज्ञा नियोजने चुरादिः। स्वार्थे णिच् ॥16 ॥

(4 नागोजीभट्टी) श्रुत्वेति। क्षयितमिति क्षयशब्दादाख्यातासन्नन्तात् क्तं। कृतक्षयमिति ॥16 ॥

(5 जगच्चन्द्रचन्द्रिका) श्रुत्वा तमसुरमिति 20 ॥16 ॥

(6 दंशोद्धार) श्रुत्वेति। क्षयितं क्षयं प्रापितम्। तारकादित्वादितच्। क्षयनमिति पाठे क्षिघातोर्ण्यन्तात् क्तः ॥16 ॥

चुकोप दैत्याधिपतिः शुम्भः प्रस्फुरिताधरः।
आज्ञापयामास च तौ चण्डमुण्डौ महासुरौ ॥ 17 ॥

(1 गुप्तवती) ॥17 ॥

(2 चतुर्धरी) तौ पूर्वोक्तौ ॥17 ॥

(3 शान्तनवी) अस्यार्थः स्फुटत्वान्न विवृतः ॥17 ॥

(4 नागोजीभट्टी) तौ पूर्वौ ॥17 ॥

(5 जगच्चन्द्रचन्द्रिका) चुकोप दैत्येति 21 ॥17 ॥

(6 दंशोद्धार) ॥17 ॥

हे चण्ड हे मुण्ड बलैर्बहुभिः[1] परिवारितौ।
तत्र गच्छत गत्वा च सा समानीयतां लघु ॥ 18 ॥

(1 गुप्तवती) तत्र गच्छत। तकरे बिन्दुलोपश्छन्दोनुरोधात्। सैनिकहिताभिप्रायकं बहुवचनं वा। उत्तरश्लोके वा इति दर्शनात्। उत्तराध्याये आज्ञप्तास्त इत्युक्तेश्च ॥18 ॥

(2 चतुर्धरी) गच्छतेति छन्दोनुरोधात् बिन्दुलोपो (बाहुल्यात्) व्यत्ययात् द्वयोरेव वा बहुवचनं गौरवोक्तथा प्रत्येकं वा। एवं च उत्तरत्रापि गच्छतमित्येव पाठः ॥18 ॥

---

1. 'बहुलैः' इति नागोजीभट्टीस्थः पाठः।

(3 शान्तनवी) हे चण्ड हे मुण्ड युवां बहुभिर्बलैः सैन्यैः परिवारितौ परिवेष्टितौ संतौ तत्र गच्छतम्। कुत्र यत्र सा देवी वर्तते। गत्वा च गत्वैव क्षिप्रं लघु आशु सा देवी समानीयताम्। युवाभ्यामिति शेषः। गच्छतमिति गमेर्लोण्यमध्यमपुरुषस्य द्विवचनस्य थसस्तम्। लोटो लङ्वदिति निर्देशात्। गच्छतेति पाठे चण्डमुण्ड तद्बलेषु बहुषु विवक्षितेषु। बहुवचनस्य पूर्ववदतिदेशात् थस्य तः। हे चण्ड हे मुण्ड युवां बहुबलपरिवारितौ मुख्यौ द्वौ बहुभिर्बलानि च ते सर्वे यूयं मिलित्वा यत्र सा देव्यवर्तत तत्र गच्छ यात। गत्वा तु लघु शीघ्रं सा समानीयताम्। सा इत्यभिहितं कर्म तामिति द्वितीयमनभिहितम् अजां ग्रामं नीयतामितिवदनुसंधेयम्। प्रधानं कर्माभिहितं नाप्रधानम्। गच्छतेति वर्गापेक्षया बहुवचनम्। अत एवाग्रे वक्ष्यति बहुवचनं यदि वः संशयो युधीति। शुम्भानुकूलोऽयमर्थः। देव्यनुकूलोऽर्थस्त्वेषः। तथाहि गच्छतं तत्र गत्वा तु सा आसम् आनीयतां लघु इति पदच्छेदः। असु क्षेपणे भावे घञ्। असनमासः। क्षेपोऽधःकारो न्यक्कारः। 'आस्तु स्यात्कोपपीडयोः'। ततश्चण्डमुण्डाद्यागमनं दृष्ट्वा सखीवर्गो देवीमाचष्ट। हे देवि त्वम् आः कोपेन तत्र गच्छ। कुत्र यत्र चण्डो मुण्डश्च बहुभिर्बलैः सैन्यैः परिवारितौ स्तः। गत्वा तु पुनः तं चण्डं मुण्डं च आह्वयस्व। हे चण्ड हे मुण्ड योद्धुमागच्छेति स्पर्धया तमाकारय। किंच तु पुनः तया देव्या लघु शीघ्रं सा चण्डमुण्डसंबन्धिनी सेना आसं क्षेपं न्यक्कारं विनाशं च नीयतां योज्यताम् इति सखीवर्गोक्तोऽयं देव्यनुकूलोऽर्थोऽधिगन्तव्यः ॥18 ॥

(4 नागोजीभट्टी) हे चण्डेति बहुलैर्बहुभिरित्यर्थः। गच्छत गच्छतम्। छन्दोनुरोधाद्बिन्दुलोपः। लघु शीघ्रम् ॥18 ॥

(5 जगच्चन्द्रचन्द्रिका) हे चण्ड हे मुण्डेति 32 ॥18 ॥

(6 दंशोद्धार) हे चण्डेति। गच्छतमिति वक्तव्ये मकारलोप आर्षः। बलवत्त्वेन द्वयोरपि बहुत्वविवक्षया गौरवेण प्रत्येकं वा ॥18 ॥

केशेष्वाकृष्य बद्ध्वा वा यदि वः संशयो युधि।
तदाशेषायुधैः सर्वैरसुरैर्विनिहन्यताम् ॥ 19 ॥

(1 गुप्तवती) ॥19 ॥

(2 चतुर्धरी) यदीत्यादि। शीघ्रमागम्यतामित्यन्तेन देव्या हननपक्षमनु (द्यतम)ज्ञाप्य प्राचीनानयनपक्षं मुख्यं तया निर्धारयन्ननुवदति बद्ध्वेति। अथवा यदि वः संशयस्तदेत्यर्थः। तामम्बिकां च बद्ध्वा गृहीत्वेत्यर्थः॥19॥

(3 शान्तनवी) हे चण्ड हे मुण्ड बलानि च युष्माभिः सा देवी केशेषु मूर्धजेषु आकृष्य आच्छित्त्वा बद्ध्वा व रज्जुभिः सा समानीयताम्। केशाकर्षणे बन्धने च वा वः युष्माकं यदि पक्षान्तरे संशयः स्यात् तदा युधि संग्रामे अशेषायुधैः साधनैस्तद्युक्तैर्वा सर्वैरसुरैर्युष्माभिः सा देवी विनिहन्यतां निघ्निता निजाधीना कर्तव्या। यद्वा विशेषेण निहन्तव्या निघ्ना आयत्ता वश्या कर्तव्येति शुम्भानुकूलोऽर्थः। देव्यनुकूलोऽर्थस्त्वेषः। देवी स्ववर्गानादिक्षत्। हे मदीयाः गणाः युष्माभिः स चण्डो मुण्डश्च केशेषु मूर्धजेषु आकृष्य बद्ध्वा वा विनिहन्यताम्। हे मदीयाः गणाः यदि वः युष्माकं केशाकर्षणे बन्धने च संशयः स्यात् तदा युधि संयुगे अशेषायुधैः सर्वैर्युष्माभिः स चण्डो मुण्डश्च विनिहन्यताम्। किंविशिष्टैर्युष्माभिः। असुरैः असून् दैत्यप्राणान् रान्ति गृह्णन्ति असुराः। 'आतोऽनुपसर्गे कः।' तैः दैत्यप्राणापहारिभिः इति देव्यभीष्टोऽर्थः। अन्यथा देव्याः पराभिभववचःश्रवणादपकर्षः शङ्कितः स्यात्। अथवा केशेषु आकृष्य बद्ध्वा अव यदि वः संशय इति पदच्छेदः। कः ब्रह्मा अः विष्णुः इः रुद्रः तेषामिव इषवो बाणा यस्याः सा केशेषुः तया देव्या केषेष्वा आकृष्य बद्ध्वा दैत्यान् अव रक्ष। कान् अयदिवः अयेन शुभावहविधिना लब्धा द्यौर्यैस्ते अयदिवो देवाः तान् अयदिवः संभृताः आभरणीकृताः शयवः चक्रमण्डलाख्याः सर्पा यया: सा संशयुः कालिका देवी तत्संबुद्धौ हे संशये। तस्या युधः युद्धस्य संबन्धिन्यः आशा दिशस्तदाशाः तदाशासु प्रयुद्धाशासु प्रयुक्तानि ईषाः लाङ्गलदण्डा एव आयुधानि यैस्ते तदाशेषायुधाः दैत्याः तैः अस्य विग्रहान्तरं त्वग्रे वक्ष्य इति तत्पदविवक्षितविग्रह। अत्रान्वयः। सखीभिर्देवी प्रार्थ्यते। हे संशया हे संभृतशया हे संभृतचक्रमंडल्याख्यसर्पा-भरणे हे कालिके देवि त्वम् अयदिवः अयेन लब्धस्वर्गान्देवान् अव रक्ष। अव रक्षणे। हे देवि केशेष्वा। तृतीयान्तमेतत्। ब्रह्मविष्णुरुद्रसदृक्षबाणया त्वया देवपाशेन देत्यान् आकृष्य आच्छित्त्वा बद्ध्वा वा युधि युद्धे

तदाशेषायुधैः युद्धदिक्प्रयुक्तैरायुधैः सर्वैरसुरैः स चण्डः मुण्डश्च दैत्यो विनिहन्यताम् इति देव्यभीष्टार्थैः। द्वितीयः इषुर्बाणः केशेष्वा देव्या अव रक्ष अयदिवः देवान् हे संशये हे संभृतसर्पाभरणे तदाशेषायुधैः तस्यां विधि विषये आसमंतात् आशाः अश्नुवानाः ईषा लाङ्गलदण्डाः आयुधानि येषां ते तदाशेषायुधाः दैत्याः तैः स विनिहन्यतां चण्डमुण्डैश्चेत्युक्ते देव्या अपि विनिहन्यताम् इति गम्यते। यथा पुत्रेण सह पिता भुङ्क्ते इत्यत्र पुत्रोपि भुङ्क्ते इति गम्यते ॥19 ॥

(4 नागोजीभट्टी) आनयने प्रकारद्वयमाह। केशेष्विति। आकर्षणमात्रादनागमने बन्धनं च इति गौरवाद्बहुवचनम्। तृतीया सहार्थे। युधि युद्धे प्रसक्ते यदि तथा नयने संदेहस्तदा सर्वैर्दैत्यैः सकलायुधैः सा विशेषेण निहन्यताम्। मार्यतामित्यर्थः ॥19 ॥

(5 जगच्चन्द्रचन्द्रिका) केशेष्वाकृष्येति 23 ॥19 ॥

(6 दंशोद्धार) केशेष्विति। यदीत्यादिशीघ्रमागम्यतामित्यन्तेन हननपक्षमनूद्य प्राचीनं बद्ध्वानयनपक्षं निर्धारयति। बद्ध्वेत्यादि। यद्वा यदि वो युधि संशयस्तर्हि हन्यताम्। यदि संशयो न तर्हि बद्ध्वा गृहीत्वा आगम्यतामित्यर्थः। यद्वा अशेषायुधैर्विनिहन्यतां ताड्यताम्। पुनः सिंहे निपातिते तस्यां हतायाम्। भूमौ गतायाम् इत्यर्थः ॥19 ॥

तस्यां हतायां दुष्टायां सिंहे च विनिपातिते।
शीघ्रमागम्यतां बद्ध्वा गृहीत्वा तामथाम्बिकाम् ॥20 ॥

इति श्रीमार्कण्डेयपुराणे सावर्णिके मन्वन्तरे देवीमाहात्म्ये धूम्रलोचनवधे षष्ठोऽध्यायः ॥6 ॥

(1 गुप्तवती) अथाम्बिकामिति। अथवा अम्बिकां जीवन्तीमेव बद्ध्वा गृहीत्वा आगम्यतामित्यर्थः। अथ हननानन्तरं बद्ध्वा शवमेव बद्ध्वेत्यर्थः इति केचित्। इह चत्वार उवाचमन्त्राः ॥20 ॥ इति श्रीगुप्तवत्यां मन्त्रव्याख्याने षष्ठोऽध्यायः ॥6 ॥

(2 चतुर्धरी) अपर आह। तस्यां हतायां बलक्षतायाम्। अपर आह। सिंहे विनिपातिते सति तस्यां हतायां भूमौ गतायाम्। अत्र पक्षे हननं गत्यर्थः। हन हिंसागत्योः। गत्यर्थाः प्राप्त्यर्थाः। यद्वा दुष्टायां सेनायां दुष्टा सेना वरूथिनी। शीघ्रमागम्यतामितिकाकाक्षिवत्संबन्धः ॥20॥ इति चतुर्धरीटीकायां धूम्रलोचन-वधो नाम षष्ठोऽध्यायः ॥6॥

(3 शान्तनवी) हे चण्ड हे मुण्ड हे बलानि च युष्माभिः सर्वैः दैत्यैः दुष्टायां दैत्यद्वेषिण्यां तस्यां देव्यां हतायां ताडितायां सत्यां परासूकृतायां तदीये सिंहे विनिपातिते व्यसूकृते वा शीघ्रमागम्यतां निजस्थानं प्राप्यताम्। अथ सा जीवती आनेतुं शक्या चेत्तर्हि तातम्बिकां गृहीत्वा बद्ध्वा शीघ्रमागम्यताम्। तद्दर्शने ममाभिलाषोऽस्तीत्यभिप्रायः। तस्यां हतायाम् इति अतिकोपेन प्रज्वलितात्मनाम् अतिकोपिना पुंसा प्रबलशत्रौ मृधे मृतोपि द्रष्टुम् इष्यते। अथवा क्रोधज्वलितेन व्याकुलचेतसा तस्यां हतायां समागम्यतामिति तावदुक्तम्। ततः पुनरप्युक्तं बद्ध्वा तु तां जीवतीमेव अम्बिकां शीघ्रं गृहीत्वा युष्माभिरागम्यतामित्युक्तम्। ननु तामम्बिकाशब्दो मातृवाचीति शुंभः कथं ब्रूयात्। तातम्बिकामेवाभिगन्तुकामः। अत्राहुः शुम्भादन्येषां साम्बिवैवेति तस्यां चण्डमुण्डादीनां रमणाभिलाषो न कर्तव्यः इयं हि युष्माकमम्बैवेति सूचयितुम् अम्बिकामित्युक्तम्। मातृगमनं हि पशुपक्षीतरेषु स्वत एव गर्हितम् इति शुम्भानुकूलोऽर्थः। देव्यनुकूलोऽर्थस्त्वेषः। तस्यं हतायां दुष्टायां सिंहे च विनिपा आतिते शीघ्रम्। आगम्यतां बद्ध्वा गृहीत्वा तामथाम्बिकाम् इति पदच्छेदः। हतायामिति हन्तेर्गत्यर्थे क(र्मणि) र्तरि क्तः। विनिपा इति पैओवै शोषणे। कर्तरि क्विप्। विशेषेण नितरां पायति शत्रून् शोषयति विनिपाः तया विनिपा देव्या आतिते इति। अत सातत्यगमने। अतनम्। आतः। भावे घञ्। आतः संजातोऽस्याः सा आतिता तत्संबुद्धौ हे आतिते हे देवि अम्बिकामिति अम्बिकाशब्देन देवीहननं विवक्षितम्। तर्हि अवि रबि लबि अवस्त्रंसने इत्यतः कर्तरि ण्वुलि वोरकारादेशे इत्वे च अम्बते लम्बते शत्रूणां गलेष्विति अम्बिका या रज्जुर्विवाहकृता इति विवक्षितपदविग्रहः। अत्रायं देव्यनुकूलोऽन्वय उच्यते। हे सिंहे च अन्यत्र च आतिते हे जगद्रक्षणाय

संजातसततगते हे देवि तस्यां दुष्टायां देवद्वेषिण्यां दैत्यसेनायां हतायां गतायाम् उपस्थितायां सत्याम् अथानन्तरं विनिपा विशेषेण नितरां पायन्त्या शत्रून् शोषयन्त्या त्वया देव्या अम्बिकां शत्रुगलेषु लम्बिकां पाशरज्जुं गृहीत्वा तां दैत्यसेनां बद्ध्वा शीघ्रम् आगम्यताम् इतिसखीभिः देवी निगदितेति देव्यभीष्टार्थसिद्धिः ॥20॥ इति श्रीमद्राजाधिराजश्रीतोमरान्वयश्रीमदु-द्धरणात्मजश्रीशंतनुचक्रवर्तिविरचितायां शान्तनव्यां चण्डिकामाहात्म्यटीकायां धूम्रलोचनवधविध्युपलक्षितः षष्ठोऽध्यायः ॥6॥

(4 नागोजीभट्टी) उपसंहरति। आगम्यतामित्यन्तेन। सर्वथा प्रहीतुमशक्या चेदेवं हन्तव्या नान्यथेत्याह। बद्ध्वेति। अथेति पक्षान्तरे। यदा शक्यते तर्हि बद्ध्वा तां गृहीत्वैवागन्तव्यमित्यर्थः॥20॥ इति शिवभट्टसुतसतीगर्भ-जनागोजीभट्टकृते सप्तशतीव्याख्याने षष्ठोऽध्यायः ॥6॥

(5 जगच्चन्द्रचन्द्रिका) तस्यां हतायामिति 24 ॥20॥ इति श्रीभगीरथविरचिता कण्वगोविन्दकृतसप्तशतीमन्त्रहोमविभागकारिकाणां जगच्चन्द्रचन्द्रिकाख्यटीका संपूर्णा ॥6॥

(6 दंशोद्धार) इति श्रीदंशोद्धारटीकायां षष्ठोऽध्यायः ॥6॥

Chapter - VI

Translation

The slaying of Śumbha and Niśumbha's general Dhūmra-locana.

Śumbha despatched his general Dhūmralocana and an army to capture the goddess and she destroyed them. He then despatched Caṇḍa and Muṇḍa with another army.

The ṛṣi spoke :

★ The messenger, on hearing this speech from the goddess, was filled with indignation, and approaching related it fully to the Daitya king. The Asura monarch then, after hearing that report from his messenger, was wroth and commanded Dhūmralocana, a chieftain of the Daityas; –

★ "Ho! Dhūmralocana, haste thee together with thy army; fetch by force that shrew, who will be unnerved when dragged along by her hair. Or if any man besides stands up to offer her deliverance, let him be slain, be he an Immortal, a Yakṣa or a Gandharva forsooth."

The ṛṣi spoke :

★ Thereupon at his command the Daitya Dhūmralocana went forth with quickly, accompanied by sixty thousand Asuras. On seeing the goddess stationed on the snowy mountain, he cried aloud to her there – "Come forward to the presence of Śumbha and Niśumbha; if thou wilt not, lady, approach my lord with affection now, I will hre take thee by force, who wilt be unnerved since thou shalt be dragged along by thy hair!"

The goddess spoke :

★ Sent by the king of the Daityas, mighty thyself, and accompanied by an army, thou dost thus take me by force—then what can I do unto thee?

The ṛṣi spoke :

★ At this reply the Asura Dhūmralocana rushed towards her. Then Ambikā with a mere roar reduced him to ashes. And the great army of Asuras enraged poured on Ambikā a shower both of sharp arrows and of javelins and axes. The lion that carried the goddess, shaking his mane in anger and uttering a most terrific roar, fell on the army of Asuras; he slaughtered some Asuras with a blow from his fore-paw, and others with his mouth, and others, very great Asuras, by striking them with his hind foot. The lion with his claws tore out the entrails of some, and struck their heads off with a cuff-like blow. And be severed arms and heads from others, and shaking his mane drank the blood that flowed from the entrails of others. In a moment all that army was brought to destruction by the high-spirited lion, who bore the goddess and who was enraged exceedingly.

★ When he heard that that Asura Dhūmralocana was slain by the goddess, and all his army besides was destroyed by the goddess' lion, Śumbha, the lord of the Daityas, fell into a rage and his lip quivered greatly, and he commanded the teo mighty Asuras Caṇḍa and Muṇḍa—"Ho, Caṇḍa Ho, Muṇḍa! take with you a multitude of troops and go there; and going there bring her here speedily, dragging her by her hair or binding her; if ye have a doubt of that, then let her be slain outright in fight by all the Asuras brandishing all their weapons. When that shrew is slain and her lion striken down, seize her, Ambikā, bind her and bring her quickly!"

सप्तमोऽध्यायः

Chapter VII

ऋषिरुवाच।

आज्ञप्तास्ते ततो दैत्याश्चण्डमुण्डपुरोगमाः।
चतुरङ्गबलोपेता ययुरभ्युद्यतायुधाः ॥1॥

(1 गुप्तवती) ॥1॥

(2 चतुर्धरी) चण्डमुण्डौ पुरोगमौ येषां ते ॥1॥

(3 शान्तनवी) ततो धूम्रलोचनवधानन्तरं शुम्भेन आज्ञप्ताः आदिष्टाः नियुक्ताः चण्डमुण्डपुरोगमाः चण्डमुण्डपुरःसराः ते दैत्याः चतुरङ्गबलोपेता हस्त्यश्वरथपादातसमेताः अभ्युद्यतायुधाः सन्नद्धबद्धोन्मुखायुधाः संतो ययुः जग्मुः। आज्ञप्ता इति वा दान्तसूत्रेण निपातितः। 'पुरोगमः पुरोगामी'। पुरो गच्छतः पुरागमौ। 'चण्डमुण्डौ पुरोगमौ येषां ते तथोक्ताः। 'हस्त्यश्वरथपादातं सेनाङ्गं स्याच्चतुष्टयम्' चत्वारि अङ्गानि यत्र तत् चतुरङ्गबलं सैन्यं तेन उपेताः संगताः ययुरेव। न पुनरायाता इति भावः ॥1॥

(4 नागोजीभट्टी) ऋषिरुवाच। आज्ञप्ता इति। शैलैन्द्रशृङ्गे हिमाचलशृङ्गे सिंहस्योपरीति स्थितमित्यन्वयः ॥1॥

(5 जगच्चन्द्रचन्द्रिका) अथ सप्तशतीसप्तमाध्यायस्य मन्त्रहोमविभाग उच्यते। एवं विंशश्लोकयुक्तेऽध्याये मन्त्रास्तु सप्तमे। सर्वे मन्त्राः श्लोकरूपा इति पञ्च अधिका ये विंशतिश्लोकास्तैर्युक्ते सप्तमेऽध्याये तु पुनः सर्वे मन्त्राः श्लोकरूपाः वर्तन्तें। ऋषिरुवाचद्वयं ततः ऋषिरुवाचेति द्वौ मन्त्रौ। ततः षष्ठाध्यायानन्तरम्। अत्र रेफलोपश्चिन्त्यः। सप्तविंशतिरेवं तु मन्त्रसंख्या प्रकीर्तिता इति तु पुनः एवंप्रकारेण सप्त अधिका विंशतिः मन्त्रसंख्या प्रकीर्तिता उक्ता। तथाहि ऋषिरुवाचस्वाहा 1। आज्ञप्ता इति 2 ॥1॥

(6 दंशोद्धार) ॥1 ॥

ददृशुस्ते ततो देवीमीषद्धासां व्यवस्थिताम्।
सिंहस्योपरि शैलेन्द्रशृङ्गे महति काञ्चने ॥2 ॥

(1 गुप्तवती) ॥2 ॥

(2 चतुर्धरी) शैलेन्द्रस्य हिमवतः शृङ्गे। सिंहस्योपरि व्यवस्थितामित्यन्वयः। काञ्चने सौवर्णे ॥2 ॥

(3 शान्तनवी) ततः आगताः चण्डादयो दैत्याः महति उच्चे काञ्चने काञ्चनमये सौवर्णे शैलेन्द्रशृङ्गे हिमाद्रिशिखरे स्थितस्य सिंहस्य उपरि व्यवस्थितां विशेषेण अवस्थितां सिंहम् आरूढवतीम् ईषदल्पो हासो यस्याः सा ईषद्धासा तां देवीं ददृशुः अद्राक्षुः। कचि दीप्तिबन्धनयोः। भावे ल्युट्। कंचनस्य पीतदीधितिरूपस्येदमधिकरणत्वेन काञ्चनं शृङ्गं तस्मिन्निति व्युत्पाद्यते रूपम्। अतिशुभ्रो हेमाद्रिः तस्य यत्सौवर्णं शृङ्गं तदतिपीतवर्णं तस्योपरि स्थितो यः सिंहः सोऽत्यदभ्रः तस्योपरिः भ्राजमाना या देवी सा कालिका देव्यतिकालिमेति विविधवर्णसान्निध्याद्वर्णोत्कर्षा देव्या वर्णितः। शत्रूणां तु विरुद्धवर्णदर्शनाद्वि-वर्णमुखता सूच्यते। देवीमीषद्धासामाद्राक्षुरिति यत्नेन यथा प्राग्धूम्रलोचनदर्शनस्य फलं ससैन्यः प्राप तथा असावपि चण्डमुण्डादिरवाप्स्यतादिति देव्याः सोत्प्रासो हासो वर्णितः ॥2 ॥

(4 नागोजीभट्टी) ॥2 ॥

(5 जगच्चन्द्रचन्द्रिका) ददृशुस्ते इति 3 ॥2 ॥

(6 दंशोद्धार) ददृशुरिति। शैलेन्द्रस्य हिमवतः शृङ्गे सिंहस्योपरि व्यवस्थितामित्यर्थः ॥2 ॥

ते दृष्ट्वा तां समादातुमुद्यमं चक्रुरुद्यताः।
आकृष्टचापासिधरास्तथान्ये तत्समीपगाः ॥3 ॥

(1 गुप्तवती) ॥3 ।.

(2 चतुर्धरी) ते दैत्याः समादातुं ग्रहीतुम् उद्यमम् उत्साहम् उद्योगम्। उद्यता उत्साहिताः ॥3 ॥

(3 शान्तनवी) ततः उद्यताः उद्युक्तास्ते चण्डादयो महासुराः तां देवी दृष्ट्वा समादातुमुद्यमं चक्रुः। तथा अन्ये तत्समीपगाः तयोः चण्डमुण्डयोः समीपवर्तिनः असुराः आकृष्टचापासिधराः सन्तः तां समादातुमुद्यमं चक्रुः। हन्तुं वा तत्समीप आसन्। तस्याः देव्याः समीपभागमगमन्। आकृष्टा आच्छिताश्चापा यैस्ते च असीनां खड्गानां धराः धारकाः असिधराश्चेति द्वन्द्वः। आच्छि आयामे। आच्छितः ॥3 ॥

(4 नागोजीभट्टी) ते इति। चण्डादयः समप्रधानाः समादातुं ग्रहीतुम् उद्यमम् उद्योगम्। उद्यताः उत्साहवन्तः। आकृष्टम् आकर्णान्तकृष्टं चापं यैस्ते कोशोद्धृतासयश्च तत्समीपगाः। ग्रहीतुमुद्यतानां रक्षणार्थं समीपगा इत्यर्थः ॥3 ॥

(5 जगच्चन्द्रचन्द्रिका) ते दृष्ट्वा तामिति 4 ॥3 ॥

(6 दंशोद्धार) ॥3 ॥

ततः कोपं चकारोच्चैरम्बिका तानरीन्प्रति।
कोपेन चास्या वदनं म[1]षीवर्णमभूत्तदा ॥4 ॥

(1 गुप्तवती) ॥4 ॥

(2 चतुर्धरी) उच्चैरत्यर्थम्। मषी लिपिद्रव्यं तद्वर्णम्। कृष्णतरमित्यर्थः। 'लाक्षा लिक्षा च गण्डूषा गृध्रसी चमसी मसी'। इत्यमरः ॥4 ॥

(3 शान्तनवी) ततो दैत्यानुपसंहर्तुम् अम्बिका देवी तानागतान् अरीन् दैत्यान् प्रति उच्चैरतितरां कोपं चकार। तदा कोपेन अस्या देव्या वदनं मुखं मष्या इव वर्णः कृष्णो यस्य तत् मषीवर्णं कृष्णमभूत् ॥4 ॥

(4 नागोजीभट्टी) अनेन चण्डादीनामतितामसत्वं सूचितम्। अतस्तद्वधार्थं तामसीप्रादुर्भावमाह। तत इति। मषी लिपिसाधनद्रव्यं तद्वत् श्यामवर्णं निःसरमाणकालीप्रतिबिम्बादिति भावः ॥4 ॥

(5 जगच्चन्द्रचन्द्रिका) ततः कोपमिति 5 ॥4 ॥

(6 दंशोद्धार) मषीवर्णमिति। श्यामं देव्याः कृष्णत्वेन कोपादतिश्यामत्वमुचितमेव। केचित्तु मषीबालाऽर्कमण्डलमित्याहुस्तत्र। कोशानुपलम्भात्। कालीजनकत्वेन मषीवर्णत्वस्यैवोचित्वात् ॥4 ॥

---

1. मसीवर्ण, इति पाठः।

भ्रुकुटीकुटिलात्तस्या ललाटफलकाद्द्रुतम्।
काली करालवदना विनिष्क्रान्तासिपाशिनी ॥5॥

(1 गुप्तवती) ॥5॥

(2 चतुर्धरी) ललाटफलकात् भालपरिसरात् काली कृष्णवर्णा करालमतिभीषणं वदनं मुखं यस्याः। असिपाशौ विद्येते यस्याः सा तथा ॥5॥

(3 शान्तनवी) यदम्बिकामुखं कोपात्कृष्णवर्णमभूल्ललाटात्सा काली नाम देवी दैत्यान्विनाशयितुं जातेत्याह। शत्रुषु कुप्यन्त्यास्तस्याः अम्बिकायाः देव्याः भ्रुकुटीकुटिलात् भ्रुवौ कुट इव भ्रुकुटी। 'इको ह्रस्वोऽङ्यो गालवस्य' इति वा औत्तरपदिकं ह्रस्वत्वं वा आत्वं च भ्रुकुट्यादीनां तेन उभयविकल्पे त्रैरूप्यं भ्रुकुटी भ्रकुटी भृकुटी चेति भ्रुकुट्याः भ्रूभङ्गात् कुटिलं भुग्नं तस्मात् भ्रूभङ्गात्कुटिलात् ललाटफलकात् ललाटं फलकमिव विशालत्वेन ललाटफलकं तस्मात् सकाशाद्द्रुतं शीघ्रं करालवदना करालं भयंकर दन्तुरं तुङ्गं वदनं वक्त्रं यस्याः सा तथोक्ता दंष्ट्राकरालवक्त्रा। असिः खड्गः परशुश्चायुधमाकर्षणसाधनं तद्वती। असिपाशिनी खड्गपाशपाणिः सती काली नाम शक्तिः कापि अपरा देवी निष्क्रान्ता निरगात् ॥5॥

(4 नागोजीभट्टी) भ्रुकुटीति। तस्याः कुपितदेव्याः विनिष्क्रान्ता निःसृता ॥5॥

(5 जगच्चन्द्रचन्द्रिका) भ्रुकुटीति 6 ॥5॥

(6 दंशोद्धार) भ्रुकुटीति। ललाटफलकाद्भालपरिसरात् ॥5॥

विचित्रखट्वाङ्गधरा नरमालाविभूषणा।
द्वीपिचर्मपरीधाना शुष्कमांसातिभैरवा ॥6॥

(1 गुप्तवती) खट्वाङ्गदण्डारोपितनरशिरस्कं खट्वापाद एव वा। द्वीपिचर्म वैयाघ्रकृत्तिः ॥6॥

(2 चतुर्धरी) खट्वाङ्गं खुरः। यद्वा खट्वाङ्गं नरमञ्जरी नरमाला नरमुण्डमाला विभूषणं यस्याः सा। 'नरेन्द्रमूर्ध्ना स्रजमुद्वहन्ती'ति वामनपुराणदर्शनात्। द्वीपी चित्रव्याघ्रः। शुष्कमांसा निर्मांसदेहा ॥6॥

(3 शान्तनवी) कीदृशी काली। धरति बिभर्ति धरा। विविधानि चित्राणि यस्य तत् विचित्रम्। खट्वाया अङ्गं खट्वाङ्गं विचित्रं च तत् खट्वाङ्गं च विचित्रखट्वाङ्गं तस्य धरा विचित्रखट्वाङ्गधरा। यद्वा विचित्रखट्वासुरस्य अङ्गं शरीराम्भांकास्थिपञ्जरः कङ्कालाख्योऽत्र गृह्यते। तद्वरा विचित्रखट्वाङ्गधरा। प्रेतनरखट्वाङ्गधरेति चाहुः। नराणां प्रेतानां शिरसा माला नरमाला स्त्रक् विभूषणं यस्याः नरमालाविभूषणा नरमुण्डमालाविभूषणा। मध्यमपदलोपी समासः। द्विधा गत आपो यस्मिन् तत् द्वीपं ततस्तस्य निवासत्वेन द्वीपी व्याघ्रः तस्य चर्म परिधानं वासो यस्याः सा। शुष्कमांसा निर्मांसा अस्थितचर्ममात्रशरीरा अत एव अतितरां भैरवी अतिभैरवी अतिभयंकररूपा अतिक्रान्ता भैरवी अतिभैरवी। अतिभयंकररूपां अतिक्रान्ता भैरवान् भयंकरान्पुरुषान् अतिभैरवी इति च पाठः ॥6॥

(4 नागोजीभट्टी) विचित्रेति। खट्वाङ्गं पदिका कंकालपञ्जरस्थं वा। नरमालेत्यत्र नरशब्दस्तन्मुण्डं लाक्षणिकः द्वीपी व्याघ्रः शुष्कमांसा निर्मांसदेहा। अत एवातिभैरवा ॥6॥

(5 जगच्चन्द्रचन्द्रिका) विचित्रखट्वाङ्गेति 7 ॥6॥

(6 दंशोद्धार) ॥6॥

अतिविस्तारवदना जिह्वाललनभीषणा।
निमग्नारक्तनयना नादापूरितदिङ्मुखा ॥7॥

(1 गुप्तवती) ॥7॥

(2 चतुर्धरी) जिह्वाया ललनं चालनं तेन अवलेहनेन वा भीषणा। निमग्नानि कोटरीभूतानि आरक्तानि च नयनानि यस्याः सा ॥7॥

(3 शान्तनवी) पुनः कीदृशी काली। अतिक्रान्तं विस्तारम् अतिविस्तारम् अधिको विस्तारो यस्य वा तत् अतिविस्तारं वदनं यस्याः सा अतिविस्तारवदना। लल ईप्सायां चुरादिराकुस्मीय आत्मनेपदी। णिचि भावे ल्युटि लालनम्। ललनं त्वनित्यण्यन्त्वपक्षे ज्ञेयम्। जिह्वाया ललनं चालनम् अवलेढुमिच्छा तेन भीषणा भयानका जिह्वाललनभीषणा। निमग्ने नितरामन्तर्लीने अन्तर्गते आरक्ते आसमंतात् लोहिते नयने यस्याः सा निमग्नारक्तनयना। नादेन सिंहनादेन कण्ठगर्जनेन आसमन्तात्पूरितानि

दिशामाशानामपि मुखानि द्वाराण्यन्तरालानि यया सा नादापूरितदिङ्मुखा। स्वाङ्गाच्चोपसर्जनादसंयोगोपधाद्वा ङीष्। दिक्पूर्वपदान्ङीब्वा टाप्। तेन ङीषोऽपवादेन ङीपामुक्ते टाबेव। यद्वेह प्रागादिदिक्शब्दपूर्वत्वा-भावान्ङीपामुक्ते टावेव ॥7 ॥

(4 नागोजीभट्टी) अतीति। अतिशयितो विस्तारो यस्य तादृशं वदनं यस्या इत्यर्थः। ललनं चालनं निमम्नानि निम्नप्रविष्टानि आरक्तानि नयनानि यस्यास्त्रिनेत्रत्वात् ॥7 ॥

(5 जगच्चन्द्रचन्द्रिका) अतिविस्तारेति 8 ॥7 ॥

(6 दंशोद्धार) अतिविस्तारेति। जिह्वाया ललने चालनेन अवलेहनेन वा भीषणानि मग्नानि कोटरीभूतानि आरक्तानि नयनान्यस्याः ॥7 ॥

सा वेगेनाभिपतिता घातयन्ती महासुरान्।
सैन्ये तत्र सुरारीणामभक्षयत तद्बलम् ॥8 ॥

(1 गुप्तवती) ॥8 ॥

(2 चतुर्धरी) ॥8 ॥

(3 शान्तनवी) अम्बिकाललाटोद्भूता सा काली देवी वेगेन जवेन अभिपतिता अभियाता महासुरान् प्रतिघातयन्ती घातं कुर्वन्ती ताडयन्ती सती तत्र सैन्ये सुरारीणां सुराणाम् अरयः तेषां देवद्विषां तत् प्रसिद्धं बलं सैन्यं कर्म। अभक्षयत् अखादत्। भक्ष अदने चुरादिः। 'णिचश्च' इत्यात्मनेपदम्। घातयन्ती। घातशब्दात् 'तत्करोति' इति णिच्। महासुरान् प्रति घातं कुर्वन्ती। ताडयन्तीत्यर्थः। अन्यथा घ्नतः प्रयुंक्ते घातयन्तीत्युक्ते घ्नन्तु मामसुरा इति प्रयुक्तवतीत्यर्थः। घ्नतः गच्छतः पलायमानान् पलायध्वमिति प्रयुञ्जाना घातयन्तीत्युच्यते। अथ गच्छतः पुरुषवान् गच्छतेति प्रयुञ्जाना गमयन्तीत्युच्यते। यद्वा महासुरान् घातयन्ती घ्नन्तीत्यर्थः। स्वार्थे शिष्टप्रयोगतो णिच्। 'निवृत्तप्रेषणाद्धातोः प्राकृतेऽर्थे णिजिष्यते। धात्वर्थानुप्रवेशोऽपि बुद्ध्योरोपाण्णिचं विना' इति वचनात्। वेगः प्रवाहजवयोः ॥8 ॥

(4 नागोजीभट्टी) ॥8 ॥

(5 जगच्चन्द्रचन्द्रिका) सा वेगेनेति 9 ॥8 ॥

(6 दंशोद्धार) ॥8 ॥

पार्ष्णिग्राहाङ्कुशग्राही योधघण्टासमन्वितान्।
समादायैकहस्तेन मुखे चिक्षेप वारणान्॥9॥

(1 गुप्तवती) ॥9 ॥

(2 चतुर्धरी) पार्ष्णिग्राहो गजस्य पश्चाद्भागस्थ: पृष्टरक्षक:। अङ्कुशग्राही पूर्वभागस्थ: ॥9 ॥

(3 शान्तनवी) 'पुमान्पार्ष्णिस्तयोरध:' तयो: गुल्फयो: अध: पश्चाद्भाग: पार्ष्णि:। इहोपमानात् पार्ष्णिमिव पार्ष्णि गृह्णन्ति अवष्टभ्नते। 'पार्ष्णिग्राहस्तु पृष्ठत:'। गजानां पार्ष्णिग्राहा: शिक्षका: पृष्ठगा:। 'अङ्कुशोऽस्त्री सृणि: स्त्रियाम्' अङ्कुशान्गृह्णन्ति अङ्कुशग्राहा:। कर्मण्यण्। युध्यन्ते संप्रहरन्ति योधा:। पचाद्यच्। योद्धार:। घण्टा: गजानां पार्श्वलम्बिन्य: निद्रालस्यवारिण्योऽलंकारार्थाश्च तत्समन्वितान् वारयन्त्यरीन्वारणां गजा:। नन्द्यादित्वाल्ल्यु: तान्। एकहस्तेन समादाय संक्षिप्य मुखे वक्रे चिक्षेप सा काली देवीति संबन्ध:। पार्ष्णिग्राहादिभिर्घण्टान्तै: सहितान्गजान् चरा देत्यर्थ; ॥9 ॥

(4 नागोजीभट्टी) पार्ष्णीति। पार्ष्णिग्राहो गजपार्ष्णिरक्षक:। अङ्कुशग्राही महामात्र:। योधो गजारूढो वीर: ॥9 ॥

(5 जगच्चन्द्रचन्द्रिका) पार्ष्णिग्राहानिति 10 ॥9 ॥

(6 दंशोद्धार) पार्ष्णिग्राही गजपृष्ठरक्षक:। अङ्कुशग्राही पूर्वभागस्थ:। योधो मध्यभोगस्थ: ॥9 ॥

तथैव योधं तुरगै रथं सारथिना सह।
निक्षिप्य वक्त्रे दशनैश्चर्वय[1]न्त्यतिभैरवम्॥10॥

(1 गुप्तवती) ॥10 ॥

(2 चतुर्धरी) योधो मध्यभागस्थ: हयं च चर्वयन्ती दन्तै: पेषयन्ती। अतिभैरवमिति क्रियाविशेषणम्॥10 ॥

---

1. यत्यतिभैरवम्, इति पाठ:।

(3 शान्तनवी) किं कुर्वन्ती सा काली। तथैव गजानिव योधं योद्धारम् अश्वारोहम्। जात्यैकवचनम्। योधान् योद्धॄन् अश्वारोहान् तुरगैः सह अश्वैः समं वक्त्रे निक्षिप्य दशनैर्दन्तैः साधनैः अतिभैरवं भयंकरम् अतिभयंकरं मृत्युं माता काली योधान् तुरगांश्च चर्वयन्ती अतिभैरवं मृत्युं चर्वेति प्रयुञ्जाना चर्वयन्तीत्युच्यते। 'गतिबुद्धिप्रत्यवसानार्थे'तिसूत्रेण अण्यन्तावस्थायाः यः कर्ता सः ण्यन्ते कर्म भवति। तथैव रथं सारथिना सह। अत्रापि जात्यैकवचनम्। रथान् सारथिभिः सह वक्त्रे निक्षिप्य दशनैः साधनैः अतिभैरवम् अतिभयंकरं मृत्युं चर्वयन्ती चर्वन्तं चर्वेति प्रयुञ्जाना भुङ्क्ष्वेति प्रेरयन्ती चर्वयन्तीत्युच्यते। अत्र योधास्तुरगाः रथाः सारथयश्च चर्व्याः भक्ष्याः। चर्वको अतिभैरवो मृत्युः पात्रं वक्त्रं परिवेषिका काली सैव चर्वयन्ती माता पुत्रमिवेति समाधिः। अत्राश्वारोहाः अयोद्धारः चर्वयन्तीति शपश्यनोनित्यं नुम्। चर्वयतीति पाठेपि लिङ्विषये काले 'व्यत्ययो बहुलम्' इति लट् ॥10॥

(4 नागोजीभट्टी) तथैवेति। योधमिति जातावेकवचनम्। एवं रथमपरमन्यमित्यादानम्। चर्वयन्तीति वर्तमानसानीप्ये भूते लट्। अतिभैरवमिति क्रियाविशेषणम् ॥10॥

(5 जगच्चन्द्रचन्द्रिका) तथैव योधमिति 11 ॥10॥

(6 दंशोद्धार) तथैवेति। योधम् अश्ववाहम् ॥10॥

एकं जग्राह केशेषु ग्रीवायामथ चापरम्।
पादेनाक्रम्य चैवान्यमुरसान्यमपोथयत् ॥11॥

(1 गुप्तवती) ॥11॥

(2 चतुर्धरी) अपोथयत् आलोडिवती ॥11॥

(3 शान्तनवी) हस्त्यश्वरथविध्वंसनानन्तरं पदातिरूपसैन्यं विध्वंसयितुमाह। सा काली एकमसुरं ताडयितुं केशेषु करेण जग्राह। अथ सा काली अपरं च दानवं ताडयितुं ग्रीवायां शिरोधरायां जग्राह। अथ च सा काली अन्यं दानवं पादेनैव आक्रम्य अपोथयत् हिंसितवती। यद्यपि युद्ध्यत्युधति हिंसार्थे भासार्थेऽपोथयेदिति अभिधानात् चुरादौ पुथ भासार्थ इति दृश्यते। तथापि धात्वनेकार्थत्वेन पुथ हिंसार्थ इत्यपि ज्ञेयः। अथवा अपोटयदिति पाठः। पुट

संचूर्णने चुरादिः। चूर्णीचकार। यद्वा अपुट्टयदिति पाठः। पुट्ट हिंसायां चुरादिः। तथा सा काली अन्यं दानवम् उरसा आक्रम्य अपोथयत् हिंसितवती। अपुट्टयदित्यर्थः ॥11 ॥

(4 नागोजीभट्टी) एकमिति। अपोथयत् अवधीत् ॥11 ॥

(5 जगच्चन्द्रचन्द्रिका) एकं जग्राहेति 12 ॥11 ॥

(6 दंशोद्धार) एकमिति। अपोथयत् आलोडितवती ॥11 ॥

तैर्मुक्तानि च शस्त्राणि महास्त्राणि तथासुरैः।
मुखेन जग्राह रुषा दशनैर्मथितान्यपि ॥22 ॥

(1 गुप्तवती) ॥12 ॥

(2 चतुर्धरी) रुषा क्रोधेन ॥12 ॥

(3 शान्तनवी) सा काली देवी तैश्चण्डमुण्डादिभिरसुरैर्मुक्तानि प्रयुक्तानि शस्त्राणि खड्गादीनि हस्तस्थशस्त्राणि तथा महास्त्राणि महान्ति बाणादीनि अन्येन चापादिना मोक्षणीयानि क्षेप्याणि आग्नेयवायव्यादीनि मुखे जग्राह गृहीतवती। अपिच तानि तानि शस्त्राणि महास्त्राणि च तथा रुषा मुखेन गृहीत्वा दशनैः साधनैस्तया काल्या देव्या मथितान्यपि। मथितानि विलोडितानि। मथे विलोडने। चर्वितानि चूर्णितानि। शस्त्रमस्त्रमायुधमिति आयुधत्वेन एकत्वेपि तत्तज्जात्याकारप्रयोगभेदेन भेदोऽस्त्येव तयोरित्याहुः। देवीशक्तिर्विचित्रा तेन घटत एवायमर्थः ॥12 ॥

(4 नागोजीभट्टी) तैरिति। मथितान्यपि मथितानि चक्रारेत्यन्वयः ॥12 ॥

(5 जगच्चन्द्रचन्द्रिका) तैर्मुक्तानीति 13 ॥12 ॥

(6 दंशोद्धार) ॥12 ॥

बलिनां तद्बलं सर्वमसुराणां महात्मनाम्।
ममर्दाभक्षयच्चान्यानन्यांश्चाताडयत्तथा ॥13 ॥

(1 गुप्तवती) ॥13 ॥

(2 चतुर्धरी) महान्त आत्मनो देहा येषां ते ॥13 ॥

(3 शान्तनवी) सा काली देवी दुरात्मनां दुष्टाशयानां बलिनां बलवताम् असुराणां चण्डादीनां तत्प्रसिद्धं सप्र चतुर्विधं हस्त्यश्वरथपादातलक्षणं बलं सैन्यं ममर्द। मृदस्तितिक्षायां त्र्यादिः लिट्। चुक्षोद पिपेष चूर्णाचकार। अन्यान् दैत्यान् अभक्षयत् अखादच्च। तथा अन्यान् दैत्यान् अताडयच्च अतीतडन्। तड आघाते चुरादिः ॥13॥

(4 नागोजीभट्टी) बलिनामिति। महात्मनां महादेहानाम् ॥13॥

(5 जगच्चन्द्रचन्द्रिका) बलिनां तद्बलमिति 14 ॥13॥

(6 दंशोद्धार) ॥13॥

असिना निहताः केचित्केचित्खट्वाङ्गताडिताः[1]।
जग्मुर्विनाशमसुरा दन्ताग्राभिहतास्तथा ॥14॥

(1 गुप्तवती) ॥14॥

(2 चतुर्धरी) ॥14॥

(3 शान्तनवी) तया काल्या देव्या केचिदसुराः असिना मण्डलाग्रेण निहतास्ताडिताः सन्तः विनाशं जग्मुः। तथा केचिदसुराः तया काल्या देव्या खट्वाङ्गताडिताः संतो विनाशं जग्मुः। तथा केचिदसुराः तया काल्या देव्या दन्ता प्राभिहताः संतो विनाशं जग्मुः। असाकल्येन। खट्व्राया अङ्गम् अङ्घ्रिः तेन ताडिताः खट्वेह पितृभूमिष्ठा श्मशानसिद्धिलब्धिदा देवता तद्दत्तमङ्गमायुधमप्रतिहतशक्तिकमसाध्यसाधकम्। अन्ये त्वाहुः। खट्वा असुरशरीरपञ्जरः खट्वाख्यमङ्गं खट्वाङ्गमिति। अन्ये तु प्रेतनरशरीरकीकसपञ्जरः कङ्कालः खट्वाङ्गमाहुः। दन्तानामग्राः भागाः दन्ताग्राः दन्तेषु वा अग्रास्तैरभिहताः ॥14॥

(4 नागोजीभट्टी) ॥14॥

(5 जगच्चन्द्रचन्द्रिका) असिना निहता इति 15 ॥14॥

(6 दंशोद्धार) ॥14॥

क्षणेन तद्बलं सर्वमसुराणां निपातितम्।
दृष्ट्वा चण्डोऽभिदुद्राव तां कालीमतिभीषणाम् ॥15॥

---

1. ताडिता रणे, इति पाठः।

(1 गुप्तवती) ॥15॥

(2 चतुर्धरी) अभिदुद्राव अभिमुखं गतवान्॥15॥

(3 शान्तनवी) तया काल्या देव्या क्षणेन क्षणमात्रेण कालेन। यद्वा क्षणेन रणोत्सवेन तत्प्रसिद्धम्। 'हस्त्यश्वरथापादातलक्षणं च चतुर्विधं' महत् बहुलं चण्डादीनाम् असुराणां बलं सैन्यं निपातितं रणभूमौ दृष्ट्वा अवलोक्य प्रचण्डविक्रमश्चण्डो दैत्यः तामतिभीषणाम् अतिभयंकररूपविक्रमां कालीं देवीम् अभिदुद्राव आभिमुख्येनोपद्रोढुमाडुढौके। क्षणेन तद्बलं सर्वमसुराणाम् इति पाठेपि स एवार्थः। अतिभीषणम् इति पाठे तु क्रियाविशेषणमेतत्। द्रु गतौ लिटि अभिदुद्राव। अतिभीषयते अतिभीषणा। नन्द्यादित्वाल्ल्युः॥15॥

(4 नागोजीभट्टी) ॥15॥

(5 जगच्चन्द्रचन्द्रिका) क्षणेन तद्बलमिति 16॥15॥

(6 दंशोद्धार) ॥15॥

शरवर्षैर्महाभीमैर्भीमाक्षीं तां महासुरः।

छादयामास चक्रैश्च मुण्डः[1] क्षिप्तैः सहस्रशः॥16॥

(1 गुप्तवती) ॥16॥

(2 चतुर्धरी) क्षिप्तैः प्रेषितैः चक्रैर्मुण्डस्तां छादयामासेत्यन्वयः॥16॥

(3 शान्तनवी) चण्डस्तामभिद्रुत्य किमकार्षीत्तत्राह। शराणां वर्षाणि संपताः तैः महान्ति बहुलानि अतिभीमानि घोराणि तैः भीमे भयंकरे अक्षिणी यस्याः सा ताम्। 'बहुव्रीहौ सक्थ्यक्ष्णोः स्वाङ्गात्षच्' समासान्तः। महान् असुरः। मुण्डानि मस्तकानि क्षिप्तानि अपनीतानि रणान्तरे यैस्तानि मुण्डक्षिप्तानि क्षिप्तमुण्डानि क्षिप्तमस्तकानि। वा 'हिताग्न्यादिष्वि'ति निष्ठान्तस्याक्षिप्तशब्द परनिपातः। सहस्रेण सहस्रेण सहस्रशः। 'संख्यैकवचनाच्च वीप्सायाम्' शस्। कुर्वन्त्यनेनेति चक्रम्। घञर्थे कविधानम्। कृञादीनां च द्वे भवत इति वक्तव्यम्। अथान्वयः। महासुरश्चण्डः

1. 'मुण्डक्षिप्तैः' इति पाठः शान्तनवीनागोजीभट्टीसंमतः।

महाभीमैः अतिभयंकरैः घोरैः शरवर्षैः बाणसंपातैः भीमाक्षीं भयंकरदृष्टिं तां कालीं दैत्यबलमर्दिनीं देवी छादयामास आवृतां चकार। छद संवरणे चुरादिः। किंच स एव महासुरश्चण्डः सहस्रेण आयुधैः तां कालीं छादयामास। कथंभूतैश्चक्रैः। मुण्डक्षिप्तैः मुण्डानि क्षिप्तानि रणान्तरे मुण्डानि मस्तकानि क्षिप्तानि अपनीतानि चूर्णितानि यैस्तानि मुण्डक्षिप्तानि क्षिप्तमुण्डानि अपनीतमस्तकानि तैः। अपरे त्वाहुः। चण्डः शरवर्षैः तां कालीं छादयामास। मुण्डश्च मुण्डस्तु क्षिप्तैस्तैः प्रेरितैश्चक्रायुधैः तां कालीं छादयामासेति। तत्र उत्तरत्र अथ मुण्डोभ्यधावत्तामिति प्राधान्येन पृथक् मुण्डस्य युद्धारम्भेण विरोत्स्यते। तस्माच्चण्ड एव शरवर्षैरुक्त कारैश्चक्रैश्च तां छादयामासेति युक्तं वक्तुम्। ततश्च मुण्डः क्षिप्तैरिति सविसर्गो मुण्डशब्दो न पठ्यतां किंतु निर्विसर्ग एव कृतसमासश्च ॥16 ॥

(4 नागोजीभट्टी) शरवर्षैरिति। चण्डः शरत्रर्षैः मुण्डः सहस्रशः क्षिप्तैश्चक्रैः छादयामास इत्यन्वयः। एवं पूर्वश्लोके चण्डग्रहणं मुण्डस्याप्युपलक्षणम् ॥16 ॥

(5 जगच्चन्द्रचन्द्रिका) शरवर्षैरिति 17 ॥16 ॥

(6 दंशोद्धार) ॥16 ॥

तानि चक्राण्यनेकानिं विषमानानि तन्मुखम्।
बभुर्यथार्कबिम्बानि सुबहूनि घनोदरम्॥17॥

(1 गुप्तवती) ॥17 ॥

(2 चतुर्धरी) तस्या देव्या मुखं तन्मुखं विशमानानि सन्ति बभुः शुशुभिरे। घनोदरं मेघान्तरम्। अभूतोपमेयम् ॥17 ॥

(3 शान्तनवी) तानि चण्डेन दैत्येन प्रयुक्तानि अनेकानि असंख्यातानि चक्राणि कर्तॄणि तन्मुखं तस्याः काल्या देव्याः मुखं कर्म विशमानानि प्रवेशनशीलानि बभुः। भा दीप्तौ। शुशुभिरे। कानीव अर्कबिम्बानीव। यथा सुबहून्यर्कस्य रवेर्बिम्बानि मण्डलानि घनोदरं घनस्य कृष्णस्य मेघस्य उदरं जठरम् अभ्यन्तरं प्रविशमानानि प्रवेशनस्वभावानि भान्ति शोभन्ते तथेमान्यपि चक्राणि इति। 'नेर्विशः' इत्यात्मनेपदविधौ निरुपसर्गस्याश्रयणादिह न शानच्। कस्तर्हि ताच्छील्यवयोवचनशक्तिषु चानश्प्रत्ययो नादेशो लटः 'न लोकाव्यय' इत्यादौ षष्ठीप्रतिषेधविधौ तृन्निति

लटः शतृ इति तृशब्दमारभ्य तृनो नकारेण प्रत्याहृत्याश्रयणात् चानश्योगे (कृद्योगे) षष्ठीं बाधित्वा द्वितीया। 'व्यत्ययो बहुलम्' इत्यात्मनेपदे तु लटः शानचि लादेशयोगे षष्ठी प्रतिषेधाद्द्वितीया। विश प्रवेशने सकर्मकः। 'उपदा विविशुस्तस्य नोत्सेकाः कोसलेश्वरम्' इतिवत्। उत्पातादौ बहून्यर्कबिम्बानि भवेयुः। अभूतं वौपम्यं द्रष्टव्यम्। 'अर्कः स्फटिकसूर्ययोः' 'चक्रं राष्ट्रे रथाङ्गे च सैन्ये शस्त्रे च कीर्तितम्' 'घनो मेघे मूर्तिगुणे त्रिषु मूर्ते निरन्तरे'॥17॥

(4 नागोजीभट्टी) तानीति। मुखं विशमानानि च घनोदरं विशनामान्यर्कबिम्बानीव बभुः। शानच्छान्दसः॥17॥

(5 जगच्चन्द्रचन्द्रिका) तानि चक्राणीति 18॥17॥

(6 दंशोद्धार) अर्कबिम्बानीत्याद्यभूतोपमा॥17॥

ततो जहासातिरुषा भीमं भैरवनादिनी।
काली करालवक्त्रान्तर्दुर्दर्शदशनोज्ज्वला॥18॥

(1 गुप्तवती) ॥18॥

(2 चतुर्धरी) भीमं भयंकरं यथा स्यात्॥18॥

(3 शान्तनवी) ततो रणोत्सवोल्लासतः काली देवी अतिरुषा क्रुधा भीमं भयंकरं यथास्यात्तथा जहास हसितवती। हसे हसने। कीदृशी काली। भैरवं भयंकरं यथा स्यात्तथा नदती भैरवादिनी। यद्वा भैरवः कालाग्निरुद्रः तद्वन्नदति गर्जति भैरवनादिनी। भैरंव नादयति नादोपेतं करोति दानवपशुबलिभागोत्सवतः कृतशृङ्गनादं कृतवती भैरवादिनी। पुनः कीदृशी काली। करालवक्त्रा करालं भयकृद्रूपं दन्तुरं तुङ्गमद्भुतं वक्त्रं यस्याः तथोक्ता। यद्वा उत्तरार्धमेकं पदम्। कालीपदं विहाय करालवक्त्रं तस्याभ्यन्तरं तत्र दुर्दर्शाः दुःखेन दृश्यमाना द्रष्टुमशक्या ये दशनाः दष्ट्रास्तैरुज्ज्वला करालवक्रान्तर्दुर्दर्शदशनोज्ज्वला। हासः शुभ्रः तेन काली कृष्णापि सती उज्ज्वलाभूदिति वर्णोत्कर्षोक्तिः॥18॥

(4 नागोजीभट्टी) तत इति। भीममिति क्रियाविशेषणम्। वक्त्रान्ते वक्त्रमध्ये विकटदन्तत्वात् दुर्दर्शाः ये दशनाः तेषां तेजसा उज्ज्वला तेजोमयी॥18॥

(5 जगच्चन्द्रचन्द्रिका) ततो जहासेति 19॥18॥

(6 दंशोद्धार) ॥18॥

उत्थाय च महासिंहं देवी चण्डमधावत।
गृहीत्वा चास्य केशेषु शिरस्तेनासिनाच्छिनत्॥19॥

(1 गुप्तवती) उत्थाय चेति। उत्थाप्येत्यर्थः। महासिं महाखड्गम्। हम् इति कोपोक्तिः। एतच्छ्लोकोत्तरम्।

'छिन्ने शिरसि दैत्येन्द्रश्चक्रे नादं सुभैरवम्। तेन नादेन महता त्रासितं भुवनत्रयम्' ॥20॥

इत्येकः श्लोकोऽधिकः क्वचित्पठ्यते॥19॥

(2 चतुर्धरी) महांसि महाखड्गम् उत्थाय उद्यम्य। हमिति रोषोक्त्यनुकारः। कश्चिदाह हन्तुमित्यस्य निरुक्तो वर्णनाशः। अपर आह महासिंहम् उत्थाय आरुह्य इति। एतदसंगतम्। काल्याः सिंहवाहनत्वाभावात्। उत्तरत्र तेनासिनेति दर्शनाच्च। अस्य चण्डस्य तेन पूर्वोद्यतेन संगतः॥19॥

(3 शान्तनवी) सा काली देवी विजिगीषुः सती महासिं महान्तं खड्गम् उत्थाय उत्थाप्य सज्जीकृत्य ऊर्ध्वीकृत्य। अन्तर्भावितण्यर्थोऽत्र तिष्ठतिः। यद्वा उत्थाय उद्यम्य ऊर्ध्वीकृत्य। उत्पूर्वस्तिष्ठतिः क्वचित् प्रयोगतो गतिवचनः सकर्मकः। यद्वा उत्ताय्येति पाठः। तय गतौ णिच्। महासिमुत्तायमानं प्रयुज्य ऊर्ध्वं कृत्वा चण्डमधावत। धाव गतिशुद्धयोः भ्वादिः स्वरितेत्त्वादात्मनेपदम्। चण्डदैत्यमुपाद्रोढुमाढौकत्। ततः किम्। गृहीत्वेत्यादि। अस्यासुरस्य चण्डस्य केशेषु मूर्धजेषु गृहीत्वा आकृष्य तेन प्रसिद्धेन असिना शिरो मस्तकमच्छिनत् अच्छिदत्। उत्थाय च महासिंहं देवीति पाठे महान्तं केसरिणं सिंहम् उत्थाय आरुह्य देवी चण्डमधावतेति संबन्धः। अथवा महासिं हं देवी इति पदच्छेदः। रुषोक्तौ तु हमव्ययम्'। तुल उन्माने चुरादिः। देवी महासिं महान्तं खड्गम् उत्थाय उत्तोल्य उच्चाल्य उत्थाप्य इत्याद्यर्थाश्रयणं शिष्टप्रयोगतो धात्वनेकार्थतया घटते। यद्वा उत्थाय च महासिं हं देवी चण्डमधावतेति पाठः। 'सुपि स्थः' इति कः। उच्चैस्तिष्ठति उत्सा। अय गतौ आङ्पूर्वः क्त्वो ल्यप्। आसमन्तादयित्वा आय्य। देवी उत्था उत्थिता सती महासिंहं च आय्य आगत्य प्राप्य चण्डमधावतेत्यन्वयः। अत्रैव च पाठे अर्थान्तरं यथा देवी हम् इति रुषा उत्था उत्थिता सती महासिं महाखड्गं च आय्य आगत्य प्राप्य चण्डमधावतेत्युत्तरार्धान्वयस्तु पूर्ववत्।

'छिन्ने[1] शिरसि दैत्येन्द्रश्चक्रे नादं सुभैरवम्।
तेन नादेन महता त्रासितं भुवनत्रयम्॥

दैत्येन्द्रश्चण्डः महासुरः तस्यैवं शिरसि देव्या छिन्ने सति शिरश्छेदसमय एव पशुवत् सुभैरवं सुष्ठु भयंकरं नादं सिंहनादं मुखेन ध्वनिं चक्रे कृतवान्। तेन महता नादेन शब्देन भुवनत्रयं त्रासितम्। त्रसी उद्वेगे णिच् कर्मणि क्तः। उद्वेगं प्रापितम् यद्वा त्रसनं त्रासः। 'तदस्य संजातं तारकादिभ्य इतच्'। किमसौ चण्डः छिन्नशिरा अपि मायावित्वं पुनरुत्थितो योद्धुम् अन्यथा कथमयं नादस्तस्येति तेन नादेन भयंकरेण त्रासितं संजातत्रासमभूद्भुवनत्रयम्॥19॥

(4 नागोजीभट्टी) उत्थाय चेति। महासिं महाखड्गम् उत्थाय उत्थाप्य उद्यमं सकोपवारणं यथा स्यात्तथा हमित्युक्त्वा देवी चण्डमधावत। अस्य चण्डस्य तेनोद्यतेन॥19॥

(5 जगच्चन्द्रचन्द्रिका) उत्थाय चेति 20॥19॥

(6 दंशोद्धार) उत्थायेति। महासिं हं महाखड्गम् उत्थाय उद्यम्याधावत्। धातूनामनेकार्थत्वात् हम् इति रोषावेशसूचकं शब्दं कृत्वेत्यध्याहार्यम्। यद्वा हन्तुमिति वक्तव्ये आर्षस्तुशब्दलोपः। यद्वा हन्तीति हंस्तं महासिमित्यन्वयः। अन्येष्वपीति दृशिग्रहणाड्ढः। कश्चित्तु महासिंहम् उत्थाय आरुह्येति व्याचख्यौ तन्न। काल्याः सिंहवाहनत्वाभावात्। तेनासिनेत्युत्तरप्रन्थास्वरसाच्च। अस्य चण्डस्य । यद्वा अस्या केशेषु श्मश्रुष्वित्यर्थः। एतेन गर्वेण श्मश्रुस्पृशि चण्डे देव्याः कोपातिशयो ध्वनितः। तेन पूर्वोद्यतेन॥19॥

अथ मुण्डोऽभ्यधावत्तां दृष्ट्वा चण्डं निपातितम्।
तमप्यपातयद्भूमौ सा खड्गाभिहतं रुषा॥20॥

(1 गुप्तवती) ॥20॥

(2 चतुर्धरी) ॥20॥

(3 शान्तनवी) अथ मुण्डो महासुरः तया काल्या देव्या निपातितं भ्रंशितं चण्डं दृष्ट्वा तां कालीम् अभ्यधावत् उपरोद्धुमढौकत्। सृ गतौ सर्तेर्वेगितायां

1. अयं श्लोकः गुप्तवतीटीकायां शान्तनव्यां च गृहीतो नान्यटीकासु पाठकर्तृष्वपि दृश्यते।

गतौ धावादेश इष्यते। यद्वा धावु गतिशुद्ध्योः स्वरितेत्। अथ सा काली देवी रुषा क्रुद्धं तमपि मुण्डासुरमपि खट्वाङ्गाभिहतं खट्वाङ्गताडितं परासुं भूमौ अपातयत् पातयामास। खट्वाङ्गं नरकङ्कालः प्रेतनरशरीरास्थिपञ्जरः तेन ताडितः परासुः कृतः। तं मुण्डम् 'दानवे पुंसि मुण्डः स्यान्मस्तके तु द्वयोरदः। मुण्डिते त्रिषु लिङ्गेषु मुण्डो मुण्डत्वयोगिनी'। अपातयत्। पातयतेर्लङ् ॥20॥

(4 नागोजीभट्टी) अथेति। खड्गादिभिर्हतं पूर्वोद्यतखड्गाभिहतम् अस्य शिरो न छिन्नं खड्गप्रहारमात्रम् ॥20॥

(5 जगच्चन्द्रचन्द्रिका) अथ मुण्ड इति 21 ॥20॥

(6 दंशोद्धार) ॥20॥

हतशेषं ततः सैन्यं दृष्ट्वा चण्डं निपातितम्।
मुण्डं च सुमहावीर्यं दिशो भेजे भयातुरम्॥21॥

(1 गुप्तवती) ॥21॥

(2 चतुर्धरी) ॥21॥

(3 शान्तनवी) देव्या हतेभ्यः शेषमवशिष्टं सैन्यं दैत्यबलं स्वसैन्यं कर्तृ। सुमहावीर्यं मुण्डं च युद्धे दव्या निपातितं दृष्ट्वा भयातुरं सत् ततः युद्धभूमितः सकाशादपगत्य दिशो भेजे। ततः युद्धभूमितोऽपसृत्य दिगन्तानशिश्रियत्। भयेन आतुरं विह्वलं व्यथितं भयातुरम् ॥21॥

(4 नागोजीभट्टी) ॥21॥

(5 जगच्चन्द्रचन्द्रिका) हतशेषमिति 22 ॥21॥

(6 दंशोद्धार) ॥21॥

शिरश्चण्डस्य काली च गृहीत्वा मुण्डमेव च।
प्राह प्रचण्डाट्टहासमिश्रमभ्येत्य चण्डिकाम्॥22॥

(1 गुप्तवती) ॥22॥

(2 चतुर्धरी) मुण्डमित्येव लक्षणया मुण्डमित्यभिप्रेयते। अभि एत्य आगत्य महाहासयुक्तं वच इत्यर्थः। चण्डिकां कौशिकीम् ॥22॥

(3 शान्तनवी) सा काली अम्बिका ललाटे स्थिता देवी चण्डस्य असुरस्य शिरश्च तथा मुण्डस्यासुरस्येदं मौण्डं शिरश्च तयोर्मस्तकद्वयं गृहीत्वा आदाय।

प्रचण्डाट्टहासमिश्रम्। प्रचण्डः प्रगल्भः अट्टः अधिकः हासः तेन मिश्रं मिलितं प्रचण्डाट्टगर्भं यथा स्यात्तथा अभ्येत्यैव आगत्यैव चण्डिकाम् अम्बिकाम् आसाद्य शक्तिं प्राह अवोचत्। प्राहेतयव्ययं कालसामान्यद्योति। यथा स्त्रियः किमप्यद्भुतं कार्यं विधाय स्वनिकाये सहासमाभाषन्ते खलु लोके तथेयं सहासमवोचत्। अथवा यौ त्वां परदेवतां त्रिभुवनजननीं भुवनेश्वरीं प्रागालोक्य गत्वा शुम्भाय गृहाणेत्यवोचतां ताविभौ चण्डमुण्डौ पुनर्द्रष्टुमागतौ तावलोक्य। लोकजननीति सोत्प्रासो युक्त एवेत्यलं विस्तरेण॥22॥

(4 नागोजीभट्टी) शिर इति। मुण्डं सशिरस्कम्। सदेहमित्यर्थः। प्रचण्डाट्टहासेन मिश्रं क्तं यथा भवति तथायु चण्डिकां स्वललाटफलकान्निर्गतां तां देवीं प्राहेत्यर्थः॥22॥

(5 जगच्चन्द्रचन्द्रिका) शिरश्चण्डेति 23॥22॥

(6 दंशोद्धार) शिर इति। मुण्डमित्यैक्यलक्षणया मुण्डस्य मुण्डमित्यर्थः॥22॥

मया तवात्रोपहृतौ चण्डमुण्डौ महापशू।
युद्धयज्ञे स्वयं शुम्भं निशुम्भं च हनिष्यसि॥23॥

(1 गुप्तवती) मया तवात्रेति। युद्धस्य यज्ञत्वेन रूषकबलाच्छुम्भनिशुम्भयोरपि चण्डमुण्डवदुपहारयोग्यमहापशुत्वध्वननेन पूर्वार्धोक्तविशेषणयोरिहाप्यन्वयः सूचितः। तेन एवमेतद्बली शुम्भ इति पाञ्चमिकश्लोकध्वन्यर्थस्य स्पष्टमिदमुपबृंहणम्॥23॥

(2 चतुर्धरी) अत्र युद्धयज्ञे इत्यन्वयः महापशू इति रूपकाभिप्रायेण॥23॥

(3 शान्तनवी) काली किमब्रवीच्चण्डिकामित्याह। हे चण्डिके देवि तव महापशू द्वौ चण्डमुण्डौ अत्र युद्धयज्ञे युद्धं यज्ञ इव युद्धयज्ञः तस्मिन्विषये मया काल्या उपाहृतौ समर्पितौ उपहारीकृतौ स्तः। अतश्च युद्धं यज्ञो यस्याः सा युद्धयज्ञा देवी देवकार्यकारिणी हे युद्धयज्ञे हे देवि हे देवकार्यकारिणि त्वं स्वयमेव शुम्भं निशुम्भं च द्वौ महापशू देवगणप्रीत्यै हनिष्यसि। यद्वा युद्धयज्ञे विषये हनिष्यसि। यथा देवगणप्रीत्यै यज्ञे शस्त्रयुक्ते महापशू नरमेधे हन्यते नरः। तथा तव मया ऋत्विजेव चण्डमुण्डौ नाम पशू द्वौ हतौ। अतः परं शुम्भनिशुम्भौ च महापशू त्वमेव हन्तुमर्हसीति भावः॥23॥

(4 नागोजीभट्टी) मयेति। अत्र युद्धयज्ञे। महापशू इति रूपकम्। उपहृतौ प्रधानाङ्गद्वारेण चण्डस्योपहारः ॥23॥

(5 जगच्चन्द्रचन्द्रिका) मया तवात्रेति 24 ॥23॥

(6 दंशोद्धार) ॥23॥

ऋषिरुवाच।

तावानीतौ ततो दृष्ट्वा चण्डमुण्डौ महासुरौ।
उवाच कालीं कल्याणी ललितं चण्डिका वचः ॥24॥

(1 गुप्तवती) ॥24॥

(2 चतुर्धरी) कालीं मुखभवाम्। कल्याणीति कर्तृविशेषणम्। ललितं हृद्यम् ॥24॥

(3 शान्तनवी) ततोऽनन्तरं कल्याणी कल्यां शुभां वाचम् अणिती कथयन्ती चण्डिका भगवती तौ महासुरौ चण्डमुण्डौ काल्या अनीतौ दृष्ट्वा कालीं देवीं ललितम् ईप्सितं मनोहरं वच उवाच उचितमुक्तवती ॥24॥

(4 नागोजीभट्टी) ऋषिरुवाच। ताविति। कालीं ललाटभवाम्। कल्याणीति कर्तृविशेषणम्। चण्डिका कौशिकी ॥24॥

(5 जगच्चन्द्रचन्द्रिका) ऋषिरुवाचेति 25। तावानीताविति 26 ॥24॥

(6 दंशोद्धार) ॥24॥

यस्माच्चण्डं च मुण्डं च गृहीत्वा त्वमुपागता।
चामुण्डेति ततो लोके ख्याता देवी भविष्यसि ॥25॥

इति श्रीमार्कण्डेयपुराणे सावर्णिके मन्वन्तरे चण्डमुण्डवधो नाम सप्तमोऽध्यायः ॥7॥

(1 गुप्तवती) ॥25॥ इति श्रीगुप्तवत्यां मन्त्रव्याख्यायां चण्डमुण्डवधो नाम सप्तमोऽध्यायः ॥7॥

(2 चतुर्धरी) चण्डं च मुण्डं चेति पूर्ववत्। चामुण्डेति पृषोदरादित्वात् चामुण्डाशब्दो भविष्यति ॥25 ॥ इति श्रीचतुर्धरीटीकायां चण्डमुण्डयोर्वधो नाम सप्तमोऽध्यायः ॥7॥

(3 शान्तनवी) चण्डिका देवी कालीमादिक्षत्। किमिति। हे कालि त्वं

यस्मात् कारणात् चण्डं मुण्डं च गृहीत्वां मामुपागतासि ततः कारणात् लोके भुवने चामुण्डेति ख्याता देवी भविष्यसि संपत्स्यसे इति ललितं वच उवाच। चण्डिका अम्बिका 'हस्ताभ्यां चण्डमुण्डौ द्वौ किलागृह्णादसौ यतः। मत्वर्थको ह्यतश्चण्डो मुण्डो देव्येव कथ्यते। ततः पृषोदरादित्वाच्छिष्टशब्दप्रयोगतः। चण्डशब्दस्य चात्वेन चामुण्डेति प्रसिध्यति'। अत्राहुः। पृषोदरादित्वाच्चण्डमुण्डस्थाने चामुण्डा साध्येति। यद्यस्य करेस्ति तस्यास्तीति तद्वान् स भवति दण्डीतिवत् तं करेण यागृह्णात्सा चण्डमुण्डवती कालीति मत्वर्थे अर्शआदित्वादचि स्त्रियां टापि चण्डशब्दस्य पृषोदरादित्वाच्चा इत्यादेशे चण्डमुण्डैव चामुण्डेति चण्डिकाभिप्रायः। यद्यपि चण्डमुण्डशिरसी एव काल्या गृहीत्वा आनीते न तु तावेव चण्डमुण्डदैत्यौ तथापि क्वापि ग्रामैकदेशे दग्धे ग्रामो दग्ध इतिवचण्डमुण्डैकदेशयोः शिरसोश्चण्डमुण्डौ समुदायौ तयोः प्रयुक्तौ शिष्टप्रयोगतः। कश्चित्त्वाख्यत्। 'चस्तस्करः समाख्यातश्चन्द्रमाश्च समीरितः' इत्यभिधानतः चान् तस्करान् मुण्डयति खण्डयति च चामुण्डा चामुण्डैव चामुण्डेति 'अन्येषामपि दृश्यते' इति पूरुषवद्दीर्घत्वमिति। तन्न। यस्माच्चण्डं च मुण्डं च गृहीत्वा त्वमुपागता। चामुण्डेति ततो लोके ख्याता देवी भविष्यसीति चण्डिकाभिप्रायतश्चामुण्डेति प्रकृतार्थहानादप्रकृतार्थाभ्यनुज्ञानात्परमर्षिप्रणीत-रूढशब्दार्थविग्रहव्याकोपप्रसंगाच्च ॥25॥ इति श्रीमद्राजाधिराजश्रीमत्तोमरान्वय-श्रीमदुद्धरणात्मजशन्तनुचक्रवर्तिविरचितायां शान्तनव्यां चण्डिकामाहात्म्यटीकाय चण्डमुण्डवधविध्युपलक्षितः सप्तमोऽध्यायः ॥7॥

(4 नागोजीभट्टी) यस्मादिति। चण्डशिरोद्वारा हे देवि ख्याता भविष्यसीत्यन्वयः। चामुण्डेति पृषोदरादि त्वात्साधुः। अनेनेयं तामसी कौशिकी नियम्या भवतीत्याहुः॥25॥ इति शिवभट्टसुतसतीगर्भसमुद्रवनागोजीभट्टकृते सप्तशतीव्याख्याने सप्तमोऽध्यायः समाप्तः॥7॥

(5 जगच्चन्द्रचन्द्रिका) यस्माच्चण्डेति 27 ॥25॥ इति श्रीभगीरथविरचिता कण्वगोविन्दकृतसप्तशतीमन्त्रहोमविभागकारिकाणां सप्तमाध्यायस्य जगच्चन्द्र-चन्द्रिकाख्यटीका संपूर्णा ॥7॥

(6 दंशोद्धार) यस्मादिति। चण्डं च मुण्डं चेत्यत्रापि पूर्ववदवयवलक्षणा। चामुण्डेति पृषोदरादित्वात्साधुः। यद्वा चानां चौराणां मुण्डः खण्डनं यस्याः। मुडि खण्डने। 'चन्द्रमाश्च समाख्यातस्तस्करश्च उदाहृतः' इत्येकाक्षरः॥25॥

इति श्रीमदुल्लोप० दंशोद्धारटीकायां सप्तमोऽध्यायः॥7॥

Chapter - VII

The slaying of Caṇḍa and Muṇḍa.

The goddess Kālī destroyed the second Asura army and also the generals Caṇḍa and Muṇḍa—Caṇḍikā gave Kālī as a reward the name Cāmuṇḍā.

The ṛṣi spoke :

★ Then at his command the Daityas, led by Caṇḍa and Muṇḍa, and arrayed in the four-fold order of an army, marched with weapons uplifted. Soon they saw the goddess, slightly smiling, seated upon the lion, on a huge golden peak of the majestic mountain. On seeing her some of them made a strenouous effort to capture her, and other approached her holding their bows bent and their swords drawn.

★ Thereat Ambikā uttere dher wrath aloud against those foes, and her countenance then grew dark as ink in her wrath. Out from the surface of her forehead, which was rugged with frowns, issued suddenly Kālī of the terrible countenance, armed with a sword and noose, bearing a many-coloured skull-topped staff, decorated with a garland of skull, clad in a tiger's skin, very appalling because of her emaciated flesh, exceedingly wise of mouth, lolling out her tongue terribly, having deep-sunk reddish eyes, and filling the regions of the sky with her roars. She fell upon the great Asuras impetuously, dealing slaughter among the host, and devoured that army of the gods' foes there. Taking up the elephants with one hand she flung them into her mouth, together with their rearmen and drivers and their warrior-riders and bells. Flinging likewise warrior with his horses, and chariot with its driver into her mouth, she ground them most frightfully with her teeth. She seized one by the hair, and another by the neck; and she kicked another with her foot, and crushed another against her breast. And she seized with her mouth the weapons and the great arms which those Asuras abandoned, and crunched them up with her teeth in her fury. She crushed all that host of mighty and high-spirited Asuras; and devoured some and battered others; some were slain with her sword, some were struck with her skull-topped staff, and other Asuras met their death being wounded with the edge of her teeth.

★ Seeing all that host of Asuras laid low in a moment, Caṇḍa rushed against her, Kālī, who was exceedingly appalling. Muṇḍa the great Asura covered her, the terrible-eyed goddess, with very terrible showers of arrows and with discuses hurled in thousands. Those dicuses seemed to be penetrating her countenance in multitudes, like as very many solar orbs might penetrate the body of a thunder-cloud. Thereat Kālī, who was roaring frightfully, a laughted terribly with excessive fury, showing the gleam of her unsightly teeth within her dreadful mouth. And the goddess, mountaing upon her great lion, rushed at Caṇḍa, and seizing him by his hair struck off his head with her sword. And Muṇḍa also rushed at her when he saw Caṇḍa laid low; him also she felled to the ground, stricken with her scymitar in her fury. Then the army, so much as escaped unslain, seeing Caṇḍa laid low and most valiant Muṇḍa also, seized with panic fled in all directions.

★ And Kālī, holding Caṇḍa head and Muṇḍa also, approached Caṇḍikā and said, her voice mingled with passionate loud laughter – "Here I have brought thee Caṇḍa and Muṇḍa, two great beasts; thou thyself shalt slay Śumbha and Niśumbha in the battle-sacrifice."

The *ṛṣi* spoke :

★ Thereon, seeing those two great Asuras Caṇḍa and Muṇḍa brought *to her,* auspicious Caṇḍikā spoke to Kālī this witty speech, "Because thou hast seized both Caṇḍa and Muṇḍa and brought them, thou, O goddess, shalt therefore be famed in the world by the name Cāmuṇḍā!"

अष्टमोऽध्यायः

ऋषिरुवाच।

चण्डे च निहते दैत्ये मुण्डे च विनिपातिते।
बहुलेषु च सैन्येषु क्षयिते[1]ष्वसुरेश्वरः ॥1॥

(1 गुप्तवती) ॥1॥

(2 चतुर्धरी) ॥1॥

(3 शान्तनवी) अस्य श्लोकयुग्मस्यैकक्रियात्वादेककर्तृकत्वादेकान्वयतावसेया। तया काल्या देव्या रणोत्सवे चण्डे दैत्ये निहते सति तथैव मुण्डे दैत्ये विनिपातिते सति तथैव च सैन्येषु बहुलेष्वसंख्यातेषु क्षयितेषु संजातक्षयेषु कृतेषु सत्सु ततोऽनन्तरं कोपपराधीनचेताः क्रोधपरवशस्वान्तः प्रतापवान् अच्युतो (त्युग्रो)ग्रतेजस्कश्च भूत्वा असुरेश्वरः शुम्भः दैत्यानां सर्वसैन्यानाम् उद्योगं देवीं चण्डिकां प्रत्यभियानोत्सवोत्सुकता(प्रातिप्रयाणोत्सुकता)मादिदेश। देवीं प्रति सेनाभिरभियात् यूयमभिशेषेणयतेत्यादिक्षत्। देवीं प्रत्यभिषेणयितुमुद्योगं कुरुतेत्याज्ञापयामास। दैत्यानां सैन्यानीति भावः। उद्योगं सर्वसैन्यानामित्येव सिद्धे दैत्यानामिति प्राधान्यख्यापनार्थं दैत्यानां महतां यानि सर्वाणि हस्त्यश्वरथपादातलक्षणानि समस्तानि सैन्यानि तेषाम् उषेगः उद्यमः तम् उद्योगं सर्वसैन्यानि येषां ते सर्वसैन्याः रक्तबीजप्रभृतयो दैत्याः तेषामुद्योगमादिदेश। 'प्रभूतं प्रचुरं प्राज्यमदभ्रं बहुलं बहु' क्षयो नाशः संजातो येषां तानि क्षयितानि तेषु कृतेषु। यद्वा क्षतिपतेषु। यद्वा क्षिप प्रेरणे चुरादिः। प्रेरितेषु द्रावितेषु प्राणेभ्यो दूरीकृतेषु। नाशितेष्विति यावत्। कोपपराधीनं

---

1. 'क्षपितेषु' इत्यपि पाठः।

चेतो यस्य स तथोक्तः। कोपाधानचित्त इति यावत्। कोपे परम् अतिशयितम् अधीनमायत्तं चेतो यस्य स तथोक्तः। असुरेश्वर इति असुराणामीश्वरः शुम्भः। यद्वा असून् प्राणान् राति गृह्णाति असुरः मृत्युः ईश्वरो यस्य सः असुरेश्वरः मृत्यु परतन्त्रः आसन्नमृत्युः शुम्भो देवीं प्रति दैत्यानामुद्योगमादिदेश आज्ञापयामासेति भावः। ह इत्यव्ययं पूरणे ॥1॥

(4 नागोजीभट्टी) चण्डे इति। क्षयितेषु कृतक्षयेषु ॥1॥

(5 जगच्चन्द्रचन्द्रिका) सार्धैकषष्टिश्लोकाढ्येऽष्टमेऽध्यायो प्रकीर्तिता इति अर्धसहिता एकाधिकषष्टिर्विंशतित्रयं तद्युक्ता ये श्लोकास्तैराढ्ये युक्ते अष्टमेऽष्टसंज्ञकेऽध्याये प्रकीर्तिताः कथिताः। एकषष्टिश्लोकमन्त्रा इति एक अधिका षष्टिश्लोकास्तद्रूपा मन्त्रा वर्तन्ते इति शेषः। अन्ते अर्ध इति। अन्ते एतेषां मन्त्राणामन्ते अर्धं पादद्वयात्मको मन्त्र इत्यर्थः। श्लोकरूपो मन्त्रको मन्त्रः। स्वार्थे कः। आदावेक ऋषिश्चैवं त्रिषष्टिर्मन्त्रसंततिरिति आदौ अध्यायादौ एक ऋषिरुवाचेत्ययं मन्त्रः। तिस्र अधिका षष्टिर्विंशतित्रयं तस्या मन्त्रसंततिर्मन्त्रविस्तारः। तथाहि ऋषिरुवाच 1। चण्डे चेति 2 ॥1॥

(6 दंशोद्धार) ॥1॥

ततः कोपपराधीनचेताः शुम्भः प्रतापवान्।
उद्योगं सर्वसैन्यानां दैत्यानामादिदेश ह॥2॥

(1 गुप्तवती) ॥2॥

(2 चतुर्धरी) कोपेन पराधीनमस्वाधीनं चेतो यस्य। दैत्यानां यानि सर्वाणि सैन्यानि तेषामित्यन्वयः। सर्वसैन्यानामिति दैत्यानां विशेषणं वा। आदिदेश आज्ञप्तवान्। हेति पादपूरणे सुरथामन्त्रणे वा ॥2॥

(3 शान्तनवी) अस्यार्थः पूर्वश्लोकेन सह व्याख्यातः ॥2॥

(4 नागोजीभट्टी) तत इति। तेषां वधजकोपेनास्वाधीनचेताः अत एव स्त्रीवधेप्यस्य प्रवृत्तिरिति भावः। सर्वसैन्यानामिति दैत्यानां विशेषणम् ॥2॥

(5 जगच्चन्द्रचन्द्रिका) ततः कोपेति 3 ॥2॥

(6 दंशोद्धार) तत इति। कोपेन पराधीनमस्वाधीनं चेतो यस्य। हेति पादपूरणे आमन्त्रणे वा ॥2॥

अद्य सर्वबलैर्दैत्याः षडशीतिरुदायुधाः।
कम्बूनां चतुराशीतिर्निर्यान्तु स्वबलैर्वृताः ॥3॥

(1 गुप्तवती) कम्बूनां कोटिशतकानां चतुरा च सा अशीतिश्च चतुराशीतिः ॥3॥

(2 चतुर्धरी) षडशीतिरिति राजसमीपवर्तिसामन्तामात्याभिप्रायेण। उदायुधाः कम्बूनां कम्बूनाम्नि दैत्यकुले जातानां चतुराशीतिः चतुर्भिरधिका अशीतिः। आङोऽधिकार्थत्वात् चतुराशीतिरिति वा पाठः ॥3॥

(3 शान्तनवी) शुम्भः पुनर्विशेषतः आदिदेश। किमिति। अद्य अस्मिन्नहनि इदानीं वा ममाज्ञया षडशीतिदैत्याः प्रधानभूताः उदायुधाः उद्यतशस्त्राः सज्जीकृतायुधाः सन्तः सर्वबलैः सर्वसैन्यैः चतुरङ्गलक्षणैः सज्जितैः। हस्त्यश्वरथपदातिभिः सेनाभिर्वृताः वेष्टिताः सनतः निर्यान्तु देव्या समं योद्धुं निर्गच्छन्तु। षड्भिरधिकाशीतिः षडशीतिः। शाकपार्थिवादित्वात्समासः। 'विंशत्याद्याः सदैकस्मिन्संख्याः संख्येयसंख्ययोः'। किंच कम्बूनां कम्बूनाम्नां दैत्यानां चतुरशीतिः वृन्दभेदाः स्वबलैर्वृताः संतः निर्यान्तु देव्या समं योद्धुं निःसरन्तु। चतुर्भिरधिका अशीतिः। पूर्ववदेकवचनम्। यदि चतुरशीति इति निर्विसर्गः पाठस्तदा चतस्रः अशीतयः कम्बूनां व्यक्तयः समाहृता इति विगृह्य तद्धितार्थेत्यादिना समाहार (द्वन्द्व)-समासः। कम्बूनां चतुराशीति कर्तृ। स्वबलैर्वृतं वेष्टितं सत् निर्यातु योद्धुं निःसरतु इति एकवचनान्तत्वेन योज्यम्। एकत्वोक्तितः यथा वृक्षाः फलन्ति लता च सफलेत्युक्ते लता च फलति इति एकवचनसंगतिः। चतुराशीति इति पाठे 'आत्महतः' इत्यत्र सूत्रे आदिति योगविभागः शिष्टप्रयोगतः प्रागेकादशभ्योऽछन्दसीति सूत्रकारव्यवहाराल्लिङ्गाद्योगविभागादिष्टसिद्धि-रित्यात्वम्। तच्च रेफात्परत एव पृषोदरादित्वाद्वा। अन्येषामपि दृश्यत इति च। अशोतिशब्दादीकारस्य दीर्घत्वं द्रष्टव्यम्। नैतत्सर्वत्र कर्तव्यमिति। चतस्रः अशीतयः इत्यत्र 'दशान्तैकादिका संख्या संख्येयेष्वेव च त्रिषु' कम्बुः शङ्खः। चतुरशीतिशङ्खपरिमिताः सेनाः ताभिः सहिताः दैत्याः ॥3॥

(4 नागोजीभट्टी) अद्येति। उदायुधास्तत्संज्ञकाश्च। कम्बूनां तन्नाम्नां चतुराशीतिर्दैत्या इति शेषः ॥3॥

(5 जगच्चन्द्रचन्द्रिका) अद्य सर्वबलैरिति 4 ॥3॥

(6 दंशोद्धार) अद्येति षडशीतिः सामन्तामात्याः कम्बूनां कम्ब्वाख्यकुलजानां चतुर्भिः अधिका अशीतिरित्यर्थः। आङोऽधिकार्थत्वात् अव्ययानामेकार्थत्वात् कुलानीत्यनुकृष्यते ॥3 ॥

कोटिवीर्याणि पञ्चाशदसुराणां कुलानि वै।
शतं कुलानि धूम्राणां निर्गच्छन्तु ममाज्ञया ॥4 ॥

(1 गुप्तवती) कोटिवीर्याणि धौम्राः कालकादयश्च कुलनामानि ॥4 ॥

(2 चतुर्धरी) कुलानीति परस्मात्पूर्वं सम्बध्यते सिंहावलोकनन्यायात्। कोटिवीर्याणि कोटिवीरकुलोद्भवानि कुलानि वृन्दानि। धूम्राणां धूम्रवंश्यानाम् ॥4 ॥

(3 शान्तनवी) शुम्भः पुनः विशेषतः आदिदेश। प्रसिद्धानि कोटिवीर्याणि कोटिवीर्यनामधेयानि असुराणां कुलानि वृन्दानि निर्गच्छन्तु ममाज्ञया देव्या समं योद्धुं निर्यान्तु। कोटिसंख्यानि पञ्चाशदिति तु पाठे असुराणां कुलानि निर्यान्तु। कति तानि पञ्चाशत्। पुनश्च कति तानि कोटिसंख्यानि। एवं चैकत्र पञ्चाशत्कोटिसंख्यानि। कोटिरिति संख्यायेषां पञ्चाशत्कुलानां तानि कोटिसंख्यानि। एवं चैकत्र पञ्चाशत्कोटिसंख्यानि असुराणां कुलानि वै प्रसिद्धानि मम शुम्भस्य आज्ञया देव्या समं योद्धुं निर्गच्छन्तु इत्यर्थः। किंच धूम्राणां धूम्रनाम्नाम् असुराणां शतं कुलानि शतवृन्दानि निर्गच्छन्तु ममाज्ञया देव्या समं योद्धुं निर्यान्तु। धौम्राणमिति पाठे तु धूम्रस्यापत्यानि पुमांसः धौम्राः। शिवादित्वादण्। अत इञोपवादः। धौम्राणाम् असुराणां शतं कुलानि योद्धुं निर्गच्छन्त्वित्यर्थः। विधौ लट् ॥4 ॥

(4 नागोजीभट्टी) कोटीति कोटिवीर्याणि तन्नामानि। धौम्राः धूम्रवंश्याः ॥4 ॥

(5 जगच्चन्द्रचन्द्रिका) कोटिवीर्याणीति 5 ॥4 ॥

(6 दंशोद्धार) कोटिति। कोटिवीर्यकुलोद्भवानि कुलानि वृन्दानि धौम्राणां धूम्रवंश्यानाम्। एवमग्रेपि ॥4 ॥

कालका दौर्हृदा मौर्याः कालकेयास्तथासुराः।
युद्धाय सज्जा निर्यान्तु आज्ञया त्वरिता मम ॥5 ॥

(1 गुप्तवती) ॥5 ॥

(2 चतुर्धरी) कालकाः कालवंश्याः। दौर्हृदाः दौर्हृद्वंश्याः। मौर्याः मुरवंश्याः

कालकेयाः कालकायां जाताः। 'कालका दैत्यपत्नी स्यात्।' 'तस्यापत्यम्' इति स्त्रीभ्यो ढक्। सज्जाः ससामग्रीकाः निर्यान्तु आज्ञयेति विवक्षाधीनत्वान्न संधिः ॥5 ॥

(3 शान्तनवी) शुम्भः पुनर्विशेषतः आदिदेश। कालकाः असुराः कालकनामानः दैत्याः कालं यमस्वरूपमात्मानं शत्रुभ्यः कायति कथयति कालकः कालकस्यापत्यानि पुमांसः कालकाः। शिवादित्वादण्। यद्वा कलं मन्द्रं कायति कथयति कलकः तस्येमे कालकाः कलककुलोत्पन्नाः दैत्याः अद्य ममाज्ञया त्वरिताः। ञित्वरा संभ्रमे। संभ्रमसहिताः वेगिनः सत्वराः संजातत्वराः सन्तः देव्या समं युद्धाय योद्धुं सज्जाः सायुधाः सन्तो निर्यान्तु। तथा तद्वत् दौर्हृदाः असुराः दुष्टं हृदयं यस्य स दुर्हृद्दैत्यः। 'सुहृद्दुर्हृदौ मित्रामित्रयोः' इति निपातः। तस्यापत्यानि पुमांसः दौर्हृदाः दौर्हृदाख्या दैत्याः ते युद्धाय सज्जाः सन्तो ममाज्ञया त्वरमाणाः त्वरिताः निर्यान्तु। तथा मौर्याः मौर्याख्याः असुराः मुरस्यापत्यानि गोत्राणि। गर्गादित्वाद्यञ्। यञञोश्चं इति लुक् कुतोऽत्र न। छान्दसत्वात्। छन्दोवत्पुराणानि भवन्ति। यद्वा मुरस्य दैत्यस्य भावः मौर्य तद्वन्तः मौर्याः। अर्शआदित्वाच्। यद्वा मुरस्य भावः मौरी। ष्यञ् षित्त्वात् ङीष्। मोरीमर्हन्ति मौर्याः। 'दण्डादिभ्यो यः'। तपि युद्धाय त्वरिताः ममाज्ञया देव्या सह योद्धुं निर्यान्तु। तथा कालकेयाः कालकायाः अपत्यानि पुमांसः कालकेयाः कालकेयनामानोऽसुराः। स्त्रीभ्यो ढक्। कालवंशजाता दैत्याः। 'शुभ्रादिभ्यश्च' इति ढक्। कालकेयाः तेपि ममाज्ञया त्वरिताः युद्धाय सज्जाः सन्तो निर्यान्तु इति शुम्भः आदिदेश ॥5 ॥

(4 नागोजीभट्टी) कालकाः तन्नामानः। दौर्हृदाः दुर्हृदोपत्यानि। मौर्यः सन्नामानः। तथा कालकाया अपत्यानि कालकेयाः। असुराः सज्जाः ससामग्रीकाः ॥5 ॥

(5 जगच्चन्द्रचन्द्रिका) कालका दौर्हृदा इति 6 ॥5 ॥

(6 दंशोद्धार) कालकाः कालवंश्याः। दौर्हृदाः दुर्हृद्वंश्याः। मौर्या मुरवंश्याः। कालका दैत्यपत्नी तदपत्यानि। स्त्रीभ्यो ढक्। निर्यान्तु आज्ञयेत्यत्र संहिताया अविवक्षणान्न संधिः ॥5 ॥

इत्याज्ञाप्यासुरपतिः शुम्भो भैरवशासनः।
निर्जगाम महासैन्यसहस्त्रैर्बहुभिर्वृतः ॥6 ॥

(1 गुप्तवती) ॥6 ॥

(2 चतुर्धरी) भैरवमत्युग्रं शासनमाज्ञा यस्य। महान्ति सैन्यान्त्रेति महासैन्यं सेनासमुदायः तेषां सहस्त्रैः ॥6 ॥

(3 शान्तनवी) इत्येवमसुरान् आज्ञाप्य आदिश्य भैरवशासनः भैरवं भयंकरं शासनम् अव्याहताज्ञा यस्य सः तथोक्तः। यद्वा भैरवात् मृत्योः सकाशात् शासनं यस्य सः आसन्नमरणत्वात्। स तथोक्तः असुरपतिः शुम्भः बहुभिरनेकैर्दैत्यैर्वृतः सन् निर्जगाम देव्या समं योद्धुं निर्ययौ निरगात्। किंभूतैः बहुभिः महासैन्यसहस्त्रैः महान्ति सैन्यानां सहस्राणि तैर्बहुभिरमेकैः दानवसैन्यैः वृतो देव्या सह योद्धुं निर्जगाम शुम्भः ॥6 ॥

(4 नागोजीभट्टी) इतीति। भैरवमुग्रम् ॥6 ॥

(5 जगच्चन्द्रचन्द्रिका) इत्याज्ञाप्येति 7 ॥6 ॥

(6 दंशोद्धार) ॥6 ॥

आयान्तं चण्डिका दृष्ट्वा तत्सैन्यमतिभीषणम्।
ज्यास्वनैः पूरयामास धरणीगगनान्तरम्॥7॥

(1 गुप्तवती) ॥7 ॥

(2 चतुर्धरी) धरणीगगनयोरन्तरं मध्यम् ॥7 ॥

(3 शान्तनवी) आयान्तं शुम्भं यद्वा 'सेनायां समवेता ये सैन्यास्ते सैनिकाश्च ते' इति। सैन्यः पुंसि। सेनायां समवेतः सैन्यः। 'सेनाया वा' इति यः। यद्वा। आयान्तं शुम्भम् अतिस्थाने। अतिशब्दश्चार्थे। तथायमन्वयः। अतिभीषणमतिभयंकरं तत्सैन्यं यस्य शुम्भस्य स तत्सैन्यः। यद्वा ते सैन्याः सेनायां समवेताः संमिलिता हस्त्यश्वरथपादातादिसमूहा यस्य शुम्भस्य स तत्सैन्यः तम् आयान्तं शुम्भं दृष्ट्वा चण्डिका देवी ज्यास्वनैः धनुष्यानता मौर्वी आकृष्टमौर्वीढंकारध्वनिभिः धरणीगगनान्तरं द्यावापृथिव्यन्तरालं पूरयामास। अथ द्वितीयोऽन्वयः। अतिभीषणम्। अतितरां भीषणं भयंकरं तत्सैन्यं तस्य शुम्भस्य सैन्यः सेनायां समवेतो मिलितः हस्त्यश्वरथपादातसमूहः तत्सैन्यः तं तत्सैन्यम् आयान्तं दृष्ट्वा चण्डिका देवी ज्यास्वनैः धनुरारोपिताकृष्टमौर्वीजनितनिस्वनैः धरणीगगनान्तरं पूरयामास। अथ तृतीयोऽन्वयः भीषणं भयंकरं शुम्भम् आयान्तं दृष्ट्वा भीषणं भयंकरं

तत्सैन्यमपि तस्य शुम्भस्य सैन्यमपि सेनाम् आयान्तम् आगच्छत् दृष्ट्वा चण्डिका देवी ज्यास्वनैः धरणीगगनान्तरं पूरयामास। आयान्तम् आगच्छन्तं शुंभम् आयात् आगच्छत्। तत्सैन्यं शुम्भसैन्यं नपुंसकलिङ्गम्। ज्यास्वनाः तैः। पूरी आप्यायने। धरणी च गगनं च धरणीगगने तयोरन्तरं मध्यं पृथिव्याकाशमध्यं व्यापयामास। आयान्तं शत्रुं तं पदम्। आयातमिति पाठे कर्तरि क्तः। ततः शुम्भं तत्सैन्यं च ॥7 ॥

(4 नागोजीभट्टी) आयान्तमिति। आगतमित्यर्थः। अन्तरं मध्यम् ॥7 ॥

(5 जगच्चन्द्रचन्द्रिका) आयान्तमिति 8 ॥7 ॥

(6 दंशोद्धार) ॥7 ॥

त[1]तः सिंहो महानादमतीव कृतवान्नृप।

घण्टास्वनेन त[2]न्नादमम्बिका चोपबृंहयत् ॥8 ॥

(1 गुप्तवती) उपबृंहयत्। आगमशास्त्रस्यानित्यत्वादडभावः ॥8 ॥

(2 चतुर्धरी) अतीवात्यर्थमनेकं कृत्वा इति यावत्। उपबृंहदयदवर्धयत्। आगमशासनस्यानित्यत्वादडागमाभावः ॥8 ॥

(3 शान्तनवी) हे नृप दत्तावधानो भव। यतः धनुर्ज्यानिःस्वनादनन्तरं स च सिंहः स सिंहश्च अतीव सुतरां सुष्टु महानादं महान्तं नादं गलगर्जनं कृतवान् चकार। अम्बिका देव्यपि घण्टास्वनेन नादेन तन्नादं तस्य सिंहस्य नादं सिंहनादम् अबृंहयत् अवर्धयत्। बृहि वृद्धौ। हेतौ णिच्। लट् अडागमः। वर्धयामास। अम्बिका चोपबृंहयदिति पाठे आगमशासनस्यानित्यत्वादडागमाभावः। अन्यथोपाबृंहदयदिति स्यात्। ततः सिंहो महानादं स च सिंहो महानादमिति च पाठद्वयम्। 'बलवत्सुष्ठु किमुत स्वत्यतीव च निर्भरे' ॥8 ॥

(4 नागोजीभट्टी) तत इति। तन्नादानिति बहुवचनम्। महानादमित्येकत्वाविवक्षया अतीवेत्यस्यानेकवारमित्यर्थे वा उपबृंहयदित्यत्रागमशास्त्रस्यानित्यत्वादडभावः ॥8 ॥

(5 जगच्चन्द्रचन्द्रिका) ततः सिंह इति 9 ॥8 ॥

(6 दंशोद्धार) तत इति। अतीव अत्युपमानकम् उपबृंहयत्। आगमशास्त्रस्यानित्यत्वान्नाडागमः ॥8 ॥

---

1. स च, इति पाठः।
2. तान्नादानम्बिका, इति पाठः।

धनुर्ज्यासिंहघण्टानां नादापूरितदिङ्मुखा।
निनादैर्भीषणैः काली जिग्ये विस्तारितानना ॥9॥

(1 गुप्तवती) घण्टानां तन्नादानाम्। कर्मणि षष्ठी। जिग्ये जितवती ॥9॥

(2 चतुर्धरी) धनुर्ज्या इति स्वभावाख्यानमात्रम्। ज्यापदेनैव धनुर्ग्रहणप्रतीतेः धनुर्ज्यादीनां नादैरापूरितं दिङ्मुखं यया। निनादैर्जिग्ये जितवती नादानित्यन्वयः। 'तिङ्ङ्तिङः' इत्यात्मनेपदम्। यद्वा शब्दापूरितदिङ्मुखापि काली देव्या धनुर्ज्यासिंहघण्टानां निनादैर्जिग्ये इति कश्चित् ॥9॥

(3 शान्तनवी) धनुर्ज्यानादेन सिंहनादेन घण्टानादने च आपूरितदिङ्मुखा आसमन्तात्पूरितानि दिशां मुखानि यया सा तथोक्ता। 'स्वाङ्गाच्चोपसर्जनादसंयोगोपधात्' इति पक्षे ङीप्। पक्षे च टाप्। एवंविधा काली देवी तैस्त्रिविधैर्भीषणैर्निनादैर्विसतारितानना विकृतास्या विस्तारितमुखा सती जिग्ये। जि जये जि अभिभवे 'व्यत्ययो बहुलम्' इति कर्तर्यात्मनेपदम्। लोकोत्कर्षेण वर्तते। यद्वा शत्रूनभिबभूव। यद्वा जिग्ये इति कर्मणि प्रयोगः। धनुर्ज्यासिंहघण्टानां नादपूरितदिङ्मुखा विस्तारितानना च या काली देवी तया भीषणैः भयंकरैः निनादैः स्वनैः असुरवर्गः शत्रुवर्गो जिग्ये अभिबभूवे। जनी प्रादुर्भावे आत्मनेपदी। काली भीषणैर्निनादैर्विस्तारितानना जज्ञे। दैत्यानत्स्यामीति विवृतीकृतकरालवदना जाता। कीदृशी काली। धनुर्ज्यानां सिंहस्य घण्टायाश्च नादैः आपूरितदिङ्मुखा आ समन्तात्पूरितदिगन्तराला। अथवा जज्ञे इति ज्ञा अवबोधने कर्मणि लिङात्मनेपदम्। भीषणैर्निनादैर्या विस्तारितानना दैत्यसैन्यानि सर्वाण्यप्यमूनि प्रत्यवस्यतीति विकृतीकृतकरालवक्रा दृश्यते। सा कालीति दैत्यैर्जज्ञे अज्ञायि सा। किंभूता काली। धनुर्ज्यासिंहघण्टानां नादापूरितदिङ्मुखा इत्यन्वयः। सखीसमूहे वर्तमाना का वा काली का वा सखीति तत्सादृश्यतः संशयानैरथ तैर्भीषणैर्निनादैर्विशेषचिह्नैर्विस्तारितानना दैत्यसैन्यानि सर्वाण्यमूनि प्रत्यवसायगामिनी विकृतीकृतकरालवदना सतीति यावत्। सा कालीति दैत्यैरज्ञायीति भावः ॥19॥

(4 नागोजीभट्टी) धनुरिति। नादैः स्वीयैरापूरितदिङ्मुखा काली धनुर्ज्यासिंहघण्टानां भीषणैर्नादैर्जिग्ये जिता। देव्या धनुरादिशब्दैः कालीशब्दो जित इति भावः ॥9॥

(5 जगच्चन्द्रचन्द्रिका) धनुर्ज्येति 10 ॥9 ॥

(6 दंशोद्धार) धनुर्ज्येति। कर्णावतंसवत्स्वभावाख्यानमात्रम्। ज्यापदेनैव धनुषः प्रतीतेः। धनुर्ज्यादीनां नादैरा पूरितं दिङ्मुखं यया। निनादैः जिग्ये नादानित्यध्याहार्यम्। यद्वा नादापूरितदिङ्मुखापि सा धनुर्ज्यादीनां निनादैर्जिग्ये इति कर्मणि तिङन्तम्। निनादमिति। सरोषैः सक्रोधैः दैत्यसैन्यैः देवीसिंहः काली च परिवारिता इत्यन्वयः। शरौघैरिति वा पाठः ॥9 ॥

तन्निनादमुपश्रुत्य दैत्यसैन्यैश्चतुर्दिशम्।
देवी सिंहस्तथा काली सरोषैः परिवारिताः ॥10 ॥

(1 गुप्तवती) सरोषैः कुपितैः। स इति सिंहपरं भिन्नपदं वा ॥10 ॥

(2 चतुर्धरी) चतुर्दिशं चतुर्दिक्षु कालीललाटभवा। सरोषैः सक्रोधैः। शरौघैरिति वा पाठः ॥10 ॥

(3 शान्तनवी) चतुर्दिशमित्येतत्पदं शकारान्तं निनादविशेषणं चैतत्। अथ चैत्परिवारणक्रियाविशेषणं स्यात्तदा दिशाशब्देन टाबन्तेन साधनीयम्। चतस्रो दिशोऽधिकरणभूता यस्य तन्निनादस्य सः चतुर्दिशं चतुर्दिक्षु व्याप्तं तन्निनादं तस्य धनुर्ज्यासिंहघण्टानां निनादं निःस्वनं ध्वनिम्। उपश्रुत्य आकर्ण्य कुपितैर्दैत्यसैन्यैर्देवी च आद्या शक्तिर्भगवती अम्बिका। सिंहश्च केसरी वाहनीभूतः। काली च अम्बिकाललाटोद्भवा तथा च एताः देवीसिंहकाल्य-स्तिस्रोपि शरौघैः शरसंपातैः शरव्रातैः चतुर्दिशं यथा स्यात्तथा परिवारिताः परिवेष्टिताः कीलिताः। विद्धा इति यावत्। 'हलन्तादपि टापं च यथा वाचा निशा दिशा'। दिशाशब्दष्टावन्तोऽप्यस्ति। चतस्रो दिशा अधिकरणभूता यस्मिन् शरौघपरिवारेण तच्चतुर्दिशम्। क्रियाविशेषणानां कर्मत्वं नपुंसकैकत्वं च वक्तव्यम् ॥10 ॥

(4 नागोजीभट्टी) तदिति। काली चण्डीललाटजा। सरोषैः सक्रोधैः ॥10 ॥

(5 जगच्चन्द्रचन्द्रिका) तन्निनादमिति 11 ॥10 ॥

(6 दंशोद्धार) ॥10 ॥

एतस्मिन्नन्तरे भूप विनाशाय सुरद्विषाम्।
भवायामरसिंहानामतिवीर्यबलान्विताः ॥11 ॥

(1 गुप्तवती) ॥11॥

(2 चतुर्धरी) अन्तरे अवसरे। भवाय संपदे। अमरसिंहानामि सिंहशब्दः श्रेष्ठवचनः। वीर्यं तेजः॥11॥

(3 शान्तनवी) श्लोकयुग्ममिदमेकक्रियैकान्वयमवसेयम्। सुमेधाः सुरथं राजानं संबोधयति। हे भूप दत्तावधानो भव। देवीमहिमानमाकर्णय। एतस्मिन्नन्तरे एतस्मिन्देवीदानवसंग्रामे प्रस्तुते सति अन्तरे अवकाशे समये मध्ये सुरद्विषां दैत्यानां विनाशाय अमरसैन्यानां सिंहानां देवश्रेष्ठानां भवाय भूत्यै अभिवृद्ध्यै स्थितये च अतिवीर्यबलान्विताः शक्तयः सामर्थ्यलक्षणाः देवतारूपाश्च ब्रह्मेशगुहविष्णूनां तथा इन्द्रस्य च पञ्चापि च पञ्चानां तेषां शरीरेभ्यो विनिष्क्रम्य विनिर्गत्य तद्रूपैः ब्रह्मादिरूपैः तदा महेश्वरश्च गुहश्च कुमारः विष्णुश्च नारायणः इन्द्रश्च वज्री एतेषां तनुभ्यो विनिर्गत्यैकैकाः शक्तिदेवताश्चण्डिकां ययुः। ब्रह्मणः शरीरात् ब्रह्माणी निर्गता महेश्वरस्य शरीरात् माहेश्वरी कुमारस्य शरीरात् कौमारी विष्णोः शरीरात् वैष्णवी इन्द्रस्य शरीरात् ऐन्द्री एतास्ततो विनिर्गत्य तद्रूपैः चण्डिकां देवीं च ययुरित्यर्थः। 'भवः कल्याणसंसारसत्त्वावाप्तीशजन्मसु'। अमराणां सैन्यानि तेषाम्। अमरसिंहानाम् इति तु पाठे अमरसिंहा इति तु श्रेष्ठाः अमरसिंहाः तेषाम् 'उपमितं व्याघ्रादिभिः सामान्याप्रयोगे' समस्यते। अभ्यधुश्च। 'स्युरुत्तरपदे व्याघ्रपुंगवर्षभकुञ्जराः। सिंहशार्दूलनागाद्याः पुंसि श्रेष्ठार्थगोचराः'। वीर्यं बलजं प्रभावश्च वीर्यं वीरकर्म। बलं प्राणसामर्थ्यम्। 'स्थौल्यसामर्थ्यसैन्येषु बलं ना काकसीरिणोः' बृंहति वर्धते विष्टभते ब्रह्मा। ईष्टे ईशः। गूहते सेनां संवृणोति गुहः। वेवेष्टि व्याप्नोति विशति वा विश्वं विष्णुः। इन्दति परमैश्वर्येण राजते इन्द्रः। शक्नोति शक्तिः क्तिच्। शक्यते कर्तुमनया वा शक्तिः। क्तिन्। 'चडि कोपे' कुप्यति चण्डते चण्डिका। प्रापणे लिट्॥11॥

(4 नागोजीभट्टी) एतस्मिन्निति। देवीदानवसंपातावसरे। भवाय संपदे॥11॥

(5 जगच्चन्द्रचन्द्रिका) एतस्मिन्निति 12॥11॥

(6 दंशोद्धार) एतस्मिन्निति। अन्तरे अवसरे। भवाय संपदे। वीर्यमुत्साहशक्तिः। बलं देहशक्तिः॥11॥

ब्रह्मेशगुहविष्णूनां तथैवेन्द्रस्य शक्तयः।
शरीरेभ्यो विनिष्क्रम्य तद्रूपैश्चण्डिकां ययुः ॥12॥

(1 गुप्तवती) ॥12॥

(2 चतुर्धरी) ईशः शिवः। गुहः कार्तिकेयः। विष्णुशब्दोऽत्र वराहनृसिंहावपि संगृह्णीते। शक्तयः स्वव्यतिरेकिन्यो देवताः। तद्रूपैस्तस्य रूपैः ॥12॥

(3 शान्तनवी) ॥12॥

(4 नागोजीभट्टी) ब्रह्मेति। विष्णुशब्देन वराहनृसिंहावपि। शक्तयः स्वातिरेकिण्यो देवताः। शक्तिशक्तिमतोस्तादात्म्यात् ॥12॥

(5 जगच्चन्द्रचन्द्रिका) ब्रह्मेशेति 13 ॥12॥

(6 दंशोद्धार) ब्रह्मेशेति। ईशः शिवः। गुहः स्कन्दः। विष्णुपदेन वराहनृसिंहयोरपि संग्रहः। तद्रूपैः तस्य तस्य रूपैः ॥12॥

यस्य देवस्य यद्रूपं यथाभूषणवाहनम्।
तद्वदेव हि तच्छक्तिरसुरान्योद्धुमाययौ ॥13॥

(1 गुप्तवती) ॥13॥

(2 चतुर्धरी) एतदेव प्रकटयति। यस्येति। यथाभूषणवाहनं भूषणवाहनानतिक्रमेण तद्वत्तथाविधाः ॥13॥

(3 शान्तनवी) तद्रूपैरिति यदुक्तं तदेव व्यक्तीकर्तुमाह। देवीदानवयुद्धं द्रष्टुमुपागतानां तेषां ब्रह्मादीनां शरीरेभ्यो विनिष्क्रम्यानुभावान्प्रकाश्य कायव्यूहेन प्रव्यक्ताकृतयो ब्रह्माण्यादयः शक्तयः तत्तदेव सदृशरूपैश्चण्डिकांशभूताश्चण्डिकां युद्धायोत्साहयितुं ययुः इति प्रागुक्तं तदेव स्पष्टयति। यस्य देवस्य ब्रह्मादेः यद्रूपं य आकारः यथा भूषणवाहनं भूषणवाहनान्यनतिक्रम्य यथाभूषणवाहनं यथालंकारवाहनं च यस्य देवस्य यद्भूषणं यस्य देवस्य यद्वाहनं तद्वदेव तद्रूपं बिभ्राणा तादृशमेव शरीरविन्यासं धारयति तद्वदेव च वाहनमारूढवती तच्छक्तिस्तस्य देस्य शक्तिर्ब्रह्मादिदेवता तद्वदेवायुधानि बिभ्रती सती हि निश्चयेन असुरान् योद्धुम्। युध संप्रहारे। दैत्यान्प्रहर्तुम् आययौ। देवीसान्निध्यं संग्रामरङ्गस्थलीं वा आजगाम ॥13॥

(4 नागोजीभट्टी) ब्रह्मादिरूपैरित्यर्थकं तद्रूपैरिति व्याचष्टे। यस्येति। तद्वत् तथाविधरूपभूषणवाहनेत्यर्थः ॥13 ॥

(5 जगच्चन्द्रचन्द्रिका) यस्य देवस्येति 14 ॥13 ॥

(6 दंशोद्धार) ॥13 ॥

हंसयुक्तविमानाग्रे साक्षसूत्रकमण्डलुः।
आयाता ब्रह्मणः शक्तिर्ब्रह्माणी साभिधीयते ॥ 14 ॥

(1 गुप्तवती) ॥14 ॥

(2 चतुर्धरी) तदेव व्याकुरुते। हंसेति। अग्रे उपरि अक्षसूत्रं जाप्यमालिका ॥14 ॥

(3 शान्तनवी) हंसैर्युक्तो योजितो विमानः हंसयुक्तविमानः तस्मिन् तिष्ठतीति हंसयुक्तविमानस्था। अक्षाणां स्फटिकमणीनां सूत्रं जपमाला। अक्षसूत्रं च कमण्डलुश्च ताभ्यां सह वर्तमाना साक्षसूत्रकमण्डलुः एवंविधा सा का नामेत्याह। एवंविशेषणविशिष्टा ब्रह्मणः शक्तिरसुरैः सह योद्धुमायाता आजगाम। सा खलु ब्रह्माणीत्यभिधीयते। ब्रह्मणः स्त्री ब्रह्माणी। अत्र तुगागमाभावाच्छेवागमप्रसिद्धं नामधेयमिदं कथ्यते। अत एव निरूढतामपेक्षितनियमसिद्धतामिति नारदः। यद्वा 'वेदस्तत्त्वं तपो ब्रह्म ब्रह्मा विप्रः प्रजापतिः'। अण शब्दे ब्रह्म अणति कथयति प्रतिपादयति ब्रह्माणी। कर्मण्यणि स्त्रियां ङीप्। यद्वा ब्रह्माणमणति मदीयोयमित्यपि ब्रह्माणी। 'हंसो यतिविशेषे च प्राणश्वेतच्छदेषु ना'। अत एव हंसैर्यतिविशेषैर्युक्तं विमानं विगतमानं परं ब्रह्म तत्र तिष्ठत्युपनिषद्रूपत्वादिति हंसयुक्तविमानस्था ब्रह्माणीत्यप्यर्थलेशः ॥14 ॥

(4 नागोजीभट्टी) हंसेति। विमानाग्रे इत्यस्य स्थितेति शेषः। अक्षसूत्रं जपमाला। ब्रह्माणी ब्रह्माणमानयति चेष्टयतीति व्युत्पत्त्यायं शब्दः साधुः ॥14 ॥

(5 जगच्चन्द्रचन्द्रिका) हंसयुक्तेति ॥15 ॥14 ॥

(6 दंशोद्धार) हंसेति। विमानाग्रे विमनोपरि अक्षसूत्रं जपमाला ॥14 ॥

माहेश्वरी वृषारूढा त्रिशूलवरधारिणी।
महाहिवलया प्राप्ता चन्द्ररेखाविभूषणा॥15॥

(1 गुप्तवती) ॥15॥

(2 चतुर्धरी) महाही महासर्पौ अनन्ततक्षकौ वलयौ कङ्कणौ यस्याः। चन्द्रस्य रेखा कला विभूषणं यस्याः॥15॥

(3 शान्तनवी) वृषारूढा वृषं वृषभं धर्मं चारूढा आरूढवती। त्रिशूलवरधारिणी त्रीणि शूलानि शृङ्गाण्यग्राणि यस्यायुधस्य तत् श्रेष्ठं त्रिशूलं त्रिशूलवरं धरति धारयति बिभर्तीति त्रिशूलवरधारिणी। महान्तः अहयो नागाः बलयानि यस्याः सा महाहिवलया। महोरगहस्तसूत्राख्यवलया। चन्द्रस्य लेखा रेखा कला विभूषणं यस्याः सा चन्द्ररेखाविभूषण। एवंलक्षणां शक्तिः महेश्वरस्येयं माहेश्वरी देवता प्राप्ता असुरैः समं योद्धुमाजगाम। 'शुक्रले मूषिके श्रेष्ठे सुकृते वृषभे वृषः'। 'अस्त्री शूलं रुगायुधम्' देवाद्वृते वरः श्रेष्ठे त्रिषु क्लीबं मनाक् प्रिये'। 'आवापकः पारिहार्यः कटो वलयोऽस्त्रियाम्'। प्रोक्ता। कर्तरि क्तः। रेखा लेखा कला प्रकृतौचित्यात्। अन्यथा लेखा राजिरित्यर्थः॥15॥

(4 नागोजीभट्टी) माहेश्वरीति। महाही तक्षकानन्तौ वलयौ। चन्द्ररेखा चन्द्रकला सैव विभूषणं यस्याः॥15॥

(5 जगच्चन्द्रचन्द्रिका) माहेश्वरीति 16॥15॥

(6 दंशोद्धार) माहेश्वरीति। महाही शेषतक्षकौ वलये कङ्कणे यस्याः॥15॥

कौमारी शक्तिहस्ता च मयूरवरवाहना।
योद्धुमभ्याययौ दैत्यानम्बिका गुहरूपिणी॥16॥

(1 गुप्तवती) ॥16॥

(2 चतुर्धरी) ॥16॥

(3 शान्तनवी) शक्तिरायुधं हस्ते यस्याः सा। अजाद्यतष्टाप्। शक्तिहस्ता। प्रहरणार्थेभ्यः परे निष्ठासप्तम्यौ भवत इति वक्तव्यम्। मयूरेषु वरः श्रेष्ठः मयूरवरः वाहनं यस्याः सा मयूरवरवाहना। 'वाहनमाहितात्' इति नत्वं नाशङ्कनीयम्। आहितत्वाभावात्। नहि मयूरवरः वाहनमारोपितोस्ति। वाहने

यदारोपितमुह्यते तदारोपितमाहितमुच्यते। मयूरो वरं श्रेष्ठं वाहनं यस्याः सा तथोक्ता। रूप रूपक्रियायां चुरादिः। गुहं कुमारमाकारेण रूपयति दर्शयति गुहरूपिणी। यद्वा गुहस्य रूपं गुहरूपं तदस्यामस्तीति गुहरूपिणी। अत इनिः। ऋन्नेभ्यो ङीप्। यद्वा गुहरूपं करोत्यात्मनि तदाचष्टे वा तच्छीला। गुहरूपयतेर्णिनिः। अम्बिका माता कुमारस्येयं कौमारी शक्तिर्देवता दैत्यान् योद्धुं संप्रहर्तुम् अभ्याययौ अभ्याजगाम ॥16॥

(4 नागोजीभट्टी) कौमारीति। गुहरूपिणी गुहसमानाकारा। कुमारसंबन्धिनी शक्तिरायायावित्यर्थान्न पौनरुक्त्यम्। ऐन्द्रीयुक्तापि यथा शक्रस्तथैव सेतिवत् अम्बिकापदेन गुहस्य शिवव्यूहत्वं सूचयति ॥16॥

(5 जगच्चन्द्रचन्द्रिका) कौमारिति 17 ॥16॥

(6 दंशोद्धार) ॥16॥

तथैव वैष्णवी शक्तिर्गरुडोपरि संस्थिता।
शङ्खचक्रगदाशार्ङ्गखड्गहस्ताभ्युपाययौ ॥17॥

(1 गुप्तवती) शङ्खचक्रेति। शार्ङ्गपदेन बाणा अप्युपलक्ष्यन्ते। 'बाहुभिर्गरुडारूढा शङ्खचक्रगदासिनी। शार्ङ्गबाणधरायाता वैष्णवी रूपधारिणी' इति वामनपुराणात्। अत एव षड्भुजेयम्। केचित्तु 'अभ्युपो बाहुमूलं स्यात्' इति कोशोऽस्ति तेन कक्षे खड्गोऽर्थात्पृष्ठे इषुधिरिति चतुर्भुजत्वमेव परिष्कुर्वन्ति तत्कोशसत्त्व एव विश्वसनीयम् ॥17॥

(2 चतुर्धरी) शङ्खः पाञ्चजन्यः। चक्रं सुदर्शनम्। गदा कौमोदकी। शार्ङ्गं धनुः। धनुषः साहचर्याद्बाणोप्यत्रोहनीयः। खड्गो नन्दकः। ते हस्ते यस्याः सा। तथा च वामनपुराणे। 'बाहुभ्यां गरुडारूढा शङ्खचक्रगदासिनी। शार्ङ्गबाणधरा जाता वैष्णवी रूपशालिनी' इति। एतेनास्याः षड्बाहुत्वमभिधीयते। यच्च शृङ्गमयो मुष्टिरस्येति शार्ङ्गः खड्ग इति व्याख्यानं तदसंगतम्। ननु धनुषः साहचर्याच्चर्म किं नो गृह्यत इति चेत्। सत्यम्। अनुजानाम्यहम्। तस्या अष्टभुजत्वेप्यदोषात्। न त्वेकस्य भुजस्य शून्यत्वे दोषः। माहेश्वर्यादावेकायुधमात्रोल्लेखदर्शनात्। 'अभ्युपो बाहुमूलं स्यात्' ॥17॥

(3 शान्तनवी) गरुडस्योपरि गरुडोपरि 'पूरणगुण' इत्यादिना षष्ठीसमासप्रतिषेधः। कृदन्ताव्ययस्य तेन तदुपरि मदुपरीतिवत्षष्ठीसमासः। संस्थिता सम्यक्स्थिता। गरुडारूढेत्यर्थः। 'संस्थाधारे स्थितौ मृतौ' शङ्खश्च पाञ्चजन्यः। चक्रं च सुदर्शनम्। गदा कौमोदकी च शार्ङ्गं च धनुः। हस्तिदन्तः शार्ङ्गं शृङ्गस्य हस्तिदन्तस्येदं शार्ङ्गं वैष्णवं धनुः। 'अन्यदीयं तु चापीयं शृङ्गं माहिषमुच्यते। गवयं माहिषं शृङ्गं शार्ङ्गं चापादि यन्मयम्'। खड्गश्च नन्दकः। सेनाङ्गत्वादेकवद्भावेन नपुंसकत्वम्। तत् शङ्खाद्यं हस्ते यस्याः सा शङ्खचक्रगदाशार्ङ्गखड्गहस्ता। 'प्रहरणार्थेभ्यः परे निष्ठासप्तम्यौ भवत इति वक्तव्यम्'। विष्णोरियं वैष्णवी शक्तिर्देवता नारायणी तथैव तद्वदेव ब्रह्मादिशाक्तिवदेव दैत्यान् योद्धुम्। युध संप्रहारे। संप्रहर्तुम् अभ्याययौ अभ्युपाजगाम। अथवा तथेव तद्वदेव विष्णुवदेव वैष्णवी शक्तिरपि दैत्यान् प्रहर्तुं क्षमेति भावः। वैष्णवा शक्तेरायुधानि पञ्च। बाहवस्तु चत्वार इति वैषम्यम्। आहुरत्र। शङ्खखड्गमेकस्मिन् बाहौ। अङ्गुलीसक्तासूत्रलीनः शङ्खो वादनार्थः। शार्ङ्गं तु मुष्टौ निविष्टमित्यवैषम्यमिति। यद्वा युद्धे वादनार्थः शङ्खो वादनौचित्याद्बाहुमूलावलम्बीत्यवैषम्यम्। शङ्खो नायुधं तस्य वादनार्थत्वादिति कश्चिदाख्यत्। तत्र शङ्खपाणिरित्यत्र पाणेः सप्तम्यन्तस्य परनिपातभावप्रसङ्गात्। अस्ति च शङ्खस्य संग्रामे स्वनिःस्वनत्रासाकुलशत्रु-त्वादायुधत्वौचित्यमित्यलं विस्तरेण ॥17॥

(4 नागोजीभट्टी) तथैवेति। अत्र शार्ङ्गपदेन बाणोप्युपलक्ष्यते। 'बाहुभिर्गरुडारूढा शङ्खचक्रगदासिनी। शार्ङ्गबाणधरा जाता वैष्णवी रूपशालिनी' इति वामनपुराणात्। एतेनास्याः षड्भुजात्वं सूचितम् ॥11॥

(5 जगच्चन्द्रचन्द्रिका) तथैव वैष्णवीति ॥18॥17॥

(6 दंशोद्धार) तथैवेति। शङ्खः पाञ्चजन्यः। चक्रं सुदर्शनम्। गदा कौमोदकी। शार्ङ्गं धनुः। खड्गो नन्दकः। एतानि पञ्च हस्ताभ्युपेषु यस्याः। 'अभ्युपो बाहुमूलं स्यात्' इति विश्वः। शङ्खादयश्चतुर्षु हस्तेषु खड्गः कक्षायामिति संप्रदायः। यद्वा शृङ्गमयो मुष्टिरस्येति शार्ङ्गः। स चासौ शड्गश्चेति चत्वार्यायुधानि हस्तेष्वस्याः। यद्वा शार्ङ्गपदं बाणस्याप्युपलक्षणम्। शङ्खादीनि षडायुधानि हस्तेष्वस्याः इति षड्हस्तत्वमस्याः। यथोक्तं वामनपुराणे 'बाहुभिर्गरुडारूढा शङ्खचक्रगदासिनी। शार्ङ्गबाणधरा जाता वैष्णवीरूपधारणी' इति। ननु

शार्ङ्गसाहचर्याद्बाण इव खड्गसाहचर्याच्चर्मापि किमिति न गृह्यते इति चेष्टापत्तेः अस्याष्टभुजत्वाकल्पनस्याप्युपपत्तेः। प्रसिद्धं च दक्षादीनां वरदानावसरे विष्णोरष्टभुजत्वं भागवतादिषु। नचैकभुजस्य शून्यत्वं दोषाय। कौमार्यादीनामेकायुधत्वात्। शङ्खादिपदस्य पद्मोपलक्षकत्वसंभवाच्च ॥17॥

य[1]ज्ञवाराहमतुलं रूपं या बिभ्रतो[2] हरेः।

शक्तिः साप्याययौ तत्र वाराहीं बिभ्रती तनुम् ॥18॥

(1 गुप्तवती) ॥18॥

(2 चतुर्धरी) यज्ञवाराहं यज्ञाङ्गकल्पितसूकराकारम्। या शक्तिरित्यन्वयः। वाराहीं वराहाकारां तनुं मूर्तिं बिभ्रती धारयन्ती ॥18॥

(3 शान्तनवी) पुनर्वैष्णवीशक्त्यन्तराविर्बभूवेत्याह। हरेर्भगवतो विष्णोः अतुलं बलपराक्रमाभ्यामनुपम्यम्। वराहस्येदं वाराहं रूपं या बिभ्रती सती भगवती जज्ञे अजनिष्ट प्रादुर्भूता। जनी प्रादुर्भावे। अनुदात्तेत् कर्तरि लिट्। यद्वा ज्ञा अवबोधने। कर्मणि लिङात्मनेपदम्। ऋषिभिः शास्त्रेण च जज्ञे अज्ञायि सापि हरेः शक्तिः नारायणी देवता। वराहस्येयं वाराही तां वाराहीं तनुं शरीरव्यक्तिं बिभ्रती धारयती सती तत्र तस्मिन् देवीदानवसंग्रामे दैत्यान् योद्धुं संहर्तुम् आययौ आजगाम ॥18॥

(4 नागोजीभट्टी) यज्ञेति। यज्ञाङ्गकल्पितं वराहाकारं बिभ्रतो हरेरित्यनेनास्याः विष्णुत्वमेवेति सूचितम्। एवं नृसिंहोऽपि तत्रैव कालीपुराणे शरभवराहयुद्धे विष्णोः शरभपक्षपातित्वं वराहबलहारकत्वमुक्तम्। नृसिंहस्य च वराहानुयायित्वमुक्तं विरुध्यतेति वाच्यम्। तस्य लीलामात्रत्वात् ॥18॥

(5 जगच्चन्द्रचन्द्रिका) यज्ञवाराहेति 19 ॥18॥

(6 दंशोद्धार) यज्ञवाराहमिति। यज्ञाङ्गकल्पितसूकराकारम्। शक्तिरित्यन्वयः ॥18॥

नारसिंही नृसिंहस्य बिभ्रती सदृशं वपुः।

प्राप्ता तत्र सटाक्षेपक्षिप्तनक्षत्रसंहतिः ॥19॥

(1 गुप्तवती) ॥19॥

---

1. जज्ञे वाराह, इति पाठः।
2. बिभ्रती, इति पाठः।

(2 चतुर्धरी) वपुः शरीरम्। सटाः केसराः तासां क्षेपेण क्षिप्ता तिरस्कृता नक्षत्रसंहतिर्यया ॥19 ॥

(3 शान्तनवी) पुनर्वैष्णवीशक्त्यन्तरं प्रापदित्याह। तत्र देवीदानवसंग्रामे सटाक्षेपक्षिप्तनक्षत्रसंहतिः। सटास्कन्धकेसराणाम् आक्षेपेण कम्पनेन इतस्ततः स्कन्धकेसराताडनेन क्षिप्ताः प्रेरिताः दलिताः नक्षत्राणां तारकाणां संहतयः समूहा यया तथोक्ता। अत एव नृसिंहस्येयं नारसिंही वैष्णवी शक्तिर्देवता दानवान् योद्धुं संहर्तुं प्राप्ता प्राप्तवती आययौ। आप्लृ व्याप्तौ कर्तरि क्तः। न चासौ सिंहश्च नृसिंहः। यद्वा ग्रामैकदेशे दग्धे ग्रामो दग्ध इति वत् नुरेकदेशे नृशब्दो वर्तते। ततश्च ना च सिंहश्च नृसिंहौ यस्मिन् भगवतो नृसिंहावतारे स नृसिंहः। मत्वर्थे अर्शआदित्वादच् ॥19 ॥

(4 नागोजीभट्टी) ॥19 ॥

(5 जगच्चन्द्रचन्द्रिका) नारसिंहीति 20 ॥19 ॥

(6 दंशोद्धार) नारसिंहीति। सटाः केसराः तासामाक्षेपेण क्षिप्ता नक्षत्रसंहतिर्यया ॥19 ॥

वज्रहस्ता तथैवैन्द्री गजराजोपरि स्थिता।
प्राप्ता सहस्रनयना यथा शक्रस्तथैव सा ॥20 ॥

(1 गुप्तवती) ॥20 ॥

(2 चतुर्धरी) गजराजोपरि ऐरावतपृष्ठे प्राप्ता आगता ॥20 ॥

(3 शान्तनवी) वज्रमायुधं हस्ते यस्याः सा वज्रहस्ता। तथा गजराजोपरि स्थिता गजानां राजा ऐरावतः गजराजः गजराजस्य उपरि 'पूरणगुण' इत्यादिना षष्ठीसमासप्रतिषेधस्तु कृदन्तान्तस्यैवेति ततोऽन्येनाव्ययेन षष्ठीसमास एव। गजराजाधिरूढा ऐरावतादिसंस्थेत्यर्थः। सहस्रं नयनानि यस्याः सा तथोक्ता। अत एव यथा येन प्रकारेण इन्द्रः शक्रः समवस्थितोऽभूदाकारादिना तथैवैन्द्री शक्तिः इन्द्रस्येयम् ऐन्द्री देवता। तथैव तद्वदेव ब्रह्माण्यादिदेव्यो दानवसंग्रामे दैत्यैः सह संग्रामयितुं प्राप्ता। आप्लृ व्याप्तौ। कर्तरि क्तः। योद्धुमाययौ। यथा शक्र इति 'यथासादृश्ये' इति प्रतिषेधादव्ययीभावाभावे यथेति पृथक्पदम्। वज्रहस्ता वज्रालंकृतहस्तापि। 'वज्रोऽस्त्री हीरके पवौ।' हीरको रत्नभेदः। इन्द्रस्य

स्त्री इन्द्राणी शक्तिस्त्वैन्द्री। तदित्थं ब्रह्माणी माहेश्वरी वैष्णवी वाराही नारसिंही ऐन्द्री चेति देवशक्तयः सप्तेह कथिताः॥20॥

(4 नागोजीभट्टी) वज्रेति। यथा शक्र इत्याकारपरम्। एवं च सर्वासु तदाकारता द्रष्टव्या। गजराज ऐरावतः ॥20॥

(5 जगच्चन्द्रचन्द्रिका) वज्रहस्तेति 21 ॥20॥

(6 दंशोद्धार) ॥120॥

ततः परिवृतस्ताभिरीशानो देवशक्तिभिः।
हन्यन्तामसुराः शीघ्रं मम प्रीत्याह चण्डिकाम्॥21॥

(1 गुप्तवती) मम प्रीत्याह। मम प्रिये इति वक्तव्ये चरमाक्षरलोपो रभसावेशात्॥21॥

(2 चतुर्धरी) असुरा हन्यन्तामित्याहेति साध्याहारोऽन्वयः॥21॥

(3 शान्तनवी) ततोऽनन्तरं ताभिर्ब्रह्माण्यादिभिर्देवताशक्तिभिः परिवृतः परवेष्टित ईशानो महेशः चण्डिकामाह। किमिति। मम शंभोः प्रीत्या स्नेहेन कारणेन असुराः हन्यन्तां शीघ्रमिति। क्वचित्तु चण्डिकेति पाठः। तदा परिवृता ईशाना इति च स्त्रीलिङ्गत्वेन तदा चण्डिकाविशेषणे द्वे। एवं च देवशक्तिसमन्वितत्व चण्डिकाया युक्तम्। 'ब्रह्मेशगुहविष्णूनां तथेन्द्रस्य च शक्तयः। शरीरेभ्यो विनिष्कम्य तद्रूपैश्चण्डिकां ययुः' इत्युक्तत्वात्। तत्रायमन्वयः। ततोऽनन्तरं देवशक्त्यागमनानन्तरं ताभिर्ब्रह्माण्यादि-देवशक्तिभिः परिवृता परिवेष्टिता ईशानशक्तिः संपन्ना अप्रतिहतशासना स्वामिनी चण्डिका देवी भगवती देवशक्तीः प्रति आह। किमिति हे देवशक्तयः भवतीभिः गम प्रीत्या मम चण्डिकायाः प्रीत्या स्नेहेन कारणेन शीघ्रं क्षिप्रम् असुराः सर्वे हन्यन्तामिति आह। कालसामान्येति विभक्तेः प्रतिरूपकमव्ययम्। ईशानं ईश ऐश्वर्ये। लटः शानच्। यद्वा ताच्छील्ये चानश्। स्त्रियां तु टाप्॥21॥

(4 नागोजीभट्टी) अतिविशिष्टतेजसः कौशिक्याः सविधि यान्तुमशक्तस्ता देवशक्तीरीशानो देव्यै दर्शितवानित्याह। तत इति। ताभिः परिवृतः ईशानः। मम प्रीत्या एताभिर्देवशक्तिभिः सहासुरा हन्यन्तामिति चण्डिकामाहेत्यन्वयः। स्वशक्तेः पार्वत्या प्रादुर्भूतत्वेन धृष्टतया ईशान एव तथोक्तवानिति भावः।

अण्डाधिकारिण इमे ब्रह्मादयः। अण्डान्तराधिकारिणां शुम्भादिजितत्वेन धृष्टत्वासंभवात् ॥21 ॥

(5 जगच्चन्द्रचन्द्रिका) ततः परिवृत इति 22 ॥21 ॥

(6 दंशोद्धार) ततः इति। मम प्रीत्या असुरा हन्यन्तामित्याहेति शब्दाध्याहारः ॥21 ॥

ततो देवीशरीरात्तु विनिष्क्रान्तातिभीषणा।
चण्डिकाशक्तिरत्युग्रा शिवाशतनिनादिनी ॥22 ॥

(1 गुप्तवती) शिवाशतानामनन्तश्रृगालानां नादेन युक्ता ॥22 ॥

(2 चतुर्धरी) शिवाशतनिनादिनीति असंख्यातश्रृगालीगणनि-नादेनान्विता ॥22 ॥

(3 शान्तनवी) ततः असुराः हन्यन्तामिति चण्डिकाशासनानन्तरं देवीशरीरात्तु चण्डिकाशरीरादपि पुनश्चण्डिकाशक्तिः विनिष्कान्ता अभूत् विनिर्गता प्रादुरभूत्। देव्याश्चण्डिकायाः शरीरतः तस्मात् चण्डिकायाः देव्याः शक्तिः चण्डिकाशक्तिः। कीदृशो शक्तिः चण्डिकायाः। अतिभीषणात्यर्थं भयकारिणी। अतिपाशिनीति क्वचित्पाठः। प्रशस्तः पाशे यस्याः सा पाशिनी। पुनः कीदृशी शक्तिः। अत्युग्रा अतिरौद्रा। पुनः कीदृशी शक्तिः। शिवाशतनिनादिनी। शिवानां श्रृगालानां शतेन कृतो निनादः शिवाशतनिनादः सोऽस्त्यस्याः सा शिवाशतनिनादिनी श्रृगालशतजनितध्वनिः। शिवाशब्दः श्रृगालेऽपि स्त्रीलिङ्गः। 'शिवा काले शिवा क्रोष्टा भवेदामलकी शिवा। शिवो रुद्रे शिवाः शम्भुः शिवा गौरी शिवाभया' शिवा गौरीश्रृगालयोः'। अतः शिवेत्यनेन परमेश्वर्यमपि कथ्यते। शक्तिशक्तिमदभेदोपचारात्। तस्या विशेषणं शतनिनादिनीत्येतत्। शतत्वसंख्यया निनदति सा शिवाशतनिनादिनी। शतमित्युपलक्षणम्। सर्वतः शब्दायमानान् शब्दयती त्यर्थः। एतदुक्तं भवति। 'यस्य देवस्य यद्रूपं यथाभूषणवाहनम्। तद्वदेव हि तच्छक्तिरसुरान्योद्धुमाययौ' इति वचनात् चण्डिकाशक्तिर्विनिर्गता चण्डिकाकृतिरेव शिवेतिनाम्ना प्रादुरभूदितिं। यद्वा सैवार्थः शिवाशतकृता निनादा चण्डिकाशक्तिरिति। अथवा शिवाशतेन सह निनदतीति शिवाशतनिनादिनी। अन्यथोत्तरत्र 'तदागच्छत तृप्यन्तु मच्छित्वाः पिशितेन वः' इति शिवागतबहुत्वं कथं स्यात् ॥22 ॥

(4 नागोजीभट्टी) स्वस्यापि सहायप्रदर्शनेनैषा दृष्टा भगवती तस्योत्तरं नाह किं तु काचिन्न शक्तिरित्याह। तत इति। अतिभीषणा दर्शनमात्राद्भयंकरी। अत्युग्रा रौद्रस्वभावा। शिवानां शृगालीनां शतेन निनादिनी। शतशब्दोऽनन्तवाची। निनददनन्तशिवावृता ॥22 ॥

(5 जगच्चन्द्रचन्द्रिका) ततो देवीति 23 ॥22 ॥

(6 दंशोद्धार) तत इति। शिवाशतस्य शृगालशतस्य निनादैर्युक्ता ॥22 ॥

सा चाह धूम्रजटिलमीशानमपराजिता।
दूतत्वं गच्छ भगवान्पार्श्वं शुम्भनिशुम्भयोः ॥23 ॥

(1 गुप्तवती) दूतत्वं दौत्यं गच्छ प्राप्नुहि। पार्श्वं समीपमुद्दिश्यतेत्यर्थात्। हे दूत तयोः पार्श्वं प्रति त्वं गच्छेति वा ॥23 ॥

(2 चतुर्धरी) धूम्रजटिलं धूम्रवर्णजटाशालिनम्। दूतो वार्ताहरः तद्भावो दूतत्वं गच्छेति काकाक्षिवत् संबन्धनीयम् ॥23 ॥

(3 शान्तनवी) अपराजिता अवाप्तलोकोत्कर्षा। यद्वा अजः पितामहः संजातो यस्याः सा अजिता पितामहमाता। विष्णुमायेति। यावत्। '**अजश्छागे हरे विष्णौ ध्रुवद्रुहिणयोरपि**'। सा चण्डिकायाः शक्तिर्देवता **धूम्रजटिलमीशानं** शूलिनं कपालभृतं मृत्युंजयं रुद्रम् आह अब्रवीत्। आहेति कालमात्रे विभक्तिप्रतिरूपकमव्ययम्। किमाह हे भगवन् दूतत्वं गच्छ देव्याः शक्तेः दूतोऽस्मीति दूतभावं भज। शुम्भनिशुम्भयोः पार्श्वं गच्छ याहि। चः समुच्चयार्थो भिन्नक्रमश्च। दूतत्वं गच्छ पार्श्वं च इति योजनान्तरे तु धूम्रजटिलम् इति छेदः। दूत त्वं इति च च्छेदः। सा चण्डिकायाः शक्तिपराजिता नाम जटिलम् ईशानं जटाः सन्ति यस्य सः जटिलः तम्। '**तुन्दादिभ्य इलच्च**'। आह किमिति। असुरेषु क्रोधाग्निपूर्णत्वात् धूम्रः कृष्णलोहितः। हे धूम्र हे धूम्रवर्ण हे भगवन् त्वं दूत। लोण्मध्यमपुरुषैकवचनान्तमेतत्। '**स्यात्संदेशहरो दूतः**'। हे धूम्र दूत इव आचरति दूतति। लोटस्तु '**सेर्ह्यपिच्च**'। अतो हेर्लुक्। दूत दूत इवाचर। शुम्भनिशुम्भयोः पार्श्वं गच्छ याहि। '**सर्वप्रातिपदिकेभ्यः क्विब्वाचारे वक्तव्यः**'। यदि दूतवदाचरति दूत इति '**उदपमानादाचारे**' क्विबन्तताम‌नाश्रित्य मुख्यार्थे दूतशब्दात् त्वत्प्रत्ययः क्रियते यैस्तेषाम्। हे भगवान् इति सर्वैश्वर्याद्युपेत पूजित। संबोधनम्।

दूतत्वेति नीचत्वे प्रत्ययुक्तमिति केयं वाचो युक्तिपटुत्वौचिती स्यात्। धूम्रजटिलमित्यत्र एकपदत्वपक्षे धूम्रश्चासौ जटिलश्चेति विग्रहीतव्यम्। ततो विशेषणसमासः। धूम्रा जटाः यस्येति तु विगृह्य न कर्मधारयान्मत्वर्थीय इति प्रतिषेधादिलजभावाद्बहुव्रीहौ धूम्रजट इत्येव स्यात् ॥23 ॥

(4 नागोजीभट्टी) सा चेति। धूम्रजटिलं धूम्रजटावन्तम्। अपराजिता तदाख्या अपरैरजिता च। दूतभावं वार्तावहत्वं गच्छ शुम्भनिशुम्भयोः पार्श्वं च गच्छेत्यन्वयः। आहेति निपातः कालमात्रे। तेनाब्रवीदित्यर्थः। त्रिमूर्त्यन्तशिवापेक्षया यस्याः कौशिक्यास्तत्प्रादुर्भावकसमक्षतया आधिक्येन तस्य दूत्ये तत्प्रेषणं नानुचितम् ॥23 ॥

(5 जगच्चन्द्रचन्द्रिका) सा चाहेति 24 ॥23 ॥

(6 दंशोद्धार) ॥23 ॥

ब्रूहि शुम्भं निशुम्भं च दानवावतिगर्वितौ।

ये चान्ये दानवास्तत्र युद्धाय समुपस्थिताः ॥24 ॥

(1 गुप्तवती) ॥24 ॥

(2 चतुर्धरी) तत्र शुम्भनिशुम्भान्तिके ॥24 ॥

(3 शान्तनवी) तत्र गत्वा किं ब्रवाणीत्यत आह। हे भगवान् हे रुद्र क्रतुभुजौ विजित्यैवातिगर्वितौ अस्मत्समः कोपि संग्रामशूरो नास्तीति संजाताहंकारौ शुम्भनिशुम्भौ दानवौ हितं वक्ष्यमाणं ब्रूहि उपदिश। अथ च। ये चान्ये दानवाः तत्र शुम्भनिशुम्भयोः पक्षे संग्रामशूरंमन्यतया गर्विता युद्धाय युद्धं कर्तुं समुपस्थिताः संगताः स्युस्तानापि च हितं वक्ष्यमाणं ब्रूहि उपदिश। ब्रूञ् द्विकर्मकः। 'अकथितं च' इत्यत्र ब्रूञ्शास्विति द्विकर्मकेषु परिगणितत्वादस्य ॥24 ॥

(4 नागोजीभट्टी) ब्रूहीति। ये च तत्र शुम्भान्तिकेऽन्ये दानवास्तांश्च ब्रूहीत्यन्वयः युद्धाय युद्धं कर्तुम् ॥24 ॥

(5 जगच्चन्द्रचन्द्रिका) ब्रूहि शुम्भमिति 25 ॥24 ॥

(6 दंशोद्धार) ॥24 ॥

त्रैलोक्यमिन्द्रो लभतां देवाः संतु हविर्भुजः।
यूयं प्रयात पातालं यदि जीवितुमिच्छथ ॥25॥

(1 गुप्तवती) ॥25॥

(2 चतुर्धरी) प्रयात पुनरनावृत्त्या गच्छत ॥25॥

(3 शान्तनवी) अनेन हितमाह चण्डिकायाः शक्तिः। हे शुम्भादयो दैत्याः यूयं सर्वेपि यदि जीवितुमिच्छथ जिजीविषथ चेत् तर्हि पातालं रसातलं प्रयात प्रगच्छत। ततश्च इन्द्रः त्रैलोक्यं लभतां प्राप्नोतु। इन्द्रादयो देवाः सुपर्वाणः हविर्भुजः यज्ञेशु हवींषि यथाभागं भुञ्जानाः संतु हवींषि भुञ्जन्तामिति सर्वहिता चण्डिकायाः शक्तिः देवता शुम्भादिभ्यो हितमुचितमुपादिशत्। अग्निमुखेन देवतोद्देशेन हूयमानं देवद्रव्यं घृतादिकं हविराहुः। अन्ये तु हूयते हविः सान्नाय्यमाहुः। 'घृतमाज्यं हविः सर्पिर्हविष्यं च तदुच्यते'। इच्छथ। लटो मध्यमस्थः। 'इषुगमियमां छः' शिति ॥25॥

(4 नागोजीभट्टी) वचनमाह त्रैलोक्यमिति स्पष्टम् ॥25॥

(5 जगच्चन्द्रचन्द्रिका) त्रैलोक्यमिति 26 ॥25॥

(6 दंशोद्धार) ॥25॥

बलावलेपादथ चेद्भवन्तो युद्धकाङ्क्षिणः।
तदागच्छत तृप्यन्तु मच्छिवाः पिशितेन वः ॥26॥

(1 गुप्तवती) ॥26॥

(2 चतुर्धरी) मच्छिवाः मदीयशृगालाः वो युष्माकं पिशितेन मांसेन तृप्यन्तु तृप्तिं गच्छन्तु संतुष्टिं प्राप्नुवन्तु ॥26॥

(3 शान्तनवी) अथ चेद्भवन्तो दानवाः बलावलेपाद्धेतोः बलगर्वात्कारणात् युद्धकाङ्क्षिणः स्युः तदा तर्हि मया समं योद्धुमागच्छत यूयं तत्फलं चावाप्स्यथ। मच्छिवाश्च वः पिशितेन तृप्यन्तु मम शक्तेः परिवाराः शृगालाश्च वः युष्माकं युधि खण्डितानां पिशितेन मांसेन तृप्तिमाप्नुवन्तु। 'कुक्कुराश्च शृगालाश्च हरिणाश्च तथा वयः। प्रिया भवन्ति शक्तीनां भैरवाणां च वै तथा'। 'गर्वोऽभिमानोहंकारो मानश्चित्तसमुन्नतिः।

दर्पोऽवलेपोऽहन्तापि स्यादहं युद्धमेव च'। काक्षि इच्छायाम्। युद्धं काङ्क्षन्ति युद्धकाङ्क्षिणः तृप तृप्तौ दिवादिः। तृप्यन्तु लोट्। पिंशितं तरसं मांसम् ॥26 ॥

(4 नागोजीभट्टी) बलेति। अवलेपो गर्वः। मच्छिवाः मया सह निनदन्त्यः प्रादुर्भूताः। पिशितं मांसम् ॥26 ॥

(5 जगच्चन्द्रचन्द्रिका) बलावलेपादिति 27 ॥26 ॥

(6 दंशोद्धार) बलावलेपाद्बलगर्वात् मच्छिवा मदीयशृगालाः। पिशितेन मांसेन ॥26 ॥

यतो नियुक्तो दौत्येन तया देव्या शिवः स्वयम्।
शिवदूतीति लोकेऽस्मिंस्ततः सा ख्यातिमागता ॥27 ॥

(1 गुप्तवती) शिवदूतीति। शिवेन दूतयति संदेशं प्रापयतीत्यर्थे गौरादेराकृतिगणत्वान्ङीष् बहुव्रीहौ तु टाप् स्यादित्याहुः। वस्तुतस्तु दुनोतेः 'दुतनिभ्यां दीर्घश्च' इति निष्ठायां दीर्घे सत्यल्पसंदेशप्रापकत्वविवक्षायां 'क्तादल्पाख्यायाम्' इति बहुव्रीहावपि ङीप्संभवतीति समर्थितं ललितासहस्रनामभाष्येऽस्माभिः ॥27 ॥

(2 चतुर्धरी) दौत्येन दूतभावे 'सखिदूतवणिग्भ्यो यः' इति प्राप्ते क्वचिदौत्सर्गिकोऽपि यण्प्रत्ययः ॥27 ॥

(3 शान्तनवी) यतः कारणात् तया शक्त्या स्वयं देव्या शिवः शम्भुः दौत्येन दूतत्वेन दूतभावेन दूतकर्मणा वा नियुक्तः अधिकृतः प्रेरितोभूत् ततस्तस्मात्कारणात् सा चण्डिकायाः शक्तिर्देवता अस्मिन् मर्त्यानां लोके शिवदूतीति ख्यातिं कीर्तिं प्रसिद्धिम् आगता प्राप्ता। कर्तरि क्तः 'सख्युर्यः' 'दूतवणिग्भ्यां चेति वक्तव्यम्'। दूतस्य भावः कर्म वेति यः। दूतशब्दात् ष्यञ् तु न चेत्समुच्चायितो यतः। वाणिज्यावाणिज्यमित्युपलक्षणम्। अयं तु ब्राह्मणादौ वणिज्शब्दस्य पाठात्सेत्यस्यति। दूतशब्दस्तु न दृढादौ नापि ब्राह्मणादौ पठितः। यद्यभ्यधुः। 'दूत्यं तद्भावकर्मणि' इति। कश्चिदाह दूत्यं दौत्यमित्युभयमपि भवति। वणिज्यावाणिज्यमितिवत्। 'दूतवणिग्भ्यां च' इति चकारात् ष्यञपि भवतीति तन्न। 'सख्युर्यः' 'दूतवणिग्भ्यां च' न केवलं सख्युरेव यः अपि तु दूतवणिग्भ्यां च यो भवतीति चकारेण य

एवसमुच्चीयते न तु ष्यञपि। यदि ष्यञपि चेत्समुच्चीयते तदा ब्राह्मणादौ वणिक्शब्दपाठो निरर्थकः स्यात्। चकारेणैव ष्यञ्सिद्धत्वात्। दौत्येनेति तु क्वचित्पाठः। दूत्यमेव दौत्यं प्रज्ञादित्वादण्। शिवदूतीति 'दुतनिभ्यां दीर्घश्च' इति क्तः। टुदु उपतापे 'दुतनिभ्यां दीर्घश्च' इत्यौणादिकः क्तः। 'स्यात्संदेशहरो दूतः'। दूयते अनेन यथोक्तवादित्वात्पर इति दूतः। स्त्रियां गोरादेराकृतिगणत्वादीप्। 'दूरी संचारिके समे'। शिवेन दूतयतीति शिवदूती शिवेन संचारयति संदेशं प्रापयतीति शिवदूती। यद्वा शिवं दूत प्रेर्यं करोति शिवदूती। कर्मण्यणि स्त्रियां ङीप्। शिवे कर्मणि दूतयते ण्यन्तादणि शिवं दूतयति दूतं करोतीति तत्करोतीति तदात्व इति णिजन्तात्कर्मण्यण्। शिवो दूतो यस्याः सेति तु बहुत्वे बहुसुता ब्राह्मणीतिविच्छवदूतेति टाबेव भवति। शिवदूतेत्यपि सभ्यपाठः ॥27 ॥

(4 नागोजीभट्टी) यत इति। दूत्यमेव दौत्यम्। प्रज्ञाद्यण्। शिवदूती गौरादित्वात् ङीष्। अस्वाङ्गपूर्वपदादिति वा ॥27 ॥

(5 जगच्चन्द्रचन्द्रिका) यतो नियुक्त इति 28 ॥27 ॥

(6 दंशोद्धार) यत इति दौत्येन दूतस्य भावो दूत्यम् 'दूतवणिग्भ्यां च' इति यः। दूतमेव दौत्यम्। प्रज्ञाद्यण्। शिवो दूतोः यस्याः शिवदूती ॥27 ॥

तेपि श्रुत्वा वचो देव्याः शर्वाख्यातं महासुराः।
अमर्षापूरिता जग्मुर्यतः[1] कात्यायनी स्थिता ॥28 ॥

(1 गुप्तवती) ॥28 ॥

(2 चतुर्धरी) ते शुम्भादयः शर्वाख्यातं शिवेन कथितम्। तालव्योऽयं शकारः। शर्वं शिवः इति तालव्येषु व्याख्यानात्। यतो यत्र। सार्वविभक्तिकस्तस् ॥28 ॥

(3 शान्तनवी) तेपि देव्या वचः श्रुत्वा ते शुम्भादयोऽपि महासुराः अमर्षापूरिता जग्मुः। शर्वाख्यातम्। शृणोति हिनस्ति शर्वः शिवः तेनाख्यातं कथितं देव्याः शिवदूत्याः शक्त्याः वचः संदेशवाचं श्रुत्वा अमर्षेण क्रोधेन आपूरिताः क्रोधाविष्टाः सन्तः जग्मुः। क्व यत्र कात्यायनी स्थिता शर्वोक्तदेवीसंदिष्टसामवादोद्दीपितामार्षपूरिताः क्रिया केवलमुत्तरमिति

---

1. जग्मुर्यत्र, इति पाठः।

मन्वानाः संतस्तत्र ययुः। क्व यत्र स्थाने कात्यायनी चण्डिका स्थिता वर्तते स्म तत्र जग्मुः। कतो नामर्षिः कतस्य गोत्रं स्त्री कात्यायनी। कात्यशब्दाद्गर्गादियञन्तात् 'सर्वत्र लोहितादिकतन्तेभ्यः' इति स्त्रिया ष्फः। फस्यायनादेशः। पित्त्वात् ङीष्। 'उमा कात्यायनी गौरी।' यतः कात्यायनी स्थितेति पाठे आद्यादित्वात्सप्तम्यर्थे तसिः। यत्रेत्येवार्थः ॥28॥

(4 नागोजीभट्टी) तेपीति अमर्षेण सर्वतः पूरिताः। यतः यं देशमाक्रम्य कात्यायनी स्थिता तं देशं जग्मुरित्यन्वयः। मूलशक्त्यभेदे तस्या अपि कात्यायनीत्वोक्तिः ॥28॥

(5 जगच्चन्द्रचन्द्रिका) तेऽपि श्रुत्वेति 29 ॥28॥

(6 दंशोद्धार) ॥28॥

ततः प्रथममेवाग्रे शरशक्त्यृष्टिवृष्टिभिः।
ववर्षु[1]रुद्धतामर्षास्तां देवीममरारयः ॥29॥

(1 गुप्तवती) ॥29॥

(2 चतुर्धरी) प्रथममादौ अग्रे संमुखे शरशक्तिऋष्टीनां वृष्टिभिः उद्धत उद्गतोऽमर्षो येषां ते ववर्षुरिति नञा निर्दिष्टस्यानित्यत्वादगुणाभावः। ववृषुरिति वा पाठः ॥21॥

(3 शान्तनवी) ततोऽनन्तरम् अमरारयः सुरद्विषः शुम्भादयः उद्धतामर्षाः प्रवृद्धरोषाः सन्तः प्रथममेव च प्रथमारम्भसमये। 'कालाध्वनोः' इति द्वितीया। अग्रे देव्याश्चण्डिकायाः अग्रभागे उरसि शरशक्तयृष्टिवृष्टिभिः शरसंपातैः शक्तिपातैः ऋषिपातैः खड्गपातैश्च साधनैः तां देवीं चण्डिकां ववर्षुः ववृषुः छादयामासुः। वृषु सेचने। 'असंयोगल्लिट् कित्।' सर्वे विधयश्छन्दसि विकल्पन्ते छन्दोवत्पुराणानि भवन्ति। छन्दोवत्तद्विदां वचः। अन्यथा शरीरादिभिर्ववृषुरित्येव गुणाभावात्स्यात्। अमर्षः क्रोधः। 'कासूसामर्थ्ययोः शक्तिः' कास्तूस्तोमराख्यमायुधम्। ऋषिः खड्गः। वृष्टयः सन्ततधाराणि वर्षाणि ॥29॥

(4 नागोजीभट्टी) तत इति प्रथममादौ। अग्रे संमुखे। ववर्षुरिति

1. 'ववृषु' इति पाठः।

गुणश्छान्दसः। उद्धतः प्रकटः। अनेन स्त्री प्रथमतो हन्तुमयोग्येति विवेकराहित्येन रौद्राविष्टत्वं सूचितम् ॥29॥

(5 जगच्चन्द्रचन्द्रिका) ततः प्रथममेवाग्र इति 30 ॥29॥

(6 दंशोद्धार) तत इति। प्रथममेव आदावेव। अग्रे संमुखे। ऋषिः खड्गः। ववृषुः इति वक्तव्ये आर्षत्वाद्गुणःणाः ॥29॥

सा च तान्प्रहितान्बाणाञ्शूलशक्तिपरश्वधान्।
चिच्छेद लीलयाध्मातधनुर्मुक्तैर्महेषुभिः ॥30॥

(1 गुप्तवती) ॥30॥

(2 चतुर्धरी) परश्वघान् परशून्। आध्मातं शब्दवद्धनुः तेन मुक्तैः शरैः ॥30॥

(3 शान्तनवी) चण्डिका सा च तत्प्रहितान्बाणान् असुरैः प्रयुक्तान् शरान् शूलशक्तिपरश्वघान् शूलान् शक्तीः परश्वघान् परशून् कुठारान् अन्यान्यपि च आयुधानि लीलया अनायासेन ध्मातधनुर्मुक्तैः ध्मातं मौर्वीटनत्कारेण शब्दितं धनुः ततो मुक्तैः प्रेरितैः महेषुभिः महद्भिः प्रशस्तैरिषुभिः शरैः चिच्छेद। 'अस्त्री शूलं रुगायुधम्'। 'कासूसामर्थ्ययोः शक्तिः' 'परशुश्च परश्वघः।' लीलया क्रीडया। ध्मा शब्दाग्निसंयोगयोः। ध्मातम्। कर्मणि क्तः। 'पत्री रोप इषुर्द्वयोः' ॥30॥

(4 नागोजीभट्टी) ॥30॥

(5 जगच्चन्द्रचन्द्रिका) सा च तानिति 31 ॥30॥

(6 दंशोद्धार) सा चेति। प्रहितान्। आध्मातशब्दवद्धस्तेन मुक्तैः ॥30॥

तस्याग्रतस्तथा काली शूलपातविदारितान्।
खट्वाङ्गपोथितांश्चान्यान्कुर्वती व्यचरत्तदा ॥31॥

(1 गुप्तवती) तस्मादग्रत इति वक्तव्ये पादपूरणायाकारलोपः। 'सोचि लोपे चेत्' इति ज्ञापकादिति दुर्घटवृत्तिकारः ॥31॥

(2 चतुर्धरी) तस्याः देव्याः तस्याग्र इति क्वचिद्विसर्गलोपेपि संधिः। तस्यास्तथाग्रत इति वा पाठः। पोथितान्मर्दितान्कुर्वन्ती वैकल्पिकोऽनुष-

ङ्गलोपाभावः(?)। सर्वे विधयश्छन्दसि विकल्पन्त इति न्यायात्। कुर्वतीति वा पाठः ॥31 ॥

(3 शान्तनवी) तदा देवी दानवसंदह्यमाना अरीन् सुरद्विषः शूलपातविदारितान् खट्वाङ्गपोथितांश्च कुर्वन्ती असुरशरीरपञ्जरमयायुधेन पोथितान् हिंसितान्प्रहतान्कुर्वती सती व्यचरन् विचरति स्म विहरति स्म। अनेन या चण्डिका ललाटोत्पन्ना काली नाम देवता तत्पराक्रमो वर्ण्यते। 'स्यात्पुरः पुरतोऽग्रतः।' खट्वाङ्गं शरीरकङ्कालः शरीरास्थिपञ्जरः। पुथभाषार्थश्चुरादिः। धात्वनेकार्थत्वादिह तु हिंसार्थः। पुथितानिति तु पाठे पुथ हिंसासंक्लेशनयोः इति भ्वादिरिदित् कर्मणि क्तः। यदभ्यधुः। 'पुथ्येत्पुथति हिंसार्थे भाषार्थे पोथयेदिति ॥31 ॥'

(4 नागोजीभट्टी) तस्येति। तस्या अग्रत इति च्छेदः। छान्दसः संधिः। तथा चण्डीवत् तदा देव्याः शस्त्रच्छेदो खट्वाङ्गं कङ्कालपञ्जरं पट्टिका वा। कालीललाटजा कुर्वती युक्तशस्त्राभावात् ॥31 ॥

(5 जगच्चन्द्रचन्द्रिका) तस्याग्रत इति 32 ॥31 ॥

(6 दंशोद्धार) तस्या इति देव्याः संधिस्त्वार्षः। तस्यास्तथाग्रत इति पाठः सुगमः। कुर्वतीति पाठः। कुर्वन्तीति पाठे नुमागम आर्षः ॥31 ॥

कमण्डलुजलाक्षेपहतवीर्यान्हतौजसः।
ब्रह्माणी चाकरोच्छत्रून्येनयेन स्म धावति ॥32 ॥

(1 गुप्तवती) ॥32 ॥

(2 चतुर्धरी) वीर्यं बलम्। आजोऽवष्टम्भः। येनयेन प्रदेशेन धावति स्म इति स्मयोगदतीति वर्तमानता। तेन ब्रह्माणी येन अधावत् तेन अरींस्तथाऽकरोदित्यन्वयः ॥32 ॥

(3 शान्तनवी) ब्रह्म अणति वेदं कथयति ब्रह्माणी ब्राह्मी शक्तिः देवी दानवसंग्रामे येनयेन यथा धावति स्म योद्धुं गच्छति स्म तत्रतत्र पथि शत्रून् सुरद्विषः कमण्डलुजलाक्षेपात् कमण्डलौ जलं तस्य आक्षेपात् कमण्डलुजलाकर्षणात् प्रोक्षणात्। यद्वा कमण्डलोः सकाशात् उद्धृतस्य जलस्य आक्षेपादाकृष्य प्रोक्षणात् हेतोः हतवीर्यान्नष्टवीर्यबलप्रभावांश्च हतौजसश्च हतदीप्तिबलानकरोत् कृतवती। 'ओजो दीप्तौ वलेऽपि स्यात्।'

'स्थौल्यसामर्थ्यसैन्येषु बलं ना काकसीरिणोः' 'वेदस्तत्त्वं तपो ब्रह्म ब्रह्मा विप्रः प्रजापतिः'। ब्रह्म अणति कथयति ब्रह्माणी कर्मण्यण्। अण शब्दार्थः। स्त्रियां ङीप्। लट् स्मे। स्मातीते। धावु गतिशुद्ध्योः स्वरितेत्। यद्वा सृ गतौ सर्तेर्वेगितायां गतौ धावादेशो वक्तव्यः शिति। अनेन ब्राह्मी या शक्तिः ब्रह्माणी नाम तत्पराक्रमो वर्णितः। कमण्डलुजलाक्षेपहतवीया-ऽनित्येकपदत्वपाठे हतौजस इत्यत्रापि कमण्डलुजलाक्षेपादित्येतदपेक्षया कारणं ज्ञेयम्। कमण्डलुजलाक्षेपहतवीर्या हतौजस इत्येकपदत्वेन पाठे तु आहतवीर्याश्च हतौजसश्च आहतवीर्याहतौजसः। कमण्डलुजलाक्षेपा आहतवीर्याहतौजस्तान् कमण्डलुजलाक्षेपाहतवीर्याहतौजसः। 'अस्त्री कमण्डलुः कुण्डी'। अथवा धावतीत्यत्र व्यत्ययेन धावन्तीति बहुवचनमाश्रित्य ये अनयेन अन्यायेन धावन्ति स्म लोकानुपद्रवन्ति स्म तान् शत्रून्दैत्यान्ब्रह्माणी ब्रह्मशक्तिः देवता कमण्डलुजलाक्षेपात् हतवीर्यान्हतौजसश्च अकरोत् कृतवती ॥32॥

(4 नागोजीभट्टी) कमण्डल्विति। आक्षेपः प्रक्षेपः। वीर्यं बलम्। हततेजसः धावतीति स्मयोगे भूते लट्। येनयेन प्रदेशेन ॥32॥

(5 जगच्चन्द्रचन्द्रिका) कमण्डल्विति 33 ॥32॥

(6 दंशोद्धार) कमण्डलुजलेति। वीर्यमुत्साहः ओजो बलम्। धावतीत्यत्र 'लट्स्मे' इति स्मयोगे भूतेऽपि लट्। धावति स्म अधावदित्यर्थः ॥32॥

माहेश्वरी त्रिशूलेन तथा चक्रेण वैष्णवी।
दैत्याञ् जघान कौमारी तथा शक्त्यातिकोपना ॥33॥

(1 गुप्तवती) ॥33॥

(2 चतुर्धरी) ॥33॥

(3 शान्तनवी) देव्या अग्रे महेश्वरस्येयं माहेश्वरी शक्तिर्देवता अतिकोपिता सती त्रिशूलेन दैत्यान् जघान जिहिंस। तथा अतिकोपना विष्णोरियं वैष्णवी शक्तिर्देवता चक्रेण दैत्यान् जघान ताडयामास। तथा कुमारस्य गुहस्येयं कौमारी शक्तिर्देवता अतिकोपना अत्युग्रक्रोधना सती शक्त्या आयुधेन दैत्यान् जघान हिंसितवती। एतेन माहेश्वरी वैष्णवी कौमारी इति तिसृणां शक्तीनां क्रमेण त्रिशूलचक्रशक्त्यायुधानां संग्रामे पराक्रमो वर्णितः। अतिकोपना कुप क्रोधे। 'क्रुधमण्डार्थेभ्यश्च' इति युच् ॥33॥

(4 नागोजीभट्टी) माहेश्वरीति स्पष्टम् ॥33 ॥

(5 जगच्चन्द्रचन्द्रिका) माहेश्वरीति 34 ॥33 ॥

(6 दंशोद्धार) ॥33 ॥

ऐन्द्रीकुलिशपातेन शतशौ दैत्यदानवाः ।
पेतुर्विदारिता भूमौ रुधिरौघप्रवर्षिणः ॥34 ॥

(1 गुप्तवती) ॥34 ॥

(2 चतुर्धरी) ऐन्द्र्याः यः कुलिशपातस्तेन ॥34 ॥

(3 शान्तनवी) इन्द्रास्येयमैन्द्री शक्तिर्देवता तस्याः ऐन्द्र्याः शक्त्याः देवतायाः कुलिशं वज्रम् आयुधं तस्य पातः आघातः तेन ऐन्द्रीकुलिशपातेन शतं शतं शतशः। 'संख्यैकवचनाच्च वीप्सायां शस्'। दैत्यदानवाः विदारिताः। अत एव रुधिरौघप्रवर्षिणः सन्तः पृथिव्यां क्षोण्यां पेतुः पतिताः विदारिताः दॄ विदारणे क्रयादिः। हेतुमति कर्मणि क्तः। अन्यथा विदीर्णाः स्युः। चुरादौ चास्ति। यदभ्यधुः 'दारिते भिन्नभेदितौ'। यद्वा विदारणं विदारो भेदः सः संजातो येषामिति विदारिताः। संजातभेदा इत्यर्थः। रुधिराणामोघाः तेषां प्रवर्षाणि तद्वतः। 'ओघो वृन्देऽम्भसां रथे' 'स्यादृष्टौ लोकधात्वंशे वत्सरे वर्षमस्त्रियाम्'। यद्यपि 'असुरा दैत्यदैत्येयदनुजेन्द्रारिदानवाः' इत्यभेदेनाभ्यधुः सामान्येन तथापीह मातृभेदतो भेदेनाभ्यधायि। दितेरपत्यानि पुमांसः दैत्याः। 'दित्यदित्यादित्यपत्युत्तरपदाण्ण्यः'। दनोरपत्यानि पुमांसः दानवाः 'तस्यापत्यम्' इत्यण्। ओर्गुणः। अवादेशः। अत एव समानार्थत्वादविवक्ष्यमाणात् 'विरूपाणामपि समानार्थानाम्' इत्येकशेषो न कृतः ॥34 ॥

(4 नागोजीभट्टी) ऐन्द्रीति। दैत्यदानवयोर्मातृतो भेदः। ऐन्द्र्याः कुलिशपातेनेत्यर्थः ॥34 ॥

(5 जगच्चन्द्रचन्द्रिका) ऐन्द्रीकुलिशेति 35 ॥34 ॥

(6 दंशोद्धार) ॥34 ॥

तुण्डप्रहारविध्वस्ता दंष्ट्राग्रक्षत्तवक्षसः ।
वाराहमूर्त्या न्यपतंश्चक्रेण च विदारिताः ॥35 ॥

(1 गुप्तवती) ॥35॥

(2 चतुर्धरी) ॥35॥

(3 शान्तनवी) वराहस्य भगवतो विष्णोरियं वाराही मूर्तिः कायो यस्याः सा वाराहमूर्तिः वाराही शक्तिर्देवता तस्याः संबन्धि तुण्डं वक्त्रम्। तुडि तोडने। तुण्डत्यनेन खण्डयतीति तुण्डं तेन यः प्रहारः आघातः तेन विध्वस्ताः तुण्डाग्रेण यः प्रहारः तेन व्यसूकृताः असुराः तस्याः संबन्धिन्यौ ये द्वे द्वे दंष्ट्रे ऊर्ध्वे तयोरग्रभागौ ताभ्यां क्षतानि हिंसितानि वक्षांसि येषां ते दंष्ट्राग्रक्षतवक्षसो दानवाः तस्या एव चक्रेण च वैष्णवायुधेन विदारिताः विदीर्णगात्राश्च रान्तो दैत्याः रणभुवि न्यपतन् निपतितवन्तः लङ्। न्यपतन्यन् इति पाठे लुङि पतः पुमागमः। एतेन वाराह्याः शक्तेः संख्याने पराक्रम उक्तः॥35॥

(4 नागोजीभट्टी) तुण्डेति। वाराही चासौ मूर्तिश्च वाराहमूर्तिस्तया। चेक्रेणेत्यनेन वाराह्या मुखमेव वराहसदृशं नत्वन्यत्। एवं शक्तिमतो वराहस्यापि बोध्यम्॥35॥

(5 जगच्चन्द्रचन्द्रिका) तुण्डप्रहारेति 36 ॥35॥

(6 दंशोद्धार) ॥35॥

नखैर्विदारितांश्चान्यान्भक्षयन्ती महासुरान्।
नारसिंही चचाराजौ नादापूर्णदिगम्बरा॥36॥

(1 गुप्तवती) ॥36॥

(2 चतुर्धरी) आजौ रणे। अम्बरमाकाशम्॥36॥

(3 शान्तनवी) नादेन सिंहनादेन कण्ठगर्जनेन आ समन्तादभिव्याप्य पूर्णानि पूरितानि दिशामन्तराण्यन्तरालानि यया सा नादापूर्णदिगन्तरा। नादपूरितदिङ्मुखेत्यपि पाठे स एवार्थः। 'वा दान्तशान्तपूर्ण' इति पूरिते निपात्यते। नादेनापूरितानि दिङ्मुखानि अन्तरालानि यथा सा तथोक्ता शक्तिर्देवता। यद्वा वराहस्यायं वाराहो विष्णोरवतारः वाराहस्येयं मूर्तिः कायो यस्याः सा वाराहमूर्तिः नृसिंहस्य भगवतो विष्णोरवतारस्येयं महावीर्यस्य

शक्तिर्नारसिंही देवता आजौ युद्धे चचार विजहार। किं कुर्वती नखैर्नखरैरायुधैर्विदारितान्भेदविस्फुटितगात्रानन्यानपरान्महासुरान्भक्षयन्ती। खादयन्ती प्रागुक्तशक्त्याहता दैत्येभ्योन्यान्सुरानभ्यवहरन्तीत्यर्थः। अथवा। च अ आन्यान् इति छेदः अ इति प्रतिषेधार्थमव्ययम्। अन्यानिति अण प्राणाने णिचि 'अचो यत्' आननीया अन्याः जीवयितुमर्हाः आ अन्याः आन्याः अजीवनीयाः। दुष्टत्वान्मारणीया इत्यर्थः। तान्महतोऽसुरान्भक्षयन्ती नारसिंही खलु मारयति खादति च। 'समित्याजिसमिद्युधः' 'समे क्ष्मांशे रणे प्याजिः 'युद्धभागक्षणेष्वाजिः'। अनेन नारसिंह्याः शक्तेः पराक्रमः कथितः ॥36॥

(4 नागोजीभट्टी) नखैरिति। आजौ रणे। अम्बरामाकाशम् ॥36॥

(5 जगच्चन्द्रचन्द्रिका) नखैर्विदारिता इति 37 ॥36॥

(6 दंशोद्धार) ॥36॥

चण्डाट्टहासैरसुराः शिवदूत्यभिदूषिताः।
पेतुर्विदारिता भूमौ तांश्चखादाथ सा तदा ॥37॥

(1 गुप्तवती) ॥37॥

(2 चतुर्धरी) चण्ड उत्कटः सकोपो वा अट्ट उच्चैर्हासः। शिवदूत्यभिदूषिताः ॥37॥

(3 शान्तनवी) शिवदूत्या चण्डिकोत्पन्नया शक्त्या चण्डाट्टहासैः प्रचण्डोद्धतोच्चहासैः भयंकरैः अभिदूषिताः प्रापितकृत्याः प्रापितमूर्छाः असुराः पृथिव्यां रणक्षितौ पेतुः पतन्ति स्म। अथ तदा पृथिव्यां पतितान् असुरान् चखाद। खादृ भक्षणे। भक्षयामास। अनेन शिवदूत्याः शक्तेः पराक्रम उक्तः। चण्डिकाशरीराद्धि निर्गता या शक्तिः शिवं हतमकरोत्सा शिवदूती नाम देवता अभिदूषिता। दुष वैकृत्ये वैकृत्यमविवेकः। णिचि कर्मणि क्तः। पेतुः पत्लृ गतौ परोक्षे लिटि एत्वाभ्यासलोपौ ॥37॥

(4 नागोजीभट्टी) चण्डेति। चण्ड उत्कटः सकोपो वा। शिवदूत्यभिदूषिता इति तृतीयासमासः। प्रापितमूर्छा सा शिवदूती ॥37॥

(5 जगच्चन्द्रचन्द्रिका) चण्डाट्टहासैरिति 38 ॥37॥

(6 दंशोद्धार) चण्डाट्टहासैरिति। चण्डा उत्कटाः सकोपा वा अट्टहासास्तैः शिवदूत्यभिदूषिताः पातिताः। उपसर्गबलेन धात्वर्थस्यान्यार्थत्वात् ॥37 ॥

इति मातृगणं क्रुद्धं मर्दयन्तं महासुरान्।

दृष्ट्वाभ्युपायैर्विविधैर्नेशुर्देवारिसैनिकाः ॥38 ॥

(1 गुप्तवती) नेशुः पलायिताः ॥38 ॥

(2 चतुर्धरी) विविधैरभ्युपायैर्महासुरान्मर्दयन्तं मातृगणं दृष्ट्वा(इत्यन्वयः)इत्यभ्युपायविशेषणम्। नेशुरपययुः ॥38 ॥

(3 शान्तनवी) इति प्रागुक्तप्रकारेण मातृगणं मातृणां ब्रह्माण्यादीनां गणं समूहं क्रुद्धं क्रोधाविष्टम् आविष्कृतकोपम् अत एव विविधैः बहुविधैरभ्युपायैः संग्रामसाधनैरमोघैः सहासुरन्मर्दयन्तं दृष्ट्वा देवारिसैनिकाः देवानामरयो दैत्या सुरद्विषस्तेषां सैनिकाः 'सेनायां समवेता ये सैन्यास्ते सैनिकाश्च ते'। नेशुः णश अदर्शने। अदर्शनमगुः। पलाय्य ययुरिति यावत्। 'ब्रह्माणी वैष्णवी रौद्री कौमारी शिवदूतिका। ऐन्द्री च नारसिंही च वाराही चाष्टमातरः'। एताः शक्त्यो युद्धायोद्भूताः अणिमेत्यन्या मातरोष्टौ। 'ब्राह्मी माहेश्वरी चैन्द्री वाराही वैष्णवी तथा। कौमारी चर्ममुण्डा च काली संकर्षणीति च'। 'ब्राह्मी माहेश्वरी चैव कौमारी वैष्णवी तथा। वाराहीं चैव माहेन्द्री चामुण्डा त्वष्टमातरः' इत्यनेन। 'ब्राह्मी माहेश्वरी चैव कौमारी वैष्णवी तथा। वाराही चैव माहेन्द्री चामुण्डा सप्त मातरः' ॥38 ॥

(4 नागोजीभट्टी) इति पूर्वोक्तैरभ्युपायैः संग्रामसाधनैः दैत्यान्मर्दयन्तं मातृगणे दृष्ट्वा नेशुः पलायिता इत्यन्वयः। ब्रह्माण्याद्य अष्ट मातरः। 'ब्राह्मी माहेश्वरी चैव कौमारी वैष्णवी तथा। वाराही नारसिंह्यैन्द्री चामुण्डा मातरः स्मृताः' ति डामरतन्त्रे नवार्णविधाने उक्ताः ॥38 ॥

(5 जगच्चन्द्रचन्द्रिका) इति मातृगणमिति 39 ॥38 ॥

(6 दंशोद्धार) इतीति। विविधैरुपायैरसुरान्मदयन्तमित्यन्वयः। नेशुर्न समर्थाः ॥38 ॥

पलायनपरान्दृष्ट्वा दैत्यान्मातृगणार्दितान्।

योद्धुमभ्याययौ क्रुद्धो रक्तबीजो महासुरः ॥39॥

(1 गुप्तवती) रक्तबीजो महासुर इत्यस्योत्तरमेकः श्लोकोऽधिकः।

'भागिनेयो महावीर्यस्तयोः शुम्भनिशुम्भयोः। क्रोधवत्याः सुतो ज्येष्ठो महाबलपराक्रमः' ॥40॥ इति ॥39॥

(2 चतुर्धरी) ॥39॥

(3 शान्तनवी) रक्तं बीजं यस्यासुरस्य स रक्तबीजः महासुरः दैत्यान्मातृगणादितान्। ब्रह्माण्यसादिमातृसमूहेन हिंसितान् अत एव पलायनपरान्युद्धादपगमतत्परान् दृष्ट्वा वीक्ष्य क्रुद्धः क्रोधाविष्टः सन्। कर्तरि क्तः। देव्या सह योद्धुमभ्याययौ। रक्तं बीजयति बीजं करोति रक्तबीजः। कर्मण्यण्। बहुव्रीहिस्तूक्तः प्रागेव। अर्द हिंसायां कर्मणि क्तः ॥39॥

(4 नागोजीभट्टी) पलायनेति। रक्तं बीजं कारणं यस्य सः रक्तबीजः ॥39॥

(5 जगच्चन्द्रचन्द्रिका) पलायनेति 40 ॥39॥

(6 दंशोद्धार) पलायनेति। रक्तं शोणितं बीजं पुनःपुनः प्रादुर्भावकं यस्येति रक्तबीजः ॥39॥

रक्तबिन्दुर्यदा भूमौ पतत्यस्य शरीरतः।

समुत्पतति मेदिन्या[1]स्तत्प्रमाणो महासुरः ॥40॥

(1 गुप्तवती) ॥40॥

(2 चतुर्धरी) अस्य रक्तबीजस्य। मेदिन्यामित्यधिकरणे सप्तमी। पञ्चम्यन्तपाठे तु ल्यब्लोपेऽधिकरणे चोपसंख्यानं कर्तव्यमिति पञ्चमी न त्वपादाने। जनिकर्तुः प्रकृतेरेवापादानत्वात्। न चात्र मेदिनी प्रकृतिः। रक्तबिन्दोरेव तथात्वात् ॥40॥

(3 शान्तनवी) अस्य महासुरस्य रक्तबीजाख्यस्य शरीरतो रक्तबिन्दुः रक्तपृषत् यदा भूमौ पतति भ्रश्यति तदा तत्प्रमाणः रक्तबीजाख्यदैतत्यशरीरप्रमाणकः महासुरः मेदिन्याः सकाशात्समुत्पतति समुत्पद्यते। अतश्च स रक्तबीजो रक्तबिन्दुबीजो रक्तबिन्दुश्चेति विख्यातोऽ-

1. मेदिन्यास्त....., इति पाठः।

भून्महासुरः। रक्तबिन्दुरित्येकवचनमुपलक्षणम्। तेन यावन्तस्तद्रक्तबिन्दवः भूमौ पतन्ति तावन्त एव तादृशा एव रक्तबीजाख्यदैत्यसमा एव महासुरा मेदिनीतो भूमितः समुत्पद्यन्ते। मेदिन्यामिति पाठेऽधिकरणं विवक्षितम्॥40॥

(4 नागोजीभट्टी) तदेवाह। रक्तेति। अस्य रक्तबीजस्य मेदिन्याः। मेदिन्यां स्थित्वेत्यर्थः। ल्यब्लोपे पञ्चमी॥40॥

(5 जगच्चन्द्रचन्द्रिका) रक्तबिन्दुरिति 41॥40॥

(6 दंशोद्धार) रक्तबिन्दुरीति। मेदिन्या इति पञ्चम्यन्तपाठे तु ल्यब्लोपे पञ्चमी। मेदिनीं प्राप्येत्यर्थः। न त्वपादाने। जनिकर्तुः प्रकृतेरेवापादानत्वात् नात्र मेदिनी प्रकृतिः। किं तु रक्तबिन्दुरेव॥40॥

युयुधे स गदापाणिरिन्द्रशक्त्या महासुरः।
ततश्चैन्द्री स्ववज्रेण रक्तबीजमताडयत्॥41॥

(1 गुप्तवती) ॥41॥

(2 चतुर्धरी) स रक्तबीजः॥41॥

(3 शान्तनवी) स महासुरो रक्तबिन्दुबीजः गदापाणिः सन् इन्द्रशक्त्या सह ऐन्द्र्या शक्त्या देवतया सार्धं युयुधे संग्रामं चकार। ततः ऐन्द्री इन्द्रशक्तिः स च देवता स्ववज्रेण निजायुधेन कुलिशेन तं रक्तबीजं महासुरम् अताडयत्। तड आघाते चुरादिः। युयुधे युध संप्रहारे दिवादिरनुदात्तेत्। कर्तरि लिट्। गदा पाणौ यस्य सः इन्द्रस्येयं शक्तिः देवता ऐन्दी स्ववज्रेण। स्वपदमसाधारणतां ध्वनयति। 'बन्धुजीवप्रसूनेन सदृशा रक्तबिन्दवः। रक्तबिन्दुः क्षितिस्पृक्मञ्जायते तत्समोऽमुरः॥41॥

(4 नागोजीभट्टी) स रक्तबीजः॥41॥

(5 जगच्चन्द्रचन्द्रिका) युयुधे स गदेति 42॥41॥

(6 दंशोद्धार) ॥41॥

कुलिशेनाहतस्याशु ब[1]हु सुस्राव शोणितम्।
समुत्तस्थुस्ततो योधास्तद्रूपास्तत्पराक्रमाः॥42॥

(1 गुप्तवती) ॥42॥

---

1. तस्य, इति पाठः।

(2 चतुर्धरी) ॥42 ॥

(3 शान्तनवी) इन्द्रशक्त्या ऐन्द्र्या देवतया कुलिशेनाहतस्य वज्रेणायुधेन ताडितस्य रक्तबीजस्य महासुरस्य शरीरतः बहु बहुलं शोणितं कर्तृ आशु सुस्राव भूमौ पपात। ततः शोणितात्सकाशात् तस्यैव रक्तबीजस्यैव रूपाकृतिर्येषां ते तद्रूपाः तस्येव रक्तबीजस्येव पराक्रमो येषां ते तत्पराक्रमाश्च योधाः योद्धारः महासुराः समुतस्थुः समुत्थिताः। एतावान्विशेषः। रक्तबीजरक्तजासुररक्तात्तु नोत्पद्यन्त इत्यत उक्तं तद्रूपास्तत्पराक्रमाश्च इति। आशु क्षिप्रं सुस्राव। स्रुगतौ दन्त्यादिः। आशु समुत्तस्थुः कुलिशेनाहत इति प्रथमान्तप्राठे घटः प्रस्रवतीतिवदकर्मकत्वेन शोणितं सुस्राय रक्तबिन्दुरिति सकर्मता नोपपद्यते। अथवा कृपाणेन सैनिको हत इति किंचित्स्रवतीति (?) वत्सकर्मकत्वमपि घटेत। अथवा कुलिशेन हतः आशु शोणितं कर्म सुस्राव जगाम प्राप्तवानित्यर्थविवक्षायां सकर्मकतास्त्येव। आहतस्य रक्तबिन्दोः शरीरतः शोणितं कर्तृ। सुस्रावेत्यत्र अकर्मकत्वं तु घटात्पयः स्रवतीतिवत्कर्मनिरपेक्ष-त्वादवसेयम्। 'शक्त्युद्योगौ पराक्रमौ' ॥42 ॥

(4 नागोजीभट्टी) कुलिशेनेति। तस्य रक्तबीजस्य ॥42 ॥

(5 जगच्चन्द्रचन्द्रिका) कुलिशेति 43 ॥42 ॥

(6 दंशोद्धार) ॥42 ॥

यावन्तः पतितास्तस्य शरीराद्रक्तबिन्दवः।
तावन्तः पुरुषा जातास्तद्वीर्यबलविक्रमाः ॥43 ॥

(1 गुप्तवती) ॥43 ॥

(2 चतुर्धरी) वीर्यं प्रभावः। बलं सैन्यम्। विक्रमः सामर्थ्यातिशयः ॥43 ॥

(3 शान्तनवी) तस्य रक्तबीजस्य दैत्यस्य शरीराद्वपुषः सकाशाद्यावन्तो यत्परिमाणा यावत्संख्याकाः रक्तबिन्दवो रुधिरपृषताः पृथिव्यां पतिताः अपतन् तावन्तस्तत्परिमाणा एव तावत्संख्याकाः पुरुषा एव दैत्याः तद्वीर्याश्च तत्तुल्यबलाश्च तुल्यविक्रमाश्च दैत्याः समजनिषतेत्यर्थः। यावन्तः। 'यत्तदेतेभ्यः परिमाणे धतुप्'। पतिताः भुवि भ्रष्टाः वीर्यं बलं प्रभावश्च। वीर्यं वीरकर्म वा। बलं प्राणसामर्थ्यम्। 'स्थौल्यसामर्थ्यसैन्येषु बलं वा काकसारिणोः' 'विक्रमस्तु पराक्रान्तौ शौर्ये वापि प्रकीर्तितः' 'विक्रमस्त्वतिशक्तिता' ॥43 ॥

(4 नागोजीभट्टी) यावन्त इति। वीर्यं प्रभावः। बलं शारीरम्। विक्रम उत्साहरूपः ॥43 ॥

(5 जगच्चन्द्रचन्द्रिका) यावन्त इति 44 ॥43 ॥

(6 दंशोद्धार) यावन्त इति। वीर्यं प्रभावः। बलं शारीरम्। विक्रम उत्साहः ॥43 ॥

ते चापि युयुधुस्तत्र पुरुषा रक्तसंभवाः।
समं मातृभिरत्युग्रशस्त्रपातातिभीषणम् ॥44 ॥

(1 गुप्तवती) ॥44 ॥

(2 चतुर्धरी) समं सह। अत्युग्रमिति क्रियाविशेषणं शस्त्रविशेषणं वा ॥44 ॥

(3 शान्तनवी) तत्र तस्मिन्देवीदानवसंग्रामे रक्तबीजासुरस्य रक्तसंभवाः रक्तजाः ये पुरुषाः दैत्या तेपि च ब्रह्माण्यादिभिः मातृभिः समं सार्धम् अत्युग्रमतिदारुणं यथा स्यात्तथा शस्त्राणां पातैरतिभीषणमतिभयंकरं च यथा स्यात्तथा युयुधुः। युध संप्रहारे अनुदात्तेत्। इह तु 'व्यत्ययो बहुलम्' इति परस्मैपदम्। युयुधिरे पुरुषा इति त्वन्यथा स्मात् ॥44 ॥

(4 नागोज़ीभट्टी) त इति। समं सह। अत्युग्रेति शस्त्रविशेषणं समस्तम् ॥44 ॥

(5 जगच्चन्द्रचन्द्रिका) ते चापीति 45 ॥44 ॥

(6 दंशोद्धार) ॥44 ॥

पुनश्च वज्रपातेन क्षतमस्य शिरो यदा।
ववाह रक्तं पुरुषास्ततो जाताः सहस्रशः ॥45 ॥

(1 गुप्तवती) ॥45 ॥

(2 चतुर्धरी) ववाह सुस्राव। छान्दसत्वात्संप्रसारणभावः। वह गतावित्यस्य वा रूपम्। वह प्रयत्ने इत्यतो वा धातोरनेकार्थत्वात्। रक्तं कर्तृ वा रक्तं ववाह इवेति वा। ततो रक्तात्सहस्रशोऽसंख्याताः ॥45 ॥

(3 शान्तनवी) पुनश्च पुनरपि ऐन्द्र्या शक्त्या देवतया कृतेन वज्रपातेन अस्य रक्तबीजस्य महासुरस्य शिरो मस्तकं यदा क्षतम् आहतं दलित भग्नमभूत्तदा

ततः वज्रताडिताच्छिरसः सकाशात् निर्गतं रक्तं कर्तृ। ववाह प्रवहति स्म। प्रवाही बभूवेति यावत्। ततश्च तस्माच्च रक्तप्रवाहात् भूयिष्ठात्सहस्रं सहस्रं सहस्रशः। 'संख्यैकवचनाच्च वीप्सायां शस्'। पुरुषाः दैत्याः जाताः समजनिषत। ववाहेति वह प्रापणे 'लिट्यभ्यासस्योभयेषाम्' इति संप्रसारणं तु संज्ञापूर्वको विधिरनित्य इति नेत्याहुः। बहिरसंप्रसारणे प्रकृत्यन्तरतया दन्त्योष्ठ्यादिरस्तीत्यपरे। वाह प्रयत्न इत्यस्यात्मनेपदानित्यत्वाद्ववाहेत्यपरे। चक्षिङो ङित्करणमनुदात्तेल्लक्षणात्मनेपदानित्यत्वे ज्ञापकमाहुः। ववेत्यव्ययम्। वव इति प्रथमं रक्तानिःसरणजनितध्वनिमाहेत्यन्ये। वव इत्येवं शब्दमाहुः। रक्तं कर्तृ प्रथमत इत्यर्थः। उवाहेत्यर्थे वव इति शब्दानुकरणम्। आहेति च विभक्तिप्रतिरूपकं कालसामान्यवाच्यव्ययम्। यतो निर्गमनसमये रक्तं कर्तृ। प्रथमतः वव इत्यव्ययरूपं शब्दम् आह अतो ववाह इति शब्दानुकरणं द्रष्टव्यम्। तेन अनुकार्यानुकरणयोर्भेदस्याविवक्षितत्वादसत्यर्थवत्त्वे गवित्ययमाहेतिवद्वि-भक्त्युत्पत्त्यभावः। अन्यथा ववमाहेति स्यात्। केचित्तु कृतसंप्रसारणे उवाहेत्येव पेठुः। वयं तु ब्रूमः। संप्रसारणमत्र कर्तव्यम्। कृते तस्मिन् 'संप्रसारणाच्च' इत्यत्र पूर्वरूपत्वे नित्यप्राप्ते 'वा छन्दसि' इत्यनुवृत्तेः पूर्वरूपत्वाभावपक्षे मित्रावरुणौ यजमानावितिवत्पुनःप्रसङ्गविज्ञानात् 'इको यणचि' इति यणादेश एव श्रूयते। छन्दोवत्पुराणानि च भवन्तीति। तदित्थम्। 'पाठा व्याख्याश्च धातूनां दृश्यन्ते स्वैरिणः क्वचित्। प्रयोग एव भगवांस्तानवस्थापयत्यपि' ॥45 ॥

(4 नागोजीभट्टी) पुनश्चेति। ववाहेति वहि गतावित्यस्य रूपम् ॥45 ॥

(5 जगच्चन्द्रचन्द्रिका) पुनश्चेति। 46 ॥45 ॥

(6 दंशोद्धार) पुनश्चेति। ववाह सुस्राव। आर्षः संप्रसारणाभावः। यद्वा ववेति स्रवमाणशब्दानुकरणम्। रक्तं ववेत्याह। तत इति पदमध्याहार्यम्। यद्वा वाह प्रयत्ने इत्यस्य रूपम्। धातूनामेकार्थत्वात्। अनुदात्तेत्त्वप्रयुक्तस्यात्मने-पदस्यानित्यत्वाच्च। सहस्रशोऽसंख्याताः ॥45 ॥

वैष्णवी समरे चैनं चक्रेणाभिजघान ह।
गदया ताडयामास ऐन्द्री तमसुरेश्वरम् ॥46 ॥

(1 गुप्तवती) ॥46 ॥

(2 चतुर्धरी) समरे रणे वैष्णवी एनम् असुरेश्वरं चक्रेणाभिजघान गदया

ताडयामास च। किंभूतम् एनम् ऐन्द्रीतम् ऐन्द्र्याः इन्द्रशक्तेः सकाशात् इतं गतं युद्धे परास्त्रेणापि युध्यन्ते इति ऐन्द्री गदया तं ताडयामासेत्यन्वयः। ऐन्द्री गदया वाचाताडयामास भर्त्सयामास इत्यर्थः ॥46 ॥

(3 शान्तनवी) समरे संग्रामे सा वैष्णवी शक्तिर्देवता च तमेनं रक्तबीजदैत्यं चक्रेण आयुधेन जघान जिहिंस। ह प्रसिद्धमेवैतत्। अथ च सा इन्द्रस्येयम् ऐन्द्री शक्तिर्देवता च तमेन रक्तबीजदैत्यम् असुरेश्वरं गदया आयुधेन ताडयामास जघान। यद्वा ऐन्द्रीतमित्येकं पदम्। प्राक् ऐन्द्र्या शक्त्या इतः योद्धुं प्राप्तः ऐन्द्रीतः। ऐन्द्रीतम् एनम् असुरेश्वरं रक्तबीजं समरे युद्धे सा वैष्णवी शक्तिर्देवता चक्रेणाभिजघान। उरसि जिहिंस। न केवलं चक्रेण। गदया ताडयामास जघान च ॥46 ॥

(4 नागोजीभट्टी) वैष्णवीति। ऐन्द्र्याः शक्तेरितं पराङ्मुख स्वसंमुखं प्राप्तम् एनं वैष्णवी चक्रेणाभिजघान गदया च ताडयामासेत्यन्वयः ॥46 ॥

(5 जगच्चन्द्रचन्द्रिका) वैष्णवी समर इति 47 ॥46 ॥

(6 दंशोद्धार) वैष्णवीति। एनम् असुरं चक्रेणाभिजघान गदया च ताडयामास। किंभूतम् ऐन्द्रीतम् ऐन्द्र्याः सकाशादितम् आगतम्। कश्चित्तु ऐन्द्री गदया तं ताडयामास। ऐन्द्र्या गदायुधत्वाभावेऽपि युद्धे परास्त्रैरपि युष्यन्ते इति व्याचख्यौ। केचित्तु गदनं गदः पचाद्यच्। टाप्। गदया क्रूरवाचा तं ताडयामास भर्त्सयामासेत्याहुः ॥46 ॥

वैष्णवीचक्रभिन्नस्य रुधिरस्त्रावसंभवैः।
सहस्त्रशो जगद्व्याप्तं तत्प्रमाणैर्महासुरैः ॥47 ॥

(1 गुप्तवती) ॥47 ॥

(2 चतुर्धरी) ॥47 ॥

(3 शान्तनवी) विष्णोरियं वैष्णवी तस्याः शक्त्या देवतायाः चक्रेण भिन्नस्य विदारितस्य रक्तबीजस्य महासुरश्च रुधिरस्त्रावसंभवैः रक्तप्रवाहसमुद्भवैः तत्प्रमाणैः रक्तबीजासुरपरिमितैः सहस्त्रं सहस्त्रं सहस्त्रशः। यद्वा सहस्त्रेण सहस्त्रेण सहस्त्रशः। 'संख्यैकवचनाच्च वीप्सायां शस्' महासुरैः रक्तबीजरक्तप्रवाहसंभूतैः जगत् भुवनं व्याप्तं व्याकीर्णम्। असुरै रसंख्याकैस्त्रैलोक्यं व्याप्तमिति भावः ॥47 ॥

(4 नागोजीभट्टी) ॥47 ॥

(5 जगच्चन्द्रचन्द्रिका) वैष्णवीचक्रेति 48 ॥47 ॥

(6 दंशोद्धार) ॥47 ॥

शक्त्या जघान कौमारी वाराही च तथासिना।
माहेश्वरी त्रिशूलेन रक्तबीजं महासुरम्॥48॥

(1 गुप्तवती) ॥48 ॥

(2 चतुर्धरी) त्रिशूलेन त्रिमुखेन शूलेन। आहनदिति गणकृतमेनित्यमिति करणलोपाभाव: ॥48 ॥

(3 शान्तनवी) कुमारस्येयं कौमारी शक्तिर्देवता शक्त्या आयुधेन रक्तबीजं महासुरं जघान जिहिंस। तथा वराहस्य भगवत इयं वाराही शक्तिर्देवता असिना खड्गेन तं रक्तबीजं महासुरं जघान ताडयामास। वाराह्या देव्या: वदनमेव वराहानुकारि न तु करचरणादिकमिति ज्ञेयम्। तेन वाराह्या: देव्या: संग्रामे खड्गग्रहणं न संभवतीति नाशङ्कनीयम्। तथा माहेश्वरी महेश्वरस्येयं शक्तिर्देवता च त्रिशूलेन तं रक्तबीजं महासुरं जघान अतीतडत्। क्वचित्तु पाठ:। 'माहेश्वरी त्रिशूलेन रक्तबीजं महासुरम्। ताडयामास हृदये च चचाल तथापि स:'। इति दृश्यते। यद्यपि हृदये सा तं ताडयामास तथापि स: रक्तबीज: संग्रामान्न चचाल। नापजगामेत्यर्थ: ॥48 ॥

(4 नागोजीभट्टी) शक्त्येति ॥48 ॥

(5 जगच्चन्द्रचन्द्रिका) शक्त्य जघानेति ॥49 ॥48 ॥

(6 दंशोद्धार) ॥48 ॥

स चापि गदया दैत्य: सर्वा एवाहनत्पृथक्।
मातृ: कोपसमाविष्टो रक्तबीजो महासुर: ॥49॥

(1 गुप्तवती) ॥49 ॥

(2 चतुर्धरी) ॥49 ॥

(3 शान्तनवी) स चापि रक्तबीजो महासुर: दैत्य: कोपसमाविष्टो क्रोधानलज्वालाकुल: सन् गदया आयुधेन सर्वा एव मातृ: ब्रह्माण्यादिशक्ती:

पृथक्प्रत्येकमहनदताडयत्। दैत्यः महासुरः इत्युक्ते कुतो न पौनरुक्त्यं स्यात्। सामान्यतो दैत्योऽसावित्युक्त्वा सामर्थ्यतो महांश्चासावसुरश्चेति महासुर इत्यतिशयसामर्थ्यप्रदर्शनापौनरुक्त्यम्। यद्वा दितेरपत्यं दैत्यः। यद्वा महान्तः असुराः यस्य सः महासुरः। यद्वा महादेवं जहाति यः स चावावसुरश्चेति महासुरः। 'मः शिवश्चन्द्रमाश्च स्यात्'। ओहाक् त्यागे। 'आतोऽनुपसर्गे कः'। अहनदिति। हन हिंसागत्योः। लङस्तिप्। अदिप्रभृतिभ्यः शपो लुक्। संज्ञापूर्वको विधिरनित्य इति नेत्याहुः। यद्वा हन्तीति हनः पचाद्यच्। हन इवाचरत् अहनत्। 'सर्वप्रातिपदिकेभ्यः क्विब्वा वक्तव्यः'। सनाद्यन्तत्वाद्धातुत्वाद्धन-शब्दाल्लङस्तिप्। अडागमः ॥49 ॥

(4 नागोजीभट्टी) स चापीति अहनदिति छान्दसम्। दितेरपत्यं दैत्यः। महान्तोऽसुराः यस्मादिति न पौनरुक्त्यम् ॥49 ॥

(5 जगच्चन्द्रचन्द्रिका) स चापि गदयेति 50 ॥49 ॥

(6 दंशोद्धार) स चापीति। अहनिति वक्तव्ये अहनदित्यत्र गणकार्यस्यानित्यत्वाच्छपो न लुगित्याहुः ॥49 ॥

तस्याहतस्य बहुधा शक्तिशूलादिभिर्भुवि।
पपात यो वै रक्तौघस्तेनासञ्शतशोऽसुराः ॥50 ॥

(1 गुप्तवती) ॥50 ॥

(2 चतुर्धरी) ॥50 ॥

(3 शान्तनवी) शक्तिशूलादिभिरायुधैर्बहुधा बहुभिः प्रकारैराहतस्य ताडितस्य तस्य रक्तबीजस्य। वै प्रसिद्धौ। यो रक्तौघः वेगवद्रुधिरप्रवाहो भुवि पपात प्रबभ्रंश तेन रक्तौघेन शतशः शतंशतम् असुराः आसन्। शतश इत्युपलक्षणम्। शतशः सहस्रशो लक्षशः कोटिशश्चापि बहुसंख्याका असुराः रक्तबीजासुरसदृशक्ष-परिमाणकायपराक्रमा आसन्समभवन्। 'संख्यैकवचनाच्च वीप्सायां शस्'। शक्तीनां देवीनां शूलादीन्यायुधानि इत्यापि यथायोग्यं व्याख्या। ब्रह्माण्याः आयुधं शत्रुघ्नो मन्त्रः। वैष्णव्याश्चक्रम्। माहेश्वर्याः शूलम्। कौमार्याः शक्तिः। ऐन्द्र्याः कुलिशम्। वाराह्याश्चक्रं मुखनखरपञ्जरश्च। शिवदूत्याः शूलं पिनाकाख्यं धनुश्च। काल्याः शूलं चक्रं च ॥50 ॥

(4 नागोजीभट्टी) ॥50॥

(5 जगच्चन्द्रचन्द्रिका) तस्याहतस्येति 51 ॥50॥

(6 दंशोद्धार) ॥50॥

तैश्चासुरासृक्संभूतैरसुरैः सकलं जगत्।
व्याप्तमासीत्ततो देवा भयमाजग्मुरुत्तमम्॥51॥

(1 गुप्तवती) ॥51॥

(2 चतुर्धरी) उत्तमं निरतिशयम्। प्रकर्षेण हन्यन्ते शत्रवोऽत्रेति प्राहो रणः। प्रपूर्वाद्धन्तेरन्यतोऽपि चेति ङप्रत्यये रूपम् तत्र प्राहे रणे सत्वरा वेगयुक्ता। तथा च स्कन्दपुराणे। 'रथेन काञ्चनाङ्गेन प्रययौ प्राहलालसः' इति। अत उवाचेत्यनेन पुनरुक्तिवर्णनाकर्षेण। प्राहसत् इति क्रियाविशेषणं क्रियापदं वा। त्वरा त्वराक्ती। अर्शआदित्वादच्। यद्वा त्वरया नैरुक्तो वर्णनाशः। क्विबन्तं तृतीयान्तं वा अन्य आह। चण्डिका प्राह अये देवाः भयं मा जग्मुरिति स्वगतं ब्रूते॥51॥

(3 शान्तनवी) असुरस्य रक्तबीजाख्यस्य दैत्यस्य यदसृक् रक्तं रुधिरं तस्मात् भूयिष्ठात्संभूतैरुत्पन्नैरनिर्दिष्टनामधयैरसुरै रक्तबीजसदृशैर्घातुकैः समस्तं सकलं जगत् त्रैलोक्यं व्याप्तमासीत्। ततो देवाः उत्तममधिकं भयमाजग्मुराययुः। अहो किमेतदासीत्। अहो नु खल्वसौ शान्तिकर्मणो वेतालोदयः यज्जगद्रक्षणार्थो दैत्यसंक्षयाय संग्रामः प्रारब्धो भगवत्या स तावन्नाभूत्प्रत्युत रक्तबीजरक्तजैर्दैत्यैः शतशो सहस्रशः लक्षशः कोटिशः संख्याकैश्च तैर्घातुकैः अशेषं जगदापूर्णं पीड्यते हन्तैतदिति देवाः साध्वसमापुरतितमामिति भावः। पटैकदेशेपि दग्धे पटो दग्ध इतिवज्जगदेकदेशोऽपि जगदेवति भावसाकल्येन जगद्व्याप्तमिति सूचयितुं सकलग्रहणम्। सकलमित्येवोक्तेः किं तदिति साकाङ्क्षं स्यात्तत उभयमप्युक्तम्॥51॥

(4 नागोजीभट्टी) तैश्चेति। उत्तमं निरतिशयं सकलं जगदित्यतिशयोक्तिः॥51॥

(5 जगच्चन्द्रचन्द्रिका) तैश्चासुरासृगिति 52 ॥51॥

(6 दंशोद्धार) तैश्चेति। अतिशयेनोत्कृष्टमुत्तमं भयम् ॥51 ॥

तान्विषण्णान्सुरान्दृष्ट्वा चण्डिका प्राह सत्वरा।
उवाच कालीं चामुण्डे वि[1]स्तीर्णं वदनं कुरु ॥52 ॥

(1 गुप्तवती) ॥52 ॥

(2 चतुर्धरी) ततः सत्वरा सा तां विस्तीर्णं वदनं कुर्विति कालीमुवाचेति। वीस्तीर्णं विततम् ॥52 ॥

(3 शान्तनवी) चण्डिका देवी ईश्वरी सुरान्देवान्विषाद-सहितान्दुःखितान्दृष्ट्वा वीक्ष्य सत्वरा संभमोपेता सती तान्प्राह। मा यूयं विषीदत सुस्था भवतेत्यब्रवीत्। अधुनैव वः शत्रूनुच्छिनद्मीत्याश्वासयन्ती सा माविषीदतेति देवान्कथयन्तीत्यर्थः। प्राहेति विभक्तिप्रतिरूपकमव्ययं कालसामान्ये वर्तते। अथ देवानित्थमाश्वास्य चण्डिका देवी कालीं शक्तिम् उवाच। हे चामुण्डे हे कालि त्वदीयं वदनं विस्तीर्णं कुरु विपुलं विशालं रचय इति कालीम् आदिक्षत्। इत्थं भिन्न कर्मकत्वात्प्राह उवाचेत्यपौनरुक्त्यं द्रष्टव्यम्। यद्वा अप्रा अहसत् त्वरा इति छेदः। प्रा पूरणे अदादिः। अं विष्णुं प्राप्तैश्वर्येण पूरयत्यप्रा। 'आतोऽनुपसर्गे कः' विष्णुमाया चण्डिका देवी तान्विषण्णान्सुरान्देवान्दृष्ट्वा वीक्ष्य त्वरा संभ्रमः त्वरते त्वरा। पचाद्यच्। त्वरमाणा सती अहसत्। एतावतैव रक्तबीजं रक्तजजन्तुदर्शनेनैव भीता आसन्निति देवानहसत्। हसे हसने। लङि रूपम्। ततश्च कालीमुवाच। हे चामुण्डे हे कालि त्वदीयं वदनं विस्तीर्णं कुर्विति कथयामास चण्डिका। अत एव चण्डिका प्राहसत् त्वरा इत्यपि छेदे स एवार्थः। त्वरते त्वरा देवी। अतएव प्राहसत्तदेत्यपि पाठे तदा देवानां भयोदकाले इति स एवार्थोऽवशिष्टः। यद्वा प्राहसत्वरेत्येकं पदम्। तान् विषण्णान्सुरान्दृष्ट्वा चण्डिका प्राहसत्वरा युद्धमूर्धनि संग्रामं कर्तुं सत्वरा त्वरया सह वर्तमाना सती कालीमुवाच। किमिति हे चामुण्डे हे कालि त्वदीयं वक्रं दैत्यानत्तुं विस्तीर्णं विशाल कुरु विरचयेति। प्राहेति। प्रब्रवीत्यर्थे तिङन्तप्रतिरूपकमव्ययं कालसामान्ये। 'प्राहस्तु रणमूर्धनि' प्राहे युद्धमूर्धनि सत्वरा ससंभ्रमा। यल्लक्ष्यं देवीपुराणे। प्रययौ प्राहकाम्ययेति ॥52 ॥

(4 नागोजीभट्टी) तानिति। तान्विषण्णान्दृष्ट्वा सत्वरा त्वरया सहिता चण्डिका सुरान्प्राह। यूयं मा विषीदतेति शेषः ॥52 ॥

---

1. विस्तर, इति पाठः।

(5 जगच्चन्द्रचन्द्रिका) तान्विषण्णानिति 53 ॥52 ॥

(6 दंशोद्धार) तानिति। प्रकर्षेणासमन्ताद्धन्यन्ते शत्रवो यत्रेति प्राहो रणः। 'रथेन काञ्चनाङ्गेन प्रययौ प्राहलालसा' इति स्कान्ददर्शनात्। 'अन्येष्वपि दृश्यते' इति डः। तत्र सत्वरा चण्डिका उवाचेत्यन्वयः। यद्वा प्राहसदिति छेदः। तान्सुरान्विषण्णान्दृष्ट्वा प्राहसत्। मम वीर्याज्ञानादेते विषण्णा इत्यहसत्। अत एव सत्वरा त्वरावती सती कालीमुवाचेति संबन्धः। चतुर्भुजमिश्रास्तु त्वरेति तृतीयान्तं क्विबन्तमिति व्याचख्युः। रामाश्रमोऽपि तथैवानुससार तत्र। ज्वरत्वरेत्यूट्प्रसंगात्। केचित्तु अतो देवा भयं जग्मुरिति स्वगतं प्राहुः। ततः सत्वरा सती कालीमुवाचेति संबन्ध इति व्याचक्षते ॥52 ॥

मच्छस्त्रपातसंभूतान्रक्तबिन्दून्महासुरान्।
रक्तबिन्दोः प्रतीच्छ त्वं वक्त्रेणानेन वेगिता[1] ॥53 ॥

(1 गुप्तवती) मच्छस्त्रपातेति। रक्तबीजादिति पञ्चमी। मच्छस्त्रपातेन रक्तबीजतः संभूताद्रक्तबिन्दोः ॥53 ॥

(2 चतुर्धरी) रक्तबिन्दूनरुधिरबिन्दोर्जातान्महासुरानपि वक्त्रेण। जात्यपेक्षया एकवचनम्। जात्यपेक्षया एकत्वमित्यपादानपञ्चम्याक्षिप्यते। अन्य आह। रक्तबिन्दुः चेतनं यस्येति रक्तबिन्दू रक्तबीज उच्यते। वेगिता त्वरावती ॥53 ॥

(3 शान्तनवी) हे चामुण्डे हे कालि त्वम् अनेन विस्तीर्णकृतेन वेगिना वेगयुक्तेन त्वदीयेन वक्त्रेण महासुरान्रक्तबीजान्महादैत्यसकाशात् मम चण्डिकायाः देव्याः शस्त्राणि तेषां पाताः पतनानि तेभ्यः संभूताः समुत्पन्नास्तान्मच्छस्त्रपातसंभूतान्। रक्तानां बिन्दवः पृषतस्तान्रक्तबिन्दून्प्रतीच्छ मुखेन गृहाणेति सूचनार्थम्। अन्यथा रक्तबीजरक्तबिन्दवः क्षितिं प्राप्नुवन्तः पुनस्तत्प्रमाणांस्तत्पराक्रमान्महासुरानुपजनयेयुरिति भावः ॥53 ॥

(4 नागोजीभट्टी) एवं सुरानाश्वास्य विस्तीर्णवदनेन। रक्तबिन्दोरितिजात्यपेक्षया। ततो जातान्महासुरान्मच्छस्त्रपातसंभूतान्रक्तबिन्दूंश्च भूमिमप्राप्तानेव प्रतीच्छ गृहाण ॥53 ॥

---

1. 'वेगिना' शान्तनवीपाठः।

(5 जगच्चन्द्रचन्द्रिका) मच्छस्त्रपातेति 54 ॥53 ॥

(6 दंशोद्धार) मच्छस्त्रेति। रक्तबीन्दून्रुधिरविप्रुषः वक्त्रेण मुखस्य पार्थिवत्वात्तत्र रक्तबिन्दोः रक्तबिन्दुभ्यः। जातावेकवचनम्। जातान् महासुरान्वक्त्रेण प्रतीच्छ। यद्वा रक्तबिन्दुर्बीजमस्येति रक्तबीजः तस्य रक्तबिन्दूनेव महासुरान्भक्षेति ॥53 ॥

भक्षयन्ती चर रणे तदुत्पन्नान्महासुरान्।
एवमेष क्षयं दैत्यः क्षीणरक्तो गमिष्यति ॥54 ॥

(1 गुप्तवती) एकवचनादेकैकबिन्दुसंबन्धिनोप्यनेकमित्यर्थः ॥54 ॥

(2 चतुर्धरी) तदुत्पन्नान्रक्तबिन्दुजातान्। एवं क्षयं गमिष्यतीत्यन्वयः ॥54 ॥

(3 शान्तनवी) हे चामुण्डे कालि तदुत्पन्नांस्तस्माद्रक्तबीज-रक्तादुत्पन्नान्समुद्भूतान्महासुरान्भक्षयन्ती खादयन्ती सती रणे संग्रामे चर विहर। ततः किं फलिष्यतीत्याह। एवमनेन प्रकारेण एष दैत्यो रक्तबीजः क्षीणरक्तः सन् क्षयं नाशं परासुतां गमिष्यति प्राप्स्यति ॥54 ॥

(4 नागोजीभट्टी) किंच पानसमये त्वद्वक्त्रे समुतपन्नान्महासुरान्भक्षयन्ती रणे चर। एवं प्रकारेणैव दैत्यः क्षयं गमिष्यति ॥54 ॥

(5 जगच्चन्द्रचन्द्रिका) भक्षयन्तीति 55 ॥54 ॥

(6 दंशोद्धार) भक्ष्यन्तीति। उत्पत्स्यन्तीति परस्मैपदमार्षम् ॥54 ॥

भक्ष्यमाणास्त्वया चोग्रा न चोत्पत्स्यन्ति चापरे।
इत्युक्त्वा तां ततो देवी शूलेनाभिजघान तम् ॥55 ॥

(1 गुप्तवती) ॥55 ॥

(2 चतुर्धरी) न चोत्पत्स्यन्तीति व्यत्ययात्परस्मैपदम् ॥55 ॥

(3 शान्तनवी) रक्तबीजरक्तजाः महासुराः किं करिष्यन्तीत्यह आह हे चामुण्डे हे कालि अपरे च ये रक्तबीज रक्तजा महासुरा उग्राः अतिरौद्राः सन्ति तेपि च त्वया भक्ष्यमाण ग्रस्यमानाः सन्तः पुनर्नैवोत्पस्यन्ति नोदेष्यन्ति। पद गतौ। अनुदात्तेत्त्वादात्मनेपदम्। चक्षिङो ङित्करणादनुदात्तेत्त्वनिमित्तादात्मने-पदस्यानित्यत्वमवसीयत इति परस्मैपदं भवति। अन्यथोत्पत्स्यन्ते इत्येव स्यात्।

इत्युक्तप्रकारेण चण्डिका देवी विजगीषुः सती तां कालीं चामुण्डाम् इत्थं कुरु इत्थं कुर्वित्युक्त्वा आदिश्य तं रक्तबीजं महासुरं शूलेन एकाग्रलोहेन दण्डेन त्रिशूलेन वा आभिमुख्योनोरसि जघान ताडयामास ॥55 ॥

(4 नागोजीभट्टी) भक्ष्यमाणा इति। उत्पत्स्यन्तीति अनुदात्तेत्त्वलक्षण–तङोऽनित्यत्वान्न तङ् ॥55 ॥

(5 जगच्चन्द्रचन्द्रिका) भक्ष्यमाणा इति 56 ॥55 ॥

(6 दंशोद्धार) ॥55 ॥

मुखेन काली जगृहे रक्तबीजस्य शोणितम्।
ततोऽसावाजघानाथ गदया तत्र चण्डिकाम् ॥56 ॥

(1 गुप्तवती) ॥56 ॥

(2 चतुर्धरी) असौ रक्तबीजः। तत्र युद्धे ॥56 ॥

(3 शान्तनवी) काली च मुखेन रक्तबीजस्य महासुरस्य शोणितं रुधिरं जगृहे अभूमिष्ठमेवान्तरिक्षे जग्राह अपिवत्। तत्र रणे शूले प्रयुक्ते सति ततोऽनन्तरम् असौ रक्तबीजोऽसुरः गदया चण्डिकां देवीम् आजघान ताडयामास ॥56 ॥

(4 नागोजीभट्टी) मुखेनेति। शोणितं भूगतमेव विस्तीर्णत्वाद्वदनस्य असौ रक्तबीजः। तत्र युद्धे ॥56 ॥

(5 जगच्चन्द्रचन्द्रिका) मुखेनति 47 ॥56 ॥

(6 दंशोद्धार) ॥56 ॥

न चास्या वेदनां चक्रे गदापातोऽल्पिकामपि।
तस्याहतस्य देहात्तु बहु सुस्राव शोणितम् ॥57 ॥

(1 गुप्तवती) ॥57 ॥

(2 चतुर्धरी) वेदनां पीडाम्। अल्पिकामत्यल्पामपि। तस्य रक्तबीजस्य ॥57 ॥

(3 शान्तनवी) अथ गदाघातानन्तरम् असौ गदाघातः अस्याः देव्याः अल्पिकामपि स्वल्पामपि वेदनां दुःखेन पीडां न चक्रे नैव चकार। देव्याः

परमानन्दब्रह्मात्मत्वाद्दुःखलेशोऽपि कुत इति भावः। 'आङो यमहनः' इत्यात्मनेपदमकर्मकादेव भवति न तु सकर्मकात्। अन्यथा जघ्ने इति स्यात्। 'वेदना पीडनं बाधा व्यथनं पीडनं व्यथा'। चण्डिकया देव्या शस्त्रैराहतस्य रक्तबीजस्य महासुरस्य देहात्सकाशात् यतो यतः यच्च यच्च बहु शोणितं रुधिरं सुस्राव निरगात् ॥57 ॥

(4 नागोजीभट्टी) न चेति। चिदानन्दात्मत्वादिति भावः ॥57 ॥

(5 जगच्चन्द्रचन्द्रिका) न चास्येति 58 ॥57 ॥

(6 दंशोद्धार) ॥57 ॥

यतस्ततस्तद्वक्त्रेण चामुण्डा संप्रतीच्छति।
मुखे समुद्गता येस्या रक्तपातान्महासुराः ॥58 ॥

(1 गुप्तवती) प्रतीच्छति गृह्णाति ॥58 ॥

(2 चतुर्धरी) यतो यस्माद्देहादङ्गात्पतच्छोणितं बह्वपि चामुण्डा वक्त्रेण मुखेन संप्रतीच्छतीत्मन्वयः। ततोऽनन्तरं यतो गच्छति ततस्तस्य तच्छोणितं पतितम्। ऊर्ध्वमिति केचित्। समुद्गताः जाताः। मुखे चासुरोत्पत्तिमुखस्यापि पार्थिवत्वादविरुद्धा ॥58 ॥

(3 शान्तनवी) ततस्ततस्तच्चतच्च शोणितं कर्म। स्ववक्त्रेण चामुण्डा काली विस्तीर्णीकृतेन निजवदनेन संप्रतीच्छति जगृहे। पपाविति भावः। यतस्तत इति आद्यादित्वात्तसिर्यथायोगम्। यद्वा तस्य देहात्सकाशात् यतोयतो द्वारतो द्वारात्सुस्राव शोणितं निरगात्तस्ततो द्वारात्सकाशात्स्ववक्त्रेण प्रतीच्छति स्म चामुण्डेत्यर्थः। तद्वक्रेणेति पाठे तेन विस्तारितेन वक्त्रेणेत्यर्थः। यतस्तत इतस्तत इत्यर्थं केचिद्व्याचख्युः इतस्तत इत्येव क्वचित्पाठः। अस्याः काल्याश्चामुण्डायाः मुखे रक्तपाताद्रक्तबीजरुधिरपतनात्समुद्गताः समुत्पन्ना ये महासुराः ॥58 ॥

(4 नागोजीभट्टी) यतस्तत इति। सर्वत इत्यर्थः। अतिविस्तीर्णत्वाद्वक्त्रस्य। उत्तरार्धमुत्तरान्वयि ॥58 ॥

(5 जगच्चन्द्रचन्द्रिका) यत इति 59 ॥58 ॥

(6 दंशोद्धार) तस्येति। यतो यस्माद्देहादङ्गाच्छोणितं सुस्राव ततोऽङ्गात्तच्छोणितं चामुण्डा संप्रतीच्छति गृह्णातीत्यन्वयः। वर्तमाननिर्देशस्तूप-

चारात्। यद्वा ततोऽनन्तरं यतः आगच्छतस्तस्य तच्छोणितमित्यन्वयः। मुखे इति मुखस्य पार्थिवत्वात्तत्रासुरोत्पत्तिरविरुद्धा ॥58 ॥

तांश्चखादाथ चामुण्डा पपौ तस्य च शोणितम्।
देवी शूलेन व[1]ज्रेण बाणैरसिभि ऋष्टिभिः ॥59 ॥

(1 गुप्तवती) असिभिरित्यत्र रेफलोश्छान्दसः ॥59 ॥

(2 चतुर्धरी) ऋष्टिभिरेकधाराऽसिभिः ॥59 ॥

(3 शान्तनवी) तान् चामुण्डा काली चखाद। खादृ भक्षणे। जक्षतिस्म। अथ तस्य रक्तबीजस्य शोणितं च पपौ पीतवती। देवी चण्डिका शूलेन चक्रेण। क्वचिद्वज्रेणेति पाठे कुलिशेन। बाणैः असिभिः खड्गैः ऋषिभिः खड्गप्रभेदैः ॥59 ॥

(4 नागोजीभट्टी) तांश्चेति। उत्तरार्धमुत्तरान्वयि। असिभिरिति क्रियापेक्षं बहुवचनम्। ऋष्टिभिरित्यप्येवम्। ऋष्टिरुभयतोधारोऽसिः ॥59 ॥

(5 जगच्चन्द्रचन्द्रिका) तांश्चखादेति 60 ॥59 ॥

(6 दंशोद्धार) ॥59 ॥

जघान रक्तबीजं तं चामुण्डापीतशोणितम्।
स पपात महीपृष्ठे श[2]स्त्रसङ्घसमाहतः ॥60 ॥

(1 गुप्तवती) ॥60 ॥

(2 चतुर्धरी) चामुण्डया पीतं शोणितं यस्य ॥60 ॥

(3 शान्तनवी) तं रक्तबीजं महासुरं जघान जिहिंस। कीदृशं चामुण्डया काल्या पीतं शोणितं रुधिरं यस्य तं चामुण्डापीतशोणितम्। ननु बाणबाहुल्यं युक्तमेव असिबाहुल्यं किमर्थम्। उच्यते। असिकृतप्रहारा उपचारदसय इत्युच्यन्ते। एवम् ऋष्टयोपि ऋष्टिप्रहारबाहुल्यादुपचरिताः। असिभिरिष्टिभिः इत्यत्र सलोपे छान्दसत्वम्। यद्वा रोरीति रेफलोपे 'ढ्रलोपे पूर्वस्य दीर्घोऽणः' इति दीर्घाभावश्छान्दसः। ऋष्टिभिरिति पाठेपि सलोपसमाधानं छान्दसं ज्ञेयम्। यद्वा यष्टिभिरिति विवक्षायां छान्दसं संप्रसारणमूह्यम्। इष्टिभिर्यष्टिभि-रित्यर्थः। तथा च असिभिरिष्टिभिरिति संधिर्युक्त एव। हे महीपाल राजन्

1. चक्रेण, इति पाठः।
2. शस्त्र संहतितो हतः, इति पाठः।

देव्याः शस्त्रसंहतितः शस्त्रसमूहाद्धेतोः हतस्ताडितः। यद्वा आद्यादित्वात्तसिः। शस्त्रसंहत्या हतः। यद्वा शस्त्रसंहतिमेत्य हतः। कर्मणि ल्यब्लोपे पञ्चमी। चामुण्डया देव्या निःशेषपीतरुधिरत्वात् शस्त्राणि संहरति राशीकरोति शस्त्रसंयुद्धं तेन शस्त्रसंहेन युद्धेन समाहतः। शस्त्रसंप्रहारसमाहत इति यावत्। शस्त्रसंघसमाहतः इत्यपि पाठः। 'संघसार्थौ तु जन्तुभिः' इत्यभिधानात् पाण्या लब्धः समूहः संघः शस्त्रसंघः शस्त्रसमूहः तेन समाहतः शस्त्राणि जन्तव इव चेष्टन्ते जन्तुजचेष्टावशत्वेन चेष्टितत्वात्। यद्वा शस्त्रसंहतिमाहतः इति पाठः। पृषोदरादित्वात्तिशब्दलोपश्छन्दोनुरोधान्न कृतः कविना ॥60 ॥

(4 नागोजीभट्टी) जघानेति। शस्त्रसंघैः समूहैः समाहत इति तृतीयातत्पुरुषः ॥60 ॥

(5 जगच्चन्द्रचन्द्रिका) जघानेति 61 ॥60 ॥

(6 दंशोद्धार) ॥60 ॥

नीरक्तश्च महीपाल रक्तबीजो महासुरः।
ततस्ते हर्षमतुलमवापुस्त्रिदशा नृप ॥61 ॥

(1 गुप्तवती) ॥61 ॥

(2 चतुर्धरी) महीपालेति योग्यतया सुरथस्यामन्त्रणम् ॥61 ॥

(3 शान्तनवी) नीरक्तश्च सन् स रक्तबीजो महासुरः मर्तुं महीपृष्ठे भूमेरुपरिभागे पपात प्रापतत्। शस्त्रसंहत इति पाठे 'सप्तम्यां जनेर्डः'। 'अन्येष्वपि दृश्यते' इत्यपिशब्दः सर्वोपाधिव्यभिचारार्थः। तेन धात्वन्तरादपि डो भवति। कारकान्तरेपि चेति वचनात्। सुमेधाः सुरथं राजानं संबोधयति। हे नृप हे सुरथ इतस्त्वं कथायां दत्तावधानो भव। ततो रक्तबीजवधानन्तरं ते प्राग्विषण्णास्त्रिदशाः देवाः संप्रति अतुलम् असदृशमपरिमितं हर्षं संतोषमानन्दमवापुः प्राप्तवन्तः ॥61 ॥

(4 नागोजीभट्टी) नीरक्तश्चेति। कातर्यात् निःशेषरुधिरत्वान्नीरक्तश्च सन् मातृगणौ ब्रह्माण्यादिसमूहो ननर्तेत्यर्थः ॥61 ॥

(5 जगच्चन्द्रचन्द्रिका) नीरक्तश्चेति। नीरक्तश्च महीपाल रक्तबीजो महासुरः ॥62 ॥

ततस्तेहर्षमिति 63 ॥61 ॥

(6 दंशोद्धार) ततस्ते इति। तेषां सुराणां जातः शक्तिभूतो मातृगणः। संबन्धसामान्ये षष्ठी। यद्वा असृङ्मदोद्धतो जातः सन् मातृगणो ननर्तेत्यन्वयः ॥61॥

हते मातृगणस्तस्मिन्ननर्तासृङ्मदोद्धतः ॥62॥

इति श्रीमार्कण्डेयपुराणे देवीमाहात्म्ये रक्तबीजवधो नामाष्टमोऽध्यायः ॥8॥

(1 गुप्तवती) ॥62॥ इति श्रीगुप्तवत्यां मन्त्रविभागव्याख्यानेऽष्टमोऽध्यायः ॥8॥

(2 चतुर्धरी) तेषां त्रिदशानां संबन्धितया जातो मातृगणो ननर्तेत्यन्वयः। असृजो यो मदः तेनोद्धतस्तरल इत्यर्थः। अथवा तेषामसुराणामसृङ्मदोद्धतः सन्नित्यर्थः ॥62॥ इति श्रीचतुर्धरीटीकायां देवीमाहात्म्ये रक्तबीजवधो नामष्टमोऽध्यायः ॥8॥

(3 शान्तनवी) अथ च तेषां रक्तबीजादीनाम् असृङ्मदोद्धतो रुधिरपानमदोत्कटः। अत एव मत्तो मदघूर्णितो मातृगणः मातॄणां ब्रह्माण्यादिमातॄणां समूहः आनन्दतो ननर्त नृत्यति स्म। तेन युद्धावसाने वीरपानं सूचितम्। 'वीरपानं तु यत्पानं वृत्ते भाविनि वा रणे'। 'रुधिरेऽसृग्लोहितास्त्ररक्तक्षतजशोणितम्'। असृजा कृतो मदस्तेन उद्धतः ननर्त। नृती गात्र विक्षेपे। परोक्षे लिट् ॥62॥ इति श्रीमद्राजाधिराजश्रीमत्तोमरान्वयश्रीमदुद्धरणात्मजश्रीशन्तनुचक्रवर्तिविरचितायां शान्ता नव्यां चण्डिकामाहात्म्यटीकायां रक्तबीजवधविध्युपलक्षितोऽष्टमोध्यायः ॥8॥

(4 नागोजीभट्टी) ॥62॥ इति श्रीशिवभट्टसुतसतीगर्भसमुद्भवनागोजीभट्टकृतसप्तशतीव्याख्यायामष्टमोऽध्यायः ॥8॥

(5 जगच्चन्द्रचन्द्रिका) 64 ॥62॥ इति श्रीभगीरथविरचिता कण्वगोविन्दकृतसप्तशतीमन्त्रहोमविभागकारिकाणामष्टमाध्यायस्य जगच्चन्द्रचिन्द्रकाख्यटीका संपूर्णा ॥8॥

(6 दंशोद्धार) ॥62॥ इति श्रीमद्बल्लो० सप्तशतीव्याख्यानेऽष्टमोऽध्यायः ॥8॥

Chapter - VIII

Translation

The slaying of Raktabīja.

Śumbha sent forth all his armies against Caṇḍikā—To help her the Energies (Śaktis) of the gods took bodily shape—Caṇḍikā despatched Śiva to offer terms of peace of Śumbha, but the Asura hosts attacked her and the battle began—Caṇḍikā's fight with the great Asura Raktabīja is described—He was killed.

The *ṛṣi* spoke:

★ After both Daitya Caṇḍa was slain and Muṇḍa was laid low, and many soldiers were destroyed, the lord of the Asuras, majestic Śumbha, with mind overcome by wrath, gave command then to array all the Daitya hosts,—"Now let the eight-six Daityas, upraising their weapons, march forth with all their forces; let the eighty-four Kambūs march forth surrounded by their own forces; let the fifty Asura families who excel in valour go forth; let the hundred families of Dhaumras go forth at my command. Let the Kālakas, the Daurhṛtas, the Mauryas, and the Kālakeyas,—let these Asuras, hastening at my command, mrch forth ready for battle."

★ After issuing these commands Śumbha, the lord of the Asuras, who ruled with fear, went forth, attended by many thousands of great soldiers. Caṇḍikā, seeing that most terrible army at hand, filled the space between the earth and the firmament with the twanging of her bow-string. Thereupon her lion roared exceedingly loud, O king; and Ambikā augmented those roars with the clanging of her bell. Kālī, filling the regions of the sky with the noise from her bowstring, from her lion and from her bell, and expanding her mouth wise with her terrific roars, bad the predominance. On hearing that roar which filled the four regions of the sky, the Daitya armies enraged surrounded the goddess' lion and Kālī.

★ At this moment, O king, in order to destroy the gods' foes, and for the well-bring of the lion-like Immortals, there issued forth endowed with excessive vigour and strength the Energies from the bodies of Brahmā, Śiva, Guha and Viṣṇu and of Indra also, and went in the forms of those gods to Caṇḍikā. Whatever was the form of each god, nd whatever his ornaments and vehicle, in that very appearance his Energy advanced to fight with the Asuras. In the front of a heavenly car drawn by swans advanced Brahmā's Energy, bearing a rosary of seeds and an earthen water-pot; she is called Brahmāṇī. Maheśvara's Engergy, seated on a bull, grasping a fine triden, and wearing a girdle of large snakes, arrived, adorned with a digit of the moon. And Kumāra's Energy, Ambikā, with spear in hand and riding on a choice peacocok, advanced in Guha's shape to attack the Daityas. Likewise Viṣṇu's Energy, seated upon Garuḍa, advanced with conch, discus, club, bow and scymitar in hand. The Energy of Hari, who assumes the peerless form of a sacrificial boar, she also advanced assuming a hog-like form. Nṛsiṁha's Energy assuming a body like Nṛsiṁha's arrived there, adorned with a cluster of constellations hurled down by the tossing of his mane. Likewise, Indra's Energy, with thunder-bolt in hand, seated upon the lord of elephants and having a thousand eyes, arrived; as is Śakra, such indeed was she. Then those Energies of the gods surrounded Śiva. He said to Caṇḍikā, "Let the Asuras be slain forthwith through my good-will."

★ Thereupon from the goddess' body there came forth Caṇḍikā Energy, most terrific, exceedingly fierce, howling like a hundred jackals. And she the unconquered said to Śiva, who was smoke-coloured and had matted locks, "Be thou, my lord, a messenger to the presence of Śumbha and Niśumbha. Say unto the two overweening Dānavas, Śumbha and Niśumbha, andto whatever other Dānavas are assembled there to do battle – 'Let Indra obtain the three worlds, let the gods be the enjoyers of the oblations; go ye to Pātāla if ye wish to live. Yet if through pridein your strength ye are longing for battle, come ye on then! let my jacklas be glutted with your flesh.'" Because the goddess appointed Śiva himself to be ambassador, she has hence attained fame as Śivadūti in this world.

★ Those great Asuras however, on hearing the goddess' speech fully announced, were filled with indignation and went where Kātyāyanī stood. Then, at the very first the arrogant and indignant foes of the Immortals in front poured on the goddess showers of arrows, javelins and spears. And gracefully she clove those arrows, darts, discuses and axes, which were hurled, with large arrows shot from her resounding Low. And in front of her stalked Kālī then, tearing the foes asunder with the onset of her darts and crushing them with her skulltopped staff. And Brahmāṇī caused the foes to lose their courage by casting water *on* them from her earthen pot, and weakened their vigour, by whatever way she ran. Maheśvara's Energy slew Daityas with her trident, and Viṣṇu's Energy with her discus, and Kumāra's Energy, very wrathful, slew them with her javelin. Torn to pieces by the downrush of the thunder-bolt hurled by Indra's Energy, Daityas and Dānavas fell on the earth in hundreds, pouring out streams of blood. Shattered by the hog-embodied Energy, with blows from her smout, wounded in their breasts by the points of her tushes, and torn by her discus, demons fell down. And Nṛsiṁha's Energy, roamed about in the battle, devouring other great Asuras who were torn by her claws, as she filled the intermediate region of the sky with her roaring. Asuras, demoralized by Śivadūti with her violent loud laughts, fell down on the earth; she then devoured those fallen ones. Seeing the enraged band of Mothers crushing the great Asuras thus by various means, the troops of the gods' foes perished.

★ Raktabīja, a great Asura, seeing the Daityas, who were hard-pressed by the band of Mothers, intent on fleeing, strode forward to fight in wrath. When his body there falls to the ground a drop of blood, at the moment starts up from the earth an Aura of his stature. He, a great Asura, with club in hand fought with Indra's Energy, and Indra's Energy then struck Raktabīja with her thunder-bolt; blood flowed quickly from him when wounded by the thunder-bolt. Thereupon stood up together fresh combatants, like him in body, like him in valour; for as many blood-drops fell from his body, so many men came into being, like him in courage, strength and valour. And those men also who sprang from his blood fought there with the Mothers in a combat, dreadful because of the sweep of their very sharp weapons. And again when his head was wounded by the fall of her thunder-bolt, his blood poured forth; therefrom were born men by thousands. And Viṣṇu Energy beat that lord of the Asuras with her club. The word was filled by the thousands of great Asuras, who were his equals, and who sprang from the blood that flowed from him when cloven by the discus of Viṣṇu's Energy. Kumāra's Energy, struck the great Asura Raktabīja with her spear, and Varāha's Energy, also struck him with her sword, and Maheśvara's Energy, with her trident. And the Daitya Raktabija, that great Asura, filled full of wrath, stuck every one of the Mothers in turn with his club. By the stream of blood, which fell on the earth from him when he received many wounds from the spears, darts and other weapons, Ausras came verily into being in hundreds. And those Asuras who sprang from that Sura's blood pervaded the whole word; therat the gods fell into the utmost terror. Seeing the gods dejected, Caṇḍikā spoke with haste; she said to Kālī, "O Cāmuṇḍā! strech out thy mouth wide; with this mouth do thou quickly take in the great Asuras, which are the drops of blood, that have come into being out of Raktabīja at the descent of my weapon on him. Roam about in the battle, devouring the great Asuras. who sprang from him; so shall this Daitya with his blood ebbing away meet destruction. These fierce demons are being devoured by thee and at the same time no others will be produced."

★ Having enjoined her thus, the goddess next smote him with her dart. Goddess Kālī swallowed Raktabījā's blood with her mouth. Then he struck Caṇḍikā with his club there; and the blow of his club caused her no pain, even the slightest, but from his stricken body blood flowed copiously, and from whatever direction it cam, Cāmuṇḍā takes it then with her mouth. The great Asuras, who sprang up from the flow of blood in her mouth, Cāmuṇḍa both devoured them and quaffed his blood. The goddess smote Raktavīja with her dart, her thunder-bolt, arrows, swords and spears, when Cāmuṇḍā drank up his blood. Stricken with that multitude of wapons, he fell on the earth's surface, and the great Asura Raktavīja became blood-less,

★ O king Threat the thirty gods gained joy unparalleld,

★ O king The band of Mothers which sprang from them broke into a dance, being intoxicated with blood.

नवमोऽध्यायः

राजोवाच।

विचित्रमिदमाख्यातं भगवन्भवता मम।
देव्याश्चरितमाहात्म्यं रक्तबीजवधाश्रितम्॥1॥

(1 गुप्तवती) अस्मिन्नवमेऽध्याये तृतीयश्लोकोत्तरमुत्पातान्बहूनुक्त्वाताननादृत्यैव युद्धाय निर्गताविति कथा बहुभिः श्लोकैः क्वचित्पठ्यते॥1॥

(2 चतुर्धरी) राजा सुरथः विचित्रम् आश्चर्यम् आख्यातं चरितस्य चेष्टितस्य माहात्म्यमौदार्यम्। यद्वा चरितं कर्म। महात्म्यं प्रभावातिशयः॥1॥

(3 शान्तनवी) राजोवाच। 'सुमेधसमृषिं वाचं प्रस्तुतामूचिवान्नृपः। सुव्रतं सुरथो नाम प्रष्टुमप्यद्भुतान्तरम्'। हे भगवान् हे सुमेधोनामर्षे हे अमम ममतारहित भवता त्वया मम सुरथस्य शृण्वतः रक्तबीजवधाश्रितं रक्तबीजवधविषयं विचित्रमद्भुतम् इदं देव्याश्चरितं चण्डिकायाश्चरितस्य महात्म्यं महात्मता आख्यातम् कथितम्। रक्तबीजवधाश्रितं रक्तबीजवधेन आश्रितम्। यद्वा रक्तबीजवधेन एन विष्णुनाश्रितं रक्तबीवधाश्रितं रक्तबीजवधेन दुष्करेण संतुष्टवता एन विष्णुना अहो इदमद्भुतमिति श्रितं विष्णुश्रितम्। रक्तबीजवधाश्रितमित्यर्थः। 'अकारो वासुदेवःस्यात्' यद्वा 'आकारस्तु पितामहः'। रक्तबीजवधेन दुष्करेण दुःसाध्येन संतुष्यता आ ब्रह्मणा चतुर्मुखेन श्रितं सेवितम्। संस्तुतमित्यर्थः। यद्वा रक्तबीजवधोश्रितमित्योश्रिते पाठे आ ब्रह्मा अः विष्णुः उकारस्तु महेश्वरः तेषां समाहारद्वन्द्वैकवद्भावौ द्वयोराद्ययोः संधौ सवर्णदीर्घः। ततः उना सहादगुणः। ओ इति प्रातिपदिकम्। 'ह्रस्वो नपुंसके प्रातिपदिकस्य'। उना श्रितम् उश्रितं रक्तबीजवधेनातिदुष्करेणातिदुःसाध्येन लीलया देव्या कृतेन

संतुष्यता उना ब्रह्माविष्णुमहेश्वरेण श्रितं सेवितम् आदृताम्। अहो नु खल्विदमित्याश्चर्यमित्यतिश्लाघितमिति रक्तबीजवधाश्रितमित्युना सहाद्गणेन सिद्धम् ॥1 ॥

(4 नागोजीभट्टी) राजोवाच। विचित्रमिति। राजा सुरथः। चरितं कर्म। माहात्म्यं प्रभावः। समाहारद्वन्द्वः। आश्रितं जनकम् ॥1 ॥

(5 जगच्चन्द्रचन्द्रिका) अथ नवमाध्यायस्य सप्तशतीमन्त्रहोमविभाग उच्यते। एकोनचत्वारिंशद्भिः श्लोकोक्तैश्च समीरिताः। अध्याये नवमे मन्त्रा इति। एकेन ऊनैश्चत्वारिंशद्भिः श्लोकैः युक्ते नवमेऽध्याये तावन्तस्तत्संख्याका मन्त्राः समीरिता उक्ताः। अथ मनुद्वयं राजा ऋषिश्चेति। अथानन्तरं मनुद्वयं राजा ऋषिश्चेति द्वौ मन्त्रौ भवतः। राजोवाच ऋषिरुवाच एकचत्वारिंशन्नवमाध्यायस्य मनुस्त्वयमिति। पुनः एकचत्वारिंशत् एकाधिकं विंशतिद्वयम्। एतैः श्लोकैः अयं मनुर्मन्त्रः। तथाहि राजोवाच 1। विचित्रमिति 2 ॥1 ॥

(6 दंशोद्धार) विचित्रमिति। चारेतस्य माहात्म्यम् औदार्यम्। चरितं कर्म। माहात्म्यं प्रभावातिशयो वा ॥1 ॥

भूयश्चेच्छाम्यहं श्रोतुं रक्तबीजे निपातिते।
चकार शुम्भो यत्कर्म निशुम्भश्चातिकोपनः ॥2 ॥

(1 गुप्तवती) ॥2 ॥

(2 चतुर्धरी) भूयः पुनः वारंवारम् ॥2 ॥

(3 शान्तनवी) राजा आह हे सुमेधः हे ऋषे देव्या रक्तबीजे महादैत्ये निपातिते विनिहते सति अतिकोपनः शुम्भः निशुम्भश्च भूयः पुनः अत्यधिकं च यत्कर्म संग्रामलक्षणं कर्म चकार कृतवान् तदहं सुरथः भूयोऽधिकं यथा स्यात्तथा श्रोतुमिच्छामि। 'पुरुहूः पुरु भूयिष्ठं स्फारं भूयश्च भूरि च'। ऋषिरुवाच सुमेधा ऋषिः सुरथं वाचमूचे ॥2 ॥

(4 नागोजीभट्टी) ॥2 ॥

(5 जगच्चन्द्रचन्द्रिका) भूयश्चेति 3 ॥2 ॥

(6 दंशोद्धार) ॥2 ॥

ऋषिरुवाच।

चकार कोपमतुलं रक्तबीजे निपातिते।
शुम्भासुरो निशुम्भश्च हतेष्वन्येषु चाहवे ॥3॥

(1 गुप्तवती) ॥3॥

(2 चतुर्धरी) अन्येषु धूम्रलोचनादिषु। आहवे संग्रामे ॥3॥

(3 शान्तनवी) हे राजन् शृणु। आहवे संग्रामे देव्या रक्तबीजे महासुरे निपातिते निहते सति ततोऽन्येषु देव्या हतेषु सत्सु शुम्भासुरो निशुम्भश्चासुरः अतुलमनुपमम् असमम् अमर्यादं कोपं क्रोधं चकार विदधौ। 'स्वपिति हिकरोति कुरुते विदधाति विधत्त आदधात्यार्यः'' अभ्यामर्दसमाघातसंग्रामाभ्यागमाहवाः' आह्वयन्तेऽत्र स्पर्धयेत्याहवः ॥3॥

(4 नागोजीभट्टी) ऋषिरुवाच। चकारेति। आहवे रणे ॥3॥

(5 जगच्चन्द्रचन्द्रिका) ऋषिरुवाच 4। चकार कोपमिति 5 ॥3॥

(6 दंशोद्धार) ॥3॥

हन्यमानं महासैन्यं विलोक्यामर्षमुद्वहन्।
अभ्यधावन्निशुम्भोऽथ मुख्ययासुरसेनया ॥4॥

(1 गुप्तवती) ॥4॥

(2 चतुर्धरी) उद्वहन्धारयन् आलोक्य अभ्यधावन् अभिमुखं ययौ। अपिशब्दादितरेतरसमुच्चयः। मुख्यया फल्गुशून्यया ॥4॥

(3 शान्तनवी) देव्या हन्यमानं हतं महासैन्यं विलोक्याथ अमर्षं क्रोधम् उद्वमन्नुद्गिरन् क्रोधाविष्टः सन् उद्वहन् इति पाठे बिभ्राणः सन् निशुम्भमुख्यया निजया आत्मीयया असुरसेनया आसुरी सेना तया अभ्यधावत् देवीमभिद्रोढुमाढौकत्। सृ गतौ लङ्। सर्तेर्वेगितायां गतौ धावादेशो वक्तव्यः। यद्वा धावु गतिशुद्ध्योः। स्वरितेत्। हन्यमानं 'वर्तमानसामीप्ये वर्तमानवद्वा' इति लटः कर्मणि शानच्। उद्वहन् इति पाठे यद्यप्युद्वहनं पाणिपीडनं तथापीह धात्वेनकार्थतया धारणमर्थः। अन्यथा 'सदृशीमुद्वहेत्कन्यामरुग्णामनुपक्षताम्' इतिवदुद्वहनं पाणिपीडनं स्यात् ॥4॥

(4 नागोजीभट्टी) हन्यमानमिति। उद्वहन्धारयन् ॥4 ॥

(5 जगच्चन्द्रचन्द्रिका) हन्यमानमिति 6 ॥4 ॥

(6 दंशोद्धार) ॥4 ॥

तस्याग्रतस्तथा पृष्ठे पार्श्वयोश्च महासुराः।
संदष्टौष्ठपुटाः क्रुद्धा हन्तु देवीमुपाययुः ॥5 ॥

(1 गुप्तवती) ॥5 ॥

(2 चतुर्धरी) ॥5 ॥

(3 शान्तनवी) तस्य निशुम्भस्यासुरस्याग्रतः पुरस्तात् तथा तद्वत्पृष्ठे पश्चाद्भागे तथा पार्श्वयोर्वामदक्षिणयोर्भागयोर्वर्तमाना महासुराः संदष्टौष्ठपुटाः रोषदष्टाधरोष्ठाः क्रुद्धाः सन्तः देवीं चण्डिकां हन्तु ताडयितुमुपाययुः उप समीपमाययुराजग्मुः। ओत्वोष्ठयोः समासे वर्णनाद्वा पररूपं वक्तव्यम्। उत्तरोष्ठापेक्षयात्र रोषप्रकरणादोष्ठोऽधरोविवक्षितः। अन्यथाभिधाने ओष्ठशब्दोऽ-धरपर्याय एवाधरशब्दोप्योष्ठपर्याय एव। यदभ्यधुः 'ओष्ठाधरौ तु रदनच्छौ दशनवाससी' इति। यच्चाभ्यधुः। 'ओष्ठो दन्तच्छदोऽधरः' इति। यच्चाभ्यधुः। 'ओष्ठमात्रेऽधरः' इति। पुटशब्देन परस्परसंसक्तपिधानं सूच्यते। ओष्ठः पुट इव ओष्ठपुटः संदष्टः ओष्ठपुटो यैस्ते संदष्टौष्ठपुटाः दैत्याः। पुट संश्लेषणे। पुट्यते संश्लेष्यते पुटः। क्रुद्धा इति कर्तरि क्तः ॥5 ॥

(4 नागोजीभट्टी) संदष्टौष्ठपुटाः दन्ताभ्यामन्तः संधृतौष्ठाः। तथासति पुटाकारता भवति ॥5 ॥

(5 जगच्चन्द्रचन्द्रिका) तस्याग्रत इति 7 ॥5 ॥

(6 दंशोद्धार) ॥5 ॥

आजगाम महावीर्यः शुम्भोऽपि स्वबलैर्वृतः।
निहन्तुं चण्डिकां कोपात्कृत्वा युद्धं तु मातृभिः ॥6 ॥

(1 गुप्तवती) ॥6 ॥

(2 चतुर्धरी) ॥6 ॥

(3 शान्तनवी) स्वबलैर्वृतः स्वैरात्मीयैः सैन्यैर्वेष्टितः महावीर्यः अत्यधिकवीर्यः महाप्रभावः शूरः शुम्भोपि दैत्येश्वरः प्रथमतः मातृभिः सह

ब्रह्माण्यादिभिर्मातृगणैः समं युद्धं प्रथमं कृत्वा अथ तु कोपात् क्रोधावेशाच्चण्डिकां देवीं निहन्तुम् आजगाम आययौ कोपवशात्। असौ शुम्भो न जानाति चण्डिका भगवती हन्तुं न शक्येति भावमावेदयितुं कोपादित्युक्तम्। वीर्यं बलं प्रभावश्च। बलं प्राणसामर्थ्यम्। 'स्थौल्यसामर्थ्यसैन्येषु बलं ना काकसीरिणोः' ॥6 ॥

(4 नागोजीभट्टी) ॥6 ॥

(5 जगच्चन्द्रचन्द्रिका) आजगामेति 8 ॥6 ॥

(6 दंशोद्धार) ॥6 ॥

ततो युद्धमतीवासीद्देव्या शुम्भनिशुम्भयोः।
शरवर्षमतीवोग्रं मेघयोरिव वर्षतोः ॥7 ॥

(1 गुप्तवती) ॥7 ॥

(2 चतुर्धरी) देव्येति सहार्थे तृतीया ॥7 ॥

(3 शान्तनवी) ततोऽनन्तरं तयोः अतीव अत्यर्थम् उग्रं रौद्रं शराणां वर्षं शरवृष्टिं वर्षतोः शरान्मुञ्चतो शुम्भनिशुम्भयोर्देव्या चण्डिकया सह अतीव अतितरां सुष्टु युद्धं रणमासीत्। कयोरिव वर्षतोर्मेघयोरिव। यथा मेघौ द्वौ पृथग्भूतौ वर्षतो वृष्टिधाराः। तथा अतीवोग्रं शरवर्षं शरवृष्टिं वर्षतोस्तयोः शुम्भनिशुम्भयोः देव्या सह अतीव युद्धमभूदित्यर्थः। 'वलवत्सुष्ठु किमुत स्वत्यतीव च निर्भरे'। ततो युद्धं तयोर्युद्धम् इति पाठद्वयम् ॥7 ॥

(4 नागोजीभट्टी) तत इति। देव्या इति सहार्थे तृतीया ॥7 ॥

(5 जगच्चन्द्रचन्द्रिका) ततो युद्धमिति 9 ॥7 ॥

(6 दंशोद्धार) ॥7 ॥

चिच्छेदास्तांश्छरांस्ताभ्यां चण्डिका स्वशरोत्करैः।
ताडयामास चाङ्गेषु शस्त्रौघैरसुरेश्वरौ ॥8 ॥

(1 गुप्तवती) चिच्छेदेति। अस्तान्क्षिप्तान् ॥8 ॥

(2 चतुर्धरी) अस्तान्क्षिप्तान् ॥8 ॥

(3 शान्तनवी) ताभ्याम् शुम्भनिशुम्भाभ्याम् अस्तान्क्षिप्तान्प्रेरितान्। असु क्षेपणे कर्मणि क्तः। शरान्बाणान् चण्डिका देवी स्वशरोत्करैः स्वैः शराणामुत्करैः पुंजैः। सर्वनाम्नो वृत्तिमात्रे पुंवद्भावः। 'स्यान्निकायः पुञ्जराशी तूत्करः कूटमस्त्रियाम्'। कॄ विक्षेपणे उत्कीर्यन्ते उत्कराः। कर्मणि ॠदोरप्। स्तोमैश्चिच्छेद खण्डयामास। अथ च सा तावसुरेश्वरौ शुम्भनिशुम्भावपि कर्मभूतौ अङ्गेषु तदीयेषु प्रत्यङ्गं प्रतिलोमकूपं शस्त्रौघैः बाणाद्यायुधव्यूहैस्ताडयामास जघान च ॥8॥

(4 नागोजीभट्टी) चिच्छेदेति। ताभ्यामस्तानिक्षप्तानित्यन्वयः ॥8॥

(5 जगच्चन्द्रचन्द्रिका) चिच्छेदास्तानिति 10 ॥8॥

(6 दंशोद्धार) चिच्छेदेति। आस्तान्क्षिप्तान्। असु क्षेपणे ॥8॥

निशुम्भो निशितं खड्गं चर्म चादाय सुप्रभम्।
अताडयन्मूर्ध्नि सिंहं देव्या वाहनमुत्तमम्॥9॥

(1 गुप्तवती) ॥9॥

(2 चतुर्धरी) निशितं शाणतेजितम्। चर्म फलकम् ॥9॥

(3 शान्तनवी) निशुम्भः निशितं तीक्ष्णं खड्गं मण्डलाग्रं सुप्रभं सुप्रभामण्डलभास्वरं चर्म च फलकम् आदाय गृहीत्वा देव्याश्चण्डिकायाः उत्तमं श्रेष्ठं मुख्यं वाहनं सिंहं वाहनीभूतं केसरिणं मूर्ध्नि मस्तके अताडयत् हन्ति स्म। तड आघाते चुरादिः ण्यन्ताल्लुङ्। निशितं क्ष्णुतं शातं तेजितमिति यावत्। फलकोऽस्त्री फलं चर्म परप्रहारनिवारणसाधनं चर्ममयत्वाच्चर्म। सुप्रभमिति खड्गस्य विशेषणं चर्मणश्च। 'संभवे व्यभिचारे च स्याद्विशेषणमर्थवत्' ॥9॥

(4 नागोजीभट्टी) ॥9॥

(5 जगच्चन्द्रचन्द्रिका) निशुम्भ इति 11 ॥9॥

(6 दंशोद्धार) निशुम्भ इति। निशितं शाणोल्लीढम् ॥9॥

ताडिते वाहने देवी क्षुरप्रेणासिमुत्तमम्।
निशुम्भस्याशु चिच्छेद चर्म चाप्यष्टचन्द्रकम्॥10॥

(1 गुप्तवती) ॥10॥

(2 चतुर्धरी) क्षुरप्रेण क्षुरवद्विशेषधारेण। खुरप्रेणेति वा पाठः। दशनेन प्रक्षुरः प्रखण्डितः क्वचित् दुर्गतार्थो हिमवद्दीधितिर्यथेति। हरेर्विनाशदर्शनात्। अष्टौ चन्द्राकाश्चन्द्राकाररचनाविशेषा यत्र ॥10॥

(3 शान्तनवी) निशुम्भेन वाहने सिंहे ताडिते सति देवी चण्डिका क्षुरप्रेण क्षुरं प्रत्याऽकारेण पूरयति मुखेन अनुकरोति क्षुरप्रो बाणविशेषः तेन क्षुराकृतिमुखेन बांणेन निशुम्भस्य उत्तमं श्रेष्ठम् असिं खड्गं चिच्छेद आशु अविलम्बेन अष्टचन्द्रकं चर्मफलकं च तेनैव क्षुरप्रेण चिच्छेदैव। प्रयत्नेन असिं चर्म च विदारयामासेत्यर्थः। अष्टौ चन्द्र यस्मिंस्तत् अष्टचन्द्रकं लिखिताष्टचन्द्रकमित्यर्थः। यद्वा अष्टः व्याप्तः चन्द्रः कर्पूरो यस्मिन् विलिप्तोऽस्ति तदष्टचन्द्रकम्। अशू व्याप्तौ कर्तरि क्तः। यद्वा अष्टौ चन्द्रांश्चित्रितान्कायति अष्टचन्द्रकम् अष्टानां चन्द्राणां समाहारोऽष्टचन्द्रं तत्कायत्यात्मलक्षणत्वेन लिखितं कथयत्यष्टचन्द्रकम्। कर्पूरश्चन्द्रसंज्ञकः ॥10॥

(4 नागोजीभट्टी) ताडित इति। क्षुरविशेषः चर्म बालकम् अष्टसंख्याकरत्नादिघटितं चन्द्राकारसहितम् ॥10॥

(5 जगच्चन्द्रचन्द्रिका) ताडिते वाहनेति 12 ॥10॥

(6 दंशोद्धार) ताडिते इति। क्षुरप्रेण विशिखेन। खुरप्रेणेति पाठेप्ययमेवार्थः। अष्टौ चन्द्राः चन्द्राकारचना विशेषा यत्र ॥10॥

छिन्ने चर्मणि खड्गे च शक्तिं चिक्षेप सोऽसुरः।
तामप्यस्य द्विधा चक्रे चक्रेणाभिमुखागताम् ॥11॥

(1 गुप्तवती) ॥11॥

(2 चतुर्धरी) ॥11॥

(3 शान्तनवी) देव्या चर्मणि छिन्ने द्विधा कृते खड्गे च छिन्ने द्विधा कृते सति सः निशुम्भोऽसुरो देवीं प्रति शक्तिमायुधविशेषं चिक्षेप प्रेरयामास। प्रयुयुजे। देवी अभिमुखागतां तामप्यस्य निशुम्भस्य महासुरस्य शक्तिं चक्रेण द्विधा चक्रे चिच्छेद अभिमुखागतां ताम्। कर्तरि क्तः। अभिशब्दोऽभ्यधिकं सूचयति। खड्गं च चर्म च विच्छेद। न केवलं तद्द्वयमेव देवी चिच्छेद। अपि तु तदीयां तां शक्तिमपि चिच्छेद ॥11॥

(4 नागोजीभट्टी) छिन्ने इति। शक्तिक्षेपो देवीं प्रति। अभिमुखागतां तां देवीं चिच्छेदेत्यर्थः ॥11 ॥

(5 जगच्चन्द्रचन्द्रिका) छिन्ने चर्मणीति 13 ॥11 ॥

(6 दंशोद्धार) ॥11 ॥

कोपाध्मातो निशुम्भोऽथ शूलं जग्राह दानवः।

आयान्तं[1] मुष्टिपातेन देवी तच्चाप्यचूर्णयत् ॥ 12 ॥

(1 गुप्तवती) ॥12 ॥

(2 चतुर्धरी) कोपाध्मातः कोपेनाध्मातः प्रज्वलितः। मुष्टिपातेन मुष्टिप्रहारेण ॥52 ॥

(3 शान्तनवी) अथानन्तरं कोपेन आध्मातः पूरितः शरीरकोषः कोपविष्टः। यद्वा कोपाग्नियुक्तः निशुम्भो दानव दनोः दानवमातुरपत्यं पुमान् दानवः असुरः देवीमुद्दिश्य शूलम् आयुधम् 'अस्त्री शूलं रुगायुधम्' जग्राह प्रयुयुजे इत्यर्थः। अथ देवी अभिमुखमायान्तं तच्चापि शूलं मुष्टिपातेन मुष्टेः प्रहारेण अचूर्णयत्। 'सत्यापपाश' सूत्रेण अवध्वसंने चूर्णप्रातिपदिक णिणच्। अवध्वंसितवतीत्यर्थः। अथवा चूर्ण प्रेरणप्रेषणयोः चुरादिः। अचूर्णयत् प्रेरयति स्म संपिनष्टि स्मेति वार्थः। आयातमिति पुल्लिङ्गप्रयोगान्तं चापीत्ययमपि तच्छब्दः पुल्लिङ्ग एव द्वितीयैकवचनान्तः। ध्माशब्दाग्निसंयोगयोः। कोपेन आध्मातः दीप्तिः। कर्मणि क्तः 'स्त्रीपुंसयोः स्मृतो मुष्टिः' ॥12 ॥

(4 नागोजीभट्टी) कोपेति। जग्राह। ग्रहणपूर्वके प्रेक्षेपेऽत्र ग्रहिः। आयान्तं तच्छूलम् ॥12 ॥

(5 जगच्चन्द्रचन्द्रिका) कोपाध्मात इति 14 ॥12 ॥

(6 दंशोद्धार) ॥12 ॥

आविध्याथ[2] गदां सोऽपि चिक्षेप चण्डिकां प्रति।

सापि देव्या त्रिशूलेन भिन्ना भस्मत्वमागता ॥ 13 ॥

(1 गुप्तवती) आविध्य शूलक्षेपोत्तरम् आदायेति वा तदर्थः ॥13 ॥

(2 चतुर्धरी) आविध्य भ्रामयित्वा ॥13 ॥

---

1. आयान्तम्, इति पाठः।
2. अथादाय, इति पाठः।

(3 शान्तनवी) अथ सोपि निशुम्भोऽपि गदामादाय गृहीत्वा चण्डिकां प्रति चिक्षेप प्रेरयामास। सापि गदा निशुम्भेन प्रेरिता गदा देव्या कर्तृभूतया चण्डिकया त्रिशूलेन अग्निबीजगर्भेण करणेन भिन्ना विदारिता सती भस्मत्वमागता भस्मतां गता भस्मीबभूवेत्यर्थः। क्वचित्तु आविव्याध गदां सोऽपि इति पाठः। सोपि निशुम्भोपि चण्डिकां प्रति गदां चिक्षेप। आविव्याध च अताडयच्च इति तदा व्याख्यातव्यं स्यात्। ततश्च यदि गदया देवीं विव्याध निशुम्भस्तर्हि देवीप्रयुक्तत्रिशूलेन भस्मीकरणवर्णनं निशुम्भप्रयुक्तगदायाः विफलं स्यात्। देव्या उत्कर्षाभावात्। देवीविषयं व्यधनं गदया कृतमेवेति त्रिशूलेन गदया भस्मतास्तु माभूत् किं तया कृतं स्यात्। पाटच्चरलुटितवेश्मनि यामिकजागरणसंतत्यापि वा किं कृतं स्यादिति। क्वचित्तु आविध्याथ गदां सोपि इति पाठः। आविध्येति गदां भ्रामयित्वेत्यर्थः। इत्यम् आविव्याध गदां सोपि इति पाठे गदामाविव्याध। भ्रामयामासेत्यर्थः। अथ न किंचिद्दुष्यति वैदुष्यशिष्यमाणार्थसिद्धैरिति मतमायुष्मतः। मैवं संस्थाः। शब्दशक्तिस्वाभाव्यादाविद्धो मणिरित्यादौ विध्यतिराङ्पूर्वोपि ताडनार्थ एव प्रसिद्धो न तु परिभ्रमणवृत्तिरित्यलं विस्तरेण प्रकृतमनुसरामः॥13॥

(4 नागोजीभट्टी) आविध्य भ्रामयित्वा देव्या कर्त्र्या त्रिशूलेन करणेन सापि गदा भिन्ना भस्मत्वमागता आपातिता च। अन्तर्भावितण्यर्थात् क्तः॥13॥

(5 जगच्चन्द्रचन्द्रिका) आविध्याथेति 15॥13॥

(6 दंशोद्धार) ॥13॥

ततः परशुहस्तं तमायान्तं दैत्यपुंगवम्।
आहत्य देवी बाणौघैरपातयत भूतले॥14॥

(1 गुप्तवती) अपातयत मूर्च्छां प्राप्येति यावत्॥14॥

(2 चतुर्धरी) दैत्यपुङ्गवं दैत्यमुख्यम्॥14॥

(3 शान्तनवी) ततो गदायां भस्मितायां तदनन्तरं परशुहस्तं परशुपाणिम् अभिमुखमायान्तं तं दैत्यपुङ्गवं दानवश्रेष्ठं निशुम्भं देवी चण्डिका बाणौघैः शरव्यूहैराहत्य आहतं विधाय ताडयित्वा भूतले अपातयत्प्रभ्रंशयामास 'स्युरुत्तरपदे व्याघ्रपुङ्गवर्षभकुञ्जराः। सिंहशार्दूलनागाद्याः पुंसि श्रेष्ठार्थगोचराः'। दैत्योयं पुङ्गव इव शूरो बलवान्वा दैत्यपुङ्गवः तम्। 'उपमितं व्याघ्रादिभिः सामान्याप्रयोगे'

समस्यते। निशुम्भो भूमौ पतितो मूर्छां प्रापितो न तावन्मारितस्तदानीम्। अग्रे 'ततो निशुम्भः संप्राप्य चेतनामात्तकार्मुकः' इति तदुज्जीवनश्रवणात् ॥14 ॥

(4 नागोजीभट्टी) पुङ्गवं श्रेष्ठम्। अत्र निशुम्भस्य मूर्च्छासंपादनेन पातनम् ॥14 ॥

(5 जगच्चन्द्रचन्द्रिका) ततः परशुहस्तमिति 16 ॥14 ॥

(6 दंशोद्धार) ॥14 ॥

तस्मिन्निपतिते भूमौ निशुम्भे भीमविक्रमे।

भ्रातर्यतीव संक्रुद्धः प्रययौ हन्तु[1]मम्बिकाम् ॥ 15 ॥

(1 गुप्तवती) ॥15 ॥

(2 चतुर्धरी) ॥15 ॥

(3 शान्तनवी) तस्मिन्भीमविक्रमे घोरपराक्रमे भयंकरवीरकर्मणि निशुम्भे भ्रातरि भूमौ निपतिते प्रधनमूर्धनि मूर्च्छिते सति भ्रात शुम्भः अतीव क्रुद्धः अतितरा क्रोधाविष्टः अत एव अम्बिकां देवीं चण्डिकां हन्तु प्रययौ प्रजगाम। अम्बिकेयं परदेवता हन्तुं न शक्येत्यवधारयत्। 'विक्रमस्त्वतिशक्तिता' 'विक्रमो वीरकर्मणि' 'विक्रमः पादविक्षपे भ्रातरि' इति संबन्धिशब्दत्वात्। भ्रातात्र शुम्भ एव प्रयाणस्य कर्ताऽवसीयते ॥15 ॥

(4 नागोजीभट्टी) तस्मिन्निति। प्रययौ शुम्भ इति शेषः ॥15 ॥

(5 जगच्चन्द्रचन्द्रिका) तस्मिन्निपतिते इति 17 ॥15 ॥

(6 दंशोद्धार) आविध्य भ्रामयित्वा ॥15 ॥

स रथस्थस्तथात्युच्चैगृहीतपरमायुधैः।

भुजैरष्टाभिरतुलैर्व्याप्याशेषं बभौ नमः ॥ 16 ॥

(1 गुप्तवती) ॥16 ॥

(2 चतुर्धरी) स शुम्भो नभो व्याप्य आकाशं व्याप्य बभावित्यन्वयः ॥16 ॥

(3 शान्तनवी) तथा तेन प्रकारेण तदा तस्मिन्काले अत्युच्चैः रथस्थः रथारूढः सः शुम्भो महासुरः अत्युच्चैर्गृहीतपरमायुधैः अतुलैः अनुपमैः अष्टाभिर्भुजैर्बाहुभिरशेषं कृत्स्नं नभः नभोमण्डलं व्याप्य आच्छाद्य आकाशमण्डलमाक्रम्य बभौ शुशुभे। भा दीप्तौ। 'आत औ णलः' ॥16 ॥

---

1. योद्धुमम्बिकाम्, इति पाठः।

(4 नागोजीभट्टी) स इति तथा सामुद्रिकाप्रकारेणात्युच्चैर्भुजैर्नभो व्याप्य बभावित्यर्थः ॥16 ॥

(5 जगच्चन्द्रचन्द्रिका) स रथस्थ इति 18 ॥16 ॥

(6 दंशोद्धार) ॥16 ॥

तमायान्तं समालोक्य देवी शङ्खमवादयत्।
ज्याशब्दं चापि धनुषश्चकारातीव दुःसहम् ॥ 17 ॥

(1 गुप्तवती) ॥17 ॥

(2 चतुर्धरी) ॥17 ॥

(3 शान्तनवी) देवी चण्डिका तं शुम्भं महासुरं संमुखमायान्तमागच्छन्तं विलोक्य शङ्खमवादयद्दध्मौ पूरयामास। किंच अतीवातितरां दुःसहं सोढुमशक्यं धनुषः ज्यायाः धनुरारोपितमौर्व्याः शब्दं टंकारस्वनं च चकार। शङ्खस्वनश्चापस्वनश्च युद्धोत्साहं जनयति। 'मौर्वी ज्या सिञ्जिनी गुणः' आरोपितेष्वासनार्थं धनुर्गृहाण। धनुःशब्दोर्धर्चादित्वात्पुंनपुंसकलिङ्गः। 'धनुर्वंशविवृद्धोऽपि निर्गुणः किं करिष्यति। दुःखेन सोढुमशक्यौ दुःसहः तम्। 'स्वत्यतीव च निर्भरे' ॥17 ॥

(4 नागोजीभट्टी) आयान्तमागच्छन्तम् ॥17 ॥

(5 जगच्चन्द्रचन्द्रिका) तमायान्तमिति ॥19 ॥17 ॥

(6 दंशोद्धार) ॥17 ॥

पूरयामास ककुभो निजघण्टास्वनेन च।
समस्तदैत्यसैन्यानां तेजोवधविधायिना ॥ 18 ॥

(1 गुप्तवती) ॥18 ॥

(2 चतुर्धरी) ककुभो दिशः तेजोवधविधायिना तेजोवधकरणशीलेन ॥18 ॥

(3 शान्तनवी) समस्तदैत्यसैन्यानां सकलासुरसेनानां तेजोवधविधायिना तेजसां वधः विनाशः तं विदधाति करोति तेजोवधविधायी तेन। यद्वा तेजांसि च वधाश्च तेषां विधानं विधायः तेजोवधविधायः। भावे घञ्। सोस्त्यस्मिन्वा स तथोक्तः। तेन निजघण्टास्वनेन आत्मीयघण्टानादेन च ककुभो दशदिशः

पूरयामास संवर्धयामास। पूरी आप्यायने। दिवादिः। आप्यायनं वृद्धिः। 'हेतुमति च' इति णिच्। 'कास्प्रत्ययादाममन्त्रे लिटि'। स्वनेन चेति चकारेण शङ्खज्यानिजघण्टास्वनैर्दिशः पूरयामासेत्येतदुक्तं स्वनत्रयं समुच्चीयते। 'तेजः प्रभावे दीप्तौ च बले छत्रेपि संस्मृतम्। अधिक्षेपावमानादेः प्रयुक्तस्य परेण यत्। प्राणात्ययेप्यसहनं तत्तेजः समुदाहृतम्' ॥18॥

(4 नागोजीभट्टी) स्वनेन चेति। चेन शङ्खज्याशब्दयोः समुच्चयः। वधो नाशः विधायिनेति स्वनविशेषणम् ॥18॥

(5 जगच्चन्द्रचन्द्रिका) पूरयामासेति 20 ॥18॥

(6 दंशोद्धार) पूरयामासेति। ककुभो दिशः ॥18॥

ततः सिंहो महानादैस्त्याजितेभमहामदैः।

पूरयामास गगनं गां तथोपदिशो[1] दश ॥19॥

(1 गुप्तवती) ॥19॥

(2 चतुर्धरी) त्याजित इभानां महामदो यैः। गगनमाकाशं गां स्वर्गं भुवं वा उपदिशः संग्रामवर्तिदिक्प्रदेशा उपदिक्सहिता दिशः। शाकपार्थिवादित्वान्मध्यमपदलोपीसमास इत्यन्ये ॥19॥

(3 शान्तनवी) ततः शङ्खस्वादिनिःस्वनादनन्तरं सिंहो देव्याः केसरी युयुत्सुः सन् त्याजितेभमहामदैः त्याजिताः वर्जिताः इभानां गजानां महान्तो मदा यैस्ते तैः दूरीकृतमहामत्तेभमहामदप्रवाहैः सिंहगर्जनश्रवणादुद्विग्नाद्रजाः खलु निर्मदाः स्युः महानादैः महद्भिः कण्ठीरवस्यास्य पञ्चास्यस्य नादैः कण्ठगर्जनैः सिंहनादैः गगनमाकाशदेशं पूरयामास। तथैव तद्वदेव तैर्महानादैर्गां पृथिवीं पूरयामास। तथैव तद्वदेव महानादैः दिशोपि च दिशः ककुभः पूरयामास वर्धयामास। क्वचित्तु गां तथोपदिशो दशेति पाठः। उपशब्दः आधिक्ये पूर्वं कृतशङ्खज्याघण्टानां नादापेक्षया सिंहनादोऽधिकः। यतोऽसौ गगनं च गां क्ष्मां च दशापि च दिशः पूरयामास। अथं च सिंहनादेन महत्तरेण शङ्खज्याघण्टानां नादास्तिरोहिता इत्युपशब्देन सूच्यते ॥19॥

(4 नागोजीभट्टी) उपदिशः सामान्यदिगाक्षेपोपदिक्त्वं पूर्वादीनां दशानां तदाह दशेति ॥19॥

---

1. तथोपदिशो, इति पाठः।

(5 जगच्चन्द्रचन्द्रिका) ततः सिंह इति 21 ॥19॥

(6 दंशोद्धार) तत इति। त्याजितः इभानां महामदो यैः गगनमाकाशं गां भुवम् उप संग्रामसमीपे दशदिश इत्यर्थः। तथैव दिशो दश इति पाठः सुगमः ॥19॥

ततः काली समुत्पत्य गगनं क्ष्मामताडयत्।
कराभ्यां तन्निनादेन प्राक्स्वनास्ते तिरोहिताः ॥20॥

(1 गुप्तवती) ततः कालीति। गगनं समुत्पत्य क्ष्मामताडयदित्यन्वयः। प्राक्स्वनाः शङ्खज्याघण्टासिंहशब्दाः ॥20॥

(2 चतुर्धरी) गगनं समुत्पत्य उत्प्लुत्य क्ष्मां भूमिं कराभ्यामताडयदित्यन्वयः। तस्या निनादेन प्राक्शब्दास्तिरोहिताः पिहिताः ॥20॥

(3 शान्तनवी) ततः सिंहनादादनन्तरं काली चामुण्डा गगनमाकाशे समुत्पत्य सम्यगुत्पत्य उत्प्लुत्य गगनं क्ष्मां पृथिवीं कराभ्यां पाणिभ्याम् अताडयत् आहतवती। यद्वा काली चामुण्डा समुत्पत्योत्प्लुत्योड्डीय गगनं क्ष्मां च द्यावापृथिव्यौ द्वे अपि कराभ्यां हस्ताभ्यामताडयत्ताडयति स्म ततस्तन्निनादेन द्यावापृथिव्याघातजनितध्वनिना ते प्राक्स्वनाः प्रागुक्ताः शङ्खज्याघण्टासिंहस्वनः। तिरोहिताः आच्छादित आसन् अल्पो ध्वनिरधिकध्वनिना हि तिरोधीयते। न्यक्क्रियते अभिभूयते। देवताशक्तिरीदृश्यद्भुतकरी। तयोर्द्यावापृथिव्योरपि काली कराभ्यामताडयत्। आहतवत्यासीत्। तिरोन्तर्द्धौ कर्मणि क्तः ॥20॥

(4 नागोजीभट्टी) समुत्पत्य उत्प्लुत्य पुनरवतीर्य पृथ्वीम् ॥20॥

(5 जगच्चन्द्रचन्द्रिका) ततः कालीति 22 ॥20॥

(6 दंशोद्धार) तत इति। काली चामुण्डा गगनमुत्पत्य कराभ्यां क्ष्मां भूमिं समताडयदित्यन्वथः ॥20॥

अट्टाट्टहासमशिवं शिवदूती चकार ह।
तैः शब्दैरसुरास्त्रेसुः शुम्भः कोपं परं ययौ ॥21॥

(1 गुप्तवती) त्रेसुर्भयं प्रापुः ॥21॥

(2 चतुर्धरी) अट्टाट्टहासमित्यत्र शकन्ध्वादित्वादकारलोपः। इत्युच्चैर्हासम् अशिवम् अतिभीषणम्। त्रेसुः उद्विजिरे ॥21॥

(3 शान्तनवी) चण्डिकाशरीरविनिष्क्रान्ता शक्तिर्देवता शिवदूती दैत्यानामशिवं कर्णकटु यथा स्यात्तथा अट्टाट्टहासजनितैः शब्दैर्ध्वनिभिरसुरास्त्रेसुः। त्रसु उद्वेगे। त्रासमुद्वेगमापुः। एत्वाभ्यासलोपौ। शुम्भस्तु परामधिकं कोपं ययौ प्राप। अट्ट अतिक्रमणहिंसनयोः। अट्टनमट्टः। अतिक्रमम् उल्लङ्घनं शत्रूनुल्लङ्घ्योल्लङ्घ्य हसनमट्टहासः। यद्वा अट्टेन नादेन अतिक्रमेण हासः अट्टाट्टहासः। 'नित्यवीप्सयोः' इति वीप्सायां द्विर्वचनम् अतिशयने व्याप्तोऽट्टः अतिशयेनातिक्रमः तेन कृतो हासः। 'कर्मधारयवदुत्तरेषु' इति सुपो लोपः अट्टाट्टहासमिति पाठे अट्टाट्टहासो महाहासः। शकन्ध्वादित्वात्पररूपं तम्। यद्वा अट्टन्ते हिंसन्ति अट्टाः हिंसकाः दैत्याः तेषु हासः अट्टेन अतिक्रमेण हासः अट्टाट्टहासः तम्। यद्वा अट्टेष्वट्टेषु हिंसकेषु हासः अट्टाट्टहासः तम्। यद्वा अट्टेषु अतिक्रामत्सु उल्लङ्घितमर्यादेषु दैत्येषु हासः अट्टाट्टहासः तम्। इह कश्चित्त्वाह। शकटध्वनिरिति तन्न। प्रमाणाभावात्। स एवाह अट्टोऽतिशय इति तच्च न। वीप्सातोऽन्यत्राट्टशब्दस्य केवलस्यातिशयार्थतायां प्रयोगाभावात्। तच्चोक्तं तेनैव। अट्टः शकटातिशयार्थेष्विति तच्च पापात्पापीयः। प्रमाण्यानुपन्यासात् ॥21॥

(4 नागोजीभट्टी) अट्टाट्टहासम्। शकन्ध्वादित्वात्पररूपम्। अशिवं रिपूणां भयदम् ॥21॥

(5 जगच्चन्द्रचन्द्रिका) अट्टाट्टहासमिति 23 ॥21॥

(6 दंशोद्धार) अट्टाट्टहासमिति पाठे शकन्ध्वादित्वात्पररूपम्। त्रेसुरुद्विविजुः ॥21॥

दुरात्मंस्तिष्ठ तिष्ठेति व्याजहाराम्बिका यदा।
तदा जयेत्यभिहितं देवैराकाशसंस्थितैः ॥22॥

(1 गुप्तवती) ॥22॥

(2 चतुर्धरी) ॥22॥

(3 शान्तनवी) रे शुम्भ रे दुरात्मन् त्वं खलु दूतं प्रत्यक्षिपः तिष्ठतिष्ठ मा प्रयासीस्तत्फलमद्य पश्य। किमतो निष्ठुरालापेन प्रथमोचिता क्रिया

केवलमुत्तरमत्रेति यदा अम्बिका देवी व्याजहार तदा तस्मिन्काले आकाशसंस्थितेदेवैराकाशस्थैर्जयेत्यभिहितं जय शत्रूनभिभवेत्युक्तम्। अथ च आजिं युद्धं कुरु आजय जय शत्रूनभिभवेत्यभिहितमित्यप्यर्थलेशो द्रष्टव्यः। दुरात्मन्नित्यनेन दूतवचनेन जनितदीर्घद्वेषोक्तिरम्बिकायाः सूचिता। अथ युद्धे प्रतियोद्धरि दुरुक्तिः नायोधनौचितिं नावहेत्। अत एव देवैराजयजयेत्यभिहितम्। जि जये जि अभिभवे। जि जये चेल्लोकोत्कर्षेण वर्तस्व। 'संस्थाधारे स्थितौ मृतौ' तिष्ठतिष्ठेति कोपेनोक्तौ वा द्विरुक्तिः। जयति स्वपक्षस्थापनं परपक्षप्रतिक्षेपणं च जयतेरर्थः ॥22॥

(4 नागोजीभट्टी) आकाशे संस्थितैः देवैः दानवसंग्रामदर्शनाय तत्र स्थितैः ॥22॥

(5 जगच्चन्द्रचन्द्रिका) दुरात्मंस्तिष्ठेति 24 ॥22॥

(6 दंशोद्धार) ॥22॥

शुम्भेनागत्य या शक्तिर्मुक्ता ज्वालातिभीषणा।
आयान्ती वह्निकूटाभा सा निरस्ता महोल्कया॥23॥

(1 गुप्तवती) महोल्कया तत्तुल्यया तन्नामिकया वा शक्त्या ॥23॥

(2 चतुर्धरी) ॥23॥

(3 शान्तनवी) शुम्भेनागत्य ढौकित्वा ज्वालातिभीषणा ज्वालया तेजसा अतिभीषणा ज्वालेव अतिभीषणा वा अतिरां साध्वसकारिणी या शक्तिरायुधविशेषः मुक्ता प्रेरिता सा वह्निकूटाभा आयान्ती सन्ती चण्डिकया कर्तृभूतया महोल्कया साधनीभूतया कारणभूतया शक्त्या निरस्ता निवारिताभूत्। वह्निकूटाभा अग्निपुञ्जकान्तिः महोल्कया बृहत्तराङ्गारकाष्ठज्वालया इत्यपि कश्चिद्व्याख्यत्। ज्वल दीप्तौ। 'ज्वलितिकसंन्तेभ्यो णः' कर्तरि ज्वलति ज्वालः ज्वाला वा। 'वह्नेर्द्वयोर्ज्वालकी लावर्चिर्हेतिः शिखा स्त्रियाम्'। मायानिश्चलयन्त्रेषु कैतवानृतराशिषु। अयोघने शैलशृङ्गे सीराङ्गे कूटमस्त्रियाम्'। महती उत्काज्वाला यस्याः सा महोल्का नाम शक्तिश्चण्डिकाया आयुधम्। 'निरस्तः प्रहितो मुक्तः प्रेरितः क्षिप्त उज्झितः। विसृष्टो दवितो दूरीकृतो बाणादिमोक्षणे' ॥23॥

(4 नागोजीभट्टी) महोल्कयेति। महाज्वालावत्या शक्त्येत्यर्थकम्। यद्वा तन्नामकशक्त्येत्यर्थकम् ॥23 ॥

(5 जगच्चन्द्रचन्द्रिका) शुम्भेनागत्येति 25 ॥23 ॥

(6 दंशोद्धार) ॥23 ॥

सिंहनादेन शुम्भस्य व्याप्तं लोकत्रयान्तरम्।
निर्घातनिःस्वनो घोरो जितवानवनीपते ॥24 ॥

(1 गुप्तवती) निर्घातेति। देवीशक्त्या शुम्भशक्तेर्यः प्रतिघातस्तज्जन्यो निःस्वन एव शुम्भकृतसिंहनादापेक्षयाधिकं लोकान्व्याप्त इत्यर्थः ॥24 ॥

(2 चतुर्धरी) लोकत्रयस्य भूर्भुवःस्वर्लक्षणस्यानन्तरं मय्यम्। भुवर्लोक इति यावत्। निर्घातनिःस्वनः उत्पातध्वनिः जितवानभ्यसूयत। अथात् शुम्भस्य सिंहनादमिति शेषः। यो ध्वनिः शब्दः (सिंहनाद इति वेदितव्यः) तेन तादृगप्यस्य सिंहनादेन निर्घातध्वनिनाभिभूतं संकुलम् अथवा शुम्भस्य तेन सिंहनादेन निर्घातनिःस्वन उत्पातनिस्वनः उत्पातध्वनिर्जित वान् जितः अभिभूतः कृद्व्यभिचारात्कर्मणि क्तवतुः ॥24 ॥

(3 शान्तनवी) हे अवनीपते हे सुरथ यद्यपि खलु शुम्भस्य सिंहनादेन कण्ठगर्जनेन लोकत्रयान्तरं जगमामन्तरालं भुवनत्रयमध्यं व्याप्तमाकीर्णमभूत् अथापि तत्तत्सैनिकानां यः घोरो भयंकरः निर्घातनिःस्वनः समजनिष्ट स जितवान् शुम्भकृतसिंहनादमतिमहत्तरमपि तत्सैनिकनिर्घातस्य निःस्वनः निर्घातनिःस्वनः शब्दः यः खलु देवीं प्रति शुम्भसैनिकैः समरसावेशतः कण्ठतः कथितस्तां निर्जहि निर्जहि मारयमारयेति शब्दः समभूत्स निर्घातनिःस्वनोऽत्र विवक्षितः। अतश्च स एव शुम्भसिंहनादाधिक एव। घ्नन्ति शत्रूनेभिरिति निर्घाताः खड्गाद्यायुधसमूहाः तेषाः निःस्वनः निर्घातनिःस्वनः खड्गद्यायुधसमूहानां संग्रामसज्जानां परस्परहतिजनितो ध्वनिः शुम्भसिंहनादं लोकत्रयान्तरालं व्याप्तवन्तमपि ततोऽधिकतरत्वात्तं जितवानभ्यभूत् तिरोहितं चकारेत्यर्थः। अथवा आकस्मिक एव गगनादत्यायतज्योतिःपातो यः स निर्घातः स निर्घातघोषः तस्य यः स्यान्निःस्वनो घोरः भयंकरः निर्घातनिःस्वन इव शुम्भस्य पातइवोत्पातः तस्य सिंहनादमधिकमप्यधिकत्वात्त जितवानभ्यभूत्। तिरोहितं चकारेत्यर्थः।

अथवा तस्य येन सिंहनादेन लोकत्रयान्तरं कवलितं समभूवत्स खलु सिंहनादः घोरः भयंकरः निर्घातनिःस्वनो यदस्य शुम्भस्य पातयितोत्पातः। अतएव तमसुरं जितवाञ्जिगाय अभिभूतवान्पराजयं प्रापितवान्। यद्वा स एव सिंहनादः सकलदानवानां नाशोत्पातो निर्घातनिःस्वनः। संपाद्यमानः सन् अजिवान् न जनितवान् प्रकाशं प्रकर्षमप्राप्य ननाशेत्यर्थः। महाध्वनिर्द्यावापृथिवीव्यापी निर्धनगगनतः पतति य उत्पातोऽनर्थकरः स निर्घातः। पृषोदरादित्वात्साधुः। अथवा यस्य शुम्भस्य प्रथमतः प्रथमोचितेन सिंहनादेन लोकत्रयान्तरं व्याप्तं कवलितं स शुम्भः पश्चान्निर्घातानिःस्वनः समभूत् निर्घातस्येव निर्घनगगनतः प्रभ्रश्य ज्योतिर्मण्डलपातस्य दानवनाशकारिण उत्पातरूपस्येव निःस्वनो यस्य सः निर्घातनिःस्वनः। अघेन व्याप्तं पापेन कवलितम् उरः प्रधानमङ्गं तेन उपलक्षितः सन् अजितवान् न अभिभूतवान्। देवीमिति शेषः। यद्वा तेन सिंहस्य देवीवाहनस्य नादेन देवीकण्ठीरवकण्ठनादेन लोकत्रयान्तरं व्याप्तं कवलितं स एव जितवान्सन् लोकेषूत्कृष्टः सन् शुम्भस्य घोरः भयंकरः निर्घातनिःस्वनो बभूव। निर्घनगगनतः पतन्महाज्योतिध्वनिनिर्घातः निःस्वनो महोत्पातः पापात्मनामनभ्युदयकारीत्याहुः ॥24 ॥

(4 नागोजीभट्टी) सिंहेति। उत्तरार्धस्य तथापीत्यादि। निर्घातनिःस्वनः उत्पातध्वनिः। जितवानित्यस्य शुम्भ नादमिति शेषः ॥24 ॥

(5 जगच्चन्द्रचन्द्रिका) सिंहनादेनेति 26 ॥24 ॥

(6 दंशोद्धार) सिंहनादेति। लोकत्रयान्तरं भुवोलोकः निर्घातनिःस्वनः उत्पातशब्दश्च जितवान्। सिंहनादमिति शेषः। यद्वा सिंहनादेनैव निर्घातनिःस्वनो जितवान् जिग्ये। बाहुलकात्कर्मणि क्तवतुः ॥24 ॥

शुम्भमुक्ताञ्शरान्देवी शुम्भस्तत्प्रहिताञ्शरान्।
चिच्छेद स्वशरैरुग्रैः शतशोऽथ सहस्रशः ॥25 ॥

(1 गुप्तवती) ॥25 ॥

(2 चतुर्धरी) तत्प्रहितान्देव्या प्रेषितान् ॥25 ॥

(3 शान्तनवी) अथ देवी उग्रैः रौद्रैः स्वशरैः आत्मीयैर्बाणैः शतशः शतं शतं सहस्रशः सहस्रं सहस्रं शुम्भमुक्तानुग्राञ्शरान् चिच्छेद द्विधा चकार। शतशः

सहस्रश इत्यव्ययम्। शरान्स्वशरैरिति चोभयविशेषणं यथायोगं द्रष्टव्यम्। 'संख्यैक्यवचनाच्च वीप्सायाम्' इति शस्। अथ शुम्भश्च उग्रैः स्वशरैः तत्प्रहिताञ्शरान् तया देव्या प्रहितान्प्रेरितानुग्राञ्शरांश्चिच्छेद द्विधा चकार। खण्डयामास। शतं शतं शरान् स्वशरैः शतशः गतेन गतेन सहस्रशः सहस्रं सहस्रं स्वशरैः सहस्रेण सहस्रेण चिच्छेद इतयनेन देव्याः शुम्भस्य च समं युद्धमुक्तम्। शुम्भमुक्तान् देवी देव्या मुक्तान् शुम्भश्च शरान्स्वैश्च स्वैश्च शरैश्चिच्छेद चिच्छेद वेति समत्वमेव तावदित्यर्थः॥25॥

(4 नागोजीभट्टी) शुम्भेति। अनेन देवीशुम्भयोः समयुद्धमुक्तम्॥25॥

(5 जगच्चन्द्रचन्द्रिका) शुम्भमुक्तानिति 27॥25॥

(6 दंशोद्धार) ॥25॥

ततः सा चण्डिका क्रुद्धा शूलेनाभिजघान तम्।
स तदाभिहतो भूमौ मूर्छितो निपपात ह॥26॥

(1 गुप्तवती) ॥26॥

(2 चतुर्धरी) ततश्चानन्तरं भगवती क्रुद्धा सती त्रिशूलेन तं निशुम्भं जघान। सः निशुम्भः मूर्च्छितो विचेता भूम्यां पतितः॥26॥

(3 शान्तनवी) सा चण्डिका देवी ततः शुम्भेन समरसाम्यतः तदसहमाना अतएव क्रुद्धा सती तं शुम्भदैत्ये शूलेनायुधेन अभिजघान आभिमुख्येन ताडयामास। स शुम्भः तदा तस्मिन्काले निहतः। यद्वा तदानिहतः तया देव्या चण्डिकया आनिहतः आसमन्तात् निहतः अतएव मूर्च्छितः सन् भूमौ रणक्षितौ निपपात नितरामपतत्। मूर्च्छा संजाता यस्येति मूर्च्छितः ह इति प्रसिद्धौ। सा तदा अनिहत इति तु छेदे तदा तस्मिन्काले देव्या शूलेन निहतः स शुम्भः अनिहतः नानिहतः न मारितः नापरासुः कृतः किं तर्हि संमूर्च्छितः सन्भूमौ निपपातेत्यर्थः॥26॥

(4 नागोजीभट्टी) तत इति। अभिहतः समन्ताद्धतोऽभिहतः॥26॥

(5 जगच्चन्द्रचन्द्रिका) ततः सा चण्डिकेति 28॥26॥

(6 दंशोद्धार) ॥26॥

ततो निशुम्भः संप्राप्य चेतनामात्तकार्मुकः।
आजघान शरैर्देवीं कालीं केसरिणं तथा॥27॥

(1 गुप्तवती) ॥27॥

(2 चतुर्धरी) आत्तं गृहीतं कार्मुकं धनुर्येन ॥27॥

(3 शान्तनवी) इदानीं ततः परशुहस्तमित्यत्र श्लोके प्राक् निशुम्भं देवी भूतले अपातयदित्युक्तं ततस्तस्य पुनरुज्जीवनपूर्वकं संग्रामारंभणं प्रस्तोतुमाहर्षिः ततो भूतले पतनानन्तरम्। यद्वा ततः शुम्भे मूर्च्छिते सति निशुम्भः प्राक् मूर्च्छितः पश्चाच्चेतनां संज्ञां प्राप्य आत्तकार्मुकः गृहीतशरासनः सन्। शरैर्देवीं चण्डिकां कालीं चामुण्डां तथा तद्वत्केसरिणं सिंहं च आजघान ताडयामास। 'आङो यमहनः' इति आत्मनेपदविधावकर्मकात्। सकर्मकत्वे तु आत्मनेपदम्। 'आजघ्ने विषमविलोचनस्य वक्षः' इत्यत्र तु स्वाङ्गकर्मकत्वाच्चेति वक्तव्यादात्मनेपदम्। वक्षसेत्यध्याहृत्य विषमविलोचनस्य वक्षसा सह संगत्या अर्जुनः स्ववक्षः आजघ्न इत्यर्थः। यद्वा विषमविलोचनस्य समीपो भूत्वा अर्जुनः स्वं वक्ष आजघ्ने आस्फोटितवानित्यर्थः॥27॥

(4 नागोजीभट्टी) तत इति। शुम्भमूर्च्छानन्तरं निशुम्भो यः पूर्वं मूर्च्छितः। आत्तं गृहीतम्॥27॥

(5 जगच्चन्द्रचन्द्रिका) ततो निशुम्भ इति 29 ॥27॥

(6 दंशोद्धार) ॥27॥

पुनश्च कृत्वा बाहूनामयुतं दनुजेश्वरः।
चक्रायुतेन[1] दितिजश्छादयामास चण्डिकाम्॥28॥

(1 गुप्तवती) ॥28॥

(2 चतुर्धरी) ॥28॥

(3 शान्तनवी) दितेर्जातः असुरः दनोर्जाता दनुजाः दनुजानाम् ईश्वरः स्वामी दनुजेश्वरः स निशुम्भः मायावी पुनश्च बाहूनां दोष्णाम् अयुतं दशसहस्रं कृत्वा विधाय अयुतबाहुर्भूत्वा चक्रायुतेन चक्राणाम् आयुधानाम् अयुतेन

---

1. **चक्रायुधेन, इति पाठः।**

दशसाहस्र्या साधनभूतया चण्डिकां देवीं छादयामास। छद संवरणे चुरादिः। संवृतांचकार। ताडयामासेत्यर्थः। 'रथाङ्गायुधसैन्येषु चक्रं राष्ट्रसमूहयोः। अमुचच्चाशुगानस्यामत्युग्राग्राञ्जवायतान्' 'निशुम्भः सिंहनादं च चकारामरभीकरम्' ॥28 ॥

(4 नागोजीभट्टी) पुनरिति। दनोः पुत्रोपि दितिजसमानशीलत्वाद्दितिजः ॥28 ॥

(5 जगच्चन्द्रचन्द्रिका) पुनश्च कृत्वेति 30 ॥28 ॥

(6 दंशोद्धार) ॥28 ॥

ततो भगवती क्रुद्धा दुर्गा दुर्गार्त्तिनाशिनी।
चिच्छेद तानि चक्राणि स्वशरैः सायकांश्च तान् ॥29 ॥

(1 गुप्तवती) ॥29 ॥

(2 चतुर्धरी) दुर्गार्तिर्दुःसहा पीडा अथवा दुर्गे संकटे या आर्तिः पीडा तस्याः नाशिनी नाशनशीला। नाशेनीति वा पाठः। सायकान् इषून् ॥29 ॥

(3 शान्तनवी) ततोऽनन्तरं दुर्गार्तिनाशनी दुस्तरार्तिं नाशयन्ती दुरुत्तरदुःखदालिनी भगवती दुर्गा चण्डिका देवी क्रुद्धा क्रोधाविष्टा सती स्वशरैर्बाणैः तानि निशुम्भप्रेरितानि चक्राणि चिच्छेद। किंच निशुम्भप्रेरितान्सायकानाशुगांश्च चिच्छेद खण्डयामास। दुर्गा गहनाकृतिः आर्तिः पीडा तां नाशयन्ती दुःखेन गच्छन्त्यस्यां दुर्गा आर्तिः पीडा तां नाशयन्ती 'सुदुरोरधिकरणे च' इति गमेर्डः। 'आर्तिः पीडाधनुःकोट्योः' 'शरे खड्गे च सायकः' षोन्तकर्मणि। स्यति अन्तं कर्म करोति सायकः ॥29 ॥

(4 नागोजीभट्टी) तत इति। दुर्गे संकटे आर्तेः पीडायाः नाशिनीति णिनिप्रत्ययः ॥29 ॥

(5 जगच्चन्द्रचन्द्रिका) ततो भगवतीति 31 ॥21 ॥

(6 दंशोद्धार) तत इति। दुर्गार्तिर्दुःसहपीडा। यद्वा दुर्गे संकटे या आर्तिस्तस्या नाशिनी ॥29 ॥

ततो निशुम्भो वेगेन गदामादाय चण्डिकाम्।
अभ्यधावत वै हन्तुं दैत्यसेनासमावृतः ॥30 ॥

(1 गुप्तवती) ॥30॥

(2 चतुर्धरी) ॥30॥

(3 शान्तनवी) ततश्चकाशुगभञ्जनतः निशुम्भो जवेन वेगेन त्वरया गदामादाय गृहीत्वा दैत्यसैन्यसमावृतः तवेष्टिः सन् चण्डिकां देवीं हन्तु ताडयितुमभ्यधावत्। वै निश्चितमेतत्। धावु गतिशुद्धयोः। स्वरितेत्त्वाल्लङ् आत्मनेपदम्। 'जलप्रहारयोर्वेगः' इति ॥30॥

(4 नागोजीभट्टी) तत इति दैत्यसेनया समावृतः ॥30॥

(5 जगच्चन्द्रचन्द्रिका) ततो निशुम्भो वेगेनेति ॥32॥30॥

(6 दंशोद्धार) ॥30॥

तस्यापतत एवाशु गदां चिच्छेद चण्डिका।
खड्गेन शितधारेण स च शूलं समाददे ॥31॥

(1 गुप्तवती) ॥31॥

(2 चतुर्धरी) आपतत आगच्छतः ॥31॥

(3 शान्तनवी) आपतत एव आद्रवत एव आच्छत एव आपतनसमसमय एव तस्य निशुम्भस्य गदां चण्डिक देवी शितधारेण खड्गेन मण्डलाग्रेण आशु शीघ्रं चिच्छेद खण्डयामास ततश्च निशुम्भभग्नगदायुधः शूलम् आयुधं समाददे संजग्राह। शूलं गृहीत्वा चण्डिकामाहन्तुम् आडुढौके इति भावः। शिते निशिते तीक्ष्णे धारे स शितधारः 'अस्त्री शूलं रुगायुधम्'। समाददे। आङो दोऽनास्यविहरणे आत्मनेपदम्। यद्वा ङित्वादात्मनेपदम् ॥31॥

(4 नागोजीभट्टी) ॥31॥

(5 जगच्चन्द्रचन्द्रिका) तस्यापतत इति ॥33॥31॥

(6 दंशोद्धार) ॥31॥

शूलहस्तं समायान्तं निशुम्भममरार्दनम्।
हृदि विव्याध शूलेन वेगाविद्धेन चण्डिका ॥32॥

(1 गुप्तवती) ॥32॥

(2 चतुर्धरी) वेगाविद्धेनात्यर्थं भ्रामित्तेन पतिता ॥32 ॥

(3 शान्तनवी) चण्डिका देवी अमरार्दनम्। अरिमर्दनमिति पाठे अर्द हिंसाया चुरादिः। अर्दयते हिनस्ति अर्दनः। नन्द्यादित्वाल्ल्युः। युधोरनो णिलोपश्च। अमराणामर्दनः तं शूलहस्तं शूलं हस्ते यस्य तं निशुम्भम् आयान्तम् आगच्छन्तं वीक्ष्य वेगाविद्धेन संभ्रमेण खनवद्यथा स्यात्तदर्थमाविद्धेन भ्रामितेनोत्क्षिप्तेन गृहीतेन वा शूलेन आयुधेन हृदि वक्षसि विव्याध ताडयामास। 'व्यध ताडने'। 'लिट्यभ्यासस्योभयेषाम्' इति संप्रसारणम्। आविद्धेति क्त्वोल्यपि 'ग्रहिज्या' इत्यादिना संप्रसारणम्। हृदीतिप्रकरणान्निशुम्भस्येति गम्यते। 'क्रियावाचित्वमाख्यातुमेकोत्राऽर्थः प्रदर्शितः। प्रयोगतोऽनुसर्तव्या अनेकार्था हि धातवः'। तेनाविद्धेति विवक्षितार्थसिद्धिः ॥32 ॥

(4 नागोजीभट्टी) शूलेति। समायान्तं संमुखमायान्तं वेगाविद्धेन वेगाक्षिप्तेन ॥32 ॥

(5 जगच्चन्द्रचन्द्रिका) शूलहस्तमिति 34 ॥32 ॥

(6 दंशोद्धार) शूलेन वेगाविद्धेन वेगभ्रामितेन ॥32 ॥

भिन्नस्य तस्य शूलेन हृदयान्निःसृतोऽपरः।
महाबलो महावीर्यस्तिष्ठेति पुरुषो वदन् ॥33 ॥

(1 गुप्तवती) ॥33 ॥

(2 चतुर्धरी) तिष्ठेति वदन् अपरः पुरुषो हृदयान्निःसृत इत्यन्वयः ॥33 ॥

(3 शान्तनवी) देव्या शूलेन भिन्नस्य विदारितस्य विद्धस्य तस्य निशुम्भस्य हृदयाद्वक्षसः उरःस्थलात्सकाशान्महाबलः महाप्राणसामर्थ्यः महावीर्यो महत्तरवीरकर्मा देवीं प्रति तिष्ठेति वदन् अतः क्व यास्यसि मदग्रतोऽद्येति भाषमाणः अपरः शूरःशुम्भादन्यः पुरुषः पुमान्निःसृतः निरगात् 'स्थौल्यसामर्थ्यसैन्येषु बलं ना काकसीरिणोः'। 'वीर्यं बलं प्रभावश्च'। अपरः पुरुषः देहभेदेन अपरत्वं नतु निशुम्भरूपक्षेत्रज्ञत्वेन। अत एव न परः इतयर्थोऽनुसंधेयः। 'क्षेत्रज्ञ आत्मा पुरुषः' 'पुरुषावात्ममानवौ' ॥33 ॥

(4 नागोजीभट्टी) ॥33 ॥

(5 जगच्चन्द्रचन्द्रिका) भिन्नस्य तस्येति 35 ॥33 ॥

(6 दंशोद्धार) ॥33॥

तस्य निष्क्रामतो देवी प्रहस्य स्वनवत्ततः।
शिरश्चिच्छेद खड्गेन ततोऽसावपतद्भुवि ॥34॥

(1 गुप्तवती) ॥34॥

(2 चतुर्धरी) स्वनवत्सशब्दमिति क्रियाविशेषणम् ॥34॥

(3 शान्तनवी) स्वनवत् तत इति वदन् 'माया सर्वापि मन्मयी' मायाम् उपेत्य मामेव हन्तुं पुनरुदेष्यसि उदेहि पुनस्तर्हि प्रहरिष्यामीति हसित्वा तस्य निष्क्रामतः पुरुषस्य प्राक्तननिशुम्भशरीरात्तु निर्गच्छतः निशुम्भदैत्याधवारस्य शिरः मस्तकं खड्गेन चिच्छेद ततः शिरश्छेदाद्धेतोः शिरछेदानन्तरं वा असौ निशुम्भनामा दैत्यः भुवि रणक्षितौ अपतत्पततिस्म ॥34॥

(4 नागोजीभट्टी) स्वनवदिति प्रहस्येत्यस्य विशेषणम् ॥34॥

(5 जगच्चन्द्रचन्द्रिका) तस्य निष्क्रामत इति 36 ॥34॥

(6 दंशोद्धार) ॥34॥

ततः सिंहश्चखादोग्रदं[1]ष्ट्राक्षुण्णशिरोधरान्।
असुरांस्तांस्तदा काली शिवदूती तथा परान् ॥35॥

(1 गुप्तवती) चखादेति। उग्राभिर्दंष्ट्राभिः क्षुण्णाश्चूर्णीकृताः शिरोधरा ग्रीवा येषां तान् ॥35॥

(2 चतुर्धरी) उग्रदंष्ट्राभिः क्षुण्णा शिरोधरा ग्रीवा उग्रमिति वा पाठे क्रियाविशेषणम् ॥35॥

(3 शान्तनवी) निशुम्भे निपातिते तदन्यांस्तदीयानसुरान्किं चकार देव्यतः परमित्यश्चाहर्षिः। ततो निशुम्भपतनानन्तरम्। यद्वा निशुम्भादपरान्कानप्यसुरान्सिंहो देवीवाहनं पञ्चास्यः चखाद भक्षयामास। कथंभूतान् उग्रान् रौद्रान्। यद्वा उग्रदंष्ट्राशिरोधरान् उग्राभिः रौद्राभिः क्षुण्णाः संपिष्टाः संचूर्णिताः शिरोधरा ग्रीवा येषां ते उग्रदंष्ट्राः क्षुण्णशिरोधराः तान्। शिरोधरः शिरोधिः। धरतीति धरः पचाद्यच्। शिरोधरः शिरो धरति बिभर्तीति तु विग्रहे कर्मण्यण् स्यात्। ततः सिंहभक्षितेभ्योऽपरानसुरान् काली चामुण्डा चखाद भक्षयामास। तथा

---

1. सिंहश्चखादोग्रं दंष्ट्राक्षुण्णशिरोधरान्।

सिंहकालीखादितशेषा ये असुरा दैत्यास्तानसुरान् शिवदूती चखाद भक्षयामास। चण्डिका शक्तितो निष्क्रान्ता शक्तिर्देवता शिवदूतीत्युच्यते। उग्रमिति पाठे उग्रं रौद्रं कर्कशं भयंकरं यथा स्यात्तथा। दंष्ट्राक्षुण्णशिरोधरानसुरान् शिवा काली शिवदूती च चखादेत्यर्थः ॥35 ॥

(4 नागोजीभट्टी) तत इति। उग्रमिति क्रियाविशेषणम्। काली शिवदूती चखादेत्यन्वयः ॥35 ॥

(5 जगच्चन्द्रचन्द्रिका) ततः सिंहश्चेति 37 ॥35 ॥

(6 दंशोद्धार) तत इति। उग्रदंष्ट्राभिः क्षुण्णा शिरोधरा ग्रीवा येषां तान्। उग्रमिति पाठे क्रियाविशेषणम् ॥35 ॥

कौमारीशक्तिनिर्भिन्नाः केचिन्नेशुर्महासुराः।
ब्रह्माणीमन्त्रपूतेन तोयेनान्ये निराकृताः ॥36 ॥

(1 गुप्तवती) नेशुः मृताः ॥36 ॥

(2 चतुर्धरी) निराकृताः निर्ध्वस्ताः ॥36 ॥

(3 शान्तनवी) केचित्केपिचिन्महासुराः कौमार्याः शक्त्याः आयुधेन निर्भिन्नास्ताडिताः खण्डिताः सन्तः नेशुः। 'नश अदर्शने'। अत्यन्तादर्शनमत्रादर्शनम्। नश्यन्तिस्म। प्राणानत्याक्षुरित्यर्थः। अन्ये महासुराः केचित् ब्रह्माणीमन्त्रपूतेन ब्रह्माण्याः ब्रह्मशक्तेः देवतायाः मन्त्रः गुह्यभाषणीयो वर्णमयो निगमागमज्ञोपदेशगम्यः प्रणवादिः तेन पवित्रीकृतेन तोयेन वारिणा निराकृताः प्रमथादयस्ताः 'प्रत्यादिष्टो निरस्तः स्यात्प्रत्याख्यातो निराकृतः'। अणशब्दार्थः। ब्रह्म भणति कथयति ब्रह्म ब्रह्मणः परमेष्ठिन इयं ब्रह्माणी। कर्मण्यण् नादिवृद्धिः। संज्ञापूर्वको विधिरनित्य इति वचनात्। यद्वा सैव ब्रह्म अणति कथयति ब्रह्माणी। कर्मण्यणि स्त्रियां ङीप्। 'वेदस्तत्त्वं तपो ब्रह्म ब्रह्मा विप्रः प्रजापतिः'। तदित्थं ब्रह्मणेपि स्त्री ब्रह्माणी ज्ञेया ॥36 ॥

(4 नागोजीभट्टी) निराकृताः ध्वस्ताः। मन्त्रोऽत्र प्रणवः ॥36 ॥

(5 जगच्चन्द्रचन्द्रिका) कौमारीशक्तीति 38 ॥36 ॥

(6 दंशोद्धार) ॥36 ॥

माहेश्वरीत्रिशूलेन भिन्नाः पेतुस्तथापरे।
वाराहीतुण्डघातेन केचिच्चूर्णीकृता भुवि॥37॥

(1 गुप्तवती) ॥37॥

(2 चतुर्धरी) ॥37॥

(3 शान्तनवी) महेश्वरस्येयं शक्तिर्देवता माहेश्वरी। तस्यास्त्रिशूल आयुधं तेन भिन्नाः विदारिताः संतः अपरे दैत्याः तथैव निशुम्भवदेव रणक्षितौ समरे निपेतुः पतन्तिस्म। चूर्णीकृताः। अवध्वंसिताः भुवि पेतुः॥37॥

(4 नागोजीभट्टी) ॥37॥

(5 जगच्चन्द्रचन्द्रिका) माहेश्वरीति 39॥37॥

(6 दंशोद्धार) ॥37॥

खण्डं खण्डं[1] च चक्रेण वैष्णव्या दानवाः कृताः।
वज्रेण चैन्द्रीहस्ताग्रविमुक्तेन तथा परे॥38॥

(1 गुप्तवती) विनेशुर्मृताः नष्टाः पलायिताः॥38॥

(2 चतुर्धरी) तथा खण्डं खण्डं कृताः॥38॥

(3 शान्तनवी) विष्णोरियं वैष्णवी शक्तिर्देवता वैष्णवी तथा वैष्णव्या चक्रेण वैष्णवेन आयुधेन केचिद्दानवाः असुराः खण्डं खण्डं कृताः खण्डत्वप्रकारं प्रापिताः खण्डिताः शकलीकृता इति यावत्। 'प्रकारे गुणवचनस्य' इति द्विर्वचनम् खण्डमिति पाठे तु 'कर्मधारयसमासत्वातिदेशात्सुपो लुक्। खण्डसदृशाः कृताः। खण्डं खण्डं कृता इत्यर्थः। प्रकारो भेदः सादृश्यं च। तदित्यसादृश्यं परिगृह्यते। नत्वत्र दानवा इति बहुवचनम्। तथा प्रयोगदर्शनात् खण्डाः कृता इति भवितव्यम्। पुंल्लिङ्गेन च कर्मधारयत्वातिदेशेऽपि खण्डखण्डाः कृता इति भवितव्यम्। पुंल्लिङ्गेन च। अत्राहुः। खण्डशब्दस्य गुणवचनत्वाद्गुणमुक्त्वा गुणिनि यो वर्तते स गुणवचन इति गुणवचनस्य लक्षणम्। तस्माद्गुणवचनक्रियया विशेषणं च भवतीति क्रियाविशेषणानां कर्मत्वं

---

1. 'खण्डखण्डं, इति पाठः।

नपुंसकैकत्वं च भवति इति वक्तव्यमिति न बहुवचनान्तत्वं नापि पुल्लिङ्गत्वमिति। अन्ये आहुः। खण्डम् खण्डं इति चक्रायुधप्रयोगमन्त्रोऽयं चतुरक्षर इति। तथा तद्वत् इन्द्रस्येयं शक्तिर्देवता ऐन्द्री ऐन्द्र्याः हस्तः तस्याग्रं तेन विमुक्तं प्रेरितं तेन वज्रेण अपरे दानवाः विनेशुः विनाशमगुः विनष्टाः ॥38 ॥

(4 नागोजीभट्टी) खण्डं खण्डं खण्डप्रकाराः खण्डस्य खण्डा वा यस्यां क्रियायां तथा कृताः। आद्ये 'प्रकारे गुणवचनस्य' इति द्वित्वम्। वज्रेण च खण्डं खण्डं कृत्वा इत्येव ॥38 ॥

(5 जगच्चन्द्रचन्द्रिका) खण्डं खण्डं चेति 40 ॥38 ॥

(6 दंशोद्धार) ॥38 ॥

केचिद्विनेशुरसुराः केचिन्नष्टा महाहवात्।
भक्षिताश्चापरे कालीशिवदूतीमृगाधिपैः ॥39 ॥

इति श्रीमार्कण्डेयपुराणे देवीमाहात्म्ये निशुम्भवधो नाम नवमोऽध्यायः ॥9 ॥

(1 गुप्तवती) ॥39 ॥ इति श्रीगुप्तवत्यां नवमोऽध्यायः ॥9 ॥

(2 चतुर्धरी) विनेशुर्मृताः नष्टाः अपसृताः। मृगाधिपः सिंहः ॥39 ॥ इति श्रीचतुर्धरीटीकायां निशुम्भवधो नाम नवमोऽध्यायः ॥9 ॥

(3 शान्तनवी) केचिदसुराः महाहवं महायुद्धं प्राप्य कर्मणि ल्यब्लोपे पञ्चमी। महाहवात् विनेशुः विध्वंसमगुः। प्राणानत्याक्षुः। केचिदसुराः महतः आहवाद्युद्धात्सकाशान्नष्टाः अदर्शनमगुः पलाय्य गताः। 'अभ्यामर्दसमाघातसंग्रामाभ्यागमाहवाः' आह्वन्तेऽत्र योद्धुं प्रतिभटानित्याह्वयः। अपरे निशुम्भसैन्ये अवशिष्टाः असुराः सर्वेपि च काल्या चामुण्डया शिवदूत्या चण्डिका देहविनिष्क्रान्ता शक्तिः शिवदूती तया मृगाधिपः देवीवाहनीभूतः सिंहः तेन च भक्षिताः। कर्मणि क्तः। काली च शिवदूती च मृगाधिपश्च। चार्थे द्वन्द्वः। 'परवल्लिङ्गं द्वन्द्वतत्पुरुषयोः'। एवं च निशुम्भे निशुम्भसैन्ये च देव्या संग्रामे न्यापाति ॥39 ॥ इति श्रीमद्राजाधिराजश्रीमत्तोमरान्वयश्रीमदुद्धरणात्मजश्रीशन्तनु–

चक्रवर्तिविरचितायां शान्तनव्यां चण्डिकामाहात्म्यटीकायां निशुम्भवधविध्युपलक्षितो नवमोऽध्यायः ॥9॥

(4 नागोजीभट्टी) विनेशुर्मृताः नष्टाः पलायिताः॥39॥ इति शिवभट्टसुतसतीगर्भजनागोजीभट्टकृते सप्तशतीव्याख्याने नवमोऽध्यायः॥9॥

(5 जगच्चन्द्रचन्द्रिका) केचिद्विनेशुरिति ॥41॥ 39॥ इति श्रीभगीरथविरचिता कण्वगोविन्दकृतसप्तशतीमन्त्रहोमविभागकारिकाणां नवमाध्यायस्य जगच्चन्द्रचन्द्रिकाख्यटीका संपूर्णा॥9॥

(6 दंशोद्धार) केचिदिति। विनेशुर्मृताः नष्टाः पलायिताः। मृगाधिपः सिंहः ॥39॥ इति श्रीदंशोद्धाराख्यसप्तशतीटीकायां नवमोऽध्यायः॥9॥

Chapter - IX

Translation

The slaying of Niśumbha.

Niśumbha attacked the goddess Caṇḍikā and was worsted in single combat. Śumbha came to his help, but the goddess foiled him, and slew Niśumbha—Numbers of the Asuras were destroyed.

The king spoke :

★ Wonderful is this that thou, Sir, hast related to me, the majesty of the goddess' exploits in connexion with the slaying of Raktabīja; and I wish to hear further what deed did Śumbha do after Raktabīja was killed, and what the very irascible Niśumbha did.

The ṛṣi spoke :

★ After Raktabīja was slain and ther other demons were killed in the fifht, the Asura Śumbha gave way to unbounded wrath, and Niśumbha also. Pouring out his indignation at beholding his great army being slaughtered, Niśumbha then rushed forward with the flower of the Asura army. In front of him and behind and on both sides great Asuras, biting their lips and enraged, advanced to slay the goddess. Śumbha also went forward, mighty in valour, surrounded with his own troops, to slay Caṇḍikā in his rage, ager engaging in battle with the Mothers. Then occurred a desperate combat between the goddess and Śumbha and Niśumbha, who both, like two thunder-clouds, rained a most tempestuous shower of arrows on her. Caṇḍikā with multitudes of arrows quickly split the arrows shot by them, and smote the two Asura lords on their limbs with her numerous weapons.

★ Niśumbha grapsing a sharp scymitar and glittering shield struck the lion, the noble beast the bore the goddess, on the head. When her animal was strick, the goddess quickly clove Niśumbha's superb sword with a horse-shoe-shaped arrow, and also his shield on which eight moons were pourtrayed. When his shield was cloven and his sword too, the Asura hurled his spear; and that his *missile* also, as it came towards her, she split in two with her discus. Then Niśumbha, the Dānava, puffed up with wrath, seized a dart; and that also, when it came, the goddess shattered with a blow of her fist. And then aiming his club he flung it against Caṇḍikā, yet that was shivered by the goddess' trident and became ashes. As that lordly Daitya then advanced and became ashes. As that lordly Daitya then advanced with battle-axe in hand, the goddess struck him with a multiude of arrows and laid him low on the ground.

★ When his brother Niśumbha, who was terrible in prowess, fell to the ground, Śumbha in utmost fury strode forward to slay Ambikā. And he, standing in his chariot, appeared to fill the entire sky with his eight arms, which were lifted far on high grapsing his superb weapons.

★ Beholding him approaching, the goddess sounded her conch, and made her bow also give forth from its string a note which was exceedingly hard to endure. And she filled all regions with the changing of her bell, which caused the vigour of all the Daitya hosts to die away. Then her lion filled the heaven, the earth and the ten regions of the sky with loud roars, which checked the copious flow of the exudation from the demons' rutting elephants. Kālī springing upward then struck the heaven and the earth with both her hands; the boom thereof drowned those previous sounds. Śivadūti uttered a loud inauspious laugh. At those sounds the Asuras trembled; Śumbha gave way to utmost rage. When Ambikā cried out "Stand, O evilsouled! stand!" the gods who had taken their stations in the air then called to her, "Be thou victorious!"

★ The spear flaming most terribly, which Śumbha approaching hurled, that, gleaming like a amass of fire as it came along, was driven aside by a great fire-brand. The vault between the three worlds reverberated with Śumbha's lion-like roaring, *but* the dreadful sound of the slaughter among his soldiers surpassed that, O king. The goddess split the arrows shot by Śumbha, and Śumbha the arrows that she discharged, each with her and his sharp arrows in hundreds and thousands. Caṇḍikā enraged thereat smote him with a dart. Wounded therewith he fell in a faint to the ground.

★ Thereupon Niśumbha, regaining consciousness, seized his bow again and struck the goddess, and Kāli and the lion with arrows. And the Dānava lord, that son of Siti, putting forth a myraid arms, again covered Caṇḍikā with a myraid discuses. The goddess then enraged, she Durgā who destroys the afflictions of adversity, split those discuses and those arrows with her own arrows. Then Niśumbha seizing his club rushed impetuously at Caṇḍikā to slay her outright, with the Daitya host surrounding him. As he was just falling upon her, Caṇḍikā swiftly clove his club with her sharp-edged scymitar. And he took hold of a dart. Caṇḍikā with a dart hurled swiftly pierced Niśumbha, the afflicter of the Immortals, in the heart, as he approached with dart in hand. When he was pierced by the dart, out of his heart issued another man of great strength and great valour, exclaiming "Stand!" When he stepped forth, the goddess laughing aloud then struck off his head with her scymitar; thereupon he fell to the ground.

★ The lion then devoured those Asuras whose necks he had crushed with his savage teeth, and Kālī and Śivadūti devoured the others. Some great Asuras prished, being pierced through by the spear held by Kumāra's Energy; others were driven back by the water purified by the spell uttered by Brahmā's Energy; and others fell, pierced by the trident wielded by Śiva's Energy; some were pounded to dust on the ground by blows from the snout of Varāha's Energy; some Dānavas were cut to pieces by the discus hurled by Viṣṇu's Energy; and others again by the thunderbolt discharged from the fingers of Indra's Energy. Some Asuras perished outright, some perished by reason of the great battle, and others were devoured by Kālī, Sīva-dūtī and the lion.

दशमोऽध्यायः

ऋषिरुवाच।

निशुम्भं निहतं दृष्ट्वा भ्रातरं प्राणसंमितम्।
हन्यमानं बलं चैव शुम्भः क्रुद्धोऽब्रवीद्वचः॥1॥

(1 गुप्तवती) ॥1॥

(2 चतुर्धरी) प्राणसंमितं जीवितमसं भ्रातरम्॥1॥

(3 शान्तनवी) अथ शुम्भः दैत्येश्वरः प्राणसंमितं प्राणतुल्यं भ्रातरं निशुम्भं देव्या चण्डिकया निहतं व्यसूकृतं मास्तिं दृष्ट्वा विलोक्य बल च सैन्यं हन्यमानम्। 'वर्तमानवसामीप्ये वर्तमानवद्वा' इति कर्मणि लटः शानच्। 'हतं निहतं दृष्ट्वा क्रुद्धः क्रोधाविष्टः सन् देवीं वृचः वचनमब्रवीत्। बुविद्विकर्मकः। देव्या निशुम्भे निपातिते इतिव्यपदेशमात्रमेतत्। स खलु मे प्राणभूतः स चाद्यो निहतो हतः मे प्राणा एव तया हताः किमतः परमवशिष्टमिष्टमिति सूचयितुं प्राणसंमितमित्युक्तम्॥1॥

(4 नागोजीभट्टी) ऋषिरुवाच। निशुम्भमिति॥1॥

(5 जगच्चन्द्रचन्द्रिका) अथ दशमाध्यायस्य सप्तशतीमन्होमविभाग उच्यते। 'सार्धसप्तान्वितैर्विंशतिश्लोकैस्तु दशमेऽन्वित' इति। अर्धसहिता ये सप्तश्लोकास्तैरन्वितैर्युक्तैः विंशतिश्लोकैः तु पुनः दशमेऽध्याये अन्वितः। सप्तविंशतिमन्त्रास्तु श्लोकरूपा इति। सप्तविंशतिमन्त्राः तु पुनः श्लोकरूपा अत्र वर्तन्ते इति शेषः। ततोऽन्तिमार्धश्लोकात्मको मन्त्रा इति ततः सप्तविंशतिश्लोकानन्तरम् अन्तिम चरमः अर्धश्लोकात्मकः अन्वितः सप्तविंशतिमन्त्रास्तु श्लोकरूपा इति। अन्तिमः पादद्वयात्मको मन्त्र इत्यर्थः। 'ऋष्युवाचद्वयं तथा' इति ऋषिरुवाचेति द्वौ मन्त्रौ ज्ञेयौ। अत्र रेफलोपश्चिन्त्यः। देव्युवाचद्वयं चेति। च पुनः देव्युवाचेति द्वौ मन्त्रौ। एवं 'द्वात्रिंशन्मन्त्रसंग्रह'

इति। एवंप्रकारेण द्वाभ्यामधिकाः त्रिंशद्ये मन्त्रास्तेषां संग्रहः कथितः। तथाहि 'ऋषिरुवाच 1'। निशुम्भमिति 2 ॥1 ॥

(6 दंशोद्धार) निशुम्भमिति। प्राणसंमितं जीवनसमम् ॥1 ॥

ब[1]लावलेपाद्दुष्टे त्वं मा दुर्गे गर्वमावह।
अन्यासां बलमाश्रित्य युद्ध्यसे यातिमानिनी ॥2 ॥

(1 गुप्तवती) ॥2 ॥

(2 चतुर्धरी) ॥2 ॥

(3 शान्तनवी) शुम्भो देवीमाह। हे दुर्गे हे दुष्टे हे सर्वदानवनाशिनि सा त्वं गर्वमहंकारं मावह मा आश्रय। कस्माद्गर्वं वा आवह। बलावलेपात्। अवलेपोऽत्र लेपनं लेपः सम्बन्धः। अवकृष्ट आश्रितः संबन्धः अवलेपः। बलस्य सामर्थ्यस्यावलेपात्संबन्धात्संसर्गात्। 'अवलेपस्तु गर्वे स्यात्सुवर्णे भूषणेऽपि च'। अवलेपशब्दोऽत्र लेपनार्थः संबन्धार्थको ग्राह्यः। गवार्थे तु तस्मिन् गृह्यमाणे हे दुर्गे त्वं बलावलेपाद्बलगर्वात्। गर्वमावहेत्यनेनान्वयेन विद्यागर्वाद्गर्वं करोतीतिविदाधिक्यदोषः स्यात्। बलवद्गर्वमावहेत्येतावतैवं निराकाङ्क्षत्वस्य सिद्धत्वादवलेपादित्यस्याधिकत्वेन वैयर्थ्यं स्यात्। सा त्वमित्युक्तम्। सा का इत्याह। या अन्यासां ब्रह्माणीप्रभृतीनां शक्तीनां बलं सामर्थ्यं पराक्रममाश्रित्य अतिमानिनी सती अतितराम् अहंकारवती सती युद्ध्यसे संग्रामं सेवसे तदित्थं कथयसि त्वम् अतिमानिनी। यदन्यबलेन युद्ध्यसे नतु स्वबलेनेति शुम्भाभिप्रायः। 'गर्वोऽभिमानोऽहंकारो मानश्चित्तसमुन्नतिः'। युद्ध्यसे चेति पाठे चशब्दः स्वव्याघातकतां समुच्चिनोति देव्याः। तथाहि हे दुष्टे हे दुर्गे त्वं बलावलेपाद्बलस्य दर्पादौद्धत्याद्गर्वं मा आवह मा आश्रय। अथ च ते बलमेव नास्ति। कुतस्ते बलं यतस्ते बलावलेपः स्यात्। बलं तु तदन्यदीयं सैषा ते व्याहतिः अन्यासां बलमाश्रित्य युद्ध्यसेऽतिमानिनीति अतिमानिनी चेति यदन्यदीयबलेन युद्ध्यसे कुतस्ते तर्हि अतिमानिनीत्वम्। यद्यतिमानिनी त्वं कुतस्ते तर्हि योद्धुमन्यबलप्रश्रयणं युज्यते कर्तुम्। तस्मादस्माव्याघातात्समुच्चयप्रसङ्गो माभूदिति बलावलेपाद्गर्वं मावहेति शुम्भाभिप्रायान्तरमेतत्। अतिमानिनी इति संबुद्ध्यन्तत्वपाठे तु सोल्लुण्ठमेतत्। त्वं खल्वरिबलैरपि

1. बलावलेपदष्टे, इति पाठः।

शूरमानिभिरभिमुखीक्रियसे। हे अतिमानिनि इति संबोध्यसे। अथ तर्हि कथं त्वमन्यासां बलमाश्रित्य युद्ध्यसे। अतस्ते कुतो मानः कुतस्तरां त्वं मानिनी कुतस्तमां वा त्वमतिमानिनीत्याहूयसे। ततस्तरां ततस्तमां च मा गर्वमावहेति शुम्भाभिप्रायान्तरमेतत्। अथ च त्वमसत्यसंघा ह्यसि यतस्ततो दुष्टासि। हे दुष्टे यदुक्तं त्वया यो मां जयति संग्रामे इति त्वया संग्रामे किं कृतं किंत्वन्यासां बलमासाद्य युध्यसे। काल्या खुल चण्डो मुण्डश्च निहतौ। तद्बलं खलु त्वत्सिंहेन संहृतम्। रक्तबीजरक्तपानं खलु काली किल कलयामास। निशुम्भोऽपि खलु ब्रह्माण्यादीनाम् अन्यासां बलमाश्रित्य निपातितः। अस्मद्बलान्यपि ताभिरेव विनिहतानि। ततस्तस्मात्संग्रामप्रतिज्ञा कदर्थिता त्वयेति साधूक्तम्। हे दुष्टे इति शुम्भाभिप्रायान्तरमेतत्। अथ च लोकाः दुःखेन गच्छन्त्यस्यां सा दुर्गा हे दुर्गे इत्यभिमुखी किंक्रियसे संबोध्यसे इति यत्तच्च कुशलादिशब्दवद्व्युत्पत्तिमात्रमेव। अथवा नयगतार्थत्वाभावादाहूयसे मया तदाहूये दुर्गे इति अधुनैव खल्वेषा फले व्यक्तिर्भविष्यति यद्यहं त्वया निहतः स्यां स्यास्त्वं दुर्गैवेति शुम्भाभिप्रायान्तरमेतत्। देवीपार्षदैस्तु देवीं प्रति अन्यथाभिप्रायेणास्य श्लोकस्यार्थोऽभिधीयते। बलावलेपदुष्टे इत्येकपदं संबुध्यन्तं चैतत्। हे बलावलेपदुष्टे हे दुर्गे सा त्वं गर्वं दर्पम् आवह आश्रयं कुरु अवलेपोऽहंकारः। अत सातत्यगमने। आङ्पूर्वः क्विप्। आसमन्तादभिव्याप्य अतति सततं गच्छति आत्। बले सैन्ये सामर्थ्येऽविषये अवलेपो गर्वो अहंकारो दर्पः बलावलेपेन आत् सततमुपप्रेतुमागमत उपद्रोता यः स बलावलेपात् दैत्य उपद्रवकारी तस्मिन्विषये दुष्टासि सासंहर्त्रीबलावलेपदुष्टा एकं पदम्। तस्याः संबोधनं हे बलावलेपदुष्टे। किंविशिष्टा त्वं मा लक्ष्मीः लोकमाता। किंविशिष्टा त्वम् अन्यासाम्। द्वितीयान्तमेतत्पदमाकारान्तम्। प्राणिहितमुत्पाद्य हिंसकम्। श्वस प्राणने अनचे त्यत इत्ययंधातुः अनति प्राणितीत्यनः (अनः पचाद्यजन्तः) अनाय प्राणिने हितः अन्यः। प्राणिहितं मुन्यादि। 'षोऽन्तकर्मणि अदन्तत्वाच्छान्दसो विच् प्रयोगतो भाषायां च स्यात्। तम् अन्यं प्राणिहितं मुन्यादि न स्यति न अन्तं नयति न नाशयति अन्यासाः। अन्यस्य प्राणिजातस्य मुन्यादेः असाः अहिंसका रक्षका अन्यासाः। तम् अन्यासाम्। आकारान्तपुल्लिङ्गद्वितीयैकवचनान्तं पदं सोमपा इतिवत्। प्राणिहितं मुनिजनरक्षणमित्यर्थः। येन गर्वेण कृतप्राणिहितः मुनिजनादिः अन्तं नाशनं नीयते तं सर्वसात्त्विकलोकरक्षणे आवाह आश्रयं कुर्वित्यर्थः। सा त्वमित्युक्तं सा का इत्याह। या त्वं बलमाश्रित्य सामर्थ्यमुपेत्य युध्यसे। '**युध संप्रहारे**'।

अनुदात्तेत्त्वादात्मनेपदम्। किंविशिष्टा त्वम्। अतिमानिनी। मान पूजायाम्। माननं मानः भावे घञ्। सोऽस्थस्यां मानिनी। अतितरां मानिनी अत्यर्थं पूजायुक्तेत्यर्थः। इत्थमयं देवीष्टाभिप्रायो देवीपार्षदैरुदितोऽवधारणीयः। बलावलेपादुष्टे त्वमिति पाठे बले विषये अवलेपेन दर्पेण आसमन्तात् दुष्टा विकृता विरुद्धा। तत्संबुद्धौ हे बलावलेपादुष्टे इति शुम्भानुकूलोऽर्थः। देव्यनुकूलोऽर्थस्त्वेषः। बलावलेपेन सामर्थ्यगर्वेण अदुष्टा अविकृता विकृतिरहिता तत्संबुद्धौ हे बलावलेपादुष्टे इत्युभयत्राप्यर्थभेदोऽगन्तव्यः ॥2 ॥

(4 नागोजीभट्टी) बलेति। बलगर्वेण दुर्विनीते दुर्गे मा गर्वमावह। या त्वमतिमानिनी सती अन्यासां बलमाश्रित्य युद्ध्यसे इत्यन्वयः ॥2 ॥

(5 जगच्चन्द्रचन्द्रिका) बलावलेपेति 3 ॥2 ॥

(6 दंशोद्धार) बलावलेपेति वलेनाऽवलेपो गर्वस्तेन दुष्टे ॥2 ॥

देव्युवाच।

एकैवाहं जगत्यत्र द्वितीया का ममापरा।

पश्यैता दुष्ट मय्येव विशन्त्यो मद्विभूतयः ॥3 ॥

(1 गुप्तवती) एकैवाहमिति। एकमेवाद्वितीयमिति श्रुतेरिति भावः। पश्येत्यस्यैता इत्येव कर्म। वाक्यार्थ एव वा कर्म ॥3 ॥

(2 चतुर्धरी) एका सजातीयविजातीयस्वगतभेदहीना। केति किंशब्दः क्षेपे। कापीति यावत्। अपरा अन्या। व्यतिरिक्तेति यावत्। अनुभूयमानभेदो न वास्तव इत्याह। पश्येति। एता ब्रह्माण्यां विशन्त्यः। व्यत्ययात्कर्मणि प्रथमा। यद्वा मय्येव विशन्त्यः सत्यः सन्ति एतत्पश्येति साध्याहारोऽन्वयः। मद्विभूतयो मच्छक्तयः ॥3 ॥

(3 शान्तनवी) हे दुष्टे हे असूयक हे शुम्भ अत्रास्मिञ्जगति भुवनत्रयेपि अहमेकैव। एकमेवाद्वितीयमिति श्रुतेः परमात्मरूपाहमेकैवास्मि। यद्वा अहम् अहंकाररूपा मायाकृतिश्चण्डिकाख्या एकैवाहमस्मि। मम देव्याः द्वितीया अपरा व्यक्तिः कास्ति। अस्तिचेत्कथंचन सा मदन्या नैव। हे दुष्ट हे शुम्भ इतः इतोऽवलोकय। एताः ब्रह्माणीप्रभृतिशक्तयः मद्विभूतयः मय्येव देव्यामेव विशन्त्यः सन्ति। मत्सकाशात् विविधा भूतिरुत्पत्तिः प्रादुर्भाव आसां ब्रह्माण्यादीनां ताः मद्विभूतयः यद्वा मम देव्याः विभूतयः कायव्यूहसृष्टिसंपदः

पश्य। मृगो धावतीतिवद्वाक्यार्थरूपं कर्मेह द्रष्टव्यम्। एताः शक्त्यः मत्कायव्यूहसिद्धिसंसिद्धसृष्टिसंपदः मद्विभूतयः मदवताराः मय्येव विशन्त्यः सन्तीति यत्। तत्पश्येत्यर्थः। अथवा जगदेव जगती एकैव जगती अहम् अत्र ऐक्ये सति अत्रत्यामेकस्यां मयि जगत्याम् ऐक्येन स्थितायां सत्याम् अथ च अत्र एकहामस्यां जगत्यां मयि च ऐक्येन स्थितायां सत्यां मत्तो जगतीतः सकाशात् जगतीतः मत्तः सकाशाच्च अपरा द्वितीया व्यक्तिः का मम स्यात्। न कापि। तस्माज्जगत्योरैक्यात्। हे दुष्ट हे असूयक हे शुम्भ इतः पश्य इतोऽवलोकय। एता मद्विभूतयः ब्रह्माण्यादयः मदंशप्रभवा मत्तेजोमय्य एव मय्येव विशन्त्यः प्रविशन्त्यः सन्तीति यत् तत्पश्येति वाक्यार्थरूपं पश्येत्यस्य कर्म। मृगा धावन्ति इतिवत्। 'जगतो नाहमन्या स्या स्यान्मदन्यज्जगच्च न। जगतो मम चाप्यैक्याद्यक्तिरन्या ततोऽस्ति का॥ अहं च जगती चैका जगती मन्मयी यतः। दुग्धवद्दधि चाप्येकं दधि दुग्धमयं यतः'। दुष्टेति। 'परस्त्रीलोलुप्रत्वेन स्वस्त्री त्यक्ता तु धैर्यतः। हन्ति वैवस्वतो राजा नृणामायुः शतं च यत्॥ मद्वाक्यं हि शिवेनोक्तं त्वया त्यक्तं दुरात्मना। अतस्त्वां शुम्भ हन्म्याजौ हतदैवं हतप्रभम्॥ इत्यभिप्रायतो देव्या हे दुष्टेतयभिभाषितः अथ वैतन्न बोध्यं चेत्फले व्यक्तिर्भविष्यति'॥3॥

(4 नागोजीभट्टी) देव्युवाच एकैवेति। एका स्वगतसजातीयादिभेदहीना। परमात्मस्वरूपत्वात् अपरान्या मम सहायभूता द्वितीया कास्ति। न कापीत्यर्थः। अनुभूयमानस्तु भेदो न वास्तव इत्याह। पश्येति। वाक्यार्थस्य कर्मत्वम्। मद्विभूतय इत्यनेन भेदं निरस्यति॥3॥

(5 जगच्चन्द्रचन्द्रिका) देव्युवाचेति 4। एकैवाहमिति 5॥3॥

(6 दंशोद्धार) एकैवेति। एका सजातीयविजातीयस्वगतभेदरहिता। अपरा मद्यतिरिक्ता का। किंशब्दः प्रश्ने आक्षेपे वा। व कापीत्यर्थः। साक्षादनुभूयमानोऽपि भेदो न वास्तव इत्याह। पश्येत्यादि॥3॥

ततः समस्तास्ता देव्यो ब्रह्माणीप्रमुखा लयम्।
तस्या देव्यास्तनौ जग्मुरेकैवासीत्तदाम्बिका॥4॥

(1 गुप्तवती) तनौ लयं जग्मुरित्यन्वयः। स्तनाविति छेदे तु प्राप्येति शेषः॥4॥

(2 चतुर्धरी) तनौ शरीरे लयमाश्लेषमपृथग्भावं जग्मुरित्यन्वयः॥4॥

(3 शान्तनवी) हे सुरथ ततः मय्येव विशन्त्यः सन्ति ताः शक्त्यः इत्युक्तेरनन्तरं ताः समस्ताः अष्टौ ब्रह्माणी प्रमुखा ब्रह्माण्याद्याः शक्त्यः देव्यो देवताः तस्य आद्याया देव्याश्चण्डिकाया एव तनौ तन्वां शरीरे लयं लीनताम् एकतां जग्मुः प्रापुः। तदा तासां तया सहैक्योदयकाले अम्बिका चण्डिका देवी एकैवासीत्। अद्वितीया सा चण्डिकैवातिष्ठन् एकैव जाता ॥4 ॥

(4 नागोजीभट्टी) तत इति। तनौ शरीरे। लयम् अपृथक्भावम्। अनेन ब्रह्मादिभ्यः आविर्भूतानामप्यत्र लयदर्शनेन समस्तोपादानत्वमस्या एवेति दर्शयति। तच्च मूलशक्त्यभेदादित्युक्तम् ॥4 ॥

(5 जगच्चन्द्रचन्द्रिका) ततः समस्ता इति 6 ॥4 ॥

(6 दंशोद्धार) ॥4 ॥

देव्युवाच।

अहं विभूत्या बहुभिरिह रूपैर्यदास्थिता।
तत्संहृतं मयैकैव तिष्ठाम्याजौ स्थिरो भव ॥5 ॥

(1 गुप्तवती) यत् आस्थितेति छेदः। आजौ युद्धे ॥5 ॥

(2 चतुर्धरी) विभूत्या ऐश्वर्येण तद्बहुभिः रूपैरवस्थानम् ॥5 ॥

(3 शान्तनवी) हे शुम्भ इह रणक्षितौ अहं चण्डिकादेवी बहुभिरनेकै रूपैः कृत्वा विभूत्या विभवेन विभुत्वेन ऐश्वर्यत्वेन वा यत् बहुत्वम् अस्ति तम् अङ्गीकृतवत्यस्मि तद्बहुत्वं मया संहृतं तानि बहूनि ब्रह्माण्यादिशक्तिरूपाण्युपसंहतानि मया। तस्मादहमेकैव तिष्ठामि। हे शुम्भ त्वम् आजौ युद्धे स्थिरो भव। यत्तदिति बहुत्वसामान्यमपेक्ष्यैकवचनम्। आभिर्बहूनि रूपाणि उपसंहतानि वर्जितानि मय्येवेत्यर्थः। तस्मादहमेकैव तिष्ठामि। आजौ युद्धे त्वं स्थिरो भव। आस्थितेति गत्यर्थाकर्मकसूत्रेण तिष्ठतेः कर्तरि क्तः। आजौ इत्येतत्पदं काकाक्षिगोलकन्यायेनोभयत्रापि संबध्यते। अहमेकैव तिष्ठाम्याजौ। त्वं स्थिरो भवेति उभयत्रापि संबन्धसंभवात् ॥5 ॥

(4 नागोजीभट्टी) 'देव्युवाच'। अहमिति। अहं विभूत्यैश्वर्येण बहुभिः रूपैः यद्बहुत्वमास्थिता तद्बहुत्वं मया संहृतम्। तस्माहहमेकैव तिष्ठामि। त्वमपिरणे स्थिरो भवेत्यर्थः। अनेनापि तदेव दृढीकृतम् ॥5 ॥

(5 जगच्चन्द्रचन्द्रिका) 'देव्युवाचेति 7'। अहं विभूत्येति 8 ॥5 ॥

(6 दंशोद्धार) अहमिति। तत् बहुरूपावस्थानम् ॥5 ॥

ऋषिरुवाच।

ततः प्रववृते युद्धं देव्याः शुम्भस्य चोभयोः।
पश्यतां सर्वदेवानामसुराणां च दारुणम् ॥6 ॥

(1 गुप्तवती) ॥6 ॥

(2 चतुर्धरी) पश्यतामित्यनादरे षष्ठी ॥6 ॥

(3 शान्तनवी) ततोऽनन्तरं देव्याश्चण्डिकायाः शुम्भस्य वासुरस्य उभयोर्युद्धं प्रववृते प्रावर्तिष्ट। कीदृग्युद्धम्। सर्वेषां देवानां सर्वेषामसुराणां च पश्यतामबलोकयतामुभयेषां दारुणं घोरं भयंकरम्। यदि शुम्भो जेष्यति तदा देवानां भयं स्यात्। यदि च देवी जेष्यति तदा असुराणां देवीतो भयं स्यात्। तस्मादुभयेषां दारुणम्। यद्वा पश्यतामित्युक्तत्वात्तद्द्रष्टॄणां भयहेतुस्तद्युद्धमित्यर्थः। उभयशब्दः संख्यावाचित्वाच्च वाच्यलिङ्गः। अतस्त उभयोदेव्याः शुम्भस्य वल्लिङ्गं तदिह स्यादितीहोभयशब्दस्य स्त्रींपुलिङ्गतावगन्तव्या ॥6 ॥

(4 नागोजीभट्टी) 'ऋषिरुवाच तत' इति। पश्यतामित्यनादरे षष्ठी ॥6 ॥

(5 जगच्चन्द्रचन्द्रिका) 'ऋषिरुवाच 9'। ततः प्रववृत इति 10 ॥6 ॥

(6 दंशोद्धार) तत इति। पश्यतामित्यनादरे षष्ठी। पुरत इति शेषो वा ॥6 ॥

शरवर्षैः शितैः शस्त्रैस्तथास्त्रैश्चैव दारुणैः।
तयोर्युद्धमभूद्भूयः सर्वलोकभयंकरम् ॥7 ॥

(1 गुप्तवती) ॥7 ॥

(2 चतुर्धरी) शितैस्तीक्ष्णैः। भूयो महत्। यद्वा भूयः पुनः ॥7 ॥

(3 शान्तनवी) भयः बहुतरमित्यर्थः। भूपेति पाठे तु सुरथस्य राज्ञः संबोधनम्। हे भूप् राजन्। सुदारुणैः शरवर्षैः बाणवृष्टिभिः तयोः भूयः बहुतरं सर्वलोकभयंकरं युद्धमभूत्। तथा तद्वच्छितैः सुदारुणैर्घोरतरैरस्त्रैश्च मन्त्रवद्भिः सायकैः क्षेप्तव्यैः भूयो बहुतरं सर्वलोकभयंकरं युद्धमुभयोरभूत्।

आयुधभेदादेव युद्धभेदः । आयुधसाम्ये तथास्त्रैश्चै दारुणैरित्यपि पाठे स एवार्थः। तुल्यजातीयैरायुधैस्तौ युयुधाते। देवी च शुम्भश्चेत्यर्थः ॥7 ॥

(4 नागोजीभट्टी) भूयः महत् ॥7 ॥

(5 जगच्चन्द्रचन्द्रिका) शरवर्षैरिति ॥11 ॥7 ॥

(6 दंशोद्धार) शरवर्षैरिति। शरवर्षादिभिर्भूयो महत्। यद्वा भूयः पुनः ॥7 ॥

दिव्यान्यस्त्राणि शतशो मुमुचे यान्यथाम्बिका।
बभञ्ज तानि दैत्येन्द्रस्तत्प्रतीघातकर्तृभिः ॥8 ॥

(1 गुप्तवती) ॥8 ॥

(2 चतुर्धरी) प्रागपि युद्धमासीत् तत्प्रती(कार)घातकर्तृभिरस्त्रैरिति विपरिणामेनान्वयः ॥8 ॥

(3 शान्तनवी) अथ अम्बिका देवी दैत्येन्द्रविषये यानि शतं शतशः। दिव्यानि दिव्यमन्त्राणि सदैवतानि अस्त्राणि मुमुचे प्रयुयुजे प्रयुक्तवती तानि दैत्येन्द्रः शुम्भः तत्प्रतीघातकर्तृभिः तत्तदस्त्रविरोधिभिरस्त्रैर्बभञ्ज। भञ्जो आमर्दने। प्रतियोगैः खण्डयामास। आग्नेयास्त्राणि वारुणस्त्रैर्विघ्नितानि वारुणास्त्राणि वायव्यास्त्रैर्विघ्नितानि वायव्यास्त्राणि पन्नगास्त्रैः पवनाशनास्त्रैर्विघ्नितानि पन्नगास्त्राणि गारुडास्त्रैः पन्नगाशनस्त्रैर्विघ्नितानि चकार इत्यन्योन्यं प्रत्यस्त्राण्यस्त्रशास्त्रसिद्धान्यवगन्तव्यानि। शतंशतं शतशः। 'संख्यैकवचनाच्चा वीप्सायां शस्'। दिव्येति 'द्युप्रागपागुदक्प्रतीचो यत्' शैषिकः। मुमुचे। मुच्लृ मोक्षणे। तेषामम्बिकाप्रयुक्तास्त्राणां प्रतिघातः विघातः। 'उपसर्गस्य घञ्मनुष्ये बहुलम्'। दीर्घः। तस्य कतृणि तैः 'जनिकर्तुः प्रकृतिः' इति लिङ्गात्समासः ॥8 ॥

(4 नागोजीभट्टी) ॥8 ॥

(5 जगच्चन्द्रचन्द्रिका) दिव्यात्यस्त्राणीति 12 ॥8 ॥

(6 दंशोद्धार) ॥8 ॥

मुक्तानि तेन चास्त्राणि दिव्यानि परमेश्वरी।
बभञ्ज लीलयैवोग्रहुंकारो[1]च्चारणादिभिः ॥9 ॥

(1 गुप्तवती) ॥9 ॥

---

1. हुंकारो – इति पाठः।

(2 चतुर्धरी) तेन शुम्भेन लीलया लास्येन। उग्रमिति क्रियाविशेषणम्। समस्तपक्षे हुंकारोच्चारणादेर्विशेषणम् ॥9 ॥

(3 शान्तनवी) परमेश्वरी चण्डिकादेवी तेन च शुम्भेन मुक्तानि प्रेरितानि दिव्यानि दिवि भवान्यस्त्राणि उग्रहुंकारोच्चारणादिभिः लीलयैव अप्रयत्नेनैव बभक भनक्तिस्म खण्डयामास। आदिशब्दादस्त्रैश्च बभञ्च। लीलया विलासेन चूर्णयामास। उग्रः रौद्रः हुम् इति शेषेणोच्चारणशब्दः। तदादिभिः अस्त्रैः परमा ईश्वरी परमेश्वरी। 'अश्नोतेराशुकर्मणि वरट् चेच्चोपधायाः' ॥9 ॥

(4 नागोजीभट्टी) उग्रं च तत् हुंकारोच्चारणं च तदादिभूतं येषामस्त्राणाम् ॥9 ॥

(5 जगच्चन्द्रचन्द्रिका) मुक्तानि चेति 13 ॥9 ॥

(6 दंशोद्धार) मुक्तानीति। उग्रमिति क्रियाविशेषणम्। समस्तपाठे हुंकारादेर्विशेषणम् ॥9 ॥

ततः शरशतैर्देवीमाच्छादयत सोऽसुरः।
सापि[1] तत्कुपिता देवी धनुश्चिच्छेद चेषुभिः ॥10 ॥

(1 गुप्तवती) ॥10 ॥

(2 चतुर्धरी) ॥10 ॥

(3 शान्तनवी) ततः दिव्यास्त्रभञ्जनादनन्तरं सः असुरः शुम्भः देवीं चण्डिकां शराणां शतैरसंख्यैस्तैः शरशतैःशरसहस्रैश्च आच्छादयत। छद संवरणे चुरादिराङ्पूर्वः लट् छादयामास। 'णिचश्च' इत्यात्मनेपदम्। सा च देव्यपि तत्कुपिता तदिति हेतोः पृथक्पदम्। तस्माच्छरशतैराच्छादनाद्धेतोः कुपिता क्रोधाविष्टा सती इषुभिर्बाणैः धनुश्चापं शुम्भस्य शरासनं चिच्छेद खण्डयामास। 'कलम्बमार्गणशराः पत्रीरोप इषुर्द्वयोः' इषुभिरिति बहुवचनम्। पुनः पुनः धनुश्छेदं पुनः पुनः धनुर्ग्राहं धनुश्छेदः। धनुश्छेदं संसूचयितुमाश्रितम्। अन्यथैकस्य धनुषश्छेदे कर्तव्ये 'धनुश्चिच्छेद चेषुणा' इत्येवं ब्रूयादनन्तामोघशक्तिकत्वा-द्देवीविशेषणे ॥10 ॥

(4 नागोजीभट्टी) ततस्तस्मात्कुपिता धनुः इषुभिः सह ॥10 ॥

(5 जगच्चन्द्रचन्द्रिका) ततः शरशतैरिति 14 ॥10 ॥

---

1. सा च – इति पाठः।

(6 दंशोद्धार) तत इति। तदित्यव्ययं तस्येत्यर्थः ॥10॥

छिन्ने धनुषि दैत्यन्द्रस्तथा शक्तिमथाददे।
चिच्छेद देवी चक्रेण तामप्यस्य करे स्थिताम् ॥11॥

(1 गुप्तवती) ॥11॥

(2 चतुर्धरी) तदित्यव्ययम्। तस्येत्यन्वयः। तथा तेन प्रकारेण धनुषि छिन्ने इत्यन्वयः ॥11॥

(3 शान्तनवी) अथ दैत्येन्द्रः शुम्भः धनुषि शरासने देव्या छिन्ने सति तथा प्रकारेण खण्डिते सति तथा तद्वत् शक्तिरायुधम्। आददे संजग्राह। अथ देवी अस्य शुम्भस्य करे स्थितां प्रेषयितुं गृहीतां तां शक्तिमपि चक्रेणायुधेन चिच्छेद। खण्डीचकारेत्यर्थः। अपिशब्द उक्तसमुच्चये। धनुश्चिच्छेद तदनुं शक्तिमपि तां विच्छेद। समाददे इत्यपि पाठे स एवार्थः। 'कासूसामर्थ्ययोः शक्तिः' ॥11॥

(4 नागोजीभट्टी) छिन्ने इति। तथा तेन प्रकारेण छिन्ने धनुषीत्यन्वयः ॥11॥

(5 जगच्चन्द्रचन्द्रिका) छिन्ने धनुषीति ॥15॥11॥

(6 दंशोद्धार) ॥11॥

ततः खड्गमुपादाय शतचन्द्रं च भानुमत्।
अभ्यधावत[1] तां देवीं दैत्यानामधिपेश्वरः ॥12॥

(1 गुप्तवती) शतचन्द्रमिति चर्मं। भानुमदिति विशेषणम् ॥12॥

(2 चतुर्धरी) शतचन्द्रं कृत्रिमचन्द्रशतान्वितं चर्म भानुमत्तेजस्वि दैत्यानां येऽधिपास्तेषामपीश्वरः ॥12॥

(3 शान्तनवी) ततः शक्तिच्छेदानन्तरं दैत्यानामधिपेश्वरः धूम्रलोचनचण्डमुण्डरक्तबीजनिशुम्भादयः तेषामीश्वरः स्वामी शुम्भः खड्गं चन्द्रहासम् उपादाय भानुकिरण्युक्तं शोभान्वितं शतचन्द्रं शतलिखिताश्चित्रिताश्चन्द्रा यस्मिन्। फलकमेतत्। तत् शतचन्द्रं फलकं च उपादाय गृहीत्वा तां देवीं हन्तुम् अभ्यधावत् अढौकत्। धावु गतिशुद्धयोः। स्वरितेत्त्वाल्लङात्मनेपदम्। दैत्यानामधिपेश्वर इत्येकपदमंते नामप्रसिद्धिः ख्यातकीर्तिः न नाम अनाम अप्रसिद्धिख्यातिरकीर्तिः। अनाम धीयते येषु अनामधयः अकीर्तयः

---

1. (क) अभ्यधावत्तदा देवीं (ख) वत तां हन्तं दैत्या – इति पाठः।

धूम्रलोचनचण्डमुण्डरक्तबीजनिशुम्भादयो दैत्या: अकीर्तिभाज: दैत्येषु अनामधयो दैत्यानामधय: तान् दैत्यानामधीन् पाति रक्षति दैत्यानामधिप: 'आतोऽनुपसर्गे क:'। दैत्यानामधिपश्चासावीश्वरश्च ऐश्वर्योपेत: शुम्भ: दैत्यानामधिपेश्वर:। अनामधय इत्यत्र 'कर्मण्यधिकरणे च' इति उपसर्गे घो: कि: ॥12 ॥

(4 नागोजीभट्टी) तत इति। चर्म चेति चेनाश्वसारथ्यो: समुच्चय: ॥12 ॥

(5 जगच्चन्द्रचन्द्रिका) तत: खड्गमिति 16 ॥12 ॥

(6 दंशोद्धार) ॥12 ॥

तस्यापतत एवाशु खड्गं चिच्छेद चण्डिका।
धनुर्मुक्तै: शितैर्बाणैश्चर्म चार्ककरामलम् ॥13 ॥

(1 गुप्तवती) ॥13 ॥

(2 चतुर्धरी) अर्ककरामलं सूयरस्मिवन्निर्मलम् ॥13 ॥

(3 शान्तनवी) चण्डिकादेवी तस्य आपतत एव सत: अढौकमानस्यैव शुम्भस्य आशु तत्क्षण एव तदा ढौकनसमय एव धनुर्मुक्तै: चापात्सकाशान्निर्गतै: शितैस्तैजसै: तीक्ष्णै अर्ककरामलम् अर्ककरै: संगतै: अलिप्तत्वात्प्रतिफलितकिरणत्वादमलमुज्ज्वलं खड्गं चिच्छेद। अथ च बाणै: अर्ककरामलं प्रतिफलितैरर्कस्य करै: सह संपर्कलाभादमलमुज्ज्वलं चर्म फलकं चिच्छेद बाणैरिति बहुवचनात्खड्गफलकं च चूर्णयांचकारेति सूच्यते। फलकोऽस्त्री फलं चर्म। चर्ममयत्वाच्चर्म। स्वभावत: श्यामवर्णयोरपि तयोरपनीतपिधानत्वात्प्रतिफलितार्ककरसंपर्कलाभादर्क-करामलत्वं खड्गचर्मणोरुपपद्यते। धनुषो मुक्तैरुज्झितै: प्रेरितै: 'कुरण्टकेपि बाण: स्याद्बाणो बलिसुते शरे'। धनुर्ग्रहणादत्र शरो बाणो विवक्षित:। 'संभवे' व्यभिचारे च स्याद्विशेषणमर्थवत्'। 'अश्वांश्च पातयसामास रथं सारथिना सह'। सा देवी तस्य शुम्भस्य न केवलं खड्गं चर्म च चिच्छेद। अपि च अश्वांश्च छित्त्वा शरै: पातयामास। सारथिना सह यत्र सार्थं रथं च स्यन्दनं पातयामास। व्यत्यस्तावयवसंनिवेशं तं भ्रंशयांचकार ॥13 ॥

(4 नागोजीभट्टी) ॥13 ॥

(5 जगच्चन्द्रचन्द्रिका) तस्यापतत इति 17 ॥13 ॥

(6 दंशोद्धार) ॥13॥

हताश्वः स तदा दैत्यश्छिन्नधन्वा विसारथिः।
जग्राह मुद्गरं घोरमम्बिकानिधनोद्यतः॥14॥

(1 गुप्तवती) ॥14॥

(2 चतुर्धरी) हताश्व इत्यादिना। अस्मिन्नवसरे अश्वादिवधोप्यभिधीयते हतासिरिति पाठस्तु न वृद्धसंमतः। विसारथिरिति सारथिर्हयनियामकः। मुद्गरम् अयोलगुडम्॥14॥

(3 शान्तनवी) तदा सः शुम्भो दैत्यः तया देव्या हताश्वः नष्टरथः छिन्नधन्वा भग्नशरासनः विसारथिश्च विगतः व्यसुः सारथिर्यस्य स विसारथिः एवमस्थः सन्नप्यम्बिकानिधनोद्यतः अतएव घोर भीमं भयानकं मुद्गरं नाम लोहमयं घनम् आयुधविशेषं जग्राह उपाददे। 'द्रुघणे मुद्गरघनौ'। मुदं गिरति ग्रस्तेः मुद्गरः घनः 'वाद्ये मुस्तेऽम्बुदे सान्द्रे घनः स्माल्लोहमुद्गरे'। छिन्नं धनुर्यस्य स छिन्नधन्वा। अम्बिकायाः निधनं मृत्युः तत्र उद्यत उद्युक्तः अम्बिकानिघनोद्येतः। इति शुम्भाभिधातव्योऽर्थः। अम्बिकायाः सकाशात्प्राप्तमरणनिभं तत्र उद्यत उद्युक्तः इति देवीपार्षदाभिधातव्योर्थः। धन धान्ये। निपूर्वाद्धनेर्मरणार्थे भावे ल्युट्। निवृत्तं धनमतोऽत्र वा निधनमित्यपरे व्यग्रहिषुः। 'अन्तो नाशो द्वयोमृत्युर्मरणं निधनोस्त्रियाम्'॥14॥

(4 नागोजीभट्टी) तदाह। हताश्व इति॥14॥

(5 जगच्चन्द्रचन्द्रिका) हताश्व इति 18॥14॥

(6 दंशोद्धार) ॥14॥

चिच्छेदापततस्तस्य मुद्गरं निशितैः शरैः।
तथापि सोऽभ्यधावत्तां मुष्टिंमुद्यम्य वेगवान्॥15॥

(1 गुप्तवती) ॥15॥

(2 चतुर्धरी) उद्यम्य प्रहाराभिमुखं कृत्वा देव्या हृदय इत्यन्वयः॥15॥

(3 शान्तनवी) अपि ततः अढौकमानस्य तस्य शुम्भस्य मुद्गरं द्रुघणं नामायुधं निशितैः तैजसैस्तीक्ष्णः शरैः देवी चिच्छेद। तथापि भग्नमुद्गरः सन्नपि शुम्भः वेगवान्। जवोपेतः सन् तां देवीम् अभ्यधावत्। हन्तुं मुष्टिमुद्यम्य

अढौकत्। सर्तेर्वेगितायां गतौ धावादेशो वक्तव्यः। यद्वा धावु गतिशुद्ध्योः स्वरितेत्त्वादुभयपदी। 'लक्ष्यदृष्ट्या स्त्रियां पुंसि मुष्टिशब्दः प्रकीर्तितः' ॥15॥

(4 नागोजीभट्टी) ॥15॥

(5 जगच्चन्द्रचन्द्रिका) चिच्छेदापतत इति 19 ॥15॥

(6 दंशोद्धार) ॥15॥

स मुष्टिं पातयामास हृदये दैत्यपुङ्गवः।
देव्यास्तं चापि सा देवी तलेनोरस्यताडयत्॥16॥

(1 गुप्तवती) ॥16॥

(2 चतुर्धरी) सा देवी तमपि तलेन प्रतलेन उरसि हृदयेऽताडयत्। दैत्यपुङ्गवः शुम्भः देव्या हृदये मुष्टिं पातयामास॥16॥

(3 शान्तनवी) देव्या स दैत्यपुङ्गवः शुम्भः श्रेष्ठो दैत्यः युद्धे देव्या हृदये वक्षसि मुष्टिं रत्निं बद्धाङ्गुलिसन्निवेशं बद्धाङ्गुलिग्रंथिं पातयामास प्रयुक्तवान्। 'अक्लीबे मुष्टिरत्नी द्वौ'। पुमान् गौः पुंगवः। 'गोरतद्धितलुकि' इति टच समासान्तः। दैत्यपुङ्गव इव बलवान्दैत्यपुङ्गवः। स्युरुत्तरपदे व्याघ्रपुङ्गवर्षभकुञ्जराः। सिंहशार्दूलनागाद्याः पुंसि श्रेष्ठार्थगोचराः'। 'उपमितं व्याघ्रादिभिः सामान्याप्रयोगे समस्यते'। तं सा च देवी तलेन करतलेन चपेटतलेन तमपि शुम्भमपि उरसि वक्षसि अताडयत्। तड आघाते चुरादिः। कर्तरि लङ्। 'अस्त्री तलमधोदेश स्वरूपे पृष्ठके तलम्। वितस्तौ च चपेटे च तलो ज्यारक्षणे तलम्॥16॥

(4 नागोजीभट्टी) स मुष्टिमिति। देव्या हृदये इत्यन्वयः। तलं प्रसृतचपेटः॥16॥

(5 जगच्चन्द्रचन्द्रिका) स मुष्टिमिति 20 ॥16॥

(6 दंशोद्धार) ॥16॥

तलप्रहाराभिहतो निपपात महीतले।
स दैत्यराजः सहसा पुनरैव तथोत्थितः॥17॥

(1 गुप्तवती) ॥17॥

(2 चतुर्धरी) सहसा तत्क्षणात् ॥17 ॥

(3 शान्तनवी) स दैत्यराजः दैत्यानां राजा शुम्भः। 'राजाहःसखिभ्यष्टच्' समासान्तः। देवीकृतेन तलप्रहारेण नपेटधातेन अभिहतः वक्षसि ताडितः महीतले भूपृष्ठे निपपात बभ्रंश। अथ स दैत्यराजः शुम्भः सहसा वेगेन अतर्क्येण बलेन च पुनस्तथैव निपतनात्प्रागिव उत्थितः उदस्थादुच्चकैः स्थितिमाप। अतर्किते तु सहसा अव्ययम्। सहाव्ययम्। तथा च सहसा कृतमित्यर्थः। 'ओजःसहोमभस्तमसस्तृतीयाया अलुक्। स दैत्यराजः सहसा तथापतनात्प्रागिव पुनरुत्थित एव अतर्कितमुदस्थादेव ॥17 ॥

(4 नागोजीभट्टी) ॥17 ॥

(5 जगच्चन्द्रचन्द्रिका) तलप्रहारेति 21 ॥17 ॥

(6 दंशोद्धार) ॥17 ॥

उत्पत्य च प्रगृह्योच्चैर्देवीं गगनमास्थितः।
तत्रापि सा निराधारा युयुधे तेन चण्डिका ॥ 18 ॥

(1 गुप्तवती) ॥18 ॥

(2 चतुर्धरी) उत्पत्य ऊर्ध्वं गत्वा प्रगृह्यादाय उच्चैरत्यर्थः देवीं प्रगृह्योच्चैरुत्पत्य गगनमास्थित इत्यन्वयः। तत्र गगनेऽपि निराधारा स्वप्रयत्नेतरपाताभावहेतुहीना तेन शुम्भेन सह ॥18 ॥

(3 शान्तनवी) महीतलादुत्पत्य उड्डीय देवीं प्रगृह्य गृहीत्वा उच्चैर्गगनमाकाशमास्थित आरूढवान् आश्रितः। आङ्पूर्वात्तिष्ठतेः सकर्मकात् गत्यर्थाकर्मकसूत्रेण कर्तरि क्तः। आस्थितवान्। आङः स्थः प्रतिज्ञानमर्थः। गगनं स्थानत्वेन प्रतिज्ञातवान्। आश्रितवानित्यर्थः। तत्रापि गगनेपि सा चण्डिका देवी निराधारा निरधिकरणा सत्येव तेन शुम्भेन सह युयुधे। युध संप्रहारे। अनुदात्तेत्त्वादात्मनेपदम्। संप्रजहार। यद्वा तत्रापि गगने सा देवी अम्बिका निराधारा अन्तर्गतब्रह्माणी वैष्णवी कौमारीरूपै रूपित्वा हंसगरुडमयूरवाहनतया आधारसहितैव चण्डिकेति सुहृद्भी रहस्यमूहनीयम्। यद्वा 'निर्निश्चयनिषेधयोः' निश्चयश्चाबाध्याध्यसायः। निराधारा अहमेव सर्वशक्तिसमन्विता शत्रूनुपसंहरिष्यामीति निश्चयज्ञानधारा चण्डिका। यद्वा चण्डिका शब्दब्रह्मरूपतया आकाशस्तितया

साधारत्वादनिराधारा। यद्वा शब्दब्रह्म मन्त्रतत्त्वं मन्त्रतत्त्वं च चण्डिका चण्डिका चाकाशरूपा आकाशरूपं च विभु विभु च निराधारमिति विभूतयश्चेयं देवतासर्वात्मतयाऽयुक्तमेवैतच्चण्डिका भगवती निराधारेति ॥18 ॥

(4 नागोजीभट्टी) उच्चैर्गगनम् इत्यन्वयः। आस्थित आश्रितवान्। निराधारा स्वप्रयत्नेतरपाताभावहेतुहीना तेन शुम्भेन ॥18 ॥

(5 जगच्चन्द्रचन्द्रिका) उत्पत्येति 22 ॥18 ॥

(6 दंशोद्धार) उत्पत्येति। उच्चैरुपत्य देवीं प्रगृह्य गगनमास्थित इत्यन्वयः। निराधारा स्वभावातिरिक्तमानाभावहेतुहीना ॥18 ॥

नियुद्धं खे तदा दैत्यश्चण्डिका च परस्परम्।

चक्रतुः प्रथमं यु[1]द्धं मुनिविस्मयकारकम्॥ 19 ॥

(1 गुप्तवती) ॥19 ॥

(2 चतुर्धरी) नियुद्धं बाहुयुद्धं खे व्योम्नि चक्रतुरिति क्रियाव्यतिहारेपि परस्पराच्छेदादत्मनेपदभावः। प्रथमं प्राक् सिद्धाः देवयोनिविशेषाः ॥19 ॥

(3 शान्तनवी) तदा तस्मिन् गगनारोहणकाले प्रथमं प्रथमतः खे आकाशे दैत्यः शुम्भः चण्डिका च दुर्गा परस्परम् अन्योन्यं नियुद्धं बाहुयुद्धं नाम प्रथमं युद्धं चक्रतुः चक्राते विदधाते। कीदृक् नियुद्धं सिद्धमुनिविस्मयकारकं सिद्धाश्च मुनयश्च सिद्धमुनयः। ननु च द्वन्द्वे घिपूर्वं स्यात्। नैतत्। प्राप्तस्य च वाधोस्त्येवेति। यद्वा सिद्धैः सहिता मुनयः सिद्धमुनयः तेषां सिद्धानां प्राप्तखिलसिद्धिसिद्धानां विश्वावसुप्रभृतीनां मुनीनां च नारदादीनां देवर्षीणां पश्यतां विस्मयस्याद्भुतस्याश्चर्यस्य कारकमुपजनकम्। इह केचित्सिद्धमपनीय युद्धं पेठुः। नियुद्धं नाम युद्धं प्रथमं चक्रतुरित्यर्थः। केचित्तु प्रथममपनीय प्रधनं पेठुः कर्मव्यतिहारे सर्वनाम्नो द्वे भवतः। 'समासवच्च बहुलम्' इति सुडाभौ। परस्य क्रियाः परः करोति परस्यापि परः परस्परम् ॥19 ॥

(4 नागोजीभट्टी) नियुद्धं बाहुयुद्धं तद्विशेषणम्। प्रथममिति मुख्यार्थकम्। सिद्धाः देवयोनिविशेषाः। मुनयो ऋषयः ॥19 ॥

(5 जगच्चन्द्रचन्द्रिका) नियुद्धमिति 23 ॥19 ॥

---

1. सिद्धमुनि. . . . . . – इति पाठः।

(6 दंशोद्धार) नियुद्धमिति। बाहुयुद्धम्। परस्परमित्यनेनैव क्रियाविनिमयस्योक्तत्वाश्चक्रदुरित्यत्र कर्मव्यतिहारे न तङ् ॥19॥

ततो नियुद्धं सुचिरं कृत्वा तेनाम्बिका सह।

उत्पात्य भ्रामयामास चिक्षेप धरणीतले ॥20॥

(1 गुप्तवती) उत्पात्य शुम्भस्य कश्चिदवयवं धृत्वा स्वमस्तकादुपरिभागे उत्तोल्य ॥20॥

(2 चतुर्धरी) उत्पात्य ऊर्ध्वं नीत्वा। उत्पाट्येति वा पाठः। धरणीतले धरणीतलमधःप्रदेशः। 'अधः स्वरूपयोरस्त्री इति नामशासनात् ॥20॥

(3 शान्तनवी) अम्बिका देवी तेन शुम्भेन महासुरेण सह सुचिरं चिरतरं कालं नियुद्धं बाहुयुद्ध कृत्वा निवृत्त्य ततोऽनन्तरं पश्चात्त शुम्भं दैत्यम् उत्पात्य उत्क्षिप्य चरणमुद्धृत्य भ्रामयामास। ततो भ्रामयित्वा तं शुम्भं वलयाकारेणोद्धृत्य भ्रामयित्वा धरणीतले भुवि चिक्षेप पातयामास। इह भ्रमेण वमन्तत्वान्मित्त्वात् 'मितां ह्रस्वः' इति ह्रस्वत्वम्। भ्रमयामासेति सभ्यः पाठः। यद्वा वेत्यनुवर्त्य मितां ह्रस्वः। सा च व्यवस्थितविभाषा। तेन क्वचित्प्रयोगे पुराणादौ संक्रामयतीतिवद्भ्रामयामासेत्यपि सभ्यः पाठः। इह उत्पाद्य उत्पात्य उत्क्षिप्य इति पाठत्रयम्। भ्रमु अनवस्थाने णेरयादेशः। क्षिप प्रेरणे लिट् ॥20॥

(4 नागोजीभट्टी) उत्पात्य कन्दुकवदुपरि क्षिप्तः पतनसमये चरणमुद्धृत्य भ्रामयामास। धरणीतले चिक्षेप चेत्यर्थः ॥20॥

(5 जगच्चन्द्रचन्द्रिका) ततो नियुद्धमिति 24 ॥20॥

(6 दंशोद्धार) तत इति। उत्पाद्य ऊर्ध्वं नीत्वा ॥20॥

स क्षिप्तो धरणीं प्राप्य मुष्टिमुद्यम्य वेगतः[1]।

अभ्यधावत दुष्टात्मा चण्डिकानिधनेच्छया ॥21॥

(1 गुप्तवती) अ. देव्युवाचेति मन्त्रद्वयस्याव्यवधानेन स्वीकरणं वचनबलान्न दुष्यति तदुपपत्तये ऋषिरुवाचेति पठनीयम्। ततः समस्ता इत्यस्य वस्तुतः ऋषिवाक्यत्वेनैव तदुपपत्तेः ॥21॥

(2 चतुर्धरी) वेगितो वेगयुक्तः ॥21॥

---

1. वेगवान्; वेगितः – इति पाठः।

(3 शान्तनवी) देव्या भगवत्या क्षिप्तः सदुष्टात्मा तु शुम्भः धरणीं प्राप्य वेगितः संजातवेगः सन्। वेगत इति पाठे वगात्। वेगवानिति पाठे वेगयुक्तः। चण्डिकानिधनेच्छया मुष्टिमुद्यम्य उत्क्षिप्य उद्यतं कृत्वा अभ्यधावत। चण्डिकामाहन्तुं मुष्टिमुद्यतं कृत्वा आभिमुख्येन अद्रवदढौकत्। धावु गतिशुद्धयोः स्वरितेत्त्वादात्मनेपदं लङ्। देवीष्टार्थ उच्यते। चण्डिकायाः निधनं मरणं तत्रेच्छया यतः मुष्टिमुद्यम्य वेगादभ्यधावत्। इति शुम्भेष्टार्थः। देवीसखीष्टार्थस्तु चण्डिकायाः सकाशात्प्राप्तव्यं यन्निधनं मरणं तत्रेच्छया यतः अभ्यागच्छत्। अन्यथा पलाय्य चेद्गच्छेत असौ न म्रियेतैवेति। दुष्ट आत्मा स्वभावो यस्य स दुष्टात्मा। 'आत्मा यत्नो धृतिर्बुद्धिः स्वभावो ब्रह्म वर्ष्म च'॥21॥

(4 नागोजीभट्टी) ॥21॥

(5 जगच्चन्द्रचन्द्रिका) स क्षिप्तो धरणीमिति 25॥21॥

(6 दंशोद्धार) ॥21॥

तमायान्तं ततो देवी सर्वदैत्यजनेश्वरम्।
जगत्यां पातयामास भित्त्वा शूलेन वक्षसि॥22॥

(1 गुप्तवती) ॥22॥

(2 चतुर्धरी) जगत्यां पृथिव्याम्॥22॥

(3 शान्तनवी) सर्वेषां दैत्यानां जनानामीश्वरो राजा तं सर्वदैत्यजनेश्वरं सर्वासुरपतिम् आयान्तं शुम्भं ततो देवी वक्षसि उरसि शूलेन भित्त्वा विदार्य जगत्यां भूमौ पातयामास भ्रंशयांचकार। 'जगती जगति च्छन्दोविशेषेऽपि क्षितावपि'॥22॥

(4 नागोजीभट्टी) ॥22॥

(5 जगच्चन्द्रचन्द्रिका) तमायान्तमिति 26॥22॥

(6 दंशोद्धार) ॥22॥

स गतासुः पपातोर्व्यां देवीशूलाग्रविक्षतः।
चालयन्सकलां पृथ्वीं साब्धिद्वीपां सपर्वताम्॥23॥

(1 गुप्तवती) ॥23॥

(2 चतुर्धरी) स शुम्भः गतासुर्मृतः उर्व्यां भूमौ शूलाग्रं शूलमुख्यम्। अग्रपदस्यापि मुख्यवचनत्वात् देव्या शूलाग्रेण विक्षतः विशेषेण चूर्णितः बभूव इति पूर्वेणान्वयः। चालयन् कम्पयन् सपूर्वकत्वाद्ध्रस्वाभावः। चलनं चालस्तं करोतीति इनन्ताच्छतृङ् ॥23 ॥

(3 शान्तनवी) देव्याः शूलमायुधं तस्याग्रं तेन विशेषेण क्षतः हिंसितः। क्षिणुक्षणु हिंसायाम्। द्वावपि णान्तौ तनादी। तेन बिक्षितः विक्षतः इति पाठद्वयम्। कर्मणि क्तः। 'अनुदात्तोपदेशवनतितनोत्यादीनामनुनासिकलोपो झलि क्ङिति'। स शुम्भः गतासुः निर्गतप्राणः सन् उर्व्यां भूमौ पपात। किंकुर्वन् सकलां पृथ्वीं चालयन् स्थानान्तरं प्रापयन् कथंभूतां पृथ्वीम्। साब्धिद्वीपां सर्पवतां समुद्रद्वीपपर्वतैः सह वर्तमानां तां चालयन् इति। चल कम्पने णिचि कम्पने चलिर्मित्। वायुश्चलति वल्लीम् ईषत्कम्पयति। अन्यत्र न मित्। वायुश्चालयति वारिदश्रेणीं देशान्तं प्रापयतीत्यर्थः। अत्र तु स्थानान्तरप्रापणं प्रापधात्वर्थः। तेनात्र भित्त्वाभावाद्ध्रस्वत्वाभावः। कश्चित्वाह। चलनं चालः तं करोति णिच्। चलः शतृप्रत्ययः। प्रयोजकव्यापाराभावाण्णिचोऽत्रासंभवादिति। तन्न। मृतस्याप्युचारात्स्वाभावाव्याद्वा प्रयोजकव्यापारसंभवात् मृतः पुत्रो मातरं रोदयति धनमानन्दयतीतिवत्। मृताचेतनयोरप्यस्त्येव प्रयोजकव्यापार इति प्रागुक्त एव। मित्त्वभावाभावोपाय आश्रयितव्यः ॥23 ॥

(4 नागोजीभट्टी) ॥23 ॥

(5 जगच्चन्द्रचन्द्रिका) स गतासुरिति 27 ॥23 ॥

(6 दंशोद्धार) स गतासुरिति। चालयन्कम्पयन्। कम्पने चलिरिति मित्त्वान्मितां ह्रस्वः प्राप्तोपि संज्ञापूर्वकविधेरनित्यत्वान्न भवतिं यद्वा चलनं चलस्तं कुर्वन्नितीन्नन्ताच्छता ॥23 ॥

उत्पातमेघाः सोल्का ये प्रागासंस्ते शमं ययुः।
सरितो मार्गवाहिन्यस्तथा[1]संस्तत्र पातिते ॥24॥

(1 गुप्तवती) ॥24 ॥

(2 चतुर्धरी) उत्पातसूचका मेघाः। उल्का दिव्यमुक्तं प्राक्। तत्

---

1. शुम्भे इति पाठः।

शुम्भादिवधाच्छममुपशान्तिं प्रापुः। सरितो नद्यः या हि प्रागुत्पथगामिन्य आसन् ताः तत्र शुम्भे निपातिते मारिते सति मार्गवाहिन्यः अभवन् ॥24 ॥

(3 शान्तनवी) प्राक् शुम्भासुरमरणात्पूर्वं सोल्काः उल्कासहिताः ये उत्पातमेघा आसंस्तेऽधुना शुम्भासुरे मृते सति शमं शान्ति ययुः। शुभाशुभसूचका उत्पाताः तदर्थाः मेघास्तन्मेघाः देवलोकशुभाय दैत्याशुभाय च आगतास्तादृशा मेघाः शान्तिमगमन्निति भावः। उल्का ज्वाला। स्त्रीलिङ्ग उल्काशब्दः। यदभ्यधुः। 'लङ्का शेफालिका टीका धातकी पञ्जि काढकी। सिध्रका सारिका हिक्का प्राचिकोल्का पिपीलिका'। देव्या शुम्भे निपातिते सति तथा अनाकुलाः सरितो नद्यः मार्गवाहिन्यः मार्गगा आसन्। पूर्वमाकुलत्वान्नद्यधिदेवताः स्वस्वप्रवाहसहिताः अधुना तद्वैपरीत्यमिता इति भावः। मार्गे वहन्ति स्रवन्ति मार्गवाहिन्यः। सरितो मार्गवाहिन्यस्तथासंस्तत्र पातिते इति पाठान्तरेऽपि स एवार्थः ॥24 ॥

(4 नागोजीभट्टी) उत्पातेति। उत्पातसूचका मेथाः शुभा देवानां दैत्यानामशुभाश्च उल्का दिव्यतेजः। प्राक् शुम्भवधात्। तथा तद्वत्सरितो मार्गवाहिन्यः न पूर्ववदुत्पथगामिन्य आसन्। तत्र शुम्भे ॥24 ॥

(5 जगच्चन्द्रचन्द्रिका) उत्पातमेघा इति 28 ॥24 ॥

(6 दंशोद्धार) ॥24 ॥

ततः प्रसन्नमखिलं हते तस्मिन्दुरात्मनि।
जगत्स्वास्थ्यमतीवाप[1] निर्मलं चाभवन्नभः ॥25 ॥

(1 गुप्तवती) ॥25 ॥

(2 चतुर्धरी) अखिलमशेषं प्रसन्नं प्रकाशीभूतं स्वास्थ्यमनाबिलत्वम् आप प्राप्तम्। निर्मलं प्रसन्नं नभ आकाशमभवत् ॥25 ॥

(3 शान्तनवी) जगत्स्वास्थ्यं स्वच्छताम् अनाकुलताम् अतीव अतितराम् आप प्राप। नभश्च आकाशं कर्तृ। अतीव अत्यर्थं निर्मलं निष्पांसु अभवदासीत्। 'विश्वमशेषं कृत्स्नं समस्तनिखिलाखिलानि निःशेषम्' 'विष्टपं भुवनं जगत्'।

---

1. 'अतीवासीन्निर्मलम्' इति पाठः।

स्वस्थस्य भावः स्वास्थ्यम्। जीवति शुम्भे एव तद्वैपरीत्यमभूद्विश्वस्येति भावः ॥25 ॥

(4 नागोजीभट्टी) ॥25 ॥

(5 जगच्चन्द्रचन्द्रिका) ततः प्रसन्नमिति 29 ॥25 ॥

(6 दंशोद्धार) ॥25 ॥

ततो देवगणाः सर्वेहर्षनिर्भरमानसाः।
बभूवुर्निहते तस्मिन् गन्धर्वा ललितं जगुः ॥26 ॥

(1 गुप्तवती) ॥26 ॥

(2 चतुर्धरी) हर्षेण निर्भरं पूर्णं मानसं येषाम्। बभूवुरिति पूर्वेणान्वयः। ललितं लालित्ययुक्तम् ॥36 ॥

(3 शान्तनवी) देव्या तत्र तस्मिञ्शुम्भासुरे निहते मारिते सति ततो हेतुतः सर्वे देवगणाः ब्रह्मविष्णुमहेश्वरादयः (इन्द्रादयः) सुरसमूहाः हर्षनिर्भरमानसाः निःशेषेण भारः पोषः पूर्णता यत्र तानि निर्भराणि। हर्षेण निर्भराणि पूर्णानि मानसानि येषां ते तथोक्ता बभूवुः। आनन्दपूर्णहृदयाः समजनिषतेत्यर्थः। अथ च ते सर्वे गन्धर्वाः हाहाहूहूप्रभृतयः हर्षनिर्भरमानसाः सन्तो ललितं मनोहरं यथा स्यात्तथा देव्याः पराक्रमं जगुः गायन्ति स्म ॥26 ॥

(4 नागोजीभट्टी) ॥26 ॥

(5 जगच्चन्द्रचन्द्रिका) ततो देवगणा इति 30 ॥26 ॥

(6 दंशोद्धार) ॥26 ॥

अवादयंस्तथैवान्ये ननृतुश्चाप्सरोगणाः।
ववुः पुण्यास्तथा वाताः सुप्रभोऽभूद्दिवाकरः ॥27 ॥

(1 गुप्तवती) ॥27 ॥

(2 चतुर्धरी) अवादयन्वादनं चक्रुः। पुण्या अनुकूलाः ॥27 ॥

(3 शान्तनवी) गीतमुक्त्वा वाद्यं नृत्यं चाह। अवादयन् तथा अन्ये एवाप्सरोगणाः ननृतुः। देव्या शुम्भे निपातिते सति दिव्यानि वाद्यानि

आनन्दादवादयन्। तथा अपरे देवगणाः अपरे त्वप्सरसामुर्वशीप्रमुखानां गणा ननृतुः नृत्यन्तिस्म। 'ववुः पुण्यास्तथा वाताः सुप्रभोभूद्दिवाकरः'। तथा देव्या शुम्भे निपातिते सति वाताः पुण्याः शैत्यमान्द्यसौरभ्ययुक्ताः ववुः वान्तिस्म। पुण्या रजःशून्याश्च। तथा शुम्भासुरे निपातिते सति दिवाकरः सूर्यः सुप्रभः सुतेजस्कोऽभूत् ॥27 ॥

(4 नागोजीभट्टी) पुण्या अनुकूलाः ॥27 ॥

(5 जगच्चन्द्रचन्द्रिका) अवादयंस्तथेति 31 ॥27 ॥

(6 दंशोद्धार) ववुरिति। प्राक् शान्ता ये अग्नयस्ते ॥27 ॥

जज्वलुश्चाग्नयः शान्ताः शान्ता दिग्जनितस्वनाः ॥28 ॥

इति श्रीमार्कण्डेयपुराणे शुम्भवधो नाम दशमोऽध्यायः ॥10 ॥

(1 गुप्तवती) ॥28 ॥ इति श्रीगुप्तवत्यां मन्त्रव्याख्याने दशमोऽध्यायः ॥10 ॥

(2 चतुर्धरी) शान्ताः प्रागुपशान्ता ये अग्नयस्ते जज्वलुरित्यन्वयः। यद्वा शान्ताः सौम्याः सन्तः दिक्षु जनितः स्वनो दिग्जनितस्वनः। शान्तो दिग्जनितस्वनो येषाम्। प्रागेव ये दिग्दाहं कुर्वाणां अग्नययो दिक्षु स्वनितवन्तः जज्वलुरित्यन्वयः। यद्वा शान्ताः सन्तः। यद्वा शान्ता दिग्जनितस्वना यैस्तेऽग्नयः। ताश्चाह वराहमिहिरः। 'अङ्गारिणी दिग् रविणा प्रयुक्ता यस्यां रविस्तिष्ठति सा सदीप्ता। प्रधूपिता यास्यति यां दिनेशः शेषास्तु शान्ताः शुभदाश्च ताः स्युः' इति ॥28 ॥ इति श्रीचतुर्धरीटीकायां शुम्भवधो नाम दशमोऽध्यायः ॥10 ॥

(3 शान्तनवी) जज्वलुश्चाग्नयः शान्ताः। अग्न्य आहवनीयगार्हपत्य-दक्षिणाग्न्यादयः शान्ताः धूमरहिताः निर्मलाः सतः जज्जवलुः ज्वलन्तिस्म। शुम्भे निहते यज्ञाः प्रवृत्ता इति भावः। ज्वल दीप्तौ। लिट् उस्। शान्त दिग्जनितस्यनाः। शुम्भे निहर्ते सति दिग्जनितस्वनाः उत्पातशब्दाः शान्ताः उपशान्तिमगुः। शान्तादिग्जनिस्तवना इत्येकं पदम्। तत्पक्षे शान्ताश्च ते दिग्जनितस्वनाश्चेति कर्मधारयः। दिशामुत्पातशब्दाः शान्ता इत्यर्थः। अथवा दैत्यार्दिता दिग्देवताः ताभिर्हाहाकारेण दिग्जनिताः स्वनाः। दैत्यशब्दाः शान्ता इत्यर्थः ॥28 ॥ इति श्रीमद्राजाधिराजश्रीमत्तोमरान्वयश्रीमदुद्धरणात्मज-श्रीशन्तनुचक्रवर्तिविरचितायां शान्तनव्यां श्रीचण्डिकामाहात्म्यटीकायां शुम्भवधविध्युपलक्षितो दशमोऽध्यायः ॥10 ॥

(4 नागोजीभट्टी) जज्वलुरिति। अग्नयः आहवनीयादयः शान्ताः सौम्याः सन्तो जज्वलुः। शान्ताः दिक्षु जनिताः स्वनाः उत्पातसूचकस्फुरणादिशब्दा येषां ते ॥28॥ इति शिवभट्टसुतसतीगर्भसमुद्भवनागोजीभट्टकृतटीकायां दशमोऽध्यायः ॥10॥

(5 जगच्चन्द्रचन्द्रिका) जज्वलुरिति। 'जज्वलुश्चाग्नयः शान्ताः शान्ता दिग्जनितस्वनाः स्वाहा 32 ॥28॥ इति श्रीभगीरथविरचिता कण्वगोविन्दकृत-सप्तशतीमन्त्रहोमविभागकारिकाणां दशमोऽध्यायस्य जगच्चन्द्रचन्द्रिकाख्यटीका संपूर्णा ॥10॥

(6 दंशोद्धार) जज्वलुः। यद्वा शान्ता निर्धृताः दिग्जनितस्वना दिक्षूत्पन्ना उत्पातशब्दाश्च शान्ताः। शान्तदिगिति ह्रस्वपाठे शान्तासु दिक्षु जनितः स्वनो यैस्तेऽग्नय इत्यर्थः। शान्तदिग्लक्षणं चोक्तं वराहमिहिरेण। 'अङ्गारिणी दिग् रविविप्रयुक्ता यस्यां रविस्तिष्ठति सा प्रदीप्ता। प्रधूपिता यास्यति यां दिनेशः शेषास्तु शान्ताः शुभदाश्च ताः स्युः' इति ॥28॥ इति श्रीमद्बुलो० दंशोद्धारटीकायां दशमोऽध्यायः ॥10॥

Chapter - X

Translation

The slaying of Śumbha.

Ambikā absorbed all the other goddesses, and fighting with Śumbha in single combat, killed him. The universe was then filled with joy.

The ṛṣi spoke :

★ Seeing his brother Niśumbha slain, who was dear to him as his life, and his army being slaughtered, Śumbha in wrath spoke thus—"O Durgā, who art tainted with the arrogance of strength, bring not thy pride here, thou who, trusting in the strength of the other goddessses, dost fight in exceeding haughtiness!"

The goddess spoke :

★ Alone verily am I in the world here; what other goddess is there besides me? See, vile one! that these goddess, who have there Divine Power from me, are entering into me indeed.

★ Then all those goddesses, Brahmāṇī and the others, became absorbed into the goddess' breasts; Ambikā then remained alone indeed.

The goddess spoke :

★ Whereas I existed with my divine power in many forms here—that has been drawn in by me, truly alone I stand now. Be thou steadfast in combat!

The ṛṣi spoke :

★ Thereupon commenced a battle between them both, the goddess and Śumbha, while all the gods and the Asuras looked on—a battle without quarter. With showers of arrows, with sharp weapons and also with pitiless missiles both engaged anew in a combat which set all the world in fear. And the lord of the Daityas broke the heavenly missiles, which Ambikā discharged in hundreds, with weapons that parried them. And the supreme goddess in merest play broke the heavenly missiles that he discharged, with fierce shouts, ejaculations and other sounds. Then the Asura covered the goddess with hundreds of arrows, and the goddess enraged threat split his bow also with her arrows, and when his bow was split the lord of the Daityas took up his spear. The goddess split it, as he held it in his hand, with a discus. Next the supreme monarch of the Daityas, seizing his scymitar and sun-like shield, on which a hundred moons were purtrayed, rushed at the goddess at that moment. Just as he was falling upon her, Caṇḍikā hastily split his scymitar with sharp arrows shot from her bow, and his shield also which was spotless as the sun's rays. With his steeds wounded, with his bow split, without a charioteer, the Daitya then grasped his terrible mace, being ready to slay Ambikā. As he was falling upon her, she clove his mace with sharp arrows; nevertheless raising his fist he rushed swiftly at her. The lordly Daitya brought his fist down on the goddess' heart, and the goddess also smote him on his breast with her palm. Wounded by the blow of her palm the Daitya king fell suddenly on the earth; and again indeed he rose up, and sprining upward he seized the goddess and mounted on high into the sky. There also Caṇḍikā being without any support, fought with him. The Daitya and Caṇḍikā then fought at first with each other in the sky in a close combat, which wrought dismay among the Siddhas and munis; after carrying on the close combat for a very long time with him, Ambikā lifted him up then and whirled him around *and* flung him on the earth. When flung thus he touched the erth, he raised his first hastily and rushed, evil of soul as he was, with the wish to kill Caṇḍikā. Seeing him, the lord of all the Daitya folk, approaching, the goddess then pierced him in the breast with a dart and felled him down on the earth. Shattered by the point of the goddess' dart he fell lifeless on the ground, shaking the whole earth and he fell lifeless on the ground, shaking the whole earth and its seas, islands and mountains.

★ When that evil-souled demon was slain, the universe became placid, the earth regained perfect well-being, and the sky grew pure. Portent-clouds, which were full of flame before, became tranquil, and the rivers kept within their channels, when he was stricken down there. All the bands of gods then grew exceedingly joyful in mind, when he was slain; the Gandharvas sang out sweetly, and others of them sounded their instruments, and the bevies of Apsarases danced; and favourable breezes below, very brilliant grew the sun, and the tranquil sacred fires blaced freely, and tranquil became the *strange* sounds that had occurred in the regions of the sky.

एकादशोऽध्यायः

ऋषिरुवाच।

देव्या हते तत्र महासुरेन्द्रे सेन्द्राः सुरा वह्निपुरोगमास्ताम्।
कात्यायनीं तुष्टुवुरिष्टलाभाद्विकाशिवक्त्रास्तु[1]विकासिताशाः ॥1॥

(1 गुप्तवती) अथ तन्त्रे पञ्चदश इति (सार्धैश्चतुर्दशभिः) श्लोकैरेकादशाद्यध्यायत्रयगतमन्त्रविभजनार्थकश्चतुर्थः पटलः। 'ईश्वर उवाच। ऋषेः सुमेधसः ख्यातं प्रोक्तं देव्या हतेऽशुभे। चतुस्त्रिंशदिति श्लोका मन्त्रास्तत्संख्यकाश्च ते। ततो देव्येकमन्त्रेण वरदाहं सुरेश्वरी। देवा ऊचुस्ततः सर्वाबाधाप्रशमनं तथां श्लोकैर्नकेन देवेशि देव्युवाच ततः परम्। वैवस्वतेन्तरे प्राप्ते इति सार्धाश्चतुर्दश। श्लोका आहुतयः सर्वा पञ्चाशत्पञ्चसंयुताः। वैष्णवी देवता ह्यत्र महागरुडवाहिनी'। ऋषेः प्रोक्तं वच इत्यन्वयः। शुभे इति संबुद्धिः। मन्त्रेण श्लोकेनेतीत्थंभूतलक्षणे तृतीया। सार्धाः। 'शाकम्भरीति विख्यातिं तदा यास्याम्यहं भुवि' इत्यर्धमन्त्रेण सहिताः। तत्रैव च वधिष्यामीत्यादीनां श्लोकमन्त्राणां तथात्व एव सामञ्जस्यात्। अत्र एकादशेऽध्याये। 'देव्युवाचेति च तत एभिः स्तवैश्च मामिति। दूरेत्यर्धेन सहिता अष्टाविंशतिरूपकाः। ततश्चर्षिरुवाचेतीत्युक्त्वा श्लोकादिकैश्च तैः। अर्धयुङ्नवभिः श्लोकैस्तत्संख्या मनवो मताः। एवं तु द्वादशे एकचत्वारिंशन्मिताहुतिः'। एभिरित्यारभ्य दूरा देवेत्यर्धोत्तरमृषि-रुवाचेत्येतत्पर्यन्तं सार्धाष्टाविंशतिश्लोकाः सन्तिः। इदं च श्लोकसंख्या-मात्रमिति तु रूपका इत्यनेन ध्वनितम्। आद्यार्धस्याद्यप्रतीक-वदन्त्यार्धस्यान्त्यप्रतीकग्रहणेन निर्देशे युक्तेपि तदाद्यप्रतीक एव गृहीत इत्येव विशेषः। षड्विंशतिरित्येव ब्रूयादित्यादौ मध्यप्रतीकग्रहणादेरपि दर्शनात्ततश्च

---

1. वक्त्राब्ज – इति पाठः।

इत्युक्त्वा सा भगवतीत्यर्धयुक्तनवश्लोकैकस्तैः पूर्वनिर्दिष्टैरर्थसहिताष्टाविंशतिश्लोकैश्च तत्संख्या एकोनत्रिंशत्संख्या दशसंख्याश्च मनवो ज्ञेया इत्यर्थः। तेन दूरादेवेति प्रतीकग्रहणमपि श्लोकसंख्यानिर्देशमात्राभिप्रायकं नतु मन्त्रत्वस्यापि बोधकं तत्संख्या इति वाक्यान्तरेणैव पूर्वनिर्दिष्टयोरुभयोरपि श्लोकगणयोर्मन्त्रविधानात्। अर्धमन्त्रविशेषनिर्णयस्तु यथापूर्वं लक्षणानुसारेणैवेति भावः। ततश्च सर्वं ममैतन्माहात्म्यं मम सन्निधिकारकमित्यर्धम्। निशुम्भे च महावीर्ये शेषाः पातालमाययुरित्यर्धं मन्त्रद्वयं क्रमेण ज्ञेयम्। यद्यपि निशुम्भे चेत्यर्धस्य दैत्याश्च देव्येत्येतत्पूर्वश्लोकस्य च परसाकाङ्क्षत्वादेकवाक्यत्वमेव तथापि सार्धश्लोकस्यैकमन्त्रत्वायोगादनायत्या तदीया ये स्थिता इत्यस्य चाध्याहारेणोभयोरप्यवान्तरवाक्यत्वं प्रकल्प्य ये तेपि इत्यप्यध्याहृत्य महावाक्यता यथाकथंचित्कल्पनीया। एवमेव पशुपुष्पार्घधूपैश्चेति श्लोके या प्रीतिरित्यध्याहार्यम्। अरण्ये प्रान्तरे वापीति श्लोकत्रये यः स्यादित्यध्याहार्यम्। पश्चात्तेषामुत्तरश्लोकेन महावाक्यता कल्पनीयेत्यादिकमूहनीयम्। 'ततस्त्रयोदशेऽध्याये ऋषिरुवाचवाक्यतः। एतत्ते कथितं भूपेत्यादिसार्धत्रयं मनुः'। अर्धेन सह चत्वारो मनव इत्यर्थः। 'मार्कण्डेय उवाचेति इति तस्य वचोमुखम्। श्लोकषट्कं ततो देवीवचनं परमेश्वरि। वचोमुखं वचः श्रुत्वा सुरथ इत्यादिकम्। यत्प्रार्थ्यते त्वया भूप त्वयेति श्लोक एककः। मार्कण्डेय उवाचेति ततो वव्रे मनुद्वयम्। देव्युवाच पुनः स्वल्पैरिति श्लोकत्रयेण वै। अर्धानामेव मन्त्रत्वाद्भवन्त्याहुतयोऽत्र षट्। ततो मार्कण्डेयवच इति दत्त्वा तयोरिति। द्वौ मन्त्रौ पुनरुच्चार्य सावर्णिर्भविता मनुः। एकोनत्रिंशत्संख्याहुतिरत्र विधीयते'। इति दत्त्वा तयोर्देवीति श्लोकौ द्वौ दण्डकलितवत्पुनरुच्चार्य मन्त्रद्वयवर्धनेनोनत्रिंशत्संख्याका मन्त्रा इह ज्ञेया इत्यर्थः। उत्तरत्र मन्त्रान्तराभावद्योतनाय चरमश्लोकचरमावयव एव कण्ठरवेण पठितः। तथाच संकर्षान्तिमसूत्रं विद्यते। वाच्यकालत्वाद्यथा याज्यासंप्रैषो यथायाज्यासप्रैषो यथा याज्यासंप्रैष इति शास्त्रं समाप्तमिति तु तदर्थः। एवमस्मिन्नध्यायेऽर्धमन्त्राः सप्तैव। काण्वस्तु। 'इति तस्य वचश्रुत्वेत्यर्धमन्त्रस्तथा स्मृतः। श्लोकमन्त्रास्ततो ज्ञेयाश्चत्वारोऽथार्ध उच्यते'। इत्याद्युक्त्वान्ते। 'मार्कण्डेयस्ततः पादद्वयं मन्त्रत्रयं स्मृतम्। आवृत्त्या ह्यधिको मन्त्रः सावर्णिर्भविता मनुः। इति स्वकृतकारिकाद्वयं प्रललाप। तत्तुच्छम्। तन्त्रे द्वौ मन्त्राविति प्रथमान्तौ पूर्वान्वयिनौ सावर्णिर्भवितेति। षडक्षरप्रतीकेन

चरमचरणमुवलक्ष्य इति पुनरुच्चार्य पुनरुच्चरितश्चेदेको मनुर्भवतीत्यर्थ इति स्पष्टाऽक्षरमपि प्रतीकीकृत्य इति पुनरुच्चार्य योजनयैकोनत्रिंशत्संख्या भवतीत्यर्थः। इति वा व्याख्या यथाकथंचित्पादस्य मन्त्रत्वोपपादनसंभवेपीति तस्येति श्लोकषट्के प्रथमोपान्त्ययोरर्धयोरेव मन्त्रत्वस्वीकारे प्रमाणालाभात् समुदितसंख्याद्वयाद्द्वौ मन्त्रावित्यस्य द्वितीयान्तत्वेनोच्चारणकर्मत्व-स्वीकारमात्रेणोपपत्तेः। अत एतच्छ्लोकवाक्यार्थभ्रममूलिकैवार्धकल्पना एतेन चमरभप्रतीकग्रहणेन चरमश्लोकस्यैव द्विरुच्चारणपरमिति केषांचिद्योजन-मप्यपास्तम्। कश्चित्तु। 'एकादशार्धाहुतयो द्वादशश्लोकमन्त्रकाः। उवाचवचनैः षड्भिर्मन्त्राः स्युः प्रोक्तसंख्यकाः'। इति जजल्प। तेन सावर्णिरिति तन्त्रोक्तेरस्मदुक्तमेव सार्थक्यमभिप्रेतं स्यान्न कण्वोक्तम्। परं त्वर्धवर्धने प्रमाणाभावस्तुल्य एवेति न किंचिदेतत्। अथ तन्त्रे समुदितसंख्यामाह। 'एवं त्रयोदशाध्याया होमपूजनतृप्तिषु। शतानि सप्तसंख्यानि तव प्रोक्तानि शैलजे। मकरादिर्नुकारान्तो मनुः परमदुर्लभः। स संप्रदायविधिना ज्ञातव्यो मम वल्लभे। अन्यथा विफलो मन्त्रः सत्यं सत्यं मयोदितम्। होमे स्वाहान्तिमा मन्त्राः पूजायां तु नमोन्तिमाः। तर्पणे तर्पयाम्यन्ता ऊहनीया बुधैरिमे'। तृप्तिस्तर्पणं ब्राह्मणभोजनं वा। मकारादिमार्कण्डेय उवाचेत्यारभ्य नुकारान्तः सावर्णिर्भवितामनु-रित्येतत्पर्यन्तः। मकारपदेन व्यञ्जनमात्रं प्राथमिकं विवक्षितम्। अकारस्तूच्चारणमात्रार्थोऽकारो व्यपेतो व्यञ्जनानामिति तैत्तिरीयप्रातिशाख्य-सूत्रसिद्धो वा न विवक्षितः। नुकार इत्यत्रोकारस्तु विवक्षित एव। तेन जगाम गहनं वनमिति मन्त्रान्त्यनकारोदेर्निरासः। तथैव च महाहनुरित्यस्य तु मन्त्रान्तत्वाभावादेव निरासः। मन्त्रान्त्यस्य नुरित्यक्षरस्यान्थस्याभावादेव नातिप्रसङ्गः। तेन मनुरिति पदस्याक्षमालेत्यक्षपदस्येव प्रत्याहारपरत्वेनाप्य-यमेव मन्त्रो मुख्यवृत्त्यार्थद्योतनायाह मनुरिति। अतः सकारादिरिति केचित्तत्पठन्ति तच्चिन्त्यम्। तर्पयामीति पल्लवे चण्डिकामित्यपि परे योजयन्ति। तद्धोमपूजनयोरपि तुल्यन्यायेन चतुर्थ्यन्तयोजनापत्त्या न युक्तम्। अतो यावद्वचनमेव मन्त्रान्पठताऽपेक्षितांशध्याहारेणेषेत्वेत्यादाविव पूरयता वाक्यार्थोऽनुसंधातव्य इत्येव युक्तम्। इति श्रीगुप्तवत्यां कात्यायनीतन्त्रस्थत्रयोविंशत्पटलस्य व्याख्या॥ ॥अथैतत्संग्रहश्लोका द्वाविंशतिः॥ ऋषिर्देव्या हते तत्रेत्याद्यास्त्रिंशच्चतुर्युताः। देवी वाग्वरदेत्येको देवाः सर्वेति चैककः। देवी वैवस्वतेत्यष्टावथ शाकम्भरी मनुः।

अर्धश्लोकात्मकः पश्चाच्छलोकास्तत्रैव वेति षट्। एवमेकादशे मन्त्राः पञ्चपञ्चाशदीरिताः। देवीवागेभिरित्याद्याः श्लोका अष्टादशोदिताः। सर्वं ममैतदित्यर्धं पश्चाद्वै श्लोकका दश। ऋषेर्वचनमित्युक्तेत्याद्याः श्लोकास्ततस्त्रयः। निशुम्भे चेत्यर्धं मनुरेव। भगवतीति षट्। इत्येकचत्वारिंशत्स्युर्द्वादशाध्यायमन्त्रकाः। ऋषिरेतत्त इत्यर्धश्लोको मन्त्रस्ततस्त्रयः। एवंप्रभावा सेत्यद्या मार्कण्डये उवाच ह। इति तस्येति षट् श्लोका देवी यदिति चैककः। मार्कण्डेय उवाचाथ ततो वव्रे मनुद्वयम्। देव्युवाच ततः स्वल्पैरहोभिरिति षण्मताः। अर्धश्लोकात्मका मन्त्रा मार्कण्डेयवचस्ततः। इति दत्त्वा तयोरेवं देव्या वरमिति द्वयम्। द्विर्दण्डकलितन्यायादावृत्तं स्याच्चतुष्टयम्। इत्येवमेकोनत्रिंशन्मनवः स्युस्त्रयोदशे। अत्रापरे नवार्धानि केचिदेकादशेऽभ्यधुः। न तत्कात्यायनीतन्त्रजल्पितं किंतु कल्पितम्। इत्युत्तरमचरित्रेऽस्मिन्न-ध्यायत्रितयात्मनि। संभूय मन्त्रसंख्यैकचत्वारिंशच्चतुःशती। अर्धश्लोकात्मका मन्त्रास्तेषु द्वादश कीर्तिताः। त्रिपान्मन्त्रास्तु षट्षष्टिर्द्वौ श्लोकौ पुनरुक्तकौ। श्लोका अपुनरुक्तास्तु त्रिशती सप्तविंशतिः। राजैको देवदूतोक्तिर्द्वेद्वे देव्युक्तयो दश। मार्कण्डेयोक्तयस्तिस्त्र ऋषिवाक्यानि षोडश। इत्युवाचाङ्गिता मन्त्राश्चतुस्त्रिंशदिति स्थितिः। अथ सर्वे मिलिताश्चदेध्यायेषु त्रयोदशसु। पञ्चशतानि श्लोका अष्टासप्ततियुतानि तेष्वन्त्यौ। श्लोकौ द्विगुणौ भवतस्त्रेधा द्वाविंशतेर्भागः। एकोनविंशतेश्च द्वेधा ते पञ्चषष्टिरतिरिक्ताः। ब्रह्मा भगवान्दूतो वैश्यो देवा नृपो मृकण्डुसुतः देव्यृषयश्चैकैकद्विद्वित्रिचतुःशरार्कऋक्षमिताः। इति सप्ताधिकपञ्चादुवाच-पदाङ्किता अमी अधिकाः। द्वाविशतिशतमेषां श्लोकैर्योगेन मन्त्रसप्तशती। इति विभजनमुदितं प्रतिमन्त्रं कात्यायनीतन्त्रे। तस्मादेतत्प्रकृतिकमपूर्णमन्यत्तु यामलप्रभृति। श्लोकमन्त्रस्त्रिधामन्त्रः पुनरुक्तोर्धमन्त्रकः। उवाचाङ्कित इत्येवं मन्त्रः प्रोक्तोऽत्र पञ्चधा ॥70॥ मन्त्रपिण्डः श्लोकपिण्डोऽध्यायपिण्ड इति त्रिधा। इत्यष्टौ सुभग 437 स्तोषः 66 श्री 2 जलं 38 सोम 57 उन्नसः 700। हस्थेमा 578 लोक 13 इत्याख्या संख्यास्तन्त्रेऽत्र वर्णिताः॥ ॥अथ मन्त्रव्याख्या। देव्येतिः वह्निपुरोगमाः 'अग्निरग्रे प्रथमो देवतानाम्' इति श्रुतेः ॥1॥

(2 चतुर्धरी) तत्र तस्मिन् शुम्भे इति यावत्। इष्टस्याभिमतार्थस्य लाभात्प्राप्तेः। लम्भादिति च पाठः। विकसनं विकासः सोऽस्यास्तीति विकासि

विकासिनां वक्त्राणामंशुभी रश्मिभिर्विकासिता दीपिता आशा दिशो यैस्ते। विकाशिवक्त्रास्त्विति पाठे विकासीनि वक्राणि येषां ते। तथा विकासिता नियन्त्रिता आशा प्रत्याशा येषां वा ॥1 ॥

(3 शान्तनवी) ऋषिरुवाच। सुमेधा ऋषिः सुरथं राजानं वाक्यमुद्यक्तवान्। देव्या चण्डिकया कात्यायन्या तत्र संग्रामे। यद्वा तत्र महासुरेन्द्रे शुम्भे हते आहते सति सेन्द्रा इन्द्रसहिताः वह्निपुरोगमाः अग्निपुरःसराः सुराः देवाः इष्टलाभात् शुम्भनिधनलक्षणलाभात्संतुष्टाः। अत एव विकासिवक्त्राः दीप्तियुक्ताननाः प्रसन्नमुखाः सुविकसिताशाः सुष्ठु विकासिताः आशा दिशो येषां ते तथोक्ताश्च सन्तः प्रसन्नदिशः सन्तः तां शुम्भमर्दिनीं कात्यायनी चण्डिकां तुष्टुवुः। ष्टुञ् स्तुतौ। विकाशिवक्राब्जविकसिताशाः इति पाठे तु चकासृ दीप्तौ। तालव्यान्तः। काशनं काशः। काशो विद्यते येषां तानि काशीनि। विशेषेण काशीनि वक्राण्येव अब्जानि कमलानि यासां ताः विकाशिवक्त्राब्जाः। काशः संजातो यासां ताः काशिताः। विशेषेण काशिताः विकाशिताः ताश्च ताः आशाश्च विकाशिताशाः। विकाशिवक्राब्जाः विकासः संजातो येषां ते विकासिवक्त्राब्जविकासिताशाः सुराः। विकासिवक्त्राब्जविकासिताशाः इति तु पाठे सुरा इष्टलाभाद्विकासिवकाब्जा विकासिताशाश्च भवन्ति। अंसो भुजशिरः। ततश्च कर्मधारयः। दीव्यति देवी। महान्तोऽसुरास्तेष्विन्द्रे श्रेष्ठे। पुर ऐश्वर्ये। सुरन्ति इषन्ते सुराः 'इगुपधज्ञाप्रीकिरः कः'। वहत्याहुतीर्वह्निः स पुरोगमोऽग्नयायी येषां ते तथोक्ताः। कतो नामर्षिः तस्यापत्यं स्त्रीति गर्गादिपाठात्कात्यशब्दाद्गर्गादियञन्तात् 'सर्वत्र लोहितादिकतन्तेभ्यः' इति ष्फः। षित्वान्ङीष्। फस्यायनादेशः कात्यायनीं चण्डिकां तां देवा ऊचुः। देवीस्तोत्रं स्तुत्युपयोगीनि वाक्यानि उक्तवन्तः ॥1 ॥

(4 नागोजीभट्टी) ऋषिरुवाच। देव्येति। तत्र युद्धे वह्निपुरोगमाः वह्निमुख्याः कात्यायनीमित्यनेन परस्परमासामैक्यं सूचयति इष्टस्य शुम्भादिवधस्य लाभात्प्राप्तेः नुमागमः। विकासीनि विकस्वराणि वक्त्राणि येषां ते। तुः पादपूरणे। विकासिता आशा यैः ॥10 ॥

(5 जगच्चन्द्रचन्द्रिका) 'श्लोकानां सार्धपञ्चाशज्ज्ञेयमेकादशे स्फुटम्। पञ्चाशब्दलोकमन्त्रास्तदन्ते सार्धश्लोकमन्त्रकाः। देवीद्वयमृषिश्चैको देवा

एकमितीरिता' इति। अर्धसहितानां पञ्चाशच्छलोकानाम् एकादशाध्याये प्रव्यक्तं ज्ञेयं बोध्यम्। पञ्चाशछलोकमन्त्राः दशाधिकं विंशतिद्वयमित्यर्थः। तदन्ते पञ्चाशच्छलोकमन्त्राणामन्ते प्रान्ते अर्धश्लोकमन्त्रकोऽर्धश्लोकरूपो मन्त्रो ज्ञेयः। देवीद्वयं देव्युवाचेति द्वौ मन्त्रौ ऋषिश्चैकः ऋषिरुवाचेत्येको मन्त्रः। देवा एकमितीरितम्। देवा ऊचुरित्येको मन्त्रः कथितः। पञ्चपञ्चाशदाहुत्यस्तच्चतुस्त्रिंशदुत्तरम्। श्लोके देवी उवाचैकमेवं ज्ञेयं तु साधकैरिति। पञ्च अधिका पञ्चाशदाहुतिस्तस्याः। चतुस्त्रिंशदुत्तरं तत् देवी उवाचैककं देवी उवाचेत्येको मन्त्रः साधकैः कात्यायनीतन्त्रज्ञैः तु पुनः एवंप्रकारेण ज्ञेयं बोध्यम्। तथाहि ऋषिरुवाच। देव्या हत इति 2 ॥1 ॥

(6 दंशोद्धार) देव्येति। इष्टस्याभिमतार्थस्य लाभाद्विकासशीला ये वक्त्राब्जा मुखचन्द्राः। 'अब्जो जैवातृकः सोमः' इत्यमरः। तैर्विकासिता आशा दिशो यैस्ते। वक्रांश्चेति पाठे वक्रांशुभिर्वक्त्रकिरणैः। वक्त्रास्त्विति पाठे विकाशीनि वक्त्राणि येषां ते। विकाशिताः फलिता आशा मनोरथा येषां ते इत्यर्थः ॥1 ॥

देवि प्रपन्नार्तिहरे प्रसीद प्रसीद मातर्जगतोऽखिलस्य।
प्रसीद विश्वेश्वरि पाहि विश्वं त्वमीश्वरी देवि चराचरस्य ॥2 ॥

(1 गुप्तवती) ॥2 ॥

(2 चतुर्धरी) प्रपन्ना भक्तास्तेषामार्तिं दुःखं हरतीत्यपि च। प्रसीदेति संभ्रमे त्रिरुक्तिः। ईश्वरी स्वतन्त्रा। चराचरस्येति निर्धारणे षष्ठी ॥2 ॥

(3 शान्तनवी) प्रपन्ना अनन्यशरणाः शरणार्थिनः भक्तिनम्राः तेषाम् आर्तिहरे आर्तिः पीडा तां हरतीति प्रपन्नार्तिहरा। हस्तेरनुद्यमनेच् स्त्रियां टाप्। तत्संबुद्धौ हे प्रपन्नार्तिहरे देवि त्वं प्रसीद प्रसन्ना भव। पाघ्रादिना सदेः सीदभावः। प्रसीद मातर्जगतोऽखिलस्य। हे मातः अखिलस्य कृत्स्नस्य जगतः हे जननि हे देवि त्वं प्रसन्ना भव। पटैकदेशे दग्धे पटो दग्ध इतिवदेकदेशेऽपि वर्ततेऽवयवीति तन्माभूदिति कात्स्न्यार्थमखिलग्रहणम्। हे विश्वस्य ईश्वरि व्यापके त्वं प्रसीद प्रसन्ना भव। 'अश्नुतेराशुकर्मणि वरट्चेच्चोपधायाः'। हे देवि त्वं विश्वं पाहि लक्ष्मीरूपेण त्वं सर्वं जगत् रक्ष। पा रक्षणे। लोटः 'सेर्ह्यपिच्च'। त्वमीश्वरी देवि चराचरस्य। हे देवि त्वं चराचरस्य जङ्गमाजङ्गमात्मकस्य जगतः ईश्वरी विष्णुमायात्मतया

व्यापकासि। यद्वा ईश्वरस्य स्त्री स्वामिनी भवसि। चराश्चाचराश्च चराचरम्। 'सर्वो द्वन्द्वो विभाषैकवद्भवति' अन्यथा चर गतौ। पचाद्यच्। 'चरिचलितपतिवदीनामच्याक्चाभ्यासस्य' इत्यनेन चराचरं जङ्गमात्मकमेव स्यान्नाजङ्गमात्मकमपि। ततश्च तं प्रति तस्य ईश्वरीत्वं न स्यात्। यदभ्यधुः। 'चरिष्णुजङ्गमचरं त्रसमिङ्गं चराचरम्'॥2॥

(4 नागोजीभट्टी) देवीति। प्रपन्ना भक्ताः। आदरे प्रसीदेति त्रिरुक्तिः। चराचरस्य मध्ये त्वमीश्वरी स्वतन्त्रा। इतरत्सर्वं त्वत्परतन्त्रमिति भावः॥2॥

(5 जगच्चन्द्रचन्द्रिका) देवि प्रपन्नेति 3॥2॥

(6 दंशोद्धार) ॥2॥

आधारभूता जगतस्त्वमेका महीस्वरूपेण यतः स्थितासि।
अपां स्वरूपस्थितया त्वयैतदाप्याय्यते कृत्स्नमलङ्घ्यवीर्ये॥3॥

(1 गुप्तवती) ॥3॥

(2 चतुर्धरी) अपां स्वरूपस्थितयेति। राहोः शिर इत्यादिवदर्थशून्या षष्ठी। जलस्वरूपेत्यर्थः। एतत्कृत्स्नमशेषम् आप्याय्यते स्फीतिक्रियते। अलङ्घ्वीर्ये अनन्यलङ्घनीयप्रभावे॥3॥

(3 शान्तनवी) हे देवि त्वं यतः कारणात् महीस्वरूपेण पृथिवीरूपेण स्थितासि अवस्थितासि अतो जगतः विश्वस्य आधारभूता अधिकरणात्मत्वं प्राप्ता त्वमेकैव नान्या व्यक्तिः। पृथिवीरूपा त्वं त्वद्रूपा च पृथिवीति भावः। हे अलङ्घ्यवीर्ये लङ्घितुमशक्यबले अपां स्वरूपस्थितया त्वयैव एकया एतत्कृत्स्नं जगत् आप्याय्यते संवर्ध्यते वृद्धिं नीयते। प्यायी वृद्धौ। णिच् कर्मणि लट्। अपां जलानां स्वरूपेण स्थितया तया। न लङ्घ्यम् अलङ्घ्यम् अलङ्घयनीयं वीर्यं यस्याः सा तत्संबुद्धौ अलङ्घ्यवीर्ये। 'वीर्यं बलं प्रभावश्च'। अब्रूपा त्वं त्वद्रूपाश्चाप इति भावः॥3॥

(4 नागोजीभट्टी) आधारभूतेति। तत्र हेतुः। महीस्वरूपेणेति स्थितिः। अपांस्वरूपस्थितया अवभिन्नस्वरूपेणेति स्थितया। गमकत्वात्समासः। आप्याय्यते। ओप्यायीत्यतः कर्मणि यक्। अनेनोक्तलक्षणेन सार्वात्म्यं विवक्षितम्॥3॥

(5 जगच्चन्द्रचन्द्रिका) आधारभूतेति 4 ॥3 ॥

(6 दंशोद्धार) आधारभूतेति। अपां स्वरूपस्थितया जलरूपया। अपामिति षष्ठीत्व भेदेपि राहोः शिर इत्यादिवदुपचारात्। यद्वा अपां जलदेवतानां जलरूपं तेन स्थितयेत्यर्थः। आप्याय्यते तृप्यते। अलङ्घ्यवीर्ये अनन्यलङ्घनीयप्रभावे ॥3 ॥

त्वं वैष्णवी शक्तिरनन्तवीर्या विश्वस्य बीजं परमासि माया।
संमोहितं देवि समस्तमेतत्त्वं वै प्रसन्ना भुवि मुक्तिहेतुः ॥4॥

(1 गुप्तवती) नारायणीसूक्ताख्यं स्तवमाह। देवीति। संमोहितं त्वयैवेति शेषः ॥4 ॥

(2 चतुर्धरी) वैष्णवी ईश्वरी बीजं मूलकारणम्। परमा निरतिशया माया विद्याशक्तिः असि भवसि। एतत्समस्तं जगत्संमोहितं सम्यङ्मोहविषयीकृतं त्वयेति शेषः। भुवि जगति मुक्तिहेतुः विद्याभावेन ॥4 ॥

(3 शान्तनवी) हे देवि त्वम् अनन्तवीर्या अक्षयबला अक्षयप्रभावा च। 'वीर्यं बलं प्रभावश्च'। वैष्णवी विष्णु सबन्धिनी शक्तिरसि। यया शक्त्या विष्णुर्भगवानशेषलोकान्पालयति सा वैष्णवी विष्णुसामर्थ्यलक्षणा त्वमेवेति भावः। हे देवि त्वं विश्वस्य कृत्स्नस्य उचितं बीजं कारणं निदानं यत् लोकवेदप्रसिद्धं सा परमा व्यापिनी माया त्वमेवासि। या विश्वस्य कारणरूपा परमा उत्कृष्टा उत्तरा माया सा त्वमसि न त्वदन्या सेति भावः। बीज्यते वेति च बीजम्। त्वयेति प्रसंगसिद्धम्। हे देवि त्वया मायास्वरूपया एतत्समस्तं जगत् विश्वं संमोहितं संजातमोहं ममतायात्तं कृतं मोहगर्ते निपातितम्। संसारपाशबद्धं कृतमिति भावः। हे देवि त्वं प्रसिद्धा ज्ञानवैराग्यरूपा उपनिषत्परमात्मतत्त्वावगमस्वभावा प्रसन्ना सती भवनं भूः पुनः पुनरुद्भव उत्पत्तिरभूत्। प्रादुर्भाव इति यावत्। तस्याः मुक्तिहेतुः कारणं बीजमसीत्यर्थः। भुवि मुक्तिहेतुरित्येकपदम्। भुवि भूमावित्युक्तेऽर्थपुष्ट्य-भावस्तिष्ठतु। ब्रह्मलोकादौ मुक्तिहेतुता न स्यादित्यव्याप्तिपरिजि-हीर्षार्थोपलक्षणताश्रयेण जनितप्रतिपत्तिगौरवदोषापत्तिरतिदुष्यति। हरेति भुवीति पृथक्पदताप्युच्यतामुच्यतामुक्तदोषपरिजिहीर्षुणा भुवि मुक्तिहेतुरित्येकपदमिति। 'हेतुर्ना कारणं बीजं निदानं त्वादिकारणम्' ॥4 ॥

(4 नागोजीभट्टी) त्वमिति। आद्यपादे पालनशक्तिमत्त्वम्। द्वितीये कारणशक्तिमत्त्वम्। मायाऽविद्या। त्वयैतत्संमोहितंसंसारगर्ते पातितम्। तत्किं मोक्षो नास्त्येवेत्यत आह। त्वं प्रसन्न कृतप्रसादा वै प्रसिद्धं भुवि जगति मुक्तिहेतुः ॥4 ॥

(5 जगच्चन्द्रचन्द्रिका) त्वं वैष्णवीति 5 ॥4 ॥

(6 दंशोद्धार) त्वं वैष्णवीति। बीजं मूलकारणं परमा अतिशया मायाऽविद्याशक्तिः एतत्संमोहितम्। अविद्यारूपया त्वयेति शेषः ॥4 ॥

विद्या समस्तास्तव देवि भेदाः स्त्रियः समस्ताः सकला जगत्सु।
त्वयैकया पूरितमम्बयैतत्का ते स्तुतिः स्तव्यपराऽपरोक्तिः ॥5॥

(1 गुप्तवती) विद्या इति। सकलाश्चतुःषष्टिकलासहिताः षोडशकामकलासहिताश्चेति क्रमेण विद्यास्त्रियोरन्वेति। एतत्परिदृश्यमानं जगत्स्तव्यविषये परा वा अपरा वोक्तिरपि त्वमेवेति त्वदन्या स्तुतिः का ॥5 ॥

(2 चतुर्धरी) विद्या वेदादिलक्षणाः समस्ताः अष्टादश अपि। तथा च। 'अङ्गानि वेदाश्चत्वारो मीमांसा न्यायविस्तरः। धर्मशास्त्रं पुराणानि विद्या ह्येताश्चतुर्दश। आयुर्वेदो धनुर्वेदो गान्धर्वश्चेति ते त्रयः। अर्थशास्त्रं चतुर्थं च विद्या ह्यष्टादशैव ताः' इति। तव भेदा इति। भिन्नशक्तय इति काकाक्षिवदन्वयः। सकलाः कलाभिः सह वर्तमानाः। ताश्चालिङ्गनाद्याश्चतुःषष्टिः। एतज्जगत्त्वयैकया पूरितम् अभिव्यापतम् एवंच ते तव का स्तुतिः। अपितु न कापीत्यर्थः। कुत इत्याह। स्तव्येति। स्तव्यस्य या पराऽपरोक्तिः मुख्यगौणकीर्तिनं सा स्तुतिरभिधीयते। नच सर्वव्यापिन्यास्ते गौणाः संति। मुख्यगुणकीर्तनं चानुवाद एवेति स्तुतिरिति भावः। यद्वा स्तव्यपरा परोक्तिः स्तुतिरित्युक्तम्। न चासौ निर्वहति। भवत्याः सर्वव्यापित्वेनास्माभिर्भेदाभावात्तस्या भेदसाध्यत्वात्। न ह्येकं कर्म कर्तृ वा स्यात्। अथवा का कीदृशी अनिर्वचनीया त्वमिति स्यात्तर्हि प्रस्तुतमित्याह। ते स्तुतिरिति। स्तुतिरेवेयं तेषां चाभ्युपगमने क्रिया हरति नाप्रस्तुतमित्याशयः। यद्वा ते तव स्तुतिरपि त्वमेव। कुत इत्यत आह। स्तव्यपरापरोक्तिः पराभिधाना वाक् का सापि यतस्त्वमेव। यदाह। 'चितिप्रत्यवमर्शार्था परा वाक् सरसोदिता। सैषा सारतया चोक्ता हृदये

परमेष्ठिनः' इति। एवमपरोक्तिः सूक्ष्मा पश्यन्ती मध्यमा वैखरीरूपा च। लक्षणं चागमान्तरे प्रसिद्धम्। तथाच 'सूक्ष्मा कुण्डलिनी मध्ये ज्योतिर्मात्रा ह्यणीयसी। आश्रोत्रविषया तस्मादुद्रच्छन्नूर्ध्वगामिनी। स्वयंप्रकाशा पश्यन्ती सुषुम्णामाश्रिता भवेत्। सैव हृत्पङ्कजं प्राप्य मध्यमा नादरूपिणी। अन्तःसंकल्पमात्रा स्यादविभक्तोर्ध्वगामिनी। सैवोरःकण्ठतालुस्था शिरोघ्राणं द्विजोत्तमाः। जिह्वामूलोष्ठनिश्च्युतवर्णव्यूहपरिग्रहा। शब्दप्रपञ्चजननी श्रोत्रग्राह्या तु वैखरी'। इति सेयं चतुर्विधा वाक् श्रुतावपि पठ्यते 'चत्वारि वाक् परिमिता पदानि तानि विदुर्ब्राह्मणा ये मनीषिणः। गुहा त्रीणि निहिता नेङ्गयन्ति तुरीयं वाचो मनुष्या वदन्ति' इति। एवं परस्वभावापि भवतीशब्दभावेनापि निवर्तत इति स्तुतिरपीति भावः॥5॥

(3 शान्तनवी) हे देवि समस्ताः श्रुत्यादयो विद्याः तवैव भेदाः त्वत्प्रकारा एवं त्वदंशा एव तस्मात्तव च विद्यानां च परस्परं पार्थक्याभावात् ते का स्तुतिः प्रवर्तताम्। न कापि। कीदृशी स्तुतिः। स्तवमर्हति स्तव्यम्। 'दण्डादिभ्यो यः'। अन्यथा अचो यतं बाधित्वा 'एतिस्तु'सूत्रेण क्यपि सति स्तुत्यमित्येव स्यात्। स्तव्यपरापरोक्तिः स्तव्ये स्तवार्हे वस्तुनि विषये परा च अपरा चेति पृथक्त्वेनोक्तिर्यस्यां सा स्तव्यपरापरोक्तिः तस्मात् हे देवि त्वं विद्यारूपा सरस्वतीरूपेति इयं स्तुतिः पार्थक्याभावात् न घटते। स्तुतिस्तुत्ययोः पृथक्त्वे खलु स्तुतिः प्रवर्तते लोके। एकत्वे का स्तुतिरस्त्विति भावः। तर्हि त्वं ब्राह्मी त्वं लक्ष्मीः त्वं शर्वाणी त्वमिन्द्राणी इत्याद्या स्तुतिरित्येषापि तस्याश्च देव्याः पृथक्त्वेन सा न घटत इत्याह। स्त्रियः समस्ताः सकलाः कलासहिताः सकलाश्चतुःषष्टिकलोपेताः पातिव्रत्यादिधर्मोपेताः सर्गस्थितिसंहारादिप्रतिनियत- नैपुण्योपेताश्च ब्राह्म्याद्याः स्त्रियश्च वनिताः तवैव भेदास्तवैवांशाः इति का ते स्तुतिः प्रवर्तताम्। न कापि। कीदृशी स्तुतिः। स्तव्यपरापरोक्तिः। स्तव्ये वस्तुनि विषये परा चापरेति पृथक्त्वेनोक्तिर्यस्यां सा स्तव्यपरापरोक्तिः। स्तव्यं स्तुतेः परं पृथक् स्तव्याच्च स्तुतिरपरा पृथगिति पार्थक्यनिबन्धना स्तुतिर्लोके प्रवर्तते। अत्र तु ब्राह्म्यादिभ्यः स्त्रियः देव्या पार्थक्याभावादैक्यत्वात् स्तव्यस्तवयोरैक्यत्वे का ते स्तुतिः स्यात्। न कापीति भावः। अन्यदीयगुणानामन्यत्रारोपेण गुणवर्णनं स्तुतिः। गुणाधिकरणमेकमेवेति स्तुतेरपृथग्वृत्तिरिति भावः। इह किं बहुनोक्तेन जपच्च त्वयैकया अम्बया मात्रा एव पूरितम् आप्यायितं पूर्णीकृतम्। त्वमेव जगत् जगदेव त्वमित्येव ते का स्तुतिः प्रवर्तताम्। न कापीत्यर्थः। अत्र तु सैव

देवी सैव विद्येति सैव देवी सैव च ब्रह्मयादिस्त्रीति सैव च देवी तदेव देव्यात्मकं जगच्चेति पार्थक्याभावात्स्तव्यपरापरोक्तिः स्तुतिर्न प्रवर्तते इति भावः। यद्वा स्तवनीये न्यूने वस्तुनि परा श्रेष्ठाः उक्तिः स्तुतिरुच्यते। परा उक्तिः परमोक्तिरित्यर्थः। देवी न्यूना न भवनीति स्वभावतः श्रेष्ठोक्तिरस्त्येव तस्यामिति का ते स्तुतिरित्युक्तम्। न्यूनमधिकीकृत्योक्तिः स्तुतिरित्यपि स्तुतिलक्षणम्। देवी च न्यूना न भवतीति स्वतोऽधिकैवेत्यप्युक्तं का ते स्तुतिरिति ॥5॥

(4 नागोजीभट्टी) विद्या इति। 'अङ्गानि 6 वेदाश्चत्वारो 4 मीमांसा 11 न्यायविस्तरः 12। पुराणं 13 धर्म शास्त्रं 14 च विद्या ह्येताश्चतुर्दश। आयुर्वेदधनुर्वेदगन्धर्वार्थशास्त्रैः सहाष्टादश भेदाः अंशाः सकलाश्चतुःषष्टिकलोपेताः पातिव्रत्यसौन्दर्यतारुण्याद्युपेताः समस्ताः स्त्रियोपि तवांशः। त्वयैकयैतत्पूरितम् अन्तर्बहिश्च व्याप्तम्। एवं च त्वत्तः पृथग्भूतस्याभावात्। अतस्ते स्तुत्ये विषये परापरा गौणी मुख्या च या उक्तिस्तद्रूपा स्तुतिः केत्यर्थः। यद्वा उक्तिरूपा त्वमेवातः का ते स्तुतिः ॥5॥

(5 जगच्चन्द्रचन्द्रिका) विद्याः समस्ता इति 6 ॥5॥

(6 दंशोद्धार) विद्या इति। वेदादयः समस्ता अष्टादशाऽपि। तदुक्तम्। 'अङ्गानि वेदाश्चत्वारो मीमांसा न्यायविस्तरः। धर्मशास्त्रं पुराणं च विद्याश्चैताश्चतुर्दश। आयुर्वेदो धनुर्वेदो गान्धर्वश्चेति ते त्रयः। अर्थशास्त्रं चतुर्थं च विद्या ह्यष्टादशैव ताः' इति। समस्ता इति। स्त्रियोऽपि तवैव भेदा इत्यनुषङ्गः। किंभूताः। सकलाः कलाभिश्चतुःषष्टिभिः सहिताः ताश्च शैवतन्त्रे उक्ताः। यथा–गीतं 1 वाद्यं 2 नृत्यं 3 नाट्यम् 4 आलेख्यं 5 तिलकं 6 तण्डुककुसुमचलीविकारा 7 पुष्पास्तरणं 8 दशनवसनाङ्गानां रागः 9 मणिभूमिकर्म 10 शयनरचनम् 11 उदकवासद्यं 12 चित्रयोगः 13 चित्रमाल्यप्रथनविकल्पः 14 शेखरापीडयोजनं 15 नेपथ्ययोगः 16 कर्णपत्रभङ्गि 17 सुगन्धयुक्तिः 18 भूषण्योगजनम् 19 ऐन्द्रजालं 20 क्रौञ्चमारयोगः 21 हस्तलाघवं 22 चित्रशाखापूपभुक्तविकारक्रिया 23 पानकरसरागासवयोजनं 24 सूचिवयनकर्म 25 सूत्रक्रीडा 26 डमरूकवीणावाद्यानि 27 प्रहेलिका 28 प्रतिमाला 29 दुर्वंचकयोगः 30 पुस्तकवाचनं 31 नाटकाख्यायिकादर्शनं 32 काव्यसमस्यापूरणं 33 पट्टिकीवेत्रबाणविकल्पाः 34 तर्ककर्माणि 35 तक्षणं 36 वास्तुविद्या 37 रूपरत्नपरीक्षा 38 धातुवादः 39 मणिरागज्ञानम् 40 आकारज्ञानं 41 वृक्षायुर्वेदयोगाः 42 मेषकुक्कुटलावबकयुद्धविधिः 43 शुकसारिकाप्रलापनम्

44 उत्सादनं 45 केशमार्जनम् 46 अक्षरमुष्टिकाकथनं 47 श्लोकतर्कविकल्पः 48 देशभाषाज्ञानं 49 पुष्पशकटिका 50 निमित्तज्ञानं 51 यन्त्रमातृका 52 धारणमातृका 53 संवाच्यं 54 मानसीकाव्यक्रिया 55 अभिधानकोशः 56 छन्दोज्ञानं 57 क्रियाविकल्पः 58 छलितकयोगः 59 वस्त्रगोपनानि 60 द्यूतविशेषः 61 आकर्षणक्रीडा 62 बालक्रीडनकानि 63 वैनायिकीनां च विद्यानां ज्ञानम् 64 इति चतुःषष्टिकलाः प्रसङ्गादुपन्यस्ताः। प्रकृतमनुसरामः। अतः का ते स्तुतिर्न कापीत्यर्थः। असद्गुणारोपणं हि स्तुतिः। सर्वात्मिकायां त्वयि स्तुतिरयुक्तेति भावः। कुत इत्यत आह। स्तव्येति। यतस्तव्या स्तुत्यविषयिणी परा अपरा च पश्यन्तीमध्यमारूपा उक्तिश्च वैखरीरूपा त्वमेव। मूलाधारे कुण्डलिन्यां तेजोमयी सूक्ष्मता परा। तत उद्‌गता नाभिस्था सूक्ष्मतरा पश्यन्ती। ततोपि हृत्स्था नादरूपा सूक्ष्मा मध्यमा। सैव पुनः कण्ठमभिहत्य तात्वोष्ठपुटव्यापारजन्याश्रयणविषया वैखरी। एते च परादिभेदास्तन्त्रान्तरे प्रसिद्धाः। तथाहि 'सूक्ष्मकुण्डलिनीमध्ये तेजोमात्रा ह्यणीयसी। अश्रोत्रविषया तस्मादुद्गता चोर्ध्वगामिनी। स्वयंप्रकाशा पश्यन्ती सुषुम्णामाश्रिता भवेत्। सैव हृत्पङ्कजं प्राप्य मध्यमा नादरूपिणी। अन्तः संकल्पमात्रा स्याद्विभक्ता चोर्ध्वगामिनी। सैवोरःकण्ठतालुस्था शिरोघ्राणद्विजोपगा। जिह्वामूलौष्ठनिसृतवर्णव्यूहपरिग्रहा। शब्दप्रपञ्चजननी श्रोत्रग्राह्या तु वैखरी' इति श्रूयते। 'चत्वारि वाक्परिमिता पदानि तानि विदुर्ब्राह्मण ये मनीषिणः। गुहा त्रीणि निहिता नेङ्गयन्ति तुरीयं वाचो मनुष्यां वदन्ति' इति ॥5 ॥

सर्वभूता यदा देवी स्वर्गमु[1]क्तिप्रदायिनी।
त्वं स्तुता स्तुतये का वा भवन्तु परमोक्तयः ॥6 ॥

(1 गुप्तवती) इममेवार्थं विवृण्वन्नाह। सर्वभूतेति। सर्वस्येत्याद्याः षोडशश्लोका नारायणलिङ्गकाः क्वचिदष्टादश षष्ठ्यन्ते तत्र द्वयमनाकरणम्। क्वचिदेकोनविंशतिः पठ्यन्ते तदपि तथैव तन्त्रान्तरोक्तसंख्यायां वा तेषां प्रवेशोऽस्तु ॥6 ॥

(2 चतुर्धरी) सर्वं भूतं प्राप्तं यया सा। तथा स्वर्गो दिव्यमनुभाव्यं सुखं मुक्तिः कायत्वापायः ते प्रदातु शीलं यस्याः। एवं यदा तदास्माभिः स्तुता

1. भुक्ति, इप्यपि पाठः।

त्वमित्यन्वयः। यदेत्ति वेत्यर्थे। वाशब्दः पक्षान्तरे। अथवा काः परमोक्त्यः प्रधाना वाचस्तव स्तुतये भवन्तु। न का अपीति यावत्। कश्चिदाह। सर्वभूता यदा सर्वप्राणिनां शुभावहा भाग्यदा त्वमिति ॥6 ॥

(3 शान्तनवी) पुनरपि देव्याः स्तुतिर्न घटत इत्याह। परमोक्तिः स्तुतिरिति स्तुतिलक्षणम्। तत्र देवी सर्वभूता इतीदं स्तुतिपदम्। एवंच सति ब्रूमः। हे देवि भुक्तिमुक्तिप्रदायिनी त्वं यदा सर्वभूतासि सर्वात्मासि सर्वीभूतासि विश्वरूपासीति स्तुति संनुताऽभूस्तदा स्तुतये स्तुत्यै स्तुत्यर्थाः का वा नाम परमाः श्रेष्ठाः उक्तयः वर्णनाः स्तुतयः भवन्ति। न का अपिस्युः। इह हिपरमा श्रेष्ठा उक्तिवर्णनं स्तुतिरिति स्तुतिलक्षणम्। ततश्च तच्च किंचित्स्वरूपं भावाभावात्मकं संभवेत्तन्नाम सर्वमित्युच्यते। शङ्का च कारणाभावात्। ततश्च सर्वनाम देव्यैव। देवीरूपमेव देवीरूपं नाम सर्वमेव। एवं सिध्यति सर्वभूता देवीति यदा स्तुता तदा सर्वस्य च देव्याश्च ऐक्याद्भेदाभावात् किं स्तुत्यं का वा स्तुतिःस्यादिति तात्पर्यादाह। का भवन्ति परमोक्तयः इति। कापरमोक्तयः याभिः स्तूयते देवी न कापि। 'युक्ते क्ष्मादावृते भूतं प्राण्यतीते समे त्रिषु'। सर्वभूता सर्वेण विश्वेन समेत्यर्थः। कीदृशी देवी अयदा शुभावहविधिदा। भुक्तिर्भोगः भुज्यते वा भोगः स्वर्गादिभुक्तिः। मोक्षोऽपवर्गः तौ प्रददाति मुक्तिदा। यद्वा भुक्तेर्मुक्तिर्वैराग्यं तां भुक्तिमुक्तिं प्रददाति भुक्तिमुक्तिप्रदा। 'प्रेदाज्ञः' कः। अयते गच्छति व्याप्नोत्ययती। 'कृत्यल्युटो बहुलम्' इति कर्तरि ल्युट्। यद्वा दय दाने। भुक्तिमुक्ति प्रदयते भुक्तिमुक्तिप्रदायिनी। यद्वा प्रा पूरणे। भुक्तिमुक्ती प्राति लोकेभ्यः पूरयति भुक्तिमुक्तिप्रा। 'आतोऽनुपसर्गे कः' दरिष्यते रक्षिष्यति दयिनी। 'भविष्यदाधर्मर्ण्ययोर्णिनिः' भुक्तिमुक्तिप्रा चासौ दायिनी रक्षिका चेति कर्मधारयः। व्यवहारा उक्तयः। परमाः श्रेष्ठाः स्तुतयः। तादर्थ्ये चतुर्थी ॥6 ॥

(4 नागोजीभट्टी) पुनरपि स्तुतेरघटनामाह। सर्वेति। सर्वभूता विश्वात्मिका देवी द्योतनशीला स्वर्गमुक्त्योः प्रकर्षेण दात्रीति यदा त्वं स्तुता तदा वा स्तुतये परमा अधिका उक्तयः का भवन्तु। न कापीत्यर्थः ॥6 ॥

(5 जगच्चन्द्रचन्द्रिका) सर्वभूतेति 7 ॥6 ॥

(6 दंशोद्धार) सर्वभूतेति। सर्वभूतं प्राप्तं यदा। यदेत्यव्ययम्। वेदये

यदि त्वं स्वर्गमोक्षप्रदा तदा तदास्माभिः स्तुतेत्यन्वयः। सर्वात्मिकायाः स्तोतुमशक्यत्वादिति भावः। वाशब्दः पक्षान्ते। अथवा का वाचस्तव स्तुतये भवन्तु। न कापीत्यर्थः। यद्वा सर्वभूतानाम् अयदा शुभभाग्यदा त्वम् अतः का वाचस्तव स्तुतये समर्था इत्यर्थः। 'अयः शुभावहो विधिः' ॥6 ॥

सर्वस्य बुद्धिरूपेण जनस्य हृदि संस्थिते।
स्वर्गापवर्गदे देवि नारायणि नमोऽस्तु ते ॥7 ॥

(1 गुप्तवती) ॥7 ॥

(2 चतुर्धरी) तथाप्युपगम्य स्तूयस एवेत्याह। सर्वस्येति। अपवर्गो मुक्तिः। नारा आपो अयनं यस्येति नारायणः परमात्मा तस्येयं शक्तिर्नारायणी तस्याः संबुद्धौ। ते तुभ्यम् ॥7 ॥

(3 शान्तनवी) हे देवि सर्वस्य जनस्य जन्तोः हृदि चेतसि बुद्धिरूपेण संस्थिते हे सर्वजनहृदयस्थिते बुद्धिरूपे हे स्वर्गापवर्गदे हे नारायणि नमस्तेऽस्तु। हे देवि संस्थिते सम्यगवस्थिते। 'संस्थाधारे स्थितौ मृतौ' स्वर्गं चापवर्गं मोक्षं च ददाति स्वर्गापवर्गदा। 'आतोऽनुपसर्गे कः'। नरः कश्चिदृषिः। नरस्यापत्यं नारायणः। 'नडादिभ्यः फक्'। फस्यायनः। नारायणस्य स्त्री मायोपचारात् नारायणी। विष्णुमायेत्यर्थः। यद्वा 'आपो नारा इति प्रोक्ताः'। नारमम्मयमयनमस्य नारायणः। संज्ञायां णत्वम्। यद्वा नाराणां समूहो नारमयनमस्य नारायणः। तस्य स्त्री नारायणी लक्ष्मी तत्संबुद्धौ हे नारायणि। 'कात्यायनीं तुष्टुवुरिष्टलाभात्' इति कात्यायन्याः स्तुतौ प्रकृतायां नारायणीनमस्कृतिः स्त्रियः समस्ताः कात्यायन्यंशा एवेति प्राक्प्रणीतत्वात्कार्यभेदमात्रभिन्नत्वेपि तयोरैक्यादविरुद्धत्वमवगन्तव्यम् ॥7 ॥

(4 नागोजीभट्टी) तथाप्युपगम्याप्याह। सर्वस्येति। बुद्धिर्निश्चयात्मकज्ञानं तद्द्वारैव स्वर्गापवर्गदां त्वं नारायणस्य विष्णोः शक्तिर्नारायणी तत्संबोधने शुद्धसत्त्वप्रधाना वैष्णवी त्वमिति ध्वन्यते। ते तुभ्यम्। यद्वा नारस्य जीवसमूहस्यायनी स्थानभूता तद्रूपा तत्साधनम् ॥7 ॥

(5 जगच्चन्द्रचन्द्रिका) सर्वस्येति 8 ॥9 ॥

(6 दंशोद्धार) अतः केवलं तव नामभिर्नमस्कारमेव कुर्महे इत्याहुः। सर्वस्येत्यादि। बुद्धिपेण आद्यवसायकार्यन्तःकरणरूपेण नारायणि नारा

आपोऽयनं यस्येति नारायणः। यद्वा नराणां समूहो नारं 'तस्य समूहः' इत्यण्। तदयनं यस्येति नारायणः सर्वान्तर्यामी। यद्वा नारस्य जीवसमूहस्याऽयनं प्रवृत्तिर्यस्मात्। अथवा न विद्यन्ते अरा दोषा यस्मिंस्तन्नारं श्वेतद्वीपं वैकुण्ठं वा तदयनं यस्येति नारायणः। नारं जीवसमूहमयते जानाति वा नारायणः। अयतेर्गत्यर्थत्वाद्गत्यर्थानां ज्ञानार्थत्वात् नारमयतिप्रवर्तयतीति ण्यन्तादपि बाहुलकात्कर्तरि ल्युट्। नारायण इति केचत्। अरा दोषास्तद्भिन्ना नारा गुणास्तेषमाश्रय इति वाथः। यद्वा नराणां संबन्धः नारो ब्रह्मा। संबन्धश्चोत्पाद्योत्पादकत्वं तस्याऽयनं सर्वान्तर्यामित्वात्सोऽयनं यस्येऽत्यर्थो वा। यद्वा नरस्य वसुदेवस्यापत्यं नारायणः। नडादित्वात्फक् 'पूर्वपदात्संज्ञायाम्' इति णत्वम्। तस्य शक्तिर्नारायणी तत्संबुद्धिः। ते तुभ्यम्॥7॥

कलाकाष्ठादिरूपेण परिणामप्रदायिनि।
विश्वस्योपरतौ शक्ते नारायणि नमोऽस्तु ते॥8॥

(1 गुप्तवती) कलाकाष्ठेति। परिणामेति षड्भावविकाराणामुपलक्षणम्॥8॥

(2 चतुर्धरी) कला त्रिंशत्काष्ठात्मकः कालः। काष्ठा अष्टादश निमेषात्मकः। आदिशब्दो निमेषमुहूर्ताद्युपसंग्रहार्थः। विश्वस्य जगतः परिणामोऽन्यथाभावः। भावान्तरापत्तिरिति यावत्। विश्वस्य उपरतौ नाशे शक्ते आसक्ते। प्रवृते इति यावत्। तालव्यपाठे शक्ते समर्थे॥8॥

(3 शान्तनवी) 'अष्टादशनिमेषास्तु काष्ठा त्रिंशत्तु ताः कलाः' इत्यभिधानात्काष्ठाख्यः कालः अष्टादशनिमेषकः। कलाख्यस्तु कालः त्रिंशत्काष्ठात्मकः इति काष्ठा कलातो न्यूनेति कृत्वा काष्ठाकलादिरूपेणेति पाठः सभ्यः। हे काष्ठाकलादिरूपेण परिणामप्रदायिनि। विश्वस्य खलु काष्ठाकलाक्षणमुहूर्ताहोरात्रपक्षमासर्त्वयनसंवत्सरादिकालरूपेण परिणामप्रदायिनि बाल्ययौवनवार्धकादिवयोर्विशेषपरिणामकारिणि। तथा विश्वस्य उपरतौ विषये विश्वस्यावसाने च विषये या शक्तिः तत्संबुद्धौ हे शक्ते। यद्वा विश्वस्योपरतौ विषये शक्ता समर्था रुद्ररूपा तत्संबुद्धौ हे शक्ते हे समर्थे हे नारायणि नमोऽस्तु ते नमस्ते तुभ्यमस्तु। नारायणीति। अय गतौ। इण् गतौ। इ गतौ। अय्यते इयते वा अयनः परमात्मा। कर्मणि ल्युट्। पुँल्लिङ्गता तु प्रयोगतः। 'लिङ्गमशिष्यं लोकाश्रयत्वाल्लिङ्गस्य' इति वचनात्।

नराणामयनः नारायणः। 'पूर्वपदात्संज्ञायामगः' इति णत्वम्। नारायणस्य परमात्मनः इयं माया नारायणी विष्णुमाया। अन्यथा नारायणस्य विष्णोरियं नारायणीयेति 'वृद्धाच्छः' स्यात्। तस्मात्संबन्धेऽणेव। तत्संबुद्धौ हे नारायणि। नमनं नमो नतिः प्रह्वीभावः परिणामः प्राणिकायसावयवोपचयलक्षणावृद्धिः तां प्रददाति परिणामप्रदायिनी। 'सुप्यजातौ णिनिः'। 'आतो युक् चिण्कृतोः' ज्ञापकसिद्धमनित्यमिति क्वचित्सोपसर्गादपि णिनिः। दुग्धं दधिरूपेण परिणमतीत्यादौ परिणामो रूपान्तरावाप्तिर्दुग्धादिस्वरूपाद्विवर्तः। परिणामप्रदायिनीति तु पाठे परितो मानमियत्त्या परिच्छेदः प्राणिकायादेः कालकृताशरीरावस्थायौवनादिवयः सस्य परिच्छेदः परिणामम् एतावत्कालपरिमितमिदं बाल्यमेतावत्कालपरिमितं यौवनमित्यादिशरीरा-वस्थापरिच्छेदः तत् प्रददाति परिणामप्रदायिनी तत्संबुद्धौ हे परिणामप्रदायिनि ॥8॥

(4 नागोजीभट्टी) कलेति। कलेति त्रिंशत्काष्ठाः। अष्टादर्शानिमेषाः काष्ठा। आदिना क्षणमुहूर्तादयः। परिणामो जनानामवस्थाविशेषः तेनाखण्डकालरूपत्वम्। तदेव पुनराह। विश्वस्योपरतौ नाशे शक्तिः। नानाशक्तिमतीत्यर्थः। कालस्यैव जगद्भक्षकत्वात् ॥8॥

(5 जगच्चन्द्रचन्द्रिका) कलाकाष्ठादीति 9 ॥8॥

(6 दंशोद्धार) कलेति। त्रिंशत्काष्ठात्मक कालः कला। काष्टापञ्चदशनिमेषात्मकः। आदिना मुहूर्तादीनां संग्रहः। तद्रूपेण परिणामस्याऽन्यथाभावस्य रूपान्तरापत्तेः प्रदायिनी उपरतौ नाशे शक्ते समर्थे। सक्ते इति पाठे प्रवृत्ते इत्यर्थः ॥8॥

सर्वमङ्गलमाङ्गल्ये[1] शिवे सर्वार्थसाधिके।
शरण्ये त्र्यम्बके गौरि नारायणि नमोऽस्तु ते ॥9॥

(1 गुप्तवती) ॥9॥

(2 चतुर्धरी) सर्वेषां मङ्गलादीनां यन्माङ्गल्यं मङ्गलस्वभावस्तद्रूपे। मङ्गलानामपि मङ्गलं त्वमेवेत्यर्थः। शिवे कल्याणकारिणि शरण्ये शरणार्हे।

1. मङ्गल्ये, इत्यपि पाठः।

आश्रयणीये इति यावत्। त्रीण्यम्बकानि नेत्राणि यस्याः 'स्त्रियां दृष्टिदृशौ देवदीपो लोचनमम्बकम् इत्यभिधानात्। गौरि गौरवर्णे ॥9॥

(3 शान्तनवी) सर्वाणि मङ्गलानि शुभानि यतः स्युः सा सर्वमङ्गला उमा रमा च। मङ्गलेभ्यो हिता मङ्गल्या 'उगवादिभ्यो यत्'। सर्वमङ्गलमाङ्गल्ये इति वृद्धिपाठपक्षे तु मगि गतौ मङ्ग्यते मङ्गलानि मङ्गलेभ्यो हिता मङ्गल्या मङ्गल्यैव माङ्गल्या। 'अन्येषामपि दृश्यते' इति दीर्घः पुरुषवत्। कश्चित्त्वाह। 'गुणवचनब्राह्मणादिभ्यः कर्मणि च' इति कर्मणि ष्यञिति तन्न। तस्य हि अर्थसङ्गत्याभावस्तावदास्ताम्। स्त्रियां टापं बाधित्वा षित्त्वात् ङीषि माङ्गलीत्येव स्यात्। नतु मङ्गल्येति रूपसिद्धिरिति तदुपेक्षणीयं प्रेक्षावद्भिः शिवा भवानी रुद्राणी तस्याः संबुद्धौ हे शिवे। यद्वा शिवा मङ्गलापेतेतिर मापि शिवा भवति। हे शिवे हे रमे सर्वेषामर्थानां साधिका साधयित्री उमा रमा च। हे सर्वार्थसाधिके। 'अर्थोभिधेयरैवस्तु प्रयोजननिवृत्तिषु' 'शरणं गृहरक्षित्रोः' शरणेषु गृहरक्षितृषु साधुःप्रवीणा योग्या च शरण्या उमा रमा च। 'तत्र साधुः' इति यत्। हे शरण्ये हे रक्षितृषु प्रवीणेषु सोमसूर्याग्निरूपाणि त्रीण्यम्बकानि अक्षीणि यस्याः सा त्रयम्बका उमा। त्रयोऽम्बकाः पितरो रक्षकाः ब्रह्मविष्णुमहेश्वररूपाः परिवारभूता यस्याः त्र्यम्बका उमा रमा च हे त्र्यम्बके। त्रयाणां लोकानां अम्बकं पितेत्यागमः। गौरी उमा। यद्वा गुङ् अव्यक्ते शब्दे। गूयते अव्यक्तं गुप्तं शब्दयते मनसा गृह्यते ध्यायते गौरी उमा रमा च। 'ऋज्रेन्द्र' इत्युणादिसूत्रेण रनिप्रत्यये गुङो वृद्धिर्निपात्यते। 'गौरोऽरुणे सिते पीते' गौरादित्वान्ङीप्। नारायणस्य भगवतः स्त्री नारायणी लक्ष्मीः। यद्वा अयः शुभावहो विधिः। यत्र परमात्मनि स अयनः परमात्मा। पामादित्वान्मत्वर्थीयो नः। नृ नये। नयो नीतिः। भावे ऋदृदोरप्। नरणं नरः नरेण नयेन अयनः नरायणः परमात्मा नरायणस्य परमात्मनः इयं माया नारायणी विष्णुमाया उमा रमा च हे नारायणि नमोऽस्तुते। 'नमः स्वस्ति' इति चतुर्थी ॥9॥

(4 नागोजीभट्टी) सर्वेति। सर्वमङ्गलानां मङ्गलत्वरूपे शिवे कल्याणकर्त्रि शरण्ये शरणार्हे त्र्यम्बके त्रिनेत्रे गौरि गौरवर्णे। अनेन शैवीत्वमप्यस्याः ध्वनितम् ॥9॥

(5 जगच्चन्द्रचन्द्रिका) सर्वमङ्गलेति 10 ॥9॥

(6 दंशोद्धार) सर्वेषां मङ्गलानां यन्मङ्गल्यं मङ्गलभावस्तद्यस्याः। भावे

ष्यत्रि वृद्ध्यभाव आर्ष:। माङ्गल्य इति पाठः सुगमः। शिवे कल्याणकारिणि शरण्ये शरणाऽर्हे त्रीणि अम्बकानि नेत्राणि यस्याः। 'स्त्रियां दृष्टिदृशौ देवदीपो लोचनमम्बकम्' इत्यभिधानात्संज्ञाशब्दानामव्युत्पन्नत्वेन प्रत्ययस्थत्वाभावादित्त्वं न। अम्बिकेति पाठे अबि शब्दे। पचाद्यच्। त्रयो अम्बाः वर्णाः अकारोकारमकाराः प्रतिपादका यस्याः। प्रणवप्रतिपाद्ये इत्यर्थः। स्वार्थे कः। गौरि गौरवर्णे ॥9॥

सृष्टिस्थितिविनाशानां शक्तिभूते सनातनि।
गुणाश्रये गुणमये नारायणि नमोऽस्तु ते॥10॥

(1 गुप्तवती) ॥10॥

(2 चतुर्धरी) सृष्ट्यादीनां शक्तयो ब्रह्महरिहरात्मकाः तद्भूते तत्स्वरूपे सनातनि नित्ये गुणाश्रये गुणभावने। स हि प्रधानोपहितः सत्त्वाद्यधिकरणं भवति गुणमयप्रकृतिभावेन। सा हि सत्त्वरजस्तमसां साम्यावस्था। यद्वा गुणाश्रया त्योमादिभावेन। गुणामया शब्दादिभावेन। स्वरूपे मयड्विधानात्तद्धिता नानाविधाः प्रत्ययाः स्युरिति महाभाष्यस्मरणात् डाप् प्रत्ययः॥10॥

(3 शान्तनवी) जगतां सृष्टेः सर्गस्य स्थितेर्वर्तमानस्य विनाशस्य प्रलयस्य हे शक्तिभूते शक्तिरित्येवंभूता जाता। हे शक्तिरूपे। जगतः सर्गस्थितिसंहारकरणविषये या शक्तिः शक्तता सामर्थ्यरूपा तद्भूता देवी तत्संबुद्धौ हे शक्तिभूते। यद्वा ब्राह्मी शक्तिः सृष्टौ वैष्णवी शक्तिः स्थितौ माहेश्वरीशक्तिर्विनाशे तद्भूता त्रिशक्तिभूता या शक्तिः सा सामान्येन शक्तिभूता हे शक्तिभूते। यद्वा शक्तीनां भूः कारणभूतिः परमात्मा तेन ऊता गुम्फिता तन्तुनेव प्रोता। ऊयी तन्तुसंताने वूः। यद्वा शक्तीनां भूतिरवताररूपा शक्तिर्भूतिः हे शक्तिभूते। यद्वा शक्तीनां भुवः भूमयः ब्रह्मविष्णुमहेश्वराः तेषां ऊतिः संघट्टना तन्तुनेव गुम्फनं सन्ततनं शक्तिभूतिः। वेञः स्त्रियां क्तिन्। हे शक्तिभूते हे सनातनि 'सायं चिरम्' इत्यादिसूत्रेण ल्युस्तुट् च। स्त्रियां टित्वान्ङीप्। 'सनात्सनातना नित्ये' 'शाश्वतस्तु ध्रुवो नित्यसदातनसनातनाः हे शाश्वति। हे गुणाश्रये गुणाः आश्रयो यस्याः सा गुणाश्रया। गुणाः सत्त्वं रजस्तमश्चेति त्रयः। गुणेषु वर्तमानेत्यर्थः। यद्वा गुणानामाश्रयो यत्र सा गुणाश्रया हे गुणाश्रये। यद्वा सत्त्वादिगुणयुक्ता गुणाः यथायोगं ब्रह्मादयस्ते आश्रयो यस्याः सा गुणाश्रया हे गुणाश्रये हे गुणमये। मय गतौ। मयते गच्छति लोकान्मया। पचाद्यचि स्त्रियां टाप्। गुर्णर्मयो गुणमया।

गुणैर्गतिमतीत्यर्थः। यद्वा हे अगुणमये अगुणं ब्रह्म मयते मया अगुणेन ब्रह्मणा मया गमनपरा अगुणमया हे अगुणमये। ब्रह्मतत्त्वेन मयमाने इत्यर्थः। गुणाश्रये गुणमयि इति पाठे तु गुणानां विकारः गुणमयी। यथायोगं हे गुणमयि। 'मयड्वैतयोर्भाषायसाम्' इत्यादिना मयट्। स्त्रियां टिदन्तत्वान्ङीप्। यद्वा गुणेभ्यो हेतुभ्य आगता गुणमयी। हे गुणमयि। 'हेतुमनुष्येभ्यः' इत्यधिकृत्य 'मयट् च' इति मयट्। यद्वा गुणाः प्रकृता उच्यन्तेऽस्यां गुणमयि देवी हे गुणमयि। 'तत्प्रकृतवचने मयट्'। यद्वा हे अगुणमयि हे नारायणि नमोस्ततु ते। नारायणस्य स्त्री नारायणी लक्ष्मीः हे लक्ष्मि नमस्तेऽस्तु। यद्वा अय्यते ईयते गम्यते प्राप्यते अयना मुक्तिः। ऋशब्दः अदितिवाची। अरोऽपत्यानि पुमांसः आरा देवाः। नशब्दो नञ्समानार्थोऽननुबन्धकः। न सन्त्यद्याप्यारा देवाः साधकत्वेन यत्र सानारा। नारा चासौ अयनी चेति नारायणी मुक्तिः। देवैरप्यद्यापि दुष्प्राप्येत्यर्थः। तत्संबुद्धौ हे नारायणि हे मुक्ते नमोऽस्तु ते ॥10॥

(4 नागोजीभट्टी) सृष्टीति। आद्यार्धेन ब्रह्मादीनां सृष्ट्यादिशक्तिः त्वमेवेत्युक्तम्। सनातनि नित्ये गुणाणां महदादीनाम् आश्रयभूते अगुणमये अविद्यमानगुणकृतविकारे ॥10॥

(5 जगच्चन्द्रचन्द्रिका) सृष्टिस्थितीति 11 ॥10॥

(6 दंशोद्धार) सृष्टीति। सृष्ट्यादीनां शक्तयो विधिहरिहररूपाः तद्भूते तद्रद्रूपे सनातनि नित्ये गुणाश्रये पुरुषरूपे गुणमये सत्त्वाद्यात्मकप्रकृतिरूपे। मयष्टित्वान् ङीषि प्राप्तेपि छान्दसत्वादायः। यद्वा डुमीञ् प्रक्षेपे। णच् मयः प्रक्षेपः। गुणानां मयोऽस्त्यस्याम्। अगुणमये निर्गुणे इति वा छेदः ॥10॥

शरणागतदीनार्तपरित्राणपरायणे।
सर्वस्यार्तिहरे देवि नारायणि नमोऽस्तु ते ॥11॥

(1 गुप्तवती) ॥11॥

(2 चतुर्धरी) शरणेति। दीना व्याध्यादिदुःखभाजः। आर्तास्तस्करादिपीडिताः। शरणागता ये दीनार्तास्तेषां पारेत्राणमेव परायणमभीष्टं यस्याः 'परायणमभीष्टे स्यात्तत्पराश्रययोरपि' इति नामशासनात् ॥11॥

(3 शान्तनवी) 'शरणं गृहरक्षित्रोः'। शरणं रक्षितारम् आगताः रक्ष रक्षेति प्रपन्नं प्राप्ताः शरणागताः स एव दीनाः आर्ताश्च दुःखिताः लोकाः तेषामापद्भ्यो

दुःखेभ्यः परित्राणं परिरक्षणं तदेव परं मुख्यमुद्दिश्यमयनं वर्त्म प्रसरणं च यस्याः सा तत्संबुद्धौ शरणागतदीनार्तपरित्राणापरायणे। सर्वस्य लोकस्य आर्तिहरे पीडादूरीकर्त्रि। 'हस्तेरनुद्यमनेच्' हे दुःखहारिणि हे भगवति हे नारायणि नारायणस्य स्त्रि हे लक्ष्मि हे वैष्णवकृते नमस्तेस्तु। यद्वा न आरायणि न मः अः तुते इति छेदः। न इति देवमाता मः शिवः अः विष्णुः द्वौ प्रतिषेधौ प्रकृतमप्रतिषिद्धमर्थं गमयतः। उर्देवमातुरपत्यानि। पुमांसः आराः ऋभवः देवाः। आय्यते ईयते अयनी आराणां देवानामयनी आराधनीया ध्यातव्या देवता आरायणी 'पूर्वपदात्संज्ञायामगः' इति णत्वं हे आरायणि त्वां मः शिवः अः विष्णुः न तुते अपितु स्तुते नौत्येव। 'मः शिवश्चन्द्रमाश्च स्यात्'। 'अकारो वासुदेवः स्यात्'। ष्टुञ् स्तुतौ लडात्मनेपदम् ॥11॥

(4 नागोजीभट्टी) शरणेति। दीनाः सर्गादिदुःखभाजः। आर्ताः तस्करादिपीडिताः। परायणस्तत्परः तदुपपादकमार्तिहरे इति नियताः। आर्तेः पीडायाः हन्त्रीत्यर्थः ॥11॥

(5 जगच्चन्द्रचन्द्रिका) शरणेति 12 ॥11॥

(6 दंशोद्धार) शरणेति। दीनाः कार्श्यादिदुःखभाजः। आर्तास्तस्करादिपीडिताः तेषां परित्राणं रक्षणमेव परायणमभीष्टमस्याः। 'परायणमभीष्टं स्यात्तत्पराश्रययोरपि' इत्यभिधानात् ॥11॥

हंसयुक्तविमानस्थे ब्रह्माणीरूपधारिणि।
कौशाम्भःक्षरिके देवि नारायणि नमोऽस्तु ते ॥12॥

(1 गुप्तवती) कौशेति। कुशं जलं तस्येदं कमण्डलुं कौशं तद्गताम्भःसेचिके ॥12॥

(2 चतुर्धरी) कुशस्येदमम्भः कौशाम्भः कुशमन्त्रितं जलं तत् क्षरतीति वुण्प्रत्ययः ॥12॥

(3 शान्तनवी) हंसैर्युक्तं विमानं देवतायानं तत्र तिष्ठेति हंसयुक्तविमानस्था तत्संबुद्धौ हे हंसयुक्तविमानस्थे। यद्वा हंसैर्यतिविशेषैः सूर्यैश्च युक्तं समाश्रितं यत् विमानं विगताहंकारं परब्रह्मतत्त्वं तत्र तिष्ठति हंसयुक्तविमानस्था हे हंसयुक्तविमानस्थे हे परब्रह्मतत्त्वस्थे। 'हंसः श्वेतगरुत्सूर्ययतिप्राणात्मसु स्मृतः'। हे ब्रह्माणीरूपधारिणि। अण शब्दार्थः।

'वेदस्तत्त्वं तपो ब्रह्म ब्रह्मा विप्रः प्रजापतिः'। ब्रह्म आणति पठति। यद्वा ब्रह्म अणयति पठ्यति ब्रह्माणी। ब्रह्मशक्तिदेवता। अणतेराण्यतेर्वा कर्मण्यणि स्त्रियां ङीप्। ब्रह्माण्याः रूपमाकृतिः तत् धरति धारयति वा ब्रह्माणीरूपधारिणी तत्संबुद्धौ हे ब्रह्माणीरूपधारिणि। रूप रूपक्रियायां चुरादिः। रूप्यते कथ्यते रूपम्। प्रातिपदिकं गृह्यतेऽत्र नतु प्रशंसायां रूपप्प्रत्ययः अन्यथा ब्राह्मणिरूपा इतिवत् घरूपकल्पसूत्रेण ह्रस्वत्वं स्यात्। हे कौशाम्भःक्षरिके। कुशो दर्भः तस्येदं कौशं कौशं च तत अम्भश्च कौशाम्भः। क्षर संचलने। क्षरणं क्षरः। घञि संज्ञापूर्वको विधिरनित्य इत्यत उपधाया वृद्ध्यभावः। यद्वा 'घञर्थे कविधानम्'। कौशाम्भसः क्षरः सेचनं कौशाम्भक्षरः तं करोति इति णिचि ण्वुल्। वोरकः स्त्रियां टाप्। 'प्रत्ययस्थात्कात्पूर्वस्यात् इदाप्यसुपः' इति इत्वम्। तत्संबुद्धौ हे कौशाम्भःक्षरिके शत्रुषु कुशोदकक्षेपण कुर्वित्यर्थः। यदुक्तम्। कमण्डलुजलाक्षेपहतीवीर्यान्हतौजसः। ब्रह्माणी चाकरोच्छत्रन्येन येन स्म धावति'। यद्वा क्षरं करोति क्षरयति क्षरिका आसेक्त्री। कौशाम्भसः क्षरिका। अणिजन्तस्येति भावः। क्षरतेस्तु ण्वुलि क्षारिका। यद्वा कौशाम्भः क्षरत्यासिञ्चति कौशाम्भःक्षरी। कर्मण्यण् ङीप्। स्वार्थे कः। 'केणः' इति ह्रस्वः। यद्वा कुशसंबन्धी अम्भसः क्षरः आयुधत्वेन यस्याः सा कौशाम्भःक्षरिका। 'शेषाद्विभाषा'इति कप्। अत्र पक्षे आप् सुपः पर इति इत्वं न भवति। ब्रह्माणीरूपमुक्तं प्राक्। 'हंसयुक्तविमानस्था साक्षसूत्रकमण्डलुः। आयाता ब्रह्मणः शक्तिर्ब्रह्माणी साभिधीयते'। हे देवि हे भगवति हे नारायणि नारायणस्य स्त्रि लक्ष्मि नमस्तेऽस्तु। यद्वा नारायणि नमोस्तुते। ना अ आ ऋ आ अयनि न मा उः स्तुते इति छेदः। ना पुरुषः। 'अकारो वासुदेवः स्यादाकारस्तु पितामहः'। ऋ इति देवमाता। ऋशुशब्दप्रयोगदर्शनात्। आ इति आङ्उपसर्गः। अयनि इति संबुद्धन्तं पदम्। न मा इति द्वौ प्रतिषेधौ। उकारस्तु महेश्वरः स्तुते इति। ष्टुञ् स्तुतौ इत्यत्र आत्मनेपदम्। अयः गतौ इण् गतौ 'कृत्यल्युटो बहुलम्' इति कर्मणि ल्युट्। आसमन्तादय्यते ईयते वा आयनी उपासनी इष्टदेवता। उर्देवमातुः आयनी 'इको यणचि'। रायनी 'पूर्वपदात्संज्ञायामगः' इति णत्वम्। तत्संबुद्धौ हे रायणि हे देवि हे देवमातुरदितेरभीष्टदेवते त्वम् आश्च ब्रह्मा अश्च विष्णुः उश्च महेश्वरः इति त्रिमूर्तिलक्षणो ना पुरुषः मा न स्तुते न स्तुते इति मा। अपि तु परां देवतां त्वां स्तौत्येव॥12॥

(4 नागोजीभट्टी) हंसेति। हंसयुक्तविमानस्थिते ब्रह्माणीरूपधारिके कुशं जलं तस्यायं कौशः कमण्डलुः तदम्भसः क्षरिके सेचिके ॥12॥

(5 जगच्चन्द्रचन्द्रिका) हंसयुक्तेति 13 ॥12॥

(6 दंशोद्धार) हंसेति। कुशस्येदं कौशम्। कुशप्रोक्षितमिति यावत्। तदम्भः क्षरति सिञ्चतीति कौशाम्भःक्षरिका ण्वुलि वृद्ध्यभाव आर्षः। यद्वा कौशाम्भसः क्षरतेः पद्याद्यच्। सैव कौशाम्भःक्षरिका। स्वार्थे कः॥12॥

त्रिशूलचन्द्राहिधरे महावृषभवाहिनि।
माहेश्वरीस्वरूपेण नारायणि नमोऽस्तु ते॥13॥

(1 गुप्तवती) ॥13॥

(2 चतुर्धरी) चन्द्रश्चन्द्रैकदेशः। अहिः सर्पः। माहेश्वरीस्वरूपेणेति पूर्वार्धेनान्वयः॥13॥

(3 शान्तनवी) 'अस्त्री शूलं रुगायुधम्'। धृञ् धारणे भ्वादिः। धरतीति धरा। पचाद्यच् त्रिशूलचन्द्राहीनां धरा। अन्यथा कर्मण्यणि आत्स्यात्। त्रिशूलं च चन्द्रश्च अहिश्च धरतीति विग्रहश्रवणात्। त्रिशूलमायुधम्। चन्द्रोऽत्रैककलात्मकः। किरीटभूषणौचित्यात्। अहयः फणिनः। द्वन्द्वे धि। बहुष्वनियमः। तत्संबुद्धौ हे त्रिशूलचन्द्राहिधरे हे महावृषभवाहिनि महान् वृषभः महावृषभेण वाहिनी वाहनवती। 'ऋन्नेभ्यो ङीप्'। यद्वा महावृषभेण वाहयति स्वं महावृषभवाहिनी। महावृषभो वाहनं यस्याः सा इति बहुव्रीहौ तु महावृषभवाहनेति स्यात। यद्वा वृषभं वाहयति वृषभवाहिनी। महती वृषभवाहिनी महावृषभवाहिनी। हे महावृषभवाहिनि। महेश्वरस्येयं शक्तिः देवता माहेश्वरी तस्याः स्वरूपमाकारः तेन ध्येयतया संभाविते हे नारायणि नमोस्तु ते। हे नारायणस्य भगवतः स्त्रि हे लक्ष्मि नमोऽस्तु। यद्वा अन चेति अन धातुः प्राणनार्थः। अननम् अनिः 'इक्कृष्यादिभ्यः' स्त्रियां 'कृदिकारदक्तिनः' इति ङीप्। अनी इः कामः एः कामस्य तद्दैवताकस्य वा बीजस्व अनी प्राणरूपायनी। कामः प्राणप्रतिष्ठात्मा। अं विष्णुं राति रक्षकत्वेन गृह्णाति अरा त्रिलोकी अरायाः त्रिलोक्याः यनी अरायणी। अरायः शराणीकृतविष्णोः त्रिलोक्याः कामः प्राणप्रतिष्ठाभूतः त्वां भगवतीम् उः शिवः ना पुरुषः शिवाख्यपुरुषः। न मा स्तुते अपितु स्तुते स्तौति जपति। द्वौ निषेधौ प्रकृतमर्थं गमयतः॥13॥

(4 नागोजीभट्टी) त्रिशूलेति। माहेश्वरीस्वरूपेणेति पूर्वार्धान्वयि ॥13 ॥

(5 जगच्चन्द्रचन्द्रिका) त्रिशूलेति 14 ॥13 ॥

(6 दंशोद्धार) त्रिशूलेति। चन्द्रश्चन्द्रैकदेशः। अहिः सर्पः। माहेश्वरीस्वरूपेणेति पूर्वार्धेनान्वेति ॥13 ॥

मयूरकुक्कुटवृते महाशक्तिधरेऽनघे।
कौमारीरूपसंस्थाने नारायणि नमोऽस्तु ते ॥ 14 ॥

(1 गुप्तवती) मयूरेति। तस्य कुक्कुटः पुत्रः पिच्छं वा 'कुक्कुटः कुक्कुभे पिच्छे पुत्रे च चरणायुधे' इति मेदिनीति बहवः। वस्तुतस्तु मयूरः कुक्कुटश्चेति द्वे अपि स्कन्दस्य तृतीयावरणस्थदेवते। तदुक्तं शिवार्चनचन्द्रिकायां सुब्रह्मण्यमनुप्रकरणे 'दलाग्रेषु च पूर्वादि यजेद्देवाननन्तरम्। देवसेनापतिं शक्तिं विघ्नं कुक्कुटमेव च। मेधां मयूरं वज्रं च द्वीपं लोकेश्वरांस्ततः' इति। स्कन्देन हतः शूरपआसुर एव मयूरः कुक्कुटश्चेति रूपद्वयं बिभ्रत्स्वामिनो वाहनं ध्वजश्चेति क्रमेणाभवदिति स्कान्दे कथा च ॥14 ॥

(2 चतुर्धरी) मयूरैः कुक्कुटैश्च वृते वेष्टिते इति पाष्ठे मयूरकुक्कुटौ धरतीति कर्तरि क्तः। अघं पापं दुःखं च तद्धीना अनघा तत्संबुद्धिः ॥14 ॥

(3 शान्तनवी) हे अनघे हे कौमारीरूपसंस्थाने अतएव महाशक्तिधरे अतएव हे मयूरकुक्कुटवृते नमोऽस्तु ते नारायणस्य भगवतः विश्वरूपस्य इयम् आकृतिः नारायणीमूर्तिः। छान्दसत्वादूवृद्धाच्छमनाश्रित्य सामान्यतोऽणेव। हे नारायणि। यद्वा नराणामयनं नारायणं धर्मार्थकाममोक्षलक्षणं तस्येयं साधिका तत्र जातावतीर्णा तत्साधयितुं वा। शैषिकोण्। नारायणी भगवती। हे नरायणि नमो नमस्तेऽस्तु। न विद्यते अघं यतः सा अनघा हे अनघे। यद्वा न विद्यते अःविष्णुः पूज्यो येषां ते अनाः दैत्याः तान् अनान् हन्ति अनघा हे अनघे। 'सप्तम्यां जनेर्डः' 'अन्येष्वपि दृश्यते' इत्यत्र अपिशब्दः सर्वोपाधिव्यभिचारार्थः। तेन धात्वन्तरापि कारकान्तरेपि डो भवति। डित्यभस्यापि टेर्लोपः। पृषोदरादित्वात् हकारस्य घत्वम्। हे विष्णुद्वेषिधातिनि हे कौमारीरूपसंस्थाने 'संस्थाधारे स्थितौ मृतौ' रूपस्य स्वरूपस्य आकारस्य संस्थितिः सम्यगवस्थानं सन्निवेशः संस्थानम्। यद्वा कौमारी षण्मुखीरूपसंस्थानं

शरीरावयवसन्निवेशविशेषो यस्याः सा कौमारीरूपसंस्थाना तत्संबुद्धौ हे कौमारीरूपसंस्थाने। अतएव हे महाशक्तिधरे महती शक्तिरायुधं महाशक्तिः धरतीति धरा महाशक्तेर्धरा महाशक्तिधरा। अन्यथा तु विग्रहे कर्मण्यण् स्यात्। महाशक्तिरतिसामर्थ्यं तस्या धरा हे मयूरकुक्कुटवृते। मीञ् हिंसायाम्। क्रयादिः। मीनात्यहीन् मयूरः। मीनातेरूरन्। 'मयूरो बर्हिणो बर्ही कुक्कुटश्चरणायुधः' कुगुच्चारणे कुक्कुटः। कुट कौटिल्ये। पचाद्यच्। मयूरा वाहनीभूताः क्रीडार्थाश्च वर्धिताः कुक्कुटाश्च युद्धचातुर्यदिदृक्षौचित्यादुपार्जिताः तैर्मयूरैः कुक्कुटैश्च वृता वेष्टिता यत इयं कौमारी। तेन बाल्योचिता कुक्कुटकुतुकक्रीडोक्ता। हे मयूरकुक्कुटक्रीडारसरते इत्यर्थः। यद्वा मयूरैः कुक्कुटैश्च वृतिरावरणं यस्याः सा तथोक्ता। क्तिन्नन्तं रूपम्। यद्वा क्रौञ्चव्यूहचक्रव्यूहादिवत् मयूरव्यूहकुक्कुटव्यूहौ च संग्रामोचिसैन्यसन्निवेशौ संविज्ञेया। यदभ्यधुः। 'व्यूहस्तु बलविन्यासो भेददण्डादयो युधि'। 'दण्डो मण्डलभोगौ चाप्युत्सन्नश्चाबलो दृढः। व्यूहस्तेषां विशेषाः स्युश्चक्रव्यूहादयोऽपि च' इति। तत्रादिग्रहणादिष्टाः क्रौञ्चस्य कार्श्येन मयूरकुक्कुटकूर्मकुररादयो व्यूहा ग्राह्याः। ततश्च मयूरव्यूहकुक्कुटव्यूहौ ताभ्यां वृता वेष्टिता परिवारिता कौमारी हे मयूरकुक्कुटव्यूहवृते इत्यर्थः। यद्वा वाहनीभूतत्वान्मयूरैः कौमारी वृता परिवेष्टिता अथ चेयं कुक्कुटाख्यालंकारैरावृतत्वात्कुक्कुटवृता। कुक्कुटाख्यस्वर्णभूषणभूषि-तेत्यर्थः। दयभ्यधुः। 'कुक्कुटस्ताम्रचूडेति भूषायामपि दृश्यते'। यद्वा मयूराः कुक्कुटा इव चित्रपुच्छविवर्जिताः मयूरकुक्कुटास्तैरावृता। दयभ्यधुः। 'आरक्तनेत्रपिच्छाग्रो मयूरः कुक्कुटः स्मृतः। वर्हेण वर्जिता बर्ही यः स मयूरकुक्कुटः' इति यादवप्रकाशः। कुमारः पुमान् मयूरमारोहति कौमारी तु मयूरीमारुह्यतीति भावः। यद्वा मा लक्ष्मीः आः पितामहः इः कामः उः शिव। उस्त्राता रक्षको विष्णुः रोऽग्निः तैरावृता परिवेष्टिता मयूरवृता अथच सा कुक्कुटवृता कुक वृक आदाने भ्वादिरात्मनेपदी। ततः कर्तरि क्विप्। कोकन्ते कौमार्याः आज्ञामाददते गृह्णन्ति। दैत्यैः सह संग्रामयितुं कुंकि देवसैन्यानि तान्येव कुटन्ति कुटिलगतीनि भवन्ती वक्रबुद्धीनि दैत्यैः सह निरुद्धबुद्धीनि भवन्तीति कुटानि। पचाशच्। ततः कर्मधारयः। कुंकि च तानि कुटानि च कुक्कुटानि देवसैन्यानि तैरावृता परिवेष्टिता इति सिद्धं मयूरकुक्कुटवृते इति ॥14॥

(4 नागोजीभट्टी) मयूरेति। मयूरकुक्कुटं तत्पिच्छं तेन वृते कुक्कुटैः ककुभेऽपि ध्वजेन शिखिबर्हाणामुच्छ्रितेन समावृतेति हरिवंशोक्तेः। अनघे अघरहिते कुमारशक्तेरिव रूपं संस्थानाम् अवयवसन्निवेशश्च यस्याः ॥14 ॥

(5 जगच्चन्द्रचन्द्रिका) मयूरेति 15 ॥14 ॥

(6 दंशोद्धार) मयूरेति। धृते इति पाठे मयूरकुक्कुटयोर्धृतं धारणामस्याः ॥14 ॥

शङ्खचक्रगदाशार्ङ्गगृहीतपरमायुधे।
प्रसीद वैष्णवीरूपे नारायणि नमोऽस्तु ते ॥15 ॥

(1 गुप्तवती) शङ्खचक्रादिभिः सह गृहीतपरमायुधे शङ्खबाणरूपे यया सा ॥15 ॥

(2 चतुर्धरी) शङ्खादीनि गृहीतानि परमायुधानि च यया। विविधायुधे इति पाठः ॥15 ॥

(3 शान्तनवी) गृहीतविविधायुधे इति क्वचित्पाठः। हे वैष्णवीरूपे अतएव हे शङ्खचक्रगदाशार्ङ्गगृहीतपरमायुषे हे नारायणि हे देवि प्रसन्ना भव। हे नारायणि नमोऽस्तु ते। शङ्खश्च चक्रं गदा च शार्ङ्गं च धनुः। सेनाङ्गत्वादेकवद्भावः। शङ्खचक्रगदाशार्ङ्गं तेन हेतुना गृहीतानि परमाण्यायुधानि शङ्खादीनि यया सा तथोक्ता तत्संबुद्धौ हे शङ्खचक्रगदाशार्ङ्गगृहीतपरमायुधे। विष्णोरियं शक्तिर्देवतां वैष्णवी जगदवनपरप्रार्दुर्भावात्तस्या इव रूपमाकृतिर्यस्याः सा तथोक्ता हे वैष्णवीरूपे। यद्वा वैष्णव्येव शक्तिः रूपं यस्याः सा तथोक्ता हे वैष्णवीरूपे हे नारायणि। आय्यते ईयते वा अयनी मुक्तिः नराणामयनी न रायणी नरायण्या मुक्तेरियं कारणीभूता नारायणी ब्रह्मविद्या 'ज्ञानादेव तु कैवल्यम्' इति सिद्धान्ततः। तत्संबुद्धौ हे नारायणि हे ब्रह्मविद्ये हे उपनिषदुत्थितब्रह्मगोचरज्ञानरूपे प्रसीद प्रसन्ना भव। नमश्च ते तुभ्यमस्तु ॥15 ॥

(4 नागोजीभट्टी) शङ्खेति शङ्खादीनि गृहीतानि परमायुधानि यया ॥15 ॥

(5 जगच्चन्द्रचन्द्रिका) शङ्खचक्रेति 16 ॥15 ॥

(6 दंशोद्धार) ॥15 ॥

गृहीतोग्रमहाचक्रे दंष्ट्रोद्धृतवसुन्धरे।
वराहरूपिणी शिवे नारायणि नमोऽस्तु ते॥16॥

(1 गुप्तवती) ॥16॥

(2 चतुर्धरी) उग्रदंष्ट्रया उद्धृता वसुन्धरा यया सा वराहरूपिणी शिवे नमोऽस्तु ते॥16॥

(3 शान्तनवी) गृहीतमुपात्तम् उग्रं रौद्रं महत चक्रं वैष्णवायुधं यया सा तथोक्ता तत्संबुद्धौ हे गृहीतोग्रमहाचक्रदंष्ट्रया उद्धृता वसुन्धरा भूमिर्यया सा तथोक्ता तत्संबुद्धौ हे दंष्ट्रोद्धृतवसुन्धरे। वराहस्य भगवतो विश्वरूपस्य विष्णोः रूपमाकृतिः तद्वति वराहरूपिणी। यद्वा रूप रूपक्रियायां चुरादिः। वराहं रूपं यस्याः कृत्यात्मनः वराहरूपिणी। वराहस्त्रहशरूपाहमिति दर्शयतीत्यर्थः। 'सत्यापपाश' इति सूत्रेण रूपाद्दर्शने णिच्। वराहमेवात्मनो रूपं पश्यति वराहरूपिणी तत्संबुद्धौ हे वराहरूपिणी हे शिवे हे सर्वमङ्गले हे नारायणि नराणामयं नारस्त्रिवर्गः धर्मार्थकामस्तोमलक्षणः नारस्य त्रिवर्गस्य अयनी प्राप्त्युपयोगदेशिनी सर्वजननी भगवती नारायणी हे नारायणि नमस्ते तुभ्यमस्तु। दशन्ति यया दंष्ट्रा 'दाम्नीशस' इत्यादिना दशतेः करणे ष्ट्रन्। षिल्लक्षणे ङीष् अनित्यः। तेन स्त्रियां टाप्॥16॥

(4 नागोजीभट्टी) ॥16॥

(5 जगच्चन्द्रचन्द्रिका) गृहीतोग्रेति 17 ॥16॥

(6 दंशोद्धार) ॥16॥

नृसिंहरूपेणोग्रेण हन्तुं दैत्यान्कृतोद्यमे।
त्रैलोक्यत्राणसहिते नारायणि नमोऽस्तु ते॥17॥

(1 गुप्तवती) ॥17॥

(2 चतुर्धरी) कृत उद्यम उद्योगो यया। त्राति त्राणम्। हितेन सह वर्तत इति सहिता त्रैलोक्यत्राणसहिता चति विग्रहः॥17॥

(3 शान्तनवी) उग्रेण रौद्रेण नृसिंहरूपेण नृसिंहस्य भगवतो रूपेण दैत्यान् हन्तु कृतोद्यमे कृतः उद्यमो यया सा हे रचितोद्योगे त्रैलोक्यत्राणसहिते लोकत्रयस्य त्राणेन सहिते पूजिते। यद्वा त्रैलोक्यत्राणसहिते लोकत्रयत्राणदत्तावधाने

लोकपरिपालनोद्योगयुक्ते हे नारायणि नमस्ते तुभ्यमस्तु। अय गतौ। इण् गतौ। अप्यते ईयते वा अयनं चतुर्भद्रं नराणां प्राप्तव्यमयनम्। कर्मणि ल्युट्। नरायणस्य चतुर्भद्रास्येयं प्रापयित्री साधयित्री भगवती परदेवता नारायणीत्युच्यते। हे नारायणि नमोऽस्तु ते। 'त्रिवर्गो धर्मकामार्थैश्चतुर्वर्गः समोक्षकैः। सबलैश्तैश्चतुर्भुद्रं' चतुर्णां भद्राणां समाहारश्चतुर्भद्रं तैः धर्मकामार्थैः सबलैः कृत्वा चतुर्भद्रम् 'आहुश्चत्वारि भद्राणि बलं धर्मः सुखं धनम्' ॥17॥

(4 नागोजीभट्टी) नृसिंहेति त्रैलोक्यत्राणाय सम्यक्हिते ॥17॥

(5 जगच्चन्द्रचन्द्रिका) नृसिंहरूपेणेति 18 ॥17॥

(6 दंशोद्धार) नृसिंहेति। हितेन सह वर्तमाना सहिता त्रैलोक्यत्राणं चासौ सहितेति विग्रहः। त्रैलोक्यत्राणेन सहिते इति वा ॥17॥

किरीटिनि महावज्रे सहस्रनयनोज्ज्वले।
वृत्रप्राणहरे चैन्द्रि नारायणि नमोऽस्तु ते ॥18॥

(1 गुप्तवती) ॥18॥

(2 चतुर्धरी) महान्वज्रो यस्याः। वृत्रो विश्वकर्मणोऽपत्यम् ॥18॥

(3 शान्तनवी) किरीट मुकुटं यस्याः सा किरीटिनि हे किरीटिनि महत वज्रमायुधं यस्याः सा महावज्रा महाहीरा च हे महावज्रे। 'वज्रोऽस्त्री हीरके पवौ'। किरीटिनी महत् वज्रमायुधं यस्याः सा महावज्रा सहस्रं नयनानि समाहृतानि सहस्रनयनम्। पात्रादित्वादस्त्रीत्वान्ङीप् न भवति। तेन उज्ज्वलति प्रकाशते सहस्रनयनोज्ज्वले। यद्वा सहस्रनयने ज्वले इति छेदः सहस्रं नयनानि यस्याः सा सहस्रनयना हे सहस्रनयने। ज्वलति ज्वला पचाद्यच् हे ज्वला। यद्वा सहस्रनयना चासावुज्ज्वला चेति कर्मधारयः। हे सहस्रनयनोज्ज्वले। अनुपसर्गादेव ज्वलितकसन्तेभ्यो णस्तु वा। तेन णेन मुक्ते। सोपसर्गादनुप सर्गाच्च ज्वलतेः पचाद्यच् भवत्येव। हे वृत्रप्राणहरे। वृत्रो नाम कश्चिदसुरः तस्य प्राणाः तान् हरतीति वृत्रप्राणहरा। 'हरतेरनुद्यमनेच्' टाप्। तत्संबुद्धिः हे वृत्रप्राणहरे। चकार उक्तमनुक्तं च समुच्चिनोति। इन्द्रस्येयमैन्द्री शक्तिर्देवता। हे ऐन्द्रि हे नारायणि नमस्ते तुभ्यमस्तु। नृ नये। नृणन्ति विधयः स्वर्गं नयन्ति लम्भयन्ति पुरुषानेभिरिति नराकृतयः।

सुदुरोरधिकरणे अप्। अय्यन्ते ईयन्ते वा श्रुतयोऽनयेति करणे ल्युट्। अयनी श्रुतिर्वेदत्रयी। तस्या इयमधिकरणभूता अकाराद्यक्षरमयी मातृका या वंमन्त्रमयी सा भगवती नारायणी तत्संबुद्धौ हे नारायणि नमस्ते तुभ्यमस्तु ॥18 ॥

(4 नागोजीभट्टी) महावज्रे महत् वज्रं यस्याः ॥18 ॥

(5 जगच्चन्द्रचन्द्रिका) किरीटिनीति 19 ॥18 ॥

(6 दंशोद्धार) ॥18 ॥

शिवदूतीस्वरूपेण हतदैत्यमहाबले।
घोररूपे महारावे नारायणि नमोऽस्तु ते ॥ 19 ॥

(1 गुप्तवती) ॥19 ॥

(2 चतुर्धरी) हतं दैत्यानां महाबलं यया ॥19 ॥

(3 शान्तनवी) चण्डिकाशरीराद्विनिर्गता या शक्तिर्देवता सा शिवदूतीनाम देवता दूतं करोति दूतयति। 'तत्करोति तदाचष्टे' इति णिच्। दूती इति णिजन्तो धातुः। शिवं दूतयति संदेशहरं करोतीति शिवदूती। कर्मण्यणि स्त्रियां ङीप्। शिवदूती इति स्वरूपं तेन शिवदूतीस्वरूपेण। यद्वा शिवदूत्याः स्वरूपं स्वभावः तेन साधनेन। हे हतदैत्ये हताः दैत्या यया सा हतदैत्या। हे हतदैत्ये। महद्बलं सामर्थ्यं सैन्यं च यस्याः सा महाबला हे महाबले। 'स्थौल्यसामर्थ्यसैन्येषु बलं जा काकसीरिणोः'। यद्वा महान् बलिरूपहारः पूजोपकरणं यस्याः सा महाबला तत्संबुद्धो हे महाबले। 'करोपहारयोः पुंसि बलिः प्राण्यङ्गजे स्त्रियाम्। घोरं भयानकं रूपमाकारो यस्याः सा तथोक्ता। हे घोररूपे। महान् आरावः शब्दो यस्याः सा महाराव श्रृगालपरिवारत्वान्महाध्वनिः हे महारावे हे नारायणि। अन प्राणने। अननम् अनिः। स्त्रियाम् 'इवकृष्यादिभ्यः' कृदिकारादक्तिनो वा ङीप्। अनि इर्लक्ष्मीः तस्याः अनी यनी अः विष्णुः तेन सहिता यनी अयनी नराणां यनी नरायणी नरायण्याः इयमधिदेवता अधिष्ठात्री नारायणी हे नारायणि नमस्ते तुभ्यमस्तु ॥19 ॥

(4 नागोजीभट्टी) शिवेति। हतं दैत्यानां महाबलं यया सा ॥19॥

(5 जगच्चन्द्रचन्द्रिका) शिवदूतीति 20 ॥19॥

(6 दंशोद्धार) ॥19॥

दंष्ट्राकरालवदने शिरोमालाविभूषणे।
चामुण्डे मुण्डमथने नारायणि नमोऽस्तु ते ॥20॥

(1 गुप्तवती) ॥20॥

(2 चतुर्धरी) ॥20॥

(3 शान्तनवी) दंष्ट्राभिः करालं दन्तुरं तुङ्गं भयंकरं च वदनं यस्याः सा तथोक्ता। हे शिरोमालाविभूषणे। मुण्डं दैत्यं मथ्नाति मुण्डमथना। मथे विलोडने। नन्द्यादित्वाल्ल्युः। यद्वा कर्तरि बहुलं ल्युट्। बाहुलकात् ङीबभावः। योगविभागादिष्टसिद्धिरिति तत्संबोधनं हे मुण्डमथने हे चामुण्डे हे कालि हे नारायणि नमोऽस्तुते। नॄ नये। नयो नीतिः नृणन्ति नराः। पचाद्यच्। नयवर्तिनः क्रतुभुजो देवाः तेषामयनी वाञ्छितार्थकरी गतिः नारायणी भगवती हे नारायणि ॥20॥

(4 नागोजीभट्टी) ॥20॥

(5 जगच्चन्द्रचन्द्रिका) दंष्ट्राकरालेति ॥21 ॥20॥

(6 दंशोद्धार) ॥20॥

लक्ष्मि लज्जे महाविद्ये श्रद्धे पु[1]ष्टि स्वधे ध्रुवे।
महारात्रि[2] महामाये[3] नारायणि नमोऽस्तु ते ॥21॥

(1 गुप्तवती) ॥21॥

(2 चतुर्धरी) लक्ष्मीति ह्रस्वपाठे बहुसंमतः केचित्तु लक्ष्मीति पठित्वा संबुद्धावपि औणादिकप्रत्ययान्ततया सिलोपह्रस्वत्वयोरभावं समर्थयन्ति। महद्ब्रह्म तत्प्राप्तिहेतुर्विद्या महाविद्या। उपनिषद्रूपेति यावत्। स्वधा पितृहविर्दानमन्त्रः तस्याः संबुद्धौ ध्रुवे स्थिरे। महती रात्रिर्महारात्रिः द्विपरार्धावसानजा। महाप्रलयरूपेत्यर्थः। महती विद्या महती अविद्या सा च

---

1. पुष्टे।
2. रात्रे।
3. महाऽविद्ये, इत्यपि पाठः।

नित्याशुचिदु:खानि नित्याशुचिगुणसुखानुख्याति: दु:खात्मख्याति:। महत्त्वं चास्या: सर्वावरणसामर्थ्यम् ॥21 ॥

(3 शान्तनवी) नृ नये पचाद्यच्। नृणन्ति नरा:। नराणामयनी वृत्ति: नारायणी। तस्या: इयं साधिका धनादिरूपा अधिदेवता च नारायणी हे नारायणि हे लक्ष्मि नमोऽस्तु ते। हे नारायणि हे लज्जे नमोऽस्तु। हे नारायणि हे महाविद्ये महति विद्ये परमात्मगोचरज्ञानरूपे नमोऽस्तु ते। हे नारायणि हे श्रद्धे आस्तिक्यबुद्धिस्वभावे नमोऽस्ते ते। हे नारायणि हे पुष्टे शरीराद्यवयवोपचयरूपे नमोऽस्ततु ते। हे नारायणि हे स्वधे पितृतप्तिस्वरूपे नमोऽस्ते ते। हे नारायणि हे ध्रुवे हे शाश्वति हे ब्रह्मरूपे नमोऽस्तु ते। हे नारायणि हे महारात्रे हे महति रात्रे हिरण्यगर्भावसानकालरूपे नमोऽस्ते ते। यद्वा महती रात्रि: हे हिरण्यगर्भोदयकालरूपे नमोऽस्तु ते। यद्वा हे महारात्रे अनल्पतमोधिकरणरूपे। यद्वा महारात्रिरिति सर्वप्राणिमोहकरी देव्येवोच्यते। अतएव हे महामाये हे महति माये सर्वजगत्कारणीभूते। यद्वा हे महति अमाये हे नारायणी नमोऽस्ते ते। महारात्रि इति पाठे तु 'रात्रेश्चाजसौ' इति संज्ञायां ङीप्। छन्दस्येव। तिमिरपटलैरवगुण्ठिता रात्र्य इति तु जसन्त: प्रयोगो बाह्वादौ कृदिकारादक्तिनो वा ङीष् वक्तव्य इति ज्ञेय:। उणादावदेस्त्रिन् अत्रि: मुनि:। बाहुलकात् रात्रेरपि त्रिन्। रात्रि: रात्री च राति सुखं रात्रि: ॥21 ॥

(4 नागोजीभट्टी) हे लक्ष्मि महाविद्या उपनिशत्। श्रद्धा आस्तिक्यबुद्धि:। पुष्टिसहिते स्वधे महती अविद्या सर्वावरणसमर्थो महामोह: तद्रूपे ॥21 ॥

(5 जगच्चन्द्रचन्द्रिका) लक्ष्मि लज्जेति 22 ॥21 ॥

(6 दंशोद्धार) लक्ष्मीति। महती ब्रह्मप्रापिका विद्या उपनिषद्रूपा महारात्रि: कल्पान्ते प्रलयात्मिका महती ब्रह्मादिमोहिका अविद्या च ॥21 ॥

मेधे सरस्वति वरे भूति बाभ्रवि तामसि।
नियते त्वं प्रसीदेशे नारायणि नमोऽस्तु ते ॥22 ॥

(1 गुप्तवती) भूतिबाभ्रवीत्येकं पदम्। 'बभ्रुस्तु नकुले विष्णौ' इत्यमर:। बभ्रू रजोगुण इति केचित् ॥22 ॥

(2 चतुर्धरी) मेधा बहुग्रन्थधारणशक्ति:। सरस्वती वाग्देवता। वरे श्रेष्ठे भूति: सत्त्वम्। कारणे कार्योपचारात् तद्योगाद्भूति: सात्त्विकी तस्या:।

बाभ्रवीति बभुशब्देनात्र रजोगुणो विवक्ष्यते। तद्योगाद्बाभ्रवी राजसीत्यर्थः। तस्याः संबुद्धौ। तामसी तमोगुणवती तस्याः संबुद्धौ अथवा भूतिरुत्तरोत्तरसंपत्तिः बाभ्रवी बभ्रुवंशभवा या देवीत्यर्थः। अन्य आह भूतिर्देवयोनिः बाभ्रवी वैष्णवी 'विपुले नकुले विष्णौ बभ्रुर्ना कपिले त्रिषु' इत्यभिधानात्। तामसी निद्रा पुष्टिर्भूतीति छान्दसत्वादेकत्वाभावः। नियते निश्चये दीक्षेति यावत्। प्राचीनं कर्म अवश्यंभावो वा तस्याः संबुद्धौ ॥32॥

(3 शान्तनवी) हे नारायणि हे मेधे नमोऽस्तु ते। 'धीर्धारणावती। मेधा'। अण शब्दार्थः। अण्यन्ते कथ्यन्ते अणिः मेधादिः। 'इक्कृष्यादिभ्यः' कृदिकारादक्तिनो वा ङीष्। अणी मेधादिः ई इत्यस्याः लक्ष्म्याः अणी मेधादिः यणी नराणां समूहो नारं नारेण आसमन्तात् श्रिता यणी नारायणी हेनारायणि हे मेधे हे धारणारूपे हे भूते अतीते। यद्वा 'भूतिर्भस्मनि संपदि' भूतिर्जन्मं च। हे नारायणि हे संपद्रूपे ऐश्वर्यादिरूपे नमोऽस्तु ते। हे नारायणि हे बाभ्रवि बिभर्ति बभ्रुः विष्णुः तस्येय भगिनी बाभ्रवी वैष्णवी हे बाभ्रवि नमोऽस्तु ते। 'विपुले नकुले विष्णौ बभुर्ना कपिले त्रिषु'। हे तामसि हे तमोगुणसंबन्धिनि हे जगत्संहारकारिणि हे नारायणी नमोऽस्तु ते। नितरां यता नियता हे नियते। यद्वा 'दैवं दिष्टं भागधेयं भाग्यं स्त्री नियतिर्विधिः'। हे नियते हे नारायणि नमोऽस्तु ते। हे ईशे हे स्वामिनि त्वं प्रसीद। हे ईशे हे नारायणी नमोऽस्तु ते। ईष्टे ईशा। पचाद्यच् ॥22॥

(4 नागोजीभट्टी) मेधे इति। मेधा धारणावती बुद्धिः। सरस्वती वादेवता। वरे श्रेष्ठे। भूतिः सत्त्वप्रधाना। छान्दसो गुणाभावः। अनेने सात्त्विकीत्वम्। बभ्रू रजोगुणः तद्युक्तेः। तामसि तमोगुणयुक्ते। इदं मूलशक्त्यभिप्रायेण निवतिरुक्ता। तद्रूपे ईशे समर्थे ॥22॥

(5 जगच्चन्द्रचन्द्रिका) मेधे सरस्वतीति 23 ॥22॥

(6 दंशोद्धार) मेधे इति। मेधा बहुग्रन्थधारणाशक्तिः। सरस्वती वाग्देवता। वरे श्रेष्ठे। भूतिः संपत्तिः। वभ्रुविर्ष्णुः 'बभ्रुर्ना कपिले विष्णौ बभ्रू नकुलपिङ्गलौ' इति विश्वः। तस्येयं बाभ्रवी शक्तिः सा चासौ भूतिबाभ्रवी तत्संबुद्धिरिति समस्तं पदम्। पृथक्पदत्वे भूति इति स्यात्। यद्वा बभ्रुर्यादवः तद्वंशभवत्वाद्बाभ्रवी यादवीत्यर्थः। यद्वा भूतिः सात्त्विकी बाभ्रवी राजसी। बभ्रुशब्दस्य पिङ्गलार्थत्वात्। रजसश्च पिङ्गलत्वात् तामसी चेति गुणत्रयात्मिके इत्यर्थः। आद्यपक्षे तामसि निद्रारूपे। नियतिर्दैवं तद्रूपे नियता नित्या तत्संबुद्धिर्वा ॥22॥

सर्वस्वरूपे सर्वेशे सर्वशक्तिसमन्विते।
भयेभ्यस्त्राहि नो देवि दुर्गे देवि नमोऽस्तु ते ॥23 ॥

(1 गुप्तवती) भयेभ्य इति दुर्गे इति च वाक्यभेदेन देवीति संबुद्धिद्वयम् ॥23 ॥

(2 चतुर्धरी) ॥23 ॥

(3 शान्तनवी)

सर्वतः[1] पाणिपादान्ते सर्वतोक्षिशिरोमुखे।

सर्वतःश्रवणघ्राणे नारायणि नमोऽस्तु ते ॥24 ॥

'अन्तो नाशे स्वरूपे च निश्चयेऽवयवेऽवधौ। समीपेऽवसितौ बन्धे यमे मृत्यावनेहसि'। सर्वतः सर्वत्र पाणिपादम् अन्तोऽवयवो यस्याः सा तथोक्ता। हे सर्वतः पाणिपादान्ते। पाणयश्च पादाश्च पाणिपादम्। प्राण्यङ्गत्वादेवद्भावः। सर्वतःपाणिपादान्त्रे इति तु पाठे सर्वतः पाणयश्च पादाश्च अन्त्राणि च पुरीतत्संज्ञानि प्राणसूत्राणि यस्याः सा तथोक्ता। हे तथोक्ते नारायणि प्राणिरूपे तुभ्यम् नमोस्तु ते। अयन्ते यन्ति वा अनया ज्ञानविशेष इति अयनी पाणिपादाद्युपचितिः। नराणामयनी नरायणी। नरायण्या इध्मधिदेवता नारायणी। हे नारायणि नमोस्तु ते। तथा सर्वतः श्रवणानि श्रोत्राणि घ्राणानि च गन्धग्राहीणि यस्याः सा तथोक्ता। हे तथोक्ते हे नारायणि हे देवि नमोऽस्तु ते। अनेन देव्याः सर्वपाणिरूपतामुक्त्वा स्थावरजङ्गमात्मकविश्वरूपतमाह। सर्वजगत्त्रयं स्वरूपं यस्याः सा तथोक्ता। हे तथोक्ते हे सर्वस्वरूपे। यद्वा सर्वसु अरूपं अस्याः सा तथोक्ता। हे तथोक्ते। ईष्टे ईशा पचाद्यच्। सर्वस्य ईशा स्वामिनी हे सर्वेशे। सर्वशक्तयः सामर्थ्यलक्षणा ब्रह्मादिशक्तिलक्षणाश्च ताभिः समन्विता तत्संबुद्धौ हे सर्वशक्तिसमन्विते हे देवि हे भगवति त्वं भयेभ्यः नः देवान् त्राहि त्रायस्व। त्रैङ् पालने छान्दसं परस्मैपदम्। यद्वा त्रायते त्राः क्विपि रूपम्। त्राः इवाचर त्राहि रक्षकेवाचर। सर्वप्रातिवदिकेभ्यः क्विवाचारे वा। यद्वा त्राहीति विभक्तिप्रतिपकमव्ययम्। हे दुर्गे हे देवि नमस्ते तुभ्यमस्तु। भिन्नवाक्यस्थत्वात् देवीपदद्वयं पौनरुक्त्येन न दुष्यति ॥23 ॥

---

1. इदं पद्यं केवलं शान्तव्यामेव दृश्यते नान्यासु टीकास्वित्यस्य न मध्ये निवेशः कृतः।

(4 नागोजीभट्टी) सर्वेति। देवीत्यस्य द्विरुक्तिः प्रसादने। त्राहीत्यार्षम् ॥23 ॥

(5 जगच्चन्द्रचन्द्रिका) सर्वस्वरूप इति 24 ॥23 ॥

(6 दंशोद्धार) सर्वस्वरूप इति। देविदेवीति प्रसादने द्विरुक्तिः ॥23 ॥

एतत्ते वदनं सौम्यं लोचनत्रयभूषितम्।
पातु नः सर्वभू[1]तेभ्यः कात्यायनि नमोऽस्तु ते ॥24 ॥

(1 गुप्तवती) ॥24 ॥

(2 चतुर्धरी) ॥24 ॥

(3 शान्तनवी) हे देवि हे चण्डिके एतत् प्रत्यक्षसिद्धं ते देव्या मुखं वदनं सौम्यं सुन्दरं लोचनत्रयेण सोमसूर्याग्निमयेन भूषितम् अलंकृत कर्तृ नः अस्मान् देवान् सर्वभीतिभ्यः समस्तेभ्यो भयेभ्यः कालत्रयसंभविभ्यः। यद्वा इति तोप्योषध्यभावादन्नाभावाद्यज्ञभागाभावाद्यज्ञभागभुजां भयाभावः प्रार्थनीयः। कात्यायनीति कृतः कश्चिदृष्टिः तस्यापत्यं स्त्रीति गर्गादियञन्तात् कात्यृशब्दात्। 'यञश्च' 'प्राचां ष्फ तद्धितः' इत्यधिकृत्य 'सर्वत्र लोहितादिकतन्तेभ्यः' इति स्त्रियां ष्फः फस्यायनादेशः षित्त्वात् ङीष् कात्यायनी। यद्वा कश्च ब्रह्मा अश्च विष्णुः तावततः सततं यथाक्रमं गच्छतः प्राप्नुतः इति कात्यौ सरस्वती च रमा च। कर्मण्यण्। वाणीरमयोरासमन्तात् अयनी परमा गतिः परमाधिष्ठानशक्तिरधिदेवता कात्यायनी 'सौम्यं स्यात्सुन्दरे सोमदेवताके बुधे ग्रहे' ॥24 ॥

(4 नागोजीभट्टी) सर्वभूतेभ्यः सर्वभूतविकारेभ्यः प्राणिभ्यश्च। कात्यायनि तदाश्रमभवे ॥24 ॥

(5 जगच्चन्द्रचन्द्रिका) एतत्ते वदनमिति 25 ॥24 ॥

(6 दंशोद्धार) ॥24 ॥

ज्वालाकरालमत्युग्रमशेषासुरसूदनम्।
त्रिशूलं पातु नो भीतेर्भद्रकालि नमोऽस्तु ते ॥25 ॥

(1 गुप्तवती) ॥25 ॥

---

1. सर्वभीतिभ्यः, इत्यपि पाठः।

(2 चतुर्धरी) कात्यायनि कात्यायनाश्रमभवे। भीतेर्भयात्। नोऽस्मान् ॥25॥

(3 शान्तनवी) भद्रा च सा काली च भद्रकाली हे भद्रकालि हे चण्डिके ज्वालाभिः करालं तुङ्गं ज्वालाकरालं 'करालो दन्तुरे तुङ्गे' अत्युग्रम् अतिरौद्रम् अशेषाणाम् असुराणां सूदन हिंसकं ते तव त्रिशूलामायुधं कर्तृ। नोऽस्मान्देवान् भीतेर्भयात् पातु रक्षतु। हे भद्रकालि हे चण्डिके हे देवि नमस्ते तुभ्यमस्तु। ज्वलति ज्वाला। ज्वचलितिकसन्तेभ्यो णो वा। तेन मुक्ते पचाद्यच्। ज्वलः 'वह्नेर्द्वयोर्ज्वालकीलौ'। स्त्रियां टाप्। 'अस्त्री शूलं रुगायुधम्'। सूदन इति षूद क्षरणे हिंसायां च अनुदात्तेत्। सूदते हिनस्ति सूदनम्। नन्द्यादित्वाल्ल्युः। अन्यथा 'अनुदात्तेत्तश्च हलादेः' इति प्राप्तस्य युचः 'सूक्ष्दीपदीक्षश्च' इति प्रतिषेधात्सूदकम् इति स्यात् ॥25॥

(4 नागोजीभट्टी) ज्वालेति। नोऽस्मान्भीतेर्भयात् ॥25॥

(5 जगच्चन्द्रचन्द्रिका) ज्वालाकरालमिति 26 ॥25॥

(6 दंशोद्धार) ॥25॥

हिनस्ति दैत्यतेजांसि स्वनेनापूर्य या जगत्।
सा घण्टा पातुनो देवि पापेभ्योऽनः सुतानिव ॥26॥

(1 गुप्तवती) अनः सुतानिव। प्राणवाननः। मातृपरोप्यनःशब्दोस्तीति कश्चित् ॥26॥

(2 चतुर्धरी) पापेभ्यः प्रतिकूलेभ्यः। अनः प्राणी। अनः शकटः। सुतान्पोतान् पाति पापेभ्यः दुष्टेभ्यः तेन पिहितत्वात्। यद्वा नः सुतान् दुष्टुसुतानिवेत्यर्थः। णस कौटिल्ये कर्तरि क्विप् ॥26॥

(3 शान्तनवी) हे देवि या तावकी घण्टा कर्त्री स्वनेन नादेन साधनेन जगत् कर्म। लोकत्रयीम् आपूर्य पूरयित्वा दत्यतेजांसि हिनस्ति नाशयति सा तावकी घण्टा अस्मान्देवान् पापेभ्यो दुरितेभ्यः दैत्येभ्यश्च पातु रक्षतु। किं केभ्यः कानिव। जगत् कर्तृ लोकः अनः सुतानिव अनोभ्यः शकटेभ्यः सुतानिव। अत्र छान्दसत्वेन पुराणप्रयोगस्य अनस्शब्दात्पञ्चमीबहुवचनं भ्यस्। तस्य 'सुपां सुलक्' इत्यादिना लुक्। यथा लोकः अनोभ्यः शकटेभ्यः सुतान्पुत्रान्पाति तथा च घण्टा शब्दायमाना सती नोऽस्मान्सुतानिव पात्वित्यर्थः। यद्वा पापेभ्यो

नः सुतानिव 'जनन्यां शकटेप्यनः'। 'जनके शकटे अनः'। यथा अनः माता पिता च स्वान्सुतान्पापेभ्यो दुरितेभ्यः पाति निवारयति रक्षति तथा सा घण्टा नः अस्मान्मातेव पातु सुतानिव वा पात्त्वित्यर्थः। यद्वा अन प्राणने पचाद्यच्। अनिति अनः। यथा अनः प्राणी सुतान् स्वकीयान्पुत्रान्पापेभ्यः कष्टेभ्यः पाति रक्षति परिरक्षति तथा नः अस्मान्देवान् सा घण्टा पातु रक्षत्वित्यर्थः। पापेभ्यः स्वसुतानिवेति पाठे यथा लोकः पापेभ्यः स्वसुतान्पाति तथा सा घण्टाः न अस्मान्देवान्पात्वित्यर्थः। 'क्लीबेऽनः शकटोऽस्त्री स्यात्' ॥26॥

(4 नागोजीभट्टी) हिनस्तीति। अनः प्राणिर्माता वा सुतानिव नोऽस्मान्पापेभ्यः पात्वित्यर्थः। अनितेपचाद्यच् ॥26॥

(5 जगच्चन्द्रचन्द्रिका) हिनस्तीति 27 ॥26॥

(6 दंशोद्धार) हिनस्तीति। अनः माता सुतामिव घण्टा नः पापेभ्यः प्रतिकूलेभ्यः पात्वित्यन्वयः। 'अनः क्लीबं जले शोके मातृस्यन्दनयोर्द्वयोः' इति स्मररुद्रौ। यद्वा नः सुतानिति समस्तं पदम्। णस कौटिल्ये कर्तरि क्विप्। नसः दुष्टान्सुतानिव नोऽस्मानित्यर्थः ॥26॥

असुरासृग्वसापङ्कचर्चितस्ते करोज्ज्वलः।
शुभाय खड्गो भवतु चण्डिके त्वां नता वयम् ॥27॥

(1 गुप्तवती) ॥27॥

(2 चतुर्धरी) असृक् रुधिरं वसा भेदः असृग्वसे पङ्के इव तेन चर्चितो लिप्तः। करं हस्तमुज्ज्वलयतीति करोज्ज्वलः ॥27॥

(3 शान्तनवी) हे चण्डिके हे देवि असुराणाम् असृक् रुधिरं वसा मेदः। तद्रूपः पङ्कः तेन चर्चितः व्याप्तः ते तव करे हस्ते उज्ज्वलः। यद्वा करैः किरणैः उज्ज्वलो भासुरो देदीप्यमानः खड्गः नोऽस्माकं जगतां वा शुभाय भवतु। हे चण्डिके त्वां भगवतीं वयं देवाः नताः प्रणताः प्रह्वीभूताः वर्तामहे। त्वदेकशरणास्त्वां भजामहे इत्यभिप्रायः। 'रुधिरेऽसृग्लोहितास्र-रक्तक्षतजशोणितं' 'मेदस्तु वपावस' 'बलिहस्तांशवः कराः' ॥27॥

(4 नागोजीभट्टी) असुरेति। चर्चितो लिप्तः। करं हस्तम् उज्ज्वलयति करैः किरणैरुज्ज्वलो वा ॥27॥

(5 जगच्चन्द्रचन्द्रिका) असुरेति 28 ॥27 ॥

(6 दंशोद्धार) असुरेति। असृग्वसे रुधिरमेदसी पङ्के इव तेन चर्चितो लिप्तः करमुज्ज्वलयति दीपयतीति तथा॥

रोगानशेषानपहंसि तुष्टा रु[1]ष्टा तु कामान्सकलानभीष्टान्।
त्वामाश्रितानां न विपन्नराणां त्वामाश्रिता ह्याश्रयतां प्रयान्ति॥28॥

(1 गुप्तवती) ॥28 ॥

(2 चतुर्धरी) रोगानुपद्रवान्रुजयन्तीति व्युत्पत्त्या रुष्टा कुपिता तु पुनः कामान्मनोरथान् अपहंसीत्यनुषज्यते। अभीष्टानतिप्रियान्। विपत् इष्टवियोगलक्षणा विपत्तिः। हीति विशेषार्थे 'हि हेतौ स्यात् विशेषार्थे एवार्थे पादपूरणे' इत्यभिधानात्। विशेषतो ये त्वामाश्रितातास्तेप्यन्येषाम् आश्रयतां प्रयान्तीत्यन्वयः॥28 ॥

(3 शान्तनवी) नॄ नये। नृणन्ति नयने न्यायेन अनुज्झितस्वधर्मेण व्यवहरन्ति इतिनराः। पचाद्यच्। हे देवि त्वं त्वदाराधनेन तुष्टा सती त्वामाश्रितानाम् अशेषान् रोगान् अपहंसि नाशयसि। हे देवि त्वं त्वदाराधनेन तुष्टा सती त्वामाश्रितानां नराणां सकलानभीष्टान्कामान्काम्यमानानर्थान्ददसि। रजकस्य वस्त्रं ददाति। कर्मकरस्य वेतनं ददाति इतिवत्संप्रदानत्वाभावात्-संबन्धे षष्ठ्येव। हे देवि त्वाम् आश्रितानां नराणां न विपत् आपत् न विद्यते। 'हि हेताववधारणे'। हे देवि त्वाम् आश्रिताः आश्रयवन्तो नराः आश्रयन्ते आश्रियमाणतां प्रयान्ति। आश्रीयन्ते आश्रयाः। कर्मण्येरच्। आश्रयाणां भावः आश्रयतां तां प्राप्नुवन्ति। अन्यैराश्रियमाणतां सेव्यमानतां भजन्तीत्यर्थः। ये त्वा भजन्ति ते अन्यैराश्रयन्ते हि आश्रीयन्त इव। राजभूयं देवभूयं वा प्राप्नुवन्तीति भावः। तुष्टेति तु पाठे तुष्टा सकामानिति द्रष्टव्योयं ग्रन्थः। तुष्टा रोगानपहंसि रुष्टा तु कामान्सकलानभीष्टानर्थानपहंसीति योज्यम्॥38 ॥

(4 नागोजीभट्टी) रोगानिति अभीष्टान् अपहंसीत्याकृष्यत इति यत् ईष्टवियोगलक्षणा विपत्तिः। यतस्त्वामाश्रित अन्येषामाश्रयतां प्रयान्ति॥28 ॥

(5 जगच्चन्द्रचन्द्रिका) रोगानशेषेति 29 ॥28 ॥

---

1. ददासि कामान्, इत्यपि पाठः।

(6 दंशोद्धार) रोगानिति। रुजन्तीति रोगा उपद्रवास्तान् हि विशेषतस्त्वामाश्रिता अन्येषामाश्रयतां प्रयान्तीत्यन्वयः ॥28 ॥

एतत्कृतं यत्कदनं त्वयाद्य धर्मद्विषां देवि महासुराणाम्।
रूपैरनेकैर्बहुधात्ममूर्तिं कृत्वाम्बिके तत्प्रकरोति कान्या ॥29॥

(1 गुप्तवती) ॥29 ॥

(2 चतुर्धरी) कदनं मरणं रूपैरनेकैगर्ब्रह्माण्यादिलक्षणैः। प्रकृत्यादित्वात्तृतीया। बहुधा बहुप्रकारात्कृत्वेत्यन्वजः। अन्या त्वदितरा का तत्प्रकरोति प्रकर्तुमर्हति। न कापीत्यर्थः ॥29 ॥

(3 शान्तनवी) हे अम्बिके हे चण्डिके हे देवि अद्येदानीं संप्रति त्वया आत्ममूर्ति निजतनुं बहुधा बह्वीभिर्विधाभिः प्रकारैः अनेकैः रूपैः कृत्वा ब्रह्माण्यादिशक्तिरूपैः कृत्वा धर्माद्विषां यज्ञादिकर्मद्विषां शुम्भादीनां महासुराणां यत् कदमं विशसनं विनिहननं निहिंसनं कृतं तदेतत् अन्या स्त्री त्वत्तोऽपरा का देवत्ता प्रकरोति का प्रकर्तुं शक्नोति। न कापि। त्वमेव कर्तुं शक्नोषीति भावः। 'व्यापादनं विशसनं कदनं च निशुम्भनम्' 'मूर्तिः काष्ठिन्यकाययोः' धर्मोऽत्र वैदिकः। यत पारमर्षं सूत्रतम् 'अथातो धर्मजिज्ञासा' 'चोदनालक्षणोऽर्थो धर्मः' इति ॥29 ॥

(4 नागोजीभट्टी) एतदिति। कदनं नाशः। धर्मद्विषोऽसुराः। अद्य अधुना आत्ममूर्तिमेव अनेकैः रूपैः ब्रह्माण्यादिकाल्यादिलक्षणैः। अभेदे तृतीया। बहुधा बहुप्रकारा अन्या त्वदितरा का। न कापीत्यर्थः ॥29 ॥

(5 जगच्चन्द्रचन्द्रिका) एतत्कृतमिति 30 ॥29 ॥

(6 दंशोद्धार) एतदिति। कदनं हननं अनेकैर्ब्राह्मय्यादिभि रूपैरिति 'प्रकृत्यादिभ्यः' इति तृतीया। बहुधा बहु प्रकारां कृत्वा यन्महासुराणां कदनं कृते तत्त्वदन्या का प्रकरोतीत्यन्वयः ॥29 ॥

विद्यासु शास्त्रेषु विवेकदीपेष्वाद्येषु वाक्येषु च का त्वदन्या।
ममत्वगर्तेऽतिमहान्धकारे बिभ्रामयत्येतदतीव[1] विश्वम् ॥30॥

---

1. 'विभ्रामयस्येतदतीव' इति पाठः।

(1 गुप्तवती) आद्येषु वाक्येषु वेदेषु ॥30॥

(2 चतुर्धरी) विद्यासु इन्द्रजालादिलक्षणासु। शास्त्रेषु वेदेतरविद्याख्यानेषु विवेकस्तत्त्वसाक्षात्कारस्ते दीपयन्ति बोधयन्ति इति विवेकदीपा वेदान्तास्तेषु आद्येषु वाक्येषु कर्मकाण्डेषु तेषामुपनिषद्यः प्राचीनत्वात् यद्वा आद्येषु वाक्येषु वेदेषु। किंभूतेषु विवेकदीपेषु ज्ञानप्रकाशेषु। ममत्वस्य गर्त इव गर्तो ममत्वाश्रयः संसार इत्यर्थः। तस्मिन्निति। महान्धकारे महतामपि ज्ञानविभावके कालविशेषे एतेषु विद्यादिषु एतद्विश्वं त्वदन्या का विभ्रामयति पुनः पुनः प्रवर्तयति। किंतु त्वमेव विभ्रामयसीत्यन्वयः। 'संज्ञापूर्वको विधिरनित्यः' इत्यनित्यत्वात्सानुबन्धत्वेपि न दोषः। अथवा ममत्वगर्ते संसारे ये विद्यादयः पदार्थास्तेषु। समानमन्यत् ॥30॥

(3 शान्तनवी) हे देवि विवेकदीपेषु विवेकयुक्ताः विचारा दीपा इव महत्तमःपटलपाटनपटवः तेषु। विद्यासु चतुर्दशसु दीपायमानासु। यद्वा आन्वीक्षिक्यादिषु। यद्वा विद्यासु ज्ञानप्रदमन्त्ररूपासु। शास्त्रेषु मनुस्मृत्यादिषु प्रवृत्तिकरेषु निवृत्तिकरेषु दीपायमानेषु च। तथा आद्येषु वाक्येषु वैदिकेषु दीपायमानेषु तथा पुराणेषु च विद्यामानेषु। अनादरे सप्तमीयम्। तान्यनादृत्य तज्जन्यविवेकमपनीय। अतिमहान्धकारे ममत्वगर्ते एतद्विश्वं कर्म। अतीव विभ्रामथति या सा त्वदन्या का त्वमेव विष्णुमाया महामाया विश्वं मोहयसि ममत्वे योजयसि नान्या। विभ्रामयतीति अनित्यो मितां ह्रस्वः। अपरा तु योजना। हे देवि आद्येषु वाक्येषु आद्यानि वैदिकानि वाक्यानि तेषु च सुष्ठु शोभनानि च तानि शास्त्राणि च धर्मसूत्राणि पारमर्षाणि तेषु या वित् संवित् विदुषी का ज्ञात्री सा त्वत्तः देवीतः विवेकः दीपयन्ति प्रकटयन्ति विवेकदीपानि। कर्मण्यण्। तेषु शास्त्रेषु च अन्या देवता का। न कापि। त्वमेव वित् नान्येति भावः। अथ च हे देवि एतत विश्वं त्रिभुवनं कर्म अतिमहान्धकारे अतितरां महान्धकारस्तमोगुणश्च अज्ञानरूपो यस्मिन्स तथोक्तः। ममेत्यव्ययम्। ममत्वं गर्त इव तस्मिन्मत्वगर्ते मोहरूपे अतीव सुतरां विभ्रामयति व्यालोडयति या सा त्वदन्यया कास्ति। न कापि। काप्यस्ति सा भ्रामिका जगतां त्वमेव नान्येति भावः। विभ्रामयतीति अन्यशब्दस्य शेषत्वात्प्रथमपुरुषः। 'त्वदन्यः को भुङ्क्ते मदन्यः को भुङ्क्ते। मदन्यनोन्यो भुङ्क्ते त्वदन्योन्यो भुङ्क्ते' इतिवत् ॥30॥

(4 नागोजीभट्टी) विद्यास्विति। विद्यासु ज्ञानेषु उपायभूतानि यानि शास्त्रादीनि तेषु मन्वाद्युक्तेषु विवेकदीपेषु उपनिषत्सु आद्येषु वाक्येषु कर्मकाण्डपरवेदवाक्येषु च सत्स्वेवं ममत्वगर्ते तदाश्रये महान्धकारे संसारे एतद्विश्वं त्वदन्या का अतीव विभ्रामयति । न कापीत्यर्थः ॥30 ॥

(5 जगच्चन्द्रचन्द्रिका) विद्यासु शास्त्रेष्विति 31 ॥30 ॥

(6 दंशोद्धार) विद्यास्विति। विद्यासु इन्द्रजालादिरूपासु शास्त्रेषु वेदेतरविद्यास्थानेषु विवेकस्तत्त्वज्ञानं तद्दीपयन्तीति तथा तेषु वेदान्तेषु आद्येषु वाक्येषु कर्मकाण्डविषयवेदेषु तेषामुत्तरमीमांसातः पूर्वत्वात्। विवेकदीपेष्विति विशेषणं वा। च पुनः ममत्वमेव गर्तः दुरुद्धरत्वेन गर्तसाम्यम्। अतिमहान्मोहरूपोऽन्धकारो यस्मिन् अतिमहतामयन्धकारो यस्मिन्निति चतुर्भुजोक्तिरुपेक्षिता। वैयधिकरण्येनात्वाप्राप्ते एषु पदार्थेषु एतद्विश्वं त्वदन्या का विभ्रामयति पुनः पुनः प्रवर्तयति। यद्वा ममत्वगर्ते संसारे वेदविद्यादयस्तेषु। शेषं प्राग्वत्। अमन्तत्वान्मित्वेप्यार्षत्वाद्ध्रस्वाभावः। संज्ञापूर्वकविधेर-नित्यत्वाद्वा ॥30 ॥

रक्षांसि यत्रोग्रविषाश्च नागा यत्रारयो दस्युबलानि यत्र।
दावानलो यत्र तथाब्धिमध्ये तत्र स्थिता त्वं परिपासि विश्वम्॥31 ॥

(1 गुप्तवती) ॥31 ॥

(2 चतुर्धरी) रक्षांसि राक्षसादीनि उग्रविषाः महाविषधरा नागाः सर्पाः यत्र। अरयः शत्रवः दस्युबलानि चौरसैन्यानि दावानलः षडवाग्निः अब्धिमध्ये समुद्रमध्ये तत्र स्थिता सती हे अम्ब त्वम् अखिलं विश्वं ब्रह्माण्डं परिपासि रक्षां करोषि ॥31 ॥

(3 शान्तनवी) हे देवि त्वं तत्र तत्र च स्थिता सती विश्व परिपासि परिरक्षसि। क्वच क्वचेति। यत्र च रक्षांसि यत्र च दैत्याः च। यत्र उग्रविषा नागास्तक्षकादयः फणिनः। यत्र च अरयः शत्रवः। यत्र च दस्युबलानि चौरसमूहाः। अत्र च दावानलः दावाग्निः वनाग्निः। तथा यत्र चाब्धिमध्ये च सर्वत्र तत्तदुपद्रवप्रसङ्गे स्मृता सती परितो रक्षसीति भावः। 'दवदावौ वनारण्यवह्नी' ॥31 ॥

(4 नागोजीभट्टी) रक्षांसीति। नागाः सर्पाः। अत्र यत्रेत्यनुकृष्यते। दस्यवः चोराः। दावी वनम्। तथाब्धि मध्ये यत्रौर्वाग्न्यादयः तत्र त्वमेव व्यापकत्वात्स्थिता विश्वं परिपासीत्यन्वयः ॥31 ॥

(5 जगच्चन्द्रचन्द्रिका) रक्षांसि यत्रेति 32 ॥31 ॥

(6 दंशोद्धार) सर्वसंकटेष्वपि त्वमेव रक्षिकेत्याहुः। रक्षांसीति। नागाः सर्पाः। दस्युबलानि चौरबलानि ॥31 ॥

विश्वेश्वरी त्वं परिपासि विश्वं विश्वात्मिका धारयसीति विश्वम्।
विश्वेशवन्द्या भवती भवन्ति विश्वाश्रया ये त्वयि भक्तिनम्राः ॥32 ॥

(1 गुप्तवती) ॥32 ॥

(2 चतुर्धरी) विश्वेश्वरीति। विश्वात्मिका सर्वात्मिका सर्वजगत्स्वरूपा। इतीदं प्रकाशमानम्। विश्वेशवन्द्या ब्रह्मणोऽपि स्तव्या भवती त्वम्। ये त्वयि भक्तिनम्राः ते विश्वाश्रया भवन्तीत्यन्वयः ॥32 ॥

(3 शान्तनवी) हे देवि त्वं विश्वेश्वरीति यत् अतस्त्वं विश्वं परिपासि। यद्वा हे देवि त्वं विश्वेश्वरी विश्वव्यापिस्यसि। अत एव त्वं विश्वं परिपासि रक्षसि। 'अश्नोतेराशुकर्मणि वरट्चेच्चोपधायाः'। विश्वेश्वरी इति संबुद्ध्यन्तपाठे तु हे देवि हे विश्वेश्वरि हे विश्वव्यापिनि त्वं विश्वं परिपासि। हे देवि त्वं विश्वात्मिकासि। इति हेतुना विश्वं धारयसि। हे देवि भगवती विश्वेशवन्द्या वर्तते। विश्वस्य ईशः स्रष्टा संरक्षिता संहर्ता च ब्रह्मादिः स्वामी तस्य वन्द्या अभिवादनीया स्तुत्या च वर्तते। भवच्छब्दप्रयोगे शेषे प्रथमपुरुषः। हे देवि त्वयि विषये यये भक्तिनम्राः स्युस्ते विश्वाश्रयाः विश्वस्य आश्रयाः आधारभूताः जगतां धारयितारो भवन्तीत्यर्थः। विश्वेशवन्द्या भवती भवायेति पाठे हे देवि त्वयि ये भक्तिनम्राः भक्त्या प्रह्वाः ते विश्वेशवन्द्या भवन्ति विश्वाश्रायाश्च भवन्ति। हे देवि भवती च भवाय संपदे भवति। हे देवि भवती भक्तवर्गाणां भवाय संपदे प्रसन्ना भवतु इत्यर्थः ॥32 ॥

(4 नागोजीभट्टी) यतस्त्वं विश्वेश्वरी अतो विश्वं परिपासि। यतः त्वं विश्वात्मिका अतस्त्वं तदारयसि। यतो भवती विश्वेशानाम् इन्द्रब्रह्मादीनामपि स्तुत्या अतस्त्वयि भक्तिनम्राः एते विश्वाश्रयाः भवन्ति ॥32 ॥

(5 जगच्चन्द्रचन्द्रिका) विश्वेश्वरीति 33 ॥32 ॥

(6 दंशोद्धार) विश्वेश्वरीति। इतौत्यव्ययमिदमित्यर्थे। विश्वेशस्य ब्रह्मणोऽपि वन्द्या भवती त्वम्। त्वयि भक्तिनम्राः विश्वाश्रया भवन्तीत्यन्वयः। उत्पाता अनिष्टसूचकास्तेषां पाकेन परिणामेन जनितानुपसर्गानुपद्रवान् ॥32॥

देवि प्रसीद परिपालय नोऽरिभीतोर्नित्यं यथाऽसुरवधादधुनैव सद्यः।
पापानि सर्वजगतां प्रशमं नयाशु उत्पातपाकजनितांश्च महोपसर्गान्
॥33॥

(1 गुप्तवती) उत्पातानां पाके फलकाले जातानुपसर्गान्विघ्नान् ॥33॥

(2 चतुर्धरी) नोऽस्मान् अभिभीतेः शत्रुभीतेः अधुना संप्रति सद्यस्तत्क्षणात् शममुपवशमम् उत्पाता अनिष्ठसूचका उल्कापातादयः तेषां पाकः परिणतिः पर्यवसायिता तज्जनितान्महोपसर्गान्मारिकादिलक्षणान् ॥33॥

(3 शान्तनवी) हे देवि त्वं नोऽस्माकं देवानां प्रसीद प्रसन्ना भव। हे देवि त्वयैव अधुना इदानीं सद्यः सपदि तत्क्षणे असुरवधात् शुम्भादिदैत्यहननाद्धेतुतः नोऽस्मान्देवाञ्शुम्भाद्यसुराभयात्पर्यपालयः। तथैव अग्रेऽपि काले भविष्यमाणायाः अरिभीतेः शत्रुभीतितः नित्यं शश्वत् नः अस्मान्देवान्परिपालन परितो रक्ष। अपि च हे देवि नित्यं सर्वजगतां सर्वेषां लोकानां पापानि प्रशमं प्रशान्तिम् आशु क्षिप्रं नय। नयतिर्द्विकर्मकः। दुरितानि नाशं प्रापय। अथ च हे देवि त्वं जगतां लोकनाम् उत्पातपाकजनितानुत्पातपाकसमुत्थितान्। अत्र ह्यधर्म उत्पातशब्देन विवक्षितः। उत्पातहेतुत्वात्। अधर्मस्य तस्य पाकः परिणामः तेन जनितानुपसर्गानुपद्रवान्महोपसर्गान्वज्रपातादीनपद्रवान् आशु प्रशमं प्रशान्ति नय प्रापय। इति वयं देवाः त्वदेकशरणाः प्रार्थयामहे। तस्मात्प्रसीदेति भावः। वाक्यसंधिवैवक्षिकः। अन्यथा आशु उत्पातेति अकः सवर्णे दीर्घत्वेऽत्र छन्दोभङ्गोपि स्यात्। आशु उत्पातेति क्वचित्पाठः ॥33॥

(4 नागोजीभट्टी) देवीति हे देवि नोऽस्मान्सद्यः क्षणमात्रेण शत्रुभीतेः पालयः। यथाधुनैव संप्रत्येयासूरवधात्पालिवष्त्यसि तथेत्यर्थः। सर्वजगतां पापानि आशु शीघ्रं प्रशमं नय। उत्पातानां पाकः फलदानकालस्तेन जनितान्महो पसर्गान्मार्यादींश्च प्रशमं नयेति ॥33॥

(5 जगच्चन्द्रचन्द्रिका) देवि प्रसीदेति 34 ॥33॥

(6 दंशोद्धार) ॥33॥

प्रणतानां प्रसीद त्वं देवि विश्वार्तिहारिणि।
त्रैलोक्यवासिनामीड्ये लोकानां वरदा भव॥34॥

(1 गुप्तवती) ॥34॥

(2 चतुर्धरी) हे ईड्ये स्तव्ये देवि त्वं विश्वपीडोपशमनि॥34॥

(3 शान्तनवी) विश्वस्य आसमन्तात् आर्तिं पीडां हरत्यपनुदतीति विश्वार्तिहारिणी तत्संबुद्धौ तथोक्ते हे देवि त्वं प्रणतानां भक्तिनम्राणां प्रसीद प्रसन्ना भव। त्रयो लोकास्त्रैलोक्यम्। चातुर्वर्ण्यादित्वात्स्वार्थे ष्यञ्। तत्र वसन्ति त्रैलोक्यवासिनस्तेषाम् ईड्ये। ईडस्तुतौ। 'कृत्यानां कर्तरि वा' इति षष्ठी। हे ईड्ये हे स्तवनीये हे देवि त्वं लोकानां वरदा भव। लोकेभ्यो वरान्ददाना भवेत्यर्थः॥34॥

(4 नागोजीभट्टी) प्रणतानामिति। ईड्ये स्तव्ये॥34॥

(5 जगच्चन्द्रचन्द्रिका) प्रणतानामिति 35॥34॥

(6 दंशोद्धार) ॥34॥

देव्युवाच।

वरदाहं सुरगणा वरं यन्मनसेच्छथ।
तं वृणुध्वं प्रयच्छामि जगतामुपकारकम्॥35॥

(1 गुप्तवती) ॥35॥

(2 चतुर्धरी) वरोऽभीप्सितोऽर्थः। हे सुरगणाः देवसमूहाः वरान्वृणुध्वं प्रार्थयध्वम्। यदित्यव्ययम्। यत् यं वरमित्यर्थः। यमिति पाठः॥35॥

(3 शान्तनवी) देवी चण्डिका तैः स्तुता सती तान्देवानुचितां वाचमूचे। वरं ददातीति वरदा। हे सुरगणाः हे देवसङ्घाः अहं युष्माकं वरदास्मि प्रीतास्मि। यं वरं मनसा यूयम् इच्छथ वाञ्छथ तं जगतामुपकारकं वरं वृणुध्वम्। अहं प्रयच्छामि ददामि। दाणो यच्छः। वृञ् वरणे। आत्मनेपदं ध्वम्। 'सवाभ्यां वामौ' 'स्वादिभ्यः श्नुः' वृणीध्वमिति पाठे वृञ् वरणे क्र्यादिः लोटो ध्वम्। ईहल्यघोः। प्वादीनां ह्रस्वः। यं तम् इति पुंसि। 'देवाद्वृते वरः श्रेष्ठे त्रिषु क्लीबं मनाक् प्रिये'। वृणुध्वं प्रार्थयध्वमित्यर्थः॥35॥

(4 नागोजीभट्टी) देव्युवाच। वरदेतिं यं वरं यमभीप्सितार्थं तं वृणुध्वं प्रार्थयध्वम्॥35॥

(5 जगच्चन्द्रचन्द्रिका) देव्युवाच 36। वरदाहमिति 37 ॥35॥

(6 दंशोद्धार) वरदेति। यदित्यव्ययं यमित्यर्थे। यमिति वा पाठः ॥35॥

देवा ऊचुः

सर्वाबाधाप्रशमनं[1] त्रैलोक्यस्याखिलेश्वरि।
एवमेव त्वया कार्यमस्मद्वैरिविनाशनम्॥36॥

(1 गुप्तवती) सर्वाश्च ता आबाधाश्च सर्वाबाधाः ॥36॥

(2 चतुर्धरी) ॥36॥

(3 शान्तनवी) हे देवि अखिलेश्वरि विश्वस्य ईश्वरि व्यापके। अश्रोतेराशुकर्मणि वरट्चेच्चोपधायाः'। हे त्रैलोक्यस्वामिनि त्वया भगवत्या देव्या त्रैलोक्यस्य त्रयाणां लोकानाम्। स्वार्थे घञ्। सर्वबाधाप्रशमनं सर्वदु:खोपशमः। सर्वाबाधेति पाठे तु महती बाधा आबाधा। आङ् अभिव्याप्तौ। आसमंताद्बाधा आबाधा। अस्मद्वैरिविनाशनम्। वैरिणः शत्रवः दैत्याः तेषां विनाशनं विध्वंसो बुधः। एवमीदृग्विधम् एतत् अदः उपन्यस्तं कार्यम् एवंविधम् इदं त्वया जगदुपकारकं कर्म एतत् एवंविधं कार्यं कर्तव्यम्। कीदृशं तत। सर्वबाधानां प्रशमनम्। प्रकृष्टं शमनं यत्र तत्तथोक्तम् यद्वा शमयतीति शमन नन्द्यादित्वाल्ल्युः। बाहुलकात्कर्तरि वा ल्युट्। पुनः कीदृशम्। अस्माकं वैरिणो दैत्याः तान्विनाशयतीत्यस्मद्वैरिविनाशनम् ॥36॥

(4 नागोजीभट्टी) देवा ऊचुः। सर्वाबाधेति। सर्वा चासौ बाधा चेत्यर्थः। इदं वैरि विनाशनस्य विशेषणम्। एवमेव शुम्भादिनाशनवदेव ॥36॥

(5 जगच्चन्द्रचन्द्रिका) देवा ऊचुः 28। सर्वाबाधेति 39 ॥36॥

(6 दंशोद्धार) ॥36॥

देव्युवाच।

वैवस्वतेन्तरे प्राप्ते अष्टाविंशतिमे युगे।
शुम्भो निशुम्भश्चैवान्यावुत्पत्स्येते महासुरौ॥37॥

---

1. 'सर्वबाधाप्रशमनम्' इति पाठः।

(1 गुप्तवती) युगे चतुर्युगे तत्रापि कलिद्वापरसन्धौ ॥37॥

(2 चतुर्धरी) वैवस्वतेन्तरे वैवस्वतमनोरधिकारोपलक्षिते काले सप्तमे मन्वन्तरे इत्यर्थः। अष्टाविंशतिमे अष्टाविंशतिसंख्ये। अपादविषये क्वचित्दुर्गस्यापि समावेशः। अष्टाविंशतिर्मीयते संख्यायते इति वा। युगे चतुर्युगे ॥37॥

(3 शान्तनवी) रक्तबीजवधादनन्तरं यस्मिन्काले देवैः सह देवी इदं वाक्यम् उक्तवती तं कालमारभ्य भविष्यद्वैवस्वतमन्वन्तरे काले नन्दगोपकुले देव्याः प्रादुर्भावोऽनेन श्लोकेनोच्यते। हे देवाः श्रृणुत। पूर्वं जगदुपकृत्यै मया देव्या हेनुकर्त्र्या। मधुकैटभौ विष्णुना मारितौ तदनु स्वल्पान्तरे महिषासुरो मया देव्या निपातितः। तदनु चण्डमुण्डधूम्रलोचनरक्तबीजशुम्भानिशुम्भाः ससैन्याः संग्रामे सन्निपातिताः। संप्रति नन्दन्तु मदनुग्रहतो लोकाः। अतः परमेष्यतोऽपि मत्कर्तव्याद्बहुशो जगदुपकारात् भवत्परितोषार्थत्कथयाम्यधुना। वैवस्वतेन्तरे वैवस्वतमन्वन्तरे भविष्यत्यष्टाविंशतिमे युगे प्राप्ते सति शुम्भो निशुम्भश्च अन्यावेव प्राक् निहतौ यौ शुम्भनिशुम्भौ नाम रक्तबीजेनोपलक्षितौ ततोऽन्यावेव महासुरौ शुम्भनिशुम्भनामानौ दैत्यावुत्पस्येते उद्भविष्येते। अष्टाभिरधिका विंशतिरष्टाविंशतिः। 'द्व्यष्टनः संख्यायाम्' इत्यात्त्वम्। अष्टाविंशतेर्युगानां कृतादीनां पूरणं पूरकं यद्युगं विष्णोरष्टमावतारोपलक्षितं तदष्टाविंशतमम्। 'तस्य पूरणे डट्' इति डट्प्रत्ययस्य 'विंशत्यादिभ्यस्तमडन्यतरस्याम्' इति तमडागमः। तत्र पृषोदरादित्त्वात्तशब्दस्य लोपः। यत्तु कश्चिदाह। माङ् माने। स्त्रियां भावे संपदादित्वात्क्विप्। मानं मा अष्टाविंशतिः मानं मा यस्य युगस्येति वा। अष्टाविंशतेरिव मानं यस्य युगस्येति वा विगृह्य बहुब्रीहौ नपुंसको ह्रस्वत्वे अष्टाविंशतिमं युगम्। ततः सप्तम्येकवचने अष्टाविंशतिमे इति। तत्र तावत्। मानेः क्विपिघुमास्थादिना ईत्त्वप्रसंगो दुर्विवारस्तिष्ठतु। युगमन्यपदार्थः कथं स्यात्। एतावता युगानामष्टाविंशतिः तत्परिमिता अपि युगरूपा अष्टाविंशतिसंख्याका एवान्यपदार्था इति अष्टाविंशतितममेव युगं द्वापरं तद्रूपं कलियुगादिरूपं न सेत्स्यतीति। यथा पञ्चसु पाण्डवेषु पञ्चमः सहदेवः। तत्र मागमः। पञ्चमः मानं यस्य स इत्युक्ते पञ्चानां पूरणः सहदेवोऽन्यपदार्थत्वेन न गृह्यते। किंतु पञ्चापि ते मिलिताः पञ्चत्वसंख्यापरिमिताः पञ्चमा इति युधिष्ठिरादयः पञ्चाप्यन्यपदार्थतया गृह्यन्ते नतु सहदेव एव। तस्मात्प्रागुक्तैवाष्टाविंशतिमे या व्युत्पत्तिः। पृषोदरादित्वेन सैव सभ्या। अष्टाविंशतिमे युगे द्वापरान्ते कलियुगादौ प्राप्ते। 'यामाद्यङ्गे युगः पुंसि युगं युग्मे कृतादिषु' ॥37॥

(4 नागोजीभट्टी) देव्युवाच। वैवस्वते इति। अन्तरे मन्वन्तरे अष्टाविंशतिमे अष्टाविंशतिसंख्याके। उटो मडागमश्छान्दसः। युगे चतुर्युगे। तत्र कलिद्वापरसंघावनयोरुत्पत्तिः ॥37 ॥

(5 जगच्चन्द्रचन्द्रिका) देव्युवाच 40। वैवस्वतेन्तर इति 41 ॥37 ॥

(6 दंशोद्धार) वैवस्वते इति। अष्टाविंशत्या मीयते तदष्टाविंशतिमं तस्मिन्नष्टाविंशतिसंख्याके इत्यर्थः। युगे चतुर्युगे ॥37 ॥

नन्दगोपगृहे[1] जाता यशोदागर्भसंभवा।
ततस्तौ नाशयिष्यामि विन्ध्याचलनिवासिनी ॥38 ॥

(1 गुप्तवती) विन्ध्याचले तत्रापि गङ्गातीरे निवासिनी ॥38 ॥

(2 चतुर्धरी) यशोदा नन्दगोपगृहिणी तस्या अहं गर्भसंभवा विन्ध्यावासिनी ॥38 ॥

(3 शान्तनवी) ततो देवी नन्दगोपस्य कुले ग्रहे 'कुलं वंशे गृहेपि तत्' जाता उत्पन्ना यशोदायाः गर्भसंभवा गर्भात्संभवो जन्म यस्याः सा तथोक्ता। विन्ध्याचलनिवासिनी सती तौ शुम्भनिशुम्भाख्यावसुरौ नाशयिष्यामि परासूकरिष्यामि व्यापादयिष्यामि ॥38 ॥

(4 नागोजीभट्टी) नन्देति। नन्दगोपस्य एषा महालक्ष्म्यंशभूता 'नन्दा भगवती नाम या भविष्यति नन्दजा। कनकोत्तमकान्तिः सा सुकान्तिकनाकाम्बरा। कमलाङ्कुशपाशाब्जैरलंकृतचतुर्भुजा। इन्दिरा कमला लक्ष्मीः सा श्री रुक्माम्बुजासना' इति रहस्योक्तेः ॥38 ॥

(5 जगच्चन्द्रचन्द्रिका) नन्दगोपेति 42 ॥38 ॥

(6 दंशोद्धार) ॥38 ॥

पुनरप्यतिरौद्रेण रूपेण पृथिवीतले।
अवतीर्य हनिष्यामि वैप्रचित्तांश्च[2] दानवान् ॥39 ॥

(1 गुप्तवती) वैप्रचित्तान्विप्रचित्तिवंश्यान् ॥39 ॥

---

1. कुले, इति पाठः।
2. 'वैप्रचित्तांस्तु' इति शान्तनवी।

(2 चतुर्धरी) वैप्रचित्तान्विप्रचित्तिवंश्यान् ॥39 ॥

(3 शान्तनवी) अहं देवी पुनरपि वैवस्वतमन्वन्तरे एव अष्टाविंशतिमे युगे द्वापरेऽतीते कलियुगे प्राप्ते विरुद्धा प्रजासु चित्तिर्ज्ञानं यस्य दानवस्य स विप्रचित्तिर्नाम कश्चिद्दानवः तस्य विप्रचित्तेः दानवस्य अपत्यानि पुमांसः वैप्रचित्ताः तान्वैप्रचित्तान्दानवान् अतिरौद्रेण रूपेण भयंकरेण उग्रेण वपुषा पृथिवीतले अवतीर्य प्रादुर्भावमुपेत्य तु हनिष्यामि व्याहर्निष्याम्येव। 'तु स्याद्भेदेऽवधारणे' पुनरपि इत्येतद्धरिष्यामि इत्यनेन संबन्धाति। वैप्रचित्तान्पुनरप्यूद्धूतान्हनिष्यामीत्यर्थः 'क्रद्धनोः स्ये' इतिडागमः। 'पुनरप्रथमे भेदे' ॥39 ॥

(4 नागोजीभट्टी) पुनरपीति। इयमपि द्वापरेऽतीते तत्रैव चतुर्युगेऽवतीर्णेत्याहुः। वैप्रचित्तान्विप्रचित्तिवंशीयान् ॥39 ॥

(5 जगच्चन्द्रचन्द्रिका) पुनरप्यतीति 43 ॥39 ॥

(6 दंशोद्धार) पुनारिति। वैप्रचित्तान्विप्रचित्तिवंशोद्भवान् ॥39 ॥

भक्षयन्त्याश्च तानुग्रान्वैप्रचित्तान्महासुरान्।
रक्ता दन्ता भविष्यन्ति दाडिमीकुसुमोपमाः ॥40 ॥

(1 गुप्तवती) सर्वावयवावच्छे अपि रक्तचामुण्डात्वेन प्रसिद्धाया एव दन्तांशे रक्तिमाधिक्याद्रक्तदन्तीति नामेत्याहुः ॥40 ॥

(2 चतुर्धरी) रक्ता लोहिताः ॥40 ॥

(3 शान्तनवी) तान् वैप्रचित्तान्महासुरानुग्रान् रौद्रान् भक्षयन्त्याः मम देव्याः दन्ताः रक्ता आरक्ता एव भविष्यन्ति। अत एव ते मे दन्ताः दशनाः दाडिमीकुसुमोपमाः भविष्यन्ति दाडिमीपुष्पवदरुणवर्णाः संपत्स्यन्ते ॥40 ॥

(4 नागोजीभट्टी) ॥40 ॥

(5 जगच्चन्द्रचन्द्रिका) भक्षयन्त्या इति 44 ॥40 ॥

(6 दंशोद्धार) ॥40 ॥

ततो मां देवताः स्वर्गे मर्त्यलोके च मानवाः।
स्तुवन्तो व्याहरिष्यन्ति सततं रक्तदन्तिकाम् ॥41 ॥

(1 गुप्तवती) ॥41 ॥

(2 चतुर्धरी) ॥41 ॥

(3 शान्तनवी) ततो हेतुतः वैप्रषित्तान्सुरभक्षणजनितारुणवर्ण-दशनत्वान्मां स्तुवन्त्यो देवता देवगणाः स्वर्गे सततं शश्वद्रक्तदन्तिकासंज्ञया रक्तदन्तिकेत्यनया व्याहरिष्यन्ति। यतो हेतुतः रक्ताः मे दन्ताः। स्वार्थे तल्। तथा मानवाश्च मर्त्यलोके भुवि मां सततं स्तुवन्तः सन्तः रक्तदन्तिकां व्याहरिष्यन्ति। यतो मे दन्ता रक्ताः भविष्यन्ति ततो मां संज्ञयान्वर्थया रक्ता दन्ताः यस्याः सा रक्तदन्तिका तां स्तोष्यन्ति देवाः मानवाश्चेति भावः ॥41 ॥

(4 नागोजीभट्टी) तत इति। एषा रक्तदन्तिका काल्यंशभूता। अत्र दन्तेत्युपलक्षणम्। केशायुधसर्वावयवेषु रक्तत्वमस्याः। अत एवास्या रक्तचामुण्डात्वेन व्यवहारः। अत्र सर्वत्राहमिति निर्देशः परस्परमपि शाक्तानामभेदाभिप्रायेण ॥41 ॥

(5 जगच्चन्द्रचन्द्रिका) ततो मामिति 45 ॥41 ॥

(6 दंशोद्धार) ॥41 ॥

भूयश्च शतवार्षिक्यामनावृष्ट्यामनम्भसि।
मुनिभिः संस्मृता[1] भूमौ संभविष्याम्ययोनिजा ॥42 ॥

(1 गुप्तवती) ॥42 ॥

(2 चतुर्धरी) शतवर्षभवा शतवार्षिकी। उत्तरपदवृद्धिः। अनम्भसि खातादिजलशून्यायां भूमौ ॥42 ॥

(3 शान्तनवी) भूयश्च पुनरपि शतं वर्षाणि परिपूरणा यस्याः शतवार्षिकी। 'तदस्य परिमाणम्' इति वुञ्। तद्धितार्थे समासः। 'वर्षस्याभविष्यति' इतयुत्तरपदवृद्धिः। 'वर्षाल्लुक्च' इति पाक्षिको लुक्। स्त्रियां ङीप्। तस्याम् अनावृष्टौ सत्याम् अनम्भसि नदीतडागादावपि जलशून्यायां भूमौ मुनिभिः संस्तुता संनुता सती अहं देवी अयोनिजा संभविष्यामि स्वयमेवाविर्भविष्यामि। न आसमन्ताद्वृष्टिरनावृष्टिः। यद्वा नास्त्येवासमन्ताद्वृष्टिर्यस्यामीतौ सा अनावृष्टिस्तस्यामनावृष्ट्याम्। संस्तुता संस्मृता इति पाठद्वयम् ॥42 ॥

(4 नागोजीभट्टी) भूयश्चेति। अनम्भसि कृष्यादिजलशून्यायामपीत्यर्थः। अयोनिजा यथेदानीं पार्वतीदेहाविर्भाव एवमपि चेत्यर्थः ॥42 ॥

1. संस्तुता, इति पाठः।

(5 जगच्चन्द्रचन्द्रिका) भूयश्चेति 46 ॥42 ॥

(6 दंशोद्धार) भूय इतिं अनम्भसि खातादिजलरहितायां भूमौ ॥42 ॥

ततः शतेन नेत्राणां निरीक्षिष्यामि यन्मुनीन्।
कीर्नयिष्यन्ति मनुजाः शताक्षीमिति मां ततः ॥43 ॥

(1 गुप्तवती) शताक्षीशाकम्भरीदुर्गाणां स्थानानि तु कृष्णावेणीतुङ्गभद्र-योर्मध्यभागे सह्याद्रेरीषत्प्राच्यां प्रसिद्धानि ॥43 ॥

(2 चतुर्धरी) यत् यस्मात्। ततस्तस्माद्भविष्यति ॥43 ॥

(3 शान्तनवी) ततः मत्प्रादुर्भावादनन्तरं नेत्राणां शतेन मुनीसंस्तोतृन्संस्मर्तृनृषीन्निरीक्षिप्यामीति यत् ततो हेतोर्मां देवीं मनुजाः मनुष्याः शताक्षीं शतमक्षीणि यस्याः सा शताक्षी ताम् इति इत्थमन्वर्थसंज्ञया कीर्तियिष्यन्ति कथयिष्यन्ति। ईक्ष दर्शने। अनुदात्तेत्। छान्दसं परस्मैपदम्। 'व्यत्ययो बहुलम्' इति। निरीक्षिण्ये यतो मुनीनिति क्वचित्पाठः ॥43 ॥

(4 नागोजीभट्टी) तत इति। यद्यस्मात् मुनीन्निरीक्षिष्यामि तत्तस्मात् ॥43 ॥

(5 जगच्चन्द्रचन्द्रिका) ततः शतेनेति ॥47 ॥43 ॥

(6 दंशोद्धार) ॥43 ॥

ततोऽहमखिलं लोकमात्मदेहसमुद्भवैः।
भरिष्यामि सुराः शाकैरावृष्टेः प्राणधारकैः ॥44 ॥

(1 गुप्तवती) ॥44 ॥

(2 चतुर्धरी) हे सुराः आवृष्टेः वृष्टिपर्यन्तम् ॥44 ॥

(3 शान्तनवी) हे सुराः ततः शताक्षीति कीर्तिनादनन्तरम् अहं देवी आत्मदेहसमुद्भवैः मम देव्याः शरीरात्समुत्पद्यमानैः प्राणधारकैः शाकैः हरितकैः पत्राद्यैः साधनैरावृष्टेः आभविष्यतीं वृष्टिमवधिं कृत्वा यावदवृष्टिर्भवति तावत्तावन्तं कालम् अखिलं समस्तं लोकं भरिष्यामि पोषयिष्यामि। 'अस्त्री शाकं हरितकं' 'शाकाख्यं पत्रपुष्पादि'। यदाहु 'पत्रमूलकरीराग्रफलकाण्डा-स्थिरूढकाः। त्वक् पुष्पं कवकं चेति शाकं दशविधं स्मृतम्'। भरिष्यामि। डभृञ् धारणपोषणयोः। 'ऋद्धनोः स्ये' इडागमः। प्राणधारकैः जीवयितृभिः' ॥44 ॥

(4 नागोजीभट्टी) वैवस्वतमन्वन्तर एव चत्वारिंशत्तमे युगे शताक्षी शाकम्भर्यवतारः। 'तस्मिन्नेवान्तरे शक्र चत्वारिंशत्तमे युगे' इति लक्ष्मीतन्त्रोक्तेः। तत्रैव दुर्गमासुरवधः। 'शाकम्भरी स्तुवन्ध्यायञ्शाक संपूजयन्नमन्। अक्षयामश्नुते भूतिमन्नं पानं भवान्तरे' इति च तत्रैव ॥44॥

(5 जगच्चन्द्रचन्द्रिका) ततोऽहमिति 48 ॥44॥

(6 दंशोद्धार) तत इति। आवृष्टेरिति पृथक् पदम्। वृष्टेः आ। वृष्टिपर्यन्तमित्यर्थः। दुर्गो वधविषयोऽस्त्स्य इत्यर्थे अर्शआद्यचि दुर्गेति साधुः ॥44॥

शाकम्भरीति विख्यातिं तदा यास्याम्यहं भुवि।
तत्रैव च वधिष्यामि दुर्गमाख्यं महासुरम् ॥45॥

(1 गुप्तवती) ॥45॥

(2 चतुर्धरी) अत्रैव अनावृष्ट्यां दुर्गमाख्यं दुर्गमनामानम् ॥45॥

(3 शान्तनवी) तदा शाकैरखिललोकोदरभरणकाले भुवि अहं देवी शाकम्भरीति विख्यातिसंप्राप्तिकाल एव दुर्गमाख्यं दुर्गम इति आख्या संज्ञा अत्थ स दुर्गमाख्यः तम्। दुःखेन गम्यते दुर्गमः दुःखेन गच्छत्यत्रेति दुर्गः। 'सुदुरोरथिकरणे' दुर्ग एव दुर्गमः। पर्यायत्वात् 'जनिवध्योश्च' इति निर्देशाद्वधिः प्रकृत्यन्तरमस्तीति विज्ञेयम्। वध हिंसायाम्। भ्वादिः परस्मैपदी। क्वचित्तु तत्रैव च हनिष्यामि इति पाठेपि स एवार्थः। शाकमिति मान्तमव्ययं चास्ति। विभर्तीति भरिः सर्वधातुभ्य इन्। कृदिकारादक्तिनो वा ङीष्वक्तव्यः। सुप्सुपेति समासः। शाकम्भरिः देवी। यद्वा 'फलेग्रहिरात्मंभरिश्च' इति चकारोऽनुक्तसमुच्चयार्थस्तेन लोकरक्षणार्थं स्वशरीरोद्भवानि शाकानि। बिभर्तीति शाकम्भरी। इन्प्रत्ययः। उपपदस्य मुभागमश्च। स्त्रियां कृदिकारादक्तिनो वा ङीप्। 'पाठा व्याख्याश्च धातूनां दृश्यन्ते स्वैरिणः क्वचित्। प्रयोग एव भगवांस्तांस्तान्प्रस्थापयेत्पथि' ॥45॥

(4 नागोजीभट्टी) शाकम्भरीति। एषा पार्वत्यंशा एव शाकम्भरी।

नीलवर्णेत्याद्युक्तेः। दुर्गामनागाऽसुरः तत्रैव शाकम्भर्यवतार एव 'शाकम्भरी शताक्षी सा सैव दुर्गा प्रकीर्तिता। उमा गौरी सती चण्डी कालिकेशा च पार्वती' इति 'पत्रमूलकरीराग्रमूलकाण्डाधिरूढकाः। त्वक् पुष्पं कवकंचेति शाकं दशविधं स्मृतम्' ॥45॥

(5 जगच्चन्द्रचन्द्रिका) शाकम्भरीति 49 ॥45॥

(6 दंशोद्धार) ॥45॥

दुर्गादेवीति विख्यातं तन्मे नाम भविष्यति।
पुनश्चाहं यदा भीमं रूपं कृत्वा हिमाचले ॥46॥

(1 गुप्तवती) ॥46॥

(2 चतुर्धरी) भीमं भयंकरम् ॥46॥

(3 शान्तनवी) किंच तस्माद्दुर्गमासुरवधाद्धेतुतः विख्यातं प्रसिद्ध मे दुर्गादेवीति नाम नामधेयं भविष्यति। दुर्गासुरमस्यति संहरिष्यति दुर्गादेवी। पृषोदरादित्वादकारलोपः। यद्वा दुर्गासुरो हन्तव्यत्वेन यस्याः सा दुर्गा। अर्शअदित्वान्मत्वर्थीयोऽच्। स्त्रियां टाप्। हे देवाः पुनश्च पुनरपि अहं देवी यदा हिमाचले तुहिनाद्रौ भीमं घोरं रूपं कृत्वा रक्षोभ्यस्त्रस्तानां। मुनीनां त्राणकारणद्धेतोः ॥46॥

(4 नागोजीभट्टी) दुर्गेति। भीमं भयंकरम् ॥46॥

(5 जगच्चन्द्रचन्द्रिका) दुर्गादेवीति 50 ॥46॥

(6 दंशोद्धार) ॥46॥

रक्षांसि भक्षयिष्यामि[1] मुनीनां त्राणकारणात्।
तदा मां मुनयः सर्वे स्तोष्यन्त्यानम्रमूर्तयः ॥47॥

(1 गुप्तवती) ॥47॥

(2 चतुर्धरी) ॥47॥

---

1. क्षययिष्यामि or क्षपयिष्यामि इति वा पाठः।

(3 शान्तनवी) रक्षांसि राक्षसान्भक्षयिष्यामि। क्षयिष्यामि इति पाठे क्षयं प्रापयिष्यामि इति 'प्रातिपदिकाद्धात्वर्थे बहुलमिष्ठवच्च' इति णिच् अथवा। क्षिप प्रेरणे। चुरादिः। प्रेरयिष्यामीत्यर्थः। तदा मां देवीम् आनम्रमूर्तयः भक्तिब्रहकायाः सन्तः सर्वेऽपि मुनयः वसिष्ठादयः स्तोष्यन्ति वदष्यिन्ति ॥47 ॥

(4 नागोजीभट्टी) भक्षयिष्यामीत्यन्तस्य पदद्वयं विशिष्टम् ॥47 ॥

(5 जगच्चन्द्रचन्द्रिका) रक्षांसीति 51 ॥47 ॥

(6 दंशोद्धार) ॥47 ॥

भीमादेवीति विख्यातं तन्मे नाम भविष्यति।
यदारुणाख्यस्त्रैलोक्ये महाबाधां करिष्यति ॥48 ॥

(1 गुप्तवती) भीमादेव्यवतारस्तु नाद्यापि जातः। वैवस्वत एव मन्वन्तरे पञ्चाशत्तमे चतुर्युगे भविष्यतीति लक्ष्मीतन्त्रादिति केचित्। वस्तुतस्तु रक्तदन्त्यादयः। षडप्यवतारा भाविन एव। मूले पुनरपि, भूयश्च, पुनश्चाहं, यदारुणाख्यः, इत्येभिः पदैरुत्तरोत्तरकालस्यैव कीर्तनात्। 'तस्मिन्नेवान्तरे शक्र चत्वारिंशत्तमे युगे' इत्युपक्रम्य शताक्ष्यवतारस्य तन्त्रान्तरे कथनात्। तस्मिन्नेवेत्यस्य वैवस्वत इत्यर्थः। चर्तुर्युगेऽत्र पञ्चाशत्तमे मुनिभिरर्चितेत्युपक्रम्य भीमादेवीकथनाच्च। तत्रैव 'युगे षष्टितमे कश्चिदरुणो नाम दानवः' इत्यादिकथनाच्च। परंतु सांप्रतिकाच्छ्वेतवराहकल्पात्प्राक्तनकल्पेष्वपि देव्यवताराणामेतेषां मन्वन्तरयुगभेदेन जातत्वाच्छाकम्भर्यादीनां तत्तत्कुलदेवतात्वेनार्चनमधुनातनानां संगच्छत एव ॥48 ॥

(2 चतुर्धरी) अरुणे अक्षिणी यस्य सः। अरुक्ष इति वा पाठः। अरुणनामेत्यर्थः ॥48 ॥

(3 शान्तनवी) तत्तस्माद्भीमेन रूपेण रक्षापेक्षपणाद्धेतुतः विख्यातं प्रसिद्धं भीमादेवीति विश्रुतं नाम मे देव्याः नामधेयः भविष्यति संपत्स्यते। बिभ्यत्यस्मादिति भीमम्। 'भीमादयोऽपादाने' इति निपातिताः। हे देवाः यदा त्रैलोक्य लोकत्रये त्रिष्वपि लोकेषु अरुणाख्य अरुणसंज्ञकः अरुणो नाम महासुरः महाबाधां महर्ती पीडां करिष्यति लाकान्वधिष्यतेऽतितराम् ॥48 ॥

(4 नागोजीभट्टी) भीमेति। 'भीमापि नीलवर्णैव दंष्ट्रादशनभासुरा। चन्द्रहासं

च डमरुं शिरः पात्रं च बिभ्रती। एकवीरा कालरात्रिर्निद्रा तृष्णा दुरत्यया' इत्युक्तेरियं काल्यंशा एव। पञ्चाशत्तमे चतुर्युगे वैवस्वतमन्वन्तरे एव भीमावतार इति लक्ष्मीतन्त्रे। अरुणाख्योऽरुणो नाम ॥48 ॥

(5 जगच्चन्द्रचन्द्रिका) भीमादेवीति 52 ॥48 ॥

(6 दंशोद्धार) ॥48 ॥

तदाहं भ्रामरं रूपं कृत्वाऽसंख्येयषट्पदम्।
त्रैलोक्यस्य हितार्थाय वधिष्यामि महासुरम् ॥49 ॥

(1 गुप्तवती) अरुणस्यासुरस्यापत्यं पुमान् आरुण इति तु छेदे अत इञं बाधित्वा शिवादित्वादण् वा ॥49 ॥

(2 चतुर्धरी) भ्रामरं भ्रमरसमूहात्मकम् असंख्येया अगणनीयाः षट्पदाः भ्रमरा यस्मिन्रूपे तत् ॥49 ॥

(3 शान्तनवी) तदाहं देवी असंख्येयषट्पदं भ्रामरं रूपं भ्रमरसंबन्धिनी मूर्तिं कृत्वा त्रैलोक्यस्य त्रयाणां लोकानां हितार्थाय त्रैलोक्यस्य रक्षणाय तदा। सर्वतः सर्वत्र ॥49 ॥

(4 नागोजीभट्टी) तदेति। भ्रमरं पाणिधृतभ्रमरम्। असंख्येयाः षट्पदाः यस्मिन्रूपे तत् ॥49 ॥

(5 जगच्चन्द्रचन्द्रिका) तदाहं भ्रामरमिति 53 ॥49 ॥

(6 दंशोद्धार) ॥49 ॥

भ्रामरीति च मां लोकास्तदा स्तोष्यन्ति सर्वतः।
इत्थं यदा यदा बाधा दानवोत्था भविष्यति ॥50 ॥

(1 गुप्तवती) भ्रामरी तु भीमरथिरकाकिन्योः संगमेऽनुगुण्ठाख्यक्षेत्रे ततः प्राच्यां सन्नितिक्षेत्रे च चन्द्रला परमेश्वरीति नाम्ना प्रसिद्धा सैवास्माकं कुलदेवता ॥50 ॥

(2 चतुर्धरी) सर्वतः सर्वत्र वा ॥50 ॥

(3 शान्तनवी) मां देवीं भ्रामरीति च भ्रामरीत्येव स्तोष्यन्ति कीर्तियिष्यन्ति। भ्रमररस्येयमाकृत्या भ्रामरी देवी। भ्रमरस्येदं भ्रामरं रूपमाकारः। कथंभूतं भ्रामरं

रूपम् असंख्येयाः संख्यातुमशक्याः गणनातीताः षट्पदाः भ्रमराः यस्मिंस्तदसंख्येयषट्पदं भ्रामररूपविशेषणम्। देवी असंख्यभ्रमररूपमूर्तिर्भूत्वा अरुणं नाम महासुरं लोकरक्षणार्थं हनिष्यामि। यतः ततः सा भ्रामरीति नाम्ना लोके संकीर्तयिष्यन्ति सर्वत्रेति भावः। इदानीं देव्याःअवतारान्तराणां तत्कार्याणां चानन्त्यात्साकल्येन वक्तुमशक्यत्वात्संक्षिप्य तत्कथामुपसंहरति। हे देवाः इत्थमुक्तानुसारेण प्रकारेण यदा यदा दानवेभ्यः उत्तिष्ठिति दानवोत्था दानवेभ्यः समुद्भवा बाधा पीडा लोकानां भविष्यति उत्पत्स्यते ॥50॥

(4 नागोजीभट्टी) भ्रामरीति। 'तेजोमण्डलदुर्धर्षा भ्रामरी चित्रकान्तिभृत्। चित्रभ्रमणपाणिः सा महामारीति गीयते। महामाया महाकाली महामारी क्षुधा तृषा' इत्युक्तेरियमपि काल्यंशा एव। सर्वतः सर्वत्र वैवस्वतेन्तर एव षष्टितमे चतुर्युगे भ्रामर्यवतार इति लक्ष्मीतन्त्रे। इत्थमित्याद्युत्तरान्वयि ॥50॥

(5 जगच्चन्द्रचन्द्रिका) भ्रामरीति 54 ॥50॥

(6 दंशोद्धार) यदेति। अरुणाख्यः अरुणनामा। अरुणाक्ष इति वा पाठः। भ्रामरं भ्रमरसमूहात्मकम्। असंख्येया अगण्याः षट्पदा भ्रमरा यस्मिन् रूपे ॥50॥

तदा तदावतीर्याहं करिष्याम्यरिसंक्षयम् ॥51॥

इति श्रीमार्कण्डेयपुराणे देवैः कृता
नारायणीस्तुतिर्नामैकादशोऽध्यायः ॥11॥

(1 गुप्तवती) तदा तदावतीर्य एकाम्बा तुलजैकवीरायोगलादि-नाम्नाऽवतीर्य। एताः पद्मपुराणेऽष्टशतदेवीतीर्थमालाध्याये गणितास्तत एवावगन्तव्याः। ऋषिर्देवी देवा देवीति चत्वार एवोवाचमन्त्राः यथास्थानमेव सन्ति। स्तोत्रारम्भे तु देवा ऊचुरिति नास्ति ॥51॥ इति श्रीगुप्तवत्यां मन्त्रव्याख्याने एकादशोऽध्यायः ॥11॥

(2 चतुर्धरी) ॥51॥ इति श्रीसप्तशतीचतुर्धरीटीकायां नारायणीस्तुतिर्नामैकादशोऽध्यायः ॥11॥

(3 शान्तनवी) तदा तदा अहं देवी तत्तत्कार्यानुरूपमवतीर्य प्रादुर्भावमवाप्य अरिसंक्षयं शत्रुविनाशं करिष्यामि दानवोत्थेति। सुपिस्थः कर्तरि ॥51॥ इति श्रीमद्राजाधिराजश्रीमत्तोमरान्वयश्रीमदुद्धरणात्मजश्रीशन्तनुचक्रवर्तिविरचितायां

शान्तनव्यां श्रीचण्डिकामाहात्म्यटीकायां नारायणीस्तुतिविध्युपलक्षित एकादशोऽध्यायः ॥11॥

(4 नागोजीभट्टी) तदेति स्पष्टम् ॥51॥ इति शिवभट्टसुततीगर्भजनागोजीभट्टकृते सप्तशतीव्याख्याने एकादशोऽध्यायः ॥11॥

(5 जगच्चन्द्रचन्द्रिका) अथ अर्धश्लोकात्मको मन्त्रः। तदा तदावतीर्याहं करिष्याम्यरिसंक्षयमिति 55 ॥51॥ इति सप्तशतीटीकायां जगच्चन्द्रचन्द्रिकाख्यायामेकादशोऽध्यायः ॥11॥

(6 दंशोद्धार) ॥51॥ इति श्रीमद्गुल्लो० विरचितसप्तशतीदंशोद्धाराख्यटीकायामेकादशोऽध्यायः ॥11॥

Chapter - XI

Translation

The Eulogy of the Goddess.
The gods offered a hymn of praise to the goddess. She granted them the boon that she will always become incarante and deliver the world whenever it is oppressed by demons.

The ṛṣi spoke :

★ When the great lord of the Asuras was slain there by the goddess, Indra and the other gods led by Agni offered praise to her, Kātyāyanī, because they had gained their desire; and their faces shone forth, and their hopes became manifest.

★ "O goddess, who removest the sufferings of thy suppliants, be gracious!

★ Be gracious O mother of the whole world!

Be gracious O queen of the universe! safeguard the universe!

Thou, O goddess, art queen of all that is moveable and immoveable!

★ Thou alone hast become the support of the world,
Because thou dost subsist in the form of the earth!
By thee, who existest in the form of water, all
This universe is filled, O thou inviolable in thy valour!

★ Thou art Viṣṇu's energy, boundless in thy valour;

Thou art the germ of the universe, thou art Illusion sublime!

All this world has been bewitched, O goddess;

Thou indeed when attained art the cause of final emanicpation from existence on the earth!

★ All sciences are portions of thee, O goddess;

So are all females without exception in the words!

By thee alone, as mother, this world has been filled!

What praise can there be for thee? Thou art beyond praise, the sublimest expression!

★ When as being the goddess, who constitutes every created thing,

And who bestows *Svarga* and final emancipation from existence,

Thou are praised – for thy praise again

What sublime words can be sufficient?

★ O thou, who abidest under the form of Intelligence

In the heart of every living creature;

O goddess, who bestowest *Svarga* and final emancipation from existence,

O Nārāyaṇī, reverence be to thee!

★ Thou in the form of minutes, moments and other portions of time,

Dost bring results to pass;

O thou who art mighty in the death of the universe,

O Nārāyaṇī, reverence be to thee!

★ O thou who art beneficent with every happiness,

O lady auspicous, who accomplishest every petition,

O giver of refuge, O Tryambakā, O brilliant one,
O Nārāyaṇī, reverence be to thee!

★ O eternal goddess, who constitutest the energy
Of creation, permanence and destruction,
O thou abode of good qualities, who consistest of good qualities,
O Nārāyaṇī, reverence be to thee!

★ O thou who rises tin a heavenly car yoked with swans,
Who assumest the form of Brahmāṇī,
O goddess who sprinklest *kuśa*-grass-steeped water,
O Nārāyaṇī, reverence be to thee!

★ O thou who holdest a trident, the moon and a serpent,
Who art borne on a huge bull,
With the nature character of Māheśvarī,
O Nārāyaṇī, reverence be to thee!

★ O thou who art attended by the peacock and cock,
Who bearest a great spear, O sinless one;
O thou who takest thy station in Kaumārī's form,
O Nārāyaṇī, reverence be to thee!

★ O thou who holdest as thy finest weapons
A conch, disucs, club, and the bow Śārṅga,
Be gracious, O thou who hast Vaiṣṇavi's form;
O Nārāyaṇī, reverence be to thee!

★ O thou who graspest a huge formidable discus,
Who has uplifted the earth with thy tushes,
O auspicious one, who hast a hog-like form,
O Nārāyaṇī, reverence be to thee!

★ O thou who in the fierece man-lion form
Didst put forth thy efforts to slay the Daityas,
O thou who art connected with the deliverance of the three worlds,
O Nārāyaṇī, reverence be to thee!

★ O thou who hast a diadem and a great thunderbolt,
Who art dazzling with a thousand eyes,
And who tookest away Vṛtra's life-breath, O Aindrī,
O Nārāyaṇī, reverence be to thee!

★ O thou who with the nature of Śivadūtī
Slewst the mighty hosts of the Daityas,
O thou of terrible form, of loud shrieks,
O Nārāyaṇī, reverence be to thee!

★ O thou who hast a face formidable with tushes,
Who art decorated with a garland of heads,
O Cāmuṇḍā, who grindest shaven heads,
O Nārāyaṇī, reverence be to thee!

★ O thou who hast a face formidable with tushes,
Who art decorated with a garland of heads,
O Cāmuṇḍā, who grindest shaven heads,
O Nārāyaṇī, reverence be to thee!

★ O Lakṣmī, Modesty, Wide-Knowledge!
O Faith, Nourishment, Svadhā, Immoveable!
O Great-Night, Great-Illusion!
O Nārāyaṇī, reverence be to thee!

★ O Mental-Vigour, Sarasvatī, Choice One!
O Welfare, Wife of Babhru, Dark One!

O Self-controlled Queen, be thou gracious!
O Nārāyaṇī, reverence be to thee!

★ O thou who hast the nature of all, Queen of all!
O thou who possessest the might of all!
From terrors save us, O goddess!
O Goddess Durgā, reverence be to thee!
Kindly in this thy counteance,
Which is adorned with three eyes;
May it guard us from all created things!
O Kātyāyanī, reverence be to thee!

★ Formidable with flames, exceedingly sharp,
Destroying the Asuras without quarter,
May thy trident guard us from fear!
O Bhadrakālī, reverence be to thee!

★ Thy bell, that fills the world with its ringing
And destroys the glories of the Daityas,
May thy bell guard us, O goddess,
Even us like children from sins!

★ Besmirched with the blood and fat of the Asuras
As with mire, gleaming with rays,
May thy scymitar be for our welfare!
O Caṇḍikā, to thee we bow!

★ Thou destroyst all sicknesses, when gratified;
But when wrathful destroyest all longed-for desires.
No calamity befalls men who have sought unto thee!
They who have sought unto thee become verily a refuge themselves!

★ This slaughter that thou has now wrought
On the great Asuras who hate righteousness, O goddess,
By multiplying thy body in many forms, –
O Ambikā, what other goddess achieves that?

★ In the sciences, in the scriptures, which need the lamp of discrimination,
And in the ancient saying, who but thou,
Within the pit of selfishness, wherein in exceeding great darkness.
Canses this universe to whirl about most grievously?

★ Wherever dwell Rākṣasas and virulently-poisonous Nāgas,
Wherever fores exist, wherever the powers of the Dasyus,
And where flaming fire appears amide the ocean,
There abiding thou dost safeguard the universe!

★ O queen of the universe, thou safeguardest the universe!
Thou hast the nature of the universe, for thou upholdest the universe.
Thou art the lady worthy to be praised by the lord of the universe. They are
The refuge of the universe, who bow in faith before thee!

★ O goddess, be gracious! Protect us wholly from fear of our foes
Perpetually, as thou hast at this very time saved us promptly by the slaughter of the Asuras!
And bring thou quickly to rest the sins of all the worlds
And the great calamities which have sprung from the maturing of portents!

★ To us who are prostrate be thou gracious,

O goddess, who takest away affiction from the universe!

O thou worthy of prasie from the dwellers in the three worlds,

Bestow thou boons on the worlds!"

The goddess spoke :

★ I am ready to bestow a boon. O ye hosts of gods, choose whatever boon ye desire in your mind; I grant it as a thing that benefits the worlds.

The god spoke :

★ O queen of all, complete thou thus indeed the pacification of every trouble of the three worlds, and the destruction of our enemies.

The goddess spoke :

★ When the twenty-eighth age has arrived, in the Vaivasvata Manvantara, two other great Asuras shall be born, Śumbha and Niśumbha. Then born as the offspring of Yaśodā's womb in the cowhered Nanda's house, and dwelling on the Vindhya mountains, I will destroy them both. And again becoming incarnate in a very terrible form on the face of the earth, I will slay the Vaipracitta Dānavas; and when I devour those fierce and great Vaipracitta Asuras, my teeth shall become red like the flowers of the pomegranate. Hence the gods in *Svarga* and men in the world of mortals praising me shall always talk of me as "Red-toothed."

★ And again after a period a hundred years during which rain and water shall fail, praised by the munis I shall be born, but not womb-begotten, on the earth. Then because I shall behold the munish with a hundred eyes, mankind shall therefore celebrate me as "Hundred-eyed."

★ Next, O ye gods, I shall support the whole world with the life-sustaining vegetables, which shall grow out of my own body, during a period of heavy rain. I shall gain fame on the earth then as Śakambharī; and in that very period I shall slay the great Asura named Durgama.

★ And again when taking a terrible form on mount Himavat I shall destroy Rākṣasas for the sake of delivering the munis, all the munis bowing their bodies reverently shall land me then; hence my name "The terrible goddess" shall become celebrated.

★ When Aruṇākṣa shall work great rouble in the three worlds, I shall take a bee-like form, the form of innumerable bees, and shall slay the great Asura for the welfare of the three worlds, and folk shall then extol me everyone as Bhrāmarī.

★ Thus whenever trouble shall arise caused by the Dānavas, at each such time I shall become incarante and accomplish the foes' destruction.

द्वादशोऽध्यायः

देव्युवाच।

एभिः स्तवैश्च मां नित्यं स्तोष्यते यः समाहितः।
तस्याहं सकलां बाधां नाश[1]यिष्याम्यसंशयम्॥1॥

(1 गुप्तवती) देवीति इत उत्तरो भागश्चरित्रत्रयशेषोऽप्युत्तमचरित्र एवाव्यवहितत्वादन्तर्भवति। एवं प्रथमचरित्रस्य योगनिद्रां यदा विष्णुरित्यादेः पूर्वभागेऽपि ज्ञेयम्॥1॥

(2 चतुर्धरी) एभिर्मधुकैटभवधादिलक्षणैः। समाहितोऽनन्यमानाः॥1॥

(3 शान्तनवी) श्रीदेव्युवाच। यद्यपि प्रागपि देवान् देव्येवोवाच तथाप्यध्यायादौ देवीवचनस्य प्राधान्यं ध्वनयितुं देवीमाहात्म्याध्ययनश्रवणादि-फलश्रुतिप्रामाण्यं च दर्शयितुं देव्येव भगवती वाक्यमुचितां वाचं देवानुक्तवती। यः पुरुषः समाहितः भक्तिश्रद्धान्वितो भूत्वा एभिः प्रागुक्तैः स्तवैः स्तोत्रैः च पुनः पुनश्च नित्यम् अविकल्पितं यथा भवति तथा शश्वद्वा मां देवीं जगज्जननीं स्तोष्यते तस्य पुंसः अहं सकलां बाधां शमयिष्यामि। असंशयं संशयाभावः। अर्थाभावेऽव्ययीभावः। यद्वा असंशयं यथा स्यात्तथा अहं सकलां पीडां नाशयिष्यामि। स्तोष्यते। क्रियाफले कर्तृगते ञित्वादात्मनेपदम् एभिरिति ब्रह्मकृतैरिन्द्रादिदेवकृतश्च। हंसः सूर्यः परमात्मा। 'असावादित्यो ब्रह्म' इति श्रुतेः। हंसस्य कला हंसकला। बाध्यन्ते प्राणिनोऽनया बाधा संसृतिः। अविद्यमाना हंसकला परब्रह्मकला ब्रह्मविद्या यस्यां संसृतौ ममतायां सा अहंसकला बाधा मोहरूपा ममतासंसृतिः तां बाधाम् असंशयं शमयिष्यामि इत्यपि मुक्तिकामैरवगन्तव्यम्। 'रविश्वेतच्छदौ हंसौ'। यद्वा य एभिः स्तवैरपि स्तोरपि स्तोष्यते तस्य अहम् अहंकारकृता सकलां सर्वबाधां मोहमयीं ममतां संसृतिं शमयिष्यामि॥1॥

---

1. शमिष्यामि, इति पाठः।

(4 नागोजीभट्टी) देव्युवाच। एभिरिति। मधुकैटभवधादिलक्षणैरित्यर्थः। सकलाम् ऐहिकीं पारलौकीकं च। समाहितोऽनन्यमनाः ॥1॥

(5 जगच्चन्द्रचन्द्रिका) 'अष्टत्रिंशच्छ्लोकयुक्तेप्यध्याये द्वादशात्मके। एकचत्वारिंशतं तु मन्त्रास्तत्राहुतिद्वयम्। अर्धश्लोकात्मकश्लोकाः सप्तत्रिंशन्मिता' इति। अष्टभिरधिकास्त्रिशच्छलोकाः अष्टत्रिंशच्छ्लोकाः द्वादशात्मकेऽध्याये एकेन अधिका चत्वारिंशत्। एकचत्वारिंशदधिकं विंशतिद्वयमित्यर्थः। मन्त्रा मनवो वर्तन्ते इति शेषः। तत्राहुतिद्वयम् आहुत्योर्द्वयम् अर्धश्लोकात्मकम् अर्धश्लोकमन्त्रौ। श्लोकाः श्लोकरूपा मन्त्राः सप्तत्रिंशन्मिताः सप्त अधिका त्रिशन्मिताः परिमिताः। ऋषिः देव्युवाचेति चैकैकमिति ऋषिरुवाच देव्युवाचेति च एकैकं पृथक् द्वौ मन्त्रौ भवतः। एवं संख्या स्फुटोदितेति। एवंप्रकारेण संख्या एकचत्वारिंशत् स्फुटाः प्रव्यक्ताः। 'स्फुट। प्रव्यक्तमुल्बणम्' इत्यमरः। उदिताः कथिताः। तथाहि देव्युवाच स्वाहा ॥1॥ एभिः स्तवैरिति 2 ॥1॥

(6 दंशोद्धार) एभिरिति। एभिः मधुकैटभवधादिलक्षणैः समाहितः एकाग्रचित्तः ॥1॥

मधुकैटभनाशं च महिषासुरघातनम्।
कीर्तयिष्यन्ति ये तद्वद्वधं शुम्भनिशुम्भयोः ॥2॥

(1 गुप्तवती) मधुकैटभेति चरित्रत्रयोपलक्षणम् ॥2॥

(2 चतुर्धरी) एभिरित्युक्तमेव विशेषं निर्दिशति। मधुकैटभेति ॥2॥

(3 शान्तनवी) श्लोकत्रयमेकान्वयं त्रयाणामन्वयैक्यं द्रष्टव्यम्। ये पुरुषा एकचेतसः सन्तः सावधानाः सन्तः अष्टम्यां च नवम्यां च चतुर्दश्यां च पक्षद्वयेपि विशेषानुक्तितः यथा क्रममनपेक्ष्य मधुकैटभनाशं च महिषासुरघातनं च तद्वत् शुम्भनिशुम्भयोश्च वधं भक्त्या कीर्तयिष्यन्ति पठिष्यन्ति। तद्वदेव ये श्रोष्यन्ति आकर्णयिष्यन्ति भक्त्या मम माहात्म्यमुत्तमं पुण्यतमं सर्वकादुघं तेषां कीर्तयिष्यतां पुंसां च श्रोष्यतां च तेषां दुष्कृतोत्थाः दुष्कृतं दुरितं पूर्वचितं न किंचिदपि भविष्यति। दुष्कर्मसमुद्भूताः आपदश्च न भविष्यन्ति। विनश्यन्तीत्यर्थः। न च तेषाम् उभयेषां दारिद्र्यं दरिद्रता भविष्यति। आढ्या एव ते भविष्यन्तीत्यर्थः। न च तेषाम् इष्टैः सह

चेतनेतरचैतन्यैश्च पुत्रादिभिर्धनादिभिश्च वियोजनं वियोगो विश्लेषो भविष्यति। सदैव इष्टैः सह मोदिष्यन्ते इत्यर्थः। मधुकैटभयोर्नाशो यस्मिन् ग्रन्थे स तथोक्तः। तं हननं घातस्य कारणं घातनम्। ण्यन्ताल्लयूट्। महिषासुरस्य घातनं सूदनं हिंसनं मारणं यस्मिन् ग्रन्थे स तथोक्तः तम्। केचित्तु घातनस्थाने सूदनं पेठुः। षूद क्षरणे हिंसायां च। तद्वत्तथैवेत्यर्थः। वधो यस्मिन् ग्रन्थे प्रतिपाद्यत्वेन विद्यते स वधः। अर्श आदित्वादच्। शुम्भनिशुम्भयोरिति द्विवचनेन वधः सूच्यते। तेन वधानां वैषम्यात् अष्टम्यादिदिनत्रयेण यथाक्रमं कीर्तनशङ्कापि दूरीकृता। यद्वा मधुकैटभौ द्वौ एको महिषः शुम्भनिशुम्भौ द्वौ इति तेषां वधः पञ्च। अष्टमीचतुर्दशीनवम्यस्तिस्रोऽपि पक्षद्वयगतत्वेन षडिति न भविष्यति यथाक्रमेण कीर्तनप्रसङ्गदोषः। एकमनन्यवृत्ति चेतो येषां ते तथोक्ताः भजनं भक्तिरनन्यशरणताश्रयणतया। महान्तः आत्मनः अवताराः यस्याः सा महात्मा तस्या भावः माहात्म्यम्। उत्तमं श्रेष्ठतमं दुःखफलकं कर्म दुष्कृतम् आसमन्तात् पद्यन्ते गच्छन्त्याक्षिपन्ति दुःखानीत्यापादः दुस्थितयः। दरिद्रस्याकिंचनस्य भावो दारिद्र्यं निधनत्वम् इष्टैः सह वियोजनम्। वियोगो विश्लेषः ॥2॥

(4 नागोजीभट्टी) तदेवाह। मध्विति ॥2॥

(5 जगच्चन्द्रचन्द्रिका) मधुकैटभेति 3 ॥2॥

(6 दंशोद्धार) उक्तं स्फुटयति। मधुकैटभेत्यादि ॥2॥

अष्टम्यां च चतुर्दश्यां नवम्यां चैकचेतसः।
श्रोष्यन्ति चैव ये भक्त्या मम माहात्म्यमुत्तमम् ॥3॥

(1 गुप्तवती) ॥3॥

(2 चतुर्धरी) ॥3॥

(3 शान्तनवी) पूर्वश्लोकेन सहास्य श्लोकस्य व्याख्या कृतास्ति ॥3॥

(4 नागोजीभट्टी) श्रोष्यन्ति चात्पठिष्यन्ति। अष्टम्यामित्यादिमुख्य-कालकथनम् ॥3॥

(5 जगच्चन्द्रचन्द्रिका) अष्टम्यां चेति 4 ॥3॥

(6 दंशोद्धार) अष्टम्यामित्यादिमुख्यकालकथनम् ॥3॥

न तेषां दुष्कृतं किंचिद्दुष्कृतोत्था न चापदः।
न भविष्यति दारिद्र्यं न चैवेष्टवियोजनम् ॥4॥

(1 गुप्तवती) ॥4॥

(2 चतुर्धरी) ॥4॥

(3 शान्तनवी) ॥4॥

(4 नागोजीभट्टी) ने तेषामिति। दुष्कृतं पापम्। दरिद्रशब्दाद्भ्ञि दारिद्र्यम् ॥4॥

(5 जगच्चन्द्रचन्द्रिका) न तेषां दुष्कृतमिति 5 ॥4॥

(6 दंशाद्धार) ॥4॥

शत्रुतो न भयं तस्य दस्युतो वा न राजतः।
न शस्त्रानलतोयौघात्कदाचित्संभविष्यति ॥5॥

(1 गुप्तवती) ॥5॥

(2 चतुर्धरी) ॥5॥

(3 शान्तनवी) ये मम माहात्म्यं कीर्तयिष्यन्ति श्रोष्यन्ति वा तेषां कदाचिदपि शत्रुतो भयं न संभविष्यति। दस्युतः तस्करतोऽपि वा। न राजतोपि नृपान्न। न शस्त्रतः नायुधतः न अनलतः। नाग्नितः। न तोयौघान्न जलप्रवाहात्। न संभविष्यतीत्यनेन सर्वत्र संबध्नाति। शत्रुत इति। 'अपादाने चाहीयरुहोः'। इति पञ्चम्यास्तसिः। एवं दस्युत इत्यादि। शस्त्रं च अनलश्च तोयौघाश्च सर्वो द्वन्द्वो विभाषैकवद्भवति ॥5॥

(4 नागोजीभट्टी) शत्रुत इति। न शस्त्रेति संग्रामभीरुविषयम् ॥5॥

(5 जगच्चन्द्रचन्द्रिका) शत्रुतो न भयमिति 6 ॥5॥

(6 दंशोद्धार) ॥5॥

तस्मान्ममैतन्माहात्म्यं पठितव्यं समाहितैः।
श्रोतव्यं च सदा भक्त्या परं स्वस्त्ययनं म[1]हत् ॥6॥

(1 गुप्तवती) तस्मान्ममैतदिति। अस्य पठनश्रवणविधिरूपत्वेऽपि मन्त्रत्वं वसन्ताय कपिञ्जलानाल्भेतेतत्यादिविधीनामिव न विरुध्यते। एवमेतत्पूर्वोत्तराणां

1. हि तत्, इति पाठः।

कालफलोद्देशेन कर्मविधिपाणामपि मन्त्रत्वम्। श्रोतव्यं चेति चकारः पादपूरणार्थमेव न समुच्चयार्थः। पाठशक्तो शृणुयाद्वेत्यर्थः। श्रवणे फलाधिक्यमिति तु कश्चित् ॥6 ॥

(2 चतुर्धरी) परमुत्कृष्टं स्वस्ति कल्याणं तस्यायनं मार्गः स्वस्त्ययनं महद्विनाशरहितम्। हि तदिति पाठे हिर्हेतौ। माहात्म्यं कर्तृ सम्यक् ॥6 ॥

(3 शान्तनवी) तस्मात् वाञ्छितार्थसाधनत्वात् हेतुतः समाहितैः सावधानैः कृतप्रयत्नैः पुंभिः परं प्रकृष्टफलदं श्रेष्ठं महत्पूजनीयं योगक्षेमकरम् अयनं वर्त्म ऐहिकामुष्मिकफलसाधनं शरणं मम देव्याः एतन्माहात्म्यं माहात्म्यप्रतिपादकग्रन्थसंदर्भरूपं भक्त्या भजनेन पठितव्यं सदैवाभ्यसनीयं सदा सर्वदैव भक्त्या समाहितैः श्रोतव्यं च श्रवणीयम्। एतन्माहात्म्यमिति बहुव्रीहिरयं ग्रन्थरूपोन्यपदार्थः। शब्दस्यैव पाठश्रवणयोग्यत्वेन विषयभावात्। एतदिति तु पृथक्पदत्वे माहात्म्यं प्रतिपाद्यं तद्यत्रास्ति ग्रन्थवृन्दे तदप्युपचारान्मन्वर्थीयेन अर्शआद्यचा माहात्म्यशब्देनोच्यत इति पठनश्रवणयोग्यं द्रष्टव्यम्। 'स्वस्त्याशीः क्षेमपुण्येषु मङ्गलेष्वव्ययं स्मृतम्'। स्वस्त्ययसन क्षेमपुण्यावाप्तिमादित्यर्थः ॥6 ॥

(4 नागोजीभट्टी) सद्वा नित्यम्। हि यतः तन्माहात्म्यं स्वस्ति कल्याणं तस्यायनं मार्गः ॥6 ॥

(5 जगच्चन्द्रचन्द्रिका) तस्मान्ममैतदिति 7 ॥6 ॥

(6 दंशोद्धार) तस्मादिति। परं श्रेष्ठं स्वस्ति कल्याणस्यायनं स्थानं महदविनाशि। हि तदिति पाठो वा ॥6 ॥

उपसर्गानशेषांस्तु महामारीसमुद्भवान्।
तथा त्रिविधमुत्पातं माहात्म्यं शमयेन्मम ॥7 ॥

(1गुप्तवती) त्रिविधमुत्पातं दिव्यभौमान्तरिक्षभेदेन आध्यात्मिकाधिदैविकाधिभौतिकभेदेन वा ॥7 ॥

(2 चतुर्धरी) उपसर्गान्महामारीसमुद्भवान् महाजनक्षयात् सम्यक् उद्भवो जन्म येषामुपसर्गाणाम्। उत्पातमकुशलं त्रिविधं दिव्यान्तरिक्षभौमभेदादाधि-दैविकाधिभौतिकाध्यात्मिकभेदात् त्रिविधम्। आधिदैविकं वज्रादि। आधिभौतिकम् उपसर्गादि। आध्यात्मिकं ज्वरादि शोकादि च। माहात्म्यं कर्तृ। सम्यक् पाठादवधारणे वा ॥7 ॥

(3 शान्तनवी) मम देव्याः माहात्म्यं कर्तृ भक्तितः पठतां भक्तितः शृण्वतां च पुंसां महामारीसमुद्भवानशेषान्सर्वानुपसर्गानुपद्रवाञ्शमयेद्दूरीकुर्यात्। न केवलमुपसर्गानेव शमयेदपि तु तथा तद्वत्तेषां पुंसां त्रिविधं त्रिःप्रकारम् उत्पातं शुभं वाशुभं व सूचयन्त्युत्पाताः। इह तु दुष्कर्मफलमशुभं सूचयन्तं हेतुं च शमयेत्। त्रिविधम् आध्यात्मिकम् आधिभौतिकम् आधिदैविकं चेति त्रिःप्रकारम्। आध्यात्मिकं शरीरोत्पन्नं रागद्वेषादिकं च। आधिभौतिकं प्रेतादिजनितं भयभ्रमादिकम्। आधिदैविकं देवकृतं वज्रपातादिकं दारिद्र्यादिकं च यद्वा भूर्भुवःस्वःसंभवमुत्पातत्रयं शमयेत्। 'भूर्लोकोऽयं स्मृतो भूमिरन्तरिक्षं भुवः स्मृतम्। स्वराख्यश्च तथा स्वर्गस्त्रैलोक्यं तदिदं स्मृतम्। भूकम्पादि भौमुत्पातं शमयेत्। अन्तरिक्षजनितमुत्पातमनभ्रगर्जनं शमयेत्। स्वर्लोकजनितमुत्पातम-सकृदनेकोडुपतनं शमयेत्। महामारीसमुद्भवानिति। मृङ् प्राणत्यागे। स्त्रियां 'इक्कृष्यादिभ्यः'। छान्दसो गुणः। यद्वा औणादिकः सर्वधातुभ्य इन्। स्त्रियां कृदिकारादक्तिनो वा ङीष्। महती मारी महामारी। 'अन्येषामपि दृश्यते' इति पूरुषवद्दीर्घः। महामार्या समुद्भवाः महामारीसमुद्भवाः तान् शमयेत्। यद्वा मारयति मारः कालः। पचाद्यच्। मारस्य कालस्य भावः मार्यम्। भावे ष्यञ्। मार्यमेव मारी। स्त्रियां षित्त्वान्ङीष्। महती मारी तस्यैव समुद्भवान् शमयेत्॥7॥

(4 नागोजीभट्टी) उपसर्गानिति। माहात्म्यं कर्ता। महामारी जनक्षयकरी देवता तस्याः समुद्भवो येषां तानुपसर्गानुपद्रवान् तथा त्रिविधम्। व्याधिरागद्वेषाधिरूपम् आध्यात्मिकम्। भूतप्रेतादिजं भयभ्रमाद्याधिभौतिकम्। दैवकृतवज्रपातदारिद्र्याद्याधिदैविकम्। तद्रूपमुत्पातमनिष्टं दिव्यं भौममान्तरिक्षं चेति त्रिविधमुत्पातं च॥7॥

(5 जगच्चन्द्रचन्द्रिका) उपसर्गानिति 8॥7॥

(6 दंशोद्धार) उपसर्गानिति। महती मारी जनक्षयः स एव सम्यगुद्भवो येषां तानुपद्रवान्। त्रिविधं भौमान्तरिक्षदैवभेदेन उत्पातमनिष्टसूचकम्। यद्वा त्रिविधमाध्यात्मिकाधिभौतिकाधिदैविकभेदेन उत्पातमकुशलम्। आध्यात्मिकं चिन्तादि। आधिभौतिकं परचक्रादि। अधिदैविकं वज्रादि। माहात्म्यं कर्तृ॥7॥

यत्रैतत्पठ्यते सम्यङ्नित्यमायतने मम।
सदा न तद्विमोक्ष्यामि सान्निध्यं तत्र मे स्थितम्॥8॥

(1 गुप्तवती) ॥8॥

(2 चतुर्धरी) न विमोक्ष्यामि न त्यक्ष्यामि ॥8 ॥

(3 शान्तनवी) यत्र मम देव्याः आयतने गृहे शक्तिप्रतिमादिमन्दिरे मद्रूपदेवतालये एतत्प्रागुक्तचरित्रत्रयोपेतं माहात्म्यं नित्यं प्रतिदिनं सम्यक् अर्थतः पदतश्च शुद्धं पठ्यते भक्तितः पुंभिः तत् आयतनं गृहंसदा सर्वदा न विमोक्ष्यामि। तत्र गृहे स्वलु मे देव्याः सान्निध्यं सन्निधानं समवस्थानं स्थितं स्थितिमदभूत्। स्वस्थानादित्यर्थः ॥8 ॥

(4 नागोजीभट्टी) यत्रेति। यत्रायतने गृहे मम मत्संबन्ध्येतत्सम्यगर्थावधारणपूर्वकम् अस्स्वलितवर्णादि च ॥8 ॥

(5 जगच्चन्द्रचन्द्रिका) यत्रैतत्पठ्यत इति 9 ॥8 ॥

(6 दंशोद्धार) यत्रेति। सम्यक् अर्थावधारणपूर्वकं यथोक्तप्रकारेण। प्रकारश्चोक्तो हरगौरीसंवादे वाराहीतन्त्रे। 'आधारे स्थापयित्वा तु पुस्तकं वाचयेत्ततः। हस्तसंस्थापनाद्देवी निहन्त्यर्धफलं यतः। यावन्न पूर्यतेऽध्यायस्तावन्न विरमेत्पठन्। अनुक्रमं पठेद्देवि शिरःकम्पादिकं त्यजेत्। भ्रमादध्यामध्ये चेद्विरामो भवति प्रिये। पुनरध्यायमारभ्य पठेतसर्वं मुहुस्ततः। हुनेत्प्रदीपिते वह्नौ तिलधान्यादितण्डुलान्। धर्मकामार्थसंसिद्ध्यै मोक्षार्थी पायसं हुनेत्' इत्यादि। विस्तरस्तन्त्रान्तरेषु बोध्यः। ग्रन्थविस्तरभयान्नेह प्रपञ्चितः ॥8 ॥

बलिप्रदाने पूजायामग्निकार्ये महोत्सवे।
सर्वं ममैतच्चरितमुच्चार्यं श्राव्यमेव च ॥9 ॥

(1 गुप्तवती) पुरुषार्थत्वेन विधाय क्रत्वर्थतयापि विधत्ते। बलिप्रदान इति। तत्र (तथा न) दध्ना जुहुयादितिवदङ्गाङ्गिभावो द्रष्टव्यः ॥9 ॥

(2 चतुर्धरी) बलिप्रदाने पश्चादुपहारोपढौकने पूजायां गन्धादिदाने अग्निकार्ये अग्निहवने महोत्सवे पुत्रोत्पत्तिविवाहादौ उच्चार्यं पठनीयम्। ॥9 ॥

(3 शान्तनवी) बलिप्रदाने पूजायाम् अग्निकार्ये महोत्सवे च सर्वं समस्तम् एतत् मम देव्याश्चरितं चरित्रम् उच्चार्यम् अवश्यं पठनीयम्। ऋहलोर्ण्यत्। श्राव्यम् अवश्यं श्रोतव्यं च। 'ओरावश्यके' ण्यत्। यद्वा ण्यन्तादचो यत्। श्राव्यं श्रावयितव्यं सर्वं जपनीयम्। एकदेशजपे तु छिद्रता स्यात्। महानवम्यादौ छागमेषमहिषमहापशुभिर्बलिदानं देवतोद्देशेन

पशुसमर्पणम्। ददातेर्ल्युट्। यद्वा दो अवखण्डने। पूजा पुष्पोपहारदीपादिसमर्पणम्। यद्वा अलंकरणं वस्त्रस्त्रक्चन्दनवाहनच्छत्रचामरादिभिः कुमारीसुवासिन्योः समर्चनं पूजा। अग्निकार्यं फाल्गुने मासि अग्निज्वालार्चनम्। यद्वा देवीमाहत्म्यरूपमालामन्त्रपुरश्चरणान्ते विहितहोमाग्निकार्यम्। एतल्लक्षणो महोत्सवः। यद्वा चैत्रे वसन्तोत्सवः 1, वैशाखे वारणपुष्पप्रचायिकोत्सवः 2, ज्येष्ठे जलक्रीडोत्सवः 3, आषाढे इन्द्रध्वजोत्थानोत्सवः 4, श्रावणे दोलान्दोलोत्सवः 5, भाद्रपदे इन्द्रपाणिधनुरर्चनोत्सवः 6, आश्वयुजि शारदोत्सवः 7, कार्तिके दीपोत्सवः 8, मार्गशीर्षे मनूदयोत्सवः 9, पौषे निधिपूजोत्सवः 10, माघे मेरूत्सवः 11, फाल्गुने गन्धर्वोत्सवः 12, एतेषु संपूर्णं देवीचरितं पठनीयमिति भावः। तथा श्रवणीयं च यद्वा महोत्सवः सर्वश्रुतिपारायणम्। यद्वा वदतेः कर्तरि क्विप्। वदतीष्टदेवतामित्युद्देवीप्रणवः। महान् उत् मन्त्रो यस्मिन्स महोत् स चासौ सवश्चेति महोत्सवो मन्त्रदीक्षाख्यो यज्ञः तस्मिन्। यद्वा उन्दी क्लेदने। उन्दनम् उत्। स्त्रियां भावे संपदादिभ्यः किब्बा वक्तव्यः। उदः सवो दीक्षायज्ञः उत्सवः सुधोत्सवः महानुत्सवः सुधोत्सवो यस्मिन्ननुग्रहे स महोत्सवः तस्मिन् ॥9 ॥

(4 नागोजीभट्टी) बलीति। बलिप्रदानं देवतोद्देशेन पश्वाद्युपहारः। पूजा गन्धादिनार्चनम्। अग्निकार्यं देवीदैवत्यो होमः महोत्सवः पुत्रजन्मविवाहादि उच्चार्यम् इति द्विजविषयम् ॥9 ॥

(5 जगच्चन्द्रचन्द्रिका) बलिप्रदाने इति 10 ॥9 ॥

(6 दंशोद्धार) बलीति। बलिप्रदाने पश्वाद्युपहारे पूजायां गन्धादिना अग्निकार्ये हवने महोत्सवे पुत्रोत्पत्तिविवाहादौ उच्चार्यं पठनीयम् ॥9 ॥

जानताऽजानता वापि बलिपूजां तथा कृताम्।
प्र[1]तीक्षिष्याम्यहं प्रीत्या वह्निहोमं तथा कृतम् ॥ 10 ॥

(1 गुप्तवती) क्रतूपकारकत्वेनाङ्गत्वं द्रढयति। जाननेति। 'ज्ञात्वा कर्माणि कुर्वीत' इतिवचनादिना ज्ञानस्य कर्माङ्गत्वेन तत्स्वरूपमजानता कृतानां बल्यादिकर्मणां यद्वैगुण्यं तदेतस्य पठनश्रवणान्यतरेण निवर्तत इति भावः। प्रतीक्षिष्याभि गृह्णामि ॥10 ॥

---

1. प्रतीच्छिष्याम्यहं, इति पाठः।

(2 चतुर्धरी) जानता विधिज्ञेन अजानता तदज्ञेन। तथा तेन प्रकारेण विधिनेत्यर्थः। बलिना पूजया बलिसहिता वा पूजा तां प्रति प्रतीक्षिष्यामि ग्रहीष्यामि। मन्माहात्म्योदीरणेनेति भावः ॥10॥

(3 शान्तनवी) तथा तेन प्रकारेण शास्त्रोक्तप्रकारेण इति कर्तव्यतां गुरूपदिष्टेष्टदेवताराधनसाधनसामग्री संभावनीयोपक्रमोपसंहृतिक्रियाक्रमं जानताऽजानतापि वा भक्तिमता पुंसा कृतां बलिं पशुबलिप्रदानं तथा तेन कृतां पूजां च। तथा तेन कृतं वह्निहोमं वह्नौ तिलमध्वादिहोमद्रव्यप्रक्षेपं च प्रीत्याऽहं देवी प्रतीक्षिष्यामि प्रतिग्रहीष्यामि स्वीकरिष्यामि। पतच्छ्रितं प्रतीच्छं स्यात्। पतच्छ्रयणं प्रतीच्छा। प्रतीच्छास्त्यस्य प्रतीच्छः कश्चित्। अर्शआदित्वादच् ततस्तद्वदाचरतीत्याचारे क्विप्। सनाद्यन्तत्वाद्धातुत्वात्प्रतीच्छधातोर्भविष्यति काले लृट् स्यप्रत्ययः इडागमः। 'अतो लोपः'। 'इण्कोः'। 'आदेशप्रत्यययोः' इति षत्वम्। प्रीतिक्षिष्यामीति पाठे ईक्ष दर्शने। अनुदात्तेत्त्वनिबन्धमात्मनेपद-विधानमनित्यमिति चक्षिङो ङित्करणं ज्ञापकमित्युक्तत्वात्परस्मैपदम्। बलिपूजामित्येकपदत्वापाठे तु बलिना पशुविशसनेन सह कृता पूजा बलिपूजा ताम्। बलिरूपा वा पूजा सत्कारः बलिपूजा ताम् ॥10॥

(4 नागोजीभट्टी) तत्फलमाह। जानतेति। जानता विधिज्ञेन अजानता तदज्ञेन बलिसहितां पूजां तथा वेद्यावेद्यप्रकारेण मन्माहात्म्योदीरणादौ सति यथाकथंचिदपि कृतमेतत्प्रतीक्षिष्याभि। अङ्गीकरिष्यामीत्यर्थः ॥10॥

(5 जगच्चन्द्रचन्द्रिका) जानताऽजानतेति 11 ॥10॥

(6 दंशोद्धार) जानतेति। जानता विधिज्ञेन अजानता अविधिज्ञेन। मन्माहात्म्योदीरणेन कृतां बलिपूजां बलिसहितां पूजां वह्निहोमं च प्रतीक्षिष्यामि ग्रहीष्यामि ॥10॥

शरत्काले महापूजा क्रियते या च वार्षिकी।
तस्यां ममैतन्माहात्म्यं श्रुत्वा भक्तिसमन्वितः ॥11॥

(1 गुप्तवती) शरत्काले शारदनवरात्रे वार्षिकी वर्षस्य वत्सरस्यारम्भे क्रियमाणा। चैत्रनवरात्र इत्यर्थः। चकारादाषाढपौषनवरात्रयोरपि ग्रहणम्। तयोरपि देवीभागवतादौ प्रसिद्धत्वात्। 'प्रतिवत्सरं कुर्याच्छारदं वार्षिकं तथा' इति तन्त्रान्तरे द्वयोरेव ग्रहणमुपलक्षणमित्यपि सुवचनम्। 'आषाढस्य प्रथमदिवसे

मेघमाश्लिष्टसानुम्' इति व्यवहारादिभिः वार्षिकपदं वृष्ट्यारम्भे क्रियामाणपरमित्यपि सुवचमेव। प्रतिवर्षति क्रियामाणेति व्याख्या तु नातीव स्वरसा ॥11॥

(2 चतुर्धरी) महापूजा दुर्गोत्सवरूपा। वार्षिकी प्रतिवर्षभवा ॥11॥

(3 शान्तनवी) अदः श्लोकद्वयमेकान्वयसं वेदितव्यम्। या च प्रसिद्धा वार्षिकी महापूजा शरत्काले क्रियते तस्यां विषये मम देव्याः एतन्माहात्म्यं चरित्रं यत्र लक्षणपूर्वकं संपूर्णं भक्तिसमन्वितः मनुष्यः पठित्वा श्रुत्वा च यथयोगं मत्प्रसादेन सर्वबाधाविनिर्मुक्तः धनधान्यसमन्वितः। यद्वा धनधान्यसुतान्वितः भविष्यति। संशयो नात्र कर्तव्यः। वर्षेण निर्वृत्ता वार्षिकी सांवत्सरिकी पूजा। 'तेन निर्वृत्तम्' इति ठक्। स्त्रियां ङीप्। सर्वाबाधेति पाठे तु आसमन्ताद्बाधा आबाधा महती पीडा तया विनिर्मुक्तः। ततो वा शरत्काले पितृपक्षादनन्तरं प्रतिपदमारभ्य दशमीपर्यन्तं देव्या महापूजा। संशयो नेति शास्त्रप्रामाण्यकीर्तनमेतत् ॥11॥

(4 नागोजीभट्टी) शरदिति। शरत्काले आश्विनशुक्लप्रतिपदमारभ्य क्रियमाणा दुर्गोत्सवरूपा। या च वार्षिकी। वर्षशब्दो वर्षादौ लाक्षणिकः। तेन चैत्रशुक्लप्रतिपदमारभ्य क्रियमाणा इत्यर्थः ॥11॥

(5 जगच्चन्द्रचन्द्रिका) शरत्काले इति 12 ॥11॥

(6 दंशोद्धार) शरत्काल इति।। शरत्काले शारदनवरात्रे महापूजा दुर्गोत्सवरूपा। वार्षिकी प्रतिवर्षभवा ॥11॥

स[1]र्वाबाधाविनिर्मुक्तो धनधान्यसुतान्वितः।
मनुष्यो मत्प्रसादेन भविष्यति न संशयः ॥12॥

(1 गुप्तवती) ॥12॥

(2 चतुर्धरी) ॥12॥

(3 शान्तनवी) अयं पूर्वश्लोकेन सह व्याख्यातः ॥12॥

(4 नागोजीभट्टी) ॥12॥

(5 जगच्चन्द्रचन्द्रिका) सर्वाबाधेति 13 ॥12॥

(6 दंशोद्धार) ॥12॥

---

1. सर्वबाधा, इति पाठः।

श्रुत्वा ममैतन्माहात्म्यं तथा चोत्पत्तयः शुभाः।
पराक्रमं च युद्धेषु जायते निर्भयः पुमान्॥13॥

(1 गुप्तवती) ॥13॥

(2 चतुर्धरी) उत्पत्तय इति अध्यवसायात् कर्मणि प्रथमा। ममैतन्माहात्म्यं तथा उत्पत्त्यश्च एतच्छ्रुत्वेति साध्याहारोऽन्वय इति कश्चित्॥13॥

(3 शान्तनवी) एतत् त्रिविधं चरित्रत्रयलक्षणं मम देव्या माहात्म्यं महान्तं प्रभावं भक्तितः श्रुत्वा गुरुतो गृहीत्वार्थावबोधपर्यन्तम् अधीत्य च पुमान् युद्धेषु निर्भयो जायते। तथा मम देव्याः शुभाः जगदभ्युदयकरीः पृथक् उत्पत्तीः ब्रह्माण्यादिमहाशक्तिरुपप्रादुर्भूतीः श्रुत्वा हृद्याकलय्य पुमान् युद्धेषु निर्भयो जायते। तथा मम देव्याः पराक्रमांश्च वीरकर्मणि च श्रुत्वा युद्धेषु निर्भयो जायते। यद्वा युद्धेषु मम पराक्रमांश्च श्रुत्वा निर्भयो जायते पुमान्। तथा चोत्पत्तयः शुभाः इति पाठे 'व्यत्ययो बहुलं' इति शसः प्रसङ्गे जसः प्रयोगः छान्दसः। युद्धेष्वपि बहुवचनमन्येष्वपि भयकारणेषु निर्भयत्वार्थम्। यु मिश्रणे अदादिः। संपदादित्वाद्भावे स्त्रियां क्विप्। यवनं युत् मिश्रणं पापसंपर्कः तस्यां युति। यद्वा युञ् बन्धने क्र्यादिः। यवनं युत् बन्धनं तस्यां युति। ओहाङ् गतौ। जुहोत्यादिः संपादित्वात्क्विप्। हीनं हाः निरयादिगतिः तस्याम्। इः कामः तस्मिन्विषये निर्भयः पुमान् जायते। अथ च युद्धेषु संग्रामेषु निर्भयो जायते। 'निर्निश्चयनिषेधयोः' 'शक्त्युद्योगौ पराक्रमौ'॥13॥

(4 नागोजीभट्टी) उत्पत्तयः प्रादुर्भावान्। द्वितीयार्थे प्रथमा। पराक्रमं चेति पूर्वान्वयि। युद्धेष्वित्युपलक्षणम्॥13॥

(5 जगच्चन्द्रचन्द्रिका) श्रुत्वा ममैतदिति 14॥13॥

(6 दंशोद्धार) श्रुत्वेति। मम एतच्छ्रुत्वा। एतत्किम्। माहात्म्यम् उत्पत्तयश्चेति योज्यम्। श्रुत्वेत्यत्रान्वये तूत्पत्तिरिति कर्मणि द्वितीया स्यात्॥13॥

रिपवः संक्षयं यान्ति कल्याणं चोपपद्यते।
नन्दते च कुलं पुंसां माहात्म्यं मम शृण्वताम्॥14॥

(1 गुप्तवती) ॥14॥

(2 चतुर्धरी) नन्दते वर्धते। कुलं वंशः॥14॥

(3 शान्तनवी) भक्तितः मम देव्याः माहात्म्यं शृण्वताम् आकर्ण्यमानानां पुंसां नृणां रिपवः शत्रवः संशयं नाशं यान्ति। कल्याणे च मङ्गलम् उपपद्यते। कल्याणं कर्तृ। पद गतौ। दिवादिः। उप समीपं गच्छति। उपजायत इति पाठे तु उद्भवतीत्यर्थः। कुलं गोत्रं च नन्दते। टुनदि समृद्धौ। परस्मैपदी। कर्तरि कर्मव्यतिहारे त्वात्मनेपदम्। यद्वा ण्यन्तात्कर्मकर्तरि यगात्मनेपदं च। नन्दते च कुलं पुंसाम् इति च पाठः। नन्द्यते च कुलैः पुंसामिति पाठे भावे यक् आत्मनेपदं च। 'संततिर्गोत्रजननकुलान्यभिजनान्वयौ' 'कुलं गृहे च वंशे च भूमिग्राहिणि च त्रिषु' ॥14 ॥

(4 नागोजीभट्टी) उपपद्यते प्राप्यते। कुलं च तन्तते वर्धते ॥14 ॥

(5 जगच्चन्द्रचन्द्रिका) रिपव इति 15 ॥14 ॥

(6 दंशोद्धार) ॥14 ॥

शान्तिकर्मणि सर्वत्र तथा दुःस्वप्नप्रदर्शने।
ग्रहपीडासु चोग्रासु माहात्म्यं शृणुयान्मम ॥ 15 ॥

(1 गुप्तवती) नैमित्तिकत्वेनाप्येतद्विधत्ते। शान्तीति। शृणुयादिति पाठस्याप्युपलक्षणम् ॥15 ॥

(2 चतुर्धरी) शान्तिकर्मण्युपसर्गादिनिवर्तने। दुःस्वप्नोऽनिष्टसूचकः स्वप्नः। उग्रासु तीव्रविपाकासु ग्रहपीडासु बुधादिकृतविपाकेषु ॥15 ॥

(3 शान्तनवी) उत्पातसूचितोपद्रवाणां सर्वत्र सर्वस्मिञ्शान्तिकर्मणि तथा दुःस्वप्नदर्शनेः दुष्टफलकस्वप्नदर्शने उग्रासु अत्यनिष्टफलासु ग्रहकृतासु पीडासु मम देव्या माहात्म्यं शृणुयात्पुरुषः। तच्छ्रवणादेव तस्यापि पुंसः सर्वबाधोपशान्तिर्भवति। सर्वेष्वर्थसिद्धिश्चेति भावः ॥15 ॥

(4 नागोजीभट्टी) शान्तिकर्म उपसर्गादिनिवर्तकं कर्म तस्मिन्। तत्स्थान इत्यर्थः। अन्ये सप्तम्यौ विषयार्थे ॥15 ॥

(5 जगच्चन्द्रचन्द्रिका) शान्तिकर्मणीति 16 ॥15 ॥

(6 दंशोद्धार) शान्तीति। शान्तिकर्मणि उपसर्गनिवर्तने। दुःस्वप्नोऽनिष्टसूचक स्वप्नः ॥15 ॥

उपसर्गाः शमं यान्ति ग्रहपीडाश्च दारुणाः।
दुःस्वप्नं च नृभिर्दृष्टं सुस्वप्नमुपजायते॥16॥

(1 गुप्तवती) दुःस्वप्नमिति। दुष्टोऽसत्फलप्रदः स्वप्नो यस्य दर्शनस्य विषयस्तद्दुष्टं दर्शनं सुस्वप्नं सत्फलप्रदस्वप्नविषयकं भवति। नृभिरित्यस्य पठितृश्रोतृमनुष्यपरत्वेन तद्विशेषणांशस्य करणत्वभिप्रायेण विशिष्टे तृतीया। दृष्टमिति तुभावे क्तः। दुःस्वप्नादिपदयोर्बहुव्रीह्योस्तद्विशेषणत्वान्नपुंसकता। छान्दसो लिङ्गव्यत्यय इति तु केचित्। लक्षणया तत्फलपरत्वान्नपुंसकतेति कतिपयानां समर्थनं तु चिन्त्यमेव। गङ्गापदस्य तीरपरत्वेपि नपुंसकदर्शनात्॥16॥

(2 चतुर्धरी) ॥16॥

(3 शान्तनवी) पूर्वोक्तं पुनर्व्यनक्ति। मम देव्याः माहात्म्यश्रवणा- दुपसर्गाः बाधाः अतिवृष्ट्यादयः शमं यान्ति। यद्वा उपसर्गाः उत्पाताः प्रकृतिविरुद्धेतयः ताः बाधाश्च शमं प्रकृतिं यान्ति। ततः 'अजन्यं क्लीबमुत्पात उपसर्गः समं त्रयम्,। तथा तत एव दारुणाः भयानकाः ग्रहपीडाः आदित्यादिग्रहकृताः बाधाश्च शमं यान्ति। तत एव च नृभिर्दृष्टं दुःस्वप्नं दुष्टः स्वप्नो यस्मिंस्तद्दुःस्वप्न सुस्वप्नं शोभनः स्वप्नो यस्मिन् फले तत् सुस्वप्नम् उपजायते संपद्यते। दुःस्वप्नसूचितं यत् दुष्टं फलमेष्यत्तत् सुस्वप्नसूचितमेव फलं संपद्यत इति भावः। अतर्कितप्राप्यफलो हि मणिमन्त्रौषधिदेवताप्रभावः। दुःस्वप्नमुस्वप्नयोर्नियतपुल्लित्वेपि बहुव्रीहौ फलेऽन्यपदार्थे विवक्षिते नपुंसकतोपपत्तिः। अथवा अर्धर्चादौ स्वप्नशब्दो नास्त्येव। अन्यथाऽस्य पुंनपुंसकतोपपद्येत। दुःस्वप्नश्च नृभिर्दृष्टः सुस्वप्न उपजायत इत्यपि पाठे नास्त्येवार्थभेदः॥16॥

(4 नागोजीभट्टी) तदेव विवृणोति। उपसर्गा इति। दुःस्वप्नशब्दस्तु फले इति नपुंसकत्वम्॥16॥

(5 जगच्चन्द्रचन्द्रिका) उपसर्गा इति 17॥16॥

(6 दंशोद्धार) ॥16॥

बालग्रहाभिभूतानां बालानां शान्तिकारकम्।
संघातभेदे च नृणां मैत्रीकरणमुत्तमम्॥17॥

(1 गुप्तवती) संघातभेदे सजातीयानां यूथ्यानां मिथो वैमनस्ये॥17॥

(2 चतुर्धरी) बालग्रहा मातृग्रहादयः। संघातभेदे मैत्रीविघटने ॥17॥

(3 शान्तनवी) बालानां माणवकानां शिशूनां ग्रहाः पीडाकराः हिंस्राः भूताः पूतनादयः श्मशानादिवासिनो दृष्टिबन्धिहृद्बन्धिगलबन्ध्यन्त्रवबन्धि-नाभिबन्धिशुक्रबन्ध्युपस्थबन्धिरुधिरशोषिपिशितशोषितमूत्रशोषिलालाशोषि-प्रभृतयश्च तैरभिभूतानामाक्रान्तानां तिरस्कृतानां बालानां शान्तिकारकम् उपशमनकारकं मम देव्याः माहात्म्यश्रवणम् उत्तमाश्रयणीयम् किं च नृणामेककार्यकारिणां कथंचित्परकृतोच्चाटनप्रयोगतः संघातभेदे मित्रत्वभेदे प्रसक्ते सति मन्माहात्म्यश्रवणोमेवोत्तमं मैत्रीत्वकरणं भवति नान्यदिति भावः॥17॥

(4 नागोजीभट्टी) बालग्रहाः पूतनाद्याः। संघातभेदे मैत्रीविघटने ॥17॥

(5 जगच्चन्द्रचन्द्रिका) बालग्रहेति 18 ॥17॥

(6 दंशोद्धार) बालेति। बालग्रहाः डाकिन्यादयः संघातभेदे मैत्रीभेदे ॥17॥

दुर्वृत्तानामशेषाणां बलहानिकरं परम्।
रक्षोभूतपिशाचानां पठनादेव नाशनम्॥18॥

(1 गुप्तवती) दुर्वृत्तानामिति। 'वादी मूकत रङ्कति क्षितिपतिर्वैश्वानरः शीतति क्रोधी शान्तति दुर्जनः सुजनति क्षिप्रानुगः खञ्जति' इत्यादिश्लोकप्रसिद्धफलप्रद इत्यर्थः॥18॥

(2 चतुर्धरी) ॥18॥

(3 शान्तनवी) दुष्टं वृत्तं चरितं येषां ते दुष्टाचाराः दुर्वृत्ताः प्राणिनः तेषामशेषाणां परं श्रेष्ठं बलहानिकरं बलविनाशरूपं मन्माहात्म्यमुत्तमं कृञो हेतौ टः। किंच रक्षसां मायोपजीविनां लंकादिवासिनां भूतानां बालग्रहादीनां पिशाचानां पिशिताशिनां तामसानां च पीडकानाम् अदृश्यरूपाणां मम माहात्म्यस्य पठनादेव नाशनं दूरीकरणं भवति॥18॥

(4 नागोजीभट्टी) दुर्वृत्तानां दुष्टानां व्याघ्रसूचकानाम्॥18॥

(5 जगच्चन्द्रचन्द्रिका) दुर्वृत्तानामिति 19 ॥18॥

(6 दंशोद्धार) ॥18॥

सर्वं ममैतन्माहात्म्यं मम सन्निधिकारकम्।
पशुपुष्पार्घधूपैश्च गन्धदीपैस्तथोत्तमैः॥19॥

(1 गुप्तवती) ॥19॥

(2 चतुर्धरी) अर्घोऽष्टाङ्गः। 'आपः क्षीरकुशाग्राणि दधिचन्दमक्षताः। तिला यवाश्च सिद्धार्था अष्टाङ्गोर्घः प्रकीर्तितः'॥19॥

(3 शान्तनवी) सर्वं कृत्स्नम् एतदादिमध्यावसानलक्षणं मम देव्याः सान्निध्यभावस्य कारकं नैकट्यकारकं मम सान्निध्यादिकारकं प्रापकं पठ्यमानं सदिति भावः। श्लोकद्वयमिदमेकान्वयं वेदितव्यम्। पुंभिरेभिः प्रकारैर्वत्सरेण यत्क्रियते मे मह्यं देव्यै प्रीतिः सा अस्मिन्माहात्म्ये सकृदेकवारमेव उच्चरिते पठिते वा श्रुते वा भक्तिमद्भिः सर्वकामदुघोपार्जितैव स्यात्। पशुभिश्चतुष्पाद्भिः छागमेषमहिषमताङ्गादिभिः। द्विपाद्भिः महापशुभिश्च नरैः पुष्पैः सुरभिसंभृतैः अर्घैः पूजाङ्गैः मधुघृतादिभिः धूपैः कर्पूरागुरुमृगमदादिगार्भतैः बहुरूपादिभिः नानाकृतिगन्धैः। चशब्दात् श्रीवासादिधूपा गृह्यन्ते। तैः गन्धैः गन्धसारघनसाररक्तचन्दमृगमदकङ्कोला-गुरुकुङ्कुमादिभिः दीपैः कर्पूरघृतादिप्रवर्तितैर्माणिक्यमहोभिरुपकल्पितैः सूर्यमहोभिश्चन्द्रमहोभिरुडुमहोभिः परमात्मपरज्योतिर्भिश्चोपकल्पितैरर्पितैः अत एवंविधैः उत्तमैः श्रेष्ठतमैः। तथा उत्तमैः विविधैः विप्राणां कर्तव्यैर्भोजनैः षड्रसोपेतैः भोज्यैः अन्नादिभिरुचितैः तथा विविधैर्होमैः तथाहर्निशं दिवानिशं विविधैः प्रेक्षणीयैर्दर्शनीयैर्नृत्यगीतवाद्यैः तथा अन्यैश्च विविधैर्भोगैः तथा दानैः मत्प्रीत्यर्थैर्विविधैः दानैर्वितरणैः। चशब्दाद्वस्त्रा- लंकारपूजादिभिः साधनैः वत्सरेण संवत्सरेण या मे प्रीतिः सकलकामदुघाभक्तैः क्रियते या अस्मिन् प्राज्ञप्रपञ्चिते मम माहात्म्ये सकृदेवारं भक्तयोच्चारिते पठिते श्रुते वा साधयितुं सुगमेत्यर्थः। यद्वा सुकृत् सर्वदा। यद्वा सकृत् सह द्वित्रैः पुंभिः पञ्चषैः सप्ताष्टैः एकद्वित्रिचतुरैरेकेन वोच्चरिते श्रुते वेत्यर्थः। 'सहार्थे चैकवारे च सदार्थे चाव्ययं सकृत्'। सकृत्सुचरिते श्रुते इति पाठे श्रुतशब्दतः श्रवणस्य प्राधान्यम्। सुचरिते देव्याः शोभने त्रैलोक्यहिते चरिते सकृदेव श्रुते तस्याः प्रीतिः सर्वार्थसाधनी भवति। भक्तवर्गस्येति भावः। प्रोक्षणीयैरहर्निशमिति पाठे तु कश्चिदाह। मन्त्रपूतजलोक्षण-संस्कृततच्छागादिपशुबलिभिरिति तन्न। पशुपुष्पार्घधूपैरिति पशुग्रहणेन पौनरुक्त्यप्रसङ्गात्। तत इत्थं त्वर्थोऽत्र वेदितव्यः। उक्ष सेचने। प्रत्यहं पञ्चामृताभिषेकै रविच्छिन्नपीयूषधाराभिषेकैर्वेति॥19॥

(4 नागोजीभट्टी) पश्वित्यादिश्लोकद्वयमेकान्वयम्। पशुर्बलिः। अर्घोऽष्टाङ्गः। 'आपः क्षीरं कुशाग्राणि दध्यक्षततिलानि च। यवाः सिद्धार्थकाश्चैव ह्यष्टाङ्गोऽर्घः प्रकीर्तितः'॥19॥

(5 जगच्चन्द्रचन्द्रिका) सर्वं ममैतदिति ॥19॥

(6 दंशोद्धार) पश्चिति। अर्घोऽष्टाङ्गः। 'आपः क्षीरं कुशाग्रणि दध्यक्षतफलानि च। यवाः सिद्धार्थकाश्चैवमष्टाङ्गोऽर्घः प्रकीर्तितः' प्रोक्षणीयैःमन्त्रसंस्कृतजलेन प्रोक्षितुमर्हैः पश्चादिभिः एतैश्चान्यैश्च भोगैर्वत्सरेण या मे प्रीतिः क्रियते साऽस्मिन्सकृदुच्चरितेश्रुते च क्रियत इत्युत्तरेणान्वयः ॥19॥

विप्राणां भोजनैर्होमैः प्रोक्षणीयैरहर्निशम्[1]।
अन्यैश्च विविधैर्भोगैः प्रदानैर्वत्सरेण या ॥20॥

(1 गुप्तवती) प्रोक्षणीयैः पञ्चामृतवन्नीरादिमहाभिषेकैः ॥20॥

(2 चतुर्धरी) प्रोक्षणीयैर्मन्त्रादिसंस्कृतजलेन प्रोक्षणयोग्यैः। पश्चाद्यैः वत्सरेण या मे प्रीतिः क्रियते साऽस्मिन् सुचरिते सकृदेकवारं श्रुते तत्क्रियत इत्यर्थः। सकृच्चरिते इति वा पाठः ॥20॥

(3 शान्तनवी) अस्य श्लोकस्यार्थः पूर्वश्लोकेन सह व्याख्यातः ॥20॥

(4 नागोजीभट्टी) विप्राणामिति। प्रोक्षणीयैः पञ्चामृताभिषेकादिभिः एतैरन्यैर्विविधा भोगाः स्रगादयः तेषां प्रदानैः वासोलंकारादिभिः एतैरहर्निशं क्रियमाणैर्या वत्सरेण प्रीतिर्भवति ॥20॥

(5 जगच्चन्द्रचन्द्रिका) विप्राणामिति 21 ॥20॥

(6 दंशोद्धार) अन्यैरिति। सकृदेवकवारं सकृत्सुचरिते इति सकृच्च चरित इति च क्वचित्पाठः ॥20॥

प्रीतिर्मे क्रियते सास्मिन्सकृदुच्चरिते श्रुते।
श्रुतं हरति पापानि तथारोग्यं प्रयच्छति ॥21॥

(1 गुप्तवती) ॥21॥

(2 चतुर्धरी) तथा चास्मिन्माहात्म्ये उच्चरिते पठिते ॥21॥

---

1. 'प्रेक्षणीयैः' इति पाठः शान्तनव्याम्।

(3 शान्तनवी) मम देव्याः माहात्म्यस्य श्रुतं श्रवणं कर्तृ। पापानि हरत्यपनयति। नपुंसके भावे क्तः। तद्योगे षठ्येव। छात्रस्य विद्यामितिवत्।यद्वा मम देव्याः माहात्म्यं कर्तृ। श्रुतं सत् पापानि हरति भजताम् आरोग्यं प्रयच्छत्यरोगतां जनयति। दानप्रतिग्रहाभावात सुतस्य कशिपुं प्रयच्छति पितेतिवच्चतुर्यिभावाच्छेषे षठ्येव ॥21॥

(4 नागोजीभट्टी) सास्मिन्सुचरिते सकृच्छ्रुत इत्यर्थः। श्रवणमुपलक्षणम्। श्रवणेऽधिफलत्वमिति कश्चित्। श्रुतमित्याद्युत्तन्वयि ॥21॥

(5 जगच्चन्द्रचन्द्रिका) प्रीतिर्मेति 22 ॥21॥

(6 दंशोद्धार) ॥21॥

रक्षां करोति भूतेभ्यो जन्मनां कीर्तनं मम।
युद्धेषु चरितं यन्मे दुष्टदैत्यनिबर्हणम्॥22॥

(1 गुप्तवती) ॥22॥

(2 चतुर्धरी) जन्मनामवताराणाम्॥22॥

(3 शान्तनवी) मम देव्याः जन्मनाम् उत्पत्तीनां ब्रह्माण्यादिशक्तिरूपेण प्रादुर्भावानाम् अवताराणां कीर्तनं कथनं कर्तृ। भूतेभ्यः भूतप्रतपिशाचशत्रुसिंहव्याघ्रादिग्रहादिभ्यः भक्तानां रक्षामन्नपानादिना करोति। जन्मिनामिति पाठे तु मम देव्याः कीर्तनम् उच्चारणं नामग्रहणं कर्तृ। जन्मिनां जन्मभाजां पुंसां भूतेभ्यः रक्षां करोति। पालनं विदधातीत्यर्थः। युद्धेषु देवीदानवसंग्रामेषु यत् दुष्टदैत्यनिबर्हणं मे देव्याश्चरितं शस्त्रप्रयोगलक्षणं संग्रामं कौशलमभूत्॥22॥

(4 नागोजीभट्टी) मम जन्मनां कीर्तनं श्रुतं सदित्यर्थः। युद्धेष्वित्युत्तरान्वयि ॥22॥

(5 जगच्चन्द्रचन्द्रिका) रक्षां करोतीति 23 ॥22॥

(6 दंशोद्धार) ॥22॥

तस्मिञ्छ्रुते वैरिकृतं भयं पुंसां न जायते।
युष्माभिः स्तुतयो याश्च याश्च ब्रह्मर्षिभिः कृताः॥23॥

(1 गुप्तवती) युष्माभिरिति। अत्र प्रथमचरणे देवीसूक्तनारायणीसूक्ताख्यस्यात्रनिर्देशः। द्वितीयचरणे ब्रह्मणा च ऋषिभिश्चेति द्वन्द्वन्महिषानतकरीसूक्ताख्यस्य तत्र ऋषीणामपि द्रष्टत्वोक्तेरिति व्याचक्षते। ब्रह्मार्षिणा सुमेधसा कृतं 'तथापि ममतावर्ते' इत्यादिकमित्यपि कश्चित। तृतीयचरणे 'विश्वेश्वरीं जगद्धात्रीम्' इति सूक्तस्य निर्देशः। लक्ष्मीतन्त्रे एतेषां स्तवानाम् अनादित्वस्मरणात् कृत्वा इत्यस्य दृष्टा इत्येवार्थ इत्याहुः। वस्तुतः षडङ्गानामिव सकर्तृकाणामपि प्रवाहणादिना न विरुध्यते ॥23 ॥

(2 चतुर्धरी) ॥23 ॥

(3 शान्तनवी) तस्मिन् श्रुते सति तत् शृण्वतां पुंसां युद्धेषु ततोऽन्यत्र च वैरिकृतं शत्रुनिमित्तं भयं न जायते नोत्पद्यते। निबर्हयति नाशयति निबर्हणम्। नन्द्यादित्वाल्ल्युः। दुष्टानां दैत्यानां निर्बहणं चरितं चरित्रं दुष्टदैत्यनाशकरं सुमेधसा मार्कण्डेयेन च तत्पूर्वैश्च ब्रह्मर्षिभिः मयि देव्यां विषये याश्च स्तुतयः कृताः 'तथापि ममतावर्ते मोहगर्ते निपातिताः। महामायाप्रभावेण संसारस्थितिकारिणा' इत्यादयः ताश्च शुभां गतिं प्रयच्छन्ति। पठ्यमानाः पठद्भ्यः पुंभ्यः इत्यग्रिमेणान्वयः ॥23 ॥

(4 नागोजीभट्टी) तस्मिन्निति। ब्रह्मर्षिभिः कृताः स्तुतयः तथापि ममतावर्त्ते इत्यादयः। ब्रह्मर्षिः सुमेधाः। बहुवचनं पूजायाम्। वस्तुतस्तु युष्माभिः स्तुतयो याश्चेत्यनेन नारायणीसूक्तम्। तथा ब्रह्मणा ऋषिभिः सह या युष्माभिः कृताः। महिषान्तकरीसूक्तरूपा इत्यर्थः। यथा तत्स्तुतौ ऋषीणामपि कर्तृत्वं। तथा प्रागेव निरूपणात्। कृता इति च दृष्टा इत्यर्थकं लक्ष्मीतन्त्रैकवाक्य- त्वादित्यवधेयम्। एवं चैतानि सर्वाणि स्तोत्राण्यकर्तृकाणीति बोध्यम् ॥23 ॥

(5 जगच्चन्द्रचन्द्रिका) तस्मिन् श्रुते इति 24 ॥23 ॥

(6 दंशोद्धार) ॥23 ॥

ब्रह्मणा च कृतास्तास्तु प्रयच्छन्ति शुभां[1] मतिम्।
अरण्ये प्रान्तरे वापि दावाग्निपरिवारितः ॥24 ॥

---

1. 'शुभां गतिम्' इति शान्तनवीसंमतः पाठः।

(1 गुप्तवती) प्रान्तरे दूरशून्याध्वनि ॥24॥

(2 चतुर्धरी) शुभां मतिं मोक्षाभ्युदयसाधनं ज्ञानम्। प्रान्तरे दूरशून्यमार्गे ॥24॥

(3 शान्तनवी) याश्च मयि विषये ब्रह्मणा च मधुकैटभभीतेन कृताः स्तुतयः 'विश्वेश्वरीं जगद्धात्रीं स्थितिसंहारकारिणीम्। स्तौमि निद्रां भगवतीं विष्णोरतुलतेजसः' इत्यादयः। ताश्च शुभां गतिं प्रयच्छन्ति। पठ्यमानाः पठद्भ्यः। हे देवाः मयि देव्यां विषये याश्च स्तुतयः युष्माभिः कृताः 'देव्या यया ततमिदं जगदात्मशक्त्या' इत्यादयः। अथ च युष्माभिरेव याः स्तुतयः कृताः 'नमो देव्यै महादेव्यै' इत्यादयः। अथ च युष्माभिरेव याश्च स्तुतयः कृताः 'देवि प्रपन्नार्तिहरे प्रसीद' इत्यादयश्च तास्त्रिविधाः स्तुतयः शुभां गतिं प्रयच्छन्ति। पठ्यमानाः पठद्भ्यः पुंभ्यः अरण्येत्यादि श्लोकचतुष्टमेकान्वयम्। अरण्ये विपिने वर्तमानः। मम देव्याः एतच्चरितं कर्म। स्मरन् नरः संकटाद्दुर्घटनात्संबन्धात् मुच्यते स्वयमेव। 'संकटंना तु संबाधः' कर्मकर्तरि मुंचेर्लिङ्। तथा प्रान्तरे वापि दूरे जनशून्ये मार्गे 'प्रान्तरं दूरशून्योऽध्वा। तथा दावाग्निपरिवारितः सन्नपि वा। 'दवदावौ वनारण्यवह्नी' ॥24॥

(4 नागोजीभट्टी) ब्रह्मणेति। 'त्वं स्वाहा' इत्यादिरात्रिसूक्तरूपाम्। शुभां मोक्षाभ्युदयसाधनीं प्रयच्छन्ति ददति। अरण्य इत्यादिश्लोकचतुष्टयमेकान्वयि। प्रान्तरे दूरशून्यमार्गे। अरण्य इत्यस्य दावाग्नीत्यादिनान्वयः। प्रान्तर इत्यस्य दस्युभिरित्यादिनान्वयः ॥24॥

(5 जगच्चन्द्रचन्द्रिका) ब्रह्मणेति 25 ॥24॥

(6 दंशोद्धार) अरण्ये इति। प्रान्तरे दूरशून्यमार्गे ॥24॥

दस्युभिर्वा वृतः शून्ये गृहीतो वापि शत्रुभिः।
सिंहव्याघ्रानुयातो वा वने वा वनहस्तिभिः ॥25॥

(1 गुप्तवती) ॥25॥

(2 चतुर्धरी) शून्ये निर्जनप्रदेशे क्रुद्धवने इति। वा समुच्चये। वध्यो मार्यः ॥25॥

(3 शान्तनवी) तथा दस्युभिस्तस्करैर्वृतः वेष्टितो वा। तथा शून्ये निर्जनप्रदेशे शत्रुभिर्गृहीतो वा। तथा सिंहव्याघ्रानुयातो वा सिंहेन व्याघ्रेण अनुयातोऽनुद्रुतस्तथा वनहस्तिभिर्वृतो वा हन्तुम् अनुयातोऽनुद्रुतः ॥25॥

(4 नागोजीभट्टी) वनहस्तिभिरित्यस्य वृतो वेति शेषः ॥25॥

(5 जगच्चन्द्रचन्द्रिका) दस्युभिरिति 26 ॥25॥

(6 दंशोद्धार) शून्यै निर्जनप्रदेशे शत्रुभिर्गृहीत इत्यन्वयः ॥25॥

राज्ञा क्रुद्धेन चाज्ञप्तो वध्यो बन्धगतोऽपि वा।
आघूर्णितो वा वातेन स्थितः पोते महार्णवे ॥26॥

(1 गुप्तवती) ॥26॥

(2 चतुर्धरी) आघूर्णित आकुलितः। पोते महाब्धौ ॥26॥

(3 शान्तनवी) तथा क्रुद्धेन राज्ञा बध्योयं वधार्होऽयमिति आज्ञप्तः हन्तुमाज्ञापितो वा। तथा बन्धगतो बद्धोऽपि वा। तथा वातेन आघूर्णितः व्याकुलितः वाधित अपास्तो वा तथा महार्णवे समुद्रे पोते समुद्रमध्ये नौकाविशेषे याने। सांयात्रिकाः पोतवणिजः कथ्यन्ते। तत्र स्थितोऽपि वा। 'यानमात्रे शिशौ पोतः' ॥26॥

(4 नागोजीभट्टी) राज्ञेति। क्रुद्धेन राज्ञा च वध्य इत्याज्ञप्त इत्यन्वयः। सर्वत्र वा समुच्चये। महार्णवे पोते स्थितो वातेनाघूर्णित आकुलितश्च ॥26॥

(5 जगच्चन्द्रचन्द्रिका) राज्ञा क्रुद्धेनेति 27 ॥26॥

(6 दंशोद्धार) आर्घूर्णित आकुलितः ॥26॥

पतत्सु चापि शस्त्रेषु संग्रामे भृशदारुणे।
सर्वबाधासु[1] घोरासु वेदनाभ्यर्दितोऽपि वा ॥63॥

(1 गुप्तवती) ॥27॥

(2 चतुर्धरी) ॥27॥

(3 शान्तनवी) तथा भृशदारुणे अत्यर्थभीषणे संग्रामे शस्त्रेषु आयुधेषु पतत्सु सत्सु वा अतिशयेन दारुणं संग्रामस्तस्मिन्। तथा सर्वाबाधासु सर्वा आ समन्तात् बाधाः महाबाधाः घोराः तासु। सर्वाबाधासु इत्यपि पाठे स एवार्थो

---

1. 'सर्वावाधासु' इति शान्तनवी पाठः।

भवत्यदूरविप्रकर्षात्। घोरासु वर्षपीडासु वर्तमानो वा तथा वेदनासु संततं दुःखानुभावेषु अभ्यर्दितः वर्तमानः। यद्वा तीव्रवेदनया अभ्यर्दिताः हिंसितो वा ॥27 ॥

(4 नागोजीभट्टी) पतत्सु चेति। सर्वासु बाधासु महापीडासु वेदनया दुःखेनाभ्यर्दितश्च ॥27 ॥

(5 जगच्चन्द्रचन्द्रिका) पतत्सु चापि शस्त्रेषु इति 28 ॥27 ॥

(6 दंशोद्धार) ॥27 ॥

स्मरन्ममैतच्चरितं नरो मुच्यते संकटात्।
मम प्रभावात्सिंहाद्या दस्यवो वैरिणस्तदा[1] ॥28 ॥

(1 गुप्तवती) ॥28 ॥

(2 चतुर्धरी) संकटाद्दुःखान्मुच्यते। कर्मकर्तर्यात्मनेपदम् ॥28 ॥

(3 शान्तनवी) सर्वत्र एतन्मम देव्याश्चरितं स्मरन् नरः संकटाद्दुःस्तरात् दुःखात् मुच्येत। स्वयमेवेति योजनीयम् इह अरण्ये प्रान्तरे वापीत्यतः श्लोकात्पूर्वं सिंहव्याघ्रानुयातो वेति श्लोकं प्रपठन्ति केचत्। अतश्च मम प्रभावात्सिंहाद्या इत्येतदुपपन्नं भवति। मम देव्याः प्रभावात्सामर्थ्यतः सिंहाः दस्यवः तस्कराः तथा वैरिणश्च शत्रवः ॥28 ॥

(4 नागोजीभट्टी) स्मरन्निति। मुच्येत इति कर्मकर्तरि लिङ्। संकटं दुःखम्। उत्तरार्धमुत्तरान्वयि ॥28 ॥

(5 जगच्चन्द्रचन्द्रिका) स्मरन्ममैतिदिति 29 ॥28 ॥

(6 दंशोद्धार) ॥28 ॥

दूरादेव पलायन्ते स्मरतश्चरितं मम।

ऋषिरुवाच।

इत्युक्त्वा सा भगवती चण्डिका चण्डविक्रमा ॥29 ॥

(1 गुप्तवती) ॥29 ॥

(2 चतुर्धरी) चण्डो दारुणो विक्रमो यस्याः ॥29 ॥

---

1. वैरिणस्तथा, इति पाठः।

(3 शान्तनवी) मम देव्याः चरितं स्मरतः पुरुषात्सकाशात् दूरादेव दूरत एव पलायन्ते दूरीभवन्ति। ऋषिरुवाच। सुमेधाः सुरथं वाचमुचितामूचे। इतीत्थमुक्त्वा व्याहृत्य सा भगवती चण्डविक्रमा प्रकटपराक्रमा चण्डिका देवी ॥29॥

(4 नागोजीभट्टी) दूरादेवेति। मम चरितं स्मरतः मम प्रभावाद्दूरात्पलायन्त इत्यन्वयः। उत्तरार्धस्य ऋषिरुवाचेत्यादिः। चण्डो दारुणः ॥29॥

(5 जगच्चन्द्रचन्द्रिका) दूरादेव पलायन्ते स्मरतश्चरितं मम स्वाहा 30। ऋषिरुवाच 31। इत्युक्त्वासेति 32 ॥29॥

(6 दंशोद्धार) इत्युक्त्वा चण्डो दारुणो विक्रमो यस्याः ॥29॥

पश्यतामेव[1] देवानां तत्रैवान्तरधीयत।
तेऽपि देवा निरातङ्काः स्वाधिकारान्यथापुरा ॥30॥

(1 गुप्तवती) पश्यतामेवेति षष्ठी चानादरे ॥30॥

(2 चतुर्धरी) पश्यतामित्यनादरे षष्ठी। निरातङ्काः निर्भयाः ॥30॥

(3 शान्तनवी) पश्यतामेव देवानां तत्रैव पुरोभागे अन्तरधीयत अन्तर्धानमगात्। श्रदन्तरोरुपसर्गवद्वृतिर्व्याख्येया। अन्तःपूर्वाद्धधातेः कर्मकर्तरि लिङ्। अदृश्यतामगात्स्वयमेवेत्यर्थः। यद्वा सा देवी पश्यतामेव देवानां तत्रैव संचरती तान्देवान्त्रायते रक्षति तत्र पालयन्ती सत्येव स्वयमन्तरधीयत। आतोऽनुपसर्गे: कः। यद्वा सा देवी पश्यत देवानामेव तत्रैव देवशरीरेष्वेवान्तरधीयते । स्वयमेव देवशरीरे सैवान्तर्व्यलीयतेत्यर्थः। पश्यतामेवेत्यनादरे षष्ठीति पक्षे यथा जननी सुतान्व्याजतोऽनादृत्यालोकनादन्तर्धत्ते तथेयमपि सर्वजननी देवदर्शनतोऽन्तरधीयत। स्वयमेवेति भावः। अथ ते देवाः सर्वे देव्या निहतारयः विनाशितशत्रवः अत एव यथापुरा पूर्वस्मिन्काले इव निरातङ्काः कृच्छ्रजीवनतो निर्भयाः ॥30॥

(4 नागोजीभट्टी) पश्यतामिति। अनादरे षष्ठी। निरातङ्काः निर्भयाः ॥30॥

(5 जगच्चन्द्रचन्द्रिका) तेऽपि देवा इति 33 ॥30॥

(6 दंशोद्धार) पश्यतामित्यनादरे षष्ठी। तेपि निरातङ्का निर्भयाः ॥30॥

---

1. पश्यतां सर्वदेवा, इत्यपि पाठः।

यज्ञभागभुजः सर्वे चक्रुर्विनिहतारयः।
दैत्याश्च देव्या निहते शुम्भे देवरिपौ युधि ॥31॥

(1 गुप्तवती) ॥31॥

(2 चतुर्धरी) ॥31॥

(3 शान्तनवी) यज्ञभागभुजः यज्ञांशान्भुञ्जानाः सन्तः स्वाधिकारन्यथापुरा पूर्ववच्छुम्भनिशुम्भाद्युदयतः प्रागेव स्वान्स्वान्व्यापारांश्चक्रुः कृतवन्तः। निशुम्भे च महावीर्ये शेषाः पातालमाययुः। युधि संग्रामे देव्या तस्मिन् ॥31॥

(4 नागोजीभट्टी) दैत्याः अवशेषा दैत्याः ॥31॥

(5 जगच्चन्द्रचन्द्रिका) अन्तरधीयत। कर्मकर्तरि लङ् 34 ॥31॥

(6 दंशोद्धार) ॥31॥

जगद्विध्वंसिनि[1] तस्मिन्महोग्रेऽतुलविक्रमे।
निशुम्भे च महावीर्ये शेषाः पातालमाययुः ॥32॥

(1 गुप्तवती) ॥32॥

(2 चतुर्धरी) शेषा दैत्या इत्यन्वयः ॥32॥

(3 शान्तनवी) जगद्विध्वंसिनि त्रैलोक्यभञ्जिनि महोग्रे अतिरौद्रे अतुलविक्रमे अनुपमशक्तौ देवरिपौ ससैन्ये शुम्भे च महावीर्ये ससैन्ये निशुम्भे च निहते सति शेषा अवशिष्टा दैत्याः पातालमाययुः बलिसद्म प्राविशन्। 'वीर्यं बलं प्रभावश्च'। पतन्त्यस्मिन्पातालम् ॥32॥

(4 नागोजीभट्टी) आययुः प्राविशन् ॥32॥

(5 जगच्चन्द्रचन्द्रिका) निशुम्भे इति 35 ॥32॥

(6 दंशोद्धार) ॥32॥

---

1. 'जगद्विध्वंसके तस्मिन्' इत्यपि पाठः।

एवं भगवती देवी सा नित्यापि पुनः पुनः।
संभूय कुरुते भूप जगतः परिपालनम्॥33॥

(1 गुप्तवती) ॥33॥

(2 चतुर्धरी) संभूय कायमादाय॥33॥

(3 शान्तनवी) सुमेधाः सुरथं बोधयति। हे भूप एवं प्रागुक्तभणित्याः सा भगवती देवी नित्यापि ध्रुवा अविनश्वरा अविकारापि सती पुनःपुनः संभूय आविर्भूय प्रादुर्भावम् अवतारम् अवाप्य जगतः त्रैलोक्यस्य परिपालनं परितो रक्षणं कुरुते सर्वजननी इति एतत्प्रागपि अभाषि 'नित्यैव सा जगन्मूर्तिः' इति 'देवानां कार्यसिद्ध्यर्थमाविर्भवति सा यदा। उत्पन्नेति तदा लोके सा नित्याप्य भिधीयते' इति॥33॥

(4 नागोजीभट्टी) एवमिति। संभूय दृश्यशरीरात्प्रादुर्भूय॥33॥

(5 जगच्चन्द्रचन्द्रिका) संभूय कुरुत इति 36॥33॥

(6 दंशोद्धार) एवमिति। संभूय कायमादाय॥33॥

तयैतन्मोह्यते विश्वं सैव विश्वं प्रसूयते।
साऽयाचिता च विज्ञानं तुष्टा ऋद्धिं प्रयच्छति॥34॥

(1 गुप्तवती) प्रसूयते प्रसूते। सा अयाचितेति छेदः। निष्कामाराधितेति तदर्थः। विज्ञानं विशिष्टमुत्कृष्टं ज्ञानं कैवल्यजनकम्। 'विज्ञानं शिल्पशास्त्रयोः' इत्यस्याश्रयणे तु याचितेत्येव छेदः॥34॥

(2 चतुर्धरी) विज्ञानं विशिष्टं ज्ञानं मोक्षोपयोगि ज्ञानमित्यन्वयः। ऋद्धिम् ऐश्वर्यं तस्य ऋद्धिमिति विवशार्हि संधिः॥34॥

(3 शान्तनवी) सैव देवी विश्वं कर्म सूयते जनयति। षूङ् प्राणिप्रसवे दिवादिः। अविवेकेन योज्यते तयैव देव्या हेतुभूतया एतद्विश्वं मोह्यते। मुह वैचित्ये। दिवादिः। अविवेको ममता तत्सहितं क्रियते। सा देवी भक्तैः याचिता सती विज्ञानं विवेकपूर्वकं ज्ञानं च प्रयच्छति। सैव देवी तुष्टा सती तपसा जनितसंतोषा वृद्धिं संपदं च महितीं प्रयच्छती ददाति तुष्टा ऋद्धिमिति पाठे तु असंहितया निर्देशः कृतः। 'ऋत्यकः' इति तु प्रकृतिभावे तस्य अकः स्थाने ह्रस्वे सति तुष्टा ऋद्धिं प्रयच्छति इति स्यात्। खट्वऋश्य इतिवत्। सा याचितार्थविज्ञानमिति पाठे तु अर्थेषु विज्ञानमिति संग्रहः एतत्प्रागभ्यभाणि।

'तन्नात्र विस्मयः कार्यो योगनिद्रा जगत्पतेः। महामाया हरेश्चैषा तया संमोह्यते जगत्॥ ज्ञानिनामपि चेतांसि देवी भगवती हि सा। बलादाकृष्य मोहय महामाया प्रयच्छति॥ तया विसृज्यते विश्वं जगदेतच्चराचरम्। सैषा प्रसन्ना वरदा नृणां भवति मुक्तये' इति ॥34 ॥

(4 नागोजीभट्टी) पृष्टं मोहकारणमुपसंहरति। तया इति। प्रसूयते जनयति। अथार्चिता फलमुद्दिश्य कृतभक्तिर्विज्ञानमात्मतत्त्वज्ञानं यच्छति। तुष्टा फलोद्देशेन क्रियमाणकर्मणा ऋद्धिं प्रयच्छति। संहिताया अविविक्षितत्वान्न संधिः ॥34 ॥

(5 जगच्चन्द्रचन्द्रिका) सा याचितेति 37 ॥34 ॥

(6 दंशोद्धार) तयेति। विशिष्टं मोक्षोपयोगि ज्ञानम् ऋद्धिमैश्वर्यम्। तुष्टा ऋद्धिमित्यत्र संहिताया अविवक्षणान्न संधिः ॥34 ॥

व्याप्तं तयैतत्सकलं ब्रह्माण्डं मनुजेश्वर।
महाकाल्या महाकाले महामारीस्वरूपया ॥35 ॥

(1 गुप्तवती) ॥35 ॥

(2 चतुर्धरी) व्याप्तं वैभवेन महतो ब्रह्मादीन्कलयति अधिकारेषु प्रवर्तयतीति महाकाली तया महाकाले प्रलये। महाकालो मृत्युरिति दर्शनात्। महती मारी संहृतिक्रिया तत्स्वरूपया ॥35 ॥

(3 शान्तनवी) सुमेधाः सुरथं राजानं बोधयति। हे मनुजेश्वर हे सुरथ महामारीस्वरूपया तया महाकाल्या महातामस्या महादेव्या एतत्सकलं ब्रह्माण्डं त्रैलोक्यगर्भकं स्थानं व्याप्तं महाकाले प्रलयसमये। महांश्चासावकालश्चेति महाकालः अनिष्टकालः अकालः कालाग्निरुद्रः तस्मिन्नुपस्थिते महाकाले संहारसमये समुपस्थिते सति। महांश्चासौ कालः कालाग्निरुद्रः संहारकमहाकालः तस्येय स्त्री महाकाली तया मारयति संहरति मारः। पचाद्यच्। महांश्चासौ मारश्च संहारकः महामारः कालाग्निरुद्रः तस्येयं स्त्री महामारी सा स्वरूपं यस्याः सा देवी महामारीस्वरूपा तया महामारीस्वरूपया। यद्वा 'मह उद्भव उत्सवः' महान् उत्सवान् आसमन्तान्मारयति नाशयति महामारी महाप्रलयानलज्वाला तस्या इव स्वरूपं यस्याः सा महामारीस्वरूपा 'मृत्युजिह्वा महामारी जगत्संहारकारणी। महारात्रिर्महानिद्रा महाकाल्यतितामसी। सैव कालानलज्वाला सैव विद्या तमःप्रसूः॥ सैव मोहप्रसूर्मृत्युः सैव सर्वाधिदेवता'। ब्रह्मणो

हिरण्यगर्भात्सकाशात् अमतिः निःसरति ब्रह्माण्डं लोके त्वमति। निःसरत्यस्मात्पात इत्यण्डम्। 'पेशी कोशो द्विहीनेण्डम्' ॥35॥

(4 नागोजीभट्टी) व्याप्तमिति। महतो ब्रह्मादीनपि कलयति अधिकारेषु वर्तयति सा महाकाली तया महाकाले प्रलये महामारी संहारक्रिया तद्रूपया तयैतत्सकलं व्याप्तमित्यन्वयः॥35॥

(5 जगच्चन्द्रचन्द्रिका) महाकाल्येति 38 ॥35॥

(6 दंशोद्धार) व्याप्तमिति। महतो ब्रह्मादीन्कालयति वशीकरोतीति महाकाली। तथा महाकाले महाप्रलये महामारी संहृतिः॥35॥

सैव काले महामारी सैव सृष्टिर्भवत्यजा।
स्थितिं करोति भूतानां सैव काले सनातनी॥36॥

(1 गुप्तवती) ॥36॥

(2 चतुर्धरी) काले द्विपरार्धलक्षणे। महती मारी महामारी। अजा जन्महीना काले स्थितिसमये सनातनी विनाशहीना॥36॥

(3 शान्तनवी) अजा जन्मरहिता सनातनी नित्या सैव शाश्वती देवी काले भूतानां महाप्रलयसमये तमोगुणमयी सती महामारीति कथ्यते। तथा काले उत्पत्तिकालेसैव भूतानां सर्गसमये सत्त्वगुणप्रधाना सृष्टिर्भवति सृष्टिकारणभूता भवति। तथा सैव देवी काले भूतानां परिपालनसमये रजोगुणप्रधाना स्थितिं करोति। सदाभवा सनातनी। न जायते अजा॥36॥

(4 नागोजीभट्टी) सैवेति। काले प्रलये। महामारी संहारशक्तिः। सृष्टिः सर्गशक्तिः। अजा जन्महीना। काले स्थितिकाले सनातनी नाशहीना॥36॥

(5 जगच्चन्द्रचन्द्रिका) स्थितिं करोतीति 39 ॥36॥

(6 दंशोद्धार) सैवेति। काले द्विपरार्धान्ते। महतो ब्रह्मादीनपि मारयतीति महामारी। काले स्थितिसमये॥36॥

भवकाले नृणां सैव लक्ष्मीर्वृद्धिप्रदा गृहे।
सैवाभावे तथालक्ष्मीर्विनाशायोपजायते॥37॥

(1 गुप्तवती) भवकाले वैभवकाले। अभावे विपत्काले अलक्ष्मीरिति छेदः॥37॥

(2 चतुर्धरी) भवकाले संपत्समये। वृद्धिप्रदेति लक्ष्मीविशेषणम्। अभावे विपत्काले ॥37 ॥

(3 शान्तनवी) भवकाले देवी सान्निध्यसंभवकाले नृणां गृहे सैव देवी लक्ष्मीर्वृद्धिप्रदा संपद्भावप्रदा। लक्ष्मीः संपत् वृद्धिः उपचयः तत्प्रदा भवति। 'प्रे दाज्ञः' कः। तथा सैव अभावे देवीसान्निध्याभावेऽलक्ष्मीविनाशाय संपदः विनाशाय अभवाय उपजायते संपदभावस्वरूपा उपजायते। यत्र लक्ष्मीः संपत् तत्र देव्याः सान्निध्यम्। यत्र च तदसान्निध्यं न तत्र संपदपि नेत्यन्वयव्यतिरेकौ वेदितव्यौ ॥37 ॥

(4 नागोजीभट्टी) भवकाले संपत्समये। वृद्धिप्रदेति लक्ष्मीविशेषणम्। अभावेप्यापत्काले ॥37 ॥

(5 जगच्चन्द्रचन्द्रिका) सैवाभाव इति 40 ॥37 ॥

(6 दंशोद्धार) भवेति। भवकाले संपत्काले। अभावे विपत्काले ॥37 ॥

स्तुता संपूजिता पुष्पैर्धूपगन्धादिभिस्तथा।
ददाति वित्तं पुत्रांश्च मतिं धर्मे गतिं शुभाम् ॥38 ॥

इति श्रीमार्कण्डेयपुराणे देव्याश्चरितमाहात्म्यं नाम द्वादशोऽध्यायः ॥12 ॥

(1 गुप्तवती) तादृशकाले तन्निरसनोपायमाह। स्तुतेत्यादिना ॥38 ॥ इति श्रीगुप्तवत्यां द्वादशोऽध्यायः ॥12 ॥

(2 चतुर्धरी) गन्धैश्चन्दनैः धूपदीपादिभिः पूजिता सती वित्तं द्रव्यम्। पुत्रपौत्रादीन् सन्मतिं ददाति ॥38 ॥ इति श्रीचतुर्धरीव्याख्याने फलश्रुतिर्नाम द्वादशोऽध्यायः ॥12 ॥

(3 शान्तनवी) नित्यं देवीसान्निध्यकारणं तत्फलं चोपदिशति सुमेधा ऋषिः। हे देवि स्तुता स्तावकैः पदैः संकीर्तिता च तथा पुष्पैः संपूजिता च तथा गन्धैः कर्पूरचन्दनमृगमदादिभिर्लिप्ता तथा धूपैर्बहुविधैर्धूपिता तथा आदिग्रहणाद्वस्त्रालंकारताम्बूलादिभिरानन्दिता भक्तिप्रणता च सती साधु प्रार्थितैव भक्तवर्गेभ्यः वित्तं धनं पुत्रांश्च आयुरारोग्यमैश्वर्यं च वशब्दसूचितां धर्मे मतिं शुभां गतिं च ददाति। यदुक्तं प्राक् 'सा विद्या परमा मुक्तेर्हेतुभूता

सनातनी। संसारबन्धहेतुश्च सैव सर्वेश्वरेश्वरी' इति ॥38॥ इति श्रीमद्राजाधिराजश्रीमत्तोमरान्वयश्रीमदुद्धाराणात्मजश्रीशन्तनुचक्रवर्तिविरचितायां श्रीचण्डिकामाहात्म्यटीकायां तत्पठनश्रवणफलनिरूपणविध्युपलक्षितो देव्याराधनफलविधिनिरूपणोपलक्षितश्च द्वादशोऽध्यायः समाप्तः॥12॥

(4 नागोजीभट्टी) पुष्पैर्धूपगन्धदीपाद्यैः संपूजितेत्यर्थः॥38॥ इति शिवभट्टसुतसतीगर्भजनागोजीभट्टकृते सप्तशतीव्याख्याने द्वादशोऽध्यायः॥12॥

(5 जगच्चन्द्रचन्द्रिका) ददाति वित्तं पुत्रांश्च मतिं धर्मे तथा शुभां स्वाहा 41॥38॥ इति श्रीसप्तशतीटीकायां जगच्चन्द्रचन्द्रिकाख्यायां द्वादशोऽध्यायः॥12॥

(6 दंशोद्धार) ॥38॥ इति श्रीमदुल्लोपनामढुण्ढिराजकृतदशोद्धारे द्वादशोऽध्यायः॥12॥

Chapter - XII

Translation

The slaying of Śumbha and Niśumbha concluded.

The goddess descants on the merits of this poem and the beneficent results of reading and listening to it. – The gods regained their rights and the Daityas departed to Pātāla. Her attributes and beneficence are extolled.

The Goddess spoke :

★ And whoever with mind composed shall praise me constantly with these hymns, I will quiet down every trouble for him assuredly. And those who shall celebrate the destruction of Madhu and Kaṭabha, the slaughter of the Asura Mahiṣa, and the slaying of Śumbha and Niśumbha likewise; and those also who shall listen in faith to this poem of my sublime majesty on the eighth day of the lunar fortnight, on the fourteenth and on the ninth, with intent mind, to them shall happen no wrong-doing whatever, nor calamities tht arise from wrong-doing, nor poverty, nor indeed deprivation of their desires. Never shall he experience fear from enemies, from robbers, nor from kings, nor from weapon or fire of water-flood. Hence, this poem of my majesty must be read by mean of composed minds and listened to by them always with faith, for it is the supreme course of blessings. Now may this poem of my majesty quell all kinds of calamities, which arise from grievous pestilence, and the three-fold portent. Where this poem is duly read constantly at my sanctuary, I will never forsake that place, and there my presence is fixed. At the offering of the *bali*, and during worship, in the ceremonies with fire and at a great festival, all this story of my exploits must verily be proclaimed and listened to. I will accept with kindliness both the *bali* worship that is paid, and the oblation by fire that is offered, by him who understands or him who understands not. And at the great annual worship that is performed in autumn time, the man, who listens filled with faith to this poem of my majesty, shall assuredly through my favour be delivered from every trouble, and be blessed with riches, grain and children. From listening to this poem of my majesty moreover come splendid issues and prowess in battles, and a becomes frealess. When men listen to this poem of my majesty, enemies pass to destruction, and prosperity accurues and their family rejoices. Let a man listen to this poem of my majesty everywhere, at a ceremony for securing tranquillity, and after seeing an ill-dream and when planets are greatly eclipsed. Thereby portents turn into calam, and also dreadful eclipses of the planets, and also an ill dream which men have seen; and a sweet dream appears. It produces peacefulness in children who have been possessed by the demon that seizes children, and it is the best promoter of friendship among men when union is dissolved; it is the most potent diminsher of the power of all men of ill livelihood; verily through reading it, comes the destruction of Rākṣasas, goblins and Piśācas. All this poem of my majesty brings a man near unto me. And by means of cattle, flowers, *arghya* offerings and incenses, and by the finest perfumes and lamps, by feasts given to brāhmaṇas, by oblations, by sprinkled water dayand night, and by various other objects of enjoyment, by gifts yearly–the favour which comes by such means, such favour is won from me when this story of my noble exploits is once heard. When heard it takes away sins and confers perfect health. This celebration of me preserves created being from future births, even this story of my exploits in battles, the annihilation of the wicked Daityas. When it is heard, no fear, that is caused by enmity, springs up among men. And the hymns which ye have composed, and those composed by brāhmaṇa ṛṣis, and those composed by Brahmā bestow a splendid mind. He who is surrounded by a raging fire in a forest or on a lonesome road, or who is encompassed by robbers in a desolate spot, or who is captured by enmies, or who is prowled after by a lion or tiger or by wild elephants in a forest, or who is under the command of an enraged king, or who is entenced to death, or who has fallen into bonds, or who is whirled around by the wind, or who stands in a ship in the wide sea, or, who is in the most dreadful battle with weapons falling upon him, or who is afflicted with pain amidst all kinds of terrible troubles–such a man on calling to mind this story of my exploits is delivered from his strait. Through my power lions and other dangerous beasts, robbers and enemies, from a distance indeed, flee from him who calls to mind this story of my exploits.

The ṛṣi spoke :

★ Having spoken thus the adroable Caṇḍikā, who is fierce in prowess, vanished there, while the gods were gazing indeed on her. The gods also relieved from fear, therir foes being slain, all resumed their own dominions as before, participating in their shares of sacrificies.

★ And the Daityas – when Śumbha, that most fierce foe of the gods, who brought ruin on the world and who was peerless in prowess, had been slain by the goddess in fight, and Niśumbha also great in valour was slain – all came to Pātāla.

★ Thus tht adorable goddess, although everlasting, yet taking birth again and again, accomplishes the sideguarding of the world, O king. By her this universe is bewitched; she verily gives birth to the universe. And when besought, she bestows knowldge; when gratified, she bestows prosperity. All this egg of Brahmā, O king, is pervaded by her, who is Mahākālī at Māhākāla, and who has the nature of the Great Destroying Goddess. She indeed in Mahāmārī at the fated time; she indeed is creation, the Unborn; she indeed the Eternal gives stability to created beings at their fated time, She indeed is Lakṣmī, bestowing prosperity on the houses of men while she abides with them; and she indeed when she is absent becomes the goddess of Ill Fortune unto their destruction. When hymned and worshipped with flowers, and with incense, perfumes and other offerings, she bestows wealth and sons, and a mind brilliant in righteousness.

त्रयोदशोऽध्यायः

ऋषिरुवाच।

एतत्ते कथितं भूप देवीमाहात्म्यमुत्तमम्।
एवंप्रभावा सा देवी ययेदं धार्यते जगत्॥1॥

(1 गुप्तवती) ॥1॥

(2 चतुर्धरी) ॥1॥

(3 शान्तनवी) हे भूप हे सुरथ एतत् उत्तमम् अत्युत्तमं देव्या माहात्म्यं श्रेष्ठतमं सर्वार्थसाधनं सर्वकामधुक् मया सुमेधसा ब्रह्मर्षिणा ते तुभ्यं कथितं व्याहृतम्। सा च देवी भगवती एवंप्रभावा ईदृग्विधसामर्थ्या वर्तते। सेति यया देव्या सर्वजनन्या सर्वपोषिण्या सर्वसंहारिण्या इदं जगत् विश्वं धार्यते सृज्यते पाल्यते च। प्रत्यवसीयते च यथाकालम्। धृङ् अवस्थाने णिच्। कर्मणि यगात्मनेपदं च लटः 'क्रियावाचित्वमाख्यातुमेक्रोऽत्रार्थः प्रदर्शितः। प्रयोगतोऽनुसर्तव्या अनेकार्था हि धातवः' महात्मनो महामूर्तेर्देव्या भावे कर्मणि वा। ब्राह्मणादित्वात्ष्यञि 'नस्तद्धिते' इति टिलोपे माहात्म्यमिति सिद्धम्॥1॥

(4 नागोजीभट्टी) ऋषिरुवाच। एतदिति। एवमुक्तप्रकारेण धार्यत इति सृष्टिप्रलययोरुपलक्षणम्। हे भूपेति सुरथविशेषणम्॥1॥

(5 जगच्चन्द्रचन्द्रिका) अथ त्रयोदशाध्यायः प्रारभ्यते। त्रयोदशे सार्धसप्तदशश्लोकाः प्रकीर्तिताः इति। त्रयोदशेऽध्याये अर्धश्लोकसहिताः सप्तदशश्लोकाः प्रकीर्तिताः। एकादशार्धाहुतय इति एकेनाधिका दश एकादश अर्धाहुतयः अर्धश्लोकरूपा मन्त्राः। पादद्वयात्मका इत्यर्थः। श्लोकपञ्चकस्य दशाहुतयः अर्धश्लोकस्यान्ये च द्वादशश्लोकमन्त्रका इति। द्वाभ्यामधिका दश द्वादश श्लोकमन्त्राः श्लोकरूपा मन्त्राः। सर्वैर्मिलित्वा

त्रयोविंशतिमन्त्रा जाता इत्यर्थः। उवाचवचनैः षड्भिर्मन्त्रा एकोनत्रिंशदि 'ति। षड्भिः षट्संख्याकैः उवाचवचनैः उवाचवाक्यैः सह एकेन ऊना त्रिंशत् एकोनत्रिंशत् मन्त्राः मनवः स्युरिति शेषः। मार्कण्डेयद्वयमिति। मार्कण्डेय उवाचेति द्वौ मन्त्रौ। देवीद्वयमिति देव्युवाचेति द्वौ मन्त्रौ स्तः। एको ऋषिर्भवेदिति एको मन्त्रो भवेत्। एवं कात्यायनीतन्त्रस्य रीत्या विभाजनं मन्त्रविभागः प्रोक्तं कथितम्। तथाहि 'ऋषिरुवाच स्वाहा 1'। 'एतत्ते कथितमिति स्वाहा 2' ॥1॥

(6 दंशोद्धार) ॥1॥

विद्या तथैव क्रियते भगवद्विष्णुमायया।
तया त्वमेष वैश्यश्च तथैवान्ये विवेकिनः ॥2॥

(1 गुप्तवती) ॥2॥

(2 चतुर्धरी) तथैवेति समुच्चये। विद्या मोक्षोपयोगि ज्ञानं क्रियते प्रबोध्यते। त्वं सुरथः। वैश्यः समाधिः। अन्ये च विवेकिनः तथैव मोह्यन्ते इत्यन्वयः। एष वैश्य इति पाठः ॥2॥

(3 शान्तनवी) भगवद्विष्णुमाययैव चण्डिकयैव विद्या ज्ञानं क्रियते उत्पाद्यते। परमात्मज्ञानसाधनं देव्युपनिषद्रूपेति भावः। विष्णोर्माया भगवती विष्णुमाया भगवद्विष्णुमाया तया। यद्वा भगवान्विष्णुः भगवद्विष्णुः तस्य माया तया। यदुक्तं 'सा विद्या परमा मुक्तेर्हेतुभूता सनातनी'। 'ऐश्वर्यस्य समग्रस्य धर्मस्य यशसः श्रियः। वैराग्यस्याथ मोक्षस्य षण्णां भग इतीरणा'। हे राजन् तया मोहरूपया देव्या त्वं विवेकी सन्नपि ॥2॥

(4 नागोजीभट्टी) विद्या तत्त्वज्ञानम्। तथैवेति समुच्चये। तया देव्या त्वं सुरथः एष वैश्यः समाधिः उत्तरार्धमुत्तरान्वयि। तथैवान्ये। अन्ये चेत्यर्थः। विवेकिनः अधिगतलोकशास्त्राः ॥2॥

(5 जगच्चन्द्रचन्द्रिका) विद्या तथैवेति 3 ॥2॥

(6 दंशोद्धार) विद्येति। मोक्षोपयोगिज्ञानं क्रियते बोध्यते। तथैवेति समुच्चये। तयैवेति पाठे तु यथेदं जगद्धार्यते तयैवेति पूर्वेणानुषङ्गः। त्वं सुरथः। वैश्यः समाधिः। मोह्यन्त इत्यादिना कालत्रयेऽपि मोहकत्वं सूचितम् ॥2॥

मोह्यन्ते मोहिताश्चैव मोहमेष्यन्ति चापरे।
तामुपैहि[1] महाराज शरणं परमेश्वरीम् ॥3॥

(1 गुप्तवती) ॥3॥

(2 चतुर्धरी) मोह्यन्ते संप्रति। मोहिताः प्राक्। मोहमेष्यन्ति पश्चात्। सैवेत्येवकारो यस्मादर्थे। उपैहीति उपपूर्वस्येणो रूपम् ॥3॥

(3 शान्तनवी) संप्रति मोह्यसे। प्राक् मोहितोऽभूः। भविष्यति काले मोहमेष्यसि च। तथैव एषः वैश्यः समाधिः नाम तयैव मोह्यते मोहितश्च मोहमेष्यति च। तथैव युवाभ्याम् अन्येपि विवेकिनः पुमांसः अधिगतशास्त्राः सन्तोप्यपरे च तेभ्यश्चान्ये च सर्वे तयैव देव्या मोह्यन्ते। मोहिताश्च मोहमेष्यन्ति प्राप्स्यन्ति। यदुक्तम्। 'तथापि ममतावर्ते मोहगर्ते निपातिताः। महामायाप्रभावेण संसारस्थितिकारिणा। तन्नात्र विस्मयः कार्यो योगनिद्रा जगत्पतेः। महामाया हरेश्चैषा तया संमोह्यते जगत्। ज्ञानिनामपि चेतांसि देवी भगवती हि सा। बलादाकृष्य मोहाय महामाया प्रयच्छति'। इति प्राक् राजा। 'भगवंस्त्वामहं प्रष्टुमिच्छाम्येकं वदस्व तत्' इति यद्रहस्यं पृष्टं तदिदानीमृषिरुद्देष्टुमाह। हे महाराज हे सुरथ त्वं तां परमेश्वरीं देवीं शरणं रक्षयित्रीमुपैहि उप एहि। आद्गुणः उपगच्छ शरणं व्रज। उपपूर्व इण् गतौ 'सेर्ह्यपिच्च' उपइति स्थिते 'एत्येधत्यूठ्सु' इतिवृद्धिर्न तद्विधावेचीत्यनुवृत्तेः। तत आद्गुण एव बाधकाभावात्। आङ्पूर्वत्वेऽपि आ इहि एहि। उप एहि इति स्थिते वृद्धिं बाधित्वा 'ओमाडोश्च' इति पररूपत्वे सति उपेहि इत्येव रूपम्। उपैहि इति तु कृतवृद्धिपाठः छान्दसः। क्वचिच्च 'सर्वे विधयश्छन्दसि विकल्पन्त' इति वचनात्। यद्वा एहि इत्येतद्विभक्तिप्रतिरूपकमव्ययम्। पृषोदरादित्वाद्वा साधु। उप एहि उपैहि महाराज। 'राजाहःसखिभ्यष्टच्' 'न पूजनात्' पूजायां स्वस्तिग्रहणम्। 'अश्नोतेराशुकर्मणि वरट् चेच्चोपधायाः'। परमामीश्वरीं हे क्रौष्टिक हे मुने आकर्णय ॥3॥

---

1. 'तामुपेहि' इति पाठस्यापि दंशोद्धारे गतिः कृतास्ति।

(4 नागोजीभट्टी) मोह्यन्त इति। मोहो मिथ्याज्ञानम्। उपैहीति वृद्धिश्छान्दसी ॥3॥

(5 जगच्चन्द्रचन्द्रिका) मोह्यन्त इति 4 ॥3॥

(6 दंशोद्धार) तामिति। उपैहीति। एदादिपाठे वा छन्दसीति पित्त्वेन गुणे एहीति स्थिते उपेत्यनेन वृद्धिः। उपेहेतिपाठः सुगमः। भोग ऐहिकसुखम्। स्वर्गः पारलौकिकसुखम्। अपवर्गो मोक्षः ॥3॥

आराधिता सैव नृणां भोगस्वर्गापवर्गदा।

मार्कण्डेय उवाच।

इति तस्य वचः श्रुत्वा सुरथः[2] स नराधिपः ॥4॥

(1 गुप्तवती) ॥4॥

(2 चतुर्धरी) भोगः ऐहिकः। स्वर्गानुभवः पारत्रिकः। अपवर्गः कायद्वयापायः। तस्य मेधसो मुनेः ॥4॥

(3 शान्तनवी) सैव देवी भगवत्येव आराधिता तपसा तोषिता सती नृणां पुंसां भोगस्वर्गापवर्गदा भुवि भोगदा जन्मान्तरे स्वर्गदा मोक्षदा ज्ञानदा भवति। अत एव मोक्षदा 'ज्ञानादेव तु कैवल्यम्' इति सिद्धान्तः। संप्रदानत्वाभावाद्रजकस्य वस्त्रं ददातीतिवत्संबन्धे षष्ठ्येव। नृणामिति। इति प्रोक्तेन प्रकारेण तस्य सुमेधसो ब्रह्मर्षेः वचः श्रुत्वा देवीमाराधय इति वाक्यम् उपदेशमाकर्ण्य सुरथो नाम सः नराधिपः ॥4॥

(4 नागोजीभट्टी) आराधितेति। सैवेत्यनेन सर्वत्र फलदात्री इयमेवेति सूचितम्। भोग ऐहिकः। मार्कण्डेय उवाच 3। इतीति ॥4॥

(5 जगच्चन्द्रचन्द्रिका) आराधितेति 5। मार्कण्डेय उवाच 6। इति तस्य वचः श्रुत्वा सुरथ्थः क्षत्रिर्षभः स्वाहा 7 ॥4॥

(6 दंशोद्धार) इतीति। तस्य सुमेधसः मुनेः ॥4॥

---

2. 'सुरथः क्षत्त्रियर्षभः' इति जगच्चन्द्रचन्द्रिका।

प्रणिपत्य महाभागं तमृषिं संशितव्रतम्।
निर्विण्णोऽतिममत्वेन राज्यापहरणेन च ॥5॥

(1 गुप्तवती) ॥5॥

(2 चतुर्धरी) संशितव्रतं तीव्रनियमम्। निर्विण्णा दुःखाकुलाः। ममत्वमस्मत्सुखावहाध्यवसायः ॥5॥

(3 शान्तनवी) तं सुमेधसं महाभागं संशितव्रतम् ऋषिं प्रणिपत्य प्रणामैराराध्य पुत्रमित्रकलत्रादाविति ममत्वेन अतिमोहेन शत्रुभिः राज्यापहरणेन च हतुना निर्विण्णः दुःखितः सन् ॥5॥

(4 नागोजीभट्टी) प्रणिपत्येति संशितव्रतं तीव्रव्रतम्। निर्विण्णो दुःखाकुलः। ममत्वं स्वीयत्वाध्यवसायः ॥5॥

(5 जगच्चन्द्रचन्द्रिका) प्रणिपत्येति 8 ॥5॥

(6 दंशोद्धार) संशितव्रतं तीव्रनियमो यस्य निर्विण्ण इति। अतीति पृथक्पदम्। ममत्वेनातिनिर्विण्णोऽतिदुःखाकुलः ॥5॥

जगाम सद्यस्तपसे स च वैश्यो महामुने।
संदर्शनार्थमम्बाया नदीपुलिनमास्थितः ॥6॥

(1 गुप्तवती) अम्बाया इति। तुरीयाया इत्यर्थः। देवीसूक्तजपाल्लिङ्गात्। प्रत्यक्षं प्राह चण्डिकेति वाक्यशेषाच्च। नदीपुलिनं तत्तीरभागम् ॥6॥

(2 चतुर्धरी) सद्यस्तत्क्षणम्। नद्याः पुलिनमेतत्कालं जलाभ्यक्ते कूले संस्थितः ॥6॥

(3 शान्तनवी) तपसे जगाम। अम्बायाः जगज्जनन्याः देव्याः संदर्शनार्थं प्रत्यक्षीकरणाय। नदीपुलिनसंस्थितः नद्याः पुलिने द्वीपे तटविशेषे वा संस्थितः सैकतदेशे सम्यगवस्थितः ॥6॥

(4 नागोजीभट्टी) जगामेति। स राजा वैश्यश्चेत्यर्थः। एवमग्रेऽपि ॥6॥

(5 जगच्चन्द्रचन्द्रिका) जगाम सद्य इति 9 ॥6॥

(6 दंशोद्धार) संदर्शनार्थमिति ॥6॥

स च वैश्यस्तपस्तेपे देवीसूक्तं परं जपन्।
तौ तस्मिन्पुलिने देव्याः कृत्वा मूर्तिं महीमयीम्॥7॥

(1 गुप्तवती) स च राजा च देवीसूक्तं बह्वृचेष्वतिप्रसिद्धमेकं तन्त्रान्तरेष्वध्यायत्रयात्मकं प्राच्येषु प्रसिद्धकल्पमपरं मालामन्त्रात्मकमपि गद्यात्मकं क्वचित्प्रसिद्धमन्यत् लक्ष्मीतन्त्रे व्यवहारदर्शनान्नमो देव्या इत्यादिकमितरत् इति चत्वारः। पक्षा व्याख्याभेदेनोक्ता यथासंप्रदायं व्यवस्थिता ज्ञेयाः॥7॥

(2 चतुर्धरी) देवीसूक्तं देवीमाहात्म्यवाचकाम्नायम्॥7॥

(3 शान्तनवी) स राजा च सुरथः स वैश्यश्च समाधिर्नाम पर श्रेष्ठं सर्वार्थप्रदं केवलं देवीसूक्तं वैदिकमृग्विशेषं मन्त्रं देव्यधिदैवतं देव्यां सुष्ठु शोभनमुक्तं प्रणीतं देव्यां वा विषये सूक्तमुपदिष्टमाचार्यैरागमीयं देवीप्रणवमग्निगर्भं वा एतदेव वा चण्डिकायाः चरितत्रयं जपन् तपस्तेपे तपश्चकार। केचित्तु वाग्रहणादम्बा माता मातृकेति मातृकामन्त्ररूपं देवीसूक्तमाहुः। अपरे तु देवीसूक्तं पृथगस्ति रहस्ये तज्जपन् इत्याहुः। अन्ये त्वाहुः। श्रुतिस्मृतिपुराणोक्तानि देवीसूक्तानीति। 'संस्थाधारे स्थितौ मृतौ'। 'तपस्तपःकर्मकस्यैव' इति तपःकर्ता कर्मवद्भवति। उपवासादीनि तपांसि तापसं तपन्ति दुःखयन्ति स तापसस्त्वगस्थिभूतः स्ववाञ्छितस्वर्गाद्यर्थं तपांसि तप्यते तपांसि उपार्जयन्ति। तप संतापे। लिटि तपस्तेपे तपोर्जितवानित्यर्थः। अन्यकर्मकत्वे तु उत्तपति स्वर्णं सुवर्णकारः। तौ द्वौ राजा सुरथः वैश्यश्च समाधिर्नाम तस्मिन् नद्याः पुलिने तटंविशेषे 'तोयोत्थितं तत्पुलिनम्'। तत्र देव्याः मूर्तिम् आकृतिं महीमयीं कृत्वा मृन्मयीं विधाय 'मयड्वैतयोर्भाषायामभक्ष्याच्छादनयोः' इति विकारावयवायाः मह्या मयट्॥7॥

(4 नागोजीभट्टी) देवीसूक्तम् ऋग्वेदप्रसिद्धमित्येके। वस्तुतो देवीसूक्तं नमो देव्या इत्यादिकं पञ्चामाध्यायस्थं स्तुतिरूपम्। तत्र सर्वदेवतायाः कूटस्थायाः महालक्ष्म्याः स्तोत्रं शुम्भादिवधार्थिवभिर्दृष्टं सर्वक्लेशपरिहारैश्वर्यादिफलकं तत्कामाभ्यां ताभ्यां जप्तम्। अनुपदश्रुतत्वात् बुद्धिसन्निहितत्वाच्चेदमेव देवीसूक्तं देवीपदेन च ग्रहीतुमुचितम्। लक्ष्मीतन्त्रसंमतश्चायमर्थः। इति प्रागेव

निरूपितमित्यपरे। 'प्राणाधः संस्थितं बीजं व्योमबीजं हुताशनः। त्रिकोणबिन्दुनादाढ्यं प्रणवादिनमोन्तकम्। अम्बिकासिद्धिदं ज्ञेयं देवीसूक्तं परं स्मृतम्' इति क्वचित्पठ्यते ॥7 ॥

(5 जगच्चन्द्रचन्द्रिका) स च वैश्य इति 10 ॥7 ॥

(6 दंशोद्धार) देवीसूक्तं देवीमाहात्म्यसूचकं श्रीसूक्ताद्याम्नायविशेषम् ताविति। महीमयीं वालुकामथीम् ॥7 ॥

अर्हणां चक्रतुस्तस्याः पुष्पधूपाग्नितर्पणैः।

निराहारौ यताहारौ[1] तन्मनस्कौ समाहितौ ॥8 ॥

(1 गुप्तवती) आदौ यताहारौ कतिपयकालोत्तरं निराहारौ ॥8 ॥

(2 चतुर्धरी) अर्हणां पूजाम्। निराहारौ त्यक्ताहारौ यताहारौ अल्पाहारौ लघुभोजनौ। तन्मनस्कौ तस्यां मानसमाहितं ययोस्तौ जितेन्द्रियौ ॥8 ॥

(3 शान्तनवी) तस्या देव्याः अम्बिकायाः पुष्पधूपाग्नितर्पणैः पुष्पै धूपैः तर्पणैः अग्निभिः अग्निकार्यैः होमैः तर्पणैश्च विहितैस्तैस्तैरुचितैः अर्हणां पूजाम् आराधनं चक्रतुः चक्राते। पृथक् पृथक् विदधाते। 'मूर्तिः काठिन्यकाययोः' 'पूजा नमस्यापचितिः सपर्यार्चार्हणाः समाः' पुष्पाणि धूपाः अग्नयः तर्पणानि च तैस्तैः 'निर्निश्चयनिषेधयोः'। निराहारौ हविष्यादिना तावन्निश्चिताशनौ। ततः क्रमशो मूलाशनौ फलाशनौ पर्णाशनौ अब्भक्षौ वायुभक्षौ। ततश्च मरणे कृतनिश्चयौ निराहारौ निवारिताहारौ अनशनौ। यतात्मानौ विषयेभ्यो व्यावर्तितमनोनेत्रादि-ज्ञानेन्द्रियौ 'तावज्जितेन्द्रियो न स्याद्विजितान्येन्द्रियः पुमान्। न जयेद्रसनं यावज्जितं सर्वं जिते रसे'। तन्मनस्कौ तस्यामेवाध्यातुं मनो ययोस्तौ तथोक्तौ देवीध्यानपरौ। समाहितौ गुरुपदिष्टार्थे सावधानौं निरस्तसंशयो बहुविघ्नपरिहारपरौ नियमपरायणौ ॥8 ॥

(4 नागोजीभट्टी) अर्हणां पूजाम् अग्नितर्पणं होमः। पुण्यधूपौ गन्धदीदेवीमनस्कौद्युपलक्षकौ। आदौ यताहारौ अल्पाहारौ ततो निराहारौ। अनेन हठयोगः सूचितः। तन्मनस्कौ। समाहितौ त्यक्तबाह्यचेष्टौ ॥8 ॥

---

1. 'यतात्मानौ' इत्यपि पाठः।

(5 जगच्चन्द्रचन्द्रिका) अर्हणामिति 11 ॥8 ॥

(6 दंशोद्धार) अर्हणां पूजाम्। अग्निर्दीपः। तर्पणं नैवेद्यादि। यद्वा अग्नितर्पणं हवनम्। यताहाराविति। यतात्मानौ जितमनस्कौ। यताहाराविति पाठे कदाचिदल्पाहारौ ॥8 ॥

ददतुस्तौ बलिं चैव निजगात्रासृगुक्षितम्।
एवं समाराधयतोस्त्रिभिर्वर्षैर्यतात्मनोः ॥9 ॥

(1 गुप्तवती) ब्राह्मणेतरवर्णत्वेन निषेधाभावादाह। निजगात्रेति ॥9 ॥

(2 चतुर्धरी) जितेन्द्रियौ जितानि इन्द्रियाणि ययोस्ता। बलिमुपहारं बलिदानं निजगात्रासृजा स्वदेहशोणितेन उक्षितं सेचितम्। यताम्नोर्जितचित्तयोः ॥9 ॥

(3 शान्तनवी) तौ सुरथवैश्यौ निजगात्रासृगुक्षित तपश्चरणकाले परहिंसापराङ्मुखत्वात् स्वशरीरोद्भवरक्तमेव अन्नमयं बलिं च ददतुः। ऊरुजं बाहुजं वापि रक्तमांसमयं बलिम्। भक्त्यावेशान्महाशूरो महीमायार्थमुत्सृजेत्'। चशब्दान्निजशरीरजरुधिररक्तचन्दनविलेपनं न देव्यै ददाते। एतेन शरीरं वा पातयामि मन्त्रं वा साधयामि इति हठयोगः सूचितः। एवमुक्तप्रकारेण समाराधयतोः क्षत्रियवैश्ययोः त्रिभिर्वर्षैर्यतात्मनोः देव्यामवहितचेतसोः तयोः क्षत्रियवैश्ययोः ॥9 ॥

(4 नागोजीभट्टी) तौ बलिं च पशुकूष्माण्डाद्युपहारं ददतुरेवेत्यस्य राजेत्यादि। राजैव निजरुधिरसिक्तम्। एतेन वैश्यस्य तत्त्वज्ञानेच्छया सात्त्विकत्वेन कथं राजसपूजायां प्रवृत्तिरित्पास्तम्। राजसपूजाधिकारत्वेन ततस्तस्य सात्विकफले बाधकाभावाच्च ब्राह्मणस्य सात्विकपूजया राजसफलवत्। यताम्नोर्जितचित्तयोः ॥9 ॥

(5 जगच्चन्द्रचन्द्रिका) ददतुस्ताविति 12 ॥9 ॥

(6 दंशोद्धार) बलिमुपहारं निजगात्रासृजा स्वदेहशोणितेनोक्षितं प्रोक्षितम् ॥9 ॥

परितुष्टा जगद्धात्री प्रत्यक्षं प्राह चण्डिका।
देव्युवाच।
यत्प्रार्थ्यते त्वयाभूप त्वया च कुलनन्दन ॥10 ॥

(1 गुप्तवती) कुलनन्दनेति वैश्यस्य संबुद्धिः ॥10 ॥

(2 चतुर्धरी) प्रत्यक्षमिति क्रियाविशेषणम् ॥10 ॥

(3 शान्तनवी) परितुष्टा तत्कृतेन तपसा अतिप्रीता जगतां धात्री चण्डिका देवी प्रत्यक्षं प्रकटीभूय प्राह कथयामास। प्राहेति तिङन्तप्रतिरूपकमव्ययम्। यतश्चण्डिका जगद्धात्री ततस्तयोः कृततपसोः प्रत्यक्षीबभूव। अन्यथा तत्कृतेन घोरेण तपसाग्निनेव जगन्ति दह्येरन्नेवेति भावः। जगन्ति दधाति जगद्धा। आतोऽनुपसर्गे कः। अद भक्षणे। तृन् तृज्वा। यद्वा ओहाङ् गतौ। जगन्ति जिहिते जगद्धा। आतोऽनुपसर्गे कः। वर्गचतुर्थः। अत्री संहर्ती। अतएव ओहाक् त्यागे। आतोपि के जगति जहाति जगद्धा। ततोत्त्री भोत्री। देव्युवाच। हे भूप त्वया यत्प्रार्थ्यते। हे कुलनन्दन कुलवर्धन वैश्य त्वया च यत्प्रार्थ्यते याच्यते ॥10 ॥

(4 नागोजीभट्टी) प्रत्यक्षमिति क्रियाविशेषणम्। देव्युवाच। यदित्युत्तरार्धम्। कुलनन्दनेति वैश्यसंबोधनम्।ज्ञानार्थित्वेन प्रशस्तत्वात् ॥10 ॥

(5 जगच्चन्द्रचन्द्रिका) परितुष्टा जगद्धात्री प्रत्यक्षं प्राह चण्डिका स्वाहा 13। देव्युवाच 14। यत्प्रार्थ्यते त्वया भूप त्वया च कुलनन्दन स्वाहा 15 ॥10 ॥

(6 दंशोद्धार) यदिति। मतो मत्सकाशात्प्राप्यताम् अङ्गीक्रियताम्। अर्थाद्युवाभ्यामिति इति प्रत्येकमन्वेति वामिति पाठः सुगमः ॥10 ॥

मत्तस्तत्प्राप्यतां सर्वं परितुष्टा ददामि वाम्[1]।

मार्कण्डेय उवाच।

ततो वव्रे नृपो राज्यमविभ्रंश्यन्यजन्मनि ॥11 ॥

(1 गुप्तवती) ॥11 ॥

(2 चतुर्धरी) मत्तो मत्सकाशात्प्राप्यतां स्वीक्रियताम्। अविभ्रंशि विच्युतिहीनमू ॥11 ॥

(3 शान्तनवी) तत्सर्वं मत्तः देवीतः सकाशात्प्राप्यतां लभ्यताम् अवाप्यताम्।

---

1. 'तत्' इत्यपि पाठः।

अहं परितुष्टास्मि। तच्च तच्च ते च ते च क्षत्रियाय च वैश्याय च ददामि। कुलस्य नन्दन वैश्य। यतोसौ कुलात्साकाशाल्लक्ष्मीं न ग्रहीष्यति मोक्षकामत्वाद्वैराग्यभावत्वादिति भावः। द्वितीयार्थे प्रार्थ्यतामिति तु क्वचित्पाठः स पुनरुक्तः। प्राप्यतामिति तु पाठ्यताम्। यद्वा वैश्यापेक्षाया न पौनरुक्त्यम्। त्वया च प्रार्थ्यतामिति। ददामि तत् ददामि ते इति च पाठद्वयं क्वापि दृश्यते। मार्कण्डेय उवाच। मत्तः देवीतः ततः देव्युक्त्यनन्तरं वा नृपः सुरथः अन्यजन्मनि एतज्जन्मापेक्षया अन्यदग्रिमसंभवि यज्जन्म तस्मिन्नन्यजन्मनि अविभ्रंशि अविचलम् राज्ञो भावः कर्म वा राज्यं वव्रे प्रार्थयामास। अविभ्रंशि राज्यं मन्वन्तरत्वप्राप्तिसाध्यम्। अथ च अत्र अस्मिन्नपि च जन्मनि अविभ्रंशि। भ्रंश अधःपतने णिनिः। नि विभ्रंशः अविभ्रंशः तद्युक्तं वा ॥11॥

(4 नागोजीभट्टी) मत्त इति। प्राप्यतां स्वीक्रियताम्। तत्प्रार्थ्यमानम्। मार्कण्डेय उवाच। तत इत्युत्तरार्धम् अविभ्रंशि चिरस्थायि ॥11॥

(5 जगच्चन्द्रचन्द्रिका) मत्तस्तत्प्राप्यतां सर्वं परितुष्टा ददामि तत्स्वाहा 16। मार्कण्डेय उवाच स्वाहा 17। ततो वव्रे नृपो राज्यमविभ्रंशयन्यजन्मनि स्वाहा 18 ॥11॥

(6 दंशोद्धार) तत इति। अविभ्रंशि स्थिरम् अन्यजन्मनि सावर्णिमनुरूपे ॥11॥

अ[1]त्रापि च निजं राज्यं हतशत्रुबलं बलात्।
सोऽपि वैश्यस्ततो ज्ञानं वव्रे निर्विण्णमानसः ॥12॥

(1 गुप्तवती) ॥12॥

(2 चतुर्धरी) अत्रास्मिञ्जन्मनि हतं शत्रुबलं यत्र राज्ये। ज्ञानं ब्रह्मवेदनम् ॥12॥

(3 शान्तनवी) अत्रैव निजे नगरे बलात् हतशत्रुबलं निजम् आत्मीयं राज्यमेव वव्रे प्रार्थयामास। हतं शत्रुबलं यत्र तत्तथोक्तम्। वृञ् वरणे। कर्तरि लिडात्मनेपदम्। वव्रे 'स्थौल्यसामर्थ्यसैन्येषु बलं ना काकसीरिणोः' ततो देवीतः ततो देव्युक्त्यनन्तरं वा प्राज्ञः मोक्षकाङ्क्षित्वादतितरां बुद्धिमान्। निर्विण्णमानसः संसारदुःखोद्विग्नचेतस्कः सः समाधिर्नाम वैश्योप्यतिविरक्तः सन् ज्ञानं मोक्षबुद्धिं वव्रे प्रार्थयामास ॥12॥

---

1. अत्रैव च निजं, इति पाठः।

(4 नागोजीभट्टी) अत्रापि चेति। अत्राप्यस्मिन् जन्मन्यपि बलाद्धतशत्रुबलमिति राज्यविशेषणम्। ज्ञानं तत्त्वज्ञानम्। निर्विण्णमानसः संसारद्विरक्तमानसः॥12॥

(5 जगच्चन्द्रचन्द्रिका) अत्रापि चेति 19॥12॥

(6 दंशोद्धार) अत्रास्मिञ्जन्मनि सुरथरूपे हतं शत्रुबलं यत्र तन्निजं राज्यम्। सोपीति। ज्ञानमात्मविषयम्। किंभूतम्। ममेत्यस्वीये स्वीयत्वाभिमानम्। अहमित्यनात्मन्यात्मत्वाभिमानः इतीदृशस्य सङ्गस्य विच्युतौ नाशे कारणम्। ननु सुरथवदयमपि वैषयिकसुखमेम किं न याचितवानतो विशेषणद्वयम्। निर्विण्णमानसः विरक्तचित्तः। प्राज्ञश्च प्रकृष्टा ज्ञा वेदविषयज्ञानं तदस्यास्तीतिप्राज्ञः। 'प्रज्ञाश्रद्धा' इति णः। तथा च श्रूयते। किं प्रज्ञया करिष्यामो येषामयं लोक इति। 'असुर्या नाम ते लोका अन्धेन तमसा वृताः। तांस्ते प्रेत्याभिगच्छन्ति ये केचात्महनो जनाः'। इति। आत्महनो विषयासक्ताः॥12॥

ममेत्यहमिति प्राज्ञः सङ्गविच्युतिकारकम्।

देव्युवाच।

स्वल्पैरहोभिर्नृपते स्वं राज्यं प्राप्स्यते भवान्॥13॥

(1 गुप्तवती) ममेति। ममताहन्ताभ्यां प्रकर्षेणाज्ञः सन्नित्यर्थः। समस्तमर्धमेकमेव समस्तपदं तन्मध्ये बुद्धिमद्वाचकस्य प्राज्ञपदस्य निवेशः। छान्दसो नरावाशंसमित्यत्रेवेति केचित्। तत्र स्वदेशे आधिपत्यं भविष्यति॥13॥

(2 चतुर्धरी) ममेत्यस्वीये स्वीयाभिमानः। अहतमत्यनात्मन्यात्माभिमानः। इतिशब्दावुपदर्शनार्थौ। ईदृशो यः सङ्गस्तस्य विच्युतिकारकमिति ज्ञानविशेषणम्। एवंविधज्ञानप्रार्थनायां हेतुमाह। निर्विण्णामानस इति। विरक्तचित्तत्वादित्यर्थः। अत्राप्यहं प्राज्ञ इति। प्रज्ञा श्रौतज्ञानं तया चरतीति प्राज्ञः। तादृशो हि श्रुतौ श्रूयते 'किं प्रज्ञया करिष्यामो एषामयं लोक' इति। एतैरेव यतो ज्ञानमुदेति येनायं विरज्यते ततो ज्ञानमवाप्यापवृत्यत इति। तथाच महाभारते 'ज्ञानदेव हि वै राजन् ज्ञेयं वैराग्यलक्षणम्' इति। स्वल्पैरिति। अहोभिर्दिनैः॥13॥

(3 शान्तनवी) कीदृशं ज्ञानं ममेत्यहमित्येवं सङ्गविच्युतिकारकं ममायं

पुत्रोऽहं पिता। ममेदं कलत्रमहं भर्ता। ममेदं धनम् अहं स्वामी तस्येत्यादौ व्यासञ्जितः सङ्ग तस्य सङ्गस्य विच्युतिः क्षरणं विलयः तस्याः कारणं कारकं ममत्वं नाम मोहः संसृति तद्विलयकारकं ब्रह्मज्ञानमिति भावः। अतस्मिंस्तद्बुद्धिरध्यासः। तेन निःसङ्गस्येवात्मनो ममत्वाविर्भावः सर्वदुःखावहो भवति। ममता चाहंता च सङ्गः संसर्गोपेक्षाबुद्धिः द्वैतज्ञानं भेदनिबन्धनं तस्य विच्युतिकारकं विच्छेदजनकं मोक्षोपयोगिज्ञानं हे नृप हे सुरथ भवान् स्वल्पैरहोभिर्दिवसैः कतिपयैर्वासरैः रिपून्हत्वा स्थितवतः अस्खलितम् अविचलितम् अविभ्रंशि तव तत् राज्यं प्राप्स्यते लप्स्यते। आप्लृ व्याप्तौ। 'व्यत्ययो बहुलम्' इत्यात्मनेपदम्। 'शेषे प्रथमः'॥13॥

(4 नागोजीभट्टी) ममेत्यहमिति च यः सङ्गस्तद्विच्युतिस्तन्नाशस्तत्करमिति ज्ञानविशेषणम्। समासो न छान्दसः। प्राज्ञत्वं मुक्तीच्छयातिबुद्धिमत्त्वाच्च। स्वल्पैरिति स्वं राज्यमित्यस्मस्तम्॥13॥

(5 जगच्चन्द्रचन्द्रिका) ममेत्यहमिति प्राज्ञः सङ्गविच्युतिकारकं स्वाहा 20। देव्युवाच स्वाहा 21। स्वल्पैरहोभिर्नृपते स्वं राज्यं प्राप्स्यसे भवान् स्वाहा 22॥13॥

(6 दंशोद्धार) स्वल्पैरिति॥13॥

हत्वा रिपूनस्खलितं तव तत्र भविष्यति।
मृतश्च भूयः संप्राप्य जन्म देवाद्विवस्वतः॥14॥

(1 गुप्तवती) ॥14॥

(2 चतुर्धरी) तत्र राज्ये तव अस्खलितं राज्यं भविष्यतीत्यर्थः। अपशब्द एवायं निषेधः। 'नह्यनोनायम्' इत्यभिधानात्। भूयः पश्चात्॥14॥

(3 शान्तनवी) अस्खलितं तव सुरथस्य अग्रिमे जन्मनि तत् राज्यं भविष्यति। तव राज्यं तव तच्च तव तत्र इति पाठत्रयम्। तत्र नगरे जन्मान्तरे च। हे भूप भवान् मृतः सन्नपि एतच्छरीरं परित्यक्तवानपि भूयः पुनरपि विवस्वतः सूर्याद्देवात् सवर्णायाश्च तत्पत्न्याः जन्म उत्पत्तिं संप्राप्य॥14॥

(4 नागोजीभट्टी) हत्वेति। तत्र राज्येति वाऽस्खलितमस्खलनं भविष्यति। उत्तरार्धमुत्तरान्वयि॥14॥

(5 जगच्चन्द्रचन्द्रिका) हत्वा रिपूनिति 23 ॥14 ॥

(6 दंशोद्धार) तत्र राज्ये तवाऽस्खलितमस्खलनं भविष्यति। आ इति निषेधार्थकमव्ययं वा पृथक् पदम् ॥14 ॥

सावर्णिको नाम[1] मनुर्भवान्भुवि भविष्यति।
वैश्यवर्य त्वया यश्च वरोऽस्मत्तोभिवाञ्छितः ॥15 ॥

(1 गुप्तवती) ॥15 ॥

(2 चतुर्धरी) वैश्यवर्य वैश्यश्रेष्ठ ॥15 ॥

(3 शान्तनवी) सावर्णिको नाम मनुः राजा भुवि भविष्यति। सावर्णिरिव सावर्णिकः। संज्ञायां कन्। वर्णेनु सहिता सवर्णा। ततः स्त्रीभ्यो ढकं बाधित्वा वाह्वादिपाठादिञ्ि सावर्णिः सूर्यतनयो यो मनुः कथ्यतेऽष्टमः। हे वैश्य हे वर्य। यद्वा हे वैश्यवर्य वैश्येषु श्रेष्ठ त्वया अस्मत्तः देवीतः यः वरः अभिवाञ्छितः अस्ति ॥15 ॥

(4 नागोजीभट्टी) सावर्णिक इति। यद्वाचकं नाम तदुपलक्षितो मनुरित्यर्थः वैश्येत्याद्युत्तरान्वयिस। अस्मत्त इति बहुवचनं स्वस्य सार्वात्म्यद्योतकम् ॥15 ॥

(5 जगच्चन्द्रचन्द्रिका) सावर्णिको नाम मनुरिति 24 ॥15 ॥

(6 दंशोद्धार) भविष्यति। भविष्यसीत्यर्थः। वैश्यवर्येति ॥15 ॥

तं प्रयच्छामि संसिद्ध्यै तव ज्ञानं भविष्यति।

मार्कण्डेय उवाच।

इति दत्त्वा तयोर्देवी यथाभिलषितं वरम् ॥16 ॥

(1 गुप्तवती) ॥16 ॥

(2 चतुर्धरी) संसिद्ध्यै मोक्षाय ॥16 ॥

(3 शान्तनवी) तं वरं संसिद्ध्यै परमात्मरूपसंगत्यै प्रयच्छामि। ततश्च

---

1. 'मनुर्नाम' इति शान्तनवीस्थः पाठः।

वरप्रदानतः तव ज्ञानं भविष्यति। मोक्षे धीर्ज्ञानमुच्यते। अस्मत्त इति पञ्चमीबहुवचनस्य तसिल्। अतश्चैकत्वाभावात् 'प्रत्ययोत्तरपदयोश्च' इति मादेशाभावः। ननु च अस्मत्त इति बहुवचनोपक्रमात्प्रयच्छाम इति बहुवचनेन भाव्यम्। ततः कथं प्रयच्छामीत्येकवचनं स्यात्। एवं तर्हि अस् मत्तः। असु क्षेपणे। अस्यति क्षिपति संसारं निराकरोति अस्। क्विपि रूपम्। वरस्य विशेषणम्। एकत्वात् मादेशः। अयस्मयादित्वात्पदत्वाभावात् रुत्वाद्यभावः। केचित्तु 'वैश्यवर्य त्वया मत्तो वरो यश्चाभिवाञ्छितः' इति पाठः। यद्वा 'व्यत्ययो बहुलम्' इति एकवचनस्य बहुवचनम्। ततश्च अस्मत्त इत्येव पाठः। वरणीयो वर्यः। 'क्लीबे प्रधानं प्रमुखप्रवेकानुत्तमोत्तमाः। मुख्यवर्यवरेण्याश्च प्रवर्होऽनवरार्ध्यवत्'। मार्कण्डेय उवाच। मुनिः स्वशिष्यं वाचमुक्तवान्। हे कोष्टुकि महर्षे इति प्रकारेण तयोः क्षत्रियवैश्ययोः सुरथस्य समाधेश्च यथाभिलषितं वरम् अभिवाञ्छितं वाञ्छिमनतिक्रम्य अभीष्टं परं दत्त्वा ॥16॥

(4 नागोजीभट्टी) तमिति। संसिद्ध्यै मुक्तये। तादर्थ्ये चतुर्थी। ज्ञानं ब्रह्मज्ञानम्। मार्कण्डेय उवाच। इतीति 16

(5 जगच्चन्द्रचन्द्रिका) तं प्रयच्छामि संसिद्ध्यै तव ज्ञानं भविष्यति स्वाहा 25। मार्कण्डेय उवाच स्वाहा 26। इति दत्त्वा तयोर्देवी यथाभिलषितं वरं स्वाहा 27 ॥16॥

(6 दंशोद्धार) संसिद्ध्यै मोक्षाय ॥16॥

बभूवान्तर्हिता सद्यो भक्त्या ताभ्यामभिष्टुता।
एवं देव्या वरं लब्ध्वा सुरथः क्षत्रियर्षभः।
सूर्याज्जन्म समासाद्य सावर्णिर्भविता मनुः ॥17॥

इति श्रीमार्कण्डेयपुराणे सुरथवैश्ययोर्वरप्रदानं नाम त्रयोदशोऽध्यायः ॥13॥

(1 गुप्तवती) सावर्णिर्भविता सूर्यसावर्णिदक्षसावर्णिब्रह्मसावर्णि-धर्मसावर्णिरुद्रसावर्णिरौच्यभौत्येषु सप्तसु भाविशु प्रथमो मनुर्भविष्यति। अत्र षडुवाचमन्त्रा यथास्थानं सत्येवेति शिवम् ॥17॥ इति श्रीगुप्तवत्यां मन्त्रव्याख्याने **त्रयोदशोऽध्यायः** ॥13॥

(2 चतुर्धरी) क्षत्रियाणां ऋषभः श्रेष्ठः सुरथः राजा भगवत्याः वरं वरदानं प्राप्य सावर्णिर्नाम मनुः सूर्यसुतो भविता। मनुरिति वाक्यशेषः। स च मनुरष्टमन्वन्तराधिपो भविष्यतीत्यन्वयः। सावर्णिर्भविता मनुरिति पुनरावृत्तिः समाप्तिं द्योतयति॥17॥ तथा च संप्रदायसंभवात् अनुष्टुभां चात्र देवीमाहात्म्ये मार्कण्डेय उवाचेति मधुकैटभादिनिर्बन्धनैश्च सार्धोना विंशतिरित्येव त्रयोविंशत्यधिकानि षट्शतानि भवन्ति। तथाहि। प्रथमेऽध्याये नवसप्ततिश्लोकाः। द्वितीयेऽष्टषष्टिः एकचत्वारिंशत्तृतीये चतुर्थे पञ्चाशत्। पञ्चमे नवसप्ततिः। सप्तमे पञ्चविंशतिः। अष्टमे सार्धैकषष्टिः। नवमे नवत्रिंशत्। दशमे सार्धसप्तविंशतिः। एकादशे पञ्चपञ्चाशत्। द्वादशे अष्टत्रिंशत्। त्रयोदशे सार्धसप्तदश। मार्कण्डेय उवाचेति मधुकैटभवधादिनिबन्धनश्च सार्धमूनविंशतिरित्येवं त्रयोविंशत्यधिकषट्शतानि सप्तशतव्यवहारः षट्शताधिकतयैवोपपद्यते इतितत्त्वम्। तथाहि। नन्दा त्रयो वसुभवः। कुबेदो वह्निः शरो नन्दगोपाश्रावानाश्रिताः(?) सार्धशशाङ्ककाला नन्दादयः नंदाग्नयः। सार्द्धनगाश्रिताश्च। पञ्चेषयः सार्धके चन्द्रा इति चण्डीमानम्। इत्थं त्रयोदश त्रयोविंशतिसप्तयुक्ता अनुष्टुभाः षट्कथिता दशम्या। देवीमाहात्म्यतात्पर्यटीका दुर्गावबोधिनी। दुर्गाभक्तिप्रदानेन कृतिरास्तामियं चिरम्॥ इति श्रीचतुर्धरमिश्रविरचितायां देवीमाहात्म्यतात्पर्य-टीकायां सुबोधिन्यां सप्तशतीभाष्यं संपूर्णम्॥13॥

(3 शान्तनवी) भक्त्या ताभ्यां लब्धवराभ्याम् अभिष्टुता त्वं जगतां स्त्रष्ट्री रक्षित्री संहर्त्री जननी चेति संस्तुता सती सद्यः सा देवी भगवती चण्डिका सपदि अन्तर्हिता बभूव अन्तर्धानमगात्॥17॥ एवं देव्या वरं लब्ध्वा सुरथः क्षत्रियर्षभः। सूर्याज्जन्म समासाद्य सावर्णिर्भविता मनुः॥13॥ इति श्रीमद्राजाधिराजश्रीमत्तोमरान्वयश्रीमदुद्धरणात्मजश्रीशन्तनुचक्रवर्तिविरचितायां श्रीचण्डिकामाहात्म्यटीकायां सुरथवैश्यवरप्रदानविधिरूपणोपलक्षितस्त्रयो-दशोऽध्यायः॥13॥

(4 नागोजीभट्टी) बभूवेति देव्या इत्यपादाने पञ्चमी। सूर्यादिति। सावर्णिर्भविता मनुरित्यस्य पुनरावृत्तिः आचारात्। वक्ष्यमाणकात्यायनीतन्त्राच्च। अन्ते मनुरित्यनेन सावर्णिरित्यारभ्य सावर्णिर्भविता मनुरित्यन्तोयं महामालामन्त्र इति सूचयतीति। तदुक्तं लक्ष्मीतन्त्रे। 'सम्यक्हृदि स्थिता सेयं

जन्मकर्मावलिस्तुतिः। एतां द्विजमुखाज् ज्ञात्वा अधीयानो नरः सदा ॥ विधूय निखिलां मायां सम्यक् ज्ञानं समश्नुते। सर्वसंपद आप्नोति धुनोति सकलापदः'। इति सर्वेष्टसिद्धिः॥ ॥17॥ इति कालोपनामकशिवभट्टसुतसतीगर्भजना-गोजीभट्टसतसतीगर्भजनागोजीभट्टकृते सप्तशतीव्याख्याने त्रयोदशोऽध्यायः॥13॥

(5 जगच्चन्द्रचन्द्रिका) बभूवान्तर्हिता इति 28। सूर्याज्जन्म समासाद्य सावर्णिर्भविता मनुः स्वाहा॥29॥ 17॥ इति श्रीकूर्माचलेन्द्रश्रीज्ञान-चन्द्रात्मजश्रीकुमारजगच्चन्द्राश्रितसोमपायिपुरोहितबलभद्रपण्डित-गोत्रापत्यहर्षदेवात्मजावसथिभगीरथविरचितकण्वगोविन्दकृतसप्तशती-मन्त्रहोमविधिकारिव्याख्यायां त्रयोदशोऽध्यायः॥13॥ ब्रह्मैकोभगवानेको मार्कण्डेयस्तु मार्गणः। देवाः पञ्च ऋषिर्स्त्रिशद्देवीद्वादशकं तथा। पुनर्वैश्यः पुनर्द्वौ द्वौ राजोवाचेति वर्णतः। अर्धानि पूर्वापरयोर्मध्ये षोडश षोडश। अर्धानि सप्त च द्वे च श्लोकाः पञ्चशतं तथा। श्लोकाश्च चतुराशीतिरध्यायाश्च त्रयोदश। एवमाहुतयः सप्तशती स्युस्तर्पणस्य च। दुर्गाहोमविधानेन श्लोकश्लोकैकमाहुतिः। रक्षां च कवचं मन्त्रं होम तत्र न कारयेत् यो मूर्खः कवचं हुत्वा प्रतिवाचं नरेश्वरम्। स्वदेहपतनं तस्य नरकं च प्रपद्यते। अन्धकश्च महादैत्यो दुर्गाहोमपरायणः। कवचाहुतिप्रभावेण महेशेन निपातितः॥ इति कण्वगोविन्दकृतसप्तशतीमन्त्रहोमविभागकारिकाणां भगीरथविरचिता जगच्चन्द्रचन्द्रिका संपूर्णा॥13॥

(6 दंशोद्धार) उक्तमुपसंहरति। एवमिति। देव्या सकाशात्सावर्णिर्मनुः अष्टममन्वन्तराधिपो भविता। क्वचित्पुस्तके सावर्णिर्भविता मनुरित्यस्यावृत्तिः समाप्तिं बोधयतीति सर्वमनवद्यम्॥17॥ सप्तशत्या मया यस्तु दंशोद्धारो यथामति। निबद्धस्तेन गिरिजा प्रीयान्नः कुलदैवतम् 18 इति श्रीमत्समस्तगद्यपद्याद्यनेकानवद्यविद्योद्द्योतितदिक्चक्रश्रीः मदुल्लोपनामढुंढिराजभट्टसूरिसूनुराजारामेण विरचिते सप्तशतीदंशोद्धारे त्रयोदशोऽध्यायः॥13॥

(समाप्तोयं दंशोद्धारः)

Chapter - XIII

Translation

After hearing this poem, king Suratha and the vaiśya practised austerities and worshipped the goddess.

—Caṇḍikā appeared to them and gave the king the boon that he should be Manu Sāvarṇi, in a future life, and bestowed knowledge on the vaiśya.

The ṛṣi spoke :

★ I have now related to thee, O king, this sublime poem the Devī-māhātmya. Such majestic power has the goddess, by whom this worlds is upheld. Moreover, knowledge is conferred by her who is the adorable Viṣṇu's Illusive power. By her thou and this *vaiśya* and other men of discrimination, and celebrated men are bewtiched; and others shall become bewitched. Go unto her, the supreme queen, as to a place of refuge, O great king. She indeed, when propitiated by men, bestows enjoyment, *Svarga* and final emancipation from existence.

Mārkaṇḍeya spoke :

★ Having heard this his speech, king Suratha fell prostrate before the illustrious *ṛṣi* who performed severe penances, and being down-cast by his excessive regard for self and by the deprivation of his kingdom, went forthwith to perform austerities; and the *vaiśya,* O great *muni,* in order to get a vision of Ambā, took up his station on a sand-bank in a river; and the *vaiśya* practised austerities, muttering the sublime hymn to the goddess. Thy both made an earthern image of the goddess on that sand-bank, and paid worship to it with flowers, incense, fire and libations of water. Abstaining from food, restricting their food, concentrating their minds on her, keeping their thoughts composed, they both offered the bali offering alsos prinkled with blood drawn from their own limbs. When they continued with subdued souls to propitiate her thus for three years, Caṇḍikā, who upholds the world, well-pleased spoke in visible shape.

The goddess spoke :

★ What thou dost solicit, O king, and thou O rejoicer of thy family, receive ye all that from me; well-pleased I bestow it.

Mārkaṇḍeya spoke :

★ Then the king chose a kingdom that should not perish in another life, and in this life his own kingdom wherein the power of his enemies should be destroyed by force. Then the *vaiśya* also, whose mind was down-cast, chose knowledge,—to be wise, knowing 'what is mine', and 'what I am,'—Knowledge that causes the downfall of worldly attachments.

The goddess spoke :

★ O king, thou shalt obtain thine own kingdom in a very few days, after slaying thine enemies; it shall be steadfast for thee there; and when dead thou shalt gain another life from the god Vivasvat, and shat be a Manu on earth, by name Sāvarṇika. And O excellent *vaiśya*, I bestow on thee the boon which thou hast besought of me; knowledge shall be thine unto full perfection.

Mārkaṇḍeya spoke :

★ Having thus given them both the boon that each desired, the goddess vanished forthwith, while extolled by them both in faith.

★ Having thus gained the boon from the goddess, Su-ratha the noble kṣatriya shall obtain a new brith through the Sun, and shall be the Manu Sāvarṇi.

The Devī-Māhātmya (concluded).

यामलोक्तमन्त्रविभागविचार:

एवं कात्यायनीतन्त्रे प्रतिमन्त्रं विशिष्य विभागो विस्तरेण वर्णित:। यामले त्वीशत्प्रकारभेदेन चतु:श्लोकया संक्षिप्य दर्शित:। यथा। 'नवार्णेन हुनेदादौ षोडशाहुतिभिस्तथा। चण्ड्येका वैश्य एवैको ब्रह्मैको भगवानपि। मार्कण्डेयास्तथा पञ्च राजानो वेदसंमिता:। षड्विंशतिस्तु ऋषयो देव्य एकादश स्मृता:। देवौ द्वावथ दूतो द्वावध्यायास्तु त्रयोदश। श्लोकापञ्चशतानि स्यु: सप्तपञ्चाशदुत्तरा:। श्लोकार्धानि चतुश्चत्वारिंशत्संख्यानि निर्दिशेत्। सर्वान्ते तु नवार्णेन षोडशाहुतय: पुन:' इति। अत्र चण्ड्येका देव्य एकादशेति विभज्य निर्देशेऽपि देवीत्वेनैक्याद्द्वादश देव्युक्तय इत्येव द्रष्टव्यम्। केचित्तु विभज्येति बलात्सर्वारम्भे ॐनमश्चण्डिकायै इत्यस्य मन्त्रान्तरत्वमिच्छन्ति। तत्पक्षे मकारादिर्नुकारान्त इति वचनं विरुध्यते। कतमो देव्युवाचमन्त्रो निरसनीयं इत्यनिर्धारणं च स्यात्। अयमपि पक्षो निष्कृष्य शतश्लोक्यां संगृहीत: सार्धैस्पष्टभि: श्लोकै:। यामले तु त्रिपान्मन्त्र: पुनरुक्तश्च नेष्यते ॥72 ॥

'वाङ्मन्त्रेषु त्रयं न्यूनमर्धेषु क्रतुबोधिका:। विंशति: श्लोकसंख्यायामध्याया अपि मन्त्रका:। आद्यन्तयोर्नवार्णस्योक्तय: षोडशषोडश। एकोऽधिक: श्लोकपिण्डे शेष: सर्वोपि पूर्ववत्। तथाहि प्रथमो वैश्यश्चरमर्षिश्च नादिमे। प्रीतौ स्वस्तव युद्धेनेत्यर्धश्लोकात्मको मनु:। आवां जहीत्यर्धत: प्राक्। पञ्चमे नास्ति देववाक्। दशमे जज्वलुश्चेति मनुरर्धोऽधिकोऽन्तिम:। एवंप्रभावा सा देवी तामुपैहीति पद्ययो:। द्वे द्वे अर्धे पृथङ्मन्त्राविति भेदस्त्रयोदशे। तेन ब्रह्मा भगवान् वैश्यश्चैकैकशश्चतू राजा। द्विर्द्विर्दूतो देवा: मार्कण्डेयाम्बिके शरार्कमिते। षड्विंशतिश्च ऋषयस्त्रयोदशाध्यायवाक्यानि। श्लोकास्तु सप्तपञ्चाशदधिकशतपञ्चक-प्रमिता:। अर्धानि चतुश्चत्वारिंशत्तत्साष्टषट्शतकम्। षोडशनवार्णमन्त्रै: पुटितं चेद्यामलोक्तसप्तशती ॥80 ॥

कात्यायनीतन्त्रे विभागस्य सामस्त्येनोक्तेरितरतन्त्रयोरपूर्णतयोक्ते-

दर्शसौर्ययोरिव साजात्यात्प्रकृतिविकृतिभावः। प्रकृतौ च पञ्चविधा मन्त्रसंख्या त्रिविधा पिण्डसंख्या चेतिपूर्वं प्रदर्शितम्। इदानीं विकारांशमात्रं प्रदर्शयति। पञ्चमाध्यायस्थैर्या देवीत्यादिभिर्द्वाविंशतिश्लोकैः षट्षष्टिमन्त्रा निष्पादितास्ते यामलपक्षे न सन्ति। विभजनाभावाद्द्वाविंशतिः श्लोकमन्त्रा एव। इति दत्त्वा तयोर्देवीति श्लोकद्वयं सकृदेव पठनीयं न द्विः। उवाचमन्त्रेषु प्रथमाध्याये वैश्यर्षिद्वयं पञ्चमे स्तोत्रारम्भे देवा ऊचुरित्येकमिति मन्त्रत्रयं नास्तीति संहृत्य प्रकृतित एकसप्ततिमन्त्रा न्यूनाः। तत्संपत्त्यर्थं यादेवीति द्वाविंशत्यां विंशतिः श्लोकाः प्राकृतश्लोकमन्त्रेषु वर्धिताः। अवशिष्टद्वयस्य प्रत्याम्नायरूपमेवंप्रभावा तामुपैहीति प्राकृतश्लोकमन्त्रद्वयं गृहीत्वा चत्वारोऽर्धमन्त्राः कृताः। प्रीतौ स्वस्तव युद्धेन श्लाघ्यस्त्वं मृतयुरावयोरित्यर्धं प्रथमाध्याये। जज्वलुश्चाग्न्यः शान्ताः शान्ता दिग्जनितस्वना इत्यर्धम्। दशमाध्यायान्ते च प्रकृतावविद्यमानमेव निक्षिप्तमिति षड्भिरर्धैः प्राकृतार्धमन्त्रसंख्यापि वर्धिता। एवं षड्विंशतिः। अध्यायवाक्यानां त्रयोदशानां मन्त्रत्वं प्रकृतावविद्यमानं स्वीकृतम्। तानि तु इति मार्कण्डेयपुराणे सावर्णिके मन्वन्तरे देवीमाहात्म्ये। मधुकैटभवध इत्यादिरूपाण्येव संप्रदायात्। न तु प्रथमोऽध्यायः इत्यादिरूपाणि। पुराणे तस्य चतुःसप्ततितमाऽध्यायत्वेन प्रथमादिपदप्रक्षेपे मानाभावात्। देवीमाहात्म्यान्तर्गतत्वेन प्राथम्यादिसमर्थनेपि स्वकल्पितपदप्रक्षेपो मन्त्रत्वाहान्यापत्तेः। ऊहप्रापकन्यायाभावात्। एवमूनचत्वारिंशदवशिष्ट-द्वात्रिंशत्संख्यापूत्यर्थं नवार्णमन्त्र एव पुनः पुनरावृत्त्या शरणीकृतः। अप्राकृतार्धद्वयप्रयुक्तैकश्लोकः। प्राकृतश्लोकपिण्डसंख्यायामभिवृद्धः अवशिष्टार्धविशेषनिर्धारणादिकं प्रकृतिवदेवेत्यर्थः। साष्टषष्टिषट्शतक-मित्येतावन्मात्रं मकारादिनुकारान्तमन्वंतरगतमन्यत्तु बहिष्ठादानेयमिति प्रकृतितो गौणोयं वैकृतो विभाग इति ध्वननाय पार्थक्येन तावन्मात्रं समुदायीकृत्य प्रदर्शितम्। किंच नमो देव्या इति श्लोकपञ्चके कस्यापि त्रस्यार्धीकरणसंभवान्नारायणीस्तुतौ सर्वतःपाणिपादान्त इति श्लोकस्य तैस्तैः पठ्य मानस्य निवेशसंभवान्न्यायविरोधाभावेनानध्यवसाये दोषः। निश्चायकस्पष्टतन्त्रवचनादर्शनात्। संप्रदायपारम्पर्यस्योच्छिन्नकल्पत्वाच्च पुनः प्राकृत एव मन्त्रविभागे निष्कम्पप्रवृत्तिर्युक्तेति। इति गुप्तवत्यां यामलतन्त्रोक्तमन्त्रविभागनिष्कर्षः॥

अथ तन्त्रस्था चतुःश्लोकी।

ब्रह्मैकौ भगवानेको मार्कण्डेयास्तु मार्गणाः। दूतवैश्यौ पुनर्द्वौद्वौ राजोवाचेति शाखिनः। देवाः पञ्चर्षयस्त्रिंशद्देव्युवाचेति भास्कराः। श्लोकाश्चतुरशीतिस्तु तथा पञ्चशतान्यपि। अर्धानि सप्त च द्वेत्र अध्यायास्तु त्रयोदश। पदानि पूर्वपदयोस्तथा षोडश षोडश। तानि श्वेताननादीनि सत्यन्तानीति षोडश॥ एते मिलित्वा मन्त्राः स्युः सप्तशत्यभिधानकाः। इति। शाखिनो वेदश्चत्वारः सप्त च द्वे च नवैवेत्यर्थः। अयमपि पक्षः शतश्लोक्या निष्कृष्य पञ्चदशभिः श्लोकैः संगृह्योक्तः॥

अथ तन्त्रान्तरे नेष्टौ पुनरुक्तत्रिपान्मनू। एकोनत्रिंशदूनानि मन्त्रार्थेष्वथ वाङ्मनौ। पञ्चाधिकाः सप्तचत्वारिंशत् श्लोकमनुष्वपि। आद्यन्तयोर्वैकृतिक-रहस्यं पठितं द्विशः। श्वेताननादिसत्यन्तनामषोडशकं पठेत्। सार्धा दशश्लोकाः पिण्डेऽध्यायमन्त्रादि पूर्ववत्। प्रकृतितो द्वौ षट्षष्टिरूनत्रिंशच्चेति मिलित्वा सप्तनवतिर्मन्त्रा न्यूनाः। तत्प्रयुक्ता द्वाविंशतिः सार्धचतुर्दश चेतिश्लोका लब्धाः सार्धदशश्लोका अप्राकृता निक्षिप्ता इति सप्तचत्वारिंशत् श्लोकमन्त्राः। पञ्चशेत्युत्तरसप्तत्रिंशदूपप्राकृतश्लोकमन्त्रसंख्यायां वर्धिताः ते च षोडशनाम्नां द्वैगुण्येनाध्यायमन्त्रत्रयोदशकेनोवाचमन्त्रपञ्चकेन च वर्धितेन मिलिताः सप्तनवतिः संपद्यन्ते। नवार्धप्रयुक्तसार्धश्लोकचतुष्टस्य च योगेन श्लोकपिण्डसंख्या पञ्चशतानि सार्धाष्टाशीतिश्च भवन्तीति प्राकृतपिण्डसंख्यातः सार्धदशकमपि वृद्धं भवतीत्यर्थः॥

एतदेवाध्यायभेदेन व्यवस्थापयितुमाह। 'तथाहि प्रथमे सोऽचिन्तयदित्य-र्धमन्त्रकः। अन्येऽष्टसप्ततिः श्लोकमन्त्रा एव नवाधिकाः॥ प्रीतौ स्व इति योगेन श्लोक आवां जहीत्यपि। द्वितीये सप्तमश्लोकात्परतो वागृषेर्मता॥ चतुर्थप्रथमश्लोकात्परतो देववागपि। व्रियतां त्रिदशा इत्यस्योत्तरार्धे ददाम्यहम्। ततः कर्तव्यमित्यर्धं वृद्धयेर्धं यथास्थितम्। पञ्चमे धृतिपुष्टिभ्यां द्वौ श्लोकावधिकौ मनू। भक्ष्यमाणास्त्वया चोग्रा इत्यर्धमनुरष्टमे। तत्पश्चादृषिवाक्योक्ताः श्लोकाः

सर्वे ततः परे। अध्याये दशमे श्लोकत्रयोत्तरमृषेर्वचः। तत्रापि सेत्यधर्ममेव जज्जवलुश्चार्धमत्र न। एकादशे तु प्रथमश्लोकान्ते देववाग् भवेत्। द्वाविंशात्सर्वतःपाणिपादेति श्लोवकोऽधिकः। शाकम्भरीति विख्यातिमित्यर्धात्मैव मन्त्रकः। द्वादशे द्वावर्धमन्त्रौ व्यवधानेन संस्थितौ। सर्वं ममैतदित्येको निशुम्भे च महापरः। एतत्ते कथितं भूपेत्यर्धमन्त्रस्त्रयोदशे। इत्थं त्रयोदशाध्यायेप्यर्धमन्त्रा नवैव हि। श्लोक (बद्धं) षट्कं यथासंप्रदायमन्विष्य निक्षिपेत् ॥63 ॥

चतुर्थाध्याये व्रियतामित्यर्धस्योत्तरम्। 'ददाम्यहमतिप्रीत्या स्तवैरेभिः सुपूजिता। कर्तव्यमपरं यच्च दुष्कृतं तन्निवेद्यताम्।' इत्येकः श्लोकः। पञ्चमे लक्ष्मीरूपेणेत्यस्योत्तरं धृतिरूपेणेति तुष्टिरूपेणेत्यस्योत्तरं पुष्टिरूपेणेति च द्वौ श्लोकौ। एकादशे 'सर्वतःपाणिपादान्ते सर्वतोक्षिशिरोमुखे। सर्वतःश्रवणघ्राणे नारायणि नमोऽस्तु ते'। इत्येक इति चत्वारः श्लोका बहुसंवादान्निक्षिप्या एव। प्रीतौ स्व इत्यर्धं जज्वलुश्चेत्यर्धं चेति द्वयमपि यद्यपि बहुसंवाद्येव तथापि तयोराद्यमेव निक्षेप्यम्। न द्वितीयं नवैवार्धानीति। तथाहि प्रकृतावष्टमदशमैकादशत्रयोदशाध्यायगतश्लोकसंख्यानामेव सार्धत्वाच्चत्वार्यर्धान्यनयोद्यानि। तथा प्रथमे सोऽचिन्तयदित्येकमावां जहीत्यन्यदिति द्वे। चतुर्थे व्रियतां वृद्धयेऽस्मदिति द्वे। द्वादशे सर्वं ममैतन्निशुम्भे चेति द्वे। इत्येवं षडर्धान्यर्धान्तरेण संपर्काभावादव्यवहितश्लोकमन्त्रावयवेन मेलने बहूनां मन्त्राणां वाक्यलक्षणभङ्गापत्तेः कतिपयश्लोकगर्भेपूवाचमन्त्रप्रक्षेपापत्तेश्चानयनोद्यान्येवेति दशमानामवश्यकत्वापत्तिः। एतद्द्योतनायैव व्यवधानेन संस्थितावित्येकत्रोक्तमपि विशेषणं योग्यतया सर्व र्धान्वयि। अतः प्रीतौ इत्यस्यावांजहीत्येत्समीपे पाठे पतितयोरान्तरवाक्यरूपयोर्महावाक्यरूपेकमन्त्रत्वसंभवात्। तथा स्वीकारेण नवार्धवत्त्वमुपपाद्यम्। इतरार्धानि तु प्रथमाध्याये द्वाविंशतिस्त्रयोदशे षडित्यष्टाविंशतिरवशिष्यन्ते। तानि परस्पराव्यवधानेन चतुर्दशयुग्मरूपाण्येव संपद्यन्त इति श्लोकमन्त्रेष्वेव तन्निवेश इति स्थितिः ॥

अत एवाशयेन जज्वलुश्चार्धमन्त्रतेत्युक्तम्। एवं चावशिष्टाः षट्श्लोकास्तत्र तत्र दृश्यमाना बहुशोऽस्माभिः पूर्वं लिखिता अपि विसंवादभूयस्त्वादग्रे निर्णयतया

संप्रदायलाभोत्तरमेव विश्वसनीया इत्याशयेन श्लोकषट्कं यथासंपदायमन्विष्येत्युक्तम्। एतेनास्मिन्पक्षेप्यनध्वसायापनयेन प्रकृतिपक्ष एव निष्कम्पप्रवृत्तिर्युक्तेति। किंच कर्तव्यमपरं यच्चेत्यर्धस्यापि क्वचिद्देशे पाठाभावदर्शनाद्व्रियतामित्यर्धस्य ददाम्यहमित्यर्धान्तरयोजनेन श्लोकत्वात्ताव-ताप्यर्धनवकोपपत्तेरनध्यवसाय एवेति ध्वनितम्। अत एवोवाचमन्त्रेषु वरप्राथनारम्भस्थदेवोक्तिद्वयमेव स्वीकृत्य तृतीयादेव प्रथमाध्याये चरममृषिं प्रथमवैश्यं च परित्यज्य द्वितीयाष्टमदशमाध्यायेष्वधिकत्वेन तन्त्रान्तरोक्त-मृषिवाक्यं मन्त्रत्रयं स्वीकर्तुं न्याय्यमपि प्रत्यक्षवचनविरोधात्तन्त्रद्वयसांकर्येण कल्पितपक्षान्तरस्य समञ्जसस्याप्यविश्वसनीयत्वाच्च त्यक्तव्यमेवेत्यपि ध्वनितम्॥

वचनेन न्यायानामाभासीकरणदिति। यद्यल्पसंवादेनैव षडपि श्लोका निर्धार्यास्तदा पञ्चमेऽध्याये बुद्धिरूपेणेति मन्त्रात्परतो द्वौ मन्त्रौ स्फूर्तिमेधापदघटितौ योज्यौ। एवं सप्तमे उत्थाय च महासिंहमिति श्लोकोत्तरमेकः श्लोकः। 'छिन्ने शिरसि दैत्येन्द्रश्चक्रे नादं सुभैरवम्। तेन नादेन महता त्रासितं भुवनत्रयम्' इति। अष्टमेऽध्याये। 'योद्धुमभ्याययौ क्रुद्धो रक्तबीजो महासुरः' इत्यस्योत्तरम् 'भागिनेयो महावीर्यस्तयोः शुम्भनिशुम्भयोः। क्रोधवत्याः सुतो ज्येष्ठो महाबलपराक्रमः'। इति एकः श्लोकः॥

एकादशेऽध्याये नारायणीस्तुतौ द्वौ श्लोकौ। 'दंष्ट्रकरालवदना' इति श्लोकोत्तरम्। 'कालरात्रिस्वरूपेण त्रैलोक्यमथनोद्यमे। महाकालि महामाये नारायणि नमोस्तुते'। 'महालक्ष्मि शिवे शान्ते सर्वसिद्धेऽपराजिते। महारात्रि महावीर्ये नारायणि नमोस्तुते'। इति। एतान् षट्श्लोकान् क्वचिद्देशे कैश्चिदादृतत्वाद्वा संख्यापूरणाय गृह्णीयादित्याह द्वाभ्याम्। 'अथवा पञ्चमे स्फूर्तिमेधे बुद्धेः परौ मनू। सप्तमेप्यथ मुण्डात्प्राक् छिन्ने शिरसि इति। 'रक्तबिन्दुर्यदेति प्राग् भागिनेयो महाष्टमे। कालरा त्रिमहालक्ष्म्यौ विंशादेकादशे परौ'॥

अथ समुदितसंख्यामाह। 'विधिभगवन्तौ दूतविशौ देवमृकण्डुजौ शशिद्विशराः। नृपदेवृषयोब्ध्यर्कत्रिंशत् संख्यास्त्रयीदशाध्यायाः॥96॥ श्लोकाः स्युः पञ्चशतानि चतुराशीतिर्नवार्धानि। नाम्नां षोडशभिः संपुटिता तन्त्रान्तरोक्तसप्तशती'॥97॥

अथ संग्रह एवावशिष्टाः षट्श्लोकाः। आसु तु तिसृषु प्रथमा प्राच्योदीच्यप्रतीच्यसूरिमता। दक्षिणदेश्यैरन्ये आदृतदेश्ये विलुप्तदेश्ये च॥98॥

एवं वाक्यं मन्त्रोध्याहृत्यानुषक्तिभिः सुयोज्यापि। न पुनर्मन्त्रान्तरगतपदसाकाङ्क्ष विना वचनम् ॥99॥ इतिमत्वेष परिश्रम इह रचितो मन्त्रलक्षणानुसृतः। तदिमंविज्ञाय ज्ञा अज्ञाकलितं विभागमुज्झन्तु। इति मन्त्रपरिच्छेदो भास्करसंख्यावदात्मनैव कृतः। देव्युक्तपरिच्छेदे भास्करसंख्यावदात्मनैव यतः॥101॥ चण्डिस्तवविभागांशे बालोप्युत्कण्ठितो यदि। स्यादनेन निबन्धेन शतश्लोकेन पण्डितः ॥102॥ इति श्रीधीरगम्भीररायसोमसुतः सुतः। भारत्यधाच्छतश्लोकीं काशीस्थो बह्वृचोग्निचित्॥103॥ आदृतदेश्ये इत्यनयोरीषदपरिसमाप्तौ प्रत्ययः। विलुप्तदेश्ये किंचिदूनो विशेषलोप इत्यल्पादरस्तयोरित्यर्थः। आज्ञाकलितम् उक्तमन्त्रस्वरूपानभिज्ञकृतकारिकोक्तं देव्युक्तिपदेन देवीकर्मकोक्तिरूपश्चण्डीस्तवो देवीकर्तृकोक्तिप्रतिपादको देव्युवाचेति मन्त्रश्च शिलष्टौ। उभयोरपि मन्त्रत्वादेकत्र परिच्छेदपदेन विभजनपरा शतश्लोकी। अन्यत्रेयत्तारूपसंख्यया परिच्छेदः। भास्करेत्यादेरेकत्र तन्नामकविद्वदात्मा। अन्यत्र द्वादशसंख्याकभेदः। एवकारस्यैकत्राज्ञकृत-विभागस्यासारत्वमन्यत्र देवयुवाचेति भास्करा इति तन्त्रान्तरोक्तवचनार्थे सर्वेषामैककण्ठ्येन विसंवादराहित्यं च ध्वन्यम्। बह्वृच इति विशेषणेन काण्वबुद्धिसिद्धवदापातग्राहिबुद्धिमथितेयं भवतीति ध्वनितम्। इति गुप्तवत्यां तन्त्रातरोक्तमन्त्रविभागनिष्कर्षः।

॥अथ रहस्यत्रयम्॥

प्राधानिकरहस्यम्।

अस्य श्रीरहस्यत्रयस्य ब्रह्माऽच्युतरुद्रा ऋषयः। नवदुर्गा देवता। अनुष्टुप् छन्दः महालक्ष्मीर्बीजम्। श्रीः शक्तिः अभीप्सितफलसिद्ध्यर्थे जपे विनियोगः।

राजोवाच।

भगवन्नवतारा मे चण्डिकायास्त्वयोदिताः।
एतेषां प्रकृतिं ब्रह्मन्प्रधानं वक्तुमर्हसि॥1॥

आराध्यं यन्मया देव्याः स्वरूपं येन तद्द्विज।
विधिना ब्रूहि सकलं यथावत्प्रणतस्य मे॥2॥

(1 गुप्तवती) अथ रहस्यव्याख्या॥ सुमेधसं प्रति राज्ञः प्रश्नः। भगवन्निति उपास्यदेवताया मुख्यारूपमुपासनेतिकर्तव्यता च वदेत्यर्थः॥1॥2॥

ऋषिरुवाच।

इदं रहस्यं परममनाख्येयं प्रचक्षते।
भक्तोसीति न मे किंचित्तवावाच्यं नराधिप॥3॥

(1 गुप्तवती) भक्तोसीति। देव्या गुरोश्चेत्यर्थः॥ ग्रन्थारम्भे वर्णितं धर्मरूपं ब्रह्मैव चण्डिकापदवाच्युपास्यस्वरूपं तस्याश्च व्यष्टिरूपाणि त्रीणि महाकाली महालक्ष्मीर्महासरस्वती। तेन समष्टिरूपैव चण्डिका तुरीया धर्मिरूपा निर्गुणा किन्तु पद्ममीति स्थितिः। आसु व्यष्टित्रयकथनेनैव तदभिन्नाया समष्टेस्तुर्यायाः कथितप्रायात्वात्तामनिर्दिश्यैव व्यष्टिष्वन्यतममेव तुरीयासमानयोगक्षेमतयोत्तमत्वेन त्रिगुणेति निराकारेत्यलक्ष्येत्यवतारत्रयान्तर्गतेति च निर्दिशन्

शुद्धसत्त्वस्वरूपां सगुणातुर्यामपहृत्य त्रयान्यतमात एवेतरे द्वे निःसते इत्यादिरीत्या सृष्टिं कथयितुमारभते ॥3 ॥

सर्वस्याद्या महालक्ष्मीस्त्रिगुणा परमेश्वरी।
लक्ष्यालक्ष्यस्वरूपा सा व्याप्य कृत्स्नं व्यवस्थिता ॥4 ॥

(1 गुप्तवती) सर्वस्याद्येत्यादिना। त्रिगुणा सात्त्विकराजसतामससमूर्ति-त्रयसमष्टिरेव सर्वप्रपञ्चादिकारणम्। केचित्तु महालक्ष्मीरिति व्यष्टित्रयान्यतमा अपि तु तुरीयायाश्चण्डिकाया एव नामान्तरम्। 'सदाशिवाङ्कमारूढा शक्तिरित्याह्वया शिवा। महालक्ष्मीरिति ख्याता सर्वदेवगुणान्विता' इति शिवपुराणादित्याहुः। एतत्। न यज्ञेष्वन्तर्गतमहालक्ष्म्याः पार्थक्येनेह रजोभूयिष्ठतया नामदशकेन चेतयोरवि कथनाभावात्तदर्थमध्याहारादिक्लेशस्तुल्य एव। 'लक्ष्या' सगुणा 'अलक्ष्या' निर्गुणा अस्या ग्रहणं नोपलक्ष्यते तस्मादुच्यतेऽलक्ष्येति। देव्यथर्वशीर्षश्रुतेः स्वाविषयकज्ञानस्वरूपेति तदर्थः। वृत्तिज्ञाननिरासाय स्वाविषयकेति तेषां घटमहं जानामीत्येवकारात्, ब्रह्मणश्चरमवृत्तिव्याप्यत्वेऽपि फलव्याप्यत्वा-नङ्गीकारादिति भावः ॥4 ॥

मातुलिङ्गं गदां खेटं पानपात्रं च बिभ्रती।
नागं लिंगं च योनिं च बिभ्रती नृप मूर्धनि ॥5 ॥

तप्तकाञ्चनवर्णाभा तप्तकाञ्चनभूषणा।
शून्यं तदखिलं स्वेन पूरयामास तेजसा ॥6 ॥

शून्यं तदखिलं लोकं विलोक्य परमेश्वरी।
बभार रूपमपरं तमसा केवलने हि ॥7 ॥

सा भिन्नाञ्जनसङ्काशा दंष्ट्राञ्चितवरानना।
विशाललोचना नारी बभूव तनुमध्यमा ॥8 ॥

(1 गुप्तवती) लक्ष्यां निर्दिशति। मातुलिङ्गमिति। बीजपूराख्यं फलमित्यर्थः। 'खेटं' चर्म 'बिभ्रती' करैरिति शेषः। नागादित्रयं मूर्धनि

बिभ्रति, 'लिङ्गम्' अत्र पुंचिह्नं रुद्रस्य 'योनिः' स्त्रीचिह्नं विष्णोः, स्त्रीपुंसात्मकत्वं च 'विष्णुर्योनिं कल्पयत्विति श्रुतेः' परिशेषान्नागो ब्रह्मणश्चिह्नं स्यात्। तेनास्याः ब्रह्मविष्णुरुद्रात्मकत्वं स्त्रीपुंसात्मकत्वं च प्रदर्शितं भवति ॥5॥ अलक्ष्यामाह। शून्यमिति। प्रलयकाल स्थूलरूपाभावेन संस्कारात्मनावस्थितं जगत् स्वेन तेजसा चिन्मात्ररूपेण या व्याप्तवतीत्यर्थः ॥6॥ महालक्ष्मीरेव महाकाल्यात्मकत्वेनापि परिणतेत्याह। शून्यमिति ॥7 ॥8 ॥

खड्गपात्रशिरःखेटैरलंकृतचतुर्भुजा।
कबन्धहारं शिरसा बिभ्राणा शिरसां स्त्रजम् ॥9॥

तां प्रोवाच महालक्ष्मीस्तामसीं प्रमदोत्तमाम्।
ददामि तव नामानि यानि कर्माणि तानि ते ॥10॥

महामाया महाकाली महामारी क्षुधा तृषा।
निद्रा तृष्णा चैकवीरा कालरात्रिर्दुरत्यया ॥11॥

(1 गुप्तवती) 'शिरः' दण्डारोपितग्रीवाभागं खट्वाङ्गनामकम्। 'कबन्धाः' शिरोहीनदेहाः उरसेति शेषः। उरसि कबन्धमालां शिरसि शिरोमालां च दधतीत्यर्थः। तां प्रोवाचेति तु प्रथमा द्वितीययोर्व्यत्यासेन तामसवीवाक्यमेतदिति केचित् स तु वृथा प्रयासः। तदुत्तरार्धस्य 'नाम कर्म च मे मातर्देहि तुभ्यं नमो नमः' इत्यस्य बहुषु पुस्तकेषु दर्शनेन प्रत्युताऽसमञ्जसता च। एतेन विभक्तिव्यत्यासेनैव केषाञ्चित्पाठोऽपि नादेयः। सात्त्विकीप्रश्नमन्तरेणैतस्यैव नामप्रधानस्योत्तरत्र कथनाच्च ॥9 ॥10 ॥11 ॥

इमानि तव नामानि प्रतिपाद्यानि कर्मभिः।
एभिः कर्माणि ते ज्ञात्वा योऽधीते सोऽश्नुते सुखम् ॥12॥

तामित्युक्त्वा महालक्ष्मीः स्वरूपमपरं नृप।
सत्त्वाख्येनातिशुद्धेन गुणेनेन्दुप्रभं दधौ ॥13॥

अक्षमालाङ्कुशधरा वीणापुस्तकधारिणी।
सा बभूव वरा नारी नामान्यस्यै च सा ददौ ॥14॥

(1 गुप्तवती) माहामायादिनामदशकस्यान्वर्थकत्वमाह इमानीति। उक्तं च कालिकापुराणे। 'गर्भान्तर्ज्ञानसम्पन्ने प्रेरितं सूतिमारुतैः। उत्पन्नं ज्ञानरहितं कुरुते या निरन्तरम्। पूर्वातिपूर्व संस्कारसंघातेन नियोज्य च। अहरादौ ततो मोहममत्वज्ञानसंशयम्। क्रोधोपरोधलोभेषु क्षिप्त्वा क्षिप्त्वा पुनः पुनः। पश्चात्कामेन संयोज्य चिन्तायुक्तमहर्निशम्। अमोदयुक्तं व्यसनासक्तं जन्तुं करोति या। महामायेति संप्रोक्ता तेन सा जगदीश्वरी' इति। एवं देवीपुराणे नाम निर्वचनाध्याये अन्यत्र चेतरनामनिर्वचनानि द्रष्टव्यानि। ईदृशार्थज्ञानपुरःसरं नामकीर्तनं फलाय विद्यते एभिरिति ॥12॥ महासरस्वतीत्वेनापि सैव परिणतेत्याह। तामिति। इमानि तवेति श्लोक एतन्नामदशकेऽपि योज्यः ॥13॥14॥

महाविद्या महावाणी भारती वाक् सरस्वती।
आर्या ब्राह्मी महाधेनुर्वेदगर्भा सुरेश्वरी[1] ॥15॥

अथोवाच महालक्ष्मीर्महाकालीं सरस्वतीम्।
युवां जनयतां देव्यौ मिथुने स्वानुरूपतः ॥16॥

इत्युक्त्वा ते महालक्ष्मीः ससर्ज मिथुनं स्वयम्।
हिरण्यगर्भौ रुचिरौ स्त्रीपुंसौ कमलासनौ ॥17॥

ब्रह्मन् विधे विरञ्चेति धातरित्याह तं नरम्।
श्रीःपद्मे कमले लक्ष्मीत्याह माता स्त्रियं च ताम् ॥18॥

महाकाली भारती च मिथुने सृजतिस्म ह[2]।
एतयोरपि रूपाणि नामानि च वदामि ते ॥19॥

नीलकण्ठं रक्तबाहुं श्वेताङ्गं चन्द्रशेखरम्।
जनयामास पुरुषं महाकाली सितां स्त्रियम् ॥20॥

(1 गुप्तवती) ॥15॥ मिथुने पुत्रः पुत्री चेति भ्रातृभगिनीयुगले ॥16॥

---

1. च धीश्वरि।
2. मिथुने सृजतः सह।

अत्र स्वयमिति पदं स्वकीयमेव श्रीनामकं व्यष्ट्यन्तर्गतं रूपान्तं धृत्वेत्यर्थकमिति केचिद् व्याचक्षते महालक्ष्मीरिति व्यष्ट्या एव नामेति च वदतामस्माकं तु नायं क्लेशः ॥17 ॥18 ॥19 ॥20 ॥

सः रुद्रः शंकरः स्थाणुः कपर्दी च त्रिलोचनः।
त्रयी विद्या कामधेनुः सा स्त्री भाषाक्षरा स्वरा ॥21 ॥

सरस्वती स्त्रियं गौरीं कृष्णं च पुरुषं नृप।
जनयामास नामानि तयोरपि वदामि ते ॥22 ॥

विष्णुः कृष्णो हृषीकेशो वासुदेवो जनार्दनः।
उमा गौरी सती चण्डी सुन्दरी सुभगा शिवा ॥23 ॥

एवं युवतयः सद्यः पुरुषत्वं प्रपेदिरे।
चक्षुष्मन्तोऽनुपश्यन्ति नेतरेऽतद्विदो जनाः ॥24 ॥

(1 गुप्तवती) त्रयीविद्या शास्त्रीया वेत्येकैकं भिन्नमेव वा नामद्वययुगम् ॥21 ॥22 ॥23 ॥ एवं मिथुन त्रयं सृष्ट्वा तेषां विवाहाय कन्यादातृदम्पत्यपेक्षणात् स्वासां पुरुषान्तराभावात् स्वयमेव द्विद्विरूपतां धृतवत्य इत्याह। एवमिति। पुरुषत्वं महालक्ष्मीर्ब्रह्मत्वं महाकालीरुद्रत्वं महासरस्वती विष्णुत्वं प्रपेदे इत्यर्थः। आसां हि युवतित्वे सत्येव पुरुषत्वं न तु व्यक्तिभेदेनोभयं वाप्यर्धनारीश्वरवदवच्छेदेनाव्याप्यवृत्ति किन्तु शरावस्थजलातपन्यायेनोभयमपि व्याप्यवृत्तीति भावः। तदिदं रूपं चर्मचक्षुषामदृश्यमित्याह। चक्षुष्मन्त इति। ज्ञानस्यैव चक्षुर्गुणपौष्कल्येन मुख्यचक्षुष्ट्वं नवार्णस्येति भावः अतद्विद इति छेदः ॥24 ॥

ब्रह्मणे प्रददौ पत्नीं महालक्ष्मीर्नृप त्रयीम्।
रुद्राय गौरीं वरदां वासुदेवाय च श्रियम् ॥25 ॥

स्वरया सह सम्भूय विरिञ्चोऽण्डमजीजनत्।
बिभेद भगवान् रुद्रस्तद्गौर्या सह वीर्यवान् ॥26 ॥

अण्डमध्ये प्रधानादिकार्यजातमभून्नृप।
महाभूतात्मकं सर्वं जगत् स्थावरजङ्गमम्॥27॥

पुपोष पालयामास तल्लक्ष्म्या सह केशवः।
महालक्ष्मीरेव मता राजन् सर्वेश्वरेश्वरी॥28॥

(1 गुप्तवती) ॥25॥ अवशिष्टां सृष्टिमाह। स्वरयेति। त्रयीविद्यया सङ्गम्येत्यर्थः। तत् ब्रह्माण्डप्रधानादिमूलप्रकृतिमहहदङ्कारादिक्रमेण सांख्यतन्त्रोक्ततत्त्वसमूहम्॥26॥27॥ महालक्ष्मीरितिनिराकारसाकारद्वयमस्या एव नान्ययोः। तेन व्यष्टित्रयान्तर्गतमहालक्ष्म्यास्तमः-सत्त्वोपसर्जनकरजोगुणप्राधान्यात् तुरीयाया गुणत्रयासाम्यरूपत्वेन वा रजस्तमोऽसङ्कलितशुद्धसत्वरूपत्वेन पुराणान्तरसिद्धत्वेऽपि प्रकृतेः रजःप्राधान्येन तदविरोधिगुणयवत्तया सगुणनिर्गुणरूपद्वयवत्तया चमहालक्ष्मीरुपास्येति निवर्गः। अतएव व्यष्टिप्राये महालक्ष्मीनामदशकस्य कीर्तनाभावप्रयुक्तमाशङ्कां परिहर्तुमाह। सैवेति। तस्या एवान्याभ्यो नामदातृत्वेनानवस्थापत्या दात्रयै दात्रन्तराभाव एवकारार्थः॥28॥

निराकारा च साकारा सैव नानाभिधानभृत्।
नामान्तरैर्निरूप्यैषा नाम्ना नान्येन केनचित्॥29॥

इति प्राधानिकरहस्यम्।

(1 गुप्तवती) नामान्तरैरन्ययोर्व्यष्ट्योर्नामभिरेव, अस्या एव तुरीयात्वेन स्वतन्त्रनामानपेक्षणादिति भावः। तस्मात् पार्थक्येन तुरीयामपहृत्य व्यष्टित्रयमध्यगा महालक्ष्मीरेव सर्वोत्तमेत्येतदुपासकाभिमान इति ग्रन्थस्य स्वारसिकाशयः। अतएव सप्तशत्यां चत्वारि स्तोत्राणि। तेषु देवीसूक्तं महाकाल्यादित्रितयाभेदेन तुर्यायाः स्तवनम् इतराणि त्रीणि क्रमेण गुणिमूर्तित्रयपराणीति विवेकः। परे तु तुर्यैवोपास्या व्यष्टयस्तिस्रोऽप्यवमा एवेति वर्णयन्तोऽमुं ग्रन्थं क्लेशेन लापयन्तो महाकालीमहालक्ष्मीमाहसरस्वत्य-श्चरित्रत्रयस्य क्रमाद् देवतास्तुर्या तु नवार्णस्य देवतेति व्यवस्थापयन्ति। एतन्मते सप्तशत्या व्यष्टय एवोपास्या न तु तुर्येति पर्यवस्यति चेत्तत्र पाञ्चरात्रलक्ष्मीतन्त्रे

परदेवताया इन्द्रस्य च संवादे महालक्ष्मीमेवादौ पश्चान्महाकाल्यादिभ्रामर्यन्ता इति क्रमेण दशावताराः नवोक्तानेव कथयित्वा सर्वान्ते यद्वर्णितम् 'एतासां परमा प्रोक्ता कूटस्था सा महीयसी। महालक्ष्मीर्महाभागा प्रकृतिः परमेश्वरी अमुष्यास्तुतये दृष्टं ब्रह्माद्यैः सकलैः सुरैः। नमो दव्यादिकं सूक्तं सर्वकामफलप्रदम्। इमां देवीं स्तुवन्नित्यं स्तोत्रेणानेन मामिह। क्लेशानतीत्य सकलानैश्वर्यं महदश्नुते। अमुष्याः सावतारायाः महालक्ष्म्या ममानघ। जन्मानि चरितैः सार्धं स्तोत्रवैभववादिभिः। कथितानि पुरा शक्र वसिष्ठेन महात्मना। स्वारोचिषेन्तरे राज्ञे सुरथाय महात्मने। समाधये च वैश्याय प्रणतायावसीदते' इत्यादिकं तद्विरोधात् महालक्ष्म्या व्यष्ट्यन्तर्गताया एव कूटस्थता स्वाभेदो देवीसूक्तस्य स्वैकपरता व्यष्टिद्वारा चरित्रत्रयस्य स्वपरतेत्यर्थानां तुर्ययैव स्पष्टीकरणात् तस्मात्सप्तशती सर्वापि महालक्ष्म्यसा अभेदेवेषेण तुर्यापरेव अतएवैकेन वा मध्यमेनेति मध्यमचरित्रमात्रस्य चरित्रत्रयसमष्ट्या विकल्पः सङ्गच्छत इति दिक् ॥29॥ इति गुप्तवत्यां प्राधानिकरहस्यव्याख्या।

Atha Rahasya Trayam

The three secret (teachings) of the Saptaśatī PRĀDHĀNIKA RAHASYAM

- ★ The king said 'Oh revered sir, you have described the different manifestations of the incarnations of Goddess Caṇḍikā. Oh twice born, please tell me about the eminent secret about them now.
- ★ Oh twice born, please explain to me the true nature of the Goddess as well as the methods by which She should be worshipped. I bow down to you.
- ★ The sage said 'Oh best of the kings, the secret is said to be indescribeable but you are a devotee of the Supreme Goddess, there is nothing which should not be disclosed to you.
- ★ The Supreme Goddess Mahālakṣmī is endowed with the three qualities (*Sattva*, *Rajas* and *Tamas*) and is the first (Ādya Śakti, *i.e.* the cause) of all. She is of both primary (*Saguṇa Brahman*) and secondary (*Nirguṇa Brahman*) nature and exists pervading the universe.
- ★ She holds the Citron (fruit), the club, the shield and the drinking vessel and bears on the head the symbols of a serpent an idol and a phallus.
- ★ She is red in colour and is adorned with pure gold. The entire void is filled up with her lustre.

- ★ Perceiving the entire universe filled up with void the Goddess (Mahālakṣmī though endowed with *Sattva guṇa* and *Rajas*) took up a different (woman) form by *Tamas* alone.
- ★ Not different from Her (Mahālakṣmī), She (Mahākālī) took a form of medium size with deep blue colour like collirium, large teeth and broad eyes.
- ★ Endowed with sword, vessel, skull and shield on the four hands She put garlands of headless trunks on the breast and of heads (without body) on the head.
- ★ Goddess Mahālakṣmī said to Tāmasī (Mahākālī), the foremost among the paragon of beauty 'I ascribe to you the different names according to your dfferent actions.
- ★ You are Mahāmāyā, Mahākālī, Mahāmārī, Kṣudī, Tṛṣā, Nidrā, Eka Vīrā, Kālarātrī, and Duratyayā. These names of Thine are well known through Thy actions Whoever chants (verses of Caṇḍi) knowing your glorious actions becomes happy.
- ★ Oh king, saying thus to Her (Mahākālī) Mahālakṣmī took a very pure Sāttvic form bearing the lustre of the moon.
- ★ The Supreme Goddess (Mahāsarasvatī) was endowed with strings of beads, a goad (hook), the lute and the Vedas. These names were ascribed to Her, e.g. Mahāvidyā, Mahāvāṇī, Vāk, Sarasvatī, Āryā, Brāhmī, Kāmadhenu, Vedagarvā and Dhīśvarī.
- ★ Then Mahālakṣmī said to Bhāratī Mahakālī and Mahāsarasvatī. Both of you should create a couple (one god and one goddess) agreeable to you.'

★ Mahālakṣmī Herself created a beautiful god golden (a pure and perfect spritiual body) in complexion and seated on the lotus and a goddess agreeable to him.

★ Devī Mahālakṣmī addressed him as Brahmā, Vidhi, Biriñci, and Dhātā, and named the goddess as Śrī Padma, Kamalā, Lakṣmī and Mother.

★ The names and forms of gods and goddess created of Mahākālī and Bhārāti (Mahāsarasvatī) are being described to you.

★ Mahākālī created a god of white complexion and a goddess of blue neck, crimson arms, white body, mooncrested forehead.

★ He (the created god) was known as Rudra, Śaṅkara, Sthāṇu, Kapardī, Trilocana, She (the created goddess) as Trayī, Vidyā, Kāmadhenu, Strī-Bhāṣā, Akṣarā and Svarā.

★ Oh king, Sarasvatī (Mahāsarasvatī) created a goddess of yellowish colour and a god of black one. The names of both are being described to you.

★ He (the created god) was known as Viṣṇu, Kṛṣṇa, Hṛṣikeśa, Vāsudeva, Janārdhana and She (the created goddess) as Umā, Gourī, Satī, Caṇḍī, Sundarī, Sabhagā and Śiva.

★ Then the female deities turned into male (gods). The wise alone can understand this, not the ignorant.

★ Oh king, Devī Mahālakṣmī presented Trayee to Brahmā. Gourī to Rudra and Śrī, the bestower of boons of Vāsudeva.

★ Viriñci, together with Svara produced an egg. The powerful god Rudra together with Gourī divided it.

★ Oh king, the entire universe including the moveable and the immoveable, the great primary elements, intellect, egoism, *etc.,* was produced in the egg by the action.

★ Along with Lakṣmī – Keśava protected them and along with Gourī Maheśvara destroyed the entire universe.

★ Oh king, the wholly Sattva predominent supreme Goddess Mahālakṣmī, thought devoid of form, is endoweed with form. "She assumes various names and forms when She is in forms. She is to be known by Her real nature, but never with any other proof."

॥अथ वैकृतिकरहस्यम्॥

ऋषिरुवाच

त्रिगुणा तामसी देवी सात्त्विकी या त्रिधोदिता।
सा शर्वा चण्डिका दुर्गा भद्रा भगवतीर्यते॥1॥

योगनिद्रा हरेरुक्ता महाकाली तमोगुणा।
मधुकैटभनाशार्थं यां तुष्टावाम्बुजासनः॥2॥

दशवक्त्रा दशभुजा दशपादाञ्जनप्रभा।
विशालया राजमाना त्रिंशल्लोचनमालया॥3॥

स्फुरद्दशनदंष्ट्रा सा भीमरूपापि भूमिप।
रूपसौभाग्यकान्तीनां सा प्रतिष्ठा महाश्रियाम्[1]॥4॥

खड्गबाणगदाशूलशङ्खचक्रशुण्डिभृत्।
परिघं कार्मुकं शीर्षं निश्च्योतद्रुधिरं दधौ॥5॥

एषा सा वैष्णवी माया महाकाली दुरत्यया।
आराधिता वशीकुर्यात्पूजाकर्तुश्चराचरम्॥6॥

(1 गुप्तवती) श्रीः। त्रिगुणेति तमःसत्त्वोभयोपसर्जनकरजोगुणप्रधानेत्यर्थः शर्वेति पुंयोगाभावान्न ङीषानुगागमौ ॥1॥ महाकाल्याः स्वरूपान्तरमाह। योगनिद्रेति ॥2॥ प्रतिवक्त्रं नेत्रत्रयमभिप्रेत्याह। त्रिंशदिति ॥3॥4॥ दक्षिणाधःकरमारभ्य वामाधःकरपरयन्तं क्रमेणायुधान्याह। खड्गेति। शीर्षं खट्वाङ्गम्॥5॥6॥

---

1. महाश्रियः, इति पाठः।

सर्वदेवशरीरेभ्यो याविर्भूतामितप्रभा ।
त्रिगुणा सा महालक्ष्मीः साक्षान्महिषमर्दिनी ॥7 ॥

श्वेतानना नीलभुजा सुश्वेतस्तनमण्डला ।
रक्तमध्या रक्तपादा नीलजङ्घोरुरुन्प्रदा ॥8 ॥

सुचित्रजघना चित्रमाल्याम्बरविभूषणा ।
चित्रानुलेपना कान्तिरूपसौभाग्यशालिनी ॥9 ॥

अष्टादशभुजा पूज्या सा सहस्त्रभुजा सती ।
आयुधान्यत्र वक्ष्यन्ते दक्षिणाधः करक्रमात् ॥10 ॥

अक्षमाला च कमलं बाणोऽसिःकुलिशं गदा ।
चक्रं त्रिशूलं परशुः शङ्खो घण्टा च पाशकः ॥11 ॥

शक्तिर्दण्डश्चर्म चापं पानपात्रं कमण्डलुः ।
अलंकृतभुजामेभिरायुधैः कमलासनाम् ॥12 ॥

सर्वदेवमयीमीशां महालक्ष्मीमिमां नृप ।
पूजयेत्सर्वदेवानां स लोकानां प्रभुर्भवेत् ॥13 ॥

(1 गुप्तवती) महालक्ष्म्या रूपान्तरमाह। सर्वदेवेति ॥7 ॥8 ॥9 सहस्त्रभुजेति वस्तुतोऽनन्तभुजापीत्यर्थः ॥10 ॥11 ॥12 ॥13 ॥

गौरीदेहात्समुद्भूता या सत्त्वैकगुणाश्रया ।
साक्षात् सरस्वती प्रोक्ता शुम्भासुरनिबर्हिणी ॥14 ॥

दधौ चाष्टभुजा बाणमुसले शूलचक्रभृत् ।
शङ्खं घण्टां लाङ्गलं च कार्मुकं वसुधाधिप ॥15 ॥

एषा संपूजिता भक्त्या सर्वज्ञत्वं प्रयच्छति ।
निशुम्भमथनी देवी शुम्भासुरनिबर्हिणी ॥16 ॥

इत्युक्तानि स्वरूपाणि मूर्तीनां तव पार्थिव।
उपासनं जगन्मातुः पृथगासां निशामय॥17॥

महालक्ष्मीर्यदा पूज्या महाकाली सरस्वती।
दक्षिणोत्तरयोः पूज्ये पृष्ठतो मिथुनत्रयम्॥18॥

(1 गुप्तवती) महासरस्वत्या रूपानतरमाह। गौरीदेहादिति ॥14॥15॥16॥ प्रथमप्रश्नस्य समाधानमुपसंहरन्नेव द्वितीयप्रश्नोत्तरं प्रतिजानीते। इत्युक्तानीति॥17॥ महालक्ष्म्याः पूजामाह। महालक्ष्मीरिति। दक्षिणोत्तरविभागः पूजकानुसारेण॥18॥

विरिञ्चिः स्वरया मध्ये रुद्रो गौर्या च दक्षिणे।
वामे लक्ष्म्या हृषीकेशः पुरतो देवतात्रयम्॥19॥

अष्टादशभुजा मध्ये वामे चास्या दशानना।
दक्षिणेऽष्टभुजा लक्ष्मीर्महतीति समर्चयेत्॥20॥

अष्टादशभुजा चैषा यदा पूज्या नराधिप।
दशानना चाष्टभुजा दक्षिणोत्तरयोस्तदा॥21॥

कालमृत्यू च संपूज्यौ सर्वारिष्टप्रशान्तये।
यदा चाष्टभुजा पूज्या शुम्भासुरनिबर्हिणी॥22॥

(1 गुप्तवती) मिथुनत्रयं देशतो व्यवस्थापयति। विरिञ्चिरिति॥19॥ अस्या एव स्वरूपान्तरेण पूजाप्रकारमाह। अष्टादशेति। वामदक्षिणविभागो देव्यनुसारेण। अस्या इति विशिष्योक्तेः। दशानना दशभुजाभ्यामेकैकस्या रूपद्वयसत्त्वेऽपि प्रधानदेवताया द्वितीयरूपेण पूजायामन्ययोरपि द्वितीयरूपेणैवाङ्गत्वम्। प्रथमरूपेण पूजायां तु प्रथमरूपेणैवेति। लक्ष्मीर्महतीत्यत्र द्वितीयाविभक्त्यभावः। इतिशब्देन कर्मत्वस्याभिधानात्॥20॥ इतरयोः स्वातन्त्र्येण पूजायामसाधारणेतिकर्तव्यताया अभावेन त्रितयसाधारणीमेव तामाह। सार्धेन। अष्टादशेति। दक्षिणोत्तरयोरित्युत्तरान्वयि। देवतात्रयस्य द्वितीयस्वरूपेण स्वतन्त्रपूजात्रयेपि दक्षिणे काल उत्तरे मृत्युश्चेति देवते पूजनीये इत्यर्थः॥21॥22॥

नवास्याः शक्तयः पूज्यास्तथा रुद्रविनायकौ।
नमो देव्या इति स्तोत्रैर्महालक्ष्मीं समर्चयेत्॥23॥

अवतारत्रयार्चायां स्तोत्रमन्त्रास्तदाश्रयाः।
अष्टादशभुजा चैषा पूज्या महिषमर्दिनी॥24॥

महालक्ष्मीर्महाकाली सैव प्रोक्ता सरस्वती।
ईश्वरी पुण्यपापानां सर्वलोकमहेश्वरी॥25॥

(1 गुप्तवती) अष्टादशभुजायाः स्वतन्त्रपूजायामन्यदप्यङ्गमाह। यदा चेति। नव शक्तयः कवचोक्ताः शलपुत्र्यादयः पीठशक्त्यो वा। रुद्र इति। दक्षिणोत्तरयोरित्यर्थः। अथ करणमन्त्रानाह। नम इति। नमो देव्या इत्येकेन वा अथर्वशीर्षस्थमन्त्रेण। रौद्रायै इत्यादिस्तोत्रमन्त्रैः सर्वैरपि वा॥23॥ अवतारत्रयेति। महाकाली 'त्वं स्वाहा त्वं स्वधा' इतिस्तोत्रमन्त्रैर्महालक्ष्मीं 'देव्या यया ततम्' इति स्तोत्रमन्त्रैर्महासरस्वतीं 'देवि प्रपन्नार्तिहरे' इति स्तोत्रमन्त्रैरर्चयेदित्यर्थः। इदानीं चण्डीस्तवोपासकानामष्टादशभुजाया मध्यमचरित्रदेवताया महालक्ष्म्या एव पूजनं नित्यं काम्यंच। इतरयोः पूजनं कृताकृतम्। महालक्ष्म्या एव समष्टित्वेन तत्पूजयैवान्ययोः पूजितप्रायत्वादिति ध्वननाय विस्तरेण तदेव वर्णयति। अष्टादशेत्यादिना॥24॥25॥

महिषान्तकरी येन पूजिता स जगत्प्रभुः।
पूजयेज्जगतां धात्रीं चण्डिकां भक्तवत्सलाम्॥26॥

अर्घ्यादिभिरलङ्कारैर्गन्धपुष्पैस्तथाक्षतैः।
धूपैर्दीपैश्च नैवेद्यैर्नानाभक्ष्यसमन्वितैः॥27॥

रुधिराक्तेन बलिना मांसेन सुरया नृप।
प्रणामाचमनीयेन चन्दनेन सुगन्धिना॥28॥

सकर्पूरैश्च ताम्बूलैर्भक्तिभावसमन्वितैः।
वामभागेऽग्रतो देव्याश्छिन्नशीर्षं महासुरम्॥29॥

पूजयेन्महिषं येन प्राप्तं सायुज्यमीशया।
दक्षिणे पुरतः सिंहं समग्रं धर्ममीश्वरम् ॥30॥

वाहनं पूजयेद्देव्या धृतं येन चराचरम्।
यः[1] कुर्यात् प्रयतो धीमांस्तस्या एकाग्रमानसः ॥31॥

(1 गुप्तवती) ॥26॥27॥ रुधिराक्तेनेति। ब्राह्मणादिभेदेन बलिव्यवस्था पूर्वमेवोक्ता न प्र(वि)स्मर्तव्या ॥28॥29॥ सिंहस्य वाहनात्मकं रूपमाह। समग्रं धर्ममिति। चतुर्दशविद्याविहितकर्मात्मकमित्यर्थः ॥30॥ यस्त स्याः पूजां कुर्यात्स सिंहंपूजयेदिति पूर्वेणान्वयः ॥31॥

ततः कृताञ्जलिर्भूत्वा स्तुवीत चरितैरिमैः।
एकेन वा मध्यमेन नैकेनेतरयोरिह ॥32॥

चरितार्धं तु न जपेज्जपँश्छिद्रमवाप्नुयात्।
प्रदक्षिणा नमस्कारान् कृत्वा मूर्ध्नि कृताञ्जलिः ॥33॥

क्षमापयेज्जगद्धात्रीं मुहुर्मुहुरतन्द्रितः।
प्रतिश्लोकं च जुहुयात् पायसं तिलसर्पिषा ॥34॥

(1 गुप्तवती) ततः अङ्गदेवतापूजोत्तरं चरित्रत्रयेण समुचितेन वा मध्यमचरित्रमात्रेण वा स्तोत्रचतुष्टयेन वा स्तुवीत। अत्र पूर्वपूर्वासम्भवे सत्युत्तरोत्तरपक्षो व्यवस्थितः ॥32॥33॥ प्रतिश्लोकमिति। उक्तमन्त्रविभागान्यत-मोपलक्षणमिदम्। अत्र केचित् कवचादित्रयस्य रहस्यत्रयस्य च प्रतिश्लोकं होममनुतिष्ठन्ति। तत्र कवचांशे होमो न युक्तः तन्त्रान्तरे निषेधात्। यथा। 'चण्डीस्तवे प्रतिश्लोकमेकैकाहुतिरिष्यते। रक्षा कवचगैर्मन्त्रैर्होमं तत्र न कारयेत्। मौर्ख्यात् कवचगैर्मन्त्रैः प्रतिश्लोकं होति यः। स्याद्देहपतनं तस्य नरकं च प्रपद्यते। अन्धकाख्यो महादैत्यो दुर्गाहोमपरायणः। कवचाहुतिजात् पापान्महेशेन निपातितः' इत्यादि ॥34॥

जुहुयात्स्तोत्रमन्त्रैर्वा चण्डिकायै शुभं हविः।
न[2]मोनमःपदैर्देवीं पूजयेत्सुसमाहितः ॥35॥

1. कुर्याच्च स्तवनं, इति पाठः।
2. भूयो नामपदैर्देवीं, इति पाठः।

प्रयतः प्राञ्जलिः प्रह्वः प्रणम्यारोप्य चात्मनि।
सुचिरं भावयेदीशां चण्डिकां तन्मयो भवेत्॥36॥

एवं यः पूजयेद्भक्त्या प्रत्यहं परमेश्वरीम्।
भुक्त्वा कामान् यथाकामं देवीसायुज्यमाप्नुयात्॥37॥

यो न पूजयते नित्यं चण्डिकां भक्तवत्सलाम्।
भस्मीकृत्यास्य पुण्यानि निर्दहेत्परमेश्वरी॥38॥

तस्मात् पूजय भूपाल सर्वलोकमहेश्वरीम्।
यथोक्तेन विधानेन चण्डिकां सुखमाप्स्यसि॥39॥

इति वैकृतिकरहस्यं समाप्तम्॥

(1 गुप्तवती) तावदशक्तस्य पक्षान्तरमाह। जुहुयात् स्तोत्रमन्त्रैर्वेति। अयं होमः प्रकरणात् पूजाङ्गम्॥35॥ ॥36॥ अस्याः काम्यत्वनित्यत्वे क्रमेणाह। एवं य इति द्वाभ्याम्॥37॥॥38॥ उपसंहरति। तस्मादिति॥39॥ इति श्रीगुप्तवत्यां वैकृतिकरहस्यव्याख्या।

Atha Vaikṛtika Rahasyam

(The most secret about different manifestations.)

Ṛṣi Uvāca

★ The sage said : 'The Goddess who is endowed with three qualities and whose Tāmasiks, (*Rājasika*) and *Sāttvic* forms have been described (before) is known as Śarvā, Caṇḍikā, Durgā, Bhadrā and Bhagavatī.

★ The Goddess whom the lotus-seated (Brahmā) prayed to for the destruction of Madhu and Kaiṭava, is known as Tāmasika Mahākālī and Yoganidrā of Hari.

★ Devī is endowed with then mouths ten hands ten legs, collyrium and thirty eyes.

★ Oh king! though endowed with bright teeth and terrible form She is the receptacle of Supreme Excellence, beauty, good fortune and loveliness.

★ The Goddess holds sword, arrow, club, spear, conch, disc, missile, strick tipped with iron, bow and a head emitting blood.

★ When this Mahākālī, the emodiment of Viṣṇumāyā who is difficult to be overcome, is pleased with worship with devoition the entire universe including the moveable and the immoveable, submit to the worshipper.

★ The Goddess of unbounded lustre who was produced from the bodies of all gods and goddesses, is the same

Mahālakṣmī, the killer of demon Mahiṣa and the embodiment of the three qualities.

★ Devī bears white face, blue hads. Her round pair of breasts are very white and the middle part of the body is red. Her legs, too, are red but from ankle to the knee and the thigh they are blud and She is furious.

★ She is endowed with shaped hip and lions, beautiful garlands, clothings and various kinds of scents. She is loveliness, beauty and also excellence.

★ Though endowed with thousand hands She is worshipped as one having eighteen hands. The weapons beginning from the lower part of the right hand are being explained here.

★ The lotus-seated Goddess possesses, in eighteen hands, roasary, lotus, arrow, sword, thunderbolt, club, disc, trident, axe, conch, bell, chain, missile, rod, shield, bow, and pitcher.

★ Oh king! whoever worships this Supreme Goddess, the embodiment of all gods and goddesses becomes the master of all regions and gods.

★ The Goddess who was produced from the body of Gourī with the preponderance of *Sattva*, is the same Sarasvatī who destroyed the demon Śumbha.

★ Oh king of the earth, this Goddess (Mahāsarasvatī) holds with her eight hands arrow, mace, spear, disc, conch, bell, plough and bow.

★ The Goddess, the destroyer of Niśumbha and Śumbha, when worshipped with devoition, grants all boons.

★ Oh king, the manifestations of different forms of the universal Mother have been described to you. Now listen to their worship one after another.

- ★ Goddess Mahālakṣmī is to be worshipped with Devī Mahākālī on the right, Sarasvatī on the left and their three couples on the back.
- ★ God Viriñci along with Svara in the middle, Rudra with Gourī on the right, Ṛṣikeśa with Lakṣmī on the left and the three deities (Mahālakṣmī, Mahākālī and Mahāsarasvatī) in the front are to be worshipped. The Goddess (Mahālakṣmī) with eighteen hands in the middle, the Goddess (Mahākālī) with ten hands on the left and the Goddess (Mahāsaravatī) with eight hands on right, should be worshipped in a proper way.
- ★ Oh king! when any form of the Goddess either with eighteen hands or with ten hands or with eight hands, are to be worshipped, Mahākāla and Mahāmṛtyu, on the right and the left should be worshipped for removal of all problems. When the form of the Goddess with eight hands who is the destroyer of the demon Śumbha is to be worshippied, Navaśakti, the nine forms of the powers of the Goddess, Rudra and Vināyaka should also be worshipped and Mahālakṣmī should be worshipped with hymns of praise beginning with "salutation to the Goddess etc."
- ★ In the worship of the manifestations of the Goddess the hymns relating to the respective glory should be chanted. The Goddess who possesses eighteen hands and who destroyed the demon Mahiṣa, should de worshipped. She is the bestower of the boons of virtue and vice and the supreme Ruler of all regions. She is known as Goddess Mahālakṣmī, Mahākālī and Mahāsarasvatī.

★ Whoever worships the destroyer of Mahiṣa becomes masters of the earth. So, Devī Caṇḍikā, the kind-hearted Mother of the universe should be worshipped.

★ Oh king, the Goddess should be worshipped with devotion with accessories of worship, ornaments, scents, flowers, rice, incense, light, ofierings with various kinds of food, offerings of blood, meat, wine, prostration, water for washing, scented sandal paste and betel leaf prepared with camphor. The terrible demon Mahiṣa, in front of the Goddess with his head cut of from the body indicating the attainment of liberation should be worshipped on the left and the powerful lion representing the religion of the living and the nonliving should be worshipped on the right.

★ The lion holds the universe including the living and the non-living. Hence, the Goddess should be worshipped with the hymns in the acts.

★ The Goddess can be worshipped with second act only but never with either the first or the third act alone. Half of the act should never be chanted as it is incomplete.

★ She should be worshipped with chanting of the hymns with folded hands on the head around and with prostration.

★ The devotees should ever momment untiringly beg pardon of the Mother of the Universe. After chanting every verse he should offer clarified butter mixed with seasasum seed and nectar to the sacrificial fire (Agni).

★ However, after chanting every verse he should offer clarified butter only to the sacrificial fire in honour of Goddess Caṇḍikā and She should be worshipped with devotion with words Goddess.

- ★ Fixing and vital air in the self with controlled mind, folded hands and prostration the devotee should think of Goddess for a long time and be absorbed in Her thought.
- ★ It is sure that Whoever worships the Goddess thus every day attains the desired object and attains the state of proximity to the Goddess.
- ★ He who does not worship the Goddess every day is tortured by Her and his virtuous acts become ineffective though She is kind to her devotees.
- ★ Hence, Oh king, so you should worship the Devī, the Supreme Goddess of all regions according to the prescribed sacred rules and then you will be happy.

This is all about the Vaikṛtika Rahasya.

॥अथ मूर्तिरहस्यम्॥

ऋषिरुवाच।

ॐ नन्दा भगवती नाम या भविष्यति नन्दजा।
सा स्तुता पूजिता भक्त्या वशीकुर्याज्जगत्त्रयम्॥1॥

कनकोत्तमकान्तिः सा सुकान्तिकनकाम्बरा।
देवी कनकवर्णाभा कनकोत्तमभूषणा॥2॥

कमलाङ्कुशपाशाब्जैरलंकृतचतुर्भुजा।
इन्दिरा कमला लक्ष्मीः सा श्रीरुक्माम्बुजासना॥3॥

या रक्तदन्तिका नाम देवी प्रोक्ता मयाऽनघ।
तस्याः स्वरूपं वक्ष्यामि शृणु सर्वभयापहम्॥4॥

रक्ताम्बरा रक्तवर्णा रक्तसर्वाङ्गभूषणा।
रक्तायुधा रक्तनेत्रा रक्तकेशातिभीषणा॥5॥

रक्ततीक्ष्णनखा रक्तदशना रक्तदन्तिका।
पतिं नारीवानुरक्ता देवी भक्तं भजेज्जनम्॥6॥

(1 गुप्तवती) अथ नन्दजादिमूर्तिसप्तकस्योपास्तिं संक्षिप्याह। नन्देत्यादिना। पाशाब्जैरिति अब्जः शङ्खः कमलमेव वा। लक्ष्मीध्याने हस्ताभ्यां पद्मद्वयधारणस्यान्यत्र दर्शनात्॥1॥2॥3॥4॥5॥ पतिं नारीवेत्यनुरागमात्रांशे दृष्टान्तः॥6॥

वसुधेव विशाला सा सुमेरुयुगलस्तनी।
दीर्घौ लम्बावतिस्थूलौ तावतीव मनोहरौ ॥7 ॥

कर्कशावतिकान्तौ तौ सर्वानन्दपयोनिधी।
भक्तान् संपाययेद्देवी सर्वकामदुघौ स्तनौ ॥8 ॥

खड्गं पात्रं च मुशलं लाङ्गलं च विभर्ति सा ॥
आख्याता रक्तचामुण्डा देवी योगेश्वरीति च ॥9 ॥

अनया व्याप्तमखिलं जगत् स्थावरजङ्गमम्।
इमां यः पूजयेद्भक्त्या स व्याप्नोति चराचरम् ॥10 ॥

अधीते य इमं नित्यं रक्तदन्त्या वपुःस्तवम्।
तं सा परिचरेद्देवी पतिं प्रियमिवाङ्गना ॥11 ॥

शाकम्भरी नीलवर्णा नीलोत्पलविलोचना।
गम्भीरनाभिस्त्रिवलीविभूषिततनूदरी ॥12 ॥

सुकर्कशसमोत्तुङ्गवृत्तपीनघनस्तनी।
मुष्टिं शिलीमुखापूर्णं कमलं कमलालया ॥13 ॥

(1 गुप्तवती) 7 ॥8 ॥ पात्रं मधुपानसाधनम् ॥9 ॥10 ॥11 ॥12 ॥ शिलीमुखा बाणाः धनुर्बाणपद्मशाकान् बिभ्रती चतुर्भुजैरित्यर्थः ॥13 ॥

पुष्पपल्लवमूलादि फलाढ्यं शाकसंचयम्।
काम्यानन्तरसैर्युक्तं क्षुत्तृणमृत्युज्वरापहम् ॥14 ॥

कार्मुकं च स्फुरत्कान्ति बिभ्रती परमेश्वरी।
शाकम्भरी शताक्षी सा सैव दुर्गा प्रकीर्तिता ॥16 ॥

विशोका दुष्टदमनी शमनी दुरितापदाम्।
उमा गौरी सती चण्डी कालिका सापि पार्वती ॥16 ॥

शाकम्भरीं स्तुवन् ध्यायञ् जपन् संपूजयन्नमन्।
अक्षय्यमश्नुते शीघ्रमन्नपानामृतं फलम्॥17॥

भीमापि नीलवर्णा सा दंष्ट्रादशनभासुरा।
विशाललोचना नारी वृत्तपीनपयोधरा॥18॥

चंद्रहासं च डमरुं शिरःपात्रं च बिभ्रती।
एकवीरा कालरात्रिः सैवोक्ता कामदा स्तुता॥19॥

तेजोमण्डलदुर्धर्षा भ्रामरी चित्रकान्तिभृत्।
चित्रानुलेपना देवी चित्राभरणभूषिता॥20॥

(1 गुप्तवती) 14॥ शताक्षीमूर्तिदुर्गामूर्त्योरवतारान्तरत्वाभावेन शाकम्भरीपूजाविधिमेव तत्रातिदिशति। सैवेति॥15॥16॥17॥18॥ चन्द्रहासं खड्गम्॥19॥ सप्तमीं मूर्तिमाह। तेज इति॥20॥

चित्रभ्रमरपाणिः सा महामारीति गीयते।
इत्येता मूर्तयो देव्या व्याख्याता[1] वसुधाधिप॥21॥

जगन्मातुश्चण्डिकायाः कीर्तिताः कामधेनवः।
इदं रहस्यं परमं न वाच्यं कस्यचित्त्वया॥22॥

व्याख्यानं दिव्यमूर्तीनामधीष्वाऽवहितः स्वयम्[2]।
तस्मात् सर्वप्रयत्नेन देवीं जप निरन्तरम्॥23॥

सप्तजन्मार्जितैर्घोरैर्ब्रह्महत्यासमैरपि।
पाठमात्रेण मन्त्राणां मुच्यते सर्वकिल्बिषैः॥23॥

---

1. देव्या याः ख्याता, इत्यपि पाठः।
2. दिव्यमूर्तीनामभीष्टफलदायकम्, इति पाठः।

देव्या ध्यानं मया ख्यातं गुह्याद्गुह्यतरं महत्।
तस्मात् सर्वप्रयत्नेन सर्वकामफलप्रदम्॥25॥

इति वैकृतिकरहस्यं तन्त्रोक्तं समाप्तम्।

(1 गुप्तवती) 21 ॥22॥ रहस्यत्रयाप्यध्ययनं विधत्ते। व्याख्यानमिति। अवहितः अर्थावधानसहित इति सर्वं शिवम्॥23॥24॥25॥ इति गुप्तवत्यां मूर्तिरहस्यव्याख्या।

(1 गुप्तवती) चतुष्टये पीठिकानां प्राचीनानां च तुष्टये। चमत्कृतिकरी भूयान्नवीनानां च मत्कृतिः॥1॥ साधुच्छाया प्रमितप्रमोदवर्षे चिदम्बरे जनिता। साधुच्छायाप्रमितप्रमोदवर्षं चिदम्बरे तनुतात्॥2॥ गुरुरेव शिवो गुरुमेव भजे गुरुणैव सहास्मि नमो गुरवे। न गुरोरधिकं शिशुरस्मि गुरोर्मतिरस्तु गुरौ जयनाथगुरौ॥3॥ श्रीकाशीपुरवासिसोमपसुधीगम्भीराड्भारतीपुत्रेणाग्निचिता मया रचितया चण्डीस्तुतेष्टीकया। या नन्दादिषु सप्तमी भ्रमरिणी भीमातटे सन्नतिक्षेत्रे नः कुलदेवता वसति सा श्रीचन्द्रला प्रीयताम्॥4॥ इति श्रीमत्पदवाक्य-प्रमाणापारावारीणधुरीणसर्वतन्त्रस्वतन्त्रश्रीमद्गम्भीररायभारतीदीक्षितात्मजभास्कररायभारतीदीक्षितमहाग्निचिता विरचिता गुप्तवतीसमाख्या सप्तशतीव्याख्या समाप्ता। नमश्चण्डिकायै नमो नमः। न वै देयमनुक्रोशाद्दीनार्त्तातुरकेष्वपि॥ आप्ताचरित इत्येव धर्म इत्येव वा पुनः॥1॥

Atha Mūrti Rahasyam

(The Secret of Divine Forms.)

Ṛṣi Uvāca

★ Regarding the secret of Divine Forms of the Goddess the sage Medhasa said : 'by offering prayer, o worship and meditation of the daughter of Nandā who will be incarnated and be known as Nandā the Universe will be under contol.

★ The Goddess is beautiful like the lustre of gold, wears gold bright cloth, bears golden colour and is endowed with with golden ornaments.

★ The Four hands of the Goddess bear louts, hook, fetter and conch. She is known as Indirā, Kamalā, Lakṣmī, Śrī and is seated on the golden lotus.

★ Oh sinless (king), I shall described all kinds of fear-destroying nature of Raktadantikā of whom something has been said by me.

★ She is endowed with red cloth, red colour, red ornaments, all over the body, red weapons, red eyes, red hairs and She is very terrible.

★ She possesses sharp red nails, red tongue and red teeth. Like a devoted women She is kind to her devotees.

★ The body of the Goddess is as broad as the universe, pair of breat all like Meru, pendent, very fatty, very beautiful, strong, very tender and are the receptable of all blisses. She makes the I devotees such thos breats which fulfill all desires.

★ In her hands She holds sword, vessel, mace and plough and is known as Rakta Camuṇḍā and Yogeśvarī.

★ The entire universe including the living and nonliving is pervaded by Her. Whoever worships Her with devotion becomes all pervading.

★ Whoever chants every day the hymns to Raktadantikā is reared by Her as the dear husband by the wife.

★ Goddess Śākambharī bears blue colour. Her eyes resemble blue colour, navel is deep and belly thin having three folds.

★ Her pair of breast is strong, even, high round, fleshy, and fully developed. Her clenched hands are adorned with arrow, lotus, flowers, twigs, roots, fruits and vegetables. She is lotus-seated, endowed with inexhaustible desireable happiness and is the destroyer of hunger, thirst, death and infirmity.

★ The Supreme Goddess Śākambharī is endowed with bow, brilliancy, beauty and hundred eyes and She is as Durgā.

★ The Goddess is free from sorrow and is the destroyer of the wicked and sin. She is the same Umā, Gourī, Satī, Caṇḍī, Kālikā and Pārvatī.

★ Thw roship of Śākambharī with hymns of prasie, meditation, uttering of Her names and prostration soon brings all kinds of inexhaustible store of food and drink.

★ The terrible Goddess bears blue colour, Her teeth are long and bright, eyes broad, and the pair of breats circular, fleshy and fully developed.

★ The Goddess always holds in hands the violent weapon sword, drum, skull, (drinking) vessel and is known as the most pre-eminent heroine and the dark night. She is the bestower of desired objects when worshipped.

★ The Goddess Bhrāmarī is endowed with various colours, halo of brilliant light, various kinds of unction and ornaments.

★ She holds, in hand, beeds of various colour and is known as Mahāmārī –, epidemic, death. Oh king of the earth, these forms of Caṇḍikā, the Mother of the universe have been described and they are bestower of plenty.

★ It is advised that the most important manifestations should not be disclosed to anybody else. The discussion of these divine forms yields good result. So, one should always chant the glory of the Goddess to the best of his knowledge.

★ Hence, by the very chanting of Her glory men become free from all great sins such as killing of Brāhmins, etc. acquired in the previous seven births.

★ The meditation on the Goddess which is the secret of secrets, great and yields all desires, has been described to you. Finally, it can be said that the Thus, the Divine Forms of Goddess is now completed. meditation on Her with all your efforts with perfect devotion must provide liberation.

Glossary

Āditya : Lit. means Sun or *sūrya*. In the *śāstras* it is mentioned that Ādityas are twelve in number, *viz*. 1. Dhātṛ, 2. Mitra. 3. Aryaman, 4. Rudra, 5. Varuṇa, 6. Surārya, 7. Bhaga, 8. Vivasvat, 9. Pūṣan, 10. Savitṛ, 11. Tvaṣṭṛ and 12. Viṣṇu.

Ānanda : Lit. menas happiness, joy, delight, pleasure, *etc*. *Ānanda* or Bliss is the nature of *Śakti* and it is also the essential nature of Paramaśiva along with *cit*. It is the state of *mukti* or *mokṣa or nirvāṇa* in which the self becomes free from all fetters. In Indian Philosophical context, *ānanda* or Bliss is a characteristic of the Brahman, other being *sat* and *citta* are too known its characteristcs.

Bhadrakālī : Durgā who does good and is the giver of food.

Bhairava : Lit. means terrible, frightful, horrible, formidable. The letter *'bha'* of this word indicates *bharaṇa* or maintenance of the world, and *'va'* indicates *vamana* of projection of the world. Thus, Bhairava is one who brings about the *sṛṣṭi, sthiti* and *saṁhāra* of the universe. He is Lord Śiva who is known as Bhairava. A Tāntrika *śadhaka* may consider himself as a Bhairava.

Bhūta : Lit. means : being, existing, gross physical element, *etc. Bhūta* is primarily the concept of creature with both idea of being or originated and becoming or in process It is an entity which 'was produced' a creature, living or insentient. The term refer to the whole process of evolution and to particular stages at the same time. There are five *bhūtas* (elements), *viz.* earth, water, fire, air and space. These are also known as *mahābhūtas.*

Caitanya : Absolute Consciousness characterized by *svātantrya,* Absolute Autonomy and knowledge (*jñāna*) and activity (*kriyā*).

Citi : It means the Absolute Consciousness, *i.e.* consciousness in it Initial and unconditioned state. The consciousness-power of the Absolute brings about the world process. It is also known as *citta.*

Citta : 'The empirical mind'. The limited individual consciousness, the psychological status of the individual is known as *Citta.*

Dīkṣā : Lit. means consecration for a religious ceremony, initiation in general. *Dīkṣā* is of two kinds, *viz.* Vedic and Tāntrika. In order to lead a religious life as prescribed by the Vedas and texts of Vedic tradition, a formal initiation is required, but it is not as important as in the case of Tāntriha *sādhanā,* in which it is an essential precondition. Abhinavagupta defines *dīkṣā* as 'process of imprting real knowledge (*jñāna*) and a preceptorial instruction which removes the bondage of *pāśa.* Such kind of benediction and benevolent act is known as *dīkṣā :*

dīyate jñāna sadbhāvaḥ kṣīyate paśuvāsanā/
dāna kṣapaṇasaṁyuktā dīkṣā teneha kīrtitā// *(Tantrāloka).*

According to the Śāradā Tilaka, 'those which give spiritual knowledge (*divya-jñāna*) and bring the annihilation of basset propensities (*pāpa*) are verily the initiation (*dīkṣā).* The Kulārṇava Tantra presents a detailed analysis of different categories of inititation. It speaks about seven kinds of *dīkṣā, viz. kriyā, varṇa, kalā, sparśa, vāk, dṛk,* and *mānasa.* According to the Rudrayāmala, *dīkṣā* is of three types, *viz. āṇavī, śāktī and śambhavī.*

Hence, *dīkṣā* is a spiritual enrolment to carry on scientific research with the self. It is not a religious anointment but an esoteric discipline. It is not a faith but an inner conviction. It is not ritualisit ostentation but a mystic necessity. However, in Tāntrika *sādhanā* the evil deeds are purified through *dīkṣā.*

Guru : A teacher or a preceptor who teaches the essential truth is known as *guru.* Guru may be said to be the power of Divine Grace. That power of Grace affording a favourable opportunity to the aspirant is the means to unraveling of the secret of the *mantra.* The word *guru* is often used in the sense of any elderly person, male or female, who is entitled to get respect. The parent and *ācāryas* are often regarded as the three highest *gurus*. According to the Manusmṛti (II. 141-42), *guru* is one who performs the *saṁskāras* and imparts Vedic education. *Guru* is the pivot of Tāntrika *sādhanā,* the one who dispels darkness. The Śiva-sūtra (II.6) says : '*gururpāyaḥ.*' It means, the *guru* who has attained self-realization can alone help the aspirant for acquiring it. The Mālinīvijaya Tantra (II. 10) also says : '*sa gururmatsamaḥ prokto mantravīryaprakāśakaḥ.*' Here, Lord Śiva is addressing Pārvatī as : "One who knows all the principles in their essentials, being able to throw light on the virility or efficiency of *mantras,* is a real *guru* like me." Hence, it is said that '*gṛṇāti upadiśti tāttvikamarthamiti guruḥ.*'

Īśvara : Lit. means God. The word *īśvara* is derived from the root *īś*- 'to rule,be master of' with the suffix *varac* according to the Aṣṭādhyāyī (III. 2.1.175). The Nirukta (III.12) says: '*īśvaraḥ sarveṣāmindriyāṇāṁ gopāyitāmā',* *i.e. īśvara* is treated here as the soul. The Vedas believe in *Īśvara.* The Cārvāka, Bauddha, Jaina, Sāṁkhya and Mīmāṁsā Darśans do not believe in God. But, on the other-hand Nyāya, Vaiśeṣika, Yoga, Vedānta, *Darśanas* believe in *Īśvara* (God).

Jīva : Lit. means: a bonded being, *paśu, aṇu, and puruṣa, etc.* The term is also used to denote' individual self or soul'. The Buddhists reduce it to a stream of thought or a series of cognitions. The Nyāya-vaiśeṣikas hold it as a unique substance, to which all cognitions, feelings and conations belong as attributes. The Mīmāṁsakas says that it is a substance which has the capability of consicousness. *Jīva* remains under the control of *māyā* and seeks for liberation through the performance of various auspicious deeds, sacrifices, *vratas,* serious meditation and regular practice of *yogika sādhanās*.

Kālī : Lit. means 'The Black one'. Goddess Kālī is one of the most popular deities. worshipped mainly by the Hindus. In the Devīmāhātmya section of Mārkaṇḍeya Purāṇa (VII. 5ff.) it is stated that She merged from the forehead of the Divine Mother who became balck with ander as the demons headed by Caṇḍa and Muṇḍa came to attack her. Kālī came out with a big hideous face and a dreadful appearance. More or less fearful forms of the deity with the name Mahākālī or Bhadrakālī are described in the works like the Kāraṇāgama, Bhaviṣya Purāṇa, *etc.* Kālī is generally considered in twelve aspects or forms. The twelve Kālīs as presented by Abhinavagupta, a great scholar of Kashmir Śaivism, are : (1) Sṛṣṭi Kālī, (2) Rakta Kālī, (3) Sthitināśa Kālī, (4) Yama Kālī, (5) Saṁhāra Kālī, (6) Mṛtyu Kālī, (7) Bhadra Kālī, (8) Mārtaṇḍa Kālī, (9) Paramārka Kālī, (10) Kālāgnirudra Kālī, (11) Mahākāla Kālī and (12) Mahābhairavaghora-Chaḍḍakālī. Kālī or Parāśakti or Parāsaṁvid or Universal

Consciousness, always manifest powers of *sṛṣṭi, sthiti* and *saṁhāra*.

Liṅga : Lit. means a mark, sign, token, an emblem, a badge, symbol, a distinguishing mark, characteristic, *etc*. From etymological sense *liṅga* is that by which mark, one being or word is cognized whether one is male, female, enuch or masculine, feminine, neuter. The commentator of Amarakośa, Rāmāśramī comments on the term as : '*liṅgayate anena, ligi gatau halaśca iti ghañ.*' The Ajitāgama (Kriyāpāda, III. 17 cd 18ab) defines *liṅga* as : '*layaṁ gacchanti bhūtāni saṁhāre nikhilāni ca nirgacchanti yataścāpiliṅgoktistena hetunā.*' The Tantrāloka (V. 113-114) also says : '*atra viśvamidaṁ līnam artāntaḥsthaṁ ca gamyate*'—it is form the *liṅga* the universe comes into being and dissolves in it.

Mantra : It is a sacred or mystic formula for recitation. The word *mantra* is composed of two letters '*man*' and '*tra*'. *Man* implies *mananāt* (by pondering), and '*tra*' implies '*trāyate* (protects). Hence, *mantra* menas that which protect or save by pondering. Yāska says : *mantra mananāt* (Nirukta, VII. 12) which means Vedic verses are derived from the root *man-*, 'to think'. The Kulārṇava Tantra says '*mantra*' is so called since it saves from ali dangers, as the aspirant thereby is led to ponder over God of immeasurable refulgence that is the only principle in the world. The Śāradā Tilaka (VI.3) divides *mantras* into three categories, *viz*. the male *mantra,* female *mantra* and neuter *mantra.* The masucline *mantras* end in *'hum' and 'phaṭ'*, female with *'svāhā'* and neuter *mantra* with *'namaḥ'.* Purāṇas and some Smṛtis prescribe short *mantras* of five, six, eight, twelve, thirteen and more syllables as very efficacious for securing all objects. The best Vedic *mantra* is the Gāyatrī (Ṛgveda, III.62.10). The Atharvaveda (IXI.71.1) calls it Vedamātā. The Tāntric works (rituals) have their own sacred *mantras,* but they also employ Vedic *mantras, e.g. 'tryambakaṁ yajāmahae sugandhim'....* (ṚV VII. 59.12) is addressed to Rudra, but is known as *mahā-mṛtyuñjaya mantra* or *mṛtasañjīvanī mantra* in Tāntrika works and is prescribed for purifying the mind in the Mahānirvāṇa Tantra (VIII. 243). Similarly, the Gāyatrī *mantra* is employed by the Tāntrikas (vide, Śāradā Tilaka, XXI. 108 and Prapañcasāra Tantra, which devotes two chaptes, *i.e.* 19 & 30 for explaining *praṇava mantra* or *oṁkāra*). The Mahānirvāṇa Tantra (III.14-37) recommends that *'om sac-cid-ekaṁ brahma'* is the best of *mantras,* the those who perform the *pūjā* and *upāsanā* of the Highest *Brahma* or Supreme Lord, are in need of no other *sādhanā* and that by the mere perfection of that sacred *mantra* the individual self merges in Brahma. The Buddhist Tantras also calimed to show the way to the attainment of various worldly objects and even Nirvāṇa through the *mantras*.

Māyā : Generally, it means deceit, jugglery, witchcrafdt, fraud, trick, *etc.* The Amarakośa (II.10.11) records the terms in the sense of magic (*indrajāla*) and Kṣīrasvāmin comments on this as : '*mātyasyāṁ viśvaṁ iti māyā.*' According to the Abhidharmakośa Bhāṣya (V.49), *māyā* is used in the sense of magic which deceives other (*paravañcanā māyā*). The term is very frequntly used in the Ṛgveda in the sense of magic (*māyābhiraśvinā yuvam*—Ṛ.V. V.78.6; *indromāyābhiḥ pururūpaīyate*—ṚV. VI.47.18). According to Śaṅkara the world is called *māyā,* because of its unreality. So, *māyā* is the root of every creation. But different philosophical schools develop different thoughts on this concept of *māyā.* According to Kashmir Śaivism, Parama Śiva have two forms of Śakti—Cit Śakti and Māyā Śakti. They may be called Vidyā-māyā and Avidyā-māyā, the nature of Vidyā-māyā is to help in the attainment of Parama Śiva with her power of *hlādinī* and *saṁvita.* It accelerates the prcoess of evolution. Whereas *avidyā-māyā* brings about the crudification of self. It creates the phenomenal world. With the power of her *āvaraṇa* and *vikeṣepa* it obscures, limits and blinds the Self. But these two powers or functions of Śiva are not independent and separable. *Māyā* creates five principles or powers known as *kañcukas,* which limit the knowledge and power of the Universal Self. These five *kañcukas* are: *kalā, (aśuddha) vidyā, rāga, niyati and kāla.* It is with these sheaths that *māyā* enwraps *puruṣa.* The microcosm goes into deep slumber and forgets his Divine nature and origin.

Ananta : Lord Viṣṇu sleeping on the serpent couch is described as possessing thousand hands, thousand eyes and thousand feet. *See* Puruṣa Sūkta of Ṛg Veda.

Aparṇā : Another name of the Goddess (Pārvatī). She took nothing, not even a leaf while practising, before puberty, sever austerities for winning the heart of Śiva and getting Him as Her husband.

Aparājītā : The invincible Goddess Durgā. Who is worshipped on Vijaya Daśamī.

Argalā : A wedge or preventive to an obstacle. By the prayer to the Goddess the removal of this obstacle becomes easy. According to Vārāhī Tantra, the Goddess that removes sin is called Argalā.

Aruṇa : The name of the ruddy demon having the colour of the morning as opposed to darkness of night.

Aśvins : The two physicians of the gods who are represented as the twin sons of the sun by a nymph in the form of a mare. According to Vedic conception they are harbinger of Uṣas or the dawn. They are young, beautiful, bright, swift, *etc.* According to different interpretations quoted in the *Nirukta* they are 'heaven and earth, day and night'. They are celebrated for their active benevolence and curative power which they showed in restroing the sage Cyavan when grown old and discrepit, for youth and prolonged life.

Atriroudra : The deity presiding over ignorance.

Atisoumya : The deity presiding over knowledge.

Basaṭkāra : An exclamation to a deity by a priest who makes oblation with the exclamation Baṣaṭ.

Bhaga : One of the twelve forms of the sun.

Bhīma : An epithet of Devī Durgā. She is frightful in appearance. According to Lakṣmī Tantra, Bhīma, the blue colured, will be produced from Kālī during 50th cycle of Vaivasvata Manvantara.

Vipracitta : The wise sage. According to Vāman Purāṇa the demons Śumbha and Niśumbha were born of the sage Kaśyapa by his wife Danu.

Brahmacāriṇī: The Goddess of purity who helps devotees in the attainment of Brahman (Supreme Self).

Vṛtra : The dark demon killed by Indra with his thunder bolt produced from the bone of the sage Dadhici.

Cāmuṇḍā : The terrific form of the Goddess Durgā.

Caṇḍa : The powerful demon killed by the Goddess.

Candraghaṇṭā: The Goddess who is more beautiful and plesant than the moon.

Caṇḍikā : Durgā or Pārvatī, the Divine Wife of Śiva.

Dhātrī : Durgā, the mother and the substratum.

Dhūmra : The deity who is both red and dark mixed.

Dhūmralocana: The demon killed by the Goddess Durgā.

Diti : The daughter of Dakṣa and mother of demons.

Durgapāra : The deity helping devotees to cross the world of ocean.

Ekavīra : The untrivelled heroine in the universe.

Gandharva : A class of demi-gods regarded as musicians of gods giving good and agreeable voice to girls.

Garuḍa : The chief of the feathered race and an implaceable enemy of serpents. He is represented as the vehicle of Viṣnu and as having a white face, an acquilline nose, red wings and a golden body.

Gourī : An epithet of Pārvatī, the consrot of Śiva, She possesses the most beautiful complexion.

Kārtikeya : Kārtikeya, the commander-in-chief of gods.

Indra : The lord of gods in heaven. Due to the curse of the preceptor Gautama for stealing his wife, Indra got in his body thousand holes, which after severe penance, turned into thousand eyes by a boon.

Jagadambā : Durgā, the Mother of the universe.

Jagatpratiṣṭhā: The deity who is receptacle of the universe.

Janārdana : Lord Viṣṇu, the killer of the demon Jana.

Jāhnavī : The river Ganges said to have been flowing from the thigh of the sage Jannu.

Jayantī : The Goddess who is glorious and the best.

Jyotsnā : The Goddess Durgā presiding over the rays of the moon.

Kavaca : A mystical syllable considered as a protction like an armour. It is otherwise known as armour hymn of the Goddess.

Kaiṭava : The name of a demon killed by Lord Viṣṇu. Like Madhu he is said to have sprung from the ears of Viṣṇu while he was asleep. When he was about to devour Brahmā he was slain by Viṣṇu.

Kālarātrī : The goddess in Her terrible aspect, She kills time which disappears at the time of dissolution.

Kālī : The terrible aspect of the Goddess with dark complexion. She is the destroyer of the universe at the time of dissolution.

Kālikā : The Goddess (Durgā) in Her terrible aspect.

Kalyāṇī : The Goddess Durgā presiding over goodness.

Kāmadhenu: Heavenly cow granting all desires.

Kapālinī : The Goddess who wears skulls at the time of dissolution.

Kaparadhi : Lord Śiva with braided and matted hair.

Kātyāyanī : The Goddess Durgā who appeared in the hermitage of Kātyāyana and accepted the daughtership of the sage.

Kauśikī : The Goddess Durgā. When Śiva, out of joke addressed Pārvatī as Kālī (black) She became angry, practised severe austerity, gave up Her body and turned into a very fair complexioned woman named Gourī. From that sheath the most beautiful woman like the digit of the moon was produced and became famous as Kauśikī.

Khaḍga-dhāriṇī : Durgā holding sword in Her hand.

Kīlaka : The name of the God Śiva who, in order to save devotees from danger during the period of chanting the incantations to the Goddess, puts an wedges.

Khyāti : The deity presiding over glory, knowledge, faculty of discrimination by appropriate designation. She is said to be Ātmakhyāti of Buddhists. Akhyāti of Mīmāṁsakas, Anyathā Khyāti of Naiyāyīkas and Anirvachanīya Khyāti of Advaita Vedāntins.

Kṛṣṇa : Lord Viṣṇu in his 8th incaranation who was born as the son of Vasudeva and Devakī. Lord Kṛṣṇa is the most celebrated hero of Indian mythology and the most popular of all deities, Though the real son of Vasudeva and Devakī and a cousin of Kaṁsa, he was for all practical purpose the son of Nanda and Yaśodā by whom he was brought up and in whose care he spent his childhood. It is here that his Divine character began to be gradually discovered when he easily crushed the rdoubtable demons such as Vaka, Pūtnā, *etc.* He was the particular friend of Arjuna to whom he acted as the charioteer in the great war of Mahābhārata. After the destruction of Yādavas he was unintentionally killed by a hunter named Jarā who shot him with an arrow mistaking him at a distance for a deer. He is said to have dark blue or cloud like colour.

Kṛti : The deity of action, to whom sacrifices are offered for destructive and magical purposes.

Kubera : The god of Wealth and the regent of northern quarter.

Kūṣmāṇḍā : According to the famous commentary of Guptavatī the Goddess consumes the three sorrows arising from body (diseases *etc.*), mind (anguish *etc.*) and natural catastrophy (lighting, thunder, *etc.*).

Kṣamā : The Goddess of forgiveness.

Kṣudhā : The deity who devours all delusions.

Lakṣmī : The deity of wealth and the consort of Viṣṇu.

Madhu : The demon killed by Lord Viṣṇu.

Madhusūdhan: Viṣṇu, the killer of the great demon Madhu.

Mahāvāṇī : The four learned sentences of the four Vedas *e.g.* 'you are that' 'I am Brahman' *etc.*

Mahākālī : The Goddess Durgā in Her terrible aspect.

Mahālakṣmī: The Goddess of wealth and prosperity.

Mahāmārī : The terrible aspect of Durgā in the form of cholera, epidemic death *etc.*

Mahāmāyā : Otherwise known as Yoganidrā. According to the commentary of Nāgoji Bhaṭṭa this is the power of God which causes the existence of the phenomenal world and performs apparently contradictory actions. According to Tattvaprakāśikā, a different commentary on the subject, it is the power of Brahman by which changes in the phenomenal world take place by Her mere sport. By the Mother (the all powerful will commonly known as Mother) performs acts of creation, preservation and dissolution. She assumes, for the satisfaction of Her devotees various forms such as Durgā, Kālī, Jagadhātrī, etc. In Devī Bhāgavata (chap. 8, Skanda 5) She has been described as Brahman, Paramātma, Bhagavatī, etc. The Tāntric text Rudra-Yāmala also corroborates the same, where she has been described as Para Brahman (ref. verses 54-55, chap. 1) (also Devī Purāṇa and Kālikā Purāṇa).

Mahāsarasvatī: The Goddess of learning.

Mahāvidyā : Supreme knowledge of Brahman.

Māheśvarī : Durgā, the power and divine cansort of Śiva.

Mahiṣa or Mahiṣāsura : A very powerful demond said to have sprung from a buffalo. He was killed by Goddess Durgā. According to Varāha Purāṇa and Devī Bhāgavata, Māhiṣmatī, the daughter of the demon Vipracitta, in the form of a buffalo, frightened Sindhudvīpa, a sage engaged in practising austerties. For this the sage cursed her saying 'be a buffalo'. Mahiṣāsura was bron of this woman. According to Kālikā Purāṇa he was the son of Rambhāsura. Pleased at the austerity of Rambhāsura, Śiva granted him a boon by which he could get this son. The son also satisfied the Goddess by severe asterity was granted a boon by Her.

Maṇḍala : A sub-division of the Ṛg Veda, the collection being divided into 10 Maṇḍalas or Aṣṭakas.

Maṅgalā : The Goddess who is destroyer of birth, death, *etc.* the six changes of life.

Manu and Manvantara: The name of the celebrated personage. He is regarded as the resprentative of man and is the father of human race. The number of Manu is fourteen *e.g.* Svayambhuva (spiritual son of Brahmā, the creator), Svarociṣa (the son of Priyavrata and grandson of Svayambhuva), Outtama, the son of Uttama and grandson of Priyavrata), Tamasa (the son of Priyavrata), Raivata (the son of Priyavrata and the brother of Tāmasa), Cakisa (the son of Andharāja), Vaivasvata, Sāvarṇi, Rudra Sāvarṇi, Deva Sāvarṇi (otherwise known as Rocya) and Indra Sāvarṇi (otherwise known as Bhottya). The period appointed for each of these Manus is called Manvantara which is a little more than seventry one divine *Yugas* (or ages of the world). Each day and night of Brahmā is called Kapla or cycle. The Creation takes palce in the day cycle and dissolution in the night cycle. At every creation there will be fourteen Manvantaras *i.e.,* fourteen Manus will be the lord of the universe in succession. Vaivaśvata, the seventh Manu is the ruling guide of the present time. Each Divine *Yuga* consists of four *yugas, e.g.* Kṛta or Satya, Treta, Dvāpara and Kali. Such thousand *yugas* is the duration of each creation cycle.

Mārkaṇḍeya: The son of the sage Markaṇḍa. According to Śrīmad Bhāgavata the sage Vedaśira who is said to have sprung from the line of the sage Mārkaṇḍa, was known as Mārkaṇḍeya.

Medhā : The form of Sarasvatī, the Goddess of learning endowed with the faculty of retentiveness.

Medhasa : A great seer. According to Lakṣmī Tantra the sages Vaśiṣṭha and Medhasa are one and the same.

Meru : The name of the fabulous mountain round which all planets are said to revolve.

Mitra : Āditya usually associated with Varuṇa.

Muṇḍa : A powerful demon killed by the Goddess.

Nava Durgā: The Goddess Durgā in nine different forms.

Nairṛti : The deity presiding over poverty, distress, *etc.*

Nanda : The cowherd king and the husband of Yaśodā and the foster father of Kṛṣṇa.

Nandā : An epithet of the Goddess Durgā.

Narasiṁha (or Nṛsiṁha): The form of Lord Viṣṇu in the fourth incarnation. He is represented both in the form of man and of lion together while killing the demon Hiraṇyakaśipu and granting the boon to his son Pralhāda.

Nārāyaṇī : The Goddess who is the support of all beings, and the real nature of the human soul or material world is identical with the Supreme Spirit pervading the whole universe.

Nidrā : Yoganidrā or deep concentration or *Samādhi*.

Niśumbha and Śumbha: Both are brothers, they are very powerful demons killed by the Goddess Durgā. According to Vāmana Purāṇa they were born of the sage Kaśyapa by his wife Danu. They pleased Brahmā by severe austerity and got the boon from him that neither any god nor any man would ever be able to kill them. If they are at at killed they preferred to be killed only in the battle by a woman as a punishment for sin for attraction to her. She must be unborn, invincible and be produced from the body of a woman unconnected with any male being. Brahmā granted them the boon, but when their persecution and torture towards gods and human beings became very intolerable, he, out of kindness towards them prayed to Lord Śiva to send the Goddess for destruction of the two demons.

Nityā : Goddess Durgā who is eternal and never limited by space, time, causality.

Om : This is known as *Praṇava*. According to V.S. Apte's dictionary the syllable *Om* is uttered as a holy exclamation at the beginning and end of a reading of the Vedas or previous to the commencement of prayer of sacred work. It is Brahman. This word is regarded as the object of the most profound meditation. In the Māṇḍūkya Upaniṣad it is said that this syllable is all what has been, that which is and is to be, that all is *Om,* only *Om*. In later times it came to be used as the mystic name for the Hindu traid, representing the union of the three gods 'A' (Viṣṇu) 'U' (Śiva) and 'M' (Brahmā).

Pārijāta : The name of one of the five trees of heaven. It is said to have been produced at the churning of the ocean and came into the possession of

Indra from whom it was wrested by Kṛṣṇa and planted in the garden of his beloved wife Satyabhāmā.

Pārvatī : Durgā, the daughter of the king of mountains, *i.e.* Himālaya.

Pinākadhṛk: The name of Śiva who holds the trident.

Prakṛti : Durgā presiding over the power of creation.

Pūṣan : One of the twelve Ādityas or Sūryas.

Raktabīja : A demon killed by the Goddess.

Raktadantikā: The Goddess with red coloured teeth. She was in the form of Goddess Kālī. She was red all over the body, including hairs, weapons and hence, She was known as Red Cāmuṇḍā.

Raudra : The Goddess presiding over the deity of dissolution.

Rudra : The name of Lord Śiva in the terrible aspect. It may also mean a group of gods eleven in number supposed to be inferior to manifestions of Śiva who is said to be the head of the group.

Sāvarṇi : The son of Sāvarṇa, the wife of the sun-god. The eighth Manu also known as Sāvarṇi is said to have become the king Suratha, a promopt figure in this book in the second cycle.

Sāvitrī : The name of the celebrated verse of the Ṛg Veda, so called because it is addressed to the sun. It is also called Gāyatrī, a Vedic metre of 24 syllables repeated by every Brāhmin at his Sandhyā (morning, noon and evening devotional prayers). Great sins are said to be expiated by a pious repetition of this verse.

Śailaputrī : According to Kūrma Purāṇa, the Goddess accepted the daughtership of the devotee Śaila, the king of mountains.

Śākambharī: An epithet of Durgā. According to Lakṣmī Tantra, the blue coloured Śālamvarī will be produced from the body of Pārvatī during the fourteenth cycle of Vaivaśvata Manvantara.

Satī : Durgā, who is vritue, purity and goodness personified.

Śeṣa : The name of the celebrated serpent having one thousand heads and forming the couch of Viṣṇu. He is said to support the entire world on his head.

Śūladhāriṇ: The power of Śiva who holds the trident.

Siddha : Semi-divine being supposed to be of great purity and holiness and said to be particularly characterised by eight suprnatural faculties called Siddhi.

Siddhidātrī: The Goddess who grants success and liberation.

Śivā : The name of the propitous Goddess Durgā who always confers happiness.

Skandamātā: The Goddess who is said to be the mother of Skanda or Sanat-Kumāra.

Soma : The most important ingredient used in sacrifical offerings.

Sthāṇu : Śiva who is firm and steady.

Subaga : The very charming, amiable and illustrious Drugā.

Sukha : Durgā, the deity of happiness.

Sūkta : A wise saying, Vedic hymn, *e.g.* Puruṣa Sūkta of the Ṛgveda.

Sundarī : The lovely and beautiful Durgā.

Suratha : The most important figure in Saptaśati. The eighth Manu known as Svarochisa is said to have become the king Suratha in the second cycle.

Svadhā : The oblation of food offered to Pitṛs or manes.

Svāhā : The offering made to all gods indiscriminately. It is also the name of the wife of Agni.

Svara : An accent. They are three : (I) Udāta, i.e. highly and acutely accented, (II) Anudātta, *i.e.* not pronouned with high accent (grave or low accent), and (III) Svarita, *i.e.* articulated or mixed tone lying between high and low.

Svarociṣa : The son born of the womb of Varūthinī, a celestial nymph by a Gandharva or celestial musician called Kālī. He was known as second Manu.

Tridaśa : The gods who are said to be thirty-three in number and are always young.

Trilocana : Śiva with three eyes (consisting of the sun, the moon and fire.)

Tṛṣa : Thirst or strong desire to wipe out all delusions.

Tvaṣṭṛ : Workman, Viśakarmā, the architect of gods. He is the vulcan of the Hindu mythology.

Uccaiśravā : The horse belonging to Indra with long ears. It is said to have been churned out of the ocean.

Umā : The name of the daughter of Himālaya and Menakā and is the wife of Śiva.

Uṣṇik : A kind of metre with seven syllables in a quarter.

Vadra : The Goddess Durgā with the power of preservation.

Varuṇa : The regent of the Western quarters.

Vindhya : The name of a range of mountains which separates Hindustan proper from the decan or South. It is one of the Kula Parvatas and forms the southern limit of Madhyadeśa (Manu Smṛti, II.21). Goddess Durgā is said to have dwelt on this mountain. She is known as Vindhyavāsinī.

Viṣṇu : The second deity of the triad entrusted with the power of preservation which duty he is represented to have discharged by this various incarnations.

Viṣṇu-māyā: The power of Lord Viṣṇu. According to Varāha Purāṇa, the power by which creation of clouds, pouring of rain and production of crops *etc.* take place is called Viṣṇumāyā. According to Kalikā Purāṇa, the unmanifested power which divides itself into three attributes *e.g.* Sattva, Rajas and Tamas and perform actions is called Viṣṇumāyā. Viṣṇumāyā, Yogamāyā and Mahāmāyā are different names of the Goddess Caṇḍikā.

Viśvakarmā: The deity presiding over house building and architect.

Index

श्लोकानुक्रमणिका

ऐ

क

त

द

ध

न

प

ब

भ

म

य

ह

क्ष

ज्ञ

त्र